미국 전쟁사

MILITARY HISTORY FOR THE MODERN STRATEGIST:

America's Major Wars since 1861

Copyright © 2023 by Michael E. O'Hanlon
All rights reserved.

This edition is published by arrangement with Grand Central Publishing,
a division of Hachette Book Group, Inc., USA. All rights reserved.

Korean translation rights arranged with Aevitas Creative Management,
New York through Danny Hong Agency, Seoul.
Korean translation copyright © 2025 by SangSangSquare

이 책의 한국어판 저작권은 대니홍 에이전시를 통한 저작권사와의 독점 계약으로 상상스퀘어에 있습니다.
저작권법에 의해 한국 내에서 보호를 받는 저작물이므로 무단전재와 복제를 금합니다.

마이클 오핸런 지음
임지연 옮김

남북전쟁에서 이라크전쟁까지

미국 전쟁사

MILITARY HISTORY
FOR THE MODERN STRATEGIST

상상스퀘어

서문

미국 현대사에서 주요 전쟁들은 왜 일어났고, 어떻게 전개되었나? 승패는 어떻게 갈렸는가? 다른 결과를 낳을 수 있진 않았을까? 이 책은 미국 전쟁사에서 이런 굵직한 의문을 고찰하고, 국가적 차원이라는 '거창한' 수준에서든 특정 군사적 차원에서든 '전략'이라는 주제에 매료된 사람들에게 도움이 될 만한 교훈을 찾으려고 한다.

이 책에서 다루는 전쟁들은 이미 많은 연구 문헌의 주제였다. 이 글을 시작하기에 앞서 나는 역사를 평생의 과업으로 삼고 연구에 매진한 전문가들에게 감사를 표한다. 그들 덕분에 역사를 사랑하고 잘 배울 수 있었다. 그러나 내가 일부 문헌의 중요한 부분을 놓쳤을 수 있음을 인정하고자 한다. 역사가들의 엄밀한 자료 조사와 뛰어난 분석력 덕분에 우리는 과거 전쟁에 대한 이해의 폭을 넓힐 수 있었다. 제2차 세계대전을 예로 들어보자. 전격전이 과거 알려졌던 것보다 전차 중심적이지 않았다는 점, 미국 적대국들의 산업 생산성을 약화하는 데 전략적 폭격이 예상보다 효과적이지 않았다는 점, 항공모함은 해상전에서 덜 위력적이었다는 점 등은 최근 몇 년 사이의 연구를 통해 밝혀졌다. 나는 이 책을 쓰면서 이러한 연구와 역사가들이 보여준 심오한 통찰의 결과물로부터 큰 도움을 받았다.

나는 구체적인 목적을 가지고 이 책을 썼다. 이전 연구를 보완하는 것, 다시 말해 전쟁들이 일어난 주요 원인과 주요 작전, 그 동력과 결과를 개념적이면서도 간결하게 설명하는 것이다. 전쟁사는 매우 상세하게 서술된다. 그럴 법도 하다. 패배와 죽음을 극복하고 승리를 쟁취하기 위해 개인과 민족이 보여준 용기와 희생은 언제나 우리 마음을 울리는 드라마가 아니던가. 그러나 일반 독자나 바쁜 정책입안자들은 미국이 현대에 치른 주요 전쟁을 보다 간결하게 개념적으로 파악하길 원할 수도 있다. 이 책은 그러한 필요성에 부응하고자, 미국 산업화 시대 대규모 전쟁의 시초인 남북전쟁에서 시작해, 두 차례의 세계대전, 한국전쟁, 베트남전쟁을 거쳐, 이라크전쟁과 아프가니스탄전쟁까지 간결하고 개념적으로 설명한다.[1]

전쟁 작전이나 전역campaign(전략적 목표 달성을 위해 실시하는 일련의 연관된 군사작전-옮긴이) 중심으로 서술했고, 군사작전과 전시 목표, 대전략을 연결해 파악하고자 했다. 이러한 접근법이 이전의 연구보다 현대적인 시각에서 과거 여러 전쟁을 이해하고 해석하는 데 기여하기를 바란다.

개별 전투도 다루었지만 특정 지역에서 수개월간 지속된 일련의 전투와 기타 사건의 흐름을 우선시했다. 예를 들어, 남북전쟁 때

1862년 봄에서 초여름까지 리치먼드 함락을 목표로 대규모 북군 병력이 배를 타고 체서피크만을 이동하며 벌였던 반도 전역peninsula campaign이나, 1862년 늦여름부터 1863년 중반까지 앤티텀과 게티즈버그에서 북군과 싸운 로버트 리Robert E. Lee 장군의 노력이나, 1864년 봄 버지니아에서 리의 군대에 1년간 대항해 결국 승리한 율리시스 그랜트Ulysses S. Grant 장군의 노력을 살펴보는 식이다. 2차 세계대전 중 독일의 북프랑스 공격, 미국이 일본에 접근하기 위해 펼친 섬 건너뛰기 작전island-hopping campaign, 한국전쟁 당시 더글러스 맥아더Douglas MacArthur 장군의 인천상륙작전도 그 두드러진 예다.

이 책의 주목표는 미국의 현대 군사사military history를 기록하고, 분석하고, 고찰하는 데 있다. 그런 의미에서 입문서라고도 볼 수 있지만, 그 목적성은 뚜렷하다. 이 책은 전쟁의 전개 과정, 비용, 결과에 과도한 자신감을 내보이는 의사결정자들의 위험한 성향에도 초점을 맞춘다. 블라디미르 푸틴Vladimir Putin은 우크라이나 공격을 감행하는 판단 착오를 일으켜 이러한 유형의 대표적인 예임을 만천하에 드러냈다. 그는 2022년 2월 24일 이 전쟁을 시작하며 며칠 안에, 적어도 5월 9일 러시아 전승기념일까지는 전쟁을 끝낼 수 있다고 예상했을 것이다. 그러나 안타깝게도 이 글을 쓰는 지금(2022년 여름)도 전쟁은 계속되고 있다. 그는 우크라이나 정부를 무너뜨리고 아마도 우크라이나 합병까지 기대하며 전쟁을 벌였겠지만, 근거 없는 낙관주의로 전쟁을 시작한 침략자의 사례 중 하나가 됐을 뿐이다.

정책입안자들이 인생이나 경력에서 큰 실패를 경험하지 않은 경우, 과신의 위험이 커진다. 새로운 기술이 등장해 군사계획자에게 흥미로운 가능성이 생겨나도 그렇다(그 가능성에는 전쟁을 결심할 때는 대수롭지 않게 여기는 문제들이 포함되기 마련이다). 또한 의사결정권자들이 잠재적인 적을 제대로 파악하지 못하거나 평가절하할 때 과신의 위험이 가장 커진다. 이들은 가족이나 친구가 적의 손에 죽기 시작하면 전쟁에 더 전념하는 성향일 수 있다. 오늘날 러시아에서 이러한 사례를 찾아볼 수 있다. 우크라이나 침공을 강행하기 전 최근 몇 년 동안 푸틴은 크림반도와 시리아 등지에서 비교적 쉽게 승리를 거두며 승리에 익숙해졌다. 또한 고성능 신형 미사일을 비롯한 여러 무기를 개발하는 등 지난 10여 년간 군이 이뤄낸 성과에 자부심을 느꼈다. 그리고 우크라이나 대통령 볼로디미르 젤렌스키Volodymyr Zelensky에 대한 경멸감을 키우며 우크라이나가 독립적인 주권국가라는 사실조차 잊어갔다.[2]

물론 과도한 자신감이 늘 문제가 되는 건 아니다. 과신이 주요 전쟁의 양측 당사자들에게 똑같이 영향을 미치지도 않는다. 일례로 1861년 남북전쟁 당시, 북부연방과 남부연합 모두 전쟁 비용을 단순하게 생각했을 것이다. 1차 세계대전 때도 모든 참전국은 아닐지라도 국가 대부분이 그랬을 것이다. 반면 히틀러가 베르사유조약을 위반하고 라인란트를 재무장하여 야망을 키워나갈 때, 세계 지도자들은 1차 세계대전 직후 또 다른 대규모 전쟁이 발생한다면 엄청나게 파괴적인 결과가 발생할 거라 인지했다. 그리고 결국 그와 맞서지 않기로 선택한다. 하지만 이러한 신중함은 전쟁을 막는 데 아무런 도움이 되지 않았다. 오히려 의도치 않게 2차 세계대전 발발에 일조했다. (아돌프 히틀러Adolf Hitler, 네빌 체임벌린Neville Chamberlain 영국 총리, 에

두아르 달라디에Edouard Daladier 프랑스 총리 등이 모인 1938년 뮌헨회담은 히틀러에 대한 유화정책의 정점으로 언급된다. 그러나 여러 면에서 히틀러를 막기엔 이미 늦은 상황이었다.) 이들이 전쟁 비용을 냉정하고 합리적으로 예상하는 바람에 위기 대응이 더 어려워졌다. 히틀러를 어느 정도 억제할 수 있는 상황이었는데도 그와의 정면승부를 피하는 노선을 택했기 때문이다.

미국이 1991년 사담 후세인Saddam Hussein 통치하의 이라크를 상대로 펼친 '사막의 폭풍 작전Operation Desert Storm'을 비롯해 각각 2001년과 2003년에 시작된 아프가니스탄전과 이라크전의 경우에도, 침공 단계에서는 실제 결과로 증명된 것보다 해당 전쟁이 힘들게 전개되리라는 전망이 지배적이었다. 아니, 대부분 적어도 초기에는 힘겨운 전투를 치를 것으로 예상했다. 그런 작전들은 하나같이 매우 어렵게 전개되었기 때문이다.

이 책에서 전쟁에 만연해 있는 과신의 문제를 다루는 것은 이를 정치학의 철칙으로 삼기 위해서가 아니다. 모든 정책입안자에게 공포와 두려움을 가지고 위기관리에 접근하라고 경고하려는 것도 아니다. 역사를 살펴보면, 전쟁의 위험과 비용을 수용하는 것이 대안과 비교했을 때 전략적 차원, 심지어 도덕적 차원에서 타당하게 여겨질 때도 있었다(적어도 당사자 입장에서는 말이다). 타협 추구보다 억제력 강화가 전쟁을 피하는 데 더 결정적인 역할을 하는 경우도 수없이 많았다. 앞으로도 그럴 것이다. 나는 로이드 오스틴Lloyd Austin 미국방장관이 표방한 오늘날 세계의 강하고 신뢰할 수 있는 미국과 동맹국들의 '통합억제integrated deterrence' 전략을 적극 지지한다. 이는 군사

뿐 아니라 경제 및 기타 비군사 영역의 모든 수단을 통합 운용하는 개념으로, 고故 로버트 저비스Robert Jervis가 개발했다. 이 개념을 구현하기 위해서 미국과 다른 강대국들은 무기 경쟁, 위기관리 패러다임 확대, 전쟁 일촉즉발의 상황으로 향하는 흐름에 집단으로 흔들리지 않고 억제력을 강화해야 한다.[3]

과신에 대한 경고는 오늘날이 핵무기 시대라는 점에서 특히 중요하다. 이 책은 현대 전략가를 위한 군사 역사서인 만큼, 전쟁 비용을 경시하고 자국의 신속한 승리를 장담했던 과거 많은 지도자가 어떤 성향이었는지 주목한다. 이 책에서 분석하는 전쟁은 모두 우연의 결과물이 아니다. 대부분 수많은 관련자의 순진한 사고, 적어도 극단적 희망이 빚어낸 결과다.

또한 이 책에서 1861년 이후 미국이 참여한 대부분의 전쟁 결과가 어떻게 달라졌을지 고찰해보고자 한다. 남북전쟁에서 남부연합이 북부를 이길 수도 있었다. 자세한 내용은 뒤에서 다루겠지만, 1914년 독일은 슐리펜 계획으로 프랑스를 더 빨리 정복할 수도 있었다. 독일과 일본이 제2차 세계대전에서 소련과 미국을 적대시하지 않았다면, 비록 한계가 있었겠지만 그들의 숭고한 목표를 달성했을 수도 있다. 한국전쟁은 반반의 가능성, 즉 양측 모두에게 승산이 있었고, 실제로도 그렇게 되었다. 이외에도 여러 사례를 찾아볼 수 있다. 과거 전쟁의 결과를 알고 역사서를 읽으면, 역사의 거대한 힘으로 결과가 결정되었다는 섣부른 결론에 도달하거나 무의식적으로 그렇게 생각하기 쉬워진다. 그러나 그러한 생각은 옳지 않다.

이 모든 상황에서 무엇보다 중요한 것은 지도자이다. 남북전쟁은 링컨Abraham Lincoln 대통령, 리 장군, 그랜트 장군 같은 특정 인물이 없었다면 실제 역사처럼 전개되지 않았거나 어쩌면 아예 일어나지 않았을 수 있다. 양차 세계대전은 독일 황제 빌헬름 2세와 히틀러, 러시아 황제 니콜라이 2세와 이오시프 스탈린Iosif Stalin, 우드로 윌슨Woodrow Wilson과 프랭클린 루스벨트Franklin Roosevelt, 윈스턴 처칠Winston Churchill이 없었다면 다르게 전개되었을 것이다. 이러한 사례는 수도 없이 많다. 지도자는 전쟁에 영향을 미치는 중요한 요소이다. 전쟁 기술이나 전술, 작전 개념의 혁신가도 마찬가지다.

이 책의 또 다른 주제는 지리와 연관되어 있다. 양차 세계대전은 인구는 많지만 영토가 작고 선진화와 산업화에 성공한 국가들이 일으켰다. 일본 역시 그렇다. 러시아와 미국의 역할은 매우 달랐지만, 두 나라 모두 지리적 영향을 크게 받았다. 러시아와 미국은 풍부한 자원과 전략적 완충지대를 가졌지만, 다른 국가와 완전히 분리될 정도는 아니어서 각 전쟁의 주요 전투에 필연적으로 개입할 수밖에 없었다. 글로벌 통신과 대륙간 무기가 가능한 오늘날에도 지리적 요인은 여전히 매우 중요한 요소다.

역사를 연구하는 현대 전략가들이 살펴보아야 할 세 번째 주제는 전쟁의 발발과 수행 과정에서 동맹의 역할이다. 동맹이 흔들리거나 존재하지 않을 때, 갈등은 더 쉽게 발생한다. 1차 세계대전과 2차 세계대전 때는 주요 주역 몇몇이 모호하거나 조건부적인 안보 협약을 체결했다. 그러나 이 협약들은 궁극적으로 갈등을 억제하는 데 실패했다. 이 시기에 미국은 유라시아와 군사적으로 분리되어 있었기에 의미 있는 억제력을 발휘하지 못했다. 이후 미국이 확고한 안보 공약, 강한 동맹, 전진 배치된 군사력으로 관여하면서 3차 세계대전은 일어나지 않았다. 1945년 이후 미국이 치른 전쟁은 일반적으로 미국의 동맹이나 안보 공약이 적용되지 않는 곳에서 발생한 것들이다.

이 책에서 논의하는 여러 전쟁 억제 실패 사례가 강조하듯, 전쟁을 억제하려면 군사적 대비를 갖춰야 한다. 그래야 야심만만하며 공격적인 적이 섣불리 성공 가능성을 과신하지 못한다. 물론 정책 입안자들에게는 절제와 신중함 역시 중요하다. 내가 또 다른 저서 《평화시대의 전쟁론》에서 주장했듯, 오늘날 미국 정부는 특정 경우 '단호한 절제resolute restraint' 개념을 토대로 대전략grand strategy에 집중해야 한다. 핵심 이익 수호와 관련해서는 단호하게 대처하되, 추가적인 안보 공약 체결은 자제하고 상황안정de-escalation과 신속한 전쟁 종결을 최우선으로 하며 발생 가능한 모든 강대국 간의 위기를 관리해야 한다.

역사를 반추해 교훈을 얻으려 하지 않는 지도자는 전쟁을 정책의 도구로 선택하는 어리석은 결정을 내릴 가능성이 크다. 반대로 쿠바 미사일 위기 때 1차 대전을 떠올린 케네디 행정부 관리들처럼, 지도자가 역사의 모델을 현실에 적용해 고찰한다면 더 큰 지혜를 도모할 수 있다. 단 하나의 사례나 선례에 집착하지 않으면 말이다.[4] 역사는 이전에 그 길을 간 사람들의 용기와 지혜를 전하며 영감을 주고, 동시에 반면교사의 사례를 통해 경고의 메시지도 전한다. 우리는 무엇에서 영감을 얻고 무엇을 반면교사로 삼을지 그 맥락을 신중하게 살펴야 한다. 그리고 이를 위해 체계적인 연구와 논의가 수반돼야 한다. 현재와 미래의 지도자들이 미래의 행동이나 전략적 의사결정에 무조건적으로 적용할 수 있는 단순한 역사의 교훈은 없다. 따라서 현대 전략가들은 역사에서 미묘한 맥락을 파악할 수 있는 이해력과 균형 잡힌 시각을 갖추어야 한다.

이 책은 현시대에서 무엇을 경계해야 하는지 명확한 메시지를 전한다. 어떻게 자국이 속한 전략 공동체에서 과신의 위험에 빠지지 않고, 또한 잠재적 적도 그렇게 만들 수 있을까? 이는 핵 무장한 북한과 다른 도전들은 말할 것도 없고, 러시아가 부활하고 중국이 부상한 현재 상황에 시의적절한 메시지가 아닐 수 없다. 홀로코스트 생존자 빅터 프랭클Viktor Frankl의 말은 이러한 딜레마를 잘 보여준다. "그러므로 경각심을 가져야 한다. 두 가지 측면에서 경각심을 가져야 하는 것이다. 아우슈비츠 이후 우리는 인간이 무엇을 할 수 있는지 알게 되었다. 그리고 히로시마 원폭 이후 우리는 무엇이 위험한지 알게 되었다."[5]

군사사는 미국 학계의 주류, 특히 정치학과 정책학 분야에서 과소평가되었다. 과거의 주요 전쟁에 대한 지식은 비교적 덜 중요한 것으로 치부되거나 통계 분석용 데이터 정도로 간주된다. 그러나 진정 현대 전략가들을 위한다면, 공동체의 시각에서 군사사를 가르치고 고찰하는 데 좀 더 노력을 기울여야 한다. 나는 이 책이 그런 방향으로 나아가는 데 일조하기를 바란다.

미국의 전략가들과 정책입안자들은 역사의 교훈을 현시대에 적용하여 잠재적 적국이 전쟁에서 미국을 물리칠 수 있다고 과신하는 것을 막아야 한다. 즉, 외국의 주요 행위자들이 그들만의 승리 이론을 토대로 결정적 수를 두지 않게 해야 한다. 그러기 위해서는 잠재적 공격자가 미국의 지휘, 통제, 통신 및 정찰 시스템, 전진 기지와 대형 자산, 컴퓨터 네트워크, 미군과 동맹군을 이동하고 지원하는 기반시설의 주요 취약점을 악용할 수 있다고 과신하지 못하게 미국이 할 수 있는 일을 해야 한다. 적들이 미국의 아킬레스건을 찾아 공격하면 손발을 묶을 수 있다고 판단하게 만들면 안 된다. 필요하면 (과도하지는 않더라도) 단호하고 확실하게 응전한다는 점을 분명히 밝혀야 한다.

같은 맥락에서 미국 역시 자국의 능력을 과신하지 않도록 주의해야 한다. 미국은 국방 예산 규모, 기술적 우수성, 뛰어난 병력, 동맹의 힘을 토대로 현시대 세계 질서에서 높은 위상을 차지하고 있다. 그렇다고 해도 중국과 러시아가 자국 인근 국가에 저지르는 침략 행위를 미국이 모두 막아낼 수는 없다. 현재 미국 국방부는 분쟁 초기, 이른바 '접촉contact 단계'와 '저지blunt 단계'에서 신속하게 전쟁을 수행할 계획을 보유하고 있다. 이는 동중국해 센카쿠 열도, 남중국해의 해상 수송로, 대만 혹은 유럽 발트해 연안 국가들에서 국지적인 적대행위가 발생한 직후를 상정한 계획이다. 문제는 이 계획이 1차 세계대전 때 독일의 슐리펜 계획처럼 복잡하고 확전을 전제로 한 군사계획으로 변질될 수 있다는 점이다. 그렇게 될 경우 도발 수위가 낮고, 상황이 불확실해도 성급하게 전쟁을 일으킬 위험이 있다.

미국 국방부와 정부 전체는 적국이 미국의 방위 태세나 정치적 의지에서 결정적 취약성을 인식하지 못하도록 억제력을 강화하는 능력을 개발하고 취약성을 피해야 한다. 그래서 이 책에 공학자와 전술가, 군사계획가, 고급 전략가를 위한 교훈을 담았다.

    어떤 적에게도 미국을 물리칠 수 있다는 믿음의 여지를 주어서는 안 된다. 미국 또한 확실하게 승전하는 전쟁을 수행할 수 있다고 과신하지 않도록 주의해야 한다. 기술과 전략이 빠르게 변하는 시대에서 이러한 원칙을 잊지 않기 위해 역사를 공부하는 것이다.

차례

서문 · 004

PART 1
남북전쟁

전쟁에 동원된 무기, 대립의 성격 그리고 주인공들의 전략 · 026
과신과 순진함이 전쟁을 향해 길을 내다 · 034
1861년의 전투들 · 046
1862년, 전쟁의 고난이 시작되다 · 052
1863년: 챈슬러스빌과 와일더니스부터 게티즈버그,
빅스버그, 채터누가까지 · 068
1864년과 1865년 · 081
실수와 교훈 · 089

PART 2
제1차 세계대전

20세기 초 유럽 각국의 전략적 이해관계와 동맹체계 · 111
1차 세계대전에 사용된 무기와 전쟁의 기술 · 123
전략과 전쟁 계획 · 126
1914년, 전쟁을 향해 가다 · 135
1914년 8월 그리고 그 가을의 포성 · 141
1915년과 1916년 · 155
1917년과 1918년: 혁명의 확산, 전쟁과 평화 · 172
평화를 끝낸 평화 · 183
실수와 교훈 · 185

PART 3
제2차 세계대전

주요 국가들의 전쟁 무기와 전략 · 207
전쟁으로 향하는 길 · 213
1939년 가을과 1940년 봄: 동쪽과 서쪽에서의 전격전 · 223
1940년 여름, 영국 본토 항공전과 대서양 전투의 서막 · 233
1941년, 운명의 해 · 239
1942년과 1943년 초의 대전환점 · 255
승리를 향해 느리지만 꾸준히 나아가다: 1943~1945년 · 269
실수와 교훈 · 297

PART 4
한국전쟁과 베트남전쟁

한국전쟁 · 316
전쟁 중 사용된 무기와 주요 전략 · 320
북한의 남한 침공과 스미스 특수임무부대 · 323
부산방어선 · 327
인천 너머 위쪽으로 · 328
중국의 개입: 재앙, 장진호 전투 그리고 더 큰 재앙 · 332
리지웨이의 전력 회복, 맥아더의 해임과 교착상태 · 337
베트남전쟁 · 343
전쟁 중 사용된 무기와 주요 전략 · 348
1960년대 초 '고문단' 시대 · 351
존슨, 웨스트모어랜드 그리고 1965~1968년의 전쟁 · 359
닉슨, 에이브럼스, 지리적 확대, 철수 그리고 패배 · 369
실수와 교훈 · 374

PART 5
1990년 이후 미국의 중동전쟁

중동 지역의 역사적 서곡 · 388
사막의 폭풍 작전 · 400
사담 후세인 정권 전복과 이라크 안정화 시도 · 414
아프가니스탄 · 445
실수와 교훈 · 481

PART 6

세 가지 교훈

첫 번째 교훈: 전쟁의 결과는 미리 정해져 있지 않다 · 493
두 번째 교훈: 전쟁은 예상보다 어렵고 많은 희생이 따른다 · 497
세 번째 교훈: 미국의 대전략은 일부 실패를 감수할 만큼 강력하다 · 502

감사의 말 · 509
주석 · 511

남북전쟁

PART

1

MILITARY HISTORY
FOR THE MODERN STRATEGIST

The American Civil War

남북전쟁은 비극적인 전쟁이다. 많은 사상자를 낳았고, 갓 태어난 신생국가 미국을 붕괴 위기로 몰아갔다. 당시 총인구의 10퍼센트 이상이 참전했다. 북부연방 병력은 최대 70만 명이었고, 전쟁 기간에 총 250만여 명이 복무했다. 남부연합은 그 수치가 각각 북군의 40~50퍼센트 수준이었다. 거의 정확히 4년 동안 50여 차례의 대규모 전투와 수천여 차례의 소규모 전투가 벌어졌다.[1]

사망자는 양측을 합해 약 75만 명에 달했다. 남북을 합산한 당시 인구는 약 3100만 명으로, 오늘날 미국 인구의 약 10분의 1에 불과했다. 전쟁 사망자가 당시 미국 인구의 약 2.5퍼센트에 달했던 것이다. 젊은 남성으로 범위를 좁히면 그 비율은 더 높아진다. 전쟁에서 3대1의 수적 열세를 겪었던 남부 백인 남성으로 범위를 더 좁히면 그 비율은 훨씬 더 높아져, 총 사망자 추정치의 약 4분의 3에 달

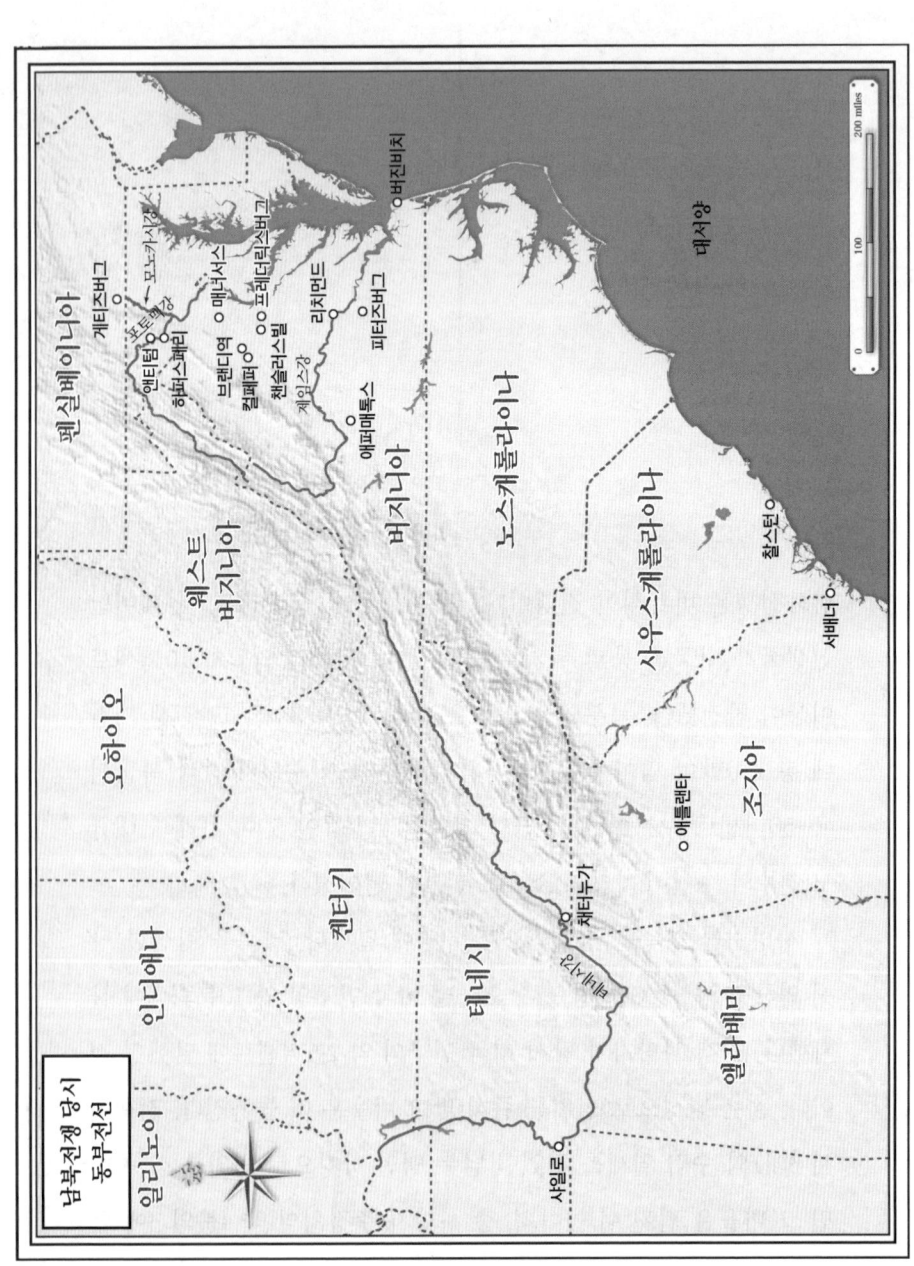

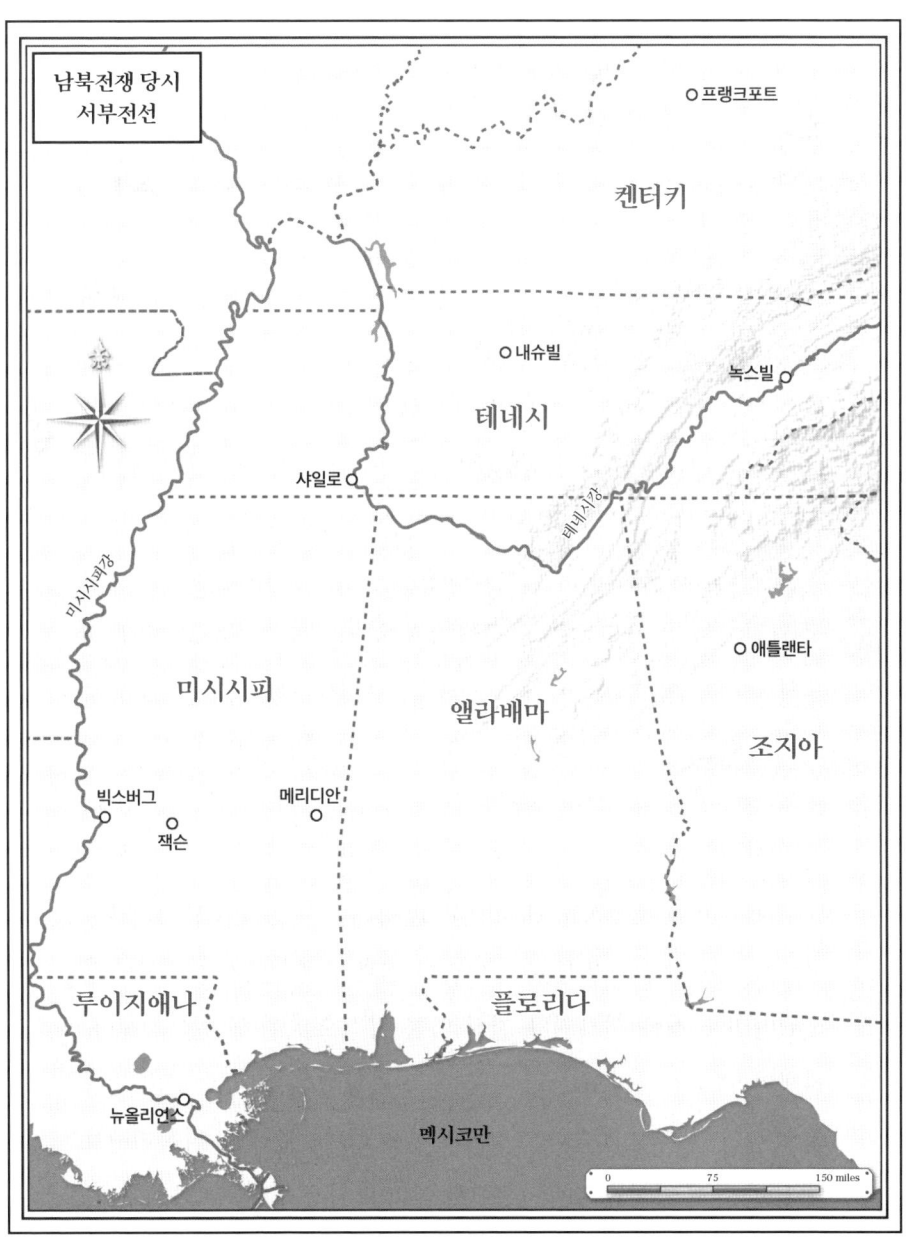

한다. (전쟁 전 미국의 인구는 경계 지역을 포함한 북부 약 2100만 명, 남부 900만여 명이었다. 나머지는 서부의 인구였다. 그중 약 350만여 명이 노예였다.)[2] 또한 수십만 명이 중상을 입거나 불구가 되었다.[3] 이러한 총 사망자 수는 아마도 양차 세계대전과 한국전쟁, 베트남전쟁을 비롯해 미국이 치른 모든 전쟁의 사망자를 합친 수치보다 많을 것이다. 남북전쟁의 비용을 환산해보면 약 1000억 달러 정도다. 4000억 달러가 투입된 1차 세계대전과 한국전쟁, 약 1조 달러가 들어간 베트남전쟁이나 이라크전쟁, 아프가니스탄전쟁, 약 5조 달러가 들어간 2차 세계대전에 비하면 그 규모는 매우 작으며, 사실상 '사막의 폭풍 작전'에 가까운 수준이다. 하지만 사상자 측면에서 미국이 치러야 했던 인적 대가는 실로 엄청났다.[4]

현대의 전략가와 정책입안자라면 남북전쟁에 대한 정보를 실무적 관점에서 파악해야 한다. 그래야 미국 역사를 이해하고, 현대 전쟁의 본질에 대한 교훈을 얻을 수 있다. 남북전쟁이 빠르게 진화하는 다양한 신기술이 적용되고 산업적 역량이 영향을 미친 역사상 최초의 현대전이었다는 점에는 이견의 여지가 없다. 나폴레옹전쟁에서는 이러한 특징 중 일부만 발현되었다.

남북전쟁이 이토록 오래 이어지고 막대한 비용이 소모되리라곤 사실 아무도 예상하지 못했다. 이러한 결과를 예측했거나 적어도 짐작했다면 전쟁을 피하거나 전혀 다른 방식으로 수행했을 것이다. 전쟁의 양상은 아마도 상당 부분 예측 가능했을 것이다. 현대 전쟁의 특징인 몇 가지 기술과 그것이 인간에 미치는 영향이 남북전쟁보다 10년 앞서 벌어진 크림전쟁에서 이미 확인됐기 때문이다. 게다가 북부연방의 인내심과 의지가 바닥나기를 바라며 소모전을 벌이려는 남부연합군의 속내도 충분히 예상할 수 있었다. 적의 전력 소모와 의지 상실에 초점을 맞춘 군사적 전략을 세운 것도 성공 가능성이 있었다는 점에서 완전히 비합리적이지는 않았다. 물론 도덕적 결함이 있는 위험한 방법이었지만 말이다. 어차피 남부는 노예제도를 존속시키기 위해 국가를 분열시킨다는 부도덕한 결정을 내렸는데, 뭐가 대수겠는가. 전쟁의 정당성과 별개로 남부의 전쟁 수행 방식은 '정당한 전쟁론just-war theory' 기준에 대부분 부합했다. 주로 남부연합 영토에 있는 북군을 노리는 방식으로 싸웠기 때문이다..

노예제도라는 미국의 원죄가 남부의 경제와 문화 나아가 미합중국 정치에 얼마나 깊이 얽혀 있었는지를 고려하면, 이 전쟁은 피하기 매우 어려웠다고 볼 수 있다. 남북전쟁은 자신들이 소중히 여기는 것을 지키기 위한 실존적 투쟁이었다. 남부인에게는 그들의 경제 시스템과 삶의 방식, 강렬한 지역적 정체성을 위한 투쟁이었고, 북부인에게는 독립선언서가 작성된 이후 (비록 실행되지는 않았지만) 건국 이념에 명시된 평등과 인권의 원칙에 헌신하는 연방의 존속을 건 투쟁이었다.

한편 남부와 북부 지도자 모두 정치적으로나 군사적으로 빠르게 성공을 거두리라고 과신하며 전쟁에 나섰다. 앞으로 자세히 다루게 될 이 단순한 생각은 현대 정책입안자와 전략가들에게 남북전쟁이 주는 가장 중요한 교훈이다. 일반적으로 실제 결과보다 전쟁을 훨씬 잘 통제할 수 있다고 믿는 인간의 비극적 성향을 보여주며, 전쟁의 예측 불가능성을 간과해서는 안 된다는 점을 일깨워준다. 물론 북부연방이 전쟁에 응한 것이 잘못이었다거나, 링컨이 미국 역사상 가장 위대한 대통령이 아니라는 얘기는 아니다. 그보다는 자신들이 숭고한 가치를 따르고 있다고 믿는 사람들조차 끔찍한 유혈 충돌을 일으킬 수 있음을 시사한다.

남북전쟁의 전개 과정을 이해하기 위해서는 1861년 봄까지 상황이 어떻게 변화했는지를 알아야 한다. 어쩌다 이 나라는 형제·자매·친구 간 실질적 갈등에 휩싸였을까? 어떻게 군사적·경제적·인간적 측면에서 파괴적 결과를 낳을 거라 인식하지 못한 채, 전쟁을 시작할 수 있었을까?

남북전쟁 이야기에서 전쟁만큼이나 중요한 핵심은 1861년 4월 사우스캐롤라이나의 섬터 요새에서 첫 번째 총성이 울리기 직전과 그 직후에 일어난 일이다. 전쟁이 속전속결로 치러질 거란 기대를 품고 주요 군사적 준비 태세를 갖춘 것은 (그리고 경우에 따라서는 대비 기회를 놓친 결정적 시기 또한) 바로 이 기간이었다.

전쟁에 동원된 무기, 대립의 성격 그리고 주인공들의 전략

남북전쟁은 군사적으로 의미가 크다. 보병 전술, 말의 활용, 철도 이용, 병력 이동과 적의 봉쇄를 위한 함선 이용, 전신 활용, 개량된 강선소총(라이플총rifles)과 강선포 이용, 사회적 총동원 등 큰 변화가 있었기 때문이다. 특히 철도와 전신, 강선소총은 이 시기 군사 분야

에서 일대 혁명을 일으켰다.[5]

반면 부상자나 병자를 위한 의료에는 그리 주목할 부분이 없다. 이동식 의료 서비스를 위한 역량은 심각하게 부족했다. 부상자 처치는 미생물과 박테리아에 대한 과거 지식을 토대로 이전 시대의 방법으로 이루어졌다. (운이 좋으면 절단 수술을 받기 전 약간의 위스키를 마실 수 있을 뿐이었다.) 10년 전 크림전쟁에서 활약한 플로렌스 나이팅게일Florence Nightingale과 남북전쟁 당시 활약한 클라라 바턴Clara Barton 같은 야전 의료 혁신가들의 영웅적 노력 덕분에 이렇게 암울한 현실은 조금이나마 나아질 수 있었다. 그러나 많은 경우 적의 포화보다 질병이 병력에 더 큰 타격을 입혔다.

철도는 전에 없이 군대와 물자의 대규모 이동에 사용되었다. 과거 어느 때보다 철도 활용도가 높을 수 있었던 것은 전쟁 시작 무렵 전국적으로 4800여 킬로미터에 달하는 철도망이 깔린 덕분이었다(1840년대에는 철도망의 길이가 그 10분의 1에 불과했다).[6]

선박의 중요성도 높아졌다. 대표적인 사례가 내슈빌이다. 테네시주의 주도 내슈빌은 1862년 2월 북군에게 함락된 후(도넬슨 요새 전투에서 북군 함대에 의해 함락됨-옮긴이), 전쟁 중 북부연방군의 주요 집결지이자 약 200척 분량의 보급품이 공급되고 거의 매일 수십 대의 기차가 오가는 보급 기지가 됐다.[7] 말은 남북 양측에서 보급품 수송 마차나 기병대에 할당됐다. 당시 기병대는 각 군에서 정찰 활동과 '특수부대' 역할을 맡았다(오늘날의 드론이나 정찰기, 위성, 전자 정보 플랫폼과 유사한 임무를 수행한 셈이다). 군인 대부분은 보병이었는데, 운이 좋으면 신발을 신을 수 있었다.

전장에서의 통신은 일반적으로 기마병과 신호기를 통해 이루어졌다. 수도와 주요 군 지휘부 간의 전략적 의사소통은 회선이 유지되거나 보호되는 경우에는 전보로 이루어졌다. 이러한 연락망 덕분에 여러 전투의 중요한 분기점에서 먼 곳의 지원군을 요청하고 적절히 군수품을 지원받을 수 있었다. 하지만 워싱턴 정부나 리치먼드 정부는 전술적 결정과 작전 같은 세부 내용을 관리하는 데 이러한 통신 수단은 사용하지 않았다.

전쟁의 핵심 무기는 대포와 머스킷총musket이었다. 일명 미니에탄minié ball을 사용하는 강선식 머스킷총rifled musket은 탄환이 총열 안에 새긴 나사 모양의 홈을 회전하며 날아가기 때문에 이전보다 명중률이 훨씬 높았다. 그러나 성능 개선에 대한 평가는 논란의 여지가 있다.[8] 병사가 총구 아래에 총알과 화약이 채워진 새 탄창을 넣기 위해 일어날 필요가 없는 후미장전식breech-loading 강선소총도 이 시기에 처음 등장했다. 특히 북군이 이를 주로 사용했다. 샤프스 소총sharps rifle과 탄창 하나에 총알 7개를 담을 수 있는 스펜서 소총spencer rifle 같은 무기도 전쟁 중 사용이 증가했다.[9]

남북전쟁을 거치며 해전 역시 큰 변화의 시대로 접어들었다. 대표적인 전투가 초기의 철갑선인 남군의 메리맥/버지니아와 북군의 모니터 간의 대결이다. 1862년 3월 9일, 양측은 서로 함포를 쏘아 대고 충각衝角으로 공격하며 대치상태까지 싸웠다. 잠수함과 어뢰로 발전하게 되는 초기 개념과 기뢰가 등장했지만 그 효과는 아직 미약했다.[10] 정탐용 기구氣球도 사용되었지만 전체적으로 틈새 역할에 그쳤다.[11]

방어의 성패를 가르는 핵심 요소는 교전이 예상될 때 빠르게 파는 참호였다. 따라서 전쟁이 진행되면서 삽이 총검보다 더 중요해졌다.[12]

측면이나 후방에서 적을 급습하는 전술도 효과적이었다. 적을 급습하면 적의 방어 태세는 효력을 발휘하지 못한다. 적은 병참 지원 상황의 약점이 노출되고, 종사enfilade fire(범위 내의 표적에 대해 방향을 전환하지 않고 총구를 상하로 이동하며 세로 방향으로 실시하는 사격 - 옮긴이)에 매우 취약해진다. 그래서 포병은 정확한 사거리를 고려하지 않고도 목표 방향으로 조준해 자신 있게 적의 부대를 타격할 수 있다.[13] 그러나 전장에서 보병이 확보된 방어 진지로 돌격하기 전에 포병이 준비 태세를 갖추는 데는 보통 한계가 있었다. 당일 도화선의 문제로 참호에 정확히 포탄이 터지지 못할 수도 있었고, 전장에서의 정찰력도 제한적이었다. 포병 사수가 적 가까이 다가가려다가 소총을 든 적의 표적이 될 수도 있었다.[14]

전쟁은 약 4년간 이어졌는데, 그 기간은 우연찮게도 링컨 대통령의 임기와 거의 정확히 겹친다. 남북전쟁은 2개의 주요 전선, 몇 번의 성쇠, 전환점으로 개괄된다. 동부전선에서는 로버트 리 장군이 전쟁 대부분의 기간에 남부연합군을 이끌었다. 북부연방군은 조지 미드George Meade 장군과 그의 뒤를 이은 율리시스 그랜트 장군의 지휘를 받았다. 양측은 메릴랜드와 펜실베이니아 일부를 포함해 리치먼드, 동쪽으로는 버지니아반도와 서쪽으로는 셰넌도어 계곡, 숲과 들판 등지에서 전쟁 내내 대치했다.

켄터키와 테네시에서 미시시피와 루이지애나, 일부이긴 하지만 아칸소와 미주리까지 광범위하게 형성된 서부전선에서 북군은 부침을 겪기 했지만 꾸준히 전진했다. 북군은 미시시피강을 따라 점차 통제권을 확보하며 1862년 마침내 뉴올리언스를 점령했고, 1863년에는 빅스버그 포위전에서 승리했다. 이어 동부와 서부 두 전선은 마침내 통합되었다. 테네시주 남동부의 북군이 윌리엄 테쿰세 셔먼William Tecumseh Sherman 장군의 지휘로 애틀랜타 공격에 이어 '바다로의 진군March to the Sea'에 성공했기 때문이다.

전투는 대부분 낮 동안 벌어졌고, 보통 하루에서 사흘간 이어졌다. 전투의 강도와 치열함을 감안하면, 그보다 더 오래 전투를 지속하기는 힘들었다. 승자가 신속한 후속 기동 작전으로 승리를 확고히 하기도 힘에 부쳤다.[15]

남부연합의 주요 군사 목표는 북부연방 지도자들 혹은 유권자들이 강제 통합의 어려움을 감수할 가치가 없다고 확신할 때까지 전장에서 최대한 오래 버티는 것이었다. 이러한 목표는 제대로 효과를 발휘했다. 이와 같은 승리 개념은 방어 중심이라고 해석될 수도 있지만, 리, 스톤월 잭슨Stonewall Jackson, '제브' 스튜어트'Jeb' Stuart 등 남부연합의 장군 대부분이 주도한 전역 계획과 전투 전술은 공격 중심이었다. 웨스트포인트 출신이자 전 미합중국 전쟁부 장관이었던 남부연합 대통령 제퍼슨 데이비스Jefferson Davis도 이러한 '공격적이며 방어적'인 사고에 동의했다.[16] 1800년대 초 여러 전투에서 역사에 길이 남는 승리를 거둔 나폴레옹은 남부연합 지도자들의 전쟁 승리론에 큰 영향을 미쳤다.[17] 남부 지도자들은 남부연합이 국제적으로 인정받는 타당한 승리를 거두어 남과 북 양측에 심리적 영향을 미칠 동력을 만들기를 바랐다. 남부연합의 이러한 접근법은 궁극적으로는 실패했다. 하지만 남부연합의 몇몇 장군은 소규모 방어군으로 기존 진지를 지키며 공격에 유리한 조건을 만들기 위해 매우 영리하게 기동 작전을 펼쳤다.

북부연방의 전쟁 초기 목표는 남부에 침략자라는 프레임을 씌우는 것이었다. 링컨은 북부연방을 지지하는 남부인들이 분리주의 전쟁이라는 급진적 행위를 지속해야 할지 재고하기를 바랐다. 이와 동시에 북부연방의 대의명분에 경계주 border states (남북전쟁 발발 이전에 미합중국에서 탈퇴하지 않은 노예주-옮긴이)와 외국의 공감대를 극대화하려는 시도이기도 했다. 즉, 링컨은 기본적으로 정치와 군사작전의 상호작용을 당연하다고 인식하는 클라우제비츠주의자였다(클라우제비츠는 "전쟁은 정치의 연장선상에 있다"고 말한 프로이센의 군인이자 군사학자이다. 그의 저서 《전쟁론》은 《손자병법》과 더불어 최고의 군사전략서로 인정받는다-옮긴이). 물론 남부에서는 당시 벌어진 사건들에 대해 달리 해석했다. 제퍼슨 데이비스는 북부연방이 섬터 요새에서 일어난 사건을 어떻게 묘사했는지를 상기하며 "평화를 호소하며 여전히 방어적이던 남부연합이 이 (무혈) 포격으로 미합중국과 전쟁을 시작한 것처럼 보이게 하려는 교활한 시도"라고 썼다.[18]

여러 정치적 접근이 실패로 돌아가자 북부연방은 전쟁 목표를 변경·확대했다. 우선 남부연합의 수도를 점령하면 연합을 물리칠 수 있다는 믿음을 토대로 리치먼드를 공략할 계획을 세웠다. 여기에 더해 더 이상 저항할 수 없을 정도로 남부연합의 주력군을 약화시킨다는 계획도 세웠다. 첫 번째 계획은 남부연합의 수도인 리치먼드가 갖는 상징성, 즉 남부의 정신적 구심점을 겨냥한 것이고, 두 번째 계획은 남부연합의 군대를 주요 목표로 삼은 것이었다. 이 두 계획은 대부분 동시에 수행되었다. 리치먼드를 위협하면 당연히 남군이 북군의 진격을 저지하고 싸우려 할 것이기 때문이었다. 또한 이를 보완하기 위해 남부 철도망이 연결되는 미시시피강에서 대서양과 걸프 연안의 주요 항구를 봉쇄해 남부 경제의 숨통을 죄는 것도 목표로 했다. 실제로 전쟁이 시작되자, 북부연방군의 총사령관 윈필드 스콧Winfield Scott 장군은 지상전보다 이러한 접근 방식을 우선시할 것을 주장했고, 이를 '아나콘다Anaconda' 전략이라고 불렀다. 반면 링컨은 전쟁 초기부터 리의 군대를 무찌르는 것이 전쟁 수행 노력war effort의 중심이라고 믿었기 때문에, 아나콘다 전략을 북부연방의 전략 계획에 포함하기는 했지만 이 전략을 우선시하지는 않았다.[19] 그랜트 역시 1864년 3월 북부연방군 총사령관으로 취임하자 리의 군대는 물론 다른 전선의 군대를 포함한 남부연합군을 전략의 중심으로 보았다.

그랜트와 셔먼은 북군의 전쟁 수행 노력의 성공을 대표하는 장군이다. 그랜트는 전반적으로 수적 우위를 점했고, 리치먼드뿐 아니라 자신의 군대도 지켜야 하는 리의 어려움을 꿰고 있었다. 그래서 1864~1865년 전역에서 전술적 실패와 패배를 경험하면서도 거침없이 진격했고 결국 승리했다. 반면 셔먼이 승리를 일군 결정적 요인은 전선의 지리적 특징을 고려해 기동력을 발휘한 통찰력이었다. 그는 1864년 애틀랜타 공격에서 참호 속 남부연합군과 직접적인 충돌은 피하면서도 싸우기에 유리한 장소를 찾아냈다. 이후 그는 철도에 의존하지 않으며 필요한 물품을 현지에서 조달했다. (그리고 그의 병사들이 가져갈 수 없는 많은 것은 파괴했다.) 그렇게 그는 조지아, 사우스캐롤라이나, 노스캐롤라이나를 거쳐 진격했다. 셔먼의 이러한 방법은 국가의 존망이 걸린 전쟁에서 목적이 수단을 정당화할 수 있는지 어려운 질문을 제기한다. 그러나 여기서는 그 답을 모색하기보다는 넓은 역사적 논의의 맥락에서 이를 언급하는 데 그치고자 한다.[20]

양측에는 평범한 장군도 많았다. 이는 선발 과정에 정치의 영향이 미쳤기 때문이다. (전부 그런 것은 아니지만) 전쟁 초기에 북부연방군이 특히 그랬다.[21] 양측 군 장교들은 육군사관학교 웨스트포인트 생도 시절이나 1846~1847년 치러진 미국-멕시코 전쟁을 비롯한 군 복무를 함께하며 서로를 잘 알았다. 이전 전쟁에서 비교적 쉽게 전투를 치른 경험이 남북전쟁 초기의 과신에 어느 정도 영향을 미쳤을 수도 있다. 미합중국 육군 장교의 약 4분의 1이 남부로 넘어가 남부연합 편에서 싸웠고,[22] 그들 몇몇은 뛰어난 능력을 발휘했다. 역사가 브루스 캐튼 Bruce Catton 은 최고의 남부연합 장군들에 대해 이렇게 평했다. "그들은 전력을 다해 싸웠다. 공격할 때면 가진 모든 것을 동원했다. 그들은 전쟁에서 활약할 기회가 주어진 데 매우 기뻐했다. 그리고 전쟁을 즐기듯 싸웠다. 반면 초기의 포토맥군(북군의 주력 부대-옮긴이)에는 그러한 리더십이 없었다."[23] 결국 북부연방군은 인력과 물자 면에서 엄청난 우위를 점하게 되지만, 그날이 오기까지는 아직 먼 상태다.

과신과 순진함이 전쟁을 향해 길을 내다

　남부와 북부의 지도자와 시민들이 각자 신속한 승리를 과신했다고 해서, 미국인들이 전쟁의 가능성을 가볍게 여겼다고 말할 수는 없다. 미합중국 역사상 유사 사례를 찾기 힘든 유형의 분쟁으로 이어지기까지 수년 동안 열정적이고 진지한 정치적 논쟁이 있었다. 남과 북 양측은 오랫동안 미국이 노예제라는 '특이한 제도'에 뿌리를 둔 국가로서, 이 문제를 둘러싸고 실제로 투쟁이 일어날 가능성이 있음을 예상해왔다. 노예제는 이 나라의 원죄로 묘사됐다. 저마다 느끼는 죄책감의 정도는 달랐지만 도덕적 차원에서 많은 이를 괴롭게 했다. 상당수가 노예를 소유하고 있었기 때문이다. 이들은 인종별 지역별로 이 나라가 어떻게 나뉠 수 있는지 이미 예상하고 있었다.

　남북전쟁이 발발하기 10년에서 15년 전 무렵, 이러한 불화의 속도가 빨라지며 노예제와 주state의 권리 문제가 미합중국 정치를 지배하는 이슈가 됐다. 1850년에 노예소유주가 북부로 도망친 노예를 반환받을 수 있도록 규정한 도망노예법이 제정됐고, 1854년에는 1820년의 미주리협정을 무효화시키고(미주리협정에서 미주리주 남부 경계인 북위 36도 30분 이북에는 노예주를 설치하지 않기로 타협했다-옮긴이) 노예제 허용 여부를 주민투표로 결정한다는 캔자스-네브라스카법을 제정했다. 1857년에는 흑인에 대한 수많은 헌법과 법적 권리를 부정하는 '드레드스콧 판결'이 내려졌으며, 1858년에는 에이브러햄 링컨과 스티븐 더글러스Stephen Douglas가 상원에서 논쟁을 벌였고, 1860년에는 나라의 운명을 가른 대통령 선거가 치러졌다. 불화가 더욱 심해진 것은 1846~1847년 미국-멕시코 전쟁에서 새 영토를 획득하면 서다. 새 영토가 주state로 연방에 편입되면서 노예주와 자유주 간 균형이 깨질 수 있다는 위기감이 형성되었다. 양측 모두 이를 각각의 미래에 대한 불길한 전조로 받아들였다. 그 결과 분리 논의가 더욱 확산되었고, 나라의 분리가 가능해 보였다.[24]

1840년대와 1850년대에 동요와 불안이 팽배했지만, 실제 전쟁 준비에 돌입한 것은 아니었다. 논쟁은 정치적이고 철학적으로 이루어졌다. 실제로 많은 노예제 폐지 운동이 평화적이고 이상적으로 전개되었다. 1850년대에 들어서서 무력 충돌 가능성이 이전보다 더 많이 고려되기는 했지만, 논쟁은 대체로 고상하고 추상적인 언어로 이루어졌다. 1859년 한 사설에서 프레더릭 더글러스Frederick Douglass가 "만약 연설로 노예제가 종식될 수 있다면 오래전에 그렇게 되었을 것"[25]이라며 필요하다면 전쟁의 가능성도 감수해야 한다고 주장한 것처럼 말이다. 분리주의자 대부분은 북부의 강력한 군사적 대응을 예상하지 못한 채 분리에 대한 열망을 키워나갔다.

1850년대 말 실제적 분리가 가시화될 무렵에도 이렇게 긴 전쟁이 일어나리라고는 아무도 예상하지 못했다. 점차 폭력이 본격화되어, 캔자스에서는 노예제 찬성파와 반대파가 직접 충돌했고, 1856년에는 그 악명 높은 사우스캐롤라이나 하원의원 프레스턴 브룩스Preston Brooks가 매사추세츠 주의회 상원의원 찰스 섬너Charles Sumner를 구타하는 사건이 일어났다. 1859년에는 급진적인 노예제 폐지론자 존 브라운John Brown이 (당시 버지니아주였던) 웨스트버지니아 하퍼스페리를 습격해 교수형에 처해졌다. 그래도 대규모 전쟁이 일어나리라고 생각한 사람은 거의 없었다. 남부에서는 존 브라운의 하퍼스페리 습격으로 형성된 일종의 자경주의自警主義가 확산했지만, 폭력에 대한 우려가 연방군이 의지를 관철하기 위해 남부를 점령할지도 모른다는 두려움으로 번지지는 않았다.[26] 제퍼슨 데이비스 남부연합 대통령이 회고록에 썼듯, 1861년에는 "전쟁이 일어나지 않을 것이라는 믿음이 지배적이었다. 설령 전쟁이 일어나더라도 단기간에 그칠 것"[27]이라는 분위기였다. 데이비스의 견해는 이와 달랐지만, 그 역시도 대량학살이 뒤따르리라고는 생각하지 못했기에 실제로 최종 사망자가 25만여 명에 이르렀을 때 "수많은 생명이 희생되었다"고 말할 정도였다.[28] 링컨은 노예제의 확산 정도를 확인하고, 남부에 노예제를 무기한 용인하는 대가를 치르고서라도 분리와 전쟁을 피할 방법을 찾으려고 했다.[29] 민병대 운동은 더욱 호소력을 얻었다. 하지만 주 내에 국한되었을 뿐 조직화된 군사적 대비로 이어지지는 못했다.[30]

1861년 3월 4일, 제임스 뷰캐넌James Buchanan에서 링컨으로 대통령이 바뀌었을 당시, 북부연방군 병력은 2만 명 미만이었고, 광대한 전국 영토에 분산 배치되어 있었다. 미시시피강 동쪽 병력은 4000명도 되지 않았다.[31] 맥퍼슨이 썼듯 실제로 "1860~1861년에 걸친 겨울 동안 가장 강력한 군대는 분리 독립한 주의 민병대"였다.[32] 북부연방군에는 이전 전투에서 여단 이상 규모의 병력을 지휘한 경험이 있는 장교가 둘뿐이었다. 심지어 둘 다 일흔이 넘었다. 윈필드 스콧 총사령관은 당시 74세였는데, 회의 중 잠들 정도로 노화 징후가 여실히 드러났다. 북군은 참모진도, 전략도, 더 큰 병력을 동원할 계획도 없었다.[33] 심지어 정보망도 갖춰지지 않은 상태였다.[34] 전쟁부 직원은

93명이었고, 해군은 전투 준비가 되어 있지 않았다.

　웨스트포인트 생도들은 전략이나 당대 위대한 군사전략가 카를 폰 클라우제비츠의 이론보다 수학과 공학을 더 많이 공부했다. 쉽게, 적어도 빠르고 영광스럽게 이루어낸 미국-멕시코 전쟁의 승리 경험은 아마도 이들의 집단사고에 많은 영향을 미쳤을 것이다. 역사가이자 전략가인 러셀 와이글리Russell Weigley가 주장했듯이, 당대 가장 유명한 군사 문서에조차 전략이 개념화되어 있지 않았다. 이 문서는 미래의 중요한 북군 장군이 쓴 것이었는데, 그는 전략을 승리로 갈 수 있는 길이 아닌 전투에 대한 대비로 인식했다.[35] 역사가 스티븐 앰브로스Stephen Ambrose는 "대부분의 미국인처럼, 생도들은 전쟁이 승자가 패자의 수도로 진격해 점령하는 한 번의 대규모 전투로 끝날 것이라고 생각했다"고 썼다.[36] 남북전쟁 시기가 전투 역학과 결과를 예측하는 현대식 컴퓨터 분석 방법이 개발되기 전이기는 했지만, 상대적으로 비슷한 규모와 장비를 갖춘 두 대규모 병력이 한쪽이 완전히 무력해질 때까지 총력전을 펼칠 때 어떤 결과가 초래될지를 그 누구도 직관적으로 예측하지 못했다는 점은 의아하다.

　북부가 당시 정치 상황을 앞서 군사적 준비에 돌입하기는 사실상 불가능했을 것이다. 링컨은 분리주의자들을 자극하지 않으려고 임기 초기 몇 주 동안 북부의 군대를 정비할 시도조차 하지 않았다.[37] 그는 전쟁을 막거나 적어도 전쟁을 피하려고 남부에 마지막 기회를 주는 데 전력을 쏟았다. 1861년 4월 링컨이 참모 존 헤이John Hay에게 "내 정책은 정책이 없는 것"이라고 말한 데서 이를 알 수 있다. 링컨과 그의 오랜 숙적인 스티븐 더글러스는 섬터 요새가 남부군에 함락되어 미합중국기가 내려진 당일인 1861년 4월 14일 백악관에서 만남을 가졌다. 이날 회동에서 더 강력한 접근법을 제시한 사람은 더글러스였다. 노예제를 놓고 그들이 정책적으로 대립했다는 점을 고려하면 아이러니하다. 더글러스는 의회에 병력 7만 5000명에 대한 자금을 요청할 계획이었던 링컨에게 20만 명에 대한 자금을 요청하도록 제안했다. 링컨은 국가에서 일어나고 있는 일을 주도하기는커녕 전쟁이 어떻게 전개될지, 군 통수권자로서 이를 어떻게 수행해야 할지 파악하지 못했다.[38] 그는 분리 요구를 새로 설립된 남부연합 내의 목소리가 큰 소수가 주도하는 일시적 반란으로 이해하고 있었다(당시 이러한 여론이 지배적이었다). 그래서 상황이 일단락되면 소수파는 연방을 지지하는 현명한 다수의 남부인, 즉 침묵하는 다수에 의해 정치적으로 제압될 것이라고 생각했다.[39] 링컨은 대통령 취임 전인 1861년 1월, 한 방문객에게 "불만을 품은 주를 상대로 미합중국의 법을 집행하는 데 두세 연대 이상의 병력은 필요할 것 같지 않다"[40]고 말했고, 1860년 대통령 선거운동에서도 "남부 사람들은 정부를 망치기에는 너무도 분별력 있고 기질이 훌륭하다. 적어도 나는 그러기를 바라며 믿고 있다"[41]고 발언했다.

물론 링컨이 전쟁 가능성을 간과한 것은 아니다. 그는 전투가 실제로 시작되면 남부는 만만치 않은 적수가 될 것임을 인지하고 있었다.[42] 그런데도 링컨과 그의 참모진은 전쟁이 시작되기 전에, 이 전쟁의 본질은 무엇이며 승리하기 위해선 어떤 전략과 관련 노력이 필요한지를 진지하게 고려하지 않았다. 링컨에게는 다른 걱정거리가 있었다. 국가의 근본적인 정체성과 목적, 성격이 위태로웠기 때문이다.⁴³ 그는 분리주의자들이 연방으로부터 위험을 느끼지 않게 하는 데 심혈을 기울였다. 먼저 행동하여 분리를 기정사실화할 구실을 주지 않기 위해서였고, 델라웨어, 메릴랜드, 켄터키, 미주리, 이후의 웨스트버지니아 같은 중요 경계주에서 분리주의자에 대한 공감대가 확산되는 것을 방지하기 위해서였다. 링컨은 이러한 생각을 1861년 3월 4일 취임연설에서 밝혔다.

> 유혈사태나 폭력이 수반되어서는 안 된다. 국가 권위를 강요하게 하는 사건이 일어나지 않는 한 그런 일은 일어나지 않을 것이다. 내게 부여된 권력은 정부 소유의 재산과 토지를 보호하고 점유하고 소유하며, 관세와 각종 세금을 징수하는 데 사용될 것이다. 이러한 목적에 필요한 경우가 아니라면 어디에서도 국민을 향해 무력을 행사하는 일은 없을 것이다.⁴⁴

그가 1865년 3월 4일 2기 취임연설에서 밝혔듯 "어느 쪽도 그렇게 일어난 전쟁이 이처럼 규모가 크고 이처럼 오래 계속되리라고는 예상하지 못했다."⁴⁵

링컨이 전쟁 계획을 깊이 고민하거나 많은 시간을 할애해 (어느 경우에도 존재하지 않는) 세부 전쟁게임 war game (전쟁을 시뮬레이션해보는 것-옮긴이)을 수행하지 않았다고 비난하기는 어렵다. 그는 전쟁의 정치에 끈질기게 매달렸다. 정치는 군사적 차원에서도 필수적인 부분이었다. 5개 경계주가 결속력을 유지하며 연방에 잔류할지 여부와, 남부연합 내 연방주의자들이 분리와 갈등을 종식할 수 있을지 여부가 전투의 전개 방향을 결정짓는 문제였다. 이런 상황인데도 그가 군사적 대비에 무심했다는 건 확실하다. 1861년 7월 4일 링컨은 하원 연설에서 '단기간의 결정적 전투'로 전쟁을 끝내기 위해 40만 명 이상의 병력에 대한 자금을 요청하면서 '반란 진압suppressing the rebellion'이라는 문구를 사용했다. 앞으로 펼쳐질 전역의 본질에 대한 그의 본심 혹은 바람이 이 문구에 드러난 것이다.[46] '반란'이라는 표현은 분리의 합법성 또는 남부연합의 지위를 인정하지 않겠다는 그의 일관되고 확고한 생각에 근거했다. 그리고 그가 선택한 단어인 '진압'에는 전쟁이 비교적 단기간의 노력으로 끝날 것으로 예상한다는 의미가 담겼다. 하지만 그 무렵 몇 달 동안 일리노이에 신규 무기 생산 공장 건설이 승인[47]된 걸 보면, 그도 전쟁이 '쉽게 끝날 것'이라고 기대한 건 아닌 듯하다. 그러나 대통령은 앞으로 펼쳐질 사건의 본질을 명확히 파악하지 못했다.

전쟁부 장관 인선 역시 링컨의 이러한 상황 인식을 보여준다. 링컨은 재무장관이 되기를 원했던 사이먼 캐머런Simon Cameron(명망이 높진 않았지만 영향력이 컸다)에게 일종의 '위로의 포상' 차원에서 전쟁부와 내무부 중 하나를 선택하게 했다. 이때 링컨은 자신의 의사는 드러내지 않았다. 안타깝게도 캐머런은 연방을 위해 전쟁부를 선택했다. 캐머런은 자신의 리더십을 둘러싸고 사기와 부패 혐의가 제기됨에도 1861년 나머지 기간에 전쟁부를 이끌었고, 연방이 전속력으로 전진해야 하는 중요한 시기에 북군의 군사 준비에 난항을 겪게 했다. 링컨의 전기작가 데이비드 허버트 도널드David Herbert Donald의 표현을 빌리면, "전쟁부 장관 임명은 링컨이 전쟁을 얼마나 막연하게 생각하고 있었는지를 보여주는"[48] 것이었다.

한편 분리 독립한 주들은 '연방 탈퇴'라는 중대한 결정을 내리고 연합국을 세운 뒤, 이러한 행위로 초래될 장기전을 준비하기 시작했다. 남부 주들이 연방을 탈퇴하며 선전포고를 한 건 아니다. 이들은 자신들이 선택한 삶의 방식을 제지하지 않을 것만 요구했다. 따라서 오늘날에도 남부에서는 '북부의 침략 전쟁war of northern aggression'이라는 표현이 쓰인다. 남부에는 북부의 자기결정권 침해와 부당한 괴롭힘이라는 자만심 넘치고 독선적인 생각이 만연했고, 이러한 태도는 남부 백인 인구의 3배가 넘는 주들과 치를 전쟁에 대한 극도의 낙관적 전망으로 이어졌다. 많은 남부인은 자신들이 북부보다 용감하고 고결하며 싸움 능력도 우월하다고 믿었다. 버지니아주의 자랑스러운 유산(많은 대통령의 출생지이자 고향이라는 사실)은 그 상당한 경제력과 더불어 이러한 서사를 강화했다. 게다가 남부인들은 외국으로부터 어느 정도 지원도 기대했다. 이는 자신들의 면화가 세계 시장의 필수재라는 믿음에서 비롯된 것인데, 기대와 달리 이집트와 인도 등 다른 국가에서도 면화 공급이 가능하다는 점이 드러났다.

로버트 리는 전쟁을 보다 현실적으로 전망했다. 그러나 그는 예외에 불과했다. 그의 부관 월터 테일러Walter Taylor가 말했듯, 리만이 유일하게 "전쟁의 장기화와 유혈이 낭자한 참혹함을 진지하게 우려했고, 90일 내에 적들을 지구에서 쓸어버리겠다는 양측의 가볍기 그지없는 발언을 어리석은 허풍으로 보았다."[49] 하지만 그런 리조차도 적어도 1863년 7월 게티즈버그 전투의 여파가 미치기 전까지는, 남부가 승리하여 신생국가의 독립을 유지할 수 있게 될 거라고 믿었던 것 같다.

이처럼 남부에 만연했던 우월감과 이에 따른 과신은 다음에서 다룰 1861년 7월 21일 1차 매너서스 전투에서 준비가 덜 된 북부연방을 상대로 남부연합이 승리를 거두던 전쟁 초기에 점차 강화되었다.[50] 게다가 셸비 풋Shelby Foote이 언급했듯, "남부는 미국 독립혁명이라는 자랑스러운 역사의 무대였기에, 반란에 대해 승산이 있다고 판단"했다.[51]

본질적으로 19세기 미국은 평화로운 나라가 아니었다. 건국 초기, 북아메리카 동부 해안 지역 일부만을 차지하고 있던 나라가 확장돼가는 시기였고, 그 과정에서 많은 폭력이 수반되었다. 처음에는 영국에 대항한 독립전쟁, 그다음에는 인디언전쟁, 마지막으로는 멕시코, 스페인과의 전쟁에서 그랬다. 역사가이자 전략가인 로버트 케이건Robert Kagan은 이 시기의 미국을 '위험한 국가dangerous nation'라고 불렀다. 그러나 이 과정에 동반된 폭력 수준과 군사 동원은 다가올 남북전쟁에 비하면 새 발의 피였다. 남북전쟁 당시 미국이 동원한 군대의 병력 규모는 세계대전이 일어나기 전까지 최대 규모였다. 피해 수준도 남달랐다. 남북전쟁 이전과 1차 세계대전 이전에 치른 전쟁들에서 사망한 미국인은 각각 수천 명 미만이었다.[52] 제임스 맥퍼슨James McPherson이 말했듯, "1861년, 많은 미국인은 전쟁을 낭만적이고 짜릿한 모험으로 여겼다." 그는 1861년 남부연합의 군사 동원을 이렇게 표현했다. "단기간에 치르는 영광스러운 전쟁을 예상했던 남부 청년들은 즐거운 경험의 기회를 놓치지 않으려고 서둘러 군에 합류했다."[53]

전쟁 초기에 팽배했던 전투의 전개 방향에 대한 과신이나 순진한 낙관은 총격이 시작되고 얼마 지나지 않아 사라졌다. 율리시스 그랜트가 자신은 물론 많은 사람이 적어도 1862년 4월 테네시에서 벌어진 샤일로 전투battle of Shiloh 이전까지는 비교적 단기간에 전쟁이 끝날 것으로 예상했다고 밝혔지만, 이미 양측은 대규모 군인 동원과 무기 생산에 힘쓰며 장기전을 대비하고 있었다.[54] 실제로 1861년 늦여름 무렵, 조지 매클렐런George McClellan 장군은 미적대다 준비를 지체시켰는데, 그의 극도로 신중한 성격은 과도한 자신감만큼이나 북부 연방에 해가 되었다. 하지만 1861년까지의 시간을 다시 읽고 재해석해보면 어느 쪽도 전쟁이 어떤 결과를 초래할지 전혀 짐작하지 못했다는 걸 알 수 있다.

일단 전쟁이 시작되자 양측 모두 놀라운 기개를 보여주었다. 각계각층의 많은 미국인이 이 끔찍한 전쟁에 뛰어들었다.[55] 양측은 각자의 윤리와 종교, 문화와 삶의 방식에 대한 애착 그리고 이 전쟁에서 뭔가를 얻으려면 상당한 희생을 각오해야 한다는 공통된 신념에서 강력한 동기를 찾았다.[56] 그러나 전장에서의 희생은 그들이나 그들의 지도자들이 예상했던 것과는 달랐다. 브루스 캐튼은 약간의 상상력을 가미해 전쟁 초기 군인들 사이에 만연했던 분위기를 다음과 같이 극적인 서술로 포착했다.

> 전쟁이 시작되었을 무렵, 군에는 활기찬 기운이 가득했다. 전쟁에 대한 모든 환상이 먼지에 덮여 흐릿해진 지금, 젊은이들이 순진하게도 위대한 모험이 바로 앞에 펼쳐져 있다고 믿으며 모험에 나서듯 열정적이고 가벼운 마음으로 전쟁에 나섰다는 점은 간과되기 쉽다. 그들은 모두 자신이

원해서 전쟁에 나섰다. 하나같이 순진하게도 현실이 어떻게 될지 제대로 인식하지 못했기 때문이었다. 그렇다고 해서 자원입대했다는 사실이 바뀌지는 않는다. 바운티 점퍼bounty jumper(남북전쟁 당시 입대 지원금만 받고 도망친 지원병-옮긴이)와 징집병은 아직 등장하기 전이었다. 이 시기의 군대는 청년들로 이루어졌으며, 이들은 의식적으로 용기 있게 행동하려 노력했고, 군인으로서 고결한 낭만을 향해 진군한다고 확신했다. 자신들의 천진한 꿈을 좇으며 감성적이며 진실한 마음으로 깃발을 들었다.[57]

셸비 풋도 이와 비슷하게 서술했다.

주의 권리와 북부연방에 대한 여러 논의가 있었는데도, 양측 남성들은 거의 똑같은 이유로 군에 자원했다. 영광이나 희열을 추구하기 위해서거나 두려움을 떨치기 위한 경우도 있었지만, 대부분은 마땅히 해야 할 일이라고 느꼈다. 그러나 그들 모두 준비가 부족했고 자신들이 마주하게 될 미래에 대해 무지했다. 모두 전쟁이 단기전으로 끝날 것이라는 믿음을 공유하고 있었다. 그리하여 자신들이 참전하기 전에 전쟁이 끝날까 염려하며 입대를 서두른 이들도 있었다.[58]

현실성과 기간, 전투 비용에 대한 깊은 통찰이 있었다면 이런 식으로 전쟁이 시작되지는 않았을 것이다. 아마도 링컨은 1861년 전쟁 발발의 유일한 촉매제였던 섬터 요새Fort Sumter를 강화하지 않기로 선택했을 것이다. 취임연설에서 남부에 대해 무력을 사용하지 않겠다고 맹세했고, 7개 주가 연방을 탈퇴해 연합국을 세운 이후에도 "유혈사태나 폭력이 수반되어서는 안 되며, 국가 권위를 강요하게 하는 사건이 일어나지 않는 한 그런 일은 일어나지 않을 것"이라고 그 의지를 재확인했듯이 말이다.[59] 그리고 대규모 지상전이 시작되기 전, 윈필드 스콧 장군에게 해안과 강을 봉쇄하고 통제해 남부를 경제적으로 압박하는 '아나콘다 전략'을 펼칠 기회를 주었을 것이다. 북부는 무모하게 적대행위를 시작하기 전에 진짜 군대를 편성했을 것이다.

무엇보다 남부 주들은 신생주에 노예제를 전파하는 기회를 잃더라도 연방에 잔류하는 데 만족했을 것이다. 그러나 노예제 폐지론이 더욱 힘을 얻어 남부에 이미 정착된 노예제 자체를 정면으로 겨냥할 가능성을 완전히 배제할 수는 없었을 것이다. 남부인 대부분은 대규모 노예소유주는 아니었지만, 노예제에 기반한 경제 모델을 개발하고 나라의 다른 많은 지역과 근본적으로 다른 사회 제도와 삶의 방식을 일궈나가고 있었다. 이러한 차이는 시간이 지나며 오히려 더 뚜렷해졌을 가능성이 크다.[60] 그러나 뒤이은 결과, 적어도 큰 범주에서 현실적으로 예측할 수 있었던 결과와 비교해볼 때, 노예제를 걸고 전쟁을 무릅쓴다는 결정은 비윤리적일 뿐 아니라 어리석은 판단으로 보인다.

이렇게 다양한 생각과 맥락을 염두에 두고 이제 전쟁을 연도별로 간략히 살펴보자. 개별 전투를 상세히 다루기보다는, 포괄적인 목적을 갖는 여러 전투를 연결해 전역과 전략에 초점을 맞추어 서술하겠다.

1861년의 전투들

1861년 4월 12일과 13일, 사우스캐롤라이나주 찰스턴의 섬터 요새에서 남북전쟁의 총격이 시작되었다. 에이브러햄 링컨이 미합중국의 16대 대통령(첫 공화당 출신)에 취임한 지 약 1달이 지났을 때였다. 분리 독립을 지지하는 주에 있던 연방 요새들을 이미 상실한 상태였지만, 링컨은 미합중국 대통령으로서 모든 요새를 통제해야 한다고 주장했다. 그리하여 그는 섬터 요새를 지키려 노력했고, 요새의 식량이 고갈되어가자 보급품을 공급할 계획을 세웠다. 해상으로 보급품이 도착할 것을 예상한 남군은 먼저 포격을 시작했고, 북군이 항복할 때까지 파상공격을 이어갔다. 양측은 서로 포격하며 대치했지만, 남군의 화력이 압도적이었기 때문에 대치는 길지 않았고, 다행히 사망자는 발생하지 않았다. 북군이 항복 후 연방기를 향해 예포를 발사하던 중 대포가 폭발해 병사 2명이 목숨을 잃는 사고가 있긴 했지만 말이다.[61] 이 전투 결과, 북부에서는 친링컨, 친연방 정서가 강화되었다. 링컨의 맞수였던 스티븐 더글러스조차 죽기 불과 몇 주 전 연방 지지를 호소하는 열정적인 연설을 할 정도였다. 로버트 리는 북부연방군 총사령관이 되어달라는 링컨 행정부의 제안을 거절하고 미합중국 육군을 사직한 뒤 곧 남부연합군에 합류했다. 이후 북부연방은 세금 체납을 이유로 버지니아주 알링턴에 있는 리의 집을 압류했다. 이곳은 훗날 알링턴 국립묘지가 된다.[62]

남부의 분리는 전쟁 발발 몇 달 전인 1860년 12월 20일 사우스캐롤라이나가 연방을 탈퇴하면서 시작되었다(이때는 링컨이 대통령으로 당선되고 아직 취임하기 전이다). 이러한 움직임은 새해 초에도 이어져 2월 1일까지 미시시피, 플로리다, 앨라배마, 조지아, 루이지애나, 텍사스의 6개 주가 추가로 연방을 탈퇴했다. 그리고 그달 말 남부연합이 공식 결성되었고, 그해 봄에서 초여름 사이 아칸소, 노스캐롤라이나, 버지니아, 테네시가 이에 합류하였다.

그래도 링컨은 북부가 먼저 전쟁의 총성을 울리지는 않겠다는 목표로 문제에 접근했다. 남부 역시 그러지 않길 바랐다. 적어도 북부가 침략자라는 인식만큼은 생겨나지 않도록 하려 했다. 앞서 언급했듯, 링컨은 남부에도 침묵하는 친연방 정서가 있을 거라 생각했다. 일단 전쟁이 어리석은 짓임을 인지하면 연방으로의 복귀가 평화롭게 이뤄질 것이라 기대했다.[63] 이러한 조치에는 남부와 북부 두 지역에서 모두 정치적으로 올바른 역할을 함으로써 연방을 빠르게 회복하려는 목적이 있었다. 그러나 그 생각은 남부에 대한 지나친 기대였음이 판명되었다.

이러한 링컨의 전략은 오히려 전쟁을 지지하는 북부 정서를 자극했다. 그는 연방 탈퇴를 선택하진 않았지만 언제든 그럴 수 있는 (노예제를 시행하는) 경계주들을 주시했다. 신이 연방의 편이기를 바라며 "켄터키를 우리 편으로 확보해야 한다"고 한 유명한 발언은 이러한 맥락에서 나온 것이다.[64] 링컨은 지리적 이유로 메릴랜드도 필요로 했다. 이후 4년 동안 경계주들을 연방에 잔류하게 한 것은 그의 위대한 성공 전략 중 하나로 평가된다.

그 후 몇 달 동안, 남군과 북군 사이에 몇 차례 제한적인 교전이 있었다. 대부분은 지리적으로 북부와 남부가 면한 곳이었다. 남부연합은 8월의 미주리주 윌슨스 크릭 전투Battles at Wilson's Creek와 10월 버지니아주 리스버그 근교에서 벌어진 볼스 블러프 전투Battles at Ball's Bluff로 세를 확장했다. 그러나 7월부터 북군은 곧 신생주 웨스트버지니아가 될 지역에서 남부연합을 몰아냈고, 그 후 그 지역을 탈환하려는 남부의 온갖 노력에 저항했다.65 이상의 전투들과 버지니아주의 연방 탈퇴로 인해, 새로이 웨스트버지니아주를 만드는 공식 절차에 필요한 법적 전제 조건이 충족되었다. 이는 그전까지 전쟁전략가가 아닌 철도계 인사로 명망이 높던 34세의 조지 매클렐런에게 성공의 기회가 된다. 워싱턴의 주목을 받아 빠르게 승진할 발판이 마련된 것이다. 이후 그는 포토맥군의 사령관에 임명되고, 뒤이어 북부연방군 총사령관을 맡는다.66

남북전쟁의 첫 번째 대규모 전투는 7월 21일에 벌어진 제1차 매너서스/불런Manassas/Bull Run(남부에서는 매너서스 전투, 북부에서는 불런 전투라고 부름-옮긴이) 전투였다. 이 시기에 버지니아주 리치먼드가 앨라배마주 몽고메리의 뒤를 이어 남부연합의 수도가 되었다. 그리하여 남군 핵심 부대가 전투에 참가할 때 기차로 이동하는 것처럼 제퍼슨 데이비스도 전투를 참관하기 위해 기차로 이동할 수 있었다. 이 무렵, 양측은 워싱턴 D.C., 버지니아 북부 및 그 주변 지역의 주요 지형과 교통망 통제권을 확보하기 위해 상당한 병력을 조직한 상태였다. 북부연방군은 남부연합의 수도에서 약 48킬로미터 떨어진 곳에 남부연합 병력이 집결한 것을 알았고, 그들에 맞서기 위해 워싱턴을 출발했다.

이 전투는 양측이 서로 상대의 기개를 시험한 장이었다. 그 여파로 이 전쟁이 굉장히 힘든 싸움을 동반한 진정한 투쟁이 될 것이라는 인식이 생겨나게 된다. 유명한 링컨 전기작가 칼 샌드버그Carl Sandberg는 당시의 분위기를 이렇게 서술했다. "1861년 7월 21일 일요일에 벌어진 불런 전투는 열기가 뜨거운 대규모 대중 스포츠 이벤트 같았다. 사전에 날짜와 장소가 발표되었고, 구경꾼 무리가 전투를 직접 보려고 점심 도시락 바구니를 들고 소풍 가듯 현장으로 향했다."[67] 그러나 축제 같은 분위기는 금세 사라졌다. 남북전쟁 전문가로 유명한 역사가 셸비 풋이 썼듯 "찬란한 책략과 개인의 용맹함에 대한 낭만적인 선입견은 거의 실현되지 않았다."[68] 양측에서 약 2만여 명의 병사가 싸웠고, 사망자는 600명, 부상자는 최소 1000명 정도 발생한 것으로 추산된다. 북군 지휘관은 어빈 맥도웰Irvin McDowell이었고, 남군은 피에르 보우리가드Pierre Beauregard가 상급 지휘관 조지프 존스턴Joseph Johnston과 함께 전투를 지휘했다. 남북전쟁이 진행되며 다른 인물들, 즉 북부연방 측에서는 앰브로즈 번사이드Ambrose Burnside, 윌리엄 셔먼, 올리버 하워드Oliver Howard가, 남부연합 측에서는 '스톤월' 잭슨과 제브 스튜어트가 등장해 유명해진다.

처음에는 북군이 새벽에 기동해 공격하는 영리한 전술로 승기를 잡았다. 북군이 이 기세를 몰아 하루 이틀 더 빨리 공격했다면 이 전투를 승리로 이끌었을 수도 있다. 그러나 남부연합의 장군들은 초기 실패에 굴하지 않고 병력을 재배치했다. 때맞춰 증원군까지 합류했다. 이들은 목숨을 아끼지 않고 싸웠다. 이 전투에서 '스톤월' 잭슨과 그의 휘하 여단은 집요하게 버텼다(돌벽stonewall이라는 별칭은 이때 얻었다). 이와 대조적으로 북부연방군은 상황이 어려워지자 제대로 싸우지 않았다. 예정된 복무 기간인 90일이 다 되어가는 병사들이 특히 그랬다. 북부연방군이 보여준 형편없는 결과로 맥도웰 장군은 해임됐고, 그 자리는 젊고 거만한 매클렐런으로 대체되었다.[69]

이 전투 결과, 남부는 고유한 전사 문화의 우월성을 확인하고, 전쟁을 시작한 명분이 정의롭다는 믿음을 강화할 수 있었다. 그러나 이 전투는 사실상 어느 한 편이 확실한 승리를 거둔 것이 아닌 접전이었다. 북군 전체가 이 여파로 무너진 것도 아니었다.[70]

1861년, 북군은 미래의 웨스트버지니아주 너머 지역에서 (과소평가되곤 하는) 몇 가지 성공을 거두었다. 특히 북부연방의 해상 봉쇄가 성과를 내기 시작했다. 봉쇄는 1861년 여름에 시작되었다. 북부연방 해군은 증기 추진 함선이 예측할 수 없는 경로로 항해하면서 강선포로 공격하면, 남군의 육상 포격 위험에서 벗어날 수 있고, 보초도堡礁島 등지의 남군 요새를 효과적으로 격파할 수 있다는 사실을 깨달았다.. 8월, 북군은 몇몇 섬과 작은 항구를 점령하기 시작했고, 점차 남진하여 그해 11월에는 사우스캐롤라이나의 로열항Port Royal을 점령했다. 겨울과 1862년 초에 이르러서는 더 남쪽의 플로리다에 이르렀다. 이렇게 남진한 덕분에 북군은 인근 본토 영토를 확보하진 못하더라도 남부연합 영토를 봉쇄하기 위한 연료 보급소와 기지를 개발할 수 있었다.[71] 그러나 이러한 공격 방식에는 한계가 있었다. 1863년 4월 7일, 찰스턴항과 같은 견고한 육상 요새에 대한 포격은 실패로 끝났고, 이후의 해상 공격으로도 이를 함락하지 못했다. (찰스턴항이 함락된 것은 1865년 셔먼 장군이 진입하면서였다.)[72] 그래도 이러한 공격으로 북군은 봉쇄 작전을 제대로 수행하고 유지하는 데 필요한 거점

기지들을 효과적으로 확보했다.[73] 그 결과, 남부는 면화 수출이 전쟁 전에 비해 10분의 1 가까이 감소했다. 물론 북부가 그러한 효과를 얻기까지는 상당한 시간이 걸렸다.[74]

이상의 상황을 제외하면 1861년은 뒤이어 전개될 대규모 전역을 위해 병력과 물자를 동원하며 준비 태세를 갖춘 해였다. 병력 동원을 위해 양측 모두 다양한 인센티브제도, 3개월에서 3년까지의 다양한 복무 조건 등을 내세웠고, 많은 군인을 모집했다. 징병제는 아직 어느 쪽에서도 시행되지 않았다. 그해 양측은 군인 수십만으로 부대를 형성했다. 남부연합은 모병 연령대의 백인 남성 수가 북부연방의 3분의 1에 불과했지만, 이후 그 어느 때보다 더 효과적으로 북군에 근접한 인력을 확보했다. 초창기 북군은 복무 기간을 3개월로 한정한 법 때문에 어려움을 겪었다. 앞서 말한 무능한 전쟁부 장관이 이끌던 시기였다.[75]

물자 동원을 위해 무기와 기타 주요 물품 생산 산업도 시작되었다. 이 영역에서는 북부가 압도적으로 유리했다. 구체적인 예를 살펴보면, 1860년 당시 미국 총기의 97퍼센트, 신발, 철, 기관차 및 기타 주요 전쟁 수행의 핵심 요소의 90퍼센트 이상이 북부에서 생산되고 있었다. 남북전쟁 당시 여러 혁신도 이뤄졌다. 미합중국 최초로 연방소득세가 도입되었는데 이는 자금 조달 및 군비 확장을 위해서였다(1861년 북부연방 정부는 전쟁 비용 충당을 위해 급여 및 이자와 배당 소득에 세금을 부과하는 소득세제를 도입했고, 이는 1872년 폐지되었다-옮긴이).

남부연합은 일부 산업을 발전시켰고, 북군의 해군 봉쇄선을 통과할 수 있는 규모로 외국에서 물자를 들여왔다. 또한 자국 영토 내

연방 병기창에서 무기를 탈취했다. 이렇게 열세를 만회하고자 했다. 남부연합의 병기국장 조시아 고가스Josiah Gorgas는 이러한 노력으로 찬사를 받았다. 그러나 이후 4년 동안 남군의 승리 확률은 가파르게 낮아져갔다.[76]

링컨은 경계주를 연방에 잔류하게 하는 방법을 신중히 모색했고, 유럽 강국들이 이 전쟁에 개입하지 못하게 하는 데 성공했다(유럽 강국들은 남부에서 생산되는 면화에 눈독을 들였고, 독립전쟁의 결과에 대해 일부 국가가 계속 적의를 표하고 있던 상황이었는데도 말이다). 링컨은 이러한 목적을 달성하기 위해 연방 해군이 만든 위기를 해결해야 했다. 그 위기란 11월, U.S.S. 샌재신토San Jacinto호가 카리브해 지역에서 영국 선박 트렌트Trent호를 세워 영국과 프랑스로 향하는 남부연합 사절 두 명을 억류한 일이다. 영국은 억류자들을 즉시 영국으로 인도하지 않으면 전쟁을 선포하겠다고 위협했고, 링컨은 석방 결정을 내렸다. 이에 대해 이의가 제기되자 "전쟁은 한 번에 하나 치르기도 벅차다One war at a time"며 반박했다.

1862년, 전쟁의 고난이 시작되다

1862년은 남북전쟁이 아무리 상상력을 발휘해도 단기간에 끝나리라는 전망이 요원하다는 사실이 분명해진 해였다. 또한 암묵적이든 명시적이든 양측이 전략적으로 집중하기 시작한 해이기도 하다. 크게 한 방을 날려 상대를 무너뜨린다는 기대로 흥분했던 나날은 지났다. 이제는 좀 더 진지하게 접근해야 할 때라는 생각이 퍼져갔다.

남부는 현실을 감안한 목표를 세웠다. 북부연방의 수도 워싱턴 점령이나 링컨 생포 같은 가능성 낮은 목표 대신, 리치먼드 수호와 남부연합의 주요 영토 및 군대 방어에 집중했다. 그러면서도 교묘한 전략과 기세로 전장에서 승리를 거두어 북군의 전투 의지를 꺾고자 했다. 이러한 접근법은 어느 정도 효과를 거두었다.

북부의 경우, 아직 장군들에게까지 공감대가 형성되진 않았지만, 적어도 링컨의 마음속에서는 설령 일부 전투에서 패배하더라도 인력과 물자의 엄청난 이점을 이용해 남부를 지치게 한다는 목표가 점차 구체화되고 있었다. 윈필드 스콧 장군의 아나콘다 전략은 1862년에 더욱 성공적으로 수행되었다. 북부연방군은 남부연합이 내부적으로나 외부적으로나 단절되도록 남부를 여러 지역으로 분할하고자 했다. 이러한 전략은 비교적 초기에는 테네시주를 비롯해 더 넓은 미시시피강 지역에서 성공을 거두었다. 북부연방은 구조적으로 유리한 요인이 충분했고, 점차 전장 상황도 북부의 성공을 예고했다. 물론 전투를 이끌 적절한 지휘관을 찾고 전쟁을 종식하겠다는 정치적 결의를 유지해야 가능한 일이었다.

먼저 서부전선을 생각해보자. 중요한 조치는 미시시피강과 테네시강, 컴벌랜드강, 오하이오강 등 주요 강 인근에서 이루어졌다. 테네시강과 컴벌랜드강, 오하이오강은 서쪽이나 북쪽으로 흐르다가 미시시피강에 합류해 하나의 지류를 형성한다. 이 강들은 경제적 이유뿐 아니라 군사적으로도 중요했다. 이 지역은 동부보다 도로망과 철도망 개발이 더뎠다. 따라서 이 강들이 넓고 숲이 우거진 지역을 통과하는 교통의 동맥과 다름없었다. 북군의 초기 핵심 근거지는 오하이오강이 미시시피강에 합류하는 지점이자 강 너머로 미주리주와 면해 있는 일리노이주 케이로였다.

애팔래치아산맥에서부터 미주리주 오자크 고원까지 펼쳐진 이 지역 전체에 약 5만 명의 남군이 배치되어 있었다. 앨버트 시드니 존스턴Albert Sidney Johnston 장군이 이들을 지휘했다. 같은 지역에 배치된 북군 병력은 10만 명을 약간 상회했으며, 미주리에서 컴벌랜드강까지는 헨리 할렉Henry Halleck 장군이, 컴벌랜드강 동쪽은 돈 카를로스 부엘Don Carlos Buell 장군이 이끌었다. 신중한 성격의 할렉 장군 휘하에는 1854년 음주 문제로 평판이 나빠져 군을 떠났다가 재입대한 대담한 장교 율리시스 그랜트가 있었다.

초기 군 장병들과 군 지도자들의 자질은 천차만별이었다. 그래도 대체로 평범했다. 전쟁 초기에는 병사를 모집할 때 애국심을 자극했고, 종종 현금 인센티브를 제공했다. 거의 모든 신병은 군사적 문제에 있어서 서투른 신출내기였다. 1862년을 거치며 이러한 현실은 점점 더 명백해졌고, 자원입대 제도 역시 병력 동원 측면에서 한계에 도달하고 있었다. 그리하여 1862년 봄, 남부연합은 입대 연령에 해당되는 남성이 최대 3년까지 복무하게 하는 징병법을 도입했고, 북부연방 또한 다음 해인 1863년 봄, 그보다는 기간이 짧지만 허술한 점이 많은 징병법을 시행했다.

1862년이 시작될 무렵, 당시 준장이던 그랜트는 켄터키와 테네시 경계로 흐르는 테네시강에 자리한 헨리 요새를 공격하는 계획을 수립하는 데 일조했다. 육군과 해군의 합동 작전이었다. 1862년 2월 북군은 남군 주둔지보다 훨씬 앞쪽에 있는 취약 지점을 공격해 성공했다. 남부연합의 앨버트 존스턴 장군이 매우 적은 병력으로 켄터키 전 지역의 방어선을 지켜야 하는 상황이었으니 이러한 결과가 그리 놀랍진 않았을 것이다. 남부연합이라는 새로운 정치 체제를 수호하려는 의지가 어떠했든 간에, 단 5만 명의 병력으로 테네시-켄터키 경계의 약 483킬로미터에 달하는 방어선을 지키는 것은 불가능에 가까운 임무였다. 실제로 북부연방군은 컴벌랜드강 근처 도넬슨 요새도 공격했고 성공을 거두었다.

1862년 봄, 앨버트 존스턴 휘하의 남부연합군은 계속 남쪽으로 후퇴하여 테네시와 미시시피 경계 바로 아래의 미시시피주 코린트까지 밀려났다.77 하지만 그곳에서 4만 명이 넘는 대규모 병력이 형성되었다. 보우리가드 장군 휘하의 군대와, 앨라배마주 모빌과 뉴올리언스에서 온 브랙스턴 브래그Braxton Bragg 휘하의 1만 5000명 병력이 합류한 것이다. 재편성은 물론 북상해 반격하는 계획도 세울 수 있는 규모였다. 그리하여 1862년 4월 6일부터 7일에 걸쳐 당시까지 가장 큰 전투인 샤일로 전투Battle of Shiloh가 벌어졌다. 남군은 테네시까지 북진하여 피츠버그 정선Pittsburgh Junction 항구 근처에 이르렀고, 그곳에서 북부 그랜트 장군의 부대는 부엘 장군 군대와 합세해 코린트에서 남군을 공격할 준비를 하고 있었다.

북부연방군은 자신들의 숙영지에 대한 공격에는 미처 대비하지 못했다. 숙영지를 남쪽으로 진군하는 과정의 중간 지점 정도로만 생각했기 때문에, 숙영지에서 자신들을 방어할 수 있는지도 깊이 생각하지 않았다. 따라서 북군은 남군의 공격에 몹시 당황했다. 이어진 싸움은 남북전쟁에 한 획을 그은 전투의 이름이 된 시골 교회(샤일로 교회) 근처에서 일어났다. 전투가 벌어진 이틀 사이의 밤 날씨는 끔찍했다. 그랜트에게는 야전병원의 두 배 정도 되는 실내 쉼터가 마련되었지만, 그 분위기가 너무도 음울해서 그는 담배 피울 장소를 찾아 비 내리는 밖으로 나섰다. 그곳에서 그를 발견한 셔먼 장군이 말했다. "참으로 끔찍한 날이었네, 그렇지?" 그러자 그랜트는 그 유명한 대답을 건넨다. "그러게 말일세. 내일은 이기겠지만."[78] 그의 자신감이 어디서 나온 것이었는지는 몰라도, 이 전투는 그랜트에게 남북전쟁이 길고도 힘들게 전개될 것임을 깨닫게 했다.[79]

둘째 날은 북군에게 유리하게 전개되었다. 밤사이 부엘의 지원군이 합류해, 북부연방군은 남군의 공격을 저지하고 마침내 남군을 물리칠 수 있었다. 이 전투에서 양측 모두 큰 손실을 입었다. 양측 합산 약 10만여 명(5만 명이 조금 넘는 북군과 약 4만 명의 남군) 중 사상자가 최소 2만여 명에 이르렀다.[80] 앨버트 존스턴 장군은 다리에 총상을 입고 출혈 끝에 사망했다. 남북전쟁의 양측 사망자 중 가장 높은 계급이었다.

샤일로 전투 결과, 북군은 계속 남하할 수 있었다. 할렉 장군 휘하의 당시 총병력 10만 명은 두 주요 철도 노선이 만나는 교차로인 코린트 근처의 남군 진지 쪽으로 진격했다. 남부연합군에도 증원군이 도착해 약 7만 명의 병력이 되었다. 그러나 여기저기서 끌어모은 병력인 탓에 지휘 체계가 제대로 작동하지 못했고, 심지어 전염병이 돌아 고통받기도 했다. 늦은 봄, 결국 남군은 코린트에서 철수할 수밖에 없었다. 이제 멤피스와 찰스턴, 모빌과 오하이오를 잇는, 남부연합의 유일한 주요 동서 철도 노선은 북군의 수중에 들어갔다.

북군은 멤피스와 뉴올리언스도 1862년 4월 함락했다. 뉴올리언스 함락은 1812년 전쟁으로 유명했던 60세 노장 데이비드 패러거트 David Farragut의 공이었다. 뉴올리언스에서 북군은 해군력의 우위를 누리고 있었다. 남부연합이 북군의 다른 모든 위협에 대비하느라 뉴올리언스를 직접 방어할 병력을 거의 투입하지 못했기 때문이기도 했다. 서부전선에서 북군의 가장 중요한 목표는 남군과 남부연합 경제에 다차원적 압박을 가하는 것이었다. 이는 남부연합의 연결을 끊어 여러 조각으로 분할시킨다는 전략과 일맥상통했다. 이미 서부전선에서는 북군 지휘관들이 병력과 물자의 우세를 인지하고는 전술적 실패도 개의치 않고 적을 압박하는 등 전선 전체를 무대로 작전을 세우고 행동하기 시작했다.

뉴올리언스 점령전에서 패러거트는 수심이 낮은 곳을 항해할 수 있는 함선으로 이루어진 소함대를 동원해 미시시피강에서 포격을 시작했다. 전투는 시간이 지나고 공간이 확장되며 치열해졌고, 충각 공격과 어뢰 같은 현대 해전의 요소들이 동원되었다. 마침내 북군은 소규모 함대로 1만 5000명을 도시로 수송할 수 있는 항로를 확보했다.[81] 배턴루지 요새 또한 북부연방에 점령되었다. 남부연합은 다방면에서 압박을 받고 있었다.[82]

그래서 1862년은 서부전선의 북군에게 매우 희망적인 해였다. 그러나 전면 승리까지는 아직 갈 길이 멀었다. 다음 해 여름까지 기다려야 했다. 북군은 여전히 긴 보급선, 켄터키까지 북상한 남부연합의 기습, 질병을 비롯해 여러 난관과 싸워야 했다. 그들은 그해 나머지 기간 동안 더 이상의 추진력을 얻지 못했다.

새해 전날 밤에 시작해 1863년 1월 2일까지 이어진, 그해 서부 전선의 큰 전투는 스톤스강과 머프리즈버러 주변 테네시 중부에서 교착상태에 빠졌다. 그곳에서 북부연방의 윌리엄 로즈크랜스William Rosecrans 장군과 남부연합의 브래그 장군은 그 핵심 주의 각 부분에 대한 통제를 강화하고자 했다. 이 전투는 1862년 가을 켄터키 페리빌 근처에서 일어난 전투에 이어진 것이다.[83] 최종 결과, 켄터키는 북부연방에 잔류하게 된다.

한편 동부 버지니아 전선에서는 상황이 더 어려워졌다. 샤일로 전투가 이 전쟁이 힘들 것이라는 신호였다면, 그해 봄과 초여름에 걸쳐 치러진 버지니아 전역은 그 신호가 사실임을 증명했다.

그렇다고 동부전선의 상황이 모두 북군에게 불리하게 전개된 것은 아니었다. 북부연방군은 뛰어난 수송 및 보급 능력을 보여주기 시작했다. 병참 장군 몽고메리 메이그스Montgomery Meigs와 링컨의 새 전쟁부 장관 에드윈 스탠턴Edwin Stanton의 노력이 결실을 맺기 시작한 것이다. 메이그스는 1861년 6월부터 합류했고, 스탠턴은 1862년 1월 형편없었던 사이먼 캐머런의 후임으로 임명되어 링컨의 강한 동맹이 되었다. 메이그스 휘하에서 군대 보급품에 대한 경쟁 입찰이 일상화되었다. 의복의 표준 사이즈가 도입되었고, 처음으로 새로운 신발 제작 방법이 고안되었으며, 2인용 A형 텐트pup tent가 발명되었다. 집에서 멀리 떠나와 두 전선에서 전투를 치르는 10만 명이 넘는 군인들이 하루에 소비하는 보급품은 수백 톤에 달하는 규모였기에, 이러한 혁신은 군대에 매우 중요한 영향을 미쳤다.[84] 그리고 이 시점까지 포토맥군은 신임 사령관 조지 매클렐런 휘하에서 조직력을 갖추었다.

그러나 매클렐런은 전투에서는 그다지 능력을 발휘하지 못했다. 그는 1862년 초에 훗날 악명을 떨치게 될 특성의 징후를 드러냈고, 사실상 압도적 우위를 점하기 전까지는 적과의 싸움을 피해 자신의 명성을 지키려는 듯 보였다. 매클렐런의 전기작가 스티븐 시어스Stephen Sears가 말했듯 "전쟁이 터지자, 조지 매클렐런은 악마와 망상에 사로잡힌"[85] 모습이었다. 이미 어려움을 겪어본 링컨은 1862년 3월 매클렐런을 미합중국 육군 총사령관직에서 해임했다. 다만 운명의 봄과 여름 동안 포토맥군 사령관직은 유임했다.

3월, 매클렐런은 1862년 전역 계획을 실행했다. 동쪽 측면에서 리치먼드를 공격하기 위해 배로 체서피크만을 내려가 버지니아의 제임스강과 요크강 사이의 반도에 10만 명이 넘는 병력을 상륙시켰다. 이번 전쟁에서도 해군이 중요한 역할을 했다. 이 작전에 앞서 벌어진 남군의 CSS 버지니아호와 북군의 U.S.S. 모니터호의 전투는 승부를 내지 못했고, 버지니아호는 전투 후 노퍽으로 철수했다. 따라서 남군 측에서는 체서피크만을 통한 병력 수송을 위협할 방법이 없었다.[86] 노퍽이 북군에 함락되면서 버지니아호는 5월에 침몰했고, 모니터호는 봉쇄 임무를 위해 남쪽으로 예인되던 중 바다에서 유실되었다. (양측은 이후 3년간 후속 함선을 계속 건조했다.[87])

매클렐런의 해상 수송 작전에는 배 400척이 동원되었고, 수송은 2주에 걸쳐 순탄하게 이뤄졌다.[88] 북군은 상륙 후 요크타운과 윌리엄스버그를 거쳐 육로로 리치먼드에 접근할 계획이었다. 공격군은 버지니아 프레더릭스버그에서 남하하는 어빈 맥도웰Irvin McDowell 장군 휘하의 3만 5000명과 합류할 예정이었다. 그러면 북부연방군은 조지프 존스턴 장군 휘하에서 리치먼드를 방어하고 있는 남군 총 병력의 두 배가 되는 셈이었다. 그러나 계획은 제대로 진행되지 않았다. 매클렐런은 군을 이끌고 몇 번의 난관을 겪으며 리치먼드 가까이 접근했지만 사실상 작전을 진척시키지 않고 머뭇댔다. 그는 이 전쟁에서 승리하는 데 필요한 열정이나 강인한 의지가 없음을 보여줬다. 수적으로 상당한 우위를 점하고 있었는데도 공격을 미루었고, 심지어 요크타운 근처에서는 4월 한 달 내내 아무것도 하지 않았다. 북군이 남군보다 수적 우세임을 그 자신도 확신하고 있었고, 실제로도 남군이 상당한 수적 열세였을 때였다.

객관적으로 볼 때, 뭔가를 진행하기 전에 조금 더 확인하는 신중한 자세가 잘못되었다고 하긴 어렵다. 특히 한쪽이 전체적인 힘의 우위를 점하고 있을 때는 더욱 그렇다.[89] 매클렐런은 준비 태세를 갖춘 요새를 공격하는 전투를 피하기 위해 예상 밖의 경로로 기동하여 리치먼드에 접근하고자 했다(이런 요새 공격은 남북전쟁 시기 많은 장군의 난관이었다). 이러한 판단은 자기 논리에 근거한 것이었다.[90] 정보도 그리 정확하지 않았다. 오늘날 우리는 역사책을 통해 남북전쟁의 전투에서 각 병력이 어떻게 배치됐는지 정확히 알고 있지만, 당시 지휘관이 실시간으로 전황을 정확히 파악하기는 힘들었다.

하지만 이 경우, 매클렐런은 북군의 사기를 저하하며 무력하게 시간을 허비하고 있었고, 북부연방의 정치 상황과 함께 보았을 때, 남부연합에 승리의 길을 내줄 위험이 있었다. 남부연합이 승리할 방법을 모색할 시간적 여유를 주고, 북군의 인내심과 전투 의지를 바닥나게 할 수 있었던 것이다. 리 장군이었다면 승승장구하고 있을 때 시간을 끄는 대신, 적의 군대에 강력한 일격을 가했을 수도 있다. 실제로 리는 자신이 임한 1862년 전역에서 수많은 성공을 거두었지만, 영광스럽고 결정적인 반격을 하기엔 자신에게 주어진 8만여 명의 병력이 턱없이 부족하여 실망을 표했다.[91]

링컨 대통령은 매클렐런에게 존경을 표했다. 그가 대통령에게 표한 것 이상이었다. 심지어 링컨은 매클렌런이 전쟁을 성공적으로 이끄는 데 도움이 된다면 "장군의 말고삐라도 잡겠다"[92]고 할 정도였다. 그러나 안타깝게도 군통수권자의 이러한 인내와 겸손은 보상받지 못했다. 매클렐런은 종종 병력 열세인 적에게 허를 찔렸고, 작전을 수행하며 나아가기보다는 힘든 싸움 뒤에 재정비를 이유로 물러나기 일쑤였다. 그의 이러한 특성은 리 장군이 수적 열세인 병력을 과감히 분할하는 계기가 되었다. 리는 매클렐런이 결정적인 기회를 감지하거나 이용하지 못할 것임을 파악했고, 종종 예상치 못한 방향에서 북군을 기습공격했다.

1862년 봄부터 여름까지 상황은 다음과 같이 전개되었다.

먼저, 링컨 대통령은 이 작전에 매우 조심스러운 입장이었던 것 같다. 그는 육로로 맥도웰 장군의 병력을 매클렐런에게 보내겠다는 생각을 바꾸었다. 리의 절묘한 작전 때문이었다. 리는 스톤월 잭슨 장군에게 1만 7000명의 병력을 이끌고 버지니아 서부 셰넌도어 계곡에서 도보와 열차까지 동원한 복잡한 기동 작전을 수행하게 했다. 잭슨은 아군의 2배에 달하는 북군을 상대로 다섯 차례 승리를 거두었다. 리의 이러한 성공에 북부연방 정부는 위기감을 느꼈다. 링컨은 리치먼드와 리 장군을 공략하겠다며 병력 증파를 요구한 매클렐런의 요청을 거절했고, 맥도웰에게 현 위치를 지키게 했다. (잭슨의 군대는 결국 리치먼드에 도착해 '7일 전투'를 치렀다.)

이러한 변화가 매클렐런 휘하 총병력 수뿐 아니라 기본 공격 계획에 대한 그의 자신감에도 영향을 미친 것 같다. 예상치 못한 전개에 폭우까지 내리자 요크타운 연안에 상륙한 매클렐런군은 어쩔 수 없이 리치먼드를 향해 천천히 진군했다. 그사이 남군은 진지의 준비 태세를 갖추었고, 지역 환경을 더 잘 이해한다는 이점을 활용해 양동작전 계획을 세웠다. 5월 말에 리치먼드 동부, 일명 세븐파인스 Seven Pines에서 전투가 벌어졌고, 그로부터 한 달 후에는 7일 전투가 일어났다.

그렇다고 해서 북군이 전역 중 어느 시점에서 무너졌다고 할 수는 없다. 사실 남군이 상당한 대담성을 보여주긴 했지만, 교전에서 리가 승리했다고 단언하기는 어렵다. 7일 전투의 양측 총 사상자는 3만여 명이며, 남군 측의 피해가 더 컸다. 그런데도 매클렐런은 남군을 공격하거나 리치먼드를 점령하겠다는 야심을 포기했고, 그 결과 북군의 전술적 성공조차 전략적 패배로 묻히게 되었다.[93] 매클렐런은 리 휘하에 실제의 몇 배인 20만여 명의 병력이 집결했을 가능성을 우려한 나머지, 어떠한 즉각적인 후속 조치도 취하지 않는 편이 낫다고 판단한 것이다.[94]

아이러니하게도 1862년 봄과 초여름에 걸쳐 리치먼드 근처에서 벌어진 이 전투의 결과를 남군의 전략적 패배로 볼 수도 있다. 저명한 남북전쟁 역사가 제임스 맥퍼슨은 로버트 리가 전쟁 초에 거둔 이러한 성공을 '심오한 아이러니profound irony'라고 지적했다. 매클렐런이 이 전역에서 리치먼드를 점령하여 데이비스와 남부연합 정부가 싸움을 포기할 수밖에 없었다고 가정해보자. 남북전쟁과 분리·독립을 둘러싼 갈등이 비교적 초창기인 이 시기에 봉합되었더라면, 노예제는 보존되었을 테고 남부연합의 11개 주는 이후 수년 혹은 수십 년 동안 자신들의 '특별한 제도'를 유지할 수 있었을 것이다. 그 시기 북부의 전쟁 목표는 남부연합 영토 내 노예제 폐지까지로 확대되지 않았기 때문이다.[95]

매클렐런의 군대는 총사령관 헨리 할렉의 명령에 따라 도착했을 때와 기본적으로 같은 방법으로 철수했다. 존 포프John Pope 휘하에 버지니아군Army of Virginia이라는 5만 명 규모의 새로운 부대가 구성되었다. 리 장군은 스톤월 잭슨에게 1만 2000명이라는 소규모 병력만을 주고 북으로 진격해 포프군을 공격하고 비옥한 셰넌도어 계곡을 위협하게 했다. 그리고 곧 지원군이 합류해 잭슨의 부대는 2배가 되었다. 반면 매클렐런군이 포프군을 지원한 병력은 소규모였던 데다 이마저도 늦게 도착했다.[96]

잭슨군과 포프군 일부는 8월 초 버지니아 북부 컬페퍼 바로 남쪽, 시더산에서 교전을 벌였다. (이 지역 지리에 익숙지 않은 독자를 위해 부연하면, 샬럿츠빌과 리치먼드 북쪽, 프레더릭스버그의 서쪽, 셰넌도어 계곡의 동쪽 지역이다.) 승부를 가리지 못한 채 끝난 이 전투에 이어, 8월 29~30일에 제2차 매너서스 전투 혹은 불런 전투가 벌어졌다. 공격적인 기동력을 자랑하는 잭슨군은 빠르게 진군하여 초기 셰넌도어 계곡 전역에서처럼 북군을 혼란에 빠뜨렸다. 제브 스튜어트 장군의 기병대는 북군에 혼란과 불안을 가중했다. 리는 다시 도박을 시도했다. 북군이 우물쭈물하며 공격하지 못할 거라 판단하고, 군을 분리해 리치먼드 지역 방어에 소수의 병력만을 남긴 것이다. 결국 남부연합군은 5만 4000명의 병력으로 북부연방군 6만 3000명을 물리쳤다. 이때 남군의 사상자는 9500명이었고, 북군은 사상자와 포로로 붙잡힌 인원을 모두 포함해 1만 4500명의 손실을 입었다.[97] 그러나 잭슨은 기동과 행군에서 놀라운 능력을 보여준 것과 달리, 전투에서는 전술적 공격 능력을 발휘하지 못했다. 덕분에 포프는 자신의 군대를 큰 피해 없이 보존할 수 있었다.[98]

한편, 이 무렵 링컨은 군통수권자로서 미합중국에 반기를 든 남부연합에 대응할 특권이 있다고 판단하고, 반란을 일으킨 주의 노예를 해방하는 명령을 내리기로 결정했다. 그러나 전장 상황으로 인해 한동안 분리주의 모든 노예를 법적으로 해방한다는 노예해방선언을 발표할 수는 없었다. 링컨은 이 명령에 신뢰성과 권위를 부여하기 위해서라도 승기를 잡아야 한다고 생각했다. 그리고 곧 좋은 기회를 갖게 된다.

2차 매너서스 전투 이후, 리는 메릴랜드를 목표로 삼았다. 이는 북부로 진격하며 벌인 두 개의 큰 도박 중 첫 번째 판이었다. 그는 포토맥강을 건너 메릴랜드주 프레더릭 근처로 군대를 이동시켰다(버지니아주 프레더릭스버그와는 다른 곳으로, 현재 펜실베이니아 경계로부터 남쪽으로 40킬로미터, 웨스트버지니아 하퍼스페리에서 동쪽으로 약 40킬로미터 떨어진 지역이다). 리가 북부로 진격하겠다는 야심찬 계획을 세운 목적은 다음과 같다. 북군 지지자들 사이에 심리적 위기감을 조성하는 것, 메릴랜드와 펜실베이니아 초원의 물자 공급로를 확보함과 동시에 메릴랜드 주민 사이에 잠재된 친남부 정서를 드러내는 것, 남군이 승기를 잡고 있음을 보여줘 남부연합 정부에 대한 외국의 인정을 얻는 것(이를 통해 북부의 경제 봉쇄로 인한 부담을 더는 것)이었다.

북군이 하퍼스페리 근처에 주둔하고 있다는 것을 파악한 리는 서쪽 방향으로 전투를 개시했다. 그러나 매클렐런 장군은 북군 잔여 병력을 받아들여 새로 재편된 포토맥군을 이끌고 북부 영토를 방어해냈다. 그러던 중 운이 좋게도 한 북군 병사가 버려진 남군 야영지에서 남군 전투 계획 사본을 발견했다. 그 덕분에 매클렐런은 메릴랜드 북서부 샤프스버그Sharpsburg와 앤티텀 크릭Antietam Creek 근처에 군을 배치할 수 있었다. 리 휘하의 군을 분할하게 하여 공격하기에 유리한 입지였다. 남북전쟁 중 가장 피비린내 나는 날이었던 9월 17일, 첫 번째 충돌에서 북군이 승리를 거두었다. 사상자는 남군 1만 1000여 명, 북군 1만 2000여 명으로 비슷한 수준이었다. (3600명이 사망하고 2만여 명이 부상을 입거나 포로가 되었다.) 그러나 이 전투에 투입된 병력은 북군이 6만여 명, 남군은 4만 5000여 명이었으니, 북군의 타격이 덜했다. 그리하여 이후 남군의 야심찬 대규모 후속 작전은 무산되었다.[99] 이번 승리는 며칠 뒤 링컨이 노예해방 예비 선언문을 발표하고, 1863년 1월 1일부로 반란을 일으킨 주들에 있는 모든 노예의 해방을 추진할 동력으로 삼기에는 충분했다.

그렇지만 부분적 승리에 불과했다. 매클렐런은 타고난 조심성을 발휘해, 치열한 전투가 벌어진 그날에도 결정타를 날릴 수 있는 전장의 첩보를 활용하지 않았고, 다소 제한적인 순차 공격만 수행했다. 이에 대해 역사학자 러셀 와이글리는 다음과 같이 비판적인 시각으로 평했다.[100]

(매클렐런은) 리의 후방 고지에 자리했다는 기회를 감지하지 못했다. 또한 자신이 싸운 곳에서 세 번 연속해서 연계되는 공격을 펼치지 않았고, 각각의 공격은 연계되지 않아 결국 무산되었다. 그 덕분에 리는 하루 동안 한 위협 지점에서 다른 지점으로 병력을 이동시키며 병력 열세를 극복할 수 있었다. 반면 매클렐런은 자신의 예비대를 투입하지 않았다. 게다가 그는 전투의 맥을 파악하지 못했다. 앤티텀 동쪽 높은 지대에 자리 잡는 바람에, 강 서쪽의 싸움을 멀리서밖에 볼 수 없었기 때문이다. 전장 가까이 있지 않았던 탓에 그는 진퇴 순간을 빠르게 파악할 수도 없었다. 전선에 나서서 지휘하는 위대한 군 지휘관들이라면 (심지어 20세기에도) 자연스레 파악하기 마련인 총공세를 퍼부어야 하는 결정적인 순간도 감지하지 못했다.

매클렐런은 다음날 남부연합군을 포토맥강 북쪽에 묶어두고 소부대별로 물리칠 수 있었는데도 추가 공격을 감행하지 않았다. 그 결과, 남부연합군은 남쪽으로 후퇴하여 상대적으로 안전한 지역으로 이동했다.

1862년 11월, 링컨은 매클렐런이 '미적거리는 사람'이라고 진단했다. 매클렐런군이 마지막으로 치른 실제 전투인 앤티텀 전투 이후 한 달이 지난 10월 말에도 매클렐런은 자신의 말들이 여전히 지쳐 있다고 주장했다. 링컨은 결국 결단을 내린다. 링컨은 "장군이 군을 활용하지 않는다면 내가 잠시 군을 빌리고 싶소"라며 드러내놓고 그를 질책한 뒤 포토맥군 사령관직에서 해임하고, 후임으로 앰브로즈 번사이드 장군을 임명했다.[101]

번사이드는 리치먼드 진격을 목표로 즉시 남군을 추격했다. 12월 13일, 번사이드 휘하의 11만 5000명 병력은 버지니아주 프레더릭스버그 근처에서 리와 잭슨, 롱스트리트와 여타 남군 병력 8만여 명과 맞붙었다. 이때 번사이드는 남북전쟁 전체를 통틀어 최악의 전술을 펼쳤다. 북군은 노출된 채 적을 향해 무모하게 돌격했다. 남군은 고지대와 개방된 들판 근처 돌벽이 방호벽 역할을 하는 지형의 이점을 누리고 있었기에, 북군은 적이 어느 방향에서 얼마나 치명적으로 포격하는지 파악할 수 없었다. 결과는 참혹했다. 이렇게 한 해 동안 이어진 작전은 사실상 종료되었다. 북부연방 사상자는 1만 3000명에 육박했고, 남군 측 총사상자는 5000여 명이었다. 그리고 곧 번사이드도 포토맥군 사령관직에서 물러났다.[102]

그 여파로 북군은 여러 면에서 집단적 공황 상태에 빠졌다. 북군은 그해 서부전선에서 전반적인 성공을 거두었다. 앤티텀에서도 부분적인 성공을 거두었다. 그러나 논쟁의 여지가 있는 부분적인 성공으로는 버지니아 전역의 전반적인 실패와 나아가 전쟁을 이끌고 나아갈 전략적 동력을 잃었다는 어려움을 덮을 수 없었다. 이러한 전체적인 상황에 대해 그랜트의 유명한 전기작가 브루스 캐튼Bruce Catton은 북군의 '불만의 겨울winter of discontent'이라고 표현했다.[103]

1863년: 챈슬러스빌과 와일더니스부터 게티즈버그, 빅스버그, 채터누가까지

    1863년은 남북전쟁의 중간 지점이다. 시간상으로 이전까지 1년 반 정도 전쟁을 치렀고 이후로도 종전까지 15개월 이상 전투를 치르게 된다. 전쟁 전개 과정상으로도 7월 초 빅스버그와 게티즈버그에서 거의 동시에 북군이 승리하며 여러 면에서 이 해가 전쟁의 주요 변곡점임이 입증됐으나, 승리를 확고히 하는 동력은 만들어내지 못한 중간 지점이었다. 따라서 1863년을 나라를 영원히 둘로 나눌 뻔한 끔찍한 전쟁의 중간 지점이라는 단순한 사실로 접근하는 것이 균형 있는 시각으로 보는 가장 좋은 방법이라 할 수 있다. 물론 이러한 위기감은 그 한 해는 물론 그 이후에도 계속되었지만 말이다. 그래도 전쟁과 대량살상의 안개 사이로 간신히 긍정적인 조짐이 보였다. 율리시스 그랜트의 등장과 북부연방의 새로운 희망이 된 그의 거침없는 전략 덕분이었다. 그러나 1863년에는 그랜트에게 총지휘권은 없었다.

    1월과 2월이 지나도록 절망의 겨울은 계속되었다. 그랜트 장군은 긴 준비와 오랜 포위 끝에 그해 중반에 이르러 마침내 결실을 거두게 되는 빅스버그 점령을 목표로 계속 노력했다. 그는 당시의 상황을 다음과 같이 서술했다.[104]

    길고 음산하며 계속되는 폭우로 수위마저 높아진, 전에 없던 이 겨울은 빅스버그 공략에 참여한 모든 이에게 엄청난 고난 중 하나였다. … 부대가 천막을 칠 수 있는 마른 땅은 거의 없었고, 병사들 사이에서 말라리아가 돌았다. 홍역과 천연두도 창궐했다. … 주둔지를 방문한 이들은 저마다 우울한 이야깃거리를 가지고 집에 돌아갔다. 이러한 이야기는 과장되어 북부 신문들을 통해 병사들에게 다시 전해졌다. 방문자들에게 나의 최종 계획을 공개하지 않으니, 그들은 나를 게으르고 무능하며 비상시에 군을 지휘하기에 부적합한 인간이라고 비난했고, 해임하라고 주장했다.

이렇게 고통스러운 시간이었지만 상황은 조금씩 유리하게 전개되었다. 적어도 서부전선에서는 그랬다. 그랜트의 공병대와 병참대는 보급선 공격이 빈번하게 일어나고 여러 곳이 습지인 데다 강 연안에 남부연합의 포병대가 있어 강 하류로 이동이 어려운 상황이었지만, 빅스버그 포위를 위해 어떻게 군을 배치하고 군수품을 공급하며 준비 태세를 갖출지를 모색했다. 북부의 몇몇 사람들은 그랜트 해임을 요구했지만, 그의 상관들은 이 복잡한 병참 작전을 위한 시간을 벌어주며 그를 지지했다. 그랜트는 "링컨 대통령과 할렉 장군은 자신들에게 가해지는 모든 압박을 버티며 이번 전역이 끝날 때까지 내 편에 서주었다. 링컨은 나와 만난 적이 없음에도 변함없이 나를 지지했다"라고 썼다.[105]

마침내 그랜트는 험한 지형과 남군 진지를 피하기 위해 미시시피강을 건너 서쪽으로 이동했고, 빅스버그 위쪽에서 출발해 남하했다. 그런 뒤 4노트 속도로 흐르는 조류를 타고 집중 살상지대를 최대한 빠르게 지나며, 빅스버그에서 미시시피강 지류를 따라 배치된 남부연합 포대를 공격하라고 해군 함정에 명령했다. 북군은 일단 안전하게 도시 아래쪽에 도착한 뒤 다시 강을 건너 동쪽으로 이동했다. 1863년 4월 말 마침내 빅스버그 남부 고지대에서 육지로 상륙할 방법을 찾았을 때, 그랜트는 실제 전투에서 승리한 뒤 느끼는 성취감 이상의 벅찬 감정을 느꼈을 것이다. 이는 그랜트가 개별 전투보다 확장된 전역의 관점에서 어떻게 생각하고 있었는지를 보여준다.[106]

이 영향으로 나는 그 후 느끼지 못한 안도감을 느꼈다. 빅스버그는 아직 점령되기 전이었다. 우리의 이전 공격으로 방어자들의 사기가 꺾이지도 않았다. 나는 이제 적의 영토에 있었다. 나와 병참기지 사이에는 광대한 강과 빅스버그 요새가 있었다. 그러나 나는 적이 있는 바로 그 강가 마른 땅에 있었다. 12월 이전부터 지금까지 쏟아온 모든 작전과 노력, 비바람을 맞으며 견뎌낸 고난은 이 하나의 목표를 달성하기 위한 것이었다.

영국의 전략가이자 역사가인 J.F.C. 풀러(J.F.C. Fuller)는 이에 대해 감탄하며 이렇게 서술했다. "책략과 속임수를 계획하고, 습지와 강어귀, 숲으로 이루어진 험준한 지형을 극복하느라 전쟁을 치르는 것 이상의 노동력이 4개월간 투입됐다. 이 시간은 그의 상륙을 성공시킨 연막이었다."[107] 북군의 진지가 확보되자 바로 빅스버그 포위전이 시작됐다. 포위전 계획은 남군 진지에서 불과 몇백 미터 떨어진 곳에 참호를 파고 방어력을 강화하면서 점차 참호선(trench lines)을 전진 확장하여 남부연합 방어선을 무너뜨리고 보급을 끊는 것이었다.

그러나 북군의 공성 진지 구축으로 이 이야기가 끝나지는 않는다. 시간이 자신들에게 불리하게 흐르고 있음을 깨달은 남군은 전황의 흐름을 바꾸고자 대응에 나섰다. 조지프 존스턴 장군은 군대를 소집해 그랜트군의 측면을 공격하여 동쪽과 북쪽에서 북군의 보급로를 차단하고, 빅스버그를 지키는 남부연합을 구하고자 했다. 그러나 북부연방은 매우 효과적으로 대응했다. 그랜트는 존스턴군을 상대하는 서먼 장군의 부대에 일시적으로 자신의 병력을 합류시켰다. 그는 빅스버그 포위전을 성공하려면 동쪽의 위협을 제거하고 빅스버그와 잭슨을 연결하는 철로를 파괴해야 한다고 생각했고, 병력을 지원해줄 정상적인 통신선과 보급선이 없는 상태에서 이를 실행하기로 결정했다. 다시금 그는 전역의 관점에서 생각했다. 이는 안전한 보급선을 차단함으로써 달성된 서먼의 '바다로의 진군'의 전조였다. 무엇보다 그랜트는 지역의 적군이 자신의 부대에 잠재적으로 큰 위협이 될 수 있는 상황에서 과감히 실행에 옮겼다.

이 기간에 그랜트군에 지원군이 보강되었고, 최종 공격 준비가 마무리되었을 때는 병력이 7만 명을 넘어섰다. 6월 25일과 7월 1일, 북군은 땅굴을 파고 지하에 폭발물을 설치해 남군 방어선의 핵심 부분을 날려버렸다. 결국 북군은 빅스버그를 점령했다. 7월 4일 남부연합의 존 펨버튼^{John Pemberton}은 그랜트의 완강하지만 인도적인 항복 조건을 받아들였다.[108]

한편 동부전선에서 북군은 그해 초 몇 달 동안 고전을 면치 못했다. 조지프 후커^{Joseph Hooker} 장군이 리치먼드를 점령하겠다는 열망으로 다음 단계 행동을 계획하자, 리도 이에 대응했다. 동부전선의 병력은 2대1 정도로 남군이 수적으로 열세였지만, 리는 병력을 분할하여 와일더니스 근처에서 공격 준비를 갖추었다. (와일더니스는 1년 후 중요한 전투 장소로 다시 등장한다.)

그 결과 챈슬러스빌 전투가 벌어졌고, 1863년 5월 1일부터 4일까지 이어진 나흘간의 싸움이 전투의 승패를 갈랐다. 우거진 덤불과 복잡한 지형은 방어군에 유리했다. 후커는 병력과 화력의 우위를 누릴 수 없었다. 남군은 이러한 환경 조건을 활용해 기습 공격을 감행하는 전술적 공세를 펼쳤고, 적은 병력으로 승리를 거두었다. 당시 무기 수준과 전술을 고려했을 때 이는 상당히 위험한 접근법이었다. 핵심 전술은 울창한 숲을 통해 은밀히 기동하여 북군의 측면과 후방을 급습하는 것이었다. 빠른 시일 내 남진하겠다는 북부연방의 열망은 이 전투의 결과로 무너졌다.

남군은 6만 명의 병력으로 1만 2500명의 사상자를 냈고, 북군은 13만 명 중 1만 7300명의 사상자를 냈다.[109]

이상의 전투에서 승리를 거두었지만, 남군이 치러야 할 대가는 그보다 더 컸다. 스톤월 잭슨이 아군의 오인 사격으로 팔에 총을 맞았다. 팔을 절단했으나 곧 사망에 이르렀고, 그의 부재는 남군에 큰 타격을 입혔다. 리는 잭슨의 부상만으로도 "그는 왼팔을 잃었지만 나는 오른팔을 잃었다"며 비통해했는데,[110] 일주일 후 잭슨이 사망했을 때 그 상실감은 엄청났을 것이다. 잭슨 사후, 남군은 성공적인 기동으로 힘겹게 승리하더라도 병력 대비 높은 사상자율을 기록했다. 따라서 승리를 성과라고 보기 어려웠다. 러셀 와이글리가 통찰했듯, "리는 자신이 치른 가장 성공적인 전투에서도 가장 부족하면서도 긴요한 남부연합군의 자원, 즉 병사들의 목숨을 희생시켰다. 그로 인

해 남군의 운명은 내리막길을 걸을 수밖에 없었다."¹¹¹

포토맥군 사령관으로서 후커에게 남은 날은 많지 않았다. 그 자리는 곧 고든 미드Gordon Meade로 교체되었다. 미드는 게티즈버그 전투를 목전에 둔 상황에서 사령관직을 물려받아 전쟁이 끝날 때까지 그 자리를 지켰다. 이렇게 해서 남북전쟁 첫 2년 동안 포토맥군 사령관을 거친 사람은 맥도웰, 매클렐런, 번사이드, 후커까지 4명이 되었다. 존 포프 또한 2차 매너서스/불런 전투에서 패배한 뒤 아직 버지니아군이 존속하고 있을 때(9월 6일 포프의 후임으로 후커가 임명되고, 9월 12일 버지니아군은 포토맥군으로 재편성된다-옮긴이) 사령관직에서 해임되었다. (전쟁 중, 스콧, 매클렐런, 할렉, 그랜트가 북군 총사령관을 역임했는데, 그 지위와 포토맥군 사령관직을 동시에 맡은 이는 매클렐런뿐이었다.)

드디어 게티즈버그 전투가 다가왔다. 이 전투는 놀랍게도 북쪽에서 벌어졌다. 리는 자신이 북부 영토에서도 작전을 수행할 수 있으며, 북군이 남부에서 했듯 (그리고 다음 해 서먼이 대대적으로 그렇게 하듯) 남군도 북부를 약탈할 수 있으며, 심지어 북부의 수도를 위협할 수도 있음을 북군에게 보여주고자 했다. 그는 군사적 목표만큼이나 정치적으로도 뚜렷한 목표를 갖고 있었다. 북군을 충격에 빠뜨려 이 전쟁의 무의미함을 깨닫게 하고, 북부연방 내 반전 여론을 강화하고, 유럽 국가들을 설득해 남부연합을 정식 국가로 국제적 인정을 받는 것이었다.

6월, 리는 전역 초기에 북부로 진군하며 버지니아주 컬페퍼 근처에서 남북전쟁 사상 최대 규모의 기병전인 브랜디역 전투Battle of Brandy Station를 치렀다. 그곳에서 남군의 움직임을 포착한 북군 기병정찰대가 워싱턴 D.C.에 대한 위협 가능성을 차단하기 위해 적극 대응한 것이었다. 사실 그들이 맞붙은 것은 북쪽과 서쪽으로 진군하는 남군 선발대 일부였다. 결국 리는 다시 포토맥강을 건너 전진했고, 워싱턴에서 북으로 약 120킬로미터 떨어진 게티즈버그에서 전투가 벌어지게 된다. 이때 북군 대부분은 현재 상황을 파악하고 대응책을 모색할 시간을 확보해 병력을 배치한 상황이었다. 게티즈버그는 여러 도시를 잇는 길의 교차로이자 물류 중심지로서 여러 부대가 집결하는 곳이었다.

남군이 피하고자 했다면 충분히 피할 수 있었던 이 전투의 본질에 대해 남부연합 수뇌부 사이에 큰 논쟁이 있었다. 이러한 과정은 이 시기를 배경으로 한 현대의 위대한 역사 소설 중 하나인 《킬러 엔젤The Killer Angels》에 우아한 필치로 극화되어 있다. 이 책에서 리는 그곳에서 북군을 공격할지 혹은 우회해 북군을 유인할지의 문제를 두고 자신보다 방어적인 롱스트리트 장군과 전사 정신과 결투 문화에 대해 논쟁한다. 리는 위험을 감수해야 하는 상황에서 상대의 수를 읽고 아군의 이점을 활용해 방어 태세를 펼칠 줄 아는 뛰어난 전략가였고, 공격의 중요성에 대해 거의 신앙에 가까운 믿음도 가지고 있었다. 이런 전사적 마인드는 비단 리만의 특징은 아니다. 당시 여러 장군에게서 볼 수 있다. 리의 전기작가인 에머리 토머스Emory Thomas는 리의 이러한 마인드에 대해 이렇게 서술했다. "그는 적국에서 전쟁을 수행하고, 버지니아가 아닌 펜실베이니아에서 남부연합을 방어하고자 했다. 리가 제퍼슨 데이비스에게 무엇을 건의했거나 편지를 했든 상관없이, 그가 북부 영토에서 그 치열한 전투를 치르고자 했던 것만큼은 확실하다. 그는 여전히 결전을, 정오 이후 한 번의 전투로 전쟁을 끝낼 총력전을 추구했다."[112]

사실 리는 보급선에 대한 걱정이 컸고 펜실베이니아와 메릴랜드의 너무 많은 지역을 점령하면(혹은 오래 머무르면) 전투 물자가 부족해지는 위험이 크다는 사실을 인지하고 있었다. 그렇다고 해서 그가 1860년대 군사 기술과 병력 부족의 현실을 도외시하고 예전에 그랬듯 이미 확보된 북부연방군의 전선에 돌격해야 했다는 건 아니다. 남군이 저지른 최악의 실수로, 북군의 포화가 쏟아지는 가운데 탁트인 넓은 들판을 지나 북군 전선을 돌파하려던 피켓의 돌격Pickett's Charge과 주 전장의 남쪽 끝 리틀 라운드 톱Little Round Top 언덕 공격 및 점령 시도 실패가 꼽힌다. 남군 장군들은 이곳을 확보하여 북군이 자리 잡은 세미너리 릿지Seminary Ridge 능선에 맹렬한 공세를 펼칠 계획이었다.

양측 모두 게티즈버그 전투에서 심각한 타격을 입었다. 어느 한쪽도 괴멸되거나 무력화되지는 않았지만, 엄청난 수의 사상자가 발생했다. 그 수는 남군 7만 7000명의 3분의 1이 넘는 2만 8000여 명 그리고 9만 3000명 가량의 북군 중 약 2만 5000명이었다. 리는 더이상 이런 전투를 치를 수 없었고, 그의 북부 진출은 사실상 이 전투로 끝나게 되었다. 전술적 성공은 논외로, 게티즈버그 전투는 북군의 전략적 승리였다.[113] 리는 그 여파로 극심한 패배감과 육체적 피로에 시달린 나머지 사임 의사를 밝힐 정도였다. (물론 데이비스 대통령은 이를 반려했다.) 한편, 동부의 북부연방군은 게티즈버그의 승리를 남진의 동력으로 이어가지 못했다. 미드와 리의 군대는 그 후 컬페퍼, 래피든강과 래퍼해녹강, 브리스토 역, 브로드 런, 마인 런, 그 밖의 버지니아 북부의 유명 도시와 주요 지형 주변에서 다양한 교전을 치렀지만, 그해 남은 기간 서부전선에서 결정적인 전투나 작전은 없었다.

빅스버그가 북부연방이 서부전선에서 거둔 대표적 승리이고, 게티즈버그가 동부전선에서의 의미 깊은 성공을 대표한다면, 1863년 후반에는 또 다른 전선, 테네시 동부의 중요성이 부각된다. 남부의 브래그 장군과 북부의 로즈크랜스 장군의 군대는 조지아 북부뿐 아니라 그 핵심 주의 통제권을 얻기 위해 계속 경쟁했다. 하지만 전략적으로 투입된 노력의 성과는 나오지 않는 교착상태였다. 여름이 다가오자, 두 장군은 병력을 강화하고 보급선을 공고히 하며(특히 적의 영토에서 작전 중인 로즈크랜스가 이 부분에 신경을 많이 썼다) 다음 행동을 준비했다. 로즈크랜스는 테네시 동부와 조지아 북부를 압박하고자 했다. 이 지역은 남부연합의 각 지역으로 이어지는 철도 노선이 교차하는 교통의 요지이므로, 이곳을 압박하면 애틀랜타도 결국 위협받을 거라는 판단에서였다.

하지만 그 목표는 바로 실현되지 못했다. 그 대신 1863년 9월 19~20일 조지아 북서부에서 치카마우가 전투Battle of Chickamauga가 벌어졌다. 북군이 채터누가 통제권을 장악하고 있었지만, 그 너머로 진격할 가능성은 없었고 현 위치를 지키기도 쉽지 않았다. 치카마우가라는 작은 시내 근처에서 벌어진 이 전투는 매우 격렬했다. 북군 컴벌랜드군은 5만 7000명 병력 중 1만 6000명을 잃었고, 브랙스턴 브래그 휘하의 남군에는 6만 6000명 중 1만 8500명의 사상자가 발생했다.

북군이 점령했던 지역을 상실하고 위험한 상황에 처하면서 전략적으로 패배했다고 볼 수도 있지만, 다행히도 브래그가 이 상황을 완전히 활용하지 못했다. 게다가 전투에서 북군이 남군보다 피해가 다소 적었다. 실제로 저명한 역사가 러셀 와이글리는 챈슬러스빌 전투에 대한 견해를 반복하며 "치카마우가 전투에서와 같은 승리는 많아질수록 게티즈버그의 패배를 몇 번 더 겪는 것만큼이나 남부연합에 치명적일 것"이라고 밝혔다. 지리와 전역 측면에서 이 전투의 실제 결과는 명확히 판단하기 어려웠다. 이 결과는 이후 사건에 의해 결정될 것이다. 비록 북부연방군이 이 전투 후에도 채터누가를 점령한 상태였지만, 와이글리의 설명처럼 "브래그가 이제 남서쪽으로 룩아웃산과 동쪽으로는 미서너리 릿지Missionary Ridge 능선이 펼쳐진 채터누가 근처의 고지를 점령했기 때문에, 컴벌랜드군에게는 이 정복된 도시가 상이 아닌 감옥처럼 느껴졌다."[114]

이러한 미래의 사건들은 테네시군 사령관이었던 그랜트 장군이 10월, 서부전선의 북군을 통합해 새로이 창설한 미시시피통합군Military Division of the Mississippi의 사령관으로 임명돼 더 넓은 서부전선을 지휘하면서 구체화된다. 이는 곧 그가 테네시주에서 벌어지는 전투에 대한 책임을 맡았다는 의미이기도 했다. 그랜트는 즉시 남부연합군이 포위하고 있는 채터누가에 관심을 기울였다. 남군은 북쪽의 강과 남쪽의 남군 진지 사이에 위치한 이 도시에서 북군의 보급로를 끊어 북군을 식량 부족의 위기에 몰아넣으며 압박하고 있었다. 그랜트는 휘하의 4개 사단을 아직 선로가 완전하지 않은 기차로 빅스버그에서 채터누가로 보내 채터누가에서 컴벌랜드군과 합류하게 했다. 그리고 뒤이어 포토맥군이 기차편으로 도착했다.[115] 그랜트, 후커, 셔먼, 로즈크랜스가 이렇게 한자리에 모였다.

그랜트는 북군 전 병력이 도착하기 전 봉쇄부대를 격파하고 보급로를 열기 위해, 테네시강이 굽이치는 저지대를 통해 직선거리로 봉쇄부대를 돌파한다는 계획을 승인했다. 그랜트와 휘하의 장군들은 남군이 작전에 돌입하기 전에 이러한 계획을 마무리할 수 있도록 10월의 마지막 날 밤, 어둠을 틈타 남군의 봉쇄를 돌파했고 결국 성공했다.[116] 강이 굽이치는 부분이 북군의 보호하에 있는 육로 지름길로 연결되었고, '크래커 라인Cracker Line'이라는 보급선이 열렸다. 그랜트는 또다시 수륙양용작전 능력을 발휘하며 동시에 전역 수준의 전쟁 수행 능력을 보여주었다.

그 후 11월 말, 그랜트는 미서너리 릿지와 룩아웃산 등의 채터누가 근처 고지에 포진하고 있던 남군을 격퇴하고 그 지역을 점령하기 위해, 일반적인 공격을 감행했다. 이어진 전투는 11월 23일부터 25일까지 계속되었고, 북군은 맹렬한 기세로 고지를 오르며 돌격했다. 이렇게 고지에서 치러진 전투는 '구름 위의 전투Battle above the Clouds'로 불리게 된다.[117] 3일간의 교전에서 북군은 초기 병력 5만 6000명 중 총 6000명을 잃었고, 브래그는 3만 명 중 약 7000명을 잃었다. 이 전투의 중요한 의의는 이 승리로 남군의 봉쇄가 완전히 풀리고 북군이 이 지역에 대한 통제권을 확고히 함으로써 1864년 셔먼 장군의 유명한 남진 작전을 가능케 했다는 것이다.[118]

앞서 언급했듯, 1863년 하반기의 가장 중요한 부분은 그랜트가 아직 총사령관은 아니지만 북군의 전쟁 수행 노력에 있어서 변환점을 마련한 지도자로 등장했다는 점이다.

그랜트에게는 정적政敵들이 있었는데, 그중 '정치 군인' 존 맥클러넌드John McClernand 장군은 빅스버그 전역 이후 차츰 영향력이 약화되었다. 그러자 맥클러넌드는 빅스버그 전역에서 승리한 이후에도 링컨 대통령에게 그랜트를 비방하는 편지를 썼다. 이에 대해 그랜트의 전기작가 브루스 캐튼은 "맥클러넌드는 그랜트가 이따금 필요 이상으로 과음한다는 과거 문제를 다시 언급하며 그의 입지를 위협했다"119고 썼다. 그러나 음주 문제가 그랜트의 결점이라고 하기엔 무리가 있었다. 그리하여 링컨은 널리 알려진 일화처럼 이러한 비난을 듣고는 그랜트가 평소 어떤 브랜드의 위스키를 즐겨 마시는지 알아내어 장군 모두에게 위스키를 보내겠다고 대응했다. 오히려 술보다는 승마에 대한 과한 열정이 그랜트의 문제였다. 그는 승마술에 열을 올리다 1863년 9월 초 뉴올리언스 근처에서 낙마 사고로 의식을 잃고 몇 주간 병상에 있었다.

그랜트는 이 사고에서 회복한 뒤, 전쟁부 장관 에드윈 스탠튼과 인디애나주 인디애나폴리스에서 처음으로 직접 만나 이후의 계획을 논의했고, 그 결과 미시시피통합군 사령관에 임명되었다. 그런 다음, 그랜트는 앞서 서술한 대로 채터누가로 향할 수 있었다.120

그랜트는 채터누가의 승리에 안주하지 않았다. 그는 즉시 남진을 계속할 기회를 모색했다. 애틀랜타 공격은 다음 해에야 이루어지겠지만 말이다. 그랜트는 이와 관련해 전쟁 승리를 위해 전반적인 전략뿐 아니라 더 광범위한 전역의 관점에서 생각했다. 캐튼이 '적에게는 병력이 충분하지 않다'는 제목의 장에서 서술했듯, 그랜트는 "마침내 북부연방의 승리는 약해진 적에게 회복할 여지를 주지 않고 숨 돌릴 틈 없이 몰아치는 것, 즉 북군의 우월한 전력을 활용해 남군이 더 이상 저항할 여력이 없을 때까지 무자비하게 압력을 가하는 것임을 깨달았다."[121]

링컨은 1864년 3월, 그랜트가 전장에서 거둔 성공과 점차 높아지는 그의 명성을 종합적으로 고려해 그를 북군 총사령관에 임명했다. 워싱턴 D.C.에서의 이번 만남이 그들의 첫 만남이었다. 링컨은 전쟁부 장관에게 보낸 편지에 그랜트에 대한 강한 믿음을 드러냈다. "스탠튼 씨, 당신과 내가 전쟁을 이끌어보려고 애써왔지만 제대로 성공을 거두진 못했소. 우리는 그랜트 씨에게 산을 넘어 우리 군을 구하게 했으니, 그가 원하는 대로 하게 내버려두는 것이 좋을 것 같소." 그랜트는 자신이 거쳤던 여러 전장의 캠프를 방문한 모든 방문객 중 링컨은 자신의 전역 계획에 대해 물을 자격이 있는 유일한 사람인데도 실제로 묻지 않은 유일한 사람이라고 언급했다.

대통령의 신임과 이에 따른 관계 당국의 확실한 지지가 있었지만, 그랜트는 그해의 나머지 기간 내내 힘겨운 시간을 보내게 된다. 승리는 불확실해 보였다.[122] 다음 해는 더 힘들어졌고, 특히 1864년 9월 초 셔먼이 애틀랜타를 함락할 때까지 어려움은 계속됐다.

1864년과 1865년

남북전쟁의 나머지 15개월은 통합해서 볼 수 있다. 특히, 동부전선에서는 1년간 하나의 전역이 확장되며 이어졌기 때문에 통합해서 보는 편이 적절하다. 미드와 그랜트는 리치먼드로 남진하며 리의 군대를 향해 진격했고, 마침내 리치먼드 측면을 공략해 포위했다. 결국 리치먼드와 리의 군대는 각각 며칠 만에 함락되었다. 이 사실은 수도와 남부연합 주력군 중 무엇을 남부연합의 구심점으로 봐야 하는지에 대한 오래도록 해결되지 않은 의문을 전략가와 역사가에게 남긴다.

1864년 여름 동안은 여전히 남군이 전쟁에서 승기를 잡은 듯 보였다. 실제로 1990년 켄 번스Ken Burns가 제작한 유명한 남북전쟁 다큐멘터리에서도 1864년 여름은 전쟁 중 북군이 가장 약했던 시기로 설명됐다.[123]

1864년, 승리로 향하는 남군의 길에는 다시 군사 전역과 정치가 뒤섞여 영향을 미쳤다. 순수한 군사적 승리는 가능하지도, 필요하지도 않았다. 남부는 버티기 전략을 택했다. 완강히 버텨서 군대뿐만 아니라 그 지도자들과 유권자들까지 아우른 북부연방 전체를 지치게 하면 그해 11월 링컨이 아닌 다른 후보가 선출될 수도 있고, 선출된 신임 대통령이 노예제를 폐지하지 않고 평화협정에 동의할 수도 있다는 기대에서였다.

군사적 측면에서 북부연방군은 병력, 산업, 물자 면에서 3대1의 우위를 점하고 있었지만, 여전히 어려움에 직면해 있었다. 첫째, 당시 서부전선의 상당 부분, 특히 테네시를 거쳐 더 넓은 미시시피 계곡으로 들어가는 지역이 북부연방의 통제하에 있었기 때문에 그 보급선을 방어하는 데 많은 병력을 동원해야 했다. 대부분의 경우, 북군은 엄청난 양의 보급품을 수송하는 데 강과 철도에 의존했다. 셔먼은 그해 여름에 결국 사용하게 되는 필요 물자의 현지 징발 전술을 아직 실시하기 전이었고, 다른 북군 지도자들도 보급의 부담을 줄이는 방법을 찾지 못한 상황이었다.

둘째, 1863년 봄과 여름, 1861년에 3년 기간으로 입대한 병사들이 제대를 앞두게 되었다. 많은 군인이 제대를 앞둔 몇 주간 전투에서 몸을 사렸다. 3년 만기 전역자 중 절반 남짓만 재입대를 선택했다. 인적 조건의 격차를 메우기 위해 징집병을 동원했지만 그들의 전투 능력은 시원치 않았다. 그랜트는 그해 신입 병사 5명 중 1명만 제대로 능력을 갖추었다고 평가했다. 브루스 캐튼이 썼듯, "남북전쟁의 군대는 자원입대 제도를 바탕으로 형성되었는데, 이러한 제도는 이미 붕괴된 지 오래였다. 한때는 이 나라 최고의 인재들이 모여들었지만 이제는 최악이 모여들었고, 과거 징집병보다 자원입대병을 선호했던 지휘관들은 이제 얻을 수만 있다면 징집병도 감지덕지하게 되었다."[124] 여기에 더해 연줄로 지위를 얻어 전장에서 형편없는 성과를 내는 '정치 장군'들도 여전히 문제가 되었다.[125]

1864년 3월 그랜트가 총사령관에 임명되고 얼마 지나지 않은 초봄, 버지니아 중북부를 흐르는 래피든강 반대쪽에 있는 동계 숙영지에서 군인들이 이동할 때, 빠른 승리는 요원해 보였다. 사실 와일더니스, 스포칠베이니아, 콜드 하버, 피터즈버그 등 버지니아에서의 유명한 많은 전투가 이다음 7주간 벌어졌다. 피비린내 나는 치열한 전투였지만 결론은 나지 않았다. 하지만 적어도 링컨이 마침내 전술적 실패에도 무너지지 않고 뚝심 있게 달려드는 장군을 얻었음이 확인됐다.[126]

봄의 전역을 시작할 무렵, 북부연방군의 병력은 7만여 명이었다. 리의 병력은 4만여 명이었다. 이 수는 더 늘어나 콜드 하버 전투에서는 북군이 11만 명, 남군이 6만 명이 되었다. 그래도 총병력의 비율은 그대로였다. 사상자 비율도 이와 비슷하여 북군이 더 많은 사상자를 냈다. 그랜트의 전략과 전역 작전은 이상의 전투에서 북군이 펼친 전형적인 전술보다 훨씬 뛰어났다. 5월 초 당시 와일더니스와 스폿실베이니아 전투를 포함해 북군은 사상자와 실종자 합산 3만 2000명, 남군은 1만 8000명을 잃었다. 이러한 손실의 상당 부분은 충원되었지만, 이 수치 자체는 놀랄 만큼 충격적이어서 북부에서는 상당히 우울한 분위기가 감돌았다. 6월 말 무렵, 봄 전역을 통틀어 북군의 총사상자는 6만 5000명, 남군은 3만 5000명이었다.[127]

전장이 점차 남쪽으로 이동하다 마침내 리치먼드 아래 피터즈버그에 도달했고, 그해 여름의 대표적인 사건이 일어났다. 북군은 몇 주에 걸쳐 남군 방어선 아래로 거대한 굴을 판 뒤 폭약을 채워 넣고 폭발시켜 남군의 진형을 깨뜨리는 데 성공한다. 그러나 이렇게 남군 방어선 중간에 생긴 거대한 구덩이가 안타깝게도 북군에 화가 되고 만다(북군 병사들이 돌격하다 구덩이에 빠졌고, 남군 집중 사격에 희생되었다-옮긴이). 결국 이 기간과 뒤이은 여름은 북군에게 그리 행복한 시간이 되지 못했다. 그랜트의 끈질긴 고집은 아직 승리로 이어지지 못했고, 여름이 되자 진격 속도도 늦어졌다.

동부전선에서 북군의 2차 노력도 셰넌도어 계곡에서 필립 셰리든 장군 휘하의 북군과 마찬가지로 실패로 돌아갔다. 현지 지리에 빠삭한 '모스비의 습격자들Mosby's Raiders'은 오늘날의 하이브리드 전쟁(재래식 전쟁 수단과 비군사적 수단을 혼합해 적의 혼란과 불안을 야기하는 전쟁 방식-옮긴이)처럼, 말을 타고 후방이나 측면을 기습 공격하며 괴롭혔다. 7월 메릴랜드주 프레더릭 근처 모노카시강 전투에서 승리한 주발 얼리Jubal Early 장군은 남군을 이끌고 워싱턴을 기습 공격하기 위해 포토맥강을 건너 워싱턴 몇 킬로미터 앞까지 진격했다. 워싱턴 방어군이 대응 태세를 갖추기 전이었다.[128] 싸움이 너무도 가까이서 벌어진 나머지, 눈에 띄는 연통형 모자를 쓴 키 큰 신사가 위험을 무릅쓰고 직접 전선 가까이 나섰는데, 이 모습을 본 한 북군 병사가 그 신사가 링컨 대통령인 줄도 모르고 "내려와, 이 멍청아. 총 맞기 전에 어서"[129]라고 소리쳤다. 전하는 바에 따르면, 링컨은 웃으며 시키는 대로 했다고 한다. 셰리든 장군이 셰넌도어 계곡에서 실시한 전역은 셔먼의 '바다로의 진군'의 의도와 성격을 미리 보여준 전초전이나 다름없었고, 그해 가을 이후 남군이 북부연방 영토를 공격하는 것은 완전히 불가능해졌다.

1864년은 그해에 겪은 모든 실패와 죽음으로 국가 전체에 암울한 분위기가 감돌았다. 그해 여름 링컨의 재선 전망도 그리 낙관적이지 않았다. 남부연합의 버티기 전략은 효과를 발휘하는 듯 보였다. 2년 전 북부연방군을 지휘했던 조지 매클렐런이 11월 대통령 선거에서 링컨을 물리칠 것만 같았다.

그러나 당시에는 감지하기 어려웠지만, 전황은 북부에 유리해지고 있었다. 그랜트는 리치먼드 가까이 접근해 있었고, 보급도 안정적이었으며 병력 손실도 보강될 수 있었다. 한편, 리의 군대는 같은 어려움을 겪고 있었지만, 북군의 압박으로 보급품을 조달하거나 후퇴할 수 있는 전략적 선택지가 점점 줄어들고 있었다. 다시 말하지만, 전반적인 전역의 관점에서 그랜트는 성공하고 있었다. 그는 그 자신과 포토맥군이 개별 전투에서 패배하고 있는 상황에서도 이를 알고 있었던 것 같다.

그러나 그해 가을, 정치적으로 링컨의 재선을 가능하게 하고, 나아가 북부연방을 구원한 것은 포토맥군이 아니라 그보다 남쪽에서 이뤄진 진전이었다. 서먼 장군은 여름 동안 애틀랜타 근처에서 작전을 수행한 후 진격하고 있었다. 조지프 존슨 장군과 당시 존 후드 장군 휘하의 남부연합군은 애틀랜타를 보호하는 방어선을 유지하는 데만 주력했다. 다양한 탐색 공격을 피했고, 남군이 전술상 일방적인 승리를 거둔 6월 27일 케네소산 전투Battle of Kennesaw Mountain에서처럼 유리한 위치에 있을 때만 전력을 다해 싸웠다. 하지만 그들의 운은 결국 바닥나고 말았다.

1864년 9월 1일, 마침내 애틀랜타가 함락되었다. 예상치 못하게 애틀랜타 남쪽에서 진격한 서먼의 교묘한 책략이 결실을 맺은 것이다. 서먼은 민간인을 보호하거나 애틀랜타 점령군을 유지하느라 보급선에 부담을 줄 생각이 없었으므로 그 뒤 바로 군을 철수했다.

일순간에 북부연방의 국가적 분위기가 바뀌었고, 링컨은 1864년 11월 8일 선거인단 투표에서 212대 21이라는 압도적 격차로 매클렐런을 이기며 재선에 성공했다.

그 후, 후드의 잔여 병력이 북군 보급선을 공격하자, 셔먼은 그랜트와 스탠튼, 링컨으로부터 6만 명의 병력을 이끌고 동쪽으로 진군하며 보급선을 분리해, 현지에서 보급품을 조달해도 된다는 허가를 받았다. 셔먼의 표현을 인용하면, 그의 다음 목표는 "조지아를 울부짖게 하는 것"이었다. 그들은 서배너와 바다까지 약 460킬로미터를 진군했다. 셔먼의 군대는 탄약만 휴대한 채, 그 밖의 필요 물품은 현지에서 약탈하면서, 1864년 마지막 6주 동안 군사 역사상 가장 중요한 행진을 이어갔다. 북부연방의 경제가 호황기일 때도 남부연합의 경제는 이미 휘청이고 있는 상황에서, 셔먼은 효과적으로 미국 최남동부Deep South의 심장부 약 40~100제곱킬로미터 면적의 지역을 초토화하며 서배너에 이르렀다. 그 과정에서 남부의 저항은 그리 크지 않았다.[130] 제퍼슨 데이비스는 셔먼에게 '아메리카 대륙의 아틸라Attila of the American Continent'라는 별명을 붙였다(아틸라는 동·서 로마 제국을 침략하여 악명을 떨친 훈족의 왕이다-옮긴이). 재산 피해가 직접적인 인명 피해보다 훨씬 심각했다는 점에서 다소 무리가 있긴 하지만 말이다.[131]

그해 겨울, 셔먼과 그 휘하의 군대는 이전과 똑같이 초토화 전략을 펼치며 남부 후방으로 계속 진격해 마침내 사우스/노스캐롤라이나에 진입했다. 이 진군은 바다로의 진군보다 덜 알려져 있지만 이보다 중요한 의의가 있다. 게다가 이는 바다로의 진군보다 훨씬 더 어려운 조건을 극복하고 이루어낸 결과였다. 이는 앞서 나온 아나콘다 전략과 맥을 같이하지만, 셔먼의 독자적 방식이 적용된 것이다.

한편, 후드는 테네시로 방향을 틀었다. 그는 그곳에서 역전을 노리며 남으로 진격 중인 북군을 몰아낼 방법을 찾고자 했다. 그러나 그의 병력 4만 명은 조지 토머스George Thomas 장군의 6만 명 병력에 패하고 말았다.¹³²

한편 동부와 최북부 전선에서는, 앞서 언급했듯 상황이 천천히 전개되었다. 그랜트는 셰넌도어 계곡에 더 많은 관심을 기울이며 북부연방과 워싱턴에 위협이 될 수 있는 요인을 그 지역에 묶어두고 남부연합과 남군으로부터 풍족한 빵 바구니를 빼앗고자 했다. 셰리든 장군은 병력을 집결하여 1864년 10월 19일 시더 크릭 전투Battle of Cedar Creek에서 승리를 거두었고, 이 전선에서 전역 주도권은 점차 북부연방으로 넘어가게 되었다.

리치먼드 주변에서는 전투 성과가 지지부진한 채 대치상태가 이어졌다. 아마도 그랜트의 군대가 봄과 초여름의 치열한 전역으로 지친 탓이었을 것이다. 그랜트는 셔먼과 토머스가 이보다 앞서 다른 곳에서 성공적으로 마무리한 전역을 포함해 전방위적으로 리를 압박할 방법을 모색하는 듯했다. 1865년 초를 기약했다는 의미다. 그러면서도 점진적 압박을 이어갔다. 그랜트는 남쪽과 서쪽으로 진군하며 웰던 철도와 사우스사이드 철도를 비롯한 보급선을 공격했다. 보이드턴 플랭크 로드Boydton Plank Road, 채핀스 블러프Chaffin's Bluff, 해처스 런Hatcher's Run, 피블스 팜Peeble's Farm에서 전투가 치러졌다. 북군은 늦여름부터 가을, 겨울 동안 점차 더 많은 도로를 장악하고 철로를 차단했으며, 남군의 잠재적 공격에 대비해 북군 진지를 강화했다.¹³³

겨울이 지나고 전쟁의 마지막 봄이 다가오자, 리는 자신에게 주어진 선택지를 깊이 고민했다. 그는 리치먼드를 버리고 포위를 뚫고 나가 캐롤라이나에서 셔먼과 싸우고 있는 조 존스턴Joe Johnston 장군을 지원하는 안을 고려했다. 이 안은 (제퍼슨 데이비스와 정부가 먼저 탈출할 수 있기를 바라며) 리치먼드를 양보하고, 사실상 북버지니아군을 남부연합의 잔여 주력군으로 하여 싸움을 이어가는 것이었다. 그러나 생각대로 전개되지 않았다. 북군의 존 고든John Gordon 장군이 병력을 피터즈버그 동쪽으로 진격시켰고, 남군도 피터즈버그 남서쪽으로 피켓(조지 에드워드 장군) 사단을 보냈다. 이렇게 주사위가 던져졌다. 리의 퇴로는 끊겼다.

리에게 남은 총병력은 3만 5000명이었다. 그의 주변을 조여드는 올가미를 벗어날 능력은 빠르게 사라지고 있었다. 4월 2일, 리는 제퍼슨 데이비스에게 리치먼드를 포기하라는 메모를 보냈다. 링컨 대통령이 곧 이 점령지를 방문했다. 리는 서쪽으로 빠져나갔지만 곧 북군에게 따라잡혔다. 그리고 4월 9일 성지주일Palm Sunday, 애퍼매톡스Appomattox에서 항복 문서에 조인하게 된다. (4월 14일 성금요일에 링컨이 암살되기 5일 전이다.) 리치먼드나 리의 군대 중 어느 쪽이 진정한 남부의 구심점인지 그리고 이에 대한 북군의 군사적 초점이 적절한지에 대한 오랜 논쟁 끝에, 리치먼드와 리의 군대는 각각 1주일 내 함락되었다.[134]

그 후에도 일부 지역에서 전투는 계속되었다. 그러나 5월 10일 제퍼슨 데이비스가 조지아에서 체포되면서(이곳에서 2년간 구금된다) 저항을 이어가던 남군 잔존 병력은 모두 항복했다. 마침내 전쟁이 끝났다.

실수와 교훈

역사가들은 남북전쟁에서 내려진 주요 결정에 대해 150년이 넘도록 논쟁을 계속하고 있다. 아마 몇 세기가 지나도 여전할 것이다. 그러면 현대의 전략가가 오늘날 가장 관심을 기울이고 그로부터 교훈을 얻어야 할 문제는 무엇일까?

오늘날 주로 논의되는 문제는 남과 북의 분리와 노예제, 미국식 민주주의의 기본적 실험이 가진 정치적 의미와 윤리성이다. 그러나 전쟁과 이에 관련한 구체적 문제에 보편적으로 적용 가능한 교훈을 도출하고자 한다면, 다음과 같이 더욱 구체적으로 의문을 던지며 생각해볼 필요가 있다.

- 버지니아 전역, 특히 1862년의 매클렐런은 신중함이 지나쳤던 걸까?
- 북군에게 리의 군대를 추격하며 리치먼드를 공략하는 동시에 '아나콘다 전략' 개념을 경제적 압박에 적용할 수 있는 제대로 된 종합 전략이 있었나? 좀 더 인내심 있고 단호하게 아나콘다 계획을 실행했더라면, 전투로 대표되는 많은 정면 공격의 필요성이 제거되었을까?
- 남군에게 재래식 전쟁에서 승리를 가능케 하는 적절한 종합 전략이 있었나?
- 전투를 살펴볼 때 북부연방의 영토로 진격하려는 리의 노력은 공격 중심적이었나?

- 오늘날 정면 공격은 무모한 방식이라는 평가가 점차 늘고 있다. 양측 장군들은 수많은 병사를 죽음으로 몰아넣으면서까지 정면 공격을 강행해야 했나?
- 북부연방은 선호하는 전쟁 방식을 고수하기 위해 긴 보급선을 유지해야 했을까?

더 넓은 시각으로 남북전쟁을 고찰하고 오늘날 수용해야 할 교훈을 구하기에 앞서, 이러한 구체적인 질문을 숙고하는 과정이 선행되어야 한다.

초창기 버지니아 전선에서 북군 장군들이 남군 장군들보다 적극성, 전술 및 전략 수준의 창의성, 판단력이 부족했던 것은 분명한 사실이다. 병사 모집 및 훈련, 장비 무장의 측면에서 볼 때, 전쟁 초기 몇 달 동안은 북군의 준비 상황은 혼란스러웠다. 러셀 와이글리는 북군이 1세기 후 일어난 베트남전의 파병군보다 더 오래 훈련을 받았을지 의구심을 표한다.[135] 그래서 전쟁 첫 단계에서 북군의 활동을 긍정적으로 평가하기란 어렵다.

리 장군이 전술 면에서 뛰어나긴 했지만, 남군에는 리 장군의 영향력이 너무 깊이 자리 잡았다. 당시의 기술과 양측의 병력 격차 및 전쟁 목표를 종합적으로 고려했을 때, 그의 공격 선호는 남부연합의 강점을 살리는 데 도움이 되지 않았다. 오히려 그는 약점을 보완할 새도 없이 너무 많은 소모전에 휘말렸다. 지금처럼 리 장군이 상당한 비판을 받기 전인 1997년에 발표된 미국 해병대 문서에서도 이를 강력히 비판했다.[136] 케네소산 전투 때처럼 남군이 난공불락의 위치에 자리 잡고 있지 않은 한, 서먼과의 정면승부를 피하며 판세 역전을 노렸던 조지프 존스턴 장군의 방법이 남군에게 더 적절했다. 그랬더라면 전쟁이 길어져 북부가 정치적으로 해결책을 모색하려는 의지를 가졌을 수도 있다. 독립전쟁 시기 조지 워싱턴이 그런 전략으로 성공을 거둔 선례가 있었기 때문이다. 그랜트 역시 전쟁 이후 남군 입장에서 어떤 전략이 더 효과적이었을지 묻는 질문에 이와 같은 생각임을 보여주었다.[137]

전략의 다른 요소도 치열한 논쟁거리였다. 영국의 역사가 J.F.C. 풀러는 "전쟁 초기에 북부연방이 남부연합의 중심지인 버지니아에 집중하는 큰 실수를 저질렀다"면서[138] 그보다는 테네시주의 채터누가와 조지아주의 애틀랜타 사이의 좁은 지역을 집중공략했어야 한다고 주장했다. 이 지역은 남부연합의 남부와 서부 지역을 버지니아와 두 캐롤라이나와 잇는 두 개의 철도 노선이 교차하는 곳이다. 따라서 이 철도망을 장악했다면 버지니아와 노스/사우스캐롤라이나는 남부의 다른 지역과 단절되어, 효과적으로 압박 전략을 펼칠 조건이 조성됐을 것이다.

이런 점에서, 북군이 더 빨리 움직였다면 더 빨리 승리했을 수도 있다. 반대로 리가 베트콩이나 조지 워싱턴처럼 행동했다면, 전장에서 더 오래, 북군의 인내와 의지가 바닥날 때까지 버틸 수 있었을 것이다. 만약 북부가 '채터누가 전략'을 채택했거나 아나콘다 전략이 효과를 거둘 때까지 조금 더 시간을 주었더라면, 버지니아 전선을 비롯한 여러 지역에서 격전을 피할 수 있었을 것이다. 전쟁이 다르게 전개될 수 있었던 여러 방법이 있었고, 그중 어떤 것은 엄청난 인명 피해를 줄일 수도 있었다.

하지만 이 실수들은 이 나라가 지적, 물질적, 제도적으로 충분히 준비되지 않은 상태에서 이처럼 엄청나게 파괴적이며 비극적인 내전을 치렀다는 맥락에서 이해해야 한다. 그런 점에서 나는 이러한 판단 착오가 남북전쟁이 그토록 비극적으로 전개된 주요 원인이라는 데 그리 동의하지 않는다.

북부연방이 군대 조직에 시간을 쏟으며 1861년의 많은 시간을 허비했다는 비판을 예로 들어보자. 물론 맞는 지적이다. 그러나 더 나은 접근법이 있었다고 해도, 기껏 몇 달 더 빨리 1862년 전역을 준비하는 정도에 불과했을 것이다. 베트남전 때 미국이 어떻게 병사를 동원했는지 생각해보라. 남북전쟁으로부터 1세기 후 베트남전을 치를 당시, 1960년대 초반의 미군 조직은 이미 대규모였다. (냉전이 고착화되었고 대규모 전쟁 수행 노력을 투입한 한국전쟁으로부터 불과 10여 년 지난 뒤였다). 그러나 1861년의 군대는 매우 작은 규모에 매우 정치적인 조직이었다. 남부연합이 분리를 주장하며 연방을 탈퇴하면서 많은 고위급 군사전문가도 잃었다. 따라서 비효율적인 대응 기간은 불가피했다. 클라우제비츠가 주장했듯, 전쟁에서는 모든 것이 단순하다. 그러나 그 단순한 것조차 어렵다. 특히 규모에 걸맞은 경험을 해보지 못했을 때는 더욱 그렇다.

당시의 많은 장군, 심지어 널리 알려진 이들조차 강선소총과 개선된 대포의 위력을 제대로 알지 못했다는 주장 역시 어느 정도 타당하다(그랬기 때문에 참호의 적군에 맞서 개활지를 가로질러 진격하라는 명령을 내렸을 것이다). 대부분의 전투에서 장군들은 기동 공격을 시도했다. 그들은 적의 주요 위치에 따라 종사enfilade fire가 가능하도록 적의 측면을 공격하고 포위하거나 적의 대형을 고립시켜 적을 개별적으로 압도할 수 있는 작은 단위로 분할시키고자 했다. 이렇게 무모하며 시대에 뒤떨어진 공격 방식으로 발생한 사상자 비율을 추정하기란 쉽지 않다. 그러나 남북전쟁의 주요 전투들을 살펴봤을 때 병력 손실률이 50퍼센트에 미치지는 않는 것 같다. 1862년 12월 프레더릭스버그 전투에서 북군의 공격과 1863년 7월 게티즈버그 전투에서 피켓의 돌격 등 몇몇 전투는 두말할 나위 없이 어리석은 결정이었지만 말이다.

순수하게 군사적 측면에서만 논할 때, 리는 공격 일변도의 전술을 고집해서는 안 됐다. 그러나 그를 미화하려는 의도는 아니지만, 그 행동에는 확실한 논리가 있었다. 역사가 제이 위닉Jay Winik은 1865년 초 리와 제퍼슨 데이비스가 리치먼드를 포기하고 게릴라전으로 저항을 이어가는 전략을 진지하게 고려했다고 지적했다. 그러나 결국 실행에 옮기지 못했다. 그들이 사랑하는 남부 문화와 삶의 방식에 역행하는 전략이라는 생각이 마음 깊이 자리 잡고 있었기 때문이다.[139] 리의 북부 침략 시도에는 북부연방의 윤리와 전투 의지를 약화시키겠다는 타당한 정치 논리가 담겨 있었다.

널리 알려진 매클렐런의 소심함은 어떤가? 그는 항상 워싱턴 정부나 다른 지휘관들 혹은 자신이 비난할 수 있는 다른 사람들에게 더 많은 것을 기대하는 듯 보였다. 그는 항상 진군할 수 없거나 싸움을 지속할 수 없거나 많은 교전에서 승리할 수 없는 이유를 댔다. 1864년 대통령 선거에 링컨의 맞수로 출마해 남부연합에 대한 유화책으로 보이는 견해를 주장했다는 사실과 이 거만한 장군의 편지와 공개 성명이 역사상 나쁜 이미지를 만든 건 분명하다. 그가 북군을 지휘하지 않았더라면 전쟁이 더 빨리 끝나지 않았을까?

매클렐런에 대한 모든 비판은 꽤 타당해 보인다. (그래서 어째서 그의 동상이 아직도 워싱턴 D.C. 듀폰 서클 근처에 서 있는지 의아하다.) 좀 더 구체적으로 말하면, 매클렐런이 1862년의 결정적인 그 순간을 포착했더라면 병참 면에서 매우 인상적인 반도 전역으로 리치먼드에 도달하는 데 성공했을 것이고, 나아가 전쟁을 조기에 종결할 수도 있었을 것이다.

그런데 동부전선에서 신중한 입장을 취한 북부연방의 장군은 비단 매클렐런만은 아니었다. 매너서스 전투를 이끈 그 전임자 맥도웰과 그 후임인 번사이드와 후커 역시 속전속결을 꺼리는 입장이었다. 이들 누구도 전장에서의 결과가 불확실할 때 중대한 후속 조치를 취하지 않았다. 러셀 와이글리가 주장했듯, 남북전쟁 역사가들은 이에 대한 해석을 두고 여전히 논쟁하고 있는데, 여러 방면에서 넓은 전선에 걸쳐 계속 진행되는 전역이 아닌 어떤 위대한 전투에 집중한 탓일 수도 있다.[140] 지금 우리는 150년이 넘는 세월 동안 축적된 상대에 대한 양질의 정보를 손에 들고 당시의 전투를 바라보지만, 당시에는 전장 상황에 대한 정보가 부족했기에 상대에 제대로 맞서 싸우기 어려웠다는 점도 고려해야 한다. 클라우제비츠는 정보에 대해 "전쟁에서 대다수의 정보는 모순적이다. 많은 정보가 거짓이며 불확실하다."[141]라고 썼다. 이는 19세기 초 나폴레옹전쟁의 많은 전투뿐 아니라 남북전쟁에도 적용되는 말이다.

일반적으로 전쟁에서 가장 유능한 지휘관을 파악하기란 쉽지 않다. 때로는 전쟁을 치르면서 실전 테스트와 필터링이 이루어지기도 했다. 물론 이러한 과정에는 시간이 걸린다. 매클렐런은 군 조직, 병참 및 사기 진작 면에서 진정한 강점을 보여주었다. 이 모두 링컨이 높이 평가한 특성이다.[142] (1861년 8월에 병력 30만의 군대를 조직하여 리치먼드로 진격한 뒤 그 여세를 몰아 남진한다는 생각은 북부의 물자 우세를 고려할 때 완전 허무맹랑한 소리는 아니었다.[143]) 돌이켜보면, 우리는 그랜트의 집요함, 끈기, 내재된 자신감 같은 미덕을 당연한 것으로 받아들인다. 그러나 이러한 특성은 이전 장군들의 신중함만큼이나 특이한 자질이었다.[144]

경제적으로 우월하지만 아직 준비 태세를 갖추지 못한 군대가 약한 적을 맞아 전투태세를 갖추기까지 시간이 걸리는 것은 부자연스럽거나 미련한 게 아니다. 당시의 조건과 환경을 고려하면 전쟁 수행 능력을 차근차근 갖춰가는 북부연방의 방식이 어리석은 결정이라 치부하긴 어렵다.

게다가 남북전쟁 중 10여 번의 주요 전투는 매우 치열했고, 인명 손실은 어마어마했다. 1~3일간의 전투 후 사상자 수준이 초기 병력의 15~30퍼센트에 달했다는 점을 고려했을 때, 승자가 패자를 바짝 추격하지 않았던 이유도 쉽게 이해할 수 있다. 후속 공격을 감행하기에는 승자 쪽도 타격이 컸던 것이다. 특히 후퇴하는 적을 후속 공격할 때 필요한 보급 및 기타 요구사항을 감안하면 쉽게 결단을 내리기 어려웠을 것이다. 러셀 와이글리는 미드 장군이 게티즈버그 전투 이후 리를 추격하지 않은 데 대해 링컨이 실망감을 표출한 것을 두고 "링컨의 평가는 매우 불공평했다"¹⁴⁵고 썼다. 그러나 다른 관점에서 링컨의 평가가 옳았다고 할 수 있다. 그때 추격했더라면 전쟁과 대량학살을 더 빨리 끝낼 수도 있었으니 말이다.

즉, 전쟁 중 발생한 이런저런 결정과 정책을 고려했을 때, 일단 전쟁은 진행되면 장기화되고 절망적인 상황으로 치닫게 될 가능성이 높았다. 양측은 이를 현실적 용어로 정의했고, 각각 자신들의 대의에 대해 강하고 심지어 열정적으로 헌신했다. 양측 모두 충분한 무기와 깊이 있는 전략, 다른 자산과 회복력을 갖추고 있었기에 상대가 믿을 수 없을 정도로 빨리 승리를 거둘 수 있었다. 그러나 정치적 타협으로 이토록 처참한 내전을 피할 수 있다는 희망으로 모두 오랫동안 전쟁을 준비하지 않았다. 결국 치명적인 실수를 피할 수 없었다.

따라서 어느 쪽이든 치명적인 실수는 전쟁에서 저지른 어떤 잘못이 아니다. 전쟁을 시작한 것 자체가 결정적 실수였다. 매클렐런이나 리, 그 밖의 다른 사람의 실수도 애초에 전쟁을 벌이겠다는 남부의 지독히도 끔찍한 결정에 비하면 아무것도 아니다. 현실에서 실제 전투를 겪으며 그 결말을 깨닫기 전에, 전쟁 중 발생할 수 있는 어려움을 충분히 예견했어야 한다. 클라우제비츠는 당시 수십 년 동안 전쟁의 공포와 여파에 대해 글을 써왔고, 그가 《전쟁론》에서 서술한 전쟁과 1850년대의 크림전쟁 같은 후속 분쟁에 대한 많은 증거 자료가 있었다. 전쟁을 낭만화하는 것은 설령 그것이 고귀한 대중의 대의를 옹호하는 것일지라도 변명의 여지가 없는 실수다. 당시의 지도자들도 이 사실을 알았어야 했다.¹⁴⁶

남북전쟁은 많은 남부인에게 존재를 규정하는 문제와 관련된 것으로 보일 수도 있었다. 그렇기에 어떠한 대가를 치르더라도 피할 수 없었을 수 있다. 하지만 어느 쪽도 상대를 대량학살로 위협하지 않았고, 사실 누구도 기존 삶의 방식에 대한 단기간의 변화를 주장하지 않았다. 따라서 다른 관점에서 보면, 전쟁은 그러한 실존 문제와는 전혀 관련이 없었다. 당시 관심사는 노예제 확대에 관한 것이었지, 기존 지역의 노예제 영속화에 대한 것이 아니었다. 많은 남부인이 이 전쟁을 자신들의 삶의 방식을 구하기 위해 피할 수 없는 것으로 보았다는 것을 의심하지는 않지만 그렇다고 해서 옳았다고 할 수는 없다. 대규모 전쟁에서의 군사적 패배 가능성을 고려하면, 연방에 잔류했을 때 발생할 수 있는 삶의 방식에 대한 궁극적 위험을 받아들이는 편이 훨씬 현명했을 것이다.

북부와 남부 간 자원의 상관관계를 진지하게 들여다보면 남부의 군사적 덕목을 칭송하는 사람들조차 남부에 승리 가능성이 있었는지 의구심을 품게 된다. 남부가 승리한다는 이론은 전쟁을 앞둔 시기, 남부는 전쟁을 충분히 감당할 수 있다고 생각한 반면 북부는 지나치게 부담스러워한 탓에 결의가 부족했다는 사실에 근거했다. 그 이론은 표면적으로는 그럴듯하지만, 실상은 지나치게 낙관적이었다.

남부는 윤리·정치·군사적 차원에서 남북전쟁 발발에 대한 책임을 면하기 어렵다. 그러나 북부의 사고방식에도 문제는 있었다. 아마도 링컨 자신도 과신했을 것이다. 그는 보다 온건한 버전으로 개선된 아나콘다 전략을 시도해 지상전 없이 남부를 점차 압박하여 굴복시키려 시도했어야 했다. 물론 어느 국가든 제재 및 경제전 같은 조치를 통해 큰 변화를 신속하게 이뤄내기는 어렵다. 직접적인 육로상 위협이 없었다면 남부인들은 봉쇄가 어느 정도 효과를 발휘할 수 있었던 해안 근처의 섬과 항구의 북군 진지를 노렸을 수도 있다. 그러나 인내심을 요구하는 데다 위험하기까지 한 이러한 전략이 그 목표를 달성하기까지 10년 혹은 그 이상이 걸렸다 하더라도, 전쟁으로 인한 대량학살보다 더 나은 선택은 아니었을까? 링컨이나 다른 북군의 방어자들이 이러한 접근법을 진지하게 고려했는지는 분명하지 않다. 그러나 그렇게 했어야 했다.

호주의 위대한 역사가 제프리 블레이니Geoffrey Blainey가 언급했듯, 전쟁에 임하는 지도자들은 대개 승리를 기대한다. 그것도 꽤 빠르게 승리하기를 기대한다. 이러한 인간의 불행한 속성은 널리 알려지고 파악되어 체계적으로 해결돼야 한다.

랜드 연구소RAND Corporation의 알랭 엔토벤Alain Enthoven과 K. 웨인 스미스K. Wayne Smith는 군사 분석서의 고전 《얼마면 될까How Much Is Enough》에서 전쟁을 계획하거나 고려할 때 낙관적인 결과뿐 아니라 비관적 가능성도 상상해보는 것이 매우 중요하다고 지적했다.[147] 이 단순한 진리는 자주 간과된다. 그렇다고 해서 이 사실이 남북전쟁에 안일하게 뛰어든 데 대한 변명이 될 수는 없다. 1850년대와 1860년대 초 포토맥강을 두고 대립한 양측 어느 쪽도 전시 상황이 어려워졌을 때를 대비한 계획은 고려하지 않았다.

오늘날 우리가 얻어야 할 몇 가지 교훈이 있지만, 가장 중요한 점은 강한 상대는 물론 심지어 비교적 대등한 상대와 맞붙은 전쟁에서도 빠르게 승리를 거둔다는 예상은 낙관이 지나쳐 무모한 생각이라는 것이다. 자신이 품은 대의의 정의로움, 군사력, 새로운 군사 기술과 뛰어난 효과를 가진 전술의 믿음에 도취되면 단시간에 결정적인 승리를 거머쥐리라 기대하기 쉽다. 그러나 역사상, 그리고 남북전쟁이라는 특정 사건에 국한해도 실제 전쟁은 그러한 기대대로 전개되지 않음을 알 수 있다.

또한 같은 의미로 미래의 적이 우리를 상대로 지나치게 낙관적인 승리 이론을 전개할 수 있다는 점도 우려해야 한다. 아마도 시진핑 중국 주석이나 그 후계자는 세계무대에서 중국이 부상하고 있으며 그 나라의 엄청난 인구와 산업을 바탕으로 한 엄청난 물질적 이점 덕분에, 미국에 맞서 승리할 수 있다고 생각할 수 있다. 특히 대만이나 남중국해 같은 미국에서 멀리 떨어진 중국 해안 근처의 분쟁에서는 더욱 그럴 공산이 크다. 블라디미르 푸틴 러시아 대통령이나 그 후계자는 발트 3국처럼 북대서양조약기구에 가입한 인근 국가로 극적인 기동전을 펼치는 게 종합 전략의 약점을 보완하는 최선책이라고 결론 내릴 수 있다. 리 장군이 1862년과 1863년 메릴랜드와 펜실베이니아에서 시도했듯, 또 1864년에도 그 하위 계획을 다시 시도했듯 말이다. 다음은 남북전쟁의 교훈이 실제보다 훨씬 더 크게 영향력이 발휘됐어야 하는 갈등에 대해 살펴보겠다. 바로 제1차 세계대전이다.

제1차 세계대전

PART

2

MILITARY HISTORY
FOR THE MODERN STRATEGIST

World War I

1914년 6월 28일, 사라예보에서 오스트리아·헝가리제국 합스부르크 왕가의 후계자 프란츠 페르디난트Franz Ferdinand 대공의 암살로 제1차 세계대전이 촉발되었다. 당시 세르비아와 이를 후원하던 러시아는 오스트리아·헝가리제국이 1908년 사라예보와 보스니아 헤르체고비나의 나머지 지역을 완전히 합병한 데 반발하고 있었다. 암살자 가브릴로 프린치프Gavrilo Princip는 현장에서 체포되어 유죄 판결을 받고 5년 후 감옥에서 결핵으로 사망했다. 황태자 암살은 그의 단독 범행이 아니었다. 그는 세르비아의 '검은 손the Black Hand'이라는 비밀결사단체에 소속되어 훈련을 받았다. 당시 세르비아는 발칸반도 동쪽의 작은 독립 국가로, 보스니아 헤르체고비나를 포함해 이 지역에서 세르비아계가 거주하는 모든 영역으로 영토 확장을 꾀하고 있었다. 더불어 내부적으로는 정치적 음모로 혼란스러웠고 강

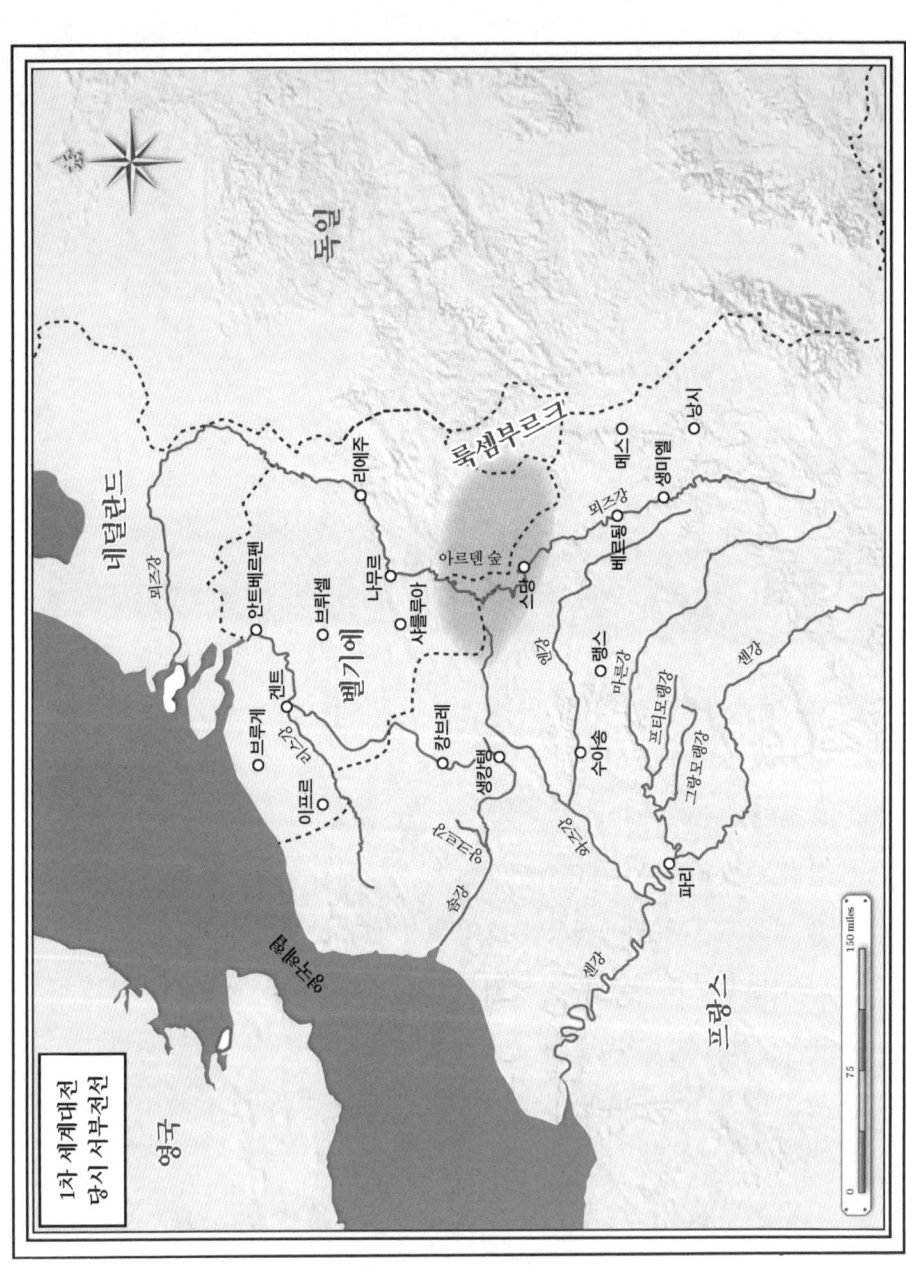

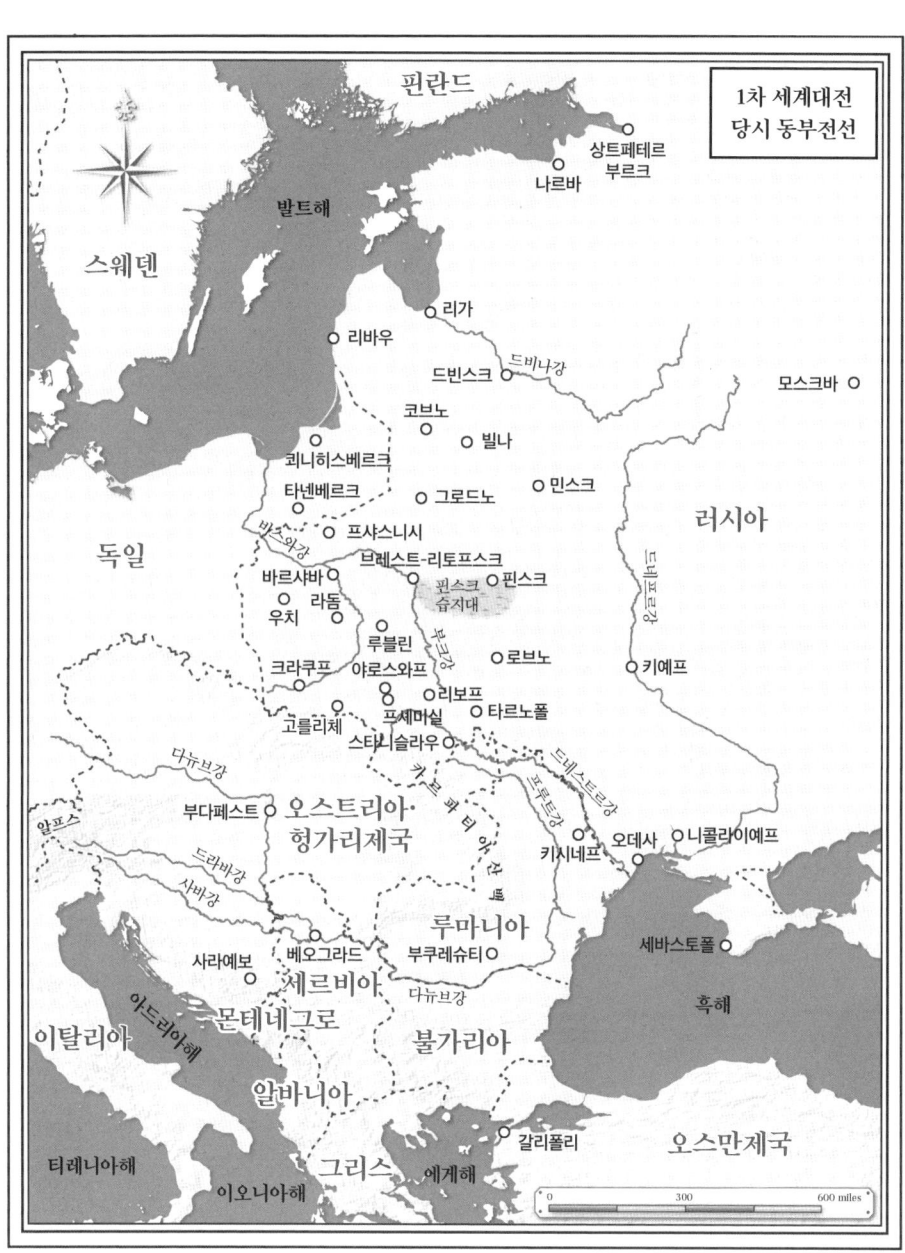

경한 민족주의(대ㅊ세르비아주의)가 팽배했다.[1]

전쟁은 오스트리아·헝가리제국이 사라예보 사건에 대해 세르비아를 단죄하겠다고 선전포고하면서 시작되었다. 독일은 동맹국인 오스트리아·헝가리제국을 지지했고, 당시 몇 년 동안 발칸반도에서 세력 확장에 좌절을 겪은 러시아는 향후 다르다넬스와 보스포루스 해협(이하 튀르키예 해협)으로 접근이 위태로워질 것을 우려해 이에 반기를 들었다. 러시아는 오스트리아·헝가리제국의 보스니아 헤르체고비나 합병뿐 아니라 1912년과 1913년 발칸전쟁의 결과로 좌절을 겪은 터였다. 세르비아는 동남부 유럽이 오스만제국의 지배에서 벗어나게 된 이 두 번의 전쟁(발칸전쟁을 가리킴-옮긴이)을 거치며 대대적으로 영토 확장에 나섰다. 하지만 오스트리아·헝가리제국으로부터 영토를 확장하지 말라는 최후통첩을 받은 후 아드리아해 진출에 대한 열망을 접어야 했다.[2] 1914년, 러시아는 전쟁의 위험을 무릅쓰고서라도 정교회 동지들을 끈질기게 그리고 성공적으로 지키기로 결심했다. 실제로 러시아는 오스트리아·헝가리제국뿐 아닌 독일에 대해서도 모든 자원을 총동원하는 전쟁을 계획했고, 이러한 계획은 곧 그대로 실행된다. 한편 독일은 러시아의 동맹국인 '프랑스'를 공격하는 것으로 전쟁에 뛰어들기로 한다. 독일은 프랑스가 이전 전쟁(1870~1871년의 프랑스-프로이센 전쟁. 프랑스는 알자스-로렌 지방을 독일에 빼앗겼다-옮긴이)의 패배를 설욕하기 위해서라도 독일을 공격할 거라고 판단했다. 독일의 전쟁 찬성론자들은 이러한 논리를 근거로 공격을 기다리느니 선전포고하는 편이 낫다고 주장했다.

사라예보 사건 후 5주 동안 오스트리아·헝가리제국의 선전포고를 비롯해 관련된 각국의 허장성세, 상호협의, 비밀외교, 공개적 위협, 군의 전쟁 준비 등이 이어졌고, 8월 4일 전쟁이 본격적으로 시작되었다. 독일이 중립국인 룩셈부르크와 벨기에를 침공한 뒤 프랑스 북부로 진격했고, 뒤이어 러시아가 오늘날 폴란드 일대인 동부전선에서 독일과 오스트리아·헝가리를 공격했다.

정치적 이유에서 자행된 비극적인 암살 사건이 세계적 대재앙을 몰고 온 것이다. 이견의 여지 없이, 1차 세계대전은 인류 역사상 인간이 저지른 가장 심각한 실수 중 하나이다. 이 전쟁은 유럽이 지정학과 국제경제 그리고 군사력의 중심이던 시기에, 유럽 지도자들과 유럽 국가 시스템의 집단적 실패가 낳은 결과이다. 이 전쟁에서 어떤 나라의 책임이 가장 큰지에 대해 역사적 논쟁이 치열하게 이어지고 있다. 독일이 이 전쟁의 주요 원인이라는 혐의에서 벗어나기는 어렵다. 그러나 러시아도 매우 공격적이었으며 국제 위기 해결이나 완화보다 자국의 야망 실현에 열을 올렸고, 프랑스와 영국 또한 1차 세계대전의 근본적인 발발 원인인 유럽 각국의 경쟁적인 제국주의 식민지 쟁탈전의 토대를 마련했다는 점에서 책임에서 자유롭지 못하다.[3]

1차 세계대전으로 인한 직접적인 사망자만 1000만 명에 달한다. 유럽의 주요 참전국들은 각각 100만~200만 명의 사망자가 발생했고, 부상자는 그보다 훨씬 더 많으며 많은 이가 불구가 되었다. 이는 인구가 1억 7000만 명으로 추산되는 러시아를 제외하고 약 4000만~6500만 명의 인구를 가진 국가에서 발생한 손실이다.[4] 반면에 미국 남북전쟁은 그 자체로 사회에 완전히 파괴적인 것으로 여겨졌고,

3000만 명 조금 넘는 당시 미국 인구 중 약 75만 명이 목숨을 잃었다. 1차 세계대전은 유럽의 주요 참전국 대부분에게 남북전쟁보다 2~3배 더 치명적이었다. 그리고 이 전쟁으로 얻은 결함 있는 평화는 이보다 몇 배 더 치명적인 결과를 낳게 될 2차 세계대전의 발판이 되었다.

1차 세계대전은 많은 원인이 복합적으로 작용한 결과이다. 이 책은 물론 오랜 시간 군사사의 중심 주제였던 자기 과신은 이전 시대와는 비교되지 않을 정도로 팽배해 있었다. 그래서 전투가 초래할 결과를 단순하고 순진하게 판단했다. 남북전쟁으로부터 반세기가 지나는 동안, 속사포와 치명적인 무기의 시대에 벌어지는 전쟁이 어떤 식으로 펼쳐질지 실제로 깊이 고민하지 않았던 것이다.

여기에 더해, 주요 국가들의 극단적 민족주의와 군국주의가 전쟁 발발과 지속을 부채질했다. 단적인 예가 전쟁 전 독일에서 큰 인기를 끈 프리드리히 폰 베른하르디Friedrich von Bernhardi 장군의 저서 《독일과 다음 전쟁Germany and the Next War》이다. 그는 각 장에서 전쟁할 권리, 전쟁할 의무, 전쟁의 필요성을 역설했다.[5] 더 일반적으로 말하면, 이 시기 많은 사람이 전쟁을 고귀하고 영감을 불러일으키며 의식을 고양하는 행위로 보았다.[6]

근친혼으로 얽힌 복잡한 왕실 간 관계도 한몫했다. 전쟁이 발발할 당시, 독일제국의 황제 빌헬름 2세와 영국 국왕 조지 5세는 (작고한) 빅토리아 여왕의 손자였다. 러시아제국의 황후도 마찬가지였다. 러시아제국의 황제는 빌헬름 2세와 사촌이었다. 지도층 간의 이러한 관계는 애정 대신 오히려 경쟁심과 경멸을 키웠다.[7] 실제로 전쟁에 결부된 모든 주요 국가의 지도층은 그리 인상적인 역할을 하지 않았으며, 그들 중 위대한 인물을 찾기도 어렵다. 훗날 찬사를 받는 사람들조차 마찬가지다. 특히 1차 세계대전 당시 처칠은 해결책을 제시하기보다 문제를 일으킨 인물이었다. 아마도 이 시대에서 가장 주목할 만한 인물은 세르비아인 등 소수민족을 포용하기 위해 자국 내 개혁을 시도했으나 암살되어 오히려 전쟁의 빌미가 된 오스트리아·헝가리제국의 계승자라고 할 수 있다. 또 다른 존경할 만한 인물은 벨기에 국왕 알베르 1세다. 그는 소규모인 벨기에군을 이끌고 외국의 침공에 용기 있게 맞서 자국 영토를 지키고자 하였으나 군사 강국 독일을 막기에는 역부족이었다. (그러나 덕분에 프랑스가 독일 공격에 대비할 시간을 벌었다는 점에서 의미 있는 노력이었다고 볼 수도 있다.) 우드로 윌슨이 1917년에야 미국의 참전을 결정한 것은 양측 모두에 충분히 죄책감을 느꼈기 때문이었다. 그리하여 전쟁 후 이러한 참사를 방지하기 위해 강력한 국제연맹League of Nations를 만들고자 노력했다. 그러나 국제연맹이 제 역할에 실패했고 베르사유조약에 여러 문제가 있음을 고려할 때, 그 역시도 대표적인 영웅으로 보기는 어렵다.[8]

공학, 과학, 교통, 통신, 경제, 인류의 복지에 있어서 인류의 위대한 성취가 이루어진 시대에 '대전Great War'이 일어났다는 사실은 크나큰 비극이었다. 당시 과학자들과 지식인들은 정치, 군사 분야에서 동시대 사람들을 훨씬 앞서 있었다.

독일, 오스트리아·헝가리, 이탈리아는 삼국동맹을, 프랑스, 영국, 러시아는 삼국협상을 결성했다. 나중에 이탈리아는 삼국협상 진영으로 넘어가고, 오늘날 튀르키예를 중심으로 한 오스만제국이 독일과 오스트리아·헝가리에 합류했다. 1917년에는 미국이 러시아가 빠진 삼국협상에 합류해 러시아의 이탈을 상쇄한 것은 물론 전력 증강에 크게 기여했다. 그해 러시아제국은 몰락했고, 혁명과 내전으로 혼란의 소용돌이에 빠져 전쟁에서 더 이상 의미 있는 전력이 되지 못했다.

1차 세계대전은 지리적으로 주로 4개 지역에서 일어났다. 첫 번째는 유명한 서부전선으로, 프랑스 북부와 1914년 늦여름에 수정된 슐리펜 계획에 따라 점령된 벨기에 일대의 비교적 제한된 공간이다.[9] 곧 참호전이 이어졌다. 1914년 이후 매년, 교착상태를 깨고 상대 참호를 남쪽과 서쪽 또는 북쪽과 동쪽의 일정 거리 밖으로 밀어내려는 시도가 이뤄졌다. 그러나 1918년에야 전선은 유의미하게 변동됐다.

두 번째 주요 전장은 오스트리아·헝가리제국, 러시아령 폴란드, 러시아, 현대의 우크라이나, 독일 지역을 아우르는 중부 유럽의 넓은 지역이었다. 이 전장은 이후 세르비아를 비롯한 기타 발칸 국가들과 이탈리아로 확대된다.

세 번째 지역은 유럽 열강과 일본이 지배 중이거나 식민지 정복·확장을 위해 열을 올리며 부딪친 곳들로, 사하라사막 이남의 아프리카, 북아프리카, 지중해부터 튀르키예 해협, 중동을 비롯해 중국 해안 지방 일부를 아우른다. 식민지 주민들은 고향 근처나 유럽 전선으로 차출되어 식민주의자들 편에서 전쟁을 치러야 했다. 1차 세계대전 때 인도인 약 130만 명이 영국군에 복무했고 약 7만 4000명이 목숨을 잃었다.[10] 영국과 프랑스의 지배를 받던 지역의 많은 아프리카인도 같은 사정이었다.

네 번째이자 매우 중요한 전장은 대서양과 북유럽 바다이다. 이 지역의 봉쇄와 그에 대한 반격으로 초반에는 영국이 위험에 처했지만, 시간이 지나며 독일이 심각한 타격을 입게 되었다. 전쟁 발발 후 첫 3년 동안 이 지역에서 독일이 펼친 무제한 잠수함 작전으로 미국 선박과 승객이 막대한 피해를 입자, 미국은 결국 참전을 선언하기에 이른다.

남북전쟁과 마찬가지로, 1차 세계대전의 상당 부분은 주요 전투 수십여 개에 대한 연구로 간단히 정리될 수 있다. 그리고 앞 장에서 서술했던 방식대로 전쟁의 전개 양상을 연도별로 다루겠지만, 이에 앞서 전쟁의 배경과 그 이면의 이야기를 살펴보겠다.

20세기 초 유럽 각국의 전략적 이해관계와 동맹체계

1차 세계대전의 뿌리는 수백 년 동안 이어온 유럽 국가 시스템과 더불어 점점 더 강해지는 민족주의적 성향, 기술 발전과 경제 구조의 현대화, 산업화를 토대로 한 제국주의 경쟁이다.[11] 1648년의 베스트팔렌조약뿐만 아니라 국가 간 발생한 문제를 완화하거나 해결하기 위한 강대국 간 협조 체제인 19세기의 유럽협조체제 Concert of Europe는 특정 상황에서의 갈등을 완화하는 데는 효과적이라고 인정된다. 그러나 그 시기는 유럽 국경 안팎에서 평화를 구현하기 힘든 시대였다. 베스트팔렌체제는 북아메리카부터 사하라사막 이남 아프리카, 이집트와 나일강 주변에 이르는 지역에서 발생한 영국과 프랑스의 충돌을 막을 수 없었다.¹² 1853~1856년 러시아제국 대 프랑스·영국·오스만제국 연합군의 크림전쟁, 1866년 프로이센-오스트리아 전쟁, 1870~1871년 프로이센-프랑스(보불전쟁) 등 19세기에도 유럽 내에서 전쟁이 계속 일어났다.

구체적으로 '대전'은 보불전쟁의 결말에서 비롯된다고 주장할 수 있다. 이 전쟁의 승리로 독일제국은 프랑스로부터 알자스와 로렌 지방을 빼앗으며 통일된 강대국으로 등장했다.

군사 경쟁은 (적어도 프로이센/독일이 전쟁에서 승리하고 통일 국가를 수립한 이후) 전쟁 억제와 평화 유지를 중시하던 독일의 수상 오토 폰 비스마르크Otto von Bismarck가 퇴진한 1890년대부터 더욱 심화됐다. 식민지 쟁탈전의 후발주자인 이탈리아와 독일은 해외 식민지와 점령지 확보에 열을 올렸으나 이러한 목표는 쉽게 달성되지 않았다. 독일은 해군력을 증강했는데도 1911년 모로코 지배를 둘러싼 프랑스와의 경쟁(모로코 위기-옮긴이)에서 패배했듯, 제국주의 경쟁에서 우위를 점하지 못했다.¹³

헬무트 폰 몰트케Helmuth von Moltke 독일군 원수를 비롯한 독일인들도 러시아의 세력 확장과 영·러 관계 강화로 향후 몇 년간 상황이 악화될 것이라고 우려했다. 몰트케를 비롯해 이러한 견해를 가진 사람들은 예방전쟁preventive war(자국의 상대적 약화를 고려해 선제공격하여 일으키는 전쟁-옮긴이)을 옹호하기 시작했다. 일부는 이를 통해 벨기에와 프랑스 북부의 항구 등 유럽 내 전략적 거점을 확보하고자 했을 것이다.¹⁴ 독일군 지도부는 1914년까지 10년 동안 일관되게 모로코, 보스니아 및 기타 문제를 둘러싸고, 프랑스, 영국, 러시아와의 관계에서 무력 사용을 찬성했다. 스티븐 반 에베라Stephen Van Evera의 말처럼, 독일 군수뇌부는 "1905~1914년에 위기가 발생할 때마다 전쟁을 요구"했다.¹⁵ 이러한 관점에 따라, 오스트리아·헝가리의 세르비아 침공과 이에 따른 러시아의 동부 침략을 구실로 프랑스를 예방적으로 공격하는 결정이 이뤄졌다.

실제로 전쟁 발발 전 2년 사이에 빌헬름 2세의 서신이나 공문, 외교적 관여 및 그 밖의 대화 등에는 전면전이 불가피할 뿐 아니라 바람직하다는 언급이 등장한다. 영국해협에서 지중해 동부로 뻗어나가려는 독일과 동맹국들의 영토 확대 야망은 게르만족 대 슬라브족·라틴족의 경쟁으로 해석되곤 했다.¹⁶ 빌헬름 2세는 1918년 퇴위한 뒤 네덜란드로 이주하여 1941년 그곳에서 생을 마쳤는데, 말년에 히틀러가 거둔 초반의 승리가 자신이 꿈꾸던 목표의 정당성을 입증하고 실현한 것이라면서, 당시 전역을 주도한 독일 장군들을 이렇게 칭찬했다. "슐리펜의 교육을 받은 그들은 슐리펜이 내 밑에서 마련한 계획을 1914년 우리가 했던 것과 같은 방식으로 실행에 옮겼다."¹⁷ 이러한 이유로, 독일의 유명 역사가 프리츠 피셔Fritz Fischer는 1960년대에 독일이 1차 세계대전을 일으킨 주범이라고 주장했고, MIT의 스티븐 반 에베라 같은 현대의 저명한 역사가와 분석가들도 그의 의견에 동의한다.¹⁸

나는 독일을 비판하는 이러한 의견에 동의하지는 않는다. 하지만 많은 역사가처럼 전쟁 초 오스트리아·헝가리와 독일에 대한 러시아의 성급한 침략으로 상황이 불필요하게 극단적으로 치닫게 되었다고 본다. 러시아가 오스트리아·헝가리뿐만 아니라 독일에 대해 총동원령을 내리고 전쟁 준비를 시작한 것은 독일이 전면전을 시작하는 구실이 되었다. 러시아는 오스트리아·헝가리가 세르비아를 물리치고 해체한 뒤, 튀르키예 해협을 통해 흑해로 진출하여 러시아 경제를 압박하게 될 것을 우려했다.[19] 그러나 이러한 우려는 두 이웃 나라의 핵심 영토에 직접적인 공격을 가하는 근거가 되기에는 상당히 간접적이며 가정적이다. 영국과 프랑스도 책임이 있다. 지난 수십 년간 전 세계에 걸쳐 자행된 프랑스와 영국의 제국주의 야망과 정복은 유럽 강대국들 사이에 극심한 민족주의적 경쟁을 유발했다. 프랑스 또한 수십 년 전 프로이센과 젊은 독일 국가에 빼앗겼던 영토를 되찾기 위해 대전략과 맥을 같이하는 공격적 군사 개념인 제17계획Plan XVII을 세웠다. 물론 독일에 큰 책임이 있지만, 독일이 유일한 유책 당사자는 아니다. 그렇다고 해서 다른 강대국에 대한 이러한 비판이 독일의 책임을 덜지는 못한다. 1차 세계대전 발발 책임을 따지는 일은 일정량의 비난을 할당하는 제로섬 분석이 아니다. 놀라운 점은 여러 곳에서 많은 실수가 있었다는 사실이다. 다시 말해, 몇몇 국가는 이 전쟁을 막을 수 있는 신뢰할 만한 방법이 있었는데도 그러지 않았다는 것이다.

19세기와 20세기 초에 일부 민족국가nation-state가 통합되고 강화되고 있었다면, 다른 제국들은 쇠락의 길을 걷고 있었다. 원심력뿐 아니라 구심력도 작용하고 있었고, 때로는 두 힘이 동시에 작용하기도 했다. 오스트리아·헝가리는 유럽의 다른 강국들처럼 정복과 확장에 매진했으나, 동시에 9개 주요 민족으로 구성된 대제국을 하나로 결속할 수 있을지 심각하게 우려했다. 오스만제국도 여전히 존속하고는 있었지만 여러 세기를 거치며 쇠퇴의 말로에 있었다. 오스만제국 영토에 대한 지배권이 흔들리자 다른 제국주의 국가들은 이를 기회로 삼았고, 한편으로는 튀르키예 해협의 지배권을 다른 외국 열강이 차지할까 봐 두려워했다. 이러한 두려움이 갈등의 씨앗이 되었다. 바버라 터크먼Barbara Tuchman이 1차 세계대전을 다룬 걸작 《8월의 포성The Guns of August》에서 썼듯, "10세기 동안, 러시아는 흑해로 나아가는 출구에 있는 콘스탄티노플, 러시아인들이 '차르그라드'라고 부르는 그곳을 갈망해왔다. 길이 80여 킬로미터에 폭은 5킬로미터를 넘지 않는 좁은 바닷길로 유명한 다르다넬스 해협이 러시아가 1년 내내 세계의 나머지 지역으로 나아갈 수 있는 유일한 통로"[20]였기 때문이다. 러시아는 그 지역을 점령할 기회가 눈앞에 다가왔는데, 불길하게도 독일과 오스트리아·헝가리가 이를 막으려 할 것만 같았다.

유럽 지도자들은 위대한 프로이센의 군인이자 군사학자인 카를 폰 클라우제비츠가 불과 몇십 년 전 전쟁의 안개와 갈등을 심화하는 역학관계에 대해 쓴 글에서 명시한 경고에 귀를 기울이지 않았다. 어쩌면 클라우제비츠가 전쟁이란 정치와는 다른 수단으로 수행하는 정치의 연속이라고 서술한 《전쟁론》(1832년 출판)의 구절을 그대로 수용하거나 오해했을 수도 있다. 이 구절은 (정확히는) 전쟁이 아무 이유 없이 발생하거나, 순수하게 군사적 논리만을 따른다거나, 말 그대로 적이 절멸할 때까지 계속되는 경우는 거의 없다는 의미로 해석될 수 있다. 그러나 위험하게도 이는 어떤 식으로든 전쟁을 정당화하고 전쟁의 통제 가능성을 시사하는 것으로 오해될 수 있다. 클라우제비츠 또한 '결전decisive battle'을 옹호한다고 오해받을 수 있다. 분명 이러한 최후의 결전이 소모전보다 선호되기는 한다. 그러나 이러한 성공을 열망한다고 해서 반드시 성공을 거두는 것은 아니다.[21] 클라우제비츠는 그의 생각을 공격 위주의 시각으로 해석하려는 이들을 위해서라도 방어전의 이점을 설명하는 데 더 많은 부분을 할애했어야 했다.[22] 안타깝게도 그의 저서는 상당히 선별적으로 읽혔다.[23]

유럽 지도자들은 고대 그리스의 위대한 학자 투키디데스가 관찰한 전쟁의 매력과 위험에 대해서도 충분히 고려하지 않았다. 투키디데스는 아테네와 스파르타가 각각의 동맹과 싸운 전쟁을 다룬 《펠로폰네소스 전쟁사》에서 전투에 참여하는 인간의 주요 동기는 두려움과 탐욕, 명예로 요약된다고 말했다.[24] 20세기 초에는 특히 탐욕과 명예가 강하게 작용한 것으로 보인다. 투키디데스는 〈멜로스의 대화〉 편에서 강국인 아테네가 약소국인 멜로스에 강압적 수단을 사용한 일화를 전하며 국제정치에서 강국은 자신들이 하려는 일, 약소국은 자신들이 할 수 있는 일을 택한다는 데 주목했다.[25]

아테네보다 훨씬 강해진 독일은 유럽 및 국제사회에서 중심축이 되고자 했고, 이미 본토보다 넓은 땅을 소유한 프랑스와 영국은 이미 성취한 영광과 명예를 공유하려 하지 않았다.[26]

아마도 당시 경험한 유럽의 전쟁들, 특히 1866년의 프로이센-오스트리아 전쟁과 1870~1871년의 보불전쟁이 비교적 짧았기 때문에, 이후의 전쟁 역시 제한적으로 수행될 거라고 믿었을 것이다. 당시 유럽인들은 유럽 내에서 벌어진 전쟁보다 미국 남북전쟁을 연구하는 편이 더 현명했을지도 모른다. (세기의 전환기에 아프리카 남부에서 벌어진 보어전쟁은 상당 부분 남북전쟁과 같은 속성을 보여주었다.)[27]

전쟁이 짧게 끝날 것이라고 믿은 주요 유럽 지도자 중 대표적인 인물에는 독일 총리 베트만홀베크Bethmann-Hollweg, 독일의 해군원수 바흐만Bachmann, 영국 해군장관 윈스턴 처칠, 영국 재무장관이자 미래의 총리 로이드 조지Lloyd George, 러시아의 전쟁성 장관 수호믈리노프Soukhomlinov 등이 있다. 이 목록은 더 길게 이어진다.[28] 독일제국 황제는 1914년 8월 출병하는 독일군에게 "낙엽이 지기 전에" 집에 돌아올 것이라고 말했다. 그러나 모두가 그렇게 경솔했던 것은 아니다. 프랑스군과 독일군의 수장인 조제프 조프르Joseph Joffre 장군과 몰트케 장군은 장기간의 소모전을 예견했다. 그렇지만 이에 따른 전쟁 계획이나 대전략을 마련하지는 않았다. 반면 영국의 키치너 경Lord Kitchener도 전쟁 기간에 대해 비관적 시각이었는데, 그는 실제로 이를 행동에 옮겨 (일단 전투가 실제로 시작되면) 영국은 즉시 영국군 병력 수백만 명이 참여하는 장기전에 대비해야 한다고 촉구했다.[29] 그러나 이처럼 신중한 목소리는 거의 없었다.

1914년이 다가오며 유럽 각국의 많은 사람이 지금까지 서술한 바와 같은 생각을 하고 있었다. 하지만 멀리 떨어진 사라예보의 위기가 어떻게 세계 전쟁으로 확대될 수 있었는지는 아직도 헤아리기 어렵다. 다양한 유형의 동맹 관계로 인한 파급효과가 놀라울 뿐이다.

핵심 동맹 중 무엇도 방어적 대전략이라 할 만한 것은 없었다. 유럽 열강들은 지난 수십 년, 수세기 동안 유럽 변방이든 아메리카 대륙이나 아프리카, 중동, 남아시아 및 연해주 지역이든 할 것 없이 영토 확장에 열을 올리느라, 자국 입장에서 진정으로 유익한 행동을 요구하는 안보 조약에는 관심을 기울이지 않았다. 비스마르크 치하의 독일이 그나마 (부분적으로) 예외였지만, 그는 1890년 공직을 떠났다. 특정 목적 아래 동맹은 방어적 성격을 띤 경우에도 다른 지역의 침략을 허가하도록 설계되었고, 1914년이 다가오면서 점점 더 공격적인 용어로 재해석되었다.

구체적인 예를 들면, 1879년 독일과 오스트리아·헝가리는 러시아가 공격해올 경우 상호 원조를 약속하는 동맹을 맺었다. 이들은 1866년 프로이센-오스트리아 전쟁과 1867년 오스트리아·헝가리제국(오스트리아 황제가 헝가리 국왕을 겸하나, 별도의 독립된 정치를 행하는 이중제국) 수립 이후 이 조약을 체결했다. 당시 독일 총리 비스마르크는 방어적 성격의 동맹 관계를 수립하려고 했으나, 그의 은퇴 후 독일의 외교 기조는 변했다. 1912년, 독일 총리 베트만홀베크는 의회에서 오스트리아·헝가리가 러시아와 전쟁을 하게 된다면 어느 쪽에서 전쟁을 시작했든지 간에 오스트리아·헝가리를 지원해야 한다고 말했다.[30] 따라서 이 동맹은 의도적으로 더욱 공격성을 갖게 되었다.

사실 문제는 이보다 더 심각했다. 베를린이 보기에, 독일이 오스트리아·헝가리를 지원하기 위해 러시아와 싸워야 한다면, 그 틈을 타 프랑스가 서쪽에서 공격해올 수 있었다. 프랑스는 이전에 빼앗긴 영토를 되찾을 기회를 포착하겠다는 계산과 만약 독일이 러시아를 상대로 승리한다면 그다음 상대는 프랑스가 될 것이라는 두려움이 있을 테니 말이다. 따라서 독일은 프랑스를 먼저 공격하는 편이 나았다.[31] 이러한 비극적 논리는 수년에 걸쳐 슐리펜 계획으로 발전됐다. 1913년 무렵, 몰트케는 계획적으로 러시아만을 상대로 하는 전쟁 옵션을 제거하기까지 했다.[32] 1914년 위기에서 독일과 오스트리아·헝가리는 때때로 유화적 움직임을 보이기는 했지만, 총동원령과 전면전을 비롯한 정책으로 전쟁을 향한 분위기를 고조시켰다.[33]

1882년, 이탈리아가 독일과 오스트리아·헝가리에 합류하여 삼국동맹이 결성되었다. 동맹 삼국 중 한 하나가 두 나라(한 나라가 아님)로부터 공격을 받으면 나머지 두 동맹국이 피해 당사국을 지원하기로 합의했다. 삼국동맹은 이탈리아의 태도가 달라졌음에도, 1900년대 초까지 유지되었다. 이탈리아는 1900년과 1902년에 프랑스와 비밀 협정을 맺어 독일, 오스트리아·헝가리와 맺은 약속의 상당 부분을 무력화시켰다. 또한 1909년에 러시아와도 비밀 협정을 체결하여 오스만제국의 다르다넬스-보스포루스 지역뿐 아니라 오늘날 리비아의 트리폴리 및 키레나이카 지역에서 벌어지고 있던 경쟁에 제동을 걸었다.[34] 이탈리아는 궁극적으로 동맹국이 직접 공격을 받았을 때만 구속력을 갖는 삼국동맹의 특정 규정을 이용해, 1914년 호전적인 동맹국 편에서 참전하지 않기로 선택했다.[35]

1887년, 독일이 프랑스를 공격하거나 러시아가 오스트리아·헝가리를 공격하지 않는 이상, 독일과 러시아는 서로 싸우지 않기로 약속하는 (단발성에 그친) '재보장 조약Reinsurance Treaty'을 체결했다는 데 주목할 필요가 있다. 이는 독일이나 러시아가 적대행위를 시작하는 경우가 아닌, 방어적 상황에서 적용되도록 설계되었다. 그러나 비스마르크의 후임자들이 비스마르크의 상호 구속과 방어적 배치의 지혜를 이해하지 못한 탓에, 이 조약은 1890년까지만 지속되었다.[36] 비스마르크는 프랑스가 1870~1871년의 패배를 설욕하기 위해 독일을 공격하지도, 공격할 생각을 품지도 못하게 하겠다는 목표에 따라 움직였다. 그러나 비극적이게도 그의 후임자들은 유럽, 나아가 세계무대에서 더욱 야심찬 목표를 세웠다.[37] 그 후 1905년, 독일 빌헬름 2세는 러시아 니콜라이 2세와 독일과 러시아가 동맹이 된다는 잠정적인 조약을 맺었다. 그러나 두 군주 간의 즉흥적이며 개인적인 외교로 탄생한 이 협정은 다른 독일 관료들의 반대로 정식 조약이 되지 못했다.

세기의 전환기에 독일 황제 빌헬름 2세와 영국 총리 솔즈베리 경 Lord Salisbury 사이에도 이와 유사한 동맹에 대한 의견이 오갔다.[38] 그러나 남아프리카에서 벌어진 보어전쟁에서 독일이 반대편에 선 데서 볼 수 있듯, 두 국가는 전략적 파트너보다 라이벌 관계로 남았다.[39] 러시아는 독일, 영국과 함께 1912~1913년 발칸 위기를 진정시키기 위해 협력했지만, 실망스러운 결과를 얻었다. 그래서 다음에는 세르비아인 동맹들에게 힘을 싣기로 결정했다.[40]

1891년 러시아와 프랑스는 두 나라 중 하나가 하나 이상의 삼국동맹 국가와 전쟁을 벌이게 되면 자동으로 군사를 동원해 대항한다는 조약을 협상하기 시작했고, 1894년 러불동맹을 체결했다.[41] 그러나 세부 내용은 비밀이었고, 심지어 서명한 당사자들도 이를 명확히 알지 못했다. 프랑스와 러시아는 어떤 위기에서 상대에게 지원을 요구해야 하는지를 두고 견해차를 보였다.[42] 시간이 지나며 상황은 변화했다. 구체적으로는 1차 대전 발발 2년 전, 프랑스는 발칸반도의 위기에서 러시아를 지원할 거라는 신호를 점점 더 많이 보냈고, 러·불 양국 군대는 협공 계획을 발전시키며 협력 관계를 강화했다. 프랑스의 이러한 견해는 러시아에 대한 이타주의가 아닌 지정학적 야심과 기회주의에서 비롯되었을 것이다. 이를 주도한 이는 주로 1912년 프랑스 외무장관 겸 총리로 시작해 1913년부터 종전까지 대통령을 지낸 레몽 푸앵카레Raymond Poincare였다. (전쟁 중 많은 총리가 바뀌었다. 마지막은 조르주 클레망소Georges Clemenceau였다.)[43]

19세기 후반, 영국은 이탈리아, 오스트리아·헝가리와 안정적 관계를 유지함으로써 러시아의 지중해 진출을 제한한다는 공동의 이익을 관리할 필요성을 인지하고 있었다.[44] 그러나 독일, 오스트리아·헝가리, 이탈리아의 삼국동맹 합류를 고심하다가, 결국 프랑스, 러시아와 동맹을 맺기로 선택했다.[45] 그리하여 1904년 프랑스와 화친 협정Entente Cordiale(영불협상이라고도 함-옮긴이)을 맺고, 1907년에는 영러협상Anglo-Russian Convention을 체결했다. 영국은 1902년 일본과도 동맹을 맺고, 중국에서의 이권 확보에 주력했다.[46]

그러나 영국, 프랑스, 러시아 간의 조약은 상호방위체제로 이어지지 않았다.[47] 영러협상은 수년 동안 러시아와 영국이 페르시아, 티베트, 아프가니스탄에서 이어왔던 대립을 피하는 데 초점을 맞추었다. (물론 양국은 중국, 튀르키예 해협 및 흑해, 지중해에서도 경쟁했다.)[48] 1914년 7월 말, 독일이 대륙에서의 전쟁에 개입하지 말라고 영국을 설득할 만큼, 프랑스에 대한 영국의 약속은 흔들렸다.[49]

요약하면, 독일은 1871년부터 1914년까지 국력을 강화하고 유럽의 산업 강국이 되었으며 빌헬름 2세라는 야심만만한 지도자를 얻었다.⁵⁰ 한편, 독일 지도자들은 프랑스가 1870~1871년 프로이센에 빼앗긴 알자스-로렌 지방을 되찾을 기회를 노리고 있다고 생각했다. 공세를 중시하는 프랑스의 뿌리 깊은 신조는 독일의 이러한 견해를 강화했다. 그리하여 독일은 1871년 통일 이후 산업 급성장과 인구 증가에 힘입어 1897년 무렵부터 알프레트 폰 티르피츠Alfred von Tirpitz 제독 주도로 대대적인 해군력 증강에 나섰고, 독일의 이러한 움직임은 영국과의 관계에서 긴장감을 조성했다. 그러나 1905년 러시아의 힘이 커지자 독일은 시간이 자국의 편이 아니라고 느끼게 되었다. 당시 러시아는 약 1억 7000만 명의 인구 대국이었는데, 이는 독일 인구의 두 배 반에 달하는 수준이다. 비록 1인당 국민소득은 프랑스나 독일의 40퍼센트 수준에 불과했지만, 러시아 경제는 1909년부터 1913년까지 매년 5퍼센트의 성장률을 기록하며 상당히 빠르게 성장하고 있었다.⁵¹ 세계무대에서의 오랜 경쟁자였던 프랑스와 영국은 1904년 프랑스의 모로코 지배와 1905년 영국의 이집트 지배를 인정하는 협정으로 경쟁 관계를 완화했다. 양국의 경쟁 강도는 완화하면서도, 사모아와 카메룬 같은 일부 지역을 제외하고는 그들의 경쟁 구도에 독일이 설 자리를 내주지 않았다. 이를 비롯한 여러 이유에서 독일은 장기적으로 핵심 자원에 접근이 어려워질 수 있다고 우려할 수밖에 없었다.⁵² 오스만제국의 쇠퇴는 발칸반도 전역이 전략적 혼란에 휩싸였다는 의미였고, 향후 튀르키예 해협의 통제권이 누구에게 갈지도 불확실한 상황이었다.⁵³ 프랑스와 러시아, 독일과 오스트리아·헝가리의 안보 조약은 방어적 성격은 약화되고 구속력과 무조건성이 높아졌으며, 협상에 대한 영국의 태도는 여전히 미온적이었다.

1차 세계대전에 사용된 무기와 전쟁의 기술

어떤 면에서 1차 세계대전의 핵심 기술은 미국 남북전쟁의 기술과 별반 다르지 않다. 남북전쟁 중 소형 무기와 포, 철도, 전신/전화가 사용되었는데, 1차 세계대전도 이와 거의 비슷했다. 삽과 말도 여전히 중요했으며, 자전거가 군사 정찰에 사용되기 시작했다.[54]

물론 차이점도 있다. 1차 세계대전의 소형 무기는 강선소총을 자동화하여 총탄의 효과를 증폭시킨 기관총으로, 준비 태세를 갖춘 적의 진지에 접근하는 보병들의 운명을 크게 위협했다. 또한 무연 화약의 출현으로 저격수나 다른 적군의 위치 확인이 훨씬 어려워졌다. 포는 크기와 폭발력 면에서 엄청나게 발전했다. 반동 흡수 기술과 폭탄의 지연신관으로 포격의 정확성과 효율성이 향상됐고, 발사 속도 또한 매우 빨라졌다. 역사가 휴 스트라찬Hew Strachan은 프랑스의 75밀리미터 야포에 대해 "미끄럼판 위에 포신을 놓고 완충기로 반동을 흡수함으로써 재장전하지 않고 분당 최대 20발까지 발사할 수 있었다"고 서술했다.[55] 전장에 철조망도 추가되었다. 여전히 삽으로 참호를 팠지만, 이 시기의 참호는 여러 층으로 더 깊어졌고 서로 연결되었다. 또한 콘크리트로 보강되어 군대가 집중포격을 피할 수 있

는 깊은 방공호 역할을 하기도 했다.⁵⁶

1차 세계대전에서는 전보가 널리 사용되며 이름을 떨쳤다. 무전기도 제한적으로 사용되었으나 지상전에서는 전화가 더 널리 사용되었다. (적국의 통신을 방해하기 위해 통신선을 종종 절단하곤 했다.) 그러나 대부분은 여전히 깃발이나 기타 초보적인 수단으로 통신이 이루어졌다. 당시 갓 등장한 무선통신 기술은 아직 유용하지도 신뢰되지도 않았다.⁵⁷

장군들은 차로 이동하기도 했다. 그리고 1914년 9월 마른 전투 Battle of the Marne에서는 제6군의 전략적 재배치를 위한 증원군 수송에 파리의 택시 함대까지 동원되었다! 그러나 대체로 엔진 달린 차량은 매우 드물었다.⁵⁸ 엄청난 수송 능력을 가진 기차가 유럽 전장의 주요 지역에서 중심 교통수단으로 활용되었다.

항공기는 1차 세계대전에서 중요한 역할을 했다. 이 시기는 초창기 공중전과 붉은 남작 Red Baron(1차 세계대전 중 80여 기를 격추시킨 독일군 조종사 만프레트 폰 리히트호펜 남작의 별명-옮긴이) 같은 에이스들이 활약한 시대였다. 그러나 적의 진지에 대한 대규모 공중 폭격은 아직 없었다. 주된 역할은 육군의 지상전을 위한 정찰과 표적 확보였다. 공기보다 가벼운 체펠린 Zeppelin 비행선은 도시 폭격으로 일부 피해를 입히며 공포를 유발했지만, 물리적·인적 피해 정도는 제한적이었다. (전쟁 중 영국에서 이런 식으로 사망한 사람은 1500명 미만이었다.)⁵⁹ 공군의 역할은 전쟁이 막바지를 향해 가면서 빠르게 확대되었고,⁶⁰ 전쟁이 끝날 무렵에는 전술 전투에 상당한 영향을 미치게 된다.⁶¹

전차 또한 이 전쟁에서 세상에 처음 등장해 전쟁 말기에는 협상국 측에 긍정적인 변화를 일으켰다. 비극적이게도 화학 가스 역시 전쟁 중 여러 곳에서 광범위하게 사용되었다. 그러나 이러한 혁신은 공격과 방어의 균형을 근본적으로 변화시키지 못했고, 전쟁의 종식을 앞당기지도 못했다.[62] 예를 들어, 전쟁이 끝날 때까지 전차 수천 대가 생산되었지만, 대부분 너무 무겁고 느린 데다 쉽게 고장 났기 때문에 북유럽의 진흙탕 전장에는 적합하지 않았다. 전차는 2차 세계대전에서 전성기를 맞이한다. 실전에서 얻은 교훈과 기술 발전으로 기능이 정교해졌기 때문이다.[63]

금속 선체와 증기 추진 전함은 1차 세계대전 때 완전히 자리 잡았다. 영국이 세계 2, 3위 해군의 전함을 합친 것보다 많은 전함을 보유한 해군력을 갖추겠다는 목표에 따라, 이 영역에서 지배적 지위를 차지했다. 드레드노트Dreadnought급이라 불리게 되는 장거리 포격이 가능한 거대한 전함이 당시 함대의 중심 요소가 되었다. 전쟁이 시작되자 잠수함과 대잠전 플랫폼이 대서양에서 벌어진 중요한 전투에 투입되었고, 이는 전쟁 결과에 중요한 영향을 미쳤다.[64] 다양한 종류의 기뢰도 널리 사용되었는데, 대부분 파괴적인 효과를 낳았다.[65]

남북전쟁의 주요 전투에 동원된 병력은 한 진영에 5만 명에서 10만 명 정도였으나, 1차 세계대전에서는 대부분 그 수의 몇 배에 달했다. 대량 징집과 대량 동원의 전쟁이었던 것이다. 서부전선에서 싸운 독일군은 150만 명으로, 1870년 프랑스와 싸운 프로이센군의 6배였다.[66] 전쟁이 끝날 때까지 주요 교전국에서 적어도 수백만 명이 군인으로 복무하여 동원 병력은 총 6500만 명에 달했다.[67]

1차 세계대전의 전투 하면 주로 정적인 참호전을 떠올리지만(물론 서부전선 전투 대부분은 실제로 그러한 양상이었다), 그렇지 않았다. 독일군은 중립국 벨기에와 프랑스 북부를 거쳐 빠르게 진격했다. 이는 40일 안에 프랑스를 점령하겠다는 원래 계획대로 큰 차질 없이 진행된 것이었다. 전술상 이동은 주로 도보로 이루어졌는데, 격렬한 전투를 치른 경우가 아니라면 보통 하루에 25~30킬로미터 정도 이동할 수 있었으므로 주요 활동은 꽤 빠르게 전개되었다.[68] 러시아, 오스트리아·헝가리, 독일, 이탈리아와 중부 유럽의 작은 국가들이 관련된 전쟁은 상당한 기동력을 특징으로 한다.

전략과 전쟁 계획

1914년 전쟁이 다가올 무렵, 주요 당사국들의 근본적인 목표는 무엇이었나? 그리고 각 당사국은 이러한 목표를 위해 어떤 전쟁 계획을 세웠나? 미국 남북전쟁 이전과는 달리, 이때는 주요 국가들의 군부에서 많은 계획을 수립하고 준비 태세를 갖췄다. 하지만 전쟁 계획을 수립한 계획자들과 지도층들은 불확실성과 잠재적 난관을 신중히 고려하기보다 그 결과를 낙관하며 과신한 듯하다. 이들 전략가는 자신들의 통찰력과 혁신적 지성에 도취되었다. 그들은 1871년 몰트케 장군이 남긴 "아무리 훌륭한 계획이라도 적과 처음 접촉하는 순간 쓸모없어진다"는 격언을 잊은 것 같았다.[69] 게다가 일부 주요 전략 목표는 전쟁 초기가 되어서야 진화하거나 구체화되었다.

오스트리아·헝가리는 세르비아에 사실상 국가가 지원한 것이나 다름없는 암살 사건의 책임을 묻고자 했다. 오스트리아·헝가리는 단순한 복수를 넘어, 세르비아가 세르비아인들이 살고 있는 광범위한 지역에 영향력을 강화하거나 국경을 확대하지 못하게 하려는 전략적 목표를 가졌다. 빈의 지도층 일부는 세르비아 왕국의 해체까지 원했을 수도 있다.

반면 러시아는 발칸반도의 동맹들과 대리인의 이익을 지지하고자 했다. 러시아는 발칸반도, 튀르키에 해협, 지중해 지역에서 영향력을 확대하려는 야망은 물론, 경쟁자들에게 이 지역을 빼앗길 수 있다는 두려움도 있었다.

독일의 주요 전략적 목표는 평화조약을 강제할 수 있을 정도로 프랑스군을 강하게 공격하여 처참한 패배를 안기는 것이었다. 여기에는 프랑스 북부 영토의 상당 부분을 합병하거나 프랑스가 서유럽 대륙에서 패권에 도전할 수 없도록 하는 것까지 포함되었을 수 있다. 또한 독일은 러시아의 부상에 대한 두려움으로 동쪽에서 예방전쟁을 수행할 목표도 세웠다. 하지만 러시아를 상대로 군사적 승리를 거두면 이 지역에 더욱 안정적인 장기 평화가 도래할 것이라는 독일의 대전략은 다소 불분명했다.

프랑스는 독일을 물리치고 알자스-로렌 지방을 되찾을 생각에 기뻐했을 것이다. 영국은 유럽 대륙의 국경 조정 문제에는 별 관심이 없었다. 그보다는 막강한 해군력을 바탕으로 세계로 나아가겠다는 야심을 지키며 독일이 패권국가로 등장하는 사태를 막고자 했다. 당시 영국은 가장 넓은 해외 영토를 가진 제국이자 세계 최강의 해군력을 가진, 세계 최고의 제국주의 국가였다.

1914년이 다가오면서 이탈리아는 유럽 남동쪽과 북아프리카를 중심으로 기회주의적 영토 확장 야망을 키워갔다.

오스트리아·헝가리와 러시아, 오스만제국의 경우, 개전 당시 불거졌던 영토 문제와 관련한 우려는 후반부에 들어서 국가의 존속을 둘러싼 투쟁으로 변했다. 그러나 이러한 투쟁은 성공하지 못했다. 적어도 전쟁을 시작한 정권 내 권력층 입장에서는 말이다.

미국은 초기에 이 전쟁과 거리를 두려 했고, 궁극적으로는 전쟁을 빨리 끝내고 세계 질서를 재편하여 다시는 이와 비슷한 일이 일어나지 않게 하려는 열망이 있었다. 하지만 일단 군사적 관여를 결정한 뒤, 협상국이 비교적 빨리 승리를 거두도록 하겠다는 목표를 제외하고는 처음의 열망을 실현하는 데는 실패했다. 결국 정전 이후 6개월간 파리에서 직접 공들여 협상을 이끈 우드로 윌슨 미국 대통령의 국제연맹 구상은 미국 상원에서 부결되었고, 윌슨의 바람에도 베르사유에서는 독일에 막대한 배상금을 부과했다.[70]

호전적인 사람들의 광범위한 목표는 전쟁 계획에 반영되었다. 그러나 이 전쟁 계획은 동원 계획과 초기 작전 개념 정도로만 이해하는 편이 좋다. 자세하거나 정교하지 않을뿐더러(전쟁의 후속 단계도 예상하지 않았다), 군사 전략과 마찬가지로 대체로 불완전한 수준이기 때문이다. 대전략은 나라를 성공적인 방향으로 이끌고 전후 안정적인 평화협정으로 인도하는 것이어야 하는데, 이 기준으로 볼 때 턱없이 부족하다.[71]

가장 유명한 예는 1차 세계대전이 발발하기 20여 년 동안 발전

돼온 독일의 슐리펜 계획이다. (슐리펜 본인은 1906년에 은퇴하여 1913년 1월에 사망했다.) 슐리펜은 독일과 오스트리아·헝가리는 장차 유럽 전쟁에서 프랑스와 러시아 양국을 상대로 싸우게 될 것이라고 예상했다. 그리하여 우선적으로 중립국인 룩셈부르크와 벨기에를 통해 프랑스에 대규모 공격을 전개하고자 했다. 이 계획의 핵심은 독일군 대부분을 '우익right wing'에 (또는 독일 기준으로 가장 북쪽에서 서쪽 방면에) 배치하여 개전 후 약 6주 이내에 프랑스군에 결정적인 타격을 입히는 것이었다. 프랑스군을 패배시키고 항복을 받아낸다는 것이 독일의 주요 전쟁 목표였던 것이다. 계획은 이렇다. 독일군 병력 대부분이 시계 반대 방향으로 프랑스 심장부로 진격해 계획대로 승리를 거둔 후, 군 동원이 천천히 이뤄지는 러시아군을 상대하러 철도편으로 동부전선으로 이동한다.[72] 즉 전쟁의 직접적인 원인과 관계없이, 독일은 프랑스를 먼저 공격해 서부에서 승리를 거둬야 했다(공정하게 말하면, 당연한 결정이었다). 프랑스가 공격하기 전에, 러시아가 병력을 동원하기 전에, 심지어 벨기에가 공격군이 진격하는 걸 보고 주요 수송 동맥의 핵심인 교량을 선제적으로 폭파하기 전에 말이다.

슐리펜 계획은 그 자체로는 매우 타당하며 효과적이었다. 그러나 군사계획을 세울 때는 항상 무언가 잘못될 가능성을 염두에 두고 그 결과에 어떻게 대응하고 보완할지도 고려해야 한다. 하지만 슐리펜과 그의 동료들은 그렇게 하지 않았다.

다른 나라 대부분의 군사계획가들도 마찬가지였다. 그들도 대규모 병력을 동원하고 수송 일정을 계산하는 데는 능했다.[73] 19세기 후반부터 20세기 초반에 걸쳐 유럽의 군은 군사학교인 전쟁 대학을 설립하여 생도들을 데리고 전장을 견학하고 전쟁게임을 수행했으며, 전쟁을 준비하고 철도와 도로망의 이용 및 각종 병참 문제에 세심한 주의를 기울였다. 이후 계획은 병참 수준에서 매우 상세하게 그리고 정확한 시기에 세워졌다. 때로는 가상의 전투에서 어떻게 기동할지 집중적으로 논의되기도 했다. 하지만 이러한 계획들은 전쟁 중 적과 맞닥뜨릴 때 하나도 소용이 없었다. 이 시기 유럽 국가들이 군사계획을 제도화하기 시작했지만, 오늘날 '레드팀red team(조직 내 전략의 취약점을 찾아내 공격하게 하여 문제를 개선하여 성과를 극대화하려는 전략-옮긴이)'이라고 할 법한 과정은 없었다. 진짜 대안plan B은 없었던 것이다.[74]

모두가 이러한 집단사고를 따르진 않았다. 특히 모든 독일인이 슐리펜 계획의 논리를 진심으로 믿은 것은 아니었다. 슐리펜의 후임으로 육군원수가 된 소小 몰트케는 그의 삼촌이자 그에게 이름을 물려준 이전의 육군원수 대大 헬무트 폰 몰트케와 마찬가지로 전쟁이 힘들고 길어질 가능성을 고려했다. 그는 넓은 독일 서부전선의 병력을 우익(서부)으로 이동시키는 슐리펜 계획의 약점을 심각하게 우려했다. 슐리펜 계획에 따르면 우익과 좌익의 병력 비율은 7대1이었다. 결국 소小 몰트케는 이러한 병력 집중을 분산시켰다(즉 3대 1로 변경했다). 게다가 우익의 4개 사단을 증원군으로 동부전선으로 보냈고, 벨기에에는 예상치 못한 저항에 대처하도록 7개 사단을 남겨두었다. 밝혀진 바에 따르면, 프랑스로 진격한 병력은 이보다 적었는데, 일부는 보급선을 앞질렀다고 한다.[75] 한편, 프랑스는 내부 통신선 덕분에 철도로 병력을 재배치해 독일의 초기 성공에 대응할 수 있었다. 이를 종합하면, 병참의 제약과 실제 전장의 변화에 따라 필

요조건이 달라지면서 독일이 초기에 결정적 승리를 거둘 가능성이 낮아진 것이다.[76]

위대한 승리를 거두는 전투에 대한 나폴레옹식 사고에 젖어 있던 프랑스는 맹목적일 정도로 공격을 선호했다. '생명의 약동élan vital'과 '과도한 공격정신offensive à outrance'이라는 개념은 당시 만연한 풍조의 본질을 포착한 것이다. 페르디낭 포슈Ferdinand Foch 장군과 육군원수 조제프 조프르 장군이 이를 추종하는 대표적인 인물이었다.[77] 이들은 기본적으로 자신감과 대담함, 용기가 전투를 승리로 이끈다고 믿었다. 프랑스는 독일보다 현역 병력 의존도가 높았으므로, 초반에 강하게 밀어붙이는 것이 유리했다. 프랑스는 어떤 전쟁이든 독일이 완전한 힘을 갖추기 전에 전력을 다해 공격해야 한다고 결정했다. 그 결과가 바로 제17계획이었는데, 독일군이 만반의 준비 태세를 갖추고 방어하더라도, 조프르 장군이 독일군의 공격 루트를 파악해 내리는 최종 결정에 따라 알자스-로렌 혹은 다른 곳을 목표로 동쪽으로 신속하게 돌격한다는 내용이었다.[78] 조프르의 목표는 영국과 벨기에의 도움을 받아 독일군을 물리쳐 잃었던 영토를 회복하는 것이었다.[79]

영국은 유럽 대륙에서 벌어지는 전쟁에 양면적 입장으로 관여했다. 언급한 바와 같이, 프랑스와의 약속은 조건부에 불과했다. 따라서 영국에게 진정으로 전쟁 계획이 있었다고 보기는 어렵다. 양국의 군부 간 대화 채널에서 영국은 전쟁이 발발할 경우 프랑스에 약 7개 사단 혹은 15만 명 정도의 소규모 병력을 파견하겠다는 의향을 점차 명확히 했지만, 전쟁을 계획한 이들이 무엇을 원했든, 영국의 정치인들은 '영광의 고립splendid isolation'이라는 노선을 고수했고, 협상국을 지키기 위해 싸우겠다는 약속은 하지 않는 편을 선호했다.[80]

프랑스에 대한 러시아의 약속은 조금 더 강력했다. 1차 세계대전으로 치닫는 몇 년 동안, 양국 군 수뇌부 간의 많은 협의 끝에, 러시아는 독일이 프랑스를 공격하면 15일 안에 수십만 명의 병력을 동원해 독일을 공격하겠다고 프랑스에 약속했다. 이에 따라, 러시아는 당시 속국으로 지배하던 폴란드에 철도 노선을 개선하기 시작했다. 1905년 러일전쟁에서 패배하고 같은 시기 내정 개혁을 거친 러시아는 이제 군대를 증강하고 유럽에 더 많은 에너지를 집중했다. 러시아는 전쟁 계획 단계에서 오스트리아·헝가리와 단독으로는 싸우지 않겠다고 중요한 결정을 내렸다. 러시아는 어떠한 전쟁도 반드시 독일과의 갈등으로 이어지기 마련이라고 스스로를 설득했고, 부분 동원이 거의 불가능한 경직된 동원 계획을 통해 그러한 가정을 현실로 만들어갔다. 러시아의 계획자들은 융통성 없는 총동원 개념을 고안했고, 부분 동원이 선행될 가능성은 고려하지 못했다.[81]

프랑스는 러시아의 도움에 의존했기 때문에, 사라예보와 세르비아 문제로 오스트리아·헝가리에 반발해 총동원령을 선포한 러시아 황제를 비난하기 어려웠다. 실제로 프랑스는 이 위기가 독일과의 해묵은 원한을 해결할 기회라고 믿으며 러시아의 결정을 장려했을 수도 있다. 각국 전쟁 계획의 세부 사항은 종종 정부와는 별개로 군부 주도로 정해졌는데, 독일뿐만 아니라 러시아와 프랑스를 비롯한 다른 국가 역시 전쟁으로 가는 길을 강화하는 방향으로 나아가고 있었다. 동맹국들은 전쟁이 발발했을 때 필요한 도움을 받기 위해 대립하기보다 서로의 욕망을 집중 공략했다. 이렇게 정도를 벗어난 동력은 위기 상황에서 제대로 된 의사결정 능력을 악화시켰다.

언급한 바와 같이, 오스트리아·헝가리의 처음 목표는 세르비아를 단죄하고 무력화하는 것이었고, 아마도 나아가 국가를 해체하는 것까지 염두에 두었을 수 있다.[82] 빈의 구체적인 전쟁 계획은 주요 병력을 셋으로 나누어, 남쪽의 세르비아와 기타 위협에 적당한 병력으로 대처하고, 러시아에 대항해서는 대규모 병력을 배치하며, 예비대를 두어 두 전선의 전개 상황에 따라 지원군으로 투입한다는 것이었다.[83] 독일이 전쟁 초 몇 주 동안 서부전선에 집중할 것이라는 가정을 토대로, 러시아가 독일과 맞붙게 되면 오스트리아·헝가리는 신속하게 독일을 지원해야 할 것이라고 판단했다. 빈은 동맹 의무를 이행하기 위해 유연성과 신속한 대응 체계를 갖추고 있어야 했던 것이다. 그러나 오스트리아·헝가리의 철도망은 상대적으로 열악했기 때문에 신속한 병력 재배치는 제한적일 수밖에 없었다.[84]

작은 중립국 벨기에의 의도는 명확하지 않았다. 벨기에는 중립국이기에 공식적인 전쟁 계획의 필요성을 느끼지 못했다. 중립성을 무시하는 나라가 있으리라곤 상상할 수 없었기 때문이다. 그러나 결국 6개 사단으로 구성된 소규모 군대는 독일에 맞서 치열하게 싸웠다.[85]

미국은 전쟁은 물론 전시 준비조차 하지 않기 위해 최선을 다했다. 1914년 우드로 윌슨 대통령은 이러한 의지를 담아 "미국을 진정으로 사랑하는 모든 사람은 진정한 중립 정신에 따라 행동하고 말할 것이다"라고 발언했다. 이처럼 중립성을 공개적으로 표현한 데는 미국의 복잡한 민족 구성도 한몫했다.[86] 미국은 당시 전쟁 중인 유럽의 다양한 국가 출신의 이민자들로 이루어졌고, 여기에는 독일계 미국인(그리고 친영국 또는 친협상국이 아닌 아일랜드계 미국인)도 있었다. 그러나 윌슨과 대부분 미국인의 입장은 시간이 흐르며 달라졌다. 그 결정적인 계기는 1915년 5월 7일 미국인 128명을 포함해 1200명의 승객을 태운 영국의 호화 여객선 루시타니아호가 독일 U보트의 공격으로 침몰한 사건이었다. U보트는 협상국 측에 보급품을 수송하는 모든 선박을 차단하려는 '무제한 잠수함 작전'의 일환이었다. 하지만 미국의 태도 변화에는 시간이 걸렸다.[87] 친방위와 반독일 정서가 커지고 있는데도, 전쟁은 윌슨과 공화당의 찰스 에번스 휴스Charles Evans Hughes가 맞붙은 1916년 대통령 선거 캠페인에서도 중요한 문제로 다뤄지지 않았다. 전 대통령 테디 루스벨트Teddy Roosevelt, 전 국무장관이자 상원의원 엘리후 루트Elihu Root, 당시 전 전쟁부 장관이자 한 차례 더 전쟁부 장관을 역임한 미래의 국무장관 헨리 스팀슨Henry Stimson 등 일부 저명인사들은 강력한 조치를 취해야 한다고 주장했다. 그러나 윌슨은 '참전하지 않게 하는 후보he kept us out of war'라는 모토로 전쟁 불참을 공약으로 내세워 선거유세를 펼치며, 1916년 가을 무렵 미국이 직접적 군사 개입을 할 가능성이 있다는 정도만 암시했다.[88]

윌슨은 1915년 말 전쟁부 장관과 해군장관에게 군 확대 계획을 수립하도록 지시했다. 그런 다음, 의회의 지지를 얻어 1916년 이를 법(미국 최초의 포괄적인 안보 관련 법인 1916년 국가방위법-옮긴이)과 정책으로 제정했다. 그러나 1916년 미군은 28만 6000명에 불과했다. 1917년 5월에서야 징집대상자등록Selective Service Act이 법으로 제정됐다.[89]

요약하면, 러시아와 독일은 미래 전쟁을 대비한 단계별 계획이 있었다. 모든 분쟁에서 참전국 수와 전투가 벌어질 지리적 범위가 늘어날 수 있다고 가정했다. 분쟁 완화와 군사적 규모 축소는 우선순위로 고려하지 않았다. 오스트리아·헝가리는 세르비아에 대한 복수와 더불어 모든 것을 실행에 옮길 준비가 되어 있었다. 각국은 초기에 신속한 동원을 강조했고 전쟁 초반 몇 주, 최악의 경우 몇 달 동안 전쟁에서 몇 번의 결정적인 전투로 승부가 날 것으로 예상했다.

전쟁 계획은 극비에 부쳐졌다. 대중과 적국은 물론 동맹에게조차 비밀로 했고, 심지어 군부와 무관한 자국 정부부처에게도 알리지 않았다. 군주가 외교 정책과 전쟁과 평화에 대한 결정권을 행사한 러시아, 독일, 오스트리아·헝가리 같은 전제적 권위주의 국가에서 이러한 상황이 주로 목격되었다.[90] 더욱 놀라운 점은, 의회 민주주의 국가에서도 이런 경향이 분명히 나타났다는 점이다. 예를 들어, 프랑스 육군원수 조제프 조프르는 국방부의 민간 관료들의 지지와 협력에 힘입어 군대에 자유로이 권한을 행사했다.[91] 영국과 독일의 경우, 육군은 해군과도 전쟁 계획을 공유하지 않았다![92]

1914년, 전쟁을 향해 가다

1차 세계대전은 오스트리아·헝가리가 자국의 후계자 암살 사건의 배후로 세르비아를 지목하고 응징하기로 결심하면서 시작되었는데, 여기에는 이 다민족제국 내에서 벌어지고 있던 분리주의 운동이나 투쟁을 저지하려는 목적도 있었다. 러시아는 동맹국이 주요 경쟁자로부터 공격받는다는 데 반발하여 오스트리아·헝가리뿐 아니라 독일도 공격하겠다고 경고를 날리며 그 전쟁 자체를 위협하고 나섰다. 러시아의 경고가 실현될 가능성이 없지 않다는 사실을 인지한 독일은 이상하고 무모한 슐리펜 계획대로 두 전선에서 전쟁을 수행한다는 개념을 내세웠다. 프랑스는 전면전이 전략적, 영토적 이익에 도움이 되기를 바랐고, 위기 완화를 위해 노력하기보다는 러시아가 동부전선에서 빠른 시일 내에 독일과 전쟁을 벌여 도움을 받을 생각뿐이었다.

영국은 독일의 프랑스 공격을 저지했을 수도 있는 어떠한 수단도 포기함으로써 전쟁 발발에 기여했다. 영국의 연락 채널은 주로 에드워드 그레이Edward Grey 외무장관이었는데, 독일이 프랑스에 어떠한 공격이라도 감행한다면 이에 대응할 것인지 아니면 독일이 프랑스를 공격하는 과정에서 벨기에의 중립을 위반했을 경우에만 대응할 것인지 등 전쟁 개입 조건을 명확히 해달라는 요청에 대해 번번이 모든 사람을 혼란스럽게 했다. 파리와 런던 간의 오랜 경쟁 관계를 잘 알고 있던 독일 황제는 영국이 전쟁에 참여하지 않기를 바랐던 것 같다.[93] 그레이가 지나치게 교묘하며 불명확한 입장과 행동으로 일관한 만큼, 영국도 전쟁 발발에 약간의 책임은 있는 셈이다. 어쩌면 그와 헨리 애스퀴스Henry Asquith(전쟁 첫 2년 동안 영국 정부 수반이었고 1916년 데이비드 로이드 조지가 그 뒤를 이었다) 총리를 비롯한 다른 영국 지도층은 전쟁이 발발하면 어떻게 대응해야 할지조차 몰랐을 수도 있다.[94]

마지막으로 빌헬름 2세 황제는 독일이 예방전쟁에서 정말로 프랑스를 공격해야 할지 재평가했다. 그러나 8월 1일 무렵, 슐리펜 계획의 초기 준비 단계가 이미 실행된 상태였다. 상황을 돌리기엔 너무 늦었고, 몰트케 육군원수의 주장대로 황제는 그의 의견을 기각할 마음도 없었다. 빌헬름 2세가 독일제국의 군주로서 막강한 권력을 가지고 있었지만, 본인이 직접 계획하고 체계화하도록 허용했던, 엄격하게 일정이 확정된 전시 작전을 되돌릴 수 없는 지점이었다.[95] 실제로 모든 주요 국가에서, 군부는 전쟁 계획을 고안하고 동맹 동료들과 소통하는 데 상당한 영향력이 있었다. 민간 지도부가 군대에 대한 강력한 통제권을 갖고 있지는 않았다.[96]

6월 28일 사라예보 암살 사건 이후 5주 동안 사태는 이렇게 전개된다. 초반 몇 주는 격앙되고 불길한 기색이 보이지 않았다. 7월 5일, 독일 황제는 위기에 처한 오스트리아·헝가리에 개인적 지원을 약속하며, 심지어 빈이 세르비아에 매우 강경하게 대응하도록 부추겼다. 그 무렵, 러시아가 세르비아 지원을 명분으로 공격할 가능성도 대두되었지만, 아직 기정사실화되기 전이었다.[97] 이때 독일 황제는 요트를 타고 3주간 항해 여행을 떠났다. 오스트리아·헝가리는 세르비아에 암살과 관련 있다고 추정되는 검은 손 같은 비밀단체를 조사하고 처벌할 것을 요구하는 최후통첩을 보냈다. 세르비아를 불신한 빈은 그 조사에 감독 역할을 하겠다고 주장했다. 세르비아 영토의 해체, 영구적 주권 침해 또는 배상금 지급을 제안하지 않고 그럴듯한 다른 요구사항을 내세웠다는 점에서 최후통첩의 요구는 온건한 편이었다고 할 수 있다. 세르비아는 7월 26일 일부 조건을 수용했으나, 오스트리아·헝가리의 조사 참여 권한을 거부하는 등 여러 조건과 단서

를 달며 교묘히 대응했다. 이에 빈은 이를 최후통첩에 대한 거부로 해석하기로 했다.[98]

상황은 빠르게 전개됐다. 7월 28일, 오스트리아·헝가리는 세르비아에 선전포고하고 뒤이어 29일에는 베오그라드를 공격했다. 7월 29일, 러시아는 오스트리아·헝가리의 접경 지역이 아닌 내륙 지방 국민을 대상으로 부분동원령을 공포했고, 바로 다음날 오스트리아·헝가리와 러시아는 총동원령을 내렸다. 7월 31일 독일은 러시아에 총동원령 취소를 요청하는 최후통첩을 보냈다.[99] 그러나 독일은 이미 양면전쟁을 결정하고 자체 동원에 전념한 상황이었기에 러시아의 총동원 결정에 내심 감사했을 것이다.[100] 이와 같이, 러시아의 조치는 독일을 침략자보다는 희생자로 보이게 했을 뿐, 베를린이 이미 의도하고 있던 그 무엇도 막지 못했다. 그리고 독일은 총동원령을 선포했다.

독일의 프랑스 공격 계획은 벨기에 기습이 선행되어야 했으므로, 독일의 총동원령 선포는 전쟁을 일으키겠다는 결정과 다름없었다. 그러나 안타깝게도 다른 나라 관료들은 물론 독일 지도층조차도 이 사실을 제대로 이해하지 못했다. 독일은 기습 효과가 사라지기 전 신속하게 벨기에 내 주요 거점을 점령해야 했다. 그러지 않으면 슐리펜 계획 전체와 그 지나치게 세세한 일정과 작전 구상이 모두 위태로워질 수 있었다.[101]

다음날 프랑스도 총동원령을 선포했다. 당시 프랑스는 우발적 전쟁을 피하기 위해 독일과의 국경 10킬로미터 밖으로 병력을 철수시킨 상태였다. 그러나 베를린은 긴장을 완화하기보다 이를 고조시

컸다. 8월 1일, 독일은 이제 가시화된 동부전선에서 러독전쟁이 진행되는 동안, 독-프 공동 국경에 독일군을 주둔시킬 수 있게 프랑스 요새(툴과 베르됭 요새를 가리킴-옮긴이)를 양도하라고 파리에 요구했고 (전쟁이 끝나면 돌려주겠다는 단서를 달기는 했다-옮긴이), 물론 프랑스는 이를 거부했다. 그러자 독일 황제는 최후의 수단을 시도했다. 조지 5세에게 영국이 프랑스의 중립을 보장한다면 독일은 프랑스를 공격하지 않겠다는 전보를 보낸 것이다. 런던은 제안을 받아들이지 않았고, 침공 준비는 이어졌다. 8월 1일 저녁, 독일군은 중립국 룩셈부르크를 침공했고, 같은 시간 상트페테르부르크 주재 독일 대사는 러시아 외무장관에게 선전포고서를 전달했다.[102]

바버라 터크먼은 유려한 문장으로 이 순간을 생생하게 묘사했다.[103]

재치라고는 조금도 없이 막무가내로 저돌적이기만 한 독일군들은 예로부터 공식 지명이 '세 동정녀'라는 뜻인 트루아 비에르주Trois Vierges 지역을 통해 룩셈부르크를 침공하기로 했다. 세 처녀는 믿음과 희망, 자비를 상징했지만, 역사는 시의적절하게도 이 사건이 룩셈부르크, 벨기에, 프랑스를 상징하도록 때를 마련했다.

(터크먼은 확실히 쉬운 단어로 적절히 표현하는 능력이 있었다. 그는 자신의 경력과 여러 성취를 돌아보며 이렇게 말했다. "내게 박사학위가 있었다면, 그로 인해 글쓰기 능력에 제한을 받았을 것이다."[104] 아이고야!)

8월 1일, 영국은 아직 프랑스에 대한 약속을 명확히 할 준비가 되어 있지 않았다. 그럼에도 윈스턴 처칠은 그런 사태를 예상하고 영국 해군을 동원했다.[105] 8월 2일, 베를린은 알베르 1세에게 '자비로운 중립'의 형식으로 벨기에 영토를 독일군이 일시적으로 이용하도록 허락하라는 최후통첩을 보냈다. 알베르 1세와 정부는 다음날 아침 독일의 요구를 거절했고, 7월 31일 시작한 군대 동원을 계속했다.[106] 8월 3일, 독일이 프랑스에 선전포고했다. 같은 날 저녁, 영국 외무장관 그레이는 뇌리를 떠나지 않을 예언과도 같은 발언을 했다. "유럽 전역에서 전등이 꺼지고 있다. 이제 우리는 다시 전등이 켜지는 것을 볼 수 없을 것이다."[107]

그다음 날인 8월 4일, 독일군은 벨기에 국경을 넘었다. 그리고 그날이 저물 무렵, 영국과 독일은 공식적으로 서로 전쟁을 선언했다. 베를린은 영국과 독일을 비롯한 여러 열강이 1839년에 보장한 벨기에의 중립에 대한 침해를 뒤집으라는 영국의 최후통첩을 거부했다. 유럽 대륙에서 독일이 패권을 쥐게 될 가능성에 대한 우려가 영국의 의사결정에 영향을 미쳤을 수도 있지만, 소국 벨기에의 중립 침해는 런던 입장에서 정치적으로 매우 중요한 문제였다.[108] 오스트리아·헝가리가 8월 5일 러시아에 선전포고했고, 8월 12일에는 영국과 프랑스도 오스트리아·헝가리에 전쟁을 선언했다.[109]

1914년 8월
그리고 그 가을의 포성

8월 4일, 독일군이 벨기에를 침공하자 벨기에의 저항이 시작되었고, 이와 함께 제1차 세계대전이 발발했다. 독일군 몇 개 사단이 리에주 근처에서 벌어진 전투에서 이 작은 나라의 총 6개 사단 중 1개 사단과 맞붙었다. 벨기에군은 뫼즈강 양안에 리에주 요새가 있고 강 자체가 자연 장벽이 되어줘 방어에 유리한 입장이었다. 대군단이 강을 건너려면, 도시와 교통망을 보호하기 위한 10여 개의 지하 요새(나뮈르 지역에 이와 유사한 시스템이 건설되어 있었다)를 비롯해 도시 시스템을 무력화해야 했다. 그러나 벨기에군 1개 사단은 치열하게 싸웠음에도 압도적인 열세를 뒤집지 못한 채 이틀간의 전투 끝에 철수했다.

별도로 군이 주둔하던 요새는 한동안 버텨냈다. 독일군은 부품을 마차로 운송해 신형의 대형 포를 재조립하고 배치한 뒤에야 요새를 함락할 수 있었다. 약 3킬로미터 떨어진 곳에서 발사된 305밀리미터 포탄은 처음에는 몇 차례 빗나갔으나 이후에는 점차 명중률이 올라갔다. 8월 중순 무렵, 리에주 요새는 포격에 무너졌고 수비대는 위축되어 사기가 떨어졌다. 8월 17일, 예정보다 불과 이틀 늦게 독일군 주력부대는 프랑스를 향해 진격할 수 있었다. 8월 24일, 나뮈르에도 이와 같은 공격이 가해졌고 독일군 대군은 진격을 이어갔다.[110]

벨기에에 대한 독일의 공격은 피비린내가 낭자할 만큼 잔인했다. 지역 정치 지도자들과 성직자들을 의도적으로 살해한 것을 비롯해 수많은 민간인 학살이 자행되었다. 8월 25일부터 일주일 가까이

고대도시 루뱅의 도서관, 박물관, 건축물이 파괴되고 주민까지 학살되는 광란의 비극이 이어졌다.[111]

8월 20일, 브뤼셀이 점령되었다. 그러나 수는 적지만 용맹하며 투지 넘치는 벨기에군은 북쪽 안트베르펜 근처로 물러나 협상국의 일원으로 전투를 계속하며 버텼다. 프랑스군은 1주일 전 알자스에 대한 소규모 탐색 공격을 수행한 뒤, 8월 14일부터 로렌 지방을 공격했다. 사실상 프랑스가 오랫동안 준비해온 제17계획의 실행이었다. 제17계획은 이 시기 프랑스인의 사고를 고스란히 보여주는 공격 일변도의 계획으로, 작전이나 전략적 측면에서 방어적인 면은 전혀 고려되지 않았다. 프랑스는 40년도 전에 프로이센에 빼앗긴 땅을 되찾으려는 열망이 있었고 전쟁이 시작되면 이 땅을 되찾으려고 했다. 프랑스군은 몇 개 축으로 나누어 국경을 넘어 보불전쟁에서 프로이센에게 빼앗긴 지역으로 진격했다. 독일군은 상당한 역공으로 프랑스의 시도를 단호하게 격퇴하기 전, 의도적으로 제한적으로만 저항하여 프랑스군이 보급선과 측면을 독일 영토 안으로까지 확장하도록 유도했다. 이에 프랑스군은 아르덴 숲 지대를 관통해 독일군을 공격하려 했지만, 근처에 배치된 독일군 병력을 과소평가한 프랑스군 정찰부대의 잘못으로 이 시도 또한 실패하고 말았다.[112]

실제로, 프랑스는 국경 전투Battle of the Frontiers로 알려진 8월의 교전부터 첫 단추를 잘못 끼운 채 전쟁을 시작했다. 공격에 실패했을 뿐 아니라, 벨기에를 거친 독일의 공격에 늦게 잘못된 방식으로 대응한 것이다. 그리하여 그들은 리에주 서쪽의 상브르강과 만나는 뫼즈강 근처에서 벌어진 8월 21일 전투(벨기에의 샤를루아 전투Battle of Charleroi로 불린다)에서 거점을 잃고 퇴각해야 했다.

8월 10일 영국 원정군 5개 사단이 대륙에 도착했다. 영국군은 최근 아프리카에서 전투를 치른 경험이 있으며, 여타 대륙 열강들의 대규모 징집군보다 훨씬 더 전문적이고 실전 경험이 풍부했다. 8월 23일 몽 근처에서 벌어진 전투에서 보듯 영국군은 적은 병력에도 밀리지 않고 위치를 사수했다. 그러나 프랑스군이 퇴각하자 측면이 노출되지 않도록 후퇴해야 했고, 이로 인해 보급선과 지원 구조물, 통신 채널, 야전 사령부가 보호되지 못해 급습에 취약해졌다. 독일은 벨기에의 저항으로 작전이 지연되긴 했지만, 전반적인 계획과 일정은 상당히 잘 진행되고 있었다. 국경 전투는 독일의 순우위에 크게 기여했다.

종합적으로 볼 때, 프랑스와 영국의 주요 전투 대형이 실패한 것은 아니다. 이제 프랑스의 신속한 승리는 불가능하다는 사실이 자명해졌지만, 슐리펜 계획의 성공은 아직 명확하지 않았다. 그리고 실제로도 성공하지 못하게 된다.

8월의 마지막 열흘과 9월의 처음 며칠 동안, 프랑스군과 영국군은 존 키건 John Keegan의 표현대로 '대퇴각 The Great Retreat'을 수행했다. 독일군은 8월 24일 프랑스 국경을 넘어 파리에서 240킬로미터 떨어진 곳까지 진격했다. 조프르 장군은 자신의 새로운 사령부를 센강에 마련한 채 몽의 남서쪽 120킬로미터 지점에 솜강을 따라 군을 재배치하도록 명령했다. 조프르는 '극단까지 몰아붙이는 공격 정신 offensive à outrance' 개념은 실패했지만, 여유로운 점심 식사를 즐기고 규칙적인 취침 시간을 고수하며 침착함을 유지했고, 효과적인 후속 계획을 고민했다.

조프르는 초기의 후퇴와 막대한 손실에도 군이 병력을 재배치하고 재편할 수만 있다면 프랑스에게는 유리한 패가 아직 많이 남아 있다는 사실을 깨달았다. 프랑스의 5개 군은 전력이 온전한 상태였다. 제1군과 제2군은 (이전의 공격에서 실패하긴 했지만) 동부에서 확고히 위치를 사수했고, 제3군과 제4군, 제5군은 결속력을 유지하며 남쪽으로 진군했다. 독일의 서부, 즉 우익에 대항하기 위해 제1군과 제2군에서 차출된 병력을 중심으로 제6군이 새로 창설됐다. 이들은 철도편으로 동쪽에서 프랑스 중심부로 이동했다.[113] (독일군도 이와 마찬가지로 간단하게 위치에 따라 군에 번호를 매겼다. 제1군은 가장 서쪽에, 제7군은 가장 동쪽에 배치되었다. '군'은 일반적으로 여러 군단으로 이루어지고, 군단은 보통 2개 사단으로 구성된다.)[114] 비록 프랑스는 산업과 광산업에 중요한 일부 영토를 잃었지만, 전반적인 지리 조건상 여전히 긍정적인 전망이 가능했다. 동쪽의 요새들은 건재했고, 독일군은 센강을 건너거나 그 수로 체계를 장악하지 않았다. 프랑스가 파리 북쪽에 핵심 군단을 배치하면서 내부 통신선은 점차 안정화되었다. 반면, 독일군은 보급선이 더 길어지고 불안정해졌다. 조프르는 군대를 방문하여 병사들을 격려하고 임무를 제대로 수행하지 못한 지휘관은 해고하는 실무 지휘관이었다. 이와 대조적으로, 몰트케는 전쟁의 두 번째 단계에서 배제되었고 전반적으로 능력이 부족했다.[115]

퇴각이 진행되며 독일군과 그들의 남하를 저지하려는 프랑스군·영국군 간의 여러 소규모 및 중규모 전투가 이어졌다. (영국군은 8월 말에 한 개 반 사단 정도로 병력이 증원되었다.) 랑드르시, 마루아유, 르카토,

생캉탱, 네리 등에서 싸움이 벌어졌다.

9월 5일, 작렬하는 늦여름의 태양 아래 군인들은 30킬로그램에 달하는 군장을 짊어지고 하루 25~30킬로미터를 이동했고, 이어 소위 마른 전투Battle of the Marne가 시작되었다. 사실 주요 전투는 마른강이 아닌 그 주변의 여러 지류 지역에서 벌어졌다. 강의 주류는 호弧 모양으로 동쪽에서 서쪽으로 흐르며 북쪽으로 굽이쳐 돌다가 남쪽으로 흘러 파리 근처의 센강으로 흘러 들어간다.[116] 그다음 주 동안, 전체 전쟁에서 가장 중요한 전투 중 하나가 이 일대에서 벌어진다.

프랑스군과 영국군이 재배치되자, 조프르와 영국의 존 프렌치John French 장군은 서부전선 최전방에서 독일군 262개 대대에 맞서 459개 대대를 지휘했다. 한편 독일군 최고사령부는 멀리 룩셈부르크에서 작전을 지휘했다.[117] 이 시기 병력 상태는 협상국 측이 36개 사단으로 최대 30개 사단인 독일군보다 우위에 있었다는 추정도 있다. (전쟁의 이 단계에서, 사단은 보통 병사 각각 1000명으로 이루어진 12개 보병대대와 각각 포 6개를 가진 12개 포병대대로 구성되어, 각 사단의 총병력은 1만 5000명 정도였다.)[118] 강을 사이에 두고 양측 약 200만 명의 병력이 배치되었고, 곧 10만 명이 넘는 사상자가 발생한다.[119]

슐리펜 계획에 따르면, 가장 서쪽의 독일군 제1군이 파리 서쪽으로부터 진격하여 파리 아래 지역을 초토화하며 동쪽으로 향해야 한다. 그러나 제1군 사령관 알렉산데르 폰 클루크Alexander von Kluck는 자신의 지휘권을 발동해 계획을 변경하여, 파리 북쪽에 있을 때 군대를 동쪽으로 이동시켰다. 그곳에서 제5군을 중심으로 심각하게 약화된 프랑스의 측면을 공략할 수 있을 거라는 계산에서였다.

그러나 상황은 계산처럼 전개되지 않았다. 결정적으로 미셸-조제프 모누리Michel-Joseph Maunoury 장군이 이끄는 신설된 제6군과 조제프 갈리에니Joseph Gallieni가 이끄는 파리군 일부가 공격을 시작했다. 프랑스군은 운이 좋게도 핵심 정보를 획득한 덕분에 클루크가 이끄는 군의 측면을 파악하여 공격할 수 있었다. 전사한 독일 장교에게서 독일군 전투 계획이 담긴 지도를 발견하고 항공 정찰을 통해 독일군 위치의 변화를 확인했던 것이다.[120] 프랑스군 중 보병 약 3000명을 파리의 르노 택시 600여 대가 긴급 수송한 것으로 유명한데, 이 수송 작전의 실제 군사적 중요성은 논란의 여지가 있다.[121]

게다가 존 프렌치 휘하의 영국군이 결집하여 전투에 복귀했다. 프렌치 장군은 프랑스군의 초기 성과와 대퇴각으로 사기가 꺾인 상태였고, 따라서 자신의 군이 파멸의 위험에 노출되지 않도록 전선에 투입하지 않으려 했다. 그러나 그는 결국 다시 용기를 냈다. 여기에는 전쟁부 장관 키치너 경의 개인적 설득도 한몫했다. 이후 영국군은 운 좋게도 클루크의 제1군과 빌로우의 제2군 사이의 틈을 발견해 측면 공격으로 양측을 위협했다.

마른강에 기적이 일어났고, 협상국은 전투와 나아가 전쟁의 흐름을 바꿀 수 있었다. 그러나 그러한 성공은 하루아침에 일어나지 않았다. 전투가 이어지는 며칠 동안, 독일군은 프랑스군을 포위하고 배후를 급습하여 파괴할 수 있을 것처럼 보였다.[122] 모두가 상대의 허를 찔러 측면을 공격하고자 했다. 양측에 다수의 군대가 참여했고, 아직 참호전이 본격화되기 전이었다. 정찰과 통신은 썩 좋지 않은 수준이었고 각각의 지휘관들은 독립적이었다. 전장은 복잡하고 매우 유동적이었다.

그러나 수와 지리상 이점이 결국 프랑스와 영국을 구했다.[123] 프랑스군의 투지도 큰 역할을 했다. 9월 9일 클루크 장군은 적의 투지를 두고 "열흘 동안의 퇴각으로 극심하게 피로해져 땅바닥에 시체처럼 쓰러져 자던 병사들이 나팔 소리가 울리자 벌떡 일어나 소총을 챙겨 들고 공격 준비를 갖추었다. 이는 우리가 전혀 예상하지 못했던 점이자, 사관학교에서도 전혀 논의하지 않았던 일이었다"[124]라고 평했다. 역사가 홀게르 헤르빅 Holger Herwig은 마른 전투가 독일의 신속하고 결정적인 승리를 막고 전쟁을 장기전으로 이끈 동력으로 작용했다는 점에서 20세기의 가장 중요한 지상전이라고 주장한다.[125]

독일은 전방 배치의 방어력, 노출 상황 및 보급 지속 가능성을 재평가했다. 이를 주도한 핵심 인물은 몰트케의 최고사령부에서 파견된 리하르트 헨치 Richard Hentsch 중령이었다. 그는 사령부에서 권한을 위임받고 야전의 각 군 사령부를 방문해 현장의 목소리를 들은 뒤, 명성대로 상황을 분석했다. 그리고 독일군의 위치가 노출돼 전투를 지속하기 어려우니 더 안전한 방어 전선으로 퇴각하라고 조언했다.[126] 결국 독일군은 북쪽의 엔강으로 퇴각했다. 9월 둘째 주 말까지 독일은 뛰어난 공병대와 참호 건설 능력을 동원해 프랑스 북부의 상당 부분을 따라 이어지는 새로운 참호선을 구축했다. 그러나 빠른 승리에 대한 희망은 이제 끝났다.

기회를 감지한 프랑스군과 영국군은 북쪽으로 이동했고, 9월 말 영국군이 먼저 공격했다. 독일군도 여기저기서 정보를 수집하며 작전을 세웠다. 그러나 이 모든 노력은 별 소용이 없었다.[127] 빠른 승리에 대한 프랑스의 희망이 몇 주 전 알자스-로렌과 아르덴강에서 실패했듯, 독일과 슐리펜의 희망도 프랑스 북부 마른강과 엔강에서 사라지고 말았다.

남은 지역 중 교착상태를 깰 수 있는 유일한 곳은 벨기에의 해안 지방 플랑드르였다. 그곳에서 10월 19일부터 11월 22일까지 1차 이프르 전투First Battle of Ypres가 이어졌다. 벨기에군과 영국인도군British Indian Army(인도의 영국 식민지 시절인 1858년부터 1947년까지 존속한 군대-옮긴이)을 비롯한 여러 군대는 여전히 완전히 점령되지 않은 지역에서 결정적인 공격을 가할 방법을 찾으려 노력했다. 각각은 돌파 침투 혹은 성공적인 측면 공격으로 '바다로의 경주race to the sea'에서 승리하여, 더 넓은 전선에서 결정적 승리를 거둘 발판을 마련하고자 했다. 그러나 모두에게 실망스러운 결과가 나왔다. 독일군의 진격을 막고자 전장의 일부를 물에 잠기게 한 벨기에군의 수공을 비롯해 여러 방식의 공격을 서로 주고받았지만 최종 승부는 가려지지 않았다.[128] 마침내 날이 추워지고 병사들이 탈진하면서 사실상 전투의 막이 내렸다. 이 단계에서 독일은 포병, 영국은 정규군 병사들의 전문성과 사격술(소총 속사술을 가리킴-옮긴이), 프랑스는 지리와 지도부의 리더십에서 우위를 점했지만, 좁고 긴 참호선이 유럽 북부의 풍경을 장악하면서 방어가 무엇보다 중요해졌다.[129]

1914년 서부전선의 전투가 끝나갈 무렵, 전선이 고착화되기 시작했다. 이 전장에서 독일은 약 25만 명, 프랑스는 약 30만 명, 영국과 벨기에는 각각 3만 명의 사망자가 발생해, 양측 사상자를 합하면 총 400만 명에 달하는 큰 인명 손실이 있었다. 북해에서 스위스까지

765킬로미터에 달하는 참호선이 구축되었다. 현대적 기술의 치명적인 영향, 특히 공격에 노출된 보병에게 큰 타격을 입힌다는 사실이 드러나면서, 이후 4년 동안 몇 번이고 이러한 참호선은 테스트된다. 하지만 대체로 효과를 거두지 못했다.[130]

1914년 동부전선에서도 치열한 전투가 벌어졌고 이에 따라 여러 참전국의 운명이 요동쳤다. 동부전선은 서부전선보다 훨씬 더 넓었고, 따라서 그해가 저물 무렵까지 서부전선과 같은 교착상태에 머무르지는 않았다.

1914년 동부전선의 주요 작전은 다음처럼 전개되었다. 오스트리아·헝가리는 세르비아에 대한 적대행위를 시작했지만 좀처럼 결론이 나지 않았다. 세르비아는 병력이 적고 뒤떨어졌는데도 적의 공격을 막아냈다. 세르비아군이 후진적이라는 평가가 매우 상대적이었기 때문이기도 하다. 세르비아는 지형적 한계로 도로와 철도가 거의 발달하지 않아 신속한 군사 기동이 어려웠을 뿐, 작은 나라로서는 적지 않은 수인 40만 명에 달하는 병력을 동원했다.[131] 뒤이어 러시아는 오스트리아·헝가리와 독일을 상대로 전쟁에 돌입했다. 당시 주권을 상실한 상태였던 폴란드의 러시아령(폴란드는 1795년 러시아, 독일, 오스트리아·헝가리에 의해 영토가 분할된 상태였다-옮긴이)을 통해 공격을 감행한 것이다. 러시아령 폴란드 돌출부는 적국 독일과 오스트리아·헝가리에 둘러싸인 일종의 반도 같은 지역으로, 북쪽으로는 동프로이센, 서쪽으로는 슐레지엔, 두 면에서 독일과 마주하고 있었다. 또한 남쪽으로는 오스트리아·헝가리의 갈리치아 지방에 면하고 있었다. (더 남쪽에는 카르파티아산맥이 있고 그 아래에는 헝가리 평원이 이어진다.)

러시아는 양국을 동시에 상대할 수 있다고 믿었다. 동부전선에 배치된 독일군 전력이 약할 것으로 판단했고, 오스트리아·헝가리 군은 발칸반도에서의 전투로 분산되었기 때문이다. 러시아는 방대한 전선과 열악한 인프라, 병력 동원 일정의 지연으로 개전 초기에는 총병력(총 135개 사단이 구성되었고, 그중 몇몇 사단은 조금 더 대규모였다)의 일부만 투입할 수 있었지만, 그 확신이 틀린 것은 아니었다.[132] 전쟁 초기 러시아군은 19개 사단 대 독일군 9개 사단, 갈리치아 지역에서도 71개 사단 대 오스트리아의 47개 사단으로 전체 우위를 확보했다.[133] 그러나 러시아의 수적 우세는 병참의 열세로 상쇄됐다. 러시아는 철도망 부족으로 어려움을 겪었다. 동프로이센에는 철도가 발전된 반면, 러시아령 폴란드에는 철도망이 거의 건설되지 않았던 것이다.

둘로 분리된 러시아군은 동프로이센 진격로를 두고 서로 의견차를 좁히지 못하다가, 각각 소위 마수리안 호수지대와 그곳의 어려운 지형으로 진격했다. 그러나 이 2개 주력군 사령부 간 의사소통이 제대로 이루어지지 않았을 뿐 아니라, 각 군 사령부가 하위 사령부에 무선으로 교신하는 과정에서 독일이 운 좋게도 몇몇 핵심 신호를 감청하고 적의 공격 계획을 알아냈다. 독일은 항공 정찰 능력 또한 앞섰는데, 적당한 기상 상황이면 비행기를 적재적소에 띄워 적군의 규모와 배치 상황을 합리적으로 판단할 수 있었다.

그렇지만 러시아군은 초기에 어느 정도 성공을 거두었다. 8월 17일, 북쪽 전선에 배치된 파울 폰 렌넨캄프Paul von Rennenkampf 장군 휘하의 러시아 제1군은 독일군에 대한 공격을 시작했다. 전반적으로 볼 때, 러시아군이 이 개막전에서 우위를 점했고 독일군은 물러났다. 그러나 렌넨캄프는 아군이 상당한 타격을 입었고 보급 상황도 좋지 않다고 판단하고, 후퇴하는 독일군을 뒤쫓지 않았다. 첫 대결은 러시아의 승리로 끝났지만, 다가올 큰 패배의 발판이 되었다.

며칠 후, 알렉산드르 삼소노프Aleksandr Samsonov 장군이 지휘하는 러시아 제2군이 바르샤바 인근으로 진격했다. 제2군은 북쪽의 렌넨캄프군을 남쪽에서 지원하는 역할이었다. 그런데 여기서 독일군의 정보 수집 능력의 우월함과 몰트케가 작전을 지휘하도록 보낸 새 사령관 에리히 폰 루덴도르프Erich von Ludendorff 장군과 파울 폰 힌덴부르크 Paul von Hindenburg 장군의 대담하고 단호한 결정이 판세를 뒤집었다. 렌넨캄프가 후퇴하는 독일군을 추격하지 않는다고 확신한 독일군의 새 지휘부 힌덴부르크와 루덴도르프는 도박이나 다름없는 대담한 계획을 세웠다. 그들은 북부전선의 독일군 상당수를 독일 영토로 들어가는 철도에 태웠다. (독일 철도는 러시아령 폴란드의 철도와 철로의 폭이 달랐다. 즉, 러시아가 독일 철도를 압수하더라도 철로의 폭을 재조정하지 않는다면 사용할 수 없었다는 의미다.) 삼소노프와의 전투를 지원하기 위해 남쪽으로 수송한 것이었다.

그 결과 독일군은 8월 25일부터 삼소노프의 대군을 대대적으로 포위 공격하여 섬멸했고, 8월 26일에는 압도적 우위를 점했다. 1주일 동안 역사상 타넨베르크 전투Battle of Tannenberg로 불리는 전투가 이어졌다. 러시아군은 사상자 약 5만 명과 포로로 잡힌 9만 2000여 명의 손실을 입은 것으로 추정된다. 이 전투의 이름은 오늘날 폴란드 스텡바르크 지역인 동프로이센 근처 마을에서 유래했는데, 이곳은 독일군에게 역사적으로 중요한 의미가 있었다. 이곳에서 약 5세기 전 독일의 조상인 튜턴 기사단이 폴란드와 리투아니아 군대에 패했던 일이 있는데,[134] 약 500여 년 후 그 후손들이 다른 적을 대상으로 한 것이긴 하나 선조의 패배를 설욕한 것이다. 삼소노프는 패배의 여파로 숲속 깊이 들어가 자살한 것으로 추정된다. 그는 죽기 전 이렇게 처참하게 패배하여 차르를 실망시켜 면목이 없다고 한탄했다고 전해진다.

역사가 데니스 쇼월터Dennis Showalter는 타넨베르크 전투가 당시는 물론 그 이후에도 독일군에게 어떤 의미였는지를 이렇게 서술했다.[135]

이는 1차 세계대전의 전투 가운데 역사상 위대한 승리와 직접 비교될 만한 유일한 전투였다. 비교적 단기간이었지만 시작과 중간, 결말이 있었으며, 반론의 여지가 없는 확고한 승리였다. 그리고 독일이 4년간의 전쟁에서 거둔 유일한 승리였다.

그 후 9월 둘째 주, 독일군은 마수리안 호수 전투에서 렌넨캄프 군을 동프로이센에서 몰아냈다. 러시아 입장에서 결정적인 패배는 아니었다. 영토를 회복하는 임무도 완수한 터였다.[136]

러시아는 상대적으로 약세인 오스트리아·헝가리군을 상대로는 훨씬 더 나은 성과를 거두었다. 8월 26일부터 9월 10일까지 이어진 렘베르크 전투Battle of Lemberg(갈리치아 전투라고도 함-옮긴이)로 오스트리아·헝가리군에 큰 손실을 입혔고, 이들을 갈리치아에서 철수하게 했다. 오스트리아·헝가리군 참모총장 콘라트 폰 회첸도르프Conrad von Hötzendorf는 군을 분리했는데, 북쪽으로 이동함에 따라 보급선이 길어져 측면이 노출되었다. 그 결과는 대재앙이었다.[137] 오스트리아·헝가리 입장에서 교통과 물류의 중심지인 요새 도시 프셰미실이 러시아의 포위 공격에 6개월간 버틴 것은 행운이었다. 프셰미실은 30년간의 거대한 프로젝트에 따라 건설된 도시로, 주변 약 50킬로미터에 35개의 개별 요새가 있었다.[138] 프셰미실의 수비대가 어느 정도 버틴 덕분에 본대는 최소한 부분적으로나마 병력을 재편성할 시간을 갖게 되었지만, 전쟁 초기 몇 주 동안 입은 막대한 손실은 어쩔 수 없었다. 오스트리아·헝가리는 세르비아에 대한 복수를 전쟁 후반으로 미뤄야 했다.[139]

동부전선에서의 전투는 보통 접전이었고, 본격적인 참호전이 아직 펼쳐지기 전이었다. 전투는 격렬했고, 이로 인해 막대한 인명 손실이 발생했다. 1914년 사상자와 포로 수를 합하면, 러시아와 오스트리아·헝가리 각각 100만 명 이상의 병력을 잃은 셈이었다.[140] 마수리안 호수 외에 비스와강과 산강, 카르파티아산맥을 비롯한 많은 지리적 거점이자 군사 장애물이 전장의 형태에 영향을 미쳤다.

프랑스와 벨기에의 상황과 달리, 동부전선에서는 가을과 겨울까지 주요 전투가 계속되었다. 10월, 러시아군 55개 사단이 러시아령 폴란드의 중심인 바르샤바 인근에서 오스트리아·헝가리군 31개 사단, 독일군 13개 사단과 싸워 승리를 거두었다. 독일군은 러시아령 폴란드의 서부 일부를 점령했지만 결국 많은 지역에서 물러났고, 오스트리아·헝가리군은 전투에서 대패한 뒤 크라쿠프 근처 본국으로 퇴각했다.

    11월에 2차 바르샤바 전투가 벌어졌고, 이번에는 독일과 오스트리아·헝가리가 조금 우세했다. 뒤이어 11월과 12월에 서쪽 우치 주변에서 전투가 벌어졌고, 러시아와 오스트리아·헝가리 국경지대(크라쿠프 근처)와 카르파티아산맥 주변에서도 전투가 계속되었다. 12월 당시 오스트리아·헝가리 영토였던 갈리치아 지방 리마노바와 와파누프 마을 사이에서 주요 전투가 있었다. 이 전투를 통해 오스트리아·헝가리는 러시아의 남진 야망을 확인했다. 오스트리아·헝가리는 이 전투에서 승리를 거두었고(독일의 하위 파트너 역할을 한 경우가 아닌, 제국이 주도한 전투에서 거둔 마지막 승리였다), 겨울 후반 산악 지대에서 러시아와 맞붙은 전투에서는 처참하게 패했다.[141]

    그러나 이로 인한 영토의 변화, 인적·물적 손실은 전략적 차원에서 그리 결정적 영향을 미치지 않았다. 동부전선 전투의 가장 중요한 실제 효과는 서부전선에 미친 영향이었다. 독일이 러시아와의 전투를 돕기 위해 2개 군단을 동부전선으로 보내면서 독일의 우익이 더욱 약화됐고, 이에 따라 프랑스를 상대로 신속한 승리를 거둘 가망이 이미 사라지며 슐리펜 계획은 더욱 타격을 입게 되었다. 서부전선에서 빠른 승리를 거두지 않고서는 동부전선으로 대규모 병력 이동이 불가능하므로, 결국 독일은 두 전선에서 동시에 전쟁을 치르게 된 것이다.

    동아시아에서는 일본이 중국 내 독일의 조차지인 칭다오와 주변 지역을 점령했고, 또한 서태평양의 많은 섬을 차지하기로 결정했다. 미국은 전쟁 이후 평화협상에서 일본의 이러한 야망을 제지하지 못

했고, 이후 몇 년간 일본의 야심은 확장일로를 걷게 된다.[142]

마지막으로, 동쪽과 남쪽에서 오스만제국이 독일과 오스트리아·헝가리를 지원하기 위해 참전했다. 불가피한 결정은 아니었겠지만, 어쨌든 역사의 우연은 이렇게 작동했다. 전쟁 초기, 독일 전함 두 척이 지중해에서 나포되었다. 협상국 군대의 추격을 피해 튀르키예로 도망쳐온 것이었다. 이후 이 전함은 튀르키예 국기를 게양하고 튀르키예 전함이 되었다. 여전히 독일 장교가 함선을 지휘하는 가운데, 이 함선들은 가을 동안 북쪽으로 전진하여 10월 28일 흑해 북쪽 연안에 이르렀고, 러시아 포함을 포격해 격침했다. 결국 오스만제국이 중립을 지킬 것인지 여부를 아직 정하지 못한 사이, 독일이 튀르키예를 속여 전쟁에 참전시킨 것이다. 그 결과, 11월 초 러시아는 튀르키예에 선전포고했고, 프랑스와 영국이 곧 그 뒤를 따랐다.[143]

1915년과 1916년

전쟁의 다음 2년은 하나의 이야기로 압축될 수 있다. 아니, 어쩌면 '허무함'이라는 한 단어로도 충분히 설명될 수 있을 것이다. 상당한 군사 혁신이 시도되었는데, 공격보다는 이미 강력하게 형성된 방어력에 더 도움이 되었다. 즉, 산업 전선 전면에 걸쳐 전쟁에 대한 헌신을 강화하는 노력이 지속되었는데, 이러한 노력은 돌파구를 만들어내기보다 전투를 더욱 치열하게 해 대량학살의 증가로 이어졌다. 역사가 시어도어 롭Theodore Ropp이 말했듯, 이 시기에 서부전선은 "영웅적 희생과 과거의 희망만큼이나 환상적인 새 희망에도 불구하고, 28개월 동안 15킬로미터 이상도 이동하지 않았다."[144]

서부전선의 전투는 어느 한쪽이 교착상태를 타개하기 위해 노력하지만 번번이 실패로 끝나는 식으로 전개되었다. 그 결과, 2차 이프르 전투, 베르됭 전투, 솜 전투 같은 장기간에 걸친 대규모 전투가 역사책에 등장하게 되었다. 동부전선에서는 독일이 더 많은 병력을 투입하여 러시아에 우위를 점했다. 그러나 지리적 환경과 러시아군의 규모를 극복하고 결정적 작전을 수행하는 데까지는 이르지 못했다. 마지막으로 갈리폴리에서 오늘날의 이라크인 메소포타미아에 이르기까지 협상국은 서부전선의 참호선을 피하고 해상과 유럽의 많은 측면에서 협상국의 우위를 활용할 수 있는 새로운 공격 방법을 모색했다. 이러한 전역들은 중동 등 일부 지역에서 국지적 성공을 거두기는 했지만 전략적으로는 모두 실패했다. 이 모든 역학에 대해 다뤄야 하는 내용이 많은데, 이들은 주로 교착상태였던 2년의 가장 중요한 이야기이다.

서부전선에서는 1914년과 1915년 사이에 휴지기가 있었다. 겨울이 시작된 데다 지난 몇 달간의 전투에서 발생한 엄청난 규모의 재앙으로부터 회복할 시간이 필요했기 때문이다. 그 후 몇 달 동안 영국은 전쟁을 준비했고, 캐나다, 호주와 함께 프랑스와 벨기에에 더 많은 병력을 보냈다. 프랑스 역시 더 많은 병력을 동원했고 군수산업을 시작했다. 협상국은 초창기 제17계획의 개념을 넘어선 공격적 사고방식을 발전시켰다. 결국 프랑스는 석탄과 철, 철강 생산량의 절반 이상을 차지하는 영토를 되찾을 희망적 자세와 전략이 필요했다.¹⁴⁵ 또한 여전히 알자스-로렌 지방을 되찾을 방법도 포기하지 않았다.

그러나 이러한 공격적 목표는 이루어지지 않았다. 전술가들이 새로운 전투 아이디어를 냈지만 공격보다는 방어에 더 효과적이었고, 큰 돌파구가 마련되지도 않았다. 방어력 개선을 위해 참호는 더욱 깊어졌고, 적의 포격을 피하도록 인근 언덕 내리막길에 후퇴용 평행 참호도 추가되었다. 참호에는 기관총을 배치할 콘크리트 포좌, 철조망, 기존 진지 간 안정적인 통신을 위한 매립 전화선이 설치되었다.

공격 무기와 전술을 개선하려는 시도도 있었다. 공격자들은 특정 구역에 예상치 못한 병력 집중, 더 많은 가용 포와 보병의 이동, 포병의 '이동탄막사격rolling barrage'의 조율 개선이 공격에 변화를 가져올 동력으로 작용하기를 바랐다. 이러한 아이디어의 일부는 1918년 무렵에는 더 나은 결과를 만들어냈지만, 이 시점에서는 아니었다. 길어진 탄막은 참호 깊이 있는 적군을 공격하기에 그리 효과적이지 않았다. 공격받는 측은 이러한 폭격을 병력을 증강하라는 경고로 받아들였다. 공격자가 준비 태세를 갖추고 군대를 전진시키면, 방어하는 쪽은 노출된 보병을 기관총과 대포로 공격할 준비가 되어 있었다.¹⁴⁶ 전쟁 후반, 대응 포격의 효과가 향상되면서 이동탄막사격이 보병 공격에 더 보편적으로 사용되었다. 보병 부대는 공격 시 의사 결정과 사용 무기에 대해 자율권도 주어졌는데, 이 모두 개선된 결과로 이어졌다.¹⁴⁷

땅굴을 파서 적의 진지 아래에 폭발물을 설치하는 등 창의적인 아이디어들도 있었다. 이러한 아이디어는 1915년 봄 뇌브-샤펠 근처에서 벌어진 2차 이프르 전투에서처럼 국지적으로 잘 작동하기도 했지만, 전선 전역에 걸쳐 중요한 돌파구가 되지는 못했다.[148]

2차 이프르 전투는 독일군이 1차 세계대전의 전장에 독가스를 처음 도입한 전투이기도 하다.[149] 초기에는 독가스 공격이 크게 도움이 되진 않았다. 방어군들이 손수건을 물에 적셔 코와 입을 막는 간단한 예방 조치를 배운 상태였고, 이 방법은 수용성 염소가스에는 효과적이었기 때문이다.

그해 말, 영국군과 프랑스군이 (벨기에와 인접한 프랑스 최북단인) 아르투아 지방 근처에서 다시 공격을 감행했지만 실패했다. 프랑스군은 (파리 북동쪽, 베르됭의 서쪽인) 샹파뉴 지방에서 한 번 더 공격을 시도했으나 역시 실패했다. 목표는 동쪽 아르투아로 침투한 뒤 북쪽 샹파뉴 공격군과 합류하여 두 지역 사이의 독일군을 몰아내는 것이었다. 그러나 목표는 이루어지지 못했다. 방어가 공격을 능가했기 때문이다. 루스, 수셰, 수아송, 페스튀베르, 타후르, 라폴리, 라멩드마시 주에서 주목할 만한 전투가 벌어졌다. 존 키건은 이 시기에 대해 이렇게 썼다. "서부전선의 협상국에게는 음울한 한 해였다. 많은 피를 흘렸으나 어떤 성과도 얻지 못했고 성공의 가망은 1916년으로 미뤄졌다."[150] 1915년 말 당시, 15개월 동안 전투를 치르며 프랑스가 입은 손실은 이미 전체 전쟁 중 발생한 총손실의 절반을 넘어선 상태였다.[151]

비극적이게도 1916년에도 서부전선의 상황은 나아지지 않았다. (사상자 비율은 다소 감소했지만 말이다.) 1916년에는 양측에서 각 한 번씩 대규모 정면 공격을 시도했다. 먼저, 2월 21일 독일군이 (파리의 정동 쪽인) 로렌 건너편 베르됭을 공격했다. 베르됭 전투의 특징은 대규모 포격이다. 중포에서 우위를 점하고 있던 독일군은 이를 활용하고자 했다. 첫날, 100만 발의 포탄이 쏟아졌다. 1914년 8월 벨기에에서 사용된 중포 중 일부도 사용되었지만, 대부분 150밀리미터 포탄이었다. 이와 대조적으로, 이 단계에서 프랑스 포병은 여전히 벙커나 기타 요새 공격보다 노출된 개인에 대해 더 많이 사용되는 75밀리미터 포를 선호했다. 그 한 해 동안 베르됭에서 최소 4000만 발의 포탄이 사용된다.[152] 전투는 봄과 여름 내내 계속되었고, 실제로는 1년간 이어졌다. 독일군 참모총장 에리히 폰 팔켄하인Erich von Falkenhayn 장군은 포격을 퍼부어 프랑스군의 사기를 꺾겠다는 생각이었다. 주로 정찰에 동원되던 공군력과 독가스 역시 독일과 프랑스 양측 싸움에서 중요한 요소였다.[153] 실제로 전쟁의 이 시점에서 공군력은 매우 중요해졌는데, 프랑스 제2군 사령관이자 베르됭 수비대장인 필리프 페탱Philippe Petain 장군이 "하늘을 잃으면 그 결과는 하나뿐, 베르됭을 잃는 것이다"라고 말할 정도였다.[154]

베르됭 전투는 1차 세계대전 중 최장기간 이어진 전투다. 역사가 폴 얀코프스키Paul Jankowski는 이렇게 썼다.

훗날 팔켄하인은 자신은 베르됭에서 단지 프랑스군을 막다른 골목으로 몰아붙이려 했을 뿐이라고 주장한다. 이러한 말도 안 되는 위선에 동지들은 그로부터 등을 돌리고 후손들도 그를 비난하는데, 그의 말은 1916년 솜 전투와 1917년 파스샹달 전투 이후 적의 전력을 약화할 목적뿐이었다

고 주장한 영국 사령관 더글러스 헤이그Douglas Haig의 발언만큼이나 납득하기 어려운 것이다.155

결과적으로, 1년여에 걸친 전투를 치르며 양측은 각각 총 37만 5000여 명의 사상자를 내는 심각한 유혈전을 벌였다.156 전쟁에서 소모 전략이 효과를 발휘할 때도 있다. 그러나 1915~1917년, 양측은 영토적 이익은 거의 얻지 못한 채 끔찍한 파괴만 자행했다.

여름 동안 프랑스군은 베르됭에서 공세를 이어갔고, 가을에 걸쳐 독일이 전체 초기 몇 주와 몇 달 동안 점령했던 영토 대부분을 탈환했다. (1917년 8월, 프랑스군은 인근의 더 많은 영토를 탈환했고, 1918년 9월 말 마침내 미국 원정군이 베르됭의 중심인 뫼즈-아르곤Meuse Argonne 공세를 개시했다.) 전투의 무익함이 분명해지자, 1916년 8월 팔켄하인은 참모총장에서 물러났고, 파울 폰 힌덴부르크 장군이 후임으로 임명됐다.157

1916년 서부전선의 또 다른 대규모 전투는 파리 북쪽, 벨기에와의 중간 지점인 솜강 지대에서 치러졌다. 이 전투를 구상한 사람은 프렌치 후임 영국 원정군 사령관 더글러스 헤이그였다. 6월 말, 1주일간의 포격으로 전투가 시작됐고, 뒤이어 보병의 공격이 개시되었다.

솜강 근처에서 벌어진 4개월간의 솜 전투 역시 대재앙이었다. 전투 첫날인 7월 1일 하루에만 영국군 약 2만 명이 사망했고, 4만여 명이 부상을 입었다. 이 공격에는 더 많은 화력이 동원되었다. 엄밀히 말하면, 이전과는 달랐다. 또한 영국군과 프랑스군은 탄막 포격과 보병의 이동을 동시에 수행하려고 시도하는 등 전술에 변화를 주었다. 하지만 다시 말하지만, 대부분의 전술상 변화는 공격군보다 방어군에 도움이 되었다. 참호는 더욱 깊어지고 전선으로부터 더 멀어졌으며, 지면 아래에 보호용 대피호도 설치되었다. 참호에 배치된 군인들은 빗발치듯 폭격이 쏟아질 때는 세상이 끝날 것만 같아도 살아남을 수 있다는 사실을 깨달았다.[158]

런던 제국전쟁박물관의 피터 하트Peter Hart는 이렇게 설명했다.[159]

'전선front line'이라는 표현은 적절하지 않다. 그것은 통신 참호로 연결되고 요새 마을을 통합한, 약 180미터 간격의 참호선 세 개로 구성된 완벽한 참호 체계였다. 참호는 매우 잘 지어진 구축물로, 최대 12미터 깊이로 출구 여러 개와 많은 대피호를 두었으며, 참호 앞에는 최대 30여 미터 너비의 철조망 두 개가 엉켜 있었다. 마을의 집들은 콘크리트로 보강되고 기존 지하실을 확장하여 지하 미로를 만드는 등 요새화되었다.

첫 번째 방어선에서 약 2~5킬로미터 뒤에 두 번째 방어선이 있었고, 다시 3킬로미터쯤 뒤에 부분적인 세 번째 선이 형성되어 있었다. 하트는 편지 수십 통과 실제 목격자들의 증언을 통해 개별 군인의 입장에서 이러한 참호선 공격이 어떤 식으로 수행되었는지 가슴 절절하게 서술하며, 참호 안의 추위와 진흙탕, 이가 들끓는 숙소, 위생 문제, 기타 삶의 어두운 이면의 묘사를 통해 전투가 격렬하지 않았을 때도 참호 안의 삶이 매우 힘들었음을 강조한다.[160]

협상국은 솜 전투에서 처음으로 전차를 도입했다. 그러나 신기술의 한계로 전차는 전투에서 제한적인 역할을 했고, 전투의 판도에 큰 영향을 미치지 못했다.[161]

1916년에 발생한 대량살상은 다시 봐도 충격적이다. 수십만 명이 그 한 해에 목숨을 잃었다. 솜 전투에서 영국군과 프랑스군이 궁극적으로 거둔 성과는 전장 최전방의 전선을 5~8킬로미터 전진시킨 것뿐이었다.[162] 존 키건은 솜 전투에 대해 극적인 필치로 이렇게 평했다. "솜 전투는 영국인의 삶의 중심인 낙관주의의 시대가 끝났고, 결코 다시 회복되지 않을 것임을 알리는 사건이었다."[163] 피터 하트는 솜 전투를 독창적으로 해석한 저서에 '서부전선에서 가장 암울했던 시간'이라는 부제를 달았다.

한편 1915년과 1916년, 동부전선에서는 대체로 힘의 평형상태가 유지되었다. 주로 오늘날 폴란드와 그 남부 유럽 일대 안팎에서 전선이 다양하게 이동했다. 그러나 전략적 깊이와 막대한 자원을 계속해서 투입해야 하는 영토의 광대함을 고려하면, 그 효과는 그리 결정적이지 않았다.

1915년 봄, 독일과 오스트리아·헝가리는 러시아를 상대로 큰 승리를 거두었다. 서부전선 병력이 합류한 것도 한몫했지만, 산업적으로 발전한 독일이 물자의 우위를 앞세워 전쟁 초반 우세를 점했기 때문이다. 독일군은 병력과 장비 면에서 3대2 이상 앞선 상태에서 5월 초 고를리체-타르노프Gorlice-Tarnow 기습 공격에 성공했다. 그 시점부터 많은 러시아군이 이탈하거나 후퇴했다. 전투의 흐름은 여전히 협상국에 유리했고, 러시아령 폴란드는 독일과 오스트리아·헝가리 수중에 떨어졌기 때문이다.

즉, 어느 관점에서는 러시아가 방어에 유리한 위치로 이동한 덕분에 시간이 지나며 결국 성공적인 공격을 수행할 수 있었다고도 볼 수 있다. 러시아는 러시아령 폴란드 전체를 방어하려고 시도하기보다 그 방어선을 절반으로 통합했다. 이제 남북 방어선이 1600킬로미터가 아닌 960킬로미터로 줄었다. 그렇게 함으로써 남쪽에서는 제한적인 반격을 가하고 북쪽에서는 러시아의 이익과 영토를 보호하는 데 성공할 수 있었다.[164]

이렇게 병력을 재배치한 덕분에 러시아는 1916년 들어 공세에 성공했다. 특히 오스트리아·헝가리 영토인 카르파티아산맥 근처 남쪽 구역을 지휘하던 러시아군 브루실로프Brusilov 장군이 상당한 관록과 독창성을 발휘하여 인상적인 성과를 거두었다. 그는 이 구역에서 4대3의 병력 우위로, 공격 개시 전 참호선을 최대한 적 가까이 전진시키고 약 480킬로미터에 달하는 긴 전선을 공격해 방어군이 예비 부대를 집결할 기회를 차단하는 등 훌륭한 전술을 펼쳤다. 이 공격으로 얻은 영토는 서쪽으로 약 30~60킬로미터, 최대한으로도 96킬로미터를 넘지 않는다. 그러나 이처럼 크지 않은 성과가 전투의 동력을 바꾸고 이미 휘청이던 오스트리아·헝가리군에 또 다른 막대한 손실을 입혔다.[165]

이 두어 해 동안 오스트리아·헝가리는 세르비아에 새로운 공세를 가했고, 전쟁에 새로 참여한 나라들도 있었다. 이탈리아는 1915년 협상국 측으로 참전했고, 루마니아도 협상국의 일원으로 합류했다. 불가리아는 독일, 오스트리아·헝가리, 오스만제국에 합류했다.

1915년부터 1916년을 거치며 전쟁은 진정으로 세계대전으로 확대되었다. 서부전선과 동부전선을 넘어, 다른 몇몇 지역도 주목할 만한 전장으로 발전했다. 하나는 아프리카였는데, 독일은 이곳에서 자국의 식민지를 거의 상실했다. 다만 이 전선은 너무 멀리 떨어져 있어서 전쟁의 양상에 결정적인 영향은 미치지 못했다. 또 다른 전선은 더 넓은 중동 지역이었다. 여기에는 영국이 오스만제국의 수중에 넘어가지 않도록 심혈을 기울인 수에즈운하가 있는 이집트와 당시 오스만제국의 영향권에 있었지만 영국이 1918년 결국 그 통제권을 빼앗게 되는 팔레스타인/레반트 지역이 있었다. 이 모든 것은 1916년 영국과 프랑스가 중동 지역의 분할 문제에 대해 합의한 사이크스-피코 협정Sykes-Picot Agreement이 체결되기까지 점진적으로 그 틀을 형성하는 배경을 마련하는 데 일조했다. 주요 전투지는 오늘날의 튀르키예 영토인 갈리폴리와 이탈리아가 영토 확장의 야심을 내보인 이탈리아-오스트리아 국경 일대의 산악 지대, 그리고 앞서 언급했듯 오스트리아·헝가리가 다시금 세르비아를 처벌하기로 한 데 이어 불가리아와 루마니아도 참전한 발칸반도 일대였다. 그리고 북해 지역에서 유명한 유틀란트 해전Battle of Jutland도 있었다.

사실 유틀란트 해전과 영국과 독일이 서로를 상대로 경쟁적으로 해상 봉쇄를 예고한 것을 제외하고, 이 전선 중 그 무엇도 전체 전쟁의 흐름에 결정적인 영향을 미치지 않았다. 그러나 주요 전투의 자원을 상당히 고갈시켰다는 점에서 전쟁의 주요 흐름과의 관련성을 찾아볼 수 있다. 따라서 간단히 살펴보겠다. 이탈리아가 과거 동맹국이었던 오스트리아·헝가리로부터 영토를 탈취하려 하자 오스트리아·헝가리는 다른 곳에 배치할 수도 있었던 병력을 여기에 투입해야 했다. 영국은 이집트에서 중동, 그리스, 갈리폴리로 100만 명을 배치해야 했던 탓에 서유럽에서 벌어지는 주요 전투에 투입할 여력

을 상실했다.¹⁶⁶

　이스탄불 근처의 갈리폴리는 이 모든 전역 중 가장 유명하다. 기본 개념은 서부 유럽의 전선이 참호전으로 교착상태에 빠진 상황에서, 협상국 열강들이 새로운 전선을 열어 전쟁의 지리적 중심축을 이동해야 한다는 것이었다. 윈스턴 처칠은 이 실패한 개념의 주요 설계자 중 하나였다. 원래 구상은 흑해를 통해 인력은 풍부하나 무기는 부족한 러시아에 안정적인 보급로를 열어주면, 동부전선에서 협상국의 상황이 개선될 것이라는 계산이었다. 게다가 러시아는 콘스탄티노플을 통제한다는 꿈도 이룰 수 있을 터였다. 이러한 목표를 위해 노력을 기울일 필요가 있었는지는 논쟁의 여지가 있다. 불행히도 특히 런던은 당시 이 문제에 대해 좀체 결정을 내리지 못했다.

　협상국은 갈리폴리 전투에서 대실패를 겪었다. 먼저 투자 대비 성과를 논의하며 준비 과정에서 너무 망설였고, 결국 기습 공격을 하지 않았다. 동맹국은 초기에는 튀르키예 해협에서 함정이 공격받을 가능성이 있는 지역을 통제하기 위해 지상군이 필요하다는 사실을 인식하지 못했다. 협상국은 상당한 지상군을 비롯해 더 많은 노력이 투입되어야 한다는 사실을 너무 늦게 깨달았다. 그리하여 1915년 상당 기간 이어진 장기적 교전에서 늘 오스만제국이 회복하고 병력을 재배치할 기회를 허용했다. 협상국의 4월 첫 상륙작전과 8월의 새로운 공격에는 병력이 충분히 지원되지 않았고 종종 허를 찔렸다. 튀르키예군을 급습할 발판을 마련했을 때조차 협상국 지휘관들은 초기 성공을 내륙에서의 신속한 이동으로 연결할 기회를 놓쳤다. 1915년 8월 수블라만 Suvla Bay 에서의 전투가 대표적인 예다.¹⁶⁷

협상군은 좁고 긴 바위투성이 산악 지형인 갈리폴리반도에서 큰 실패를 겪었다. 약 100만 명이 이 전역에 투입되어 10만 명 이상이 사망하고 수십만 명 이상이 부상을 입었다.[168]

호주의 역사가 칼리슨L.A. Carlyson은 영국과 프랑스는 물론 특히 호주와 뉴질랜드에게 매우 중요한 의미가 있는 8개월간의 갈리폴리 전투(국민국가의 관념이 형성되는 계기가 된 전투다. 이후 호주와 뉴질랜드는 영국에게서 외교권과 군사권까지 획득하며 사실상 독립국이 된다-옮긴이)에 대해 다음과 같이 서술했다.[169]

우리는 영국의 전략에 관해 세 가지 명확한 점을 주목하는 것 이상으로 더 많은 의미를 부여하지 말아야 한다. 그것을 '전략'이라고 칭하는 게 적절하다면 말이다. 첫째, 처칠, 키치너, 해밀턴(갈리폴리 전역의 영국군 최고 사령관 이언 해밀턴Ian Hamilton 경)에게는 목표를 달성할 수단이 부족했다. 그들에게는 5개 사단과 중포 200여 문뿐이었다. 둘째, 런던의 정치적 결심은 충분히 단호하지 않았다. 셋째, 갈리폴리 전역은 모험이었을 뿐 제대로 된 계획이 아니었다.

칼리슨은 그 전장을 방문한 기억을 떠올리며 이렇게 덧붙였다. "이곳은 호주 밖에 있는, 호주의 최대 추모지이다. 여기서 또 다른 의구심이 생겨난다. 이곳에서 죽은 호주인과 뉴질랜드인은 사실 콘스탄티노플을 약속받은 러시아의 마지막 황제, 니콜라이 2세를 위해 싸운 것이다."[170] 작전 성공으로 얻을 수 있는 잠재적 이익은 그뿐만이 아니었다. 그러나 성공은 선택지에 없었다.

냉혹한 복수를 결심한 오스트리아·헝가리는 1915년 말 산악 내륙의 세르비아 왕국을 처벌하려는 노력을 재개했다. 영국과 프랑스가 (비록 분단된 일부지만) 그리스 정부와 협력하여 테살로니키 남서쪽에 주요 병력을 집결해 발칸반도 내 반대 세력을 구축했지만, 독일과 불가리아의 도움으로 복수 계획은 상당한 진척을 이루었다. 세르비아군과 정부는 결국 자국에서 쫓겨났고, 1915~1916년 겨울 전투에서 살아남은 피난민을 이끌고 몬테네그로 산악 지대를 통과하는 혹독한 겨울 여정 끝에 바다로 빠져나갔다.

튀르키예가 1915년 갈리폴리에서 자국의 핵심 영토를 방어하기 위해 대응한 방식은 한편으로는 이해되는 면도 없지는 않지만, 같은 해 제국 동부의 아르메니아인들을 대량 학살한 것은 어떤 식으로도 변명의 여지가 없다. 튀르키예는 아르메니아인들의 충성심과 러시아와 손잡을 가능성을 우려해 수많은 아르메니아 민간인을 고향에서 인근 사막으로 몰아냈다. 결국 수십만 명이 목숨을 잃었다. 20세기 최초의 대량 학살이었다.[171]

1차 세계대전에서는 두 번의 중요한 해전이 있었다. (앞서 언급한 갈리폴리 전역에도 중요한 해전이 있었다.) 하나는 한정된 시간과 공간에서 치러진 한 번의 대규모 교전인 유틀란트 해전이다. 다른 하나는 대서양 전투(2차 세계대전의 전투가 더 널리 알려졌지만)로, 이는 1916년 이후에도 계속되며, 전쟁의 결과에 직접적인 영향을 미쳤다. 대서양 전투의 역학은 유틀란트 해전 결과에서 어느 정도 영향을 받았다.

유틀란트 해전은 5월 31일부터 6월 1일 새벽까지 약 12시간 동안 북해 덴마크 해안에서 벌어졌다. 함정 250여 척이 참여한 당시 전쟁 역사상 최대 규모의 해전이었다.

전투의 주요 지휘관은 영국군의 제독 존 젤리코John Jellicoe 경과 데이비드 비티David Beatty 경, 독일군의 라인하르트 셰어Reinhard Scheer 제독이었다. 독일 함대는 얼마간 영국군의 대응을 끌어내기 위해 기습과 무력시위를 벌였다. 물론 전반적 우위인 영국군의 해군력이 발동되기 힘든, 자신들이 이길 수 있는 한정된 범위 내에서의 교전에 국한했을 것이다.[172] 그러나 독일에게는 불행히도, 영국은 해저 케이블 통신 영역의 지배적 지위를 활용해 독일 해군 통신을 해독해냈다. (그리고 1917년 독일이 멕시코에 미국 공격을 제안한 비밀 전문 '치머만 전보Zimmermann Telegram'를 감청하고 해독해 미국의 참전을 야기한다.)[173] 초창기 내부 통신의 오류로 인해 활용할 수 있는 정보는 제한적이었지만, 영국군은 무슨 일이 벌어질지는 대략 파악할 수 있었다.[174] 그리하여 영국은 매복을 예상하고 경계하며 스코틀랜드에 주둔하고 있던 주요 전투 함대를 남쪽으로 배치했다.[175]

이 시대, 포와 기뢰의 사거리는 최대 16킬로미터 정도였고, 표적 근접지역에 도달하게 하는 종말 유도terminal guidance 같은 기능도 부족했다.[176] 다른 함정과의 거리를 추정하고 이에 따라 표적 교정을 가능하게 하는 광학 장치는 양호해 (최대 중량 1톤까지의) 포탄의 낙하지점을 관찰할 수 있었다. 그러나 이 역시 날씨 의존도가 높았고 범위가 제한적이었다. 아직 레이더는 등장하기 전이었다. 항공기는 많지 않았고 이마저도 악천후에 쉽게 영향을 받았다. 순양함과 전투순양함 같은 함정들은 양측이 보유한 드레드노트급 중무장함보다 최대 10노트 빨랐지만, 당시에는 탐색 반경이 제한적이었다.[177] 따라서 함대 위치에 대한 일반적인 정보는 전술 목표물의 좌표 획득의 의미가 아니었다. 좌표를 획득하려면 더 직접적인 접촉이 필요했다.

유틀란트 해전의 전개는 다섯 단계로 정리할 수 있다. 먼저 영국 대함대 일부가 독일과 맞닥뜨리자 남쪽으로 이동했다. 접촉이 이루어진 뒤 발생한 초기 전투에서는 독일이 조금 우세했다.[178] 그리고 두 번째 단계에서 영국은 북쪽으로 방향을 선회해 독일 대양함대를 유인했다.

영국의 전술은 효과를 발휘했는데, 이는 곧 다음 두 단계에 드레드노트급 거함 간의 교전이 있을 것이라는 의미였다. 이때 영국 함대는 독일군에 맞서 두 번이나 'T자 전법crossing the T'을 성공시켰다. 즉, 적절한 순간에 함정을 (일반 항해에서 사용되는 짧은 평행선이 아닌) 적을 가로지르는 방향으로 한 줄로 기동시켜, T의 윗부분 위치에서 독일 함정 라인을 포격할 수 있도록 배치했다. 셰어 제독은 포격을 주고받은 뒤 위치가 불리하고 화력이 부족하다는 사실을 깨닫고 퇴각했다. 하지만 2차전에 복귀하기로 결정하는데, 이 결정은 여전히 논란의 여지가 있으며 심지어 설명조차 되지 않는다. 두 번의 교전 중 두 번째 이후, 셰어는 상당한 위험을 무릅쓰고 구축함으로 어뢰를 발사해, 주요 전함들이 퇴각할 시간을 벌었다(젤리코가 독일을 압도할 기회를 노리며 어뢰를 피할 것임을 알고 있었기 때문이다).[179]

마지막으로 양측 경량 군함 간의 야간 전투가 벌어졌다. 그사이 독일 주요 함대는 안전한 항구로 가는 최단 항로를 따라 남동쪽으로 이동했고, 영국 함대는 다음날 다시 싸울 위치를 (잘못) 추측했다. 그러나 곧 독일군은 체펠린의 성공적인 정찰 덕분에 영국군의 위치를

알게 되었다. 어쨌든 영국군의 잘못된 추측으로 유틀란트 해전은 사실상 막을 내리게 되었다.[180]

물질적 측면에서 어느 한쪽의 순수한 승리를 따진다는 것은 무의미하다. 수치상으로는 전함 15척을 잃고 6000여 명의 전사자를 낸 영국이 전함 11척과 수병 2500명을 잃은 독일보다 피해가 크다. 패배한 독일의 성과라 할 수 있다. 그러나 독일은 살아남은 전함들의 파손 정도가 대대적인 수리가 필요할 정도로 심각했다. 예상과 달리, 영국은 역사가 짧은 독일 해군을 상대로 압승을 거두지 못했다. 젤리코 제독은 전투 결과를 두고 '불쾌'하다고 표현했다. 현대 역사가 존 브룩스John Brooks도 "약한 쪽은 더 큰 손실을 입혔고, 강한 쪽은 전장을 장악하고 있었는데도 적의 함대가 기지를 거의 그대로 재확보하는 것을 막지 못했다"[181]며 이와 비슷한 평을 남겼다.

그러나 전략적으로는 영국의 승리, 그것도 중대한 승리였다. 독일은 자국 함대가 천우신조로 곤경에서 벗어났다는 사실을 깨닫고, 남은 전쟁 기간 북해 너머로 함대를 출격시키지 않았다.[182] 이 시기 해군은 함대를 소중히 여겼고, 전함의 상당수를 잃을 가능성이 있는 위험을 감수하려 하지 않았다.[183] 첨단 엔진을 추진 동력으로 하고 거포를 장착하고 두꺼운 철갑으로 보호한 지금의 군함은 그들이 지난 수십 년간 구축한 현대 과학과 공학의 놀라운 성과물인 셈이다.[184]

유틀란트 해전의 결과, 영국과 독일의 해상 봉쇄 노력은 영국의 순우위로 기울기 시작했다. 지리적 조건상 영국은 해군력 경쟁에서 본래 압도적으로 우세했다. 영국은 사면이 바다로 둘러싸여 있고, 일부는 대양으로 향해 있다. 반면 독일이 바다를 통해 외부 세계로 나가는 길은 북해뿐이다. 그러나 북해는 영국 해군에 의해 차단될 수 있었다. 영국 해군은 프랑스와 마주하는 영국해협에 전함, 잠수함, 기뢰를 동원하고 스코틀랜드 근처 북쪽 바다에 기뢰밭을 설치하고 거대한 주력함을 잠복시켰다. 독일의 대양함대는 사실상 북해함대가 되었다. 다만 강력한 잠수함 전력은 예외였다. 독일의 잠수함은 대서양, 아일랜드 서부 등지에서 협상국 측에 상당한 피해를 입혔다. 특히 1915년 그리고 1917~1918년에 적군에 정당한 경고 없이 공격을 강행한 무제한 잠수함전을 펼치던 시기에 큰 혼란을 일으켰다.[185] 협상국은 결국 독일군의 U보트 공격에 대한 부분적 해결책을 찾게 되고, 독일은 자국 선박에 가해질 봉쇄라는 처벌을 면치 못하게 된다.

1916년이 저물 무렵, 윌슨 미국 대통령은 평화협상을 제안했다. 그런데 진지한 타협의 장을 마련하는 대신, 여러 당사국에게 각자의 핵심 조건을 공식적으로 밝힐 것을 요청했다. 누구도 공개적이고 선제적으로 적들에게 무엇도 양보하려 하지 않을 것이 분명했기 때문이다. 당시 교착상태에 비추어 외교적 접근이 더 낫다는 판단하에, 독일이 점령하고 있던 벨기에와 프랑스 북부를 해방하고, 알자스-로렌 또는 적어도 그 일부를 프랑스에 반환하며, 독일의 대러시아 완충지대 역할을 하는 폴란드를 독립시키는 것에 대한 협의가 있었을 수도 있다.[186]

그러나 당시 유럽 대륙의 주인공들이 2년 반 동안 서로를 무의미하게 공격하고 여전히 다음 해에 어떻게 승리할지 다양한 이론을 고민하는 상황에서 멀리 떨어진 미국의 대통령이 제대로 역할을 못했다고 비난하기는 어렵다. 윌슨의 제안은 고려할 가치가 있었지만, 주로 경제적인 면에 집중되었고 군사적 요소는 거의 제외됐다.

1917년과 1918년: 혁명의 확산, 전쟁과 평화

1917년은 이전의 비극적인 두 해처럼 주요 전선에서의 계속된 전투로 시작됐다. 그러나 길어진 전쟁과 고난, 경제 침체의 누적된 효과로 곧 전혀 다른 양상의 사건이 일어난다.

역사가 존 키건은 1917년이 '군이 붕괴'된 해라고 표현한다. 구체적으로 프랑스군과 이탈리아군, 특히 러시아군이 어떤 의미에서 소모점에 도달했거나 이미 지나버린 상태였다. 독일과 오스트리아·헝가리도 광범위하게 전개된 길고 참혹하며 격렬한 전쟁으로 심각한 군사적·사회적 스트레스를 받고 있었다. 하지만 그 상황이 아직 본격적으로 발현되지는 않았다. 이는 곧 그들이 종합적인 승리를 거둘 수 있는 마지막 기회가 있다는 의미이기도 했다. 그리하여 독일과 오스트리아는 사력을 다해 싸웠다. 하지만 1918년 그들은 패했다.

1917년, 서부전선에서 '봄의 대공세'가 시작되었다. 그전 해 11월 프랑스 샹티이에서 이뤄진 협상국 합동 계획에서 발전한 것이었다. (1915년 12월, 솜 공세를 계획한 동명의 회의도 있었다.) 그러나 공격은 더 많은 군사적 실패를 낳았다. 비미 고지와 아라스(파리의 북쪽, 릴과 벨기에 국경에 인접하며 몽의 서쪽에 위치한 도시)에서 영국군과 캐나다군이 제한적 승리를 거두었을 뿐이다. 그러나 고작 마일 단위로 한 자릿수 전진한 것이 다였고, 다시 북부 유럽 봄의 추위와 비, 진흙탕이라는 수렁에 빠졌다. 독일군은 참호선을 변경하여 새로운 '힌덴부르크'선을 중심으로 뭉쳤다. 이 시점에서 독일군은 최전선보다 2선과 3선에 더 많은 병력을 배치했고 더 후방에 기동 예비대를 두었다. 이러한 접근법으로 독일군은 파리 북동쪽 슈맹데담(앞에서 언급한 영국군과 캐나다군이 공격을 시도한 곳에서 남동쪽으로 약 130킬로미터 떨어진 곳)을 공격해 프랑스군에 처참한 타격을 입혔다.[187]

그 결과는 키건의 표현대로 프랑스군의 붕괴였다. 강국 프랑스는 살아남았고 그 군대도 존속한 건 확실하다. 그렇지만 군 내부에 폭동이 일어났다. 참호선에는 여전히 병력이 배치되어 있었고 방어 작전도 가능한 영역 내에 있었으나, 많은 프랑스군이 고기 분쇄기나 다름없는 무모한 대규모 공격 작전에 더는 투입되지 않겠다는 의지를 상부에 분명히 밝혔다. 결국 프랑스는 공격 개시 시점과 방법에 더욱 신중해졌다. 미국의 지원군을 기다리는 그 상황에서는 이것이 더 현명한 판단이었을 수도 있다.[188]

한편, 힌덴부르크선은 주의를 동쪽으로 돌리면서 적은 병력으로 전체 전선을 보호할 수 있었다. 그로 인해 베를린은 러시아에 대항하는 전역에 더 많은 병력을 투입할 수 있었다.

1917년 러시아에서는 내부적 격변이 있었다. 러시아는 독일처럼 전쟁으로 인한 식량 부족에 시달리지는 않았다. 그러나 인플레이션이 만연하고 불평등이 심화되면서 사회 전반에 걸쳐 큰 균열이 생겼다.[189] 그리고 뒤이어 러시아혁명이 일어났다. 혁명은 두 단계로 일어났는데, 첫 번째는 2~3월, 두 번째는 10월에 집중되어 결국 볼셰비키가 권력을 잡았다. (권력을 완전히 장악하는 건 1920년대 초다.) 차르는 3월에 퇴위했고 1918년 7월 가족과 함께 죽임을 당했다. 이러한 단계를 거치면서 전쟁을 계속하겠다는 러시아의 결심은 점차 약해졌다. 이는 6월, 렘베르크 근처에서 오스트리아·헝가리를 겨냥한 일명 '케렌스키 공세'로 두드러진다. 이 공세 초반에 러시아군은 성공을 거두지만, 곧 동력을 잃었다. 10월 말, 러시아는 사실상 전쟁에서 철수한다.[190] 그러자 독일은 폴란드와 우크라이나, 동유럽 다른 지역을 전장에서 집어삼켰고, 마침내 1918년 초 폴란드의 브레스트리토프스크에서 조약을 체결했다. 독일은 이 성과로 영토를 극적으로 확대하는 한편, 곡물을 징발하여 영국이 주도한 해군 봉쇄로 자국민이 겪는 경제적 고통을 적어도 당분간은 일부 완화할 수 있었다.[191]

이탈리아 전선에서는 오스트리아·헝가리와 독일의 새로운 노력으로 산악 지대에서의 오랜 교착상태가 깨졌고, 이탈리아군은 그들의 영토로 깊숙이 밀려났다. 이탈리아는 1917년 가을에 전반적인 면에서 패배했다.[192]

1917년 봄, 드디어 미국이 참전을 결정했다. 윌슨 대통령과 미국 정부가 마음을 바꾼 데는 두 가지 직접적인 원인이 있었다. 하나는 독일이 멕시코가 미국을 공격하면 미국의 관심이 분산될 것이라는 희망으로 멕시코를 동맹으로 끌어들이려 시도했다가 실패한 사건이다. 그런데 멕시코의 거절과는 별개로, 베를린이 멕시코에 보낸 '치머만 전보'를 영국과 미국 정보기관이 가로챘고 미국은 그 내용에 분노했다. 전쟁에서 중립을 유지하는 상황에서 이러한 도발 행위를 감수하고 넘어가기란 매우 어려웠다.

더 결정적인 원인은 2월 1일 독일 잠수함전대 약 150척이 무제한 잠수함전을 재개한 것이다. 이는 협상국 측에 심각한 영향을 미쳤다. 주로 식량이 필요했던 영국과 주로 석탄이 필요했던 프랑스와 이탈리아로 가는 협상국 보급선의 월별 손실률은 1915년과 1916년에 10만 톤에서 1917년 2월은 52만 톤, 3월은 56만 5000톤, 4월에는 86만 톤으로 증가했다. 4월의 수치는 독일 해군이 몇 개월 내에 전쟁을 승리로 끝내는 데 필요한 조건이라고 생각한 수치를 훨씬 웃돌았다. U보트의 손실은 한 달 평균 3척에 불과했으므로, 협상국 측에 불리한 흐름이었다.[193] 이와 동시에, 서부전선에서 협상국의 공격은 실패하고 있었고 러시아는 내부적으로 무너지고 있었다. 독일과 오스트리아·헝가리 역시 전쟁의 누적된 영향과 길어진 봉쇄로 고통받고 있었지만 전반적인 흐름이 이들에게 유리하다는 사실은 자명했다.

무제한 잠수함 공격은 미국인의 생명도 앗아갔고, 결국 미국을 참전시켰다. 윌슨은 개인적 동기에서 비롯된, 전후 새로운 세계 질서를 구축하려는 비전을 가지고 있었다. 대부분 미국인은 전쟁과 그 여파에 대해 그리 숭고한 야망이 없었을 수도 있다. (윌슨의 국제연맹 건설 구상이 국민적 지지를 얻지 못해 결국 미국 상원에서 수용되지 않은 사실이 이를 설명한다.) 그러나 그들은 유럽 문제로 자국민의 안녕이 위협받아선 안 된다는 데 동의했고, 1917년 무렵에는 이에 매우 분노한 상태였다.[194] 4월, 미국은 먼저 독일에, 뒤이어 오스트리아·헝가리, 불가리아, 튀르키예에 전쟁을 선포했다. 이제 관건은 미국의 참전이 전세를 뒤집기 전에 동맹국이 전쟁에서 승리할 수 있느냐 하는 것이었다.

당시 미군은 소규모였고 독일의 무제한 잠수함은 강력했다. 그러나 미국 육군은 신속하게 성장했다. 1917년 약 10만 명 군인과 1만 5000명가량의 해병대로 시작했으나, 1918년에는 400만 명이 넘어선다. 1918년 3월 무렵에는 미군 30만 명, 8월에는 130만 명, 종전 무렵에는 약 200만 명이 유럽에 배치된다. (대부분은 육군이었고 최고조기에는 해병 2만 5000명도 있었다.)[195] 1918년 초에도 윌슨은 전쟁 계획과 동원 노력의 강도가 부적절하다는 이유로, 루스벨트 전 대통령과 기타 반대파로부터 비판받았다.[196] 그 시점에서 미국은 군사력 증강과 전면전으로 가는 심각한 갈림길에 있었던 것으로 보인다. 전쟁이 끝날 무렵, 미국의 GDP 대비 군비 지출은 1915년 이래 4회계년도 동안 1퍼센트에서 거의 14퍼센트로 증가한다.[197]

그러나 그전 상황은 계속해서 협상국에 불리하게 돌아갔다. 1917년 여름과 가을에 걸쳐 더글러스 헤이그 장군이 지휘한 3차 이프르 전투(이른바, 파스샹달 전투)는 전략적으로 유의미한 소득 없이 막대한 손실만 입은 채 끝났다. 이 무렵에는 전차가 공격에 가세하면서 이른바 물고 버티기 전술로 어느 정도 전진할 수 있었지만, 중요한 돌파구가 마련되는 단계까지는 나아가지 못했다. 한정된 방어 차량과 느린 속도, 방어 요새, 진흙탕은 23년 후 프랑스에 대해 독일이 압도적 공격을 펼치게 되는 방법(전차의 사용을 가리킴-옮긴이)과 기동을 어렵게 한다.

1918년 4차 및 5차 이프르 전투가 벌어졌다.[198] 전반적으로 이프르와 플랑드르는 전체 전쟁 수행 노력, 특히 영국 입장에서 중요한 상징이자 전부가 되었다. 코넬리와 괴벨 두 역사가는 플랑드르 전투

공간에서 벌어진 누적된 전투를 떠올리며 이렇게 표현했다. "1918년 무렵 이프르는 극도로 복잡한 이야기로 진화했다. 그곳은 죽은 자들의 도시였지만 정복될 수 없는 불멸의 영혼이 깃든 곳이기도 했다. 한때 중세의 영광이 빛나던 도시는 이제 돌무더기로 변했고, 전쟁의 공포와 타락의 중심이자 숭고한 고결함이 깃든 현장이 됐다."[199] 캐나다 군의관으로 복무한 존 매크레이John McCrae가 1915년 2차 이프르 전투에서 동료 알렉시스 헬머Alexis Helmer를 잃은 슬픔을 담아 쓴 시 〈플랑드르 들판에서In Flanders Fields〉도 유명하다. 이 시는 시대에 만연한 풍조를 반영한 듯, 어떤 식으로도 평화를 촉구하지 않는다.[200]

플랑드르 들판에 양귀비가 하늘거리네
줄지어 서 있는 십자가들 사이로
그것은 우리가 누울 자리의 표시.
하늘에는 종달새가 날아다니며 힘차게 노래하는데
그 아래 총소리에 묻혀 들리지 않네.

우리는 이미 죽은 자들. 불과 얼마 전까지
살아서 새벽을 느끼고 노을빛을 바라보았지
사랑하고 사랑받기도 했건만 이제는 누워 있네
플랑드르 들판에.

우리의 싸움을 이어주오

힘이 빠져가는 손으로 그대에게 건네는

이 횃불, 이제 그대의 것이니 높이 들어 올리오

그대가 죽은 우리와의 믿음을 저버린다면

우리는 영영 잠들지 못하리니, 양귀비꽃이 활짝 피어도

이 플랑드르 들판에.

　　11월 초, 영국은 프랑스 남쪽 캉브레에서 전차 300대 이상을 동원해 공격을 개시했다. 초반 약간의 우위를 보였으나 궁극적인 성과는 거의 없었는데, 전차 공격에 이어 적절한 보병의 지원이 없어 다양한 적의 전술에 취약했던 데다, 독일군이 잃었던 일부 땅을 되찾기 위해 신속히 반격했기 때문이다.[201]

　　한편, 1918년 협상국은 전투를 지속할 여력을 유지하고 대규모 미군 병력이 대서양을 건너 이동하기 위해서라도 잠수함의 위협을 직접 완화해야 했다. 협상국은 U보트가 바다에서 무작위로 목표물을 찾지 못하게 호송선단을 구성하기로 했다. 그리고 U보트에 직접 위협을 가할 수 있는 무장 호위함이 호송선단을 호위하게 했다. 마지막으로, 협상국은 주요 지점에 대잠 초계 항공기 및 기뢰와 군함을 동원해, (매번 잠수함을 발견하고 격침하지는 않았지만) 생명을 위협하고 공격 작전을 늦추었다. 이러한 조치는 꽤 효과적이었다. 독일은 기존 잠수함이 파괴되는 속도만큼 새 잠수함을 건조하고 진수했지만, 한층 개선된 협상국의 전술로 대부분 선박이 안전하게 이동할 수 있었다. 1917년 8월 선박 손실은 50만 톤을 약간 웃도는 수준으로 감소했고, 12월에는 40만 톤, 1918년 봄의 월별 손실은 30만 톤 이하로 떨어졌다.[202] 전쟁의 마지막 해, 협상국 선박 90퍼센트 이상이 보통 15척 이상으로 구성된 호송선단의 호위를 받으며 항해했고, 손실률은 0.5퍼센트에 그쳤다.[203]

미국은 자국의 산업 지원 속도보다 더 빨리 병력을 동원했다. 1차 세계대전에서 미군이 사용한 무기 대부분은 사실상 프랑스에서 제조됐다.[204] 프랑스는 전쟁 중 독일이나 영국보다 더 많은 항공기를 생산했고, 사실상 미군이 사용한 중장비의 4분의 3을 공급했다.[205]

1918년은 크게 두 국면으로 나뉜다. 봄과 7월, 동부전선에서 해방된 병력을 서부전선으로 투입한 독일군은 프랑스에서 대규모 공세를 벌였다. 베를린은 192개 사단으로, 협상국의 178개 사단 대비 근소한 우위를 누렸다. 독일군은 이러한 우위를 바탕으로 지난 3년의 어떤 공세에서보다 넓은 영토를 차지했고, 시작 지점에서 파리까지 절반 가까이 나아갔다. 실제로 독일은 불과 몇십 킬로미터 떨어진 곳에서 프랑스 수도에 포탄을 날릴 수 있는 신무기 파리 대포(종종 베르타포와 혼동하는데, 파리 대포는 기차선로에 놓고 발사한 거대포이다)를 사용할 만큼 파리에 근접했다.

순수 병력 수와 화력의 증가 외에도 여러 혁신이 독일의 성공에 기여했다. 이 중 일부는 1917년 후반 영국이 개발한 혁신에 뿌리를 두는데, 막상 영국은 1918년 후반에서야 실제로 이를 사용하게 된다.[206] 독일군은 넓은 전선에 걸쳐 공격을 펼치며, 방어군이 국지적 돌파전에 맞서 예비대를 투입하는 걸 어렵게 했다. 독일은 '돌격대'를 비롯한 경기관총으로 무장한 소규모 정예 보병대에게 우회해서 적진 후방 깊이 침투하도록 지시했고, 그렇게 돌파 가능성을 높였다. 또한 대포를 미리 조정하여 준비탄막공격에서 초기 사정거리 오류를 줄였고, 첫발의 기습 효과를 높였다.207

또한 독일군은 보병이 적진 깊이 침투할 수 있도록 적의 전선과 방어선에 대해 단거리 탄막공격을 퍼부었고, 적 포병의 정확한 위치를 파악하기 위해 항공기 및 기타 정찰 능력을 잘 활용했다. 독일군은 동기화된 엄격한 훈련을 통해 이상의 모든 작전을 수행할 수 있는 능력을 배양했으며, 지역 지휘관들에게 배치된 지역에 대해 상당한 전술적 주도권을 주었다.208

협상국은 이러한 곤경을 인식한 상황에서 미군이 차례차례 전장에 도착하자, 1918년 4월 초 지휘권을 통합하기로 합의했다. 당시 약 1년간 프랑스군 참모총장을 지낸 페르디낭 포슈Ferdinand Foch 육군원수가 협상국 최고사령관으로 임명되었다.

흐름은 곧 바뀌었다. 역사가 마이클 나이버그Michael Neiberg는 이 당시 상황을 이렇게 서술했다. "독일군 사상자가 협상국 사상자와 거의 비슷한 정도로 유지되는 한, 그들은 대규모 기동전을 줄일 수밖에 없었다. 독일이 협상국보다 인력 손실 보충이 어려웠다는 점에서, 독일의 공격은 사실상 승리보다 패배로 이어질 뿐이었다."209

지리와 보급 문제도 독일군을 어렵게 했다. 영국군과 프랑스군을 분리시키고 영국군을 전선에서 철수하도록 할 목표로 해안 쪽으로 과도하게 확장해 보급선이 길어졌기 때문이다.210 2차 마른 전투가 그러한 문제를 드러낸 예다. 7월 15일부터 8월 9일까지 계속된 이 전투에서 독일은 투입된 사단의 수에서는 우위를 점했다(75개 사단 대 59개 사단). 그러나 협상국 부대 중 8개 사단이 다른 사단보다 2

배나 큰 미군이었다는 사실을 감안하면(나머지는 프랑스군 45개 사단, 영국군 4개 사단, 이탈리아군 2개 사단이었다), 사실상 우위라고 할 수 없다. 이와 대조적으로, 전형적인 독일군 사단은 전쟁 중 이 시기에 가장 적었을 것이다. 그리고 그해 초 독일은 성공의 함수였던 보급선으로부터 점점 멀어지고 있었다. 게다가 그간의 공격에 지치고 사면초가에 몰린 영국군과 프랑스군은 끈질기게 버텼다. 그들은 열심히 방어하던 중 독일군 위치와 계획 정보를 입수해 돌파구를 마련하고 공격을 개시했다. 협상국은 이제 상당수의 전차도 갖추었다. 이 무렵에는 프랑스군도 반란을 끝내고 상당한 용기와 헌신, 강인한 의지를 보여 주었다.[211]

특히 포슈는 독일군이 마른, 특히 철도 인근의 랭스로 접근할 것이라고 예상했다. 그러면 독일군은 측면이 노출될 테니 그곳을 반격해야 한다고 판단했다. 1918년 독일군이 성공적인 작전의 새로운 단계를 막 시작하려 할 때조차, 포슈는 이번 전투로 전쟁의 흐름이 협상국 쪽으로 바뀔 것을 감지했다. 그의 육감대로 2차 마른 전투의 결과, 파리에 대한 위협이 무력화되고 서부전선에서 벌어진 전투의 전반적 모멘텀이 근본적으로 바뀌게 된다.[212]

그러는 사이 미군이 속속 도착했다. 존 퍼싱John Pershing 장군 휘하의 미국원정군American Expeditionary Forces이었다. 몇 달간 훈련을 받은 약 200만 명의 미군이 독일 U보트의 위협에 대항하기 위해 최근 확대된 협상국 해군 호송단의 도움을 받아 유럽에 도착했다.[213] 미군은 도착하자마자 동맹국의 오른쪽, 적들과 마주하는 남쪽 구역에 진을 쳤다.

6월, 미국은 파리에서 북동쪽으로 80여 킬로미터 떨어진 벨로 숲에서 중요한 승리를 거두었다. 그곳에서 미국 해병대 제4여단이 합세한 육군 제2사단은 끈질기고 치열하게 싸워 승리를 견인했다. 일부 프랑스 지도부는 미군이 파리를 구하는 데 큰 역할을 했다고 믿었다.[214] 미국 해병대 제4여단의 성과는 전쟁의 전설로 자리 잡았다.[215] 이들의 성공과 더불어, 미국 육군과 해병대는 독일이 그 구역의 보급을 2배로 확대할 수 있던 핵심 수송 동맥을 차단했다.[216]

9월, 미국-프랑스군은 빌리 미첼Billy Mitchell 대령 휘하의 대규모 공군력의 지원을 받아, 생미엘 돌출부 근처에서 큰 승리를 거두었다.[217] 미군은 독일의 프랑스 보급로를 차단하는 방향으로 투입될 수도 있었다. 그러나 프랑스와 영국의 주장에 따라 서쪽과 북쪽으로 이동해 영국군 주력에 합류했고, 그곳에서 독일군 참호선을 공격하는 소모전에 참여하게 되었다. 이는 기동전이 더 나은 선택인 상황에서 이뤄진 결정이었다.[218] 10월 말부터 11월에 걸쳐 미군은 영국 해협에 더 가까운 지점뿐 아니라 뫼즈강과 아르곤 숲 지역으로 이동했다. 미군은 끈질기게 파고드는 독일군과 싸우며 적은 성과를 얻기 위해 상당한 손실을 감수해야 했다. 전반적으로 1918년 가을 미군의 노력에는 대부분 전략적 결함이 있었다. 미군은 실망스러울 정도로 느렸으며 비극적으로 희생되었다. 전쟁 경험이 부족한 미군에게 극도로 험난한 임무가 주어진 탓이었다.

그러나 상위 수준의 작전과 전략에서는 상황이 여전히 독일에게 불리했다. 영국, 프랑스, 미국, 캐나다, 호주 연합군에 맞서 독일이 판세를 뒤집을 기회는 빠르게 사라지고 있었다.[219] 스페인 독감도

한몫했다. 굶주림에 약해진 독일군은 독감으로 큰 타격을 입었다.[220]

11월 무렵, 이러한 군사 역학의 복합적 효과는 해상 봉쇄로 인한 경제적 어려움, 국내 정치에 대한 불만과 결합됐고, 독일 정부 붕괴와 독일 황제의 퇴위, 군부 해체로 이어졌다. 살아남은 독일군은 국경 너머 과거의 적보다 볼셰비키의 내부 반란에 더 관심을 기울였다. 이와 마찬가지로, 오스트리아·헝가리와 오스만제국도 외부 적과의 싸움보다 자국 내부의 분열에 더 관심을 기울이게 되었다.

평화를 끝낸 평화

캐나다 역사가 마거릿 맥밀런Margaret MacMillan은 영국의 공상과학 소설가 웰스H. G. Wells의 1914년작 《모든 전쟁을 끝내기 위한 전쟁The War that Will End War》의 표현을 빌려 1차 세계대전을 "평화를 끝낸 전쟁"이라고 평했다. 이는 상당히 설득력 있는 프레임이다. 1차 세계대전이라는 전쟁 자체는 강화회의에 의해 막을 내렸지만, 훗날 나치즘이 부상하는 조건을 마련했다. 그래서 평화를 끝낸 평화인 것이다.

1918년 가을, 협상국이 윌슨의 비교적 관대한 14개 조항에 근거해 화의를 제안했을 때, 군사적 저항능력이 급속히 붕괴돼 있던 베를린은 이를 거부할 입장이 아니었다. 여기서 제안된 평화 조항은 이후 1919년 6월 더 강화된 내용으로 공식화되지만, 그 역시도 서유럽 국가들의 예상보다는 정도가 약했다. 즉 독일에 크지 않은 영토 변화만 가하는 수준이었다.[221] 그러나 협상국은 독일의 군사력에 엄격한 제한을 두었고, 독일 일부 지역에 협상국 군대가 주둔했다. 또한 윌슨의 '14개 조항'의 기조와 달리, 독일에 1918년부터 1931년까지 연평균 GDP의 3.4퍼센트에 달하는 막대한 전쟁 배상금을 지급하도록 요구했다.[222] 상당 부분 미국 정부에게 부채 탕감을 거부당한 프랑스 같은 여러 나라의 필요성 때문이었는데, 이는 바이마르 공화국의 경제적 고난을 유발하고, 나아가 1920년대 후반의 세계 경제 침체 이후 히틀러가 부상하는 발판이 된다.[223]

윌슨은 1919년 상반기를 프랑스에서 보내며 평화협정의 조건을 구체화하고 어떤 경우에는 완화하는 데 노력을 기울였다. 그러나 자신의 비전에 반대하는 거대 세력을 꺾을 수도, 자신의 외교적 실수를 피할 수도 없었다.[224] 그 첫 번째 증거가 국제연맹이다. 미국에서 공화당과 충분히 교감하지 못한 채 협의된 이 안건은 공화당의 지지를 얻지 못했다. 많은 사람이 이에 대해 자국민이 선출한 지도층이 아닌 여러 국가로 구성된 집단의 결정에 따라 자국의 미래 군사작전이 수행되는 것이라고 받아들였다.[225] 그리하여 상원 비준을 얻지 못했고, 미국이 빠지자 국제연맹은 사실상 별 역할을 하지 못하게 되었다. 그리고 독일에는 강력한 배상금이 청구되었다.[226]

국제연맹에 미국이 가입했더라도 세계 질서가 안정적으로 구축되었을지는 미지수다. 그 실행 방법이 명확하지 않았기 때문이다. 패트리샤 오툴Patricia O'Toole이 윌슨 전기에 썼듯, 국제연맹의 기본 개념은 '충분한 자기방어 능력을 갖춘 규모의 육군과 해군을 갖되, 그 이상은 안 된다'는 것이었다. 그러나 육군과 해군은 이론적으로 새로운 세계 질서의 핵심 원칙을 준수하지 않는 나라를 반격할 만큼 강력해야 한다.[227] 말로는 쉬워도 실행은 어려운 기준이었다. 국방 분석가들이라면 알 수 있듯, 국방 분석의 부정확성과 불확실성을 고려할 때 안정적인 힘의 균형을 구축하거나 방어 중심적인 연합이 어떤 공격자에 맞서 자신들의 의지를 수호할 수 있으리라고 보장하기는 매우 어렵다. 화력이나 다른 전투력에서 2대1 혹은 3대1로 우위를 점한다고 해도 승리를 보장할 수 없으며, 빠르고 쉽게 승리를 거두는 것은 더욱 어렵다.[228] 확실히 대략 비슷한 규모와 능력을 갖춘 6개 혹은 8개 국가가 국제연맹을 지지하고, 신속하고 일관된 행동을 한다면, 아마도 집단 안보 협정을 탈퇴한 국가를 물리칠 수도 있을 것이다. 그러나 이러한 조건이 현실적으로 충족 가능했는지는 의문이다.

1차 세계대전은 그 자체로 끔찍한 비극이었을 뿐 아니라, 이를 끝낸 방식은 2차 세계대전이라는 더 큰 참극으로 가는 길을 열었다.

실수와 교훈

1차 세계대전은 여러 나라의 잘못과 연쇄적 오류로 발생한, 상상을 초월하는 비극이었다. 이 전쟁은 결코 일어나서는 안 되는 것이었다.

사실 모든 전쟁은 일어나서는 안 된다. 그러나 1차 세계대전의 경우, 인류의 진보가 이루어진 시대에 이처럼 돌이킬 수 없는 무분별한 행위가 자행되었다는 사실이 놀랍기 그지없다. 비록 독일과 러시아가 주된 역할을 했다고는 하지만, 참전국 전체에 집단적 책임이 있다는 점은 부인하기 어렵다. 사상자 규모의 예상 수치를 보면 당시 주요 당사국이 얼마나 순진했는지 입이 떡 벌어질 정도다. 안보 중심의 전쟁 계획을 수립하지 못한 장군들은 비전문적이었고 비극의 원인이 되었으며, 외교관들도 위기를 완화하기 위해 노력하기보다 이를 부추겼다는 점에서 마찬가지로 책임이 있다.

분쟁 초기, 5개 당사국 중 어느 한 나라라도 당시 가능하고 확실한 단계를 통해 전쟁이 이 정도로 확대되는 걸 막을 방법을 찾을 수 있었을 것이다. 오스트리아·헝가리는 세르비아를 단죄하거나 최후통첩에 대한 세르비아의 응답을 거부하는 방법을 논의하는 데 몇 주 동안이나 허비하지 말아야 했다. 러시아도 참전하지 않고, 자국의 주요 이익이나 핵심 안보를 해치지 않는 선에서 오스트리아·헝가리가 어느 정도 복수하도록 둘 수도 있었다. 프랑스는 러시아를 제지하고, 해외에서 제국주의적 야망뿐 아니라 이웃한 독일에 대한 전쟁 준비를 자제할 수도 있었다. 독일은 오스트리아·헝가리가 전쟁을 일으키도록 부추기지 말아야 했고, 그 전쟁에 합류하거나 프랑스를 선제공격하지도 말았어야 했다. 영국은 자국의 이익에 대해 더 깊이 생각하고 개입 정도를 명확히 할 수도 있었다. 더 빨리, 즉 전쟁 전에 그렇게 했더라면 전쟁 억제의 명분을 조성하고 독일이 공격하지 못하게 설득했을 수도 있다.

그러나 전략가와 안보계획가라면 1차 세계대전 연구로부터 이외에 보다 실용적인 면에서 교훈을 얻어야 한다. 다음의 질문에서부터 생각을 시작해보자.

- 동맹은 강한 구속력이 있었나, 아니면 구속력은 없지만 충분한 신뢰 관계에 있었나?
- 슐리펜 계획뿐 아니라, 각국의 전쟁 계획이 너무 경직된 탓에 빠르게 확전된 것인가?
- 당시 전략가들은 현대전의 기술이 전투에 어떤 영향을 미칠지 예상하지 못했다는 점에서 책임이 있는가? 그리고 전쟁이 전개되는 동안 그들은 너무도 완고하게 이전의 전술을 고수했나?

과신과 순진함이라는 주제는 1차 세계대전의 교훈에도 확실히 스며 있다. 정부 관료들과 군사계획자들은 모두 전략가로서 큰 책임이 있다. 이러한 사고가 전쟁 결정과 군이 개발했던 초기 전쟁 계획의 본질에 만연해 있었기 때문이다. 평화를 원한다면 전쟁을 준비해야 한다는 말도 있지만, 사실 1차 세계대전 이전에는 전쟁 준비가 전쟁을 유발했다. 전쟁이 진행되면서 전투에 대한 순진함이 감소했고, 기술이 조직화된 군대뿐 아니라 인간 신체에 어떤 영향을 미치는지가 명확해졌다.

1915년 이후로 지속된 대학살의 주된 원인은 이미 발생한 엄청난 매몰 비용을 정당화하려는 고집과 열정, 욕망이었다. 지도자들은 자존심과 분노를 버리고 승리의 전망이 없다면 전쟁에서 벗어날 길을 찾았어야 했다. 승리 없는 평화가 전쟁이 계속되는 것보다 훨씬 낫다는 윌슨 대통령의 말은 옳았다. 인간 본성은 변함이 없고 당시 지도자들 역시 인간이었으니, 이는 말로는 쉽지만 실천은 어렵다는 진리가 증명된 셈이다. 프레드 이클레Fred Iklé가 저서 《모든 전쟁은 반드시 끝난다Every War Must End》에서 언급했듯, "전쟁은 적대감을 더욱 강화한다. 정부와 국민은 전쟁의 결과가 전쟁 중 발생한 희생을 정당화하는 것이어야 한다고 생각하기 마련이어서 더 많은 것을 얻기를 기대한다. 게다가 다양한 제도적 힘은 평화 조성의 어려움을 가중한다."[229] 그런 만큼, 현실에서 예방 가능했던 가장 큰 실수는 빠른 승리를 거두겠다는 터무니없는 계획으로 전쟁을 결정한 것이다.

군사작전 개념 및 전술과 더불어 전쟁 계획(대표적으로 슐리펜 계획)에 대한 비판을 하기에 앞서, 당시 동맹체계의 문제점을 짚고 넘어가야 한다. 당시 동맹의 근본적 문제는 그 설계자들이 방어를 중시한 비스마르크의 외교 노선을 거부하고, 주요 당사국 간 공격적·전략적 야망을 발전시키고자 했다는 점이다.[230]

오스트리아·헝가리와 러시아는 오스만제국이 쇠락의 길을 걸으며 발칸반도에서 영향력을 잃어가자, 자국은 물론 우방과 속국을 동원해 발칸반도에서 더 많은 힘과 영향력을 얻길 원했다. 프랑스와 영국은 아프리카부터 남아시아와 중국 너머까지의 식민지와 제국주의 점령지에서 군사행동의 자유를 보존하고자 했다. 여기에 프랑스는 언젠가 러시아와 독일이 서로 싸우면 보불전쟁으로 독일에 빼앗긴 알자스-로렌을 회복할 거라 기대하며 그 기회를 노렸다. 독일은 세계를 무대로 한 식민지 정복이라는 게임에 참여하고 유럽 내에서 지위를 높이려는 욕망으로 북해에서 활약할 해군 양성에 힘을 쏟았다. 일본, 이탈리아, 세르비아, 불가리아, 그리스도 중국 해안 지방, 리비아, 발칸반도의 오스만제국 점령지를 공격하고 영유권을 장악한 데서 입증되었듯 각자의 야심이 있었다.

세르비아와 불가리아는 발칸반도에서 오스만제국을 몰아내기 위한 1차 발칸전쟁(1912년)에서 일부 영토를 차지했으나, 1913년 2차 발칸전쟁에서 도로 잃었다. 2차 발칸전쟁은 1차 전쟁으로 획득한 영토를 둘러싼 싸움이었다. 세르비아는 두 전쟁 동안 야망의 최대치를 실현하지는 못했지만, 그전보다 영토를 2배 가까이 확장했고 그 후에도 오스트리아·헝가리제국 영토에 대한 야심을 계속 키워갔다.[231] 이런 상황에서 세르비아는 러시아와 유사 동맹 관계라고 믿었고, 러시아가 뒷배가 되어줄 거라는 믿음으로 이웃 국가들과 분란을 일으키며 나아가 전쟁에까지 휘말렸다.

전반적으로 방어적 용어로 포장했다고 해도, 당시의 안보 파트너십과 동맹은 위협에 대한 균형을 맞추기 위해 설계되었다기보다는 당사국 각각의 야심을 발전시키려는 목적이 컸다.[232]

공격적 전략을 추구하는 시대적 상황에서 당시 동맹은 위기를 완화하기보다 확대하고 가속화하는 데 더 큰 역할을 했다. 특히 1914년 여름 페르디난트 대공 암살 이후, 오스트리아·헝가리와 독일은 세르비아 처벌이라는 명분으로 전쟁을 확대하겠다는 각자의 속내를 드러냈다. 발생한 문제를 완화하거나 해결하기 위해 만들었던 강대국 간(오스트리아, 러시아, 프로이센[독일], 영국-옮긴이) 협력체인 '4국동맹Concert of Europe'은 20세기 들어 경쟁이 심화되면서 그 결속력이 약해졌다.[233]

러시아가 프랑스와 동맹을 맺으면서 독일을 공격할 가능성은 높아졌다. 러시아가 어떠한 갈등으로라도 독일과 프랑스 사이에 전쟁이 일어날 가능성이 있음을 알면서 이러한 동맹을 맺은 건, 그러면 독일 병력이 프랑스 쪽으로 배치되어 러시아 군단에 신속하게 대항하지 못할 거라는 계산에서였다. 이 점에서 러시아는 옳았지만, 그 논리는 잘못된 것이었다. 프랑스는 독일에 대한 반감, 무엇보다 알자스-로렌 지방을 되찾겠다는 열망에서 이 독소적인 안보 관계를 맺었다. 1912년 외교장관이자 총리, 1913년 당시는 대통령이던 푸앵카레는 파리는 사실상 어떤 전쟁이든, 심지어 러시아의 선택과 선동에 의한 것이라도 러시아를 지지할 것임을 명백히 밝혔고, 이는 러불동맹에 대한 이전의 해석을 수정한 것이었다.[234]

이러한 조약들의 조건, 비밀 조항 및 의도적 모호성 역시 전쟁 발발에 기여했다. 이는 현대의 전쟁 억제 이론에서 중시하는 명확성과 신뢰성을 전면으로 거스르는 것이었다.[235] 가장 큰 문제는 영국이 프랑스와 벨기에를 지키기 위해 참전할 것인지에 대해 독일이 불확실하게 생각했고 결국 잘못된 판단을 내린 것이다. 영국은 동맹들이 국제사회에서 영국의 위치와 야망에 어떻게 도움이 될지 파악하며 마지막 순간까지 최대한 유연성을 고수하려 노력했다는 점에서 전쟁의 원인을 제공한 셈이다.

정리하면, 당시 동맹들의 주요 문제는 대부분 처음에는 존재하지 않았다. 당사국이 공격적인 외교 정책을 반영하고 강화하면서 문제가 발생했고, 거기에 영국의 애매한 태도가 한몫했다.

그러면 이제 슐리펜 계획부터 시작해 전쟁 계획을 살펴보자. 슐리펜의 심각한 결함투성이 계획이 어떻게 당시 독일인의 마음을 사로잡을 수 있었는지 이해하기에 앞서, 그의 판단이 많은 부분에서 옳았다는 점을 짚고 넘어가야 한다. 기세 넘치고 정교한 프랑스 진격 계획은 창의적이고 담대하며 인상적인 병참선을 특징으로 하여 많은 사람의 지지를 얻을 수 있었다. 여기서 교훈은 신속하고 결정적인 승리를 약속하는 전쟁 계획은 주의해야 한다는 것이다. 그 논리가 아무리 타당해 보여도 오류가 없을 수는 없기 때문이다.

슐리펜은 현역과 예비 사단을 포함해 독일 군사력의 8분의 7을 서부전선에 배치하고 서부전선 사단의 3분의 2를 우익에 편중시켜, 알자스-로렌의 국경지대를 바로 통과하는 대신 룩셈부르크와 벨기에를 통과해 아르덴 숲을 거치는 대우회 전술로 프랑스를 공격하는 계획을 세웠다.[236] 이 계획에 따르면, 12일째 벨기에 리에주를 지나는 도로를 확보하고, 19일째까지 브뤼셀을, 22일째에는 프랑스 국경을 넘어, 39일째 파리를 점령함으로써 프랑스 전역을 접수해야 한다.[237]

그러나 슐리펜과 그 추종자들은 잘못될 가능성에 대해 충분히 고려하지 않았다. 정해진 6주 일정에 따라 넓은 이웃 나라를 정복하는 것은 전쟁의 예측 불가능성을 가르친 역사의 교훈에 정면으로 배치되는 것이었다.[238] 슐리펜 계획은 적의 저항과 상관없이 정확한 타이밍과 실행을 전제할 만큼 극도로 낙관적이었다. 실행 수준에서는 전방 부대로의 보급 지속성에 대해서도 잘못된 방향으로 초점을 맞추었다.[239] 진격하는 군대는 도보로 이동해야 하는 반면, 공격받은 적은 국내 철도를 이용해 신속히 이동하여 진지를 강화할 수 있다는 사실은 간과됐다.[240]

에리히 폰 루덴도르프 장군은 이렇게 말했다. "장군은 많은 것을 견뎌야 하므로 강한 정신력을 갖추어야 한다. 민간인들은 전쟁을 주어진 숫자로 산술 문제를 푸는 것으로 생각하는 경향이 있다. 실제는 전혀 그렇지 않다."²⁴¹ 루덴도르프는 이러한 비판을 슐리펜 육군 원수에게 직접 표현했어야 했다. 슐리펜 계획에 따라 독일은 잠재적인 적을 먼저 선정해야 했는데, 이는 정책입안자들이 위기를 외교적으로 해결할 선택지를 박탈한다는 점에서 근본적으로 무책임한 계획이었다.

다른 국가들도 군사작전 개념에서 심각한 오류가 있었다. 러시아가 대표적인 예다. 러시아는 멀리 떨어진 발칸반도의 비교적 사소한 위기를 단일전이 아닌 양면전쟁으로 확대하는 쪽을 선택했다. 게다가 그 결정은 막연한 희망에서 비롯됐다. 아이러니하게도, 독일에 대한 두려움으로 독일을 선제공격하기로 선택한 것이다(막강한 독일군에 맞설 유일한 희망은 독일이 서부전선에 묶여 있을 때 먼저 공격하는 것이었다). 한 면에서 잘 싸우기보다 양면에서 형편없이 싸우겠다는 결정은 군수뇌부 두 그룹 간 관료적 타협의 산물이기도 했다. 그 결과로 나온 계획의 책임자는 아무도 없었다.

역시나 과신에서 시작된 러시아의 전쟁 준비에는 인상적인 면이 있다. 1914년 무렵, 러시아는 예비군을 빠르게 소집하고 내부 철도로 수송하는 방법에서 상당한 진전을 이루었다. 이는 오스트리아·헝가리에 대항해 초기 승리를 거두기에는 충분했지만, 독일을 물리치기에는 그렇지 않았다.²⁴²

프랑스가 '극한까지 몰아붙이는 공격 정신'에 집중한 것 역시 문제였다. 프랑스 지도부는 이 정신을 바탕으로 독일군에 대한 정면공격을 시도했다. 프랑스는 알자스-로렌 지방 회복을 열망했고, 자신감과 단결심만 있다면 충분히 승리를 거둘 수 있다고 믿었다. 그러나 프랑스의 계획은 독일에게 간파되었다. 따라서 프랑스는 사실상 독일의 손아귀에 놀아난 셈이었다. 독일군은 초기 전투에서 후퇴하여 프랑스군을 보급선으로부터 분리시키고 과신하게 만들었다. 그런 다음 반격하여 큰 승리를 거두었다.

　이처럼 전쟁 계획과 개념에는 대체로 심각한 결함이 내재돼 있었다. 이를 적용한다는 결정, 즉 전쟁을 선택한 결정도 마찬가지였다. 당시 지도자들은 극단적인 대학살이 발생할 가능성은 조금도 인지하지 못했다. 군사계획, 예산 또는 전투의 그 어떤 시나리오든 낙관적 추정뿐 아니라 비관적 발전 가능성도 유념해야 한다는 엔토벤과 스미스의 경고는 바로 이 점을 지적한다. 1차 세계대전 당시 지도자들에게 《얼마면 될까?》 같은 책은 없었지만, 투키디데스와 클라우제비츠 그리고 그들만의 상식이 있었다. 또한 미국 남북전쟁과 보어전쟁의 경험을 통해 현대식 무기가 인체에 어떤 영향을 미치는지 알 수 있었다. 전쟁대학도 1914년 이전에 체계를 갖춰가고 있었다. 다만 그들은 철도 시간표에 열과 성을 쏟는 대신, 실제 전투에서 발생 가능한 역학과 결과물을 시뮬레이션하는 데 더 노력을 기울였어야 했다.

　1차 세계대전에서의 공격과 방어 균형에 대한 논쟁이 계속되고 있고, 논쟁의 양측에게 모두 나름의 근거가 있다는 점은 인정하지만, 증거의 무게는 전쟁 기간 내내 방어가 우세했다는 쪽으로 기울었다. 물론 20세기 초 유럽은 군사적 균형과 기술, 지리 면에서 일부 공세적 이점, 적어도 가능성이 존재했다.[243] 그러나 공격은 어려웠고 엄청난 유혈의 대가가 따랐다.[244]

전쟁에서 운명을 가르는 당대 무기 체계와 관련 전술에 대한 이해가 부족했다는 점을 고려하면, 교전국들은 1914년의 비극이 분명해졌을 때 근본 전략에 변화를 꾀했어야 했을까? 어떤 면에서 그 답은 '그렇다'이다. 그들은 전투 중단을 요구하고 전쟁 전 영토 협정을 하거나 그와 비슷한 조치를 취할 수도 있었다. 그러나 일단 엄청난 유혈 희생이 발생하면, 자부심과 명예에 대한 강렬한 열망을 가진 인류는 이러한 재고 자체가 불가능해지는 듯하다.

서부전선에서 교착상태에 빠진 영국과 프랑스는 전력투사능력 power projection capabilities(자국 영토 밖의 먼 지역까지 군사력을 효과적으로 배치하고 작전을 수행할 수 있는 능력-옮긴이)을 발휘해 다른 곳에서 전선을 형성하려고 노력했어야 했다. 물론 제한적이긴 하지만 어느 정도 확신을 품고 이런 시도를 하긴 했다. 그러나 그리스에서의 합동 노력은 성과가 없었고, 갈리폴리에서 호주군, 뉴질랜드군과 작전을 수행한 영국군은 처참히 실패했다. 중동에서 거둔 부분적인 성공은 주요 침략국, 즉 주적이 아닌 오스만제국을 상대로 이룬 것이었고, 심지어 이조차도 힘겹게 거둔 성과였다.

영국과 프랑스는 해상에서의 승리를 통해 독일과 오스트리아·헝가리 경제의 숨통을 쥠과 동시에 프랑스에서 방어를 고수했다면, 보다 유리한 입지를 점했을 수도 있다. 그러나 1915년이나 1916년, 1917년에는 누구도 그 전략이 잘 작동할지 확신하지 못했다. 실제로 독일은 U보트를 사용해 그러한 봉쇄에 기반한 전쟁 계획을 압도했다. 러시아가 내전과 혁명에 휘말려 전쟁에서 빠졌을 때는 더더욱 그랬다. 그리고 미국의 참전은 특별히 예측하거나 피할 수는 없었다.

1차 세계대전 참전국들이 저지른 주요 실수는 전쟁 이전 그리고 그 시작 단계에서 이루어졌다고 결론지을 수 있다. 그들의 오만과 제국주의적 팽창주의, 극단적 민족주의, 당시 현대화된 무기의 살상 능력에 대한 거의 의도적인 무지가 주요 원인이었다. 당시 지도층들은 대체로 지성과 윤리 면에서 뛰어나다고 할 수 없었고, 정부가 정보를 처리해 선택지를 모색하고 결정에 이르는 과정의 수직적이고 편협한 방식 역시 마찬가지였다.

투키디데스는 인간은 두려움과 명예, 탐욕이라는 세 가지 열정에 근거해 전쟁을 일으킨다고 했다. 1914년, 명예와 탐욕의 열정은 충분하고도 넘쳤다. 명예에 대한 열정은 그리 뜨겁지 않았을 것이다. 그 대신 일단 전쟁의 강력한 힘이 발산되면 효과적으로 통제될 수 있다는 과도한 자신감이 만연했다. 그리고 이 모든 것은 인류 역사상 가장 발전적인 시대에 일어났다. 넓은 시각에서 볼 때, 이 점은 1차 세계대전이 주는 교훈 중 가장 인상적인 점이다. 전쟁은 전적으로 우연이 아닐 수 있다. 그러나 놀랍도록 빠르고 무섭도록 파괴적인 방식으로 일어날 수 있다. 피터 하트Peter Hart는 주요 교전국 중에서도 당시 영국의 태도를 이렇게 평했다. "전쟁은 위험한 모험 정도로 가볍게 받아들여졌다. 막상 전쟁이 닥쳤을 때 그들이 상상한 양상과 달랐지만, 그때는 이미 너무 늦은 뒤였다."[245] 독일을 비롯한 몇몇 주요 국가는 자신들의 행위에 대해 어느 정도 예감했을지 모른다. 그러나 그러한 정서는 잠재의식에 있을 뿐 드러나지 않았고, 운명을 걸고 전쟁의 운을 시험대에 올리겠다는 열정을 대체하지 못했다.[246]

제2차 세계대전

PART

3

MILITARY HISTORY
FOR THE MODERN STRATEGIST

World War II

많은 면에서 제1차 세계대전과 제2차 세계대전은 강한 상호연결성을 보인다. 주요 참전국 대부분이 같고, 동맹 관계도 똑같지는 않지만 비슷하다. 2차 세계대전에 활약한 많은 고위급 정치가와 군사 지도자들은 1차 세계대전에 참여했었고, 그 과정과 결과에 영향을 받아 세계관을 형성했다. 1차 세계대전에 따른 평화협정은 심각한 결함이 있었고, 1933년 독일에서 아돌프 히틀러가 권력을 잡고 그 6년 후 실제 전쟁을 일으키는 근본 원인을 제공했다.

그러나 빠른 승리에 대한 기대는 1차 세계대전 때와는 달랐다. 아이러니하게도 2차 세계대전에서는 신속하고 빠른 승리가 있었는데도, 참전국 대부분이 빠른 종전을 기대하지 않았다. 독일군의 전격전은 1939년 가을과 1940년 봄에 놀랄 만큼 신속한 초기 성공으로 이어졌고, 몇몇 부분에서 정복이 비교적 쉽고 빠르게 완성되리라

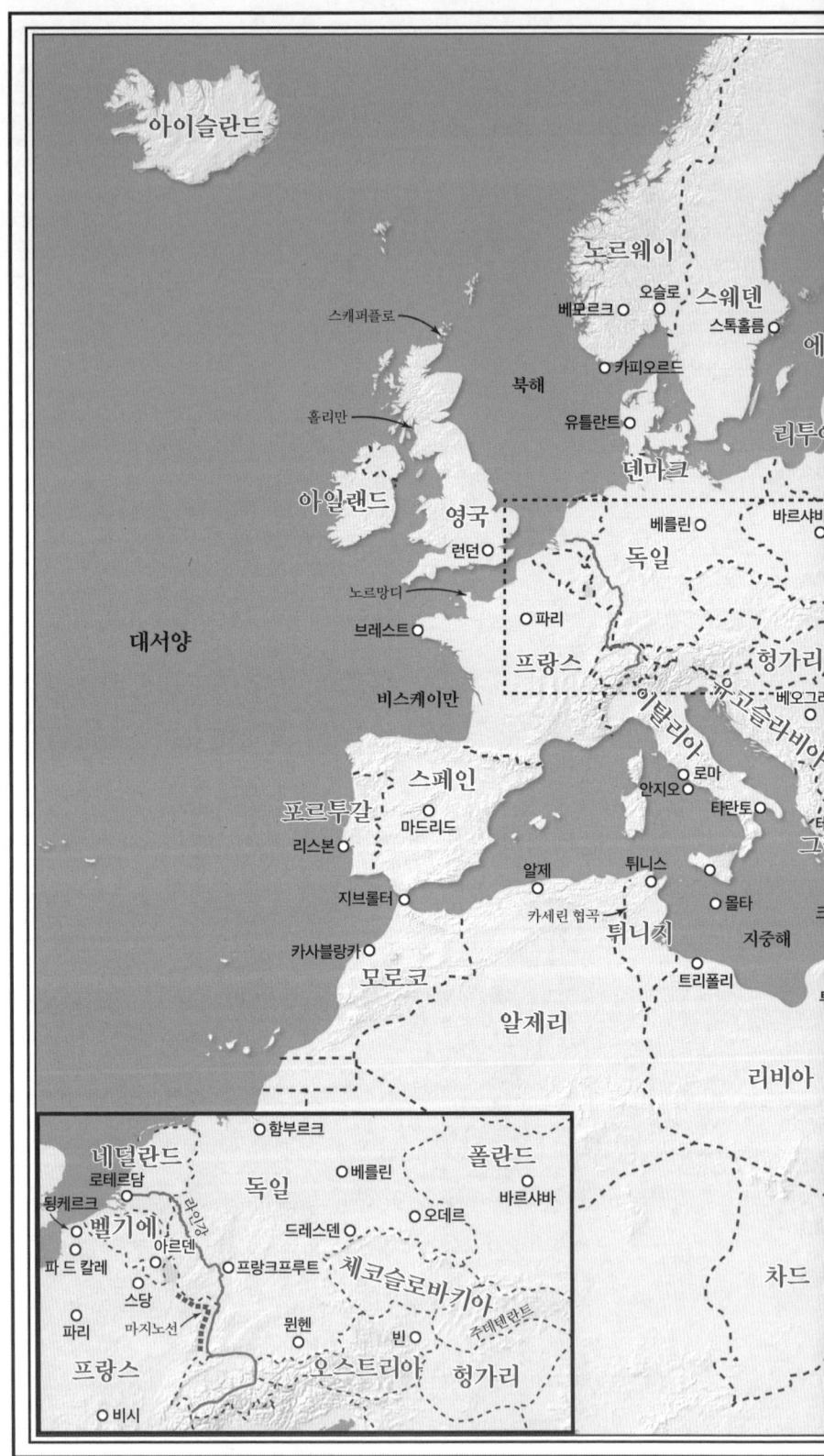

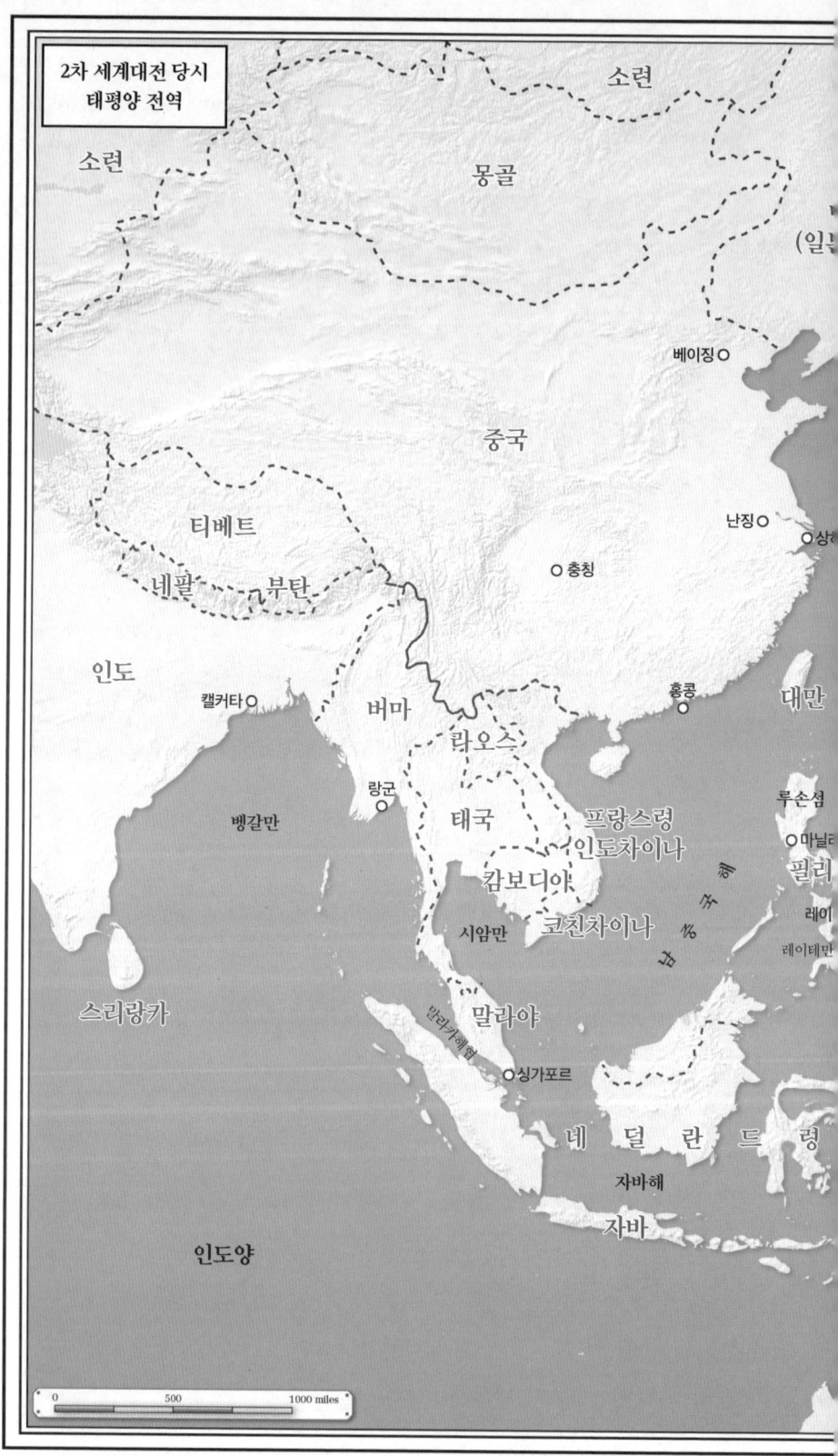

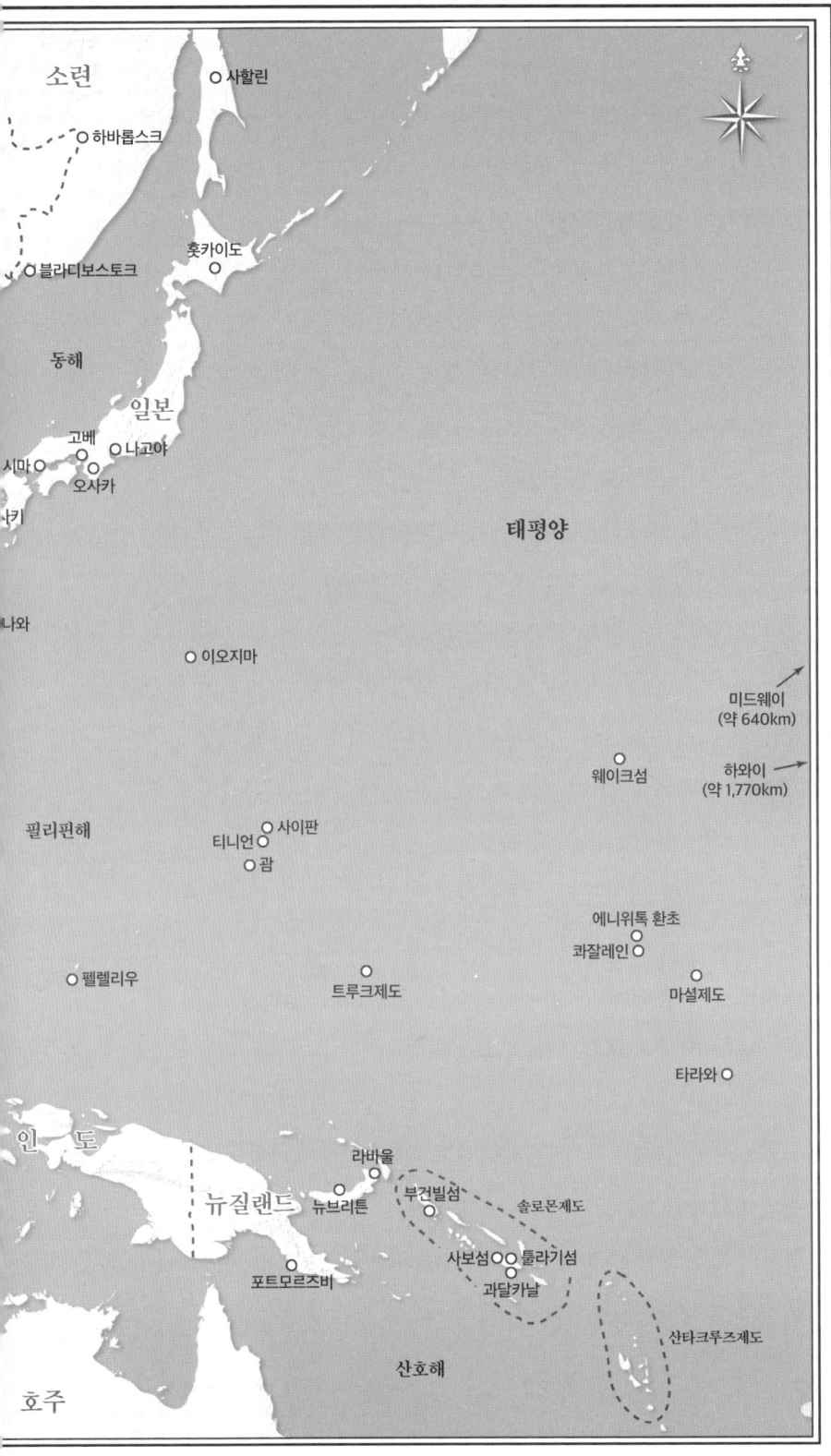

는 믿음도 형성했다. 하지만 이는 히틀러와 그의 장군들 사이에서 우세한 의견은 아니었다.¹ 히틀러 본인은 다소 모순적으로 창의적 군사계획과 훌륭한 준비 태세를 갖추면 빠르게 승리할 수 있다는 자신감과 수백만 명이 전쟁에서 희생되고 전쟁이 장기화되더라도 끝까지 싸우겠다는 사이코패스적인 의지를 동시에 품고 있었다. 그는 전쟁에서 군사적 미덕을 발견했고, 홉스적인 국제정치관과 극단적 민족주의적 다윈주의를 지지했다.² 일본 역시 열정적이고 야심만만한 무사 계층이 전쟁을 이끌었다.

2차 세계대전은 규모 면에서 1차 세계대전을 능가했다. 1차 대전 이후, 전 세계의 제조 능력은 약 두 배로 증가했다. 독일, 일본, 이탈리아, 미국, 영국, 소련을 포함한 '강대국'들은 GDP의 20~40퍼센트를 군사비에 투자했다.³ 2차 세계대전 발발 이전 해인 1938년 평균 군사비 지출은 1914년의 약 7배에 달했다.⁴ 지표 하나를 제시하자면, 전쟁의 절정기 동안 전 세계적으로 한 해에 10만 대 이상의 군용 항공기가 생산되었고, 1944년에는 20만 대로 그 규모가 최고치에 달했다.⁵ 빠르게 새로운 발명품이 등장하고 산업화가 이루어졌다. 그 속도는 이전 인류 역사에서 경험하지 못한 정도였다. 미국에서만 전쟁에 투입한 비용이 현재 가치로 환산하면 약 5조 달러에 달했고,⁶ 미국인 1600만 명이 군인으로 참전했다.⁷

양차 대전 모두 피비린내 나는 참혹한 전쟁이었다. 그러나 2차 세계대전은 사망자 수가 6배 더 많았고, 더 잔인했다. 1차 세계대전에서도 군인들이 국가의 자부심과 충성심으로 서로를 죽였지만, 전장은 대부분 도시와 비무장한 민간인들로부터 멀리 떨어져 있었다.

반면 2차 세계대전 때는 민간인이 자주 표적이 되어 죽임을 당했다. 실제로 민간인 사망자가 총사망자 수의 4분의 3에 달한다.[8] 유대인에 대한 홀로코스트는 1915년 오스만제국의 아르메니아인 대량학살이라는 1차 세계대전 최악의 민간인 대량학살보다 10배 많은 희생자를 냈다.

2차 세계대전 사망자의 거의 절반이 소련 시민이었다. 중국은 약 1500만 명, 독일은 약 700만 명, 일본은 약 300만 명을 잃었다. 폴란드는 시민 약 500만 명이 목숨을 잃었고, 인도네시아를 포함한 동남아시아 국가들에서는 약 500만 명, 필리핀은 100만여 명이 희생되었다. 최소 50만여 명을 잃은 이탈리아만큼 프랑스인도 목숨을 잃었고, 영국인은 그보다 조금 적었으며, 미국인도 거의 50만 명 가까이 목숨을 잃었다. 100만~300만 명의 인도인이 사망했는데, 대부분은 기근과 고난 때문이었고 일부가 영국군으로 참전해 사망했다. 유고슬라비아인은 100만 명 이상, 루마니아인은 80만 명 가까이 사망했다. 다른 나라들도 많은 사망자가 발생했다. 그 수가 한국과 그리스는 약 40만 명, 체코는 30만 명 이상, 핀란드는 약 10만 명, 캐나다는 약 4만 5000명이며, 호주는 캐나다와 비슷한 수준이고 뉴질랜드는 약 1만 2000명이 사망했다.[9] 2000만 명 이상이 전쟁과 그 직접적 여파로 터전을 잃었다.[10] 히틀러가 승리했다면, 아리안족의 독일 제국을 확장한다는 비전을 실현하기 위해 중부 유럽에서 수백만 명을 더 총살하거나 아사시켰을 것이다.

기술적인 면에서 2차 세계대전은 역사상 그 어떤 전쟁보다 많은 군사 혁신이 이뤄졌다.[11] 히틀러와 최근에 패배한 독일은 1차 세계대전에 대한 보상을 열망하며 처음에는 전격전으로 승리를 거듭했다. 그러나 미국을 포함한 다른 나라들도 당하고만 있지는 않았다. 오래지 않아 공중전, 해전, 상륙전, 잠수함 및 대잠 작전에서 판세를 뒤집었고, 암호해독기와 (막판에는) 핵무기까지 동원했다.

유럽에서의 전쟁은 1939년 9월 독일의 폴란드 침공, 1940년 봄 노르웨이와 베네룩스 3국, 프랑스 북부 침공으로 시작되었다. 독일은 1940년 여름 동안 공습과 침공 위협으로 영국을 압박하며 항복을 받아내려 했지만 실패했다. 하지만 1941년 상반기에 다시 추진력을 회복해, 먼저 그리스와 발칸반도 대부분을 빠르게 점령했고, 6월 22일에는 소련을 침공했다. 그러나 1941년 말 무렵, 소련 공격에 대한 속도가 늦어지며 교착상태에 빠지더니 결국 전세가 역전되기에 이르렀다. 대서양에서는 1943년 상황이 결정적으로 전환되기 전까지 독일의 U보트 잠수함부대가 연합군의 물자 수송에 큰 타격을 입혔다. 일본은 충격적인 진주만 공습으로 미국 태평양함대에 상당한 타격을 입혔고, 필리핀과 아시아 남서부 일대에 동시다발적 공격을 가함으로써 대동아공영권 실현을 목전에 두었다. 그러나 1942년 5월 솔로몬제도 및 미드웨이와 산호해 전투로 전쟁의 흐름이 바뀌었고, 1943년 말 무렵 미국은 일본 본토를 향해 거침없이 진격할 만반의 준비 태세를 갖추게 되었다. 연합국은 모든 전선에서 막강한 산업적 우위를 점하기 시작했다. 1944년 6월 프랑스에서의 디데이 D-Day 무렵에는 (아마 그 이전에도 많지 않았겠지만) 그 우위가 더욱 명확해졌고, 이에 따른 전쟁의 결과도 자명해졌다.[12]

주요 국가들의 전쟁 무기와 전략

2차 세계대전은 역사상 그 어떤 전쟁보다 첨단기술의 실험장이었다. 군사 기술과 작전 개념이 크게 발전했고, 많은 새로운 시스템과 아이디어가 전쟁 중 개발되었다. 각각의 효과가 전쟁 과정에서 중요한 영향을 미쳤기 때문에, 이에 대해서는 다음에 이어지는 연대기에서 상술하겠다. 다만 항공모함전, 대규모 상륙 공격, 전격전, 대잠전 및 항공 방어에서의 레이더 사용, 전략 폭격, 핵전쟁 등 2차 세계대전 직전 혹은 그 기간 중 발생한 가히 혁명적인 군사 문제의 급진적 변화는 여기서 다루도록 하겠다.[13] 전차와 전투기를 포함한 기본적인 전쟁 무기도 전쟁 중 크게 개량됐다.[14] 보급과 장거리 수송에서의 혁신도 두드러졌다. 앞에서 언급했듯, 전쟁 물자를 제공하는 산업화의 규모는 인류 전쟁 역사상 최대였다.[15]

물론 군사 혁명의 개념은 매우 방대하고 포괄적이며, 그러한 혁신으로 야기된 변혁의 정도는 과장될 위험도 있다. 예를 들면, 항공모함은 2차 세계대전 동안 벌어진 여섯 번의 주요 항모전(1942년의 산호해, 미드웨이, 동부 솔로몬, 산타크루즈제도의 전투와 1944년의 필리핀해, 레이테만 해전)을 제외하고는 대부분 해전에서 적에게 큰 피해를 입히지 않았다. (물론 항공모함이 현장에 도착한다는 것의 중요성에 이의를 제기하는 사람은 없겠지만 말이다). 실제로 함재기가 전쟁 중 함정에 손실을 입힌 비율은 약 17퍼센트에 불과했다. 투하하는 폭탄의 정확성이 높지 않고 치명성 또한 한정적이었기 때문이다.[16] 그럼에도 불구하고 놀랍고 파괴적인 혁신이 있었다는 의견에 이의를 제기하기는 어렵다.

주요 교전국의 전략은 다면적이었고, 전쟁 과정에서 상당히 진화했다.

독일과 히틀러의 목표는 유럽의 지배였다. 여기에는 중부와 동부 유럽에 걸쳐 아리안 민족을 위한 독일의 '생활권(레벤스라움 lebensraum)'을 조성하는 것이 포함되었다. 이를 통해서만 독일은 강대국으로 자리매김하고 국력을 강화하며 장기 안보를 공고히 하고 진정한 소명을 수행할 수 있다고 보았다.[17] 그러려면 해당 지역의 나라들을 패배시킬 뿐 아니라 그 국민들도 완전히 절멸시켜야 했다.[18] 히틀러의 종합적인 지리·전략적 목표가 달성되려면 프랑스는 더 이상 심각한 경쟁자나 위협이 될 수 없게 영구적으로 약화되고, 영국은 독일이 내건 조건에 따라 독일과 일종의 화의를 맺어야 했다.[19] 히틀러는 군사적 정복뿐만 아니라 (비단 유대인만이 아닌) 다른 민족들을 제거하는 대량학살을 통해 목표를 달성하고자 했다. 아리안족 동포에게 영토와 자원을 제공하기 위해서는 다른 민족이 그 지역에 살아서는 안 되기 때문이다. 그는 1차 세계대전의 슐리펜 계획처럼 세부 일정을 세우지 않았다. 그보다는 피해자를 하나씩 선택했다. 큰 틀에서는 소련을 공격하기 전에 확실히 프랑스를 패배시켜 전쟁에서 빠지게 하고(성공하지는 못했지만 영국에 대해서도 이와 같은 목표를 세웠다), 미국과 전쟁을 치르게 되기 전에 소련을 물리치겠다는 계획이었다. 1차 세계대전의 패배와 베르사유조약 이후 그는 복수라는 단순한 열망과 독일의 자부심 회복을 명분으로 내세우고 움직였다. 그러나 역사상 군국주의 지도자들 중 히틀러만큼 극도로 야심이 높고 끔찍할 만큼 정신병적인 인물은 없었다.[20] 그렇기는 해도, 그의 비전은 휘하의 장군들과 다른 지도자들로부터 꽤 많은 지지를 받았다. 그는 어리석으면서도 상당히 영리한 인물이었다.[21]

소련의 이오시프 스탈린도 히틀러만큼 인간의 목숨을 하찮게 여겼지만, 히틀러보다는 이해하기 쉬운 인물이다. 스탈린은 1939년 몰로토프-리벤트로프 조약(독소불가침조약-옮긴이)을 체결해 독일과 초기 동맹을 맺고, 히틀러와 함께 동유럽을 분할해 폴란드 일부를 차지하고 북쪽 발트해 연안까지 소련 영토를 확장했다. 1941년 6월 22일, 변심한 히틀러가 소련을 공격하자 이에 놀라 우선은 생존을 위해 싸웠고, 이후에는 독일에 점령된 소련 땅을 회복하고 히틀러를 물리치기 위해 싸웠다. 배신당한 후, 스탈린은 히틀러를 향해 프랭클린 루스벨트의 조언자인 해리 홉킨스Harry Hopkins가 "차가운, 참을 수 없는 분노"라고 표현한 감정을 느꼈다.[22] 물론 점차 야심을 키웠고 동유럽에 소련이 지배하는 지역을 형성했다. 그의 영토 확장 야심은 전쟁이 끝날 무렵엔 동북아시아에까지 이른다.[23]

이탈리아는 이념적으로는 히틀러가 추구했듯 파시즘을 진전시키는 것을, 영토 면에서는 확장의 기회를 노렸다.[24] 베니토 무솔리니Benito Mussolini는 히틀러를 숭배하면서도 한편으로는 그의 군사적 승리를 질투했다. 무솔리니는 이탈리아가 받아야 할 전리품의 몫을 챙기기 위해 프랑스를 공격했고 이후 (히틀러와 상의 없이) 그리스를 공격했다.

영국의 목표는 곧 처칠의 목표였다. 물론 최우선 목표는 생존을 위한 투쟁에서 조국을 용감하게 수호하는 것이었다. 이후 점령될 위험이 지나가자, 런던은 나치의 침략을 막아내고 히틀러를 물리치겠다는 강력한 결의를 세웠다. 또한 아프리카의 식민지와 인도를 포함한 대영제국을 보존하고자 했다. 이런 이유와 석유 및 다른 무역 상품에 대한 필요성 때문에, 영국은 전쟁 내내 지중해와 북아프리카 전선에 집중했다. 전쟁에서 '유럽 우선' 노선을 채택하도록 미국을 열심히 설득하면서도, 늘 인도태평양에 강한 관심을 두고 있었다는 의미이기도 하다.[25]

미국은 초기에 실용성을 추구했다. 그리하여 독일, 이탈리아, 일본 등 추축국이 세계의 많은 지역을 집어삼키는 것을 막고, 가능하면 전쟁 자체에 거리를 두고자 했다(루스벨트 대통령은 아니었겠지만, 적어도 대부분 미국인과 정치 지도자들은 그랬다). 이와 같은 상황에서, 미국은 이 정도 역할이면 충분하리라는 희망을 품고 1941년 3월 무기대여법lend-lease program을 제정하여 소련과 영국에 엄청난 물량의 무기를 공급하는 '민주주의의 무기고'가 되었다. 미국의 참전은 주요 당사국도 확신할 수 없었다. 그래서 루스벨트 대통령의 가까운 친구이자 조언자인 해리 홉킨스가 1941년 런던을 방문해 총리와 개인적으로 만난 자리에서 성경 룻기의 말씀을 인용했을 때 영국인들은 감동했다. "어머님 가시는 곳으로 저도 가고, 어머님 머무시는 곳에 저도 머물렵니다. 어머님의 겨레가 나의 겨레요, 어머님의 하나님이 제 하나님이십니다."(룻기 1장 16절) 이 발언이 이토록 강력한 영향을 미친 이유는 당시 가장 가까운 미국이 연합국의 승리에 확실히 기여하겠다는 약속이었기 때문이다.[26] 훗날 처칠의 주치의는 "우리에게조차 밧줄을 던져준 것 같았다"고 회고했다.[27] 하지만 일본이 미국을 공격하지 않았다면 미국이 어떤 조치를 취했을지 확신할 수는 없다.

일본으로부터 진주만 습격을 당한 미국은 더 이상 참전을 미룰 수 없었다. 일본은 이 점에서 미국이라는 나라를 잘못 이해했다. 진주만 공격 이후, 독일이 미국에 선전포고하면서 미국은 두 전선에서 싸우게 되었다. 루스벨트와 미국의 동기는 나치 정권과 일본의 도조 히데키 내각이 드러낸 잔혹성과 악의에 눈을 뜨면서 점차 강화되었다. 미국에게 이 전쟁은 윤리적 십자군 전쟁이기도 했다.[28] 독일의 규모와 힘, 잠재력을 인식한 미국은 '유럽 우선' 전략을 발표했지만, 사실 자원은 예측 가능한 수준보다 대서양과 유럽에 덜 배분되었다.[29]

캐나다, 호주, 뉴질랜드 등 영연방 국가들에게 2차 세계대전은 악의 세력에 맞서 영국 본토를 수호하는 전쟁이었다. 특히 호주는 일본에 의해 위협받는 자국 안보가 걸린 전쟁이기도 했다. 하지만 영국과 프랑스의 식민지국가들의 경우는, 연합국 편에서 싸울 군사를 제공한다는 결정이 자발적이거나 열정적이었다고 하기는 어렵다.[30]

전쟁 중 반대 노선의 두 정부가 대립하던 프랑스의 경우, 전쟁 전략을 하나의 지배적인 개념으로 정리하기가 더 어렵다. 비시Vichy 정부는 독일과 협력하여 프랑스 남부와 해외 식민지(대부분 아프리카)에서 어느 정도 자치권을 보존하고자 했다. 이와 대조적으로, 육군 장교이자 미래 프랑스 대통령이 되는 샤를 드골Charles de Gaulle이 이끄는 자유프랑스군Forces Françaises Libres은 독일의 점령에 저항하며 북아프리카와 중동, 프랑스에서 연합군 편에서 싸웠다.[31]

더 작은 동유럽 국가들은 고대 그리스 시대 투키디데스가 쓴 〈멜로스의 대화〉편에 나오는 국제정치, 특히 전쟁에서 강자는 자신들의 의지대로 하고, 약자는 자신들이 할 수 있는 것을 한다는 격언을 따랐다. 그리하여 소련에 대항한 핀란드와 독일에 대항한 유고슬라비아 같은 나라들은 그 저항이 국민에게 큰 고통을 안길 때도 맞서 싸우는 숭고한 의지를 보였다.[32]

일본은 '대동아공영권'을 내세우며 유라시아 동부와 서태평양 지역을 군사적, 경제적으로 지배하고자 했다. 이 섬나라는 자국 영토와 자원만으로는 목표로 하는 권력과 부를 얻기 어렵다고 판단했고, 이 지역의 자원을 가져가려고 했다. 일본은 1937년 난징대학살로 대표되는 끔찍한 잔혹 행위를 많은 곳에서 자행했다.[33] 일본은 동남아시아와 태평양 전역에 걸친 섬 요새들의 보루를 구축하기 위해, 미국의 태평양 세력을 약화할 목적으로 진주만 공격을 시작했다. 그러면 미국이 대동아공영권이나 일본 본토를 공격하기는 어렵고 비용도 많이 든다고 판단하고, 서태평양에서 일본의 패권을 받아들일 것(더불어 경제 제재도 해제할 것)이라고 계산한 것이다.[34] 그렇게 된다면 일본은 대동아공영권 내에서 그들이 절실히 필요로 하는 석유와 금속, 고무를 비롯한 원자재를 확보할 수 있을 터였다. 일본에 내린 통상 금지 조치는 중국과 한국에 대한 초기 공격에 대응한 것이었는데, 오히려 일본의 제국주의 야심을 부추긴 셈이 된 것이다. 일본은 동남아시아 많은 지역을 목표로 하고 영국과 네덜란드 식민지뿐 아니라 미국과 그 점령지까지 공격했다.[35] 호주의 역사가 제프리 블레이니는 이렇게 평했다. "본질적으로, 일본의 진격을 막겠다는 바람에서 나온 경제 봉쇄가 진격을 최우선 순위로 만들었다."[36]

1930년대까지 오랜 내전 상태였던 중국에서는 국민당이나 공산당이나 어떻게든 일본의 침략을 막아내되, 서로 상대를 견제하여 외국의 침략을 몰아낸 뒤 자신들이 권력을 잡는다는 전략이었다.[37] 안타깝게도, 이러한 전략은 일본 점령을 장기화하는 데 도움만 되었다. 그러나 이 시기, 중국공산당 지도자 마오쩌둥은 혹독한 시련을 겪으며 자신의 이론을 개발하고 적용하여, 종전 이후 벌어진 국공내전을 승리로 이끌고 마침내 중국 본토에서 권력을 잡게 된다.[38]

전쟁으로 향하는 길

2차 세계대전의 직접적 원인은 1차 세계대전, 베르사유조약, 국제연맹의 궁극적 실패, 1920년대와 30년대의 경제 붕괴에 이어진 외교 갈등에서 비롯됐다. E.H. 카E.H. Carr의 유명한 저서의 제목이 《20년의 위기The Twenty Years' Crisis》이고, 애덤 투즈Adam Tooze가 1915년부터 1931년까지를 다룬 역사서에 《대격변The Deluge》이라는 제목을 붙인 데는 이유가 있다. 이 시기 많은 면에서 세상이 무너졌기 때문이다.

1차 세계대전 이후 몇 년 동안, 독일은 전례 없이 약해지며 파탄국가로 몰락할 위기에 처했다. 1918년 황제 퇴위 후 생겨난 정치적 공백을 틈타 공산주의자, 왕정주의자를 비롯해 여러 사람이 권력 경쟁을 벌였다. GDP의 평균 3퍼센트(오늘날 미국의 국방 예산 규모)에 달하는 가혹한 전쟁 배상금 지급은 경제 문제를 더욱 심각하게 만들었고 회복을 어렵게 하여 결국 1923년 무렵 심각한 초인플레이션의 원인이 되었다. 실제로 1923년 4분기에 전월 대비 물가상승률이 1만

3000퍼센트를 넘어서기에 이른다.[39] 그해에 히틀러가 시도한 '맥주홀 폭동'은 당시 독일의 상황을 여실히 보여주는 사건이다. (그는 사실상 정부의 전복을 꾀했으나, 부정부패한 법 제도로 인해 불과 몇 달만 감옥에 수감되는 데 그쳤다.) 이것이 유일한 예는 아니다. 히틀러도 베르사유조약 이후 몇 년간 많은 독일인의 마음에 뿌리내린 '배후중상설'을 깊이 믿었다. 이는 황제의 퇴위 후 공백을 메우기 위해 성급히 구성된 무능력한 정부가 외국 군대가 독일 영토에 도달하지도 않았는데 전쟁 수행 노력을 포기해서 독일이 패전했다는 내용이다. 전간기戰間期 동안 독일인들에게 자리 잡은 이 믿음에 따르면, 독일은 결코 진정으로 패배하지 않았지만, 가혹하게 처벌받은 셈이었다. 따라서 베르사유조약에 '전쟁범죄' 조항이 포함된 것을 비롯해 전쟁 책임에 대한 부당한 비난과 잘못된 결말을 바로잡아 원한을 풀고, 명예를 회복해야 했다. 1923년의 초인플레이션 위기로 이러한 정서는 한층 강화되었다. 조금도 감면받지 못한 가혹한 배상금 지급과 독일 군사력에 대한 엄격한 제한 때문이었다. 승전국은 독일이 배상 의무를 이행하지 않을 경우, 독일의 루르계곡 산업지대를 점령·통제할 권한을 스스로에게 부여했는데, 1923년 프랑스가 이 권리를 행사하면서 이미 타격을 입은 독일의 국가적 자존심에 더 큰 상처를 주었다.[40] 그러나 프랑스는 영국이나 미국의 도움 없이 자국보다 인구가 더 많은 독일을 향해 이런 권한을 계속 집행할 수 있는 역량이 없었다. 하지만 워싱턴이나 런던 어느 쪽도 유럽 대륙에서 군사력이나 군사 활동을 유지하기 위해 많은 노력을 기울이지 않았다.[41]

1923년 초인플레이션 위기 이후, 독일은 회복기를 맞았다. 위대한 언론인이자 역사가인 윌리엄 샤이러William Shirer는 1920년대 중후반의 독일에 대해 이렇게 썼다.⁴²

> 독일에서는 굉장한 흥분이 끓어오르고 있었다. 독일에서의 삶은 내가 본 다른 어느 곳의 삶보다 더 자유롭고 더 현대적이고 더 신나 보였다. … 과거의 억압적인 프로이센 정신은 사망해 땅에 묻힌 것 같았다. 정치인, 작가, 편집자, 예술가, 교수, 학생, 사업가, 노동지도자 등 내가 만난 독일인들은 민주적이고 자유주의적이며 심지어 평화주의적이라는 인상을 주었다.

그러나 그 정신은 1929년 시작된 세계 경제 위기로 큰 타격을 받았다. 독일의 산업 생산은 그 후 3년 동안 거의 절반으로 감소했다.⁴³ 강화조약에 대한 혐오가 1930년대 초 경제적 재앙과 맥을 같이하면서, 독일인의 좌절은 분노로 변했다. 승전국들이 베르사유조약의 조건을 강제할 수 없다는 사실이 명백해지자 분노는 공격적 형태로 발현되었다. 결국 배상금 지급액이 상당히 삭감되었지만, 분노는 좀체 가라앉지 않았다. 전체적인 맥락을 살펴보면 너무 늦은 조치였다. 베르사유조약의 조건은 확실히 가혹했다. 하지만 2차 세계대전의 직접적인 요인은 아니었다. 다만 1920년대 후반의 경제 위기, 극단적 민족주의 정치인들에 의해 배양되고 이용된 역사적 불만 그리고 아돌프 히틀러라는 비뚤어진 정신병자적 인물이 복합적으로 작용하여 인류 역사상 최악의 전쟁을 일으키는 길을 냈다. 역사가 제러드 와인버그Gerhard Weinberg는 이렇게 서술했다.⁴⁴

당시 대중들 사이에 만연한 망상이 있었다. 이는 1920년대와 30년대 독일의 선전 활동으로 육성되고 강화되었다. 오늘날 역사 교과서에도 단골 소재로 등장하는 내용인데, 독일이 평화협상 과정에서 가장 큰 타격을 입었으며 그 결과로 온갖 무참한 조치가 행해지고, 광범위하게 가혹한 부담과 제한이 부과된 탓에 독일이 무한한 미래로 나아갈 동력이 약해졌다는 것이다. 이 견해에 기초해 평화조약의 조항들은 예외 없이 독일에 유리하게 수정되었다. 일부 지역의 점령은 조약에 명시된 기간보다 일찍 끝났고, 무장해제를 감독하는 위원회도 철수했다. 배상금 지급액은 감소되었다가 결국 면제되었고, 전범 재판도 독일인 손에 맡겨져 사실상 무의미해졌다. 이는 가장 중요한 변화 몇 가지만 언급한 것이다.

1930년 무렵 히틀러의 국가사회주의 독일 노동자당Nationalsozialistische Deutsche Arbeiterpartei은 1928년 선거에서보다 8배 증가한 640만 표를 획득하고 제2정당이 되었다.[45] 히틀러는 1933년 총리가 되었고, 그다음 해에는 파울 폰 힌덴부르크Paul von Hindenburg 대통령이 사망한 뒤 그 자리를 이어받아 총통fuhrer이 되었다. 히틀러는 선거를 통해 권력을 잡았으나, 권력을 잡자마자 그 지위를 남용하여 정상적인 민주주의 형식을 파기했다. 나치 돌격대와 친위대, 비밀경찰 게슈타포를 동원해 비방과 노골적인 거짓말, 주요 정적 살해, (1933년 2월 말의) 의사당 방화, (기만과 거짓 약속을 통한) 계엄령 수립, (1934년 8월 힌덴부르크 사망 후 헌법을 초월해) 대통령직 폐지 등을 자행하며 절대 권력을 잡고 나치 통치를 공고히 했다.[46]

지난 15년 동안 독일의 고통이 정치·사회적 환경을 조성했다고는 해도 어떻게 이러한 일이 일어날 수 있었는지 좀체 이해되지 않는다. 윌리엄 샤이러는 1933년 상황에 대해 이렇게 썼다.[47]

찰리 채플린 같은 콧수염을 한 이 남자는 젊은 시절 빈에서 부랑자였고, 1차 세계대전의 무명용사였으며, 전후 암울한 시절 뮌헨에서의 낙오자이자 맥주홀 폭동의 주동자였다. 독일인이 아닌 오스트리아인 웅변가이자 불과 43세인 그가 이제 막 독일 공화국의 총리로 취임 선서를 마쳤다.

히틀러는 일단 권력을 잡자, 독일의 군비 지출을 극단적으로 늘렸다. 미국과 영국, 프랑스를 능가하는 정도였다. 이때는 영국과 프랑스가 이미 군사력을 크게 축소한 지 10년이 지난 무렵이었다. 영국은 2년에 걸쳐 군사력을 90퍼센트까지 감소하는 과정에서 10년 동안 전쟁에 참여하지 않을 것을 가정한 '10년 규칙Ten Year Rule'에 기초한 정책을 1919년에 채택했다.[48] 베르사유조약의 조건이 불이행될 경우 이를 규제하는 데 영국이 중요한 역할을 해야 함에도 불구하고 말이다.

역사가 폴 케네디Paul Kennedy의 추정에 따르면, 1930년에 영국과 프랑스는 각각 약 5억 달러, 미국은 약 7억 달러를 군비에 지출한 반면, 독일은 최대 약 2억 달러를 지출했다. 독일이 베르사유조약을 노골적으로 위반하고 라인란트Rhineland 지역을 재점령하던 1936년에는 군비 예산이 약 23억 달러에 달했다. 한편, 미국, 영국, 프랑스는 각각 약 10억 달러에 불과했다. 1938년 무렵, 독일의 군비 지출은 74억 달러까지 상승한 반면, 영국은 20억 달러에 근접했고 프랑스와 미국은 각각 10억 달러 규모에 머무르고 있었다. 즉, 그해까지 독일은 영국, 프랑스, 미국의 군비 총합의 2배에 달하는 금액을 지출했던 것이다. (일본은 약 20억 달러, 소련은 50억 달러 이상, 이탈리아는 약 10억 달러 규모였다.)[49] 1938년 무렵, 독일은 GDP의 15퍼센트 이상을 군비에 투자한 반면, 영국과 프랑스는 GDP의 6~7퍼센트, 미국은 2퍼센트 규모였다.[50]

몇몇 조치의 여파로 아시아에서는 군국화가 한층 더 진전되었다. 1938년 무렵, 일본은 GDP의 20퍼센트 이상을 군비에 지출했다. 1931년 일본이 만주를 침략하면서 전반적인 상황이 무너지기 시작했지만, 국제연맹이나 기타 국제 조직은 어떠한 조치도 취하지 않았다.[51] 이러한 잘못으로 국제연맹은 아시아에서뿐 아니라 세계적으로 신뢰를 잃었다.[52] 1920년대 비교적 협력적이고 비공격적인 시기를 보낸 후, 일본은 대만과 한국, 만주 일부(중국 북부), 러시아의 사할린, 서태평양의 여러 작은 섬을 차지하던 19세기 말부터 20세기 초의 군국주의적 확장에 다시 시동을 걸었다.

1930년대 애국주의적 열정이 최고조에 달한 일본 군부는 대공황 시기의 불안과 혼란을 이용해 국내에서 세력을 키웠다.[53] 우파의 암살자들이 수많은 중도파 지도자들을 죽였다. 극단주의자들은 동아시아 지배가 일본의 미래 경제에 중추적 요소가 된다는 이념에 점점 더 경도됐다. 석유, 고무, 구리, 철광석, 석탄 등의 자원과 일본의 인구 증가로 농경지와 기타 공간이 필요해진 것이 극단주의자들의 주요 동기로 작용했다. 히틀러의 범게르만주의적 팽창주의보다는 전통적인 유럽 제국주의와 더 유사하다고 볼 수 있다. 따라서 대량학살은 일본의 의도적 전략에 반드시 필요한 부분으로 보이지 않는다. 그런데도 일본은 추후 몇 년간 특히 중국에서 여러 건의 대량학살 사건을 일으킨다.[54] 공산당과 국민당, 군벌 간 내전이 계속되고 있던 중국은 일본 군국주의자들에게 구미가 당기는 표적이었다. 1930년대 초 일본이 만주사변을 일으켰을 때 중국은 거의 저항하지 못했다.[55] 앞서 언급했듯, 마오쩌둥과 국민당 총통 장제스는 일본보다 서로를 더 견제했고, 이로 인해 일본의 점령에 효과적으로 저항하지 못했다.[56]

1930년대 초부터 일본 정부는 일본의 우월성과 전투 미화로 가득 찬 대동아공영권을 추구했고, 정책과 사고는 이에 기반했다. (한편, 호주, 영국, 미국 같은 많은 나라에서는 동양인은 서양인보다 선천적으로 열등하다는 구시대적 믿음에 근거해, 일본 군사 장비와 전투 능력을 과소평가하는 식으로 다른 유형의 인종차별이 이뤄졌다.)[57] 이러한 기조는 만주뿐 아니라 프랑스령 인도차이나, 필리핀, 네덜란드령 동인도제도와 그 너머의 지역까지 목표로 하는 팽창주의로 발전되었다.[58] 이 시기, 일본의 군함, 뛰어난 제로Zero 전투기를 비롯한 항공기, 항공모함, 우수한 어뢰 및 기타 주요 무기 생산이 크게 늘었다.[59]

유럽과 아프리카·중동 인근 지역으로 돌아가보면, 전쟁으로 향하는 일련의 사건은 다음과 같은 순서로 일어났다. 1935년, 이탈리아가 에티오피아를 침공했다. 이탈리아의 독재자 무솔리니는 영국이나 프랑스, 벨기에, 포르투갈의 식민지가 아닌 아프리카의 몇 안 되는 나라 중 한 곳에서 자신의 제국주의적 야망을 어느 정도 충족시킬 때라고 생각했다. 이에 대해 국제연맹은 대응했지만, 별 타격

없는 경제 제재에 불과했다.[60]

1936년과 1937년, 독일과 이탈리아, 일본은 추축국 동맹을 결성하기로 합의했다.[61] 대략 이 시기부터 무솔리니는 독일의 독재자에 점점 매료되어, 이전보다 독일의 제국주의 야망을 기꺼이 용인했다. 그리고 이 두체Il Duce(일반적으로 지도자라는 뜻이지만 주로 무솔리니를 지칭하는 표현으로 수용된다-옮긴이)는 오스트리아에 대한 독일의 야망을 덜 우려하게 되었다.[62]

1936년 봄, 히틀러는 독일에 비우호적으로 추정되는 프랑스-소련 상호원조조약을 구실로 삼아, 베르사유조약을 위반하고 독일 라인란트 지방에 3개 대대를 진주시켰다. 독일 군부는 프랑스군 100여 개 사단 중 일부가 영국의 지원을 받아 권리를 행사하겠다며 공격할지 모른다고 우려했다. 하지만 파리와 런던의 대응은 히틀러 예상대로였다. 이렇게 히틀러를 쉽게 막을 수 있었던 마지막 확실한 기회가 사라졌다. 그가 독일 서부에서 군사적 실패를 겪었다면 그 여파로 권력을 잃었을 것이기 때문이다.[63] 안타깝게도, 프랑스와 영국은 오랜 전쟁으로 피로감이 누적된 데다, 정치적 불안과 군사적 불신까지 더해져 아무 행동도 하지 않았다.

그리고 침공이 시작되었다. 1938년 3월, 독일은 계획적인 일련의 사건과 무혈 군대 장악을 통해 오스트리아를 병합했다. 오스트리아 나치당과 공모한 것이라고는 해도, 분명 적대적 합병이었다. 이 안슐루스Anschluss(보통 나치의 오스트리아 병합을 칭하는 표현으로 사용된다-옮긴이)는 나중에 오스트리아 국민투표로 승인되지만, 이는 독일이 극도의 공포와 위협 분위기를 조성한 상태에서 치러진 것이었다.[64] 그리고 같은 해 가을, 독일은 체코슬로바키아 주데텐란트 일부를 점령했다. 체코 인구의 30퍼센트를 차지하는, 300만여 명의 독일인이 주로 사는 지방이었다. 1938년 9월의 뮌헨협정에서 영국 총리 네빌 체임벌린Neville Chamberlain과 프랑스 총리 에두아르 달라디에Edouard Daladier는 이를 묵인했다. 경제 회복으로 국가 경기가 활력을 되찾고 무혈점령을 이뤄낸 이 시기에, 히틀러는 독일 국민 사이에서 압도적 지지를 받았다.[65] 당시 독일은 군비 지출이 엄청나게 증가했는데도, 체코슬로바키아 침공을 준비하던 단계에서는 5개의 현역 사단과 7개 예비 사단을 둔 정도였다. 즉 군대 규모가 크지 않았다. 프랑스군 자체만도 100여개 사단 규모였으니, 프랑스와 영국이 체코슬로바키아의 안보를 지원하기로 결심했다면 독일의 동쪽 공격에 직접 대응해 결정적인 군사적 성과를 얻을 수도 있었다.[66] 그러나 그들은 그렇게 하지 않았다. 군비 지출 추세를 고려하면 그리 놀라운 선택은 아니다. 당시 독일은 1차 세계대전 승전국들을 빠르게 따라잡고 있었기 때문이다. 이 시점에서 독일에 대한 어떤 강제 조치가 순조롭거나 쉽게 이행되었을 것 같지는 않다.

히틀러는 체코슬로바키아 다른 지역에서 분리주의 운동을 선동하고 자금을 지원한 뒤, 1939년 초 그 나라 전체를 점령했다. 이렇게 해서 그는 처음으로 게르만족이 지배하던 지역 이상으로 영토를 확장했다. 도널드 케이건Donald Kagan은 다음과 같이 그 과정을 서술했다.[67]

> 뮌헨협정에서 비단 독일만이 아니라 영국도 체코슬로바키아의 독립을 보장했다. 그 약속을 존중하기 위해서라도 영국은 즉시 무기를 들어야

했다. 히틀러는 체코슬로바키아가 이미 내분으로 붕괴된 상황에서 독일이 그 조각을 주웠을 뿐이라고 절실히 믿고 싶어 하는 이들에게 그렇게 보이게끔 상황을 조작했다. 체임벌린은 의회에서 영국은 더 이상 존재하지 않는 국가를 보장할 수 없다고 말했다.

아직 전쟁은 시작되지 않았다. 이러한 노골적인 배신과 침공 행위에 고차원 전투가 수반되지도 않았고, 영국과 프랑스, 소련이 아직 개입하지도 않았기 때문이다. 그러나 1939년 1월, 모든 것이 변했다. 그 무렵 히틀러는 서둘러 행동했다. 그는 자신의 뜻에 반대하는 지도자들을 파악했지만, 별로 신경 쓰지 않았다. 그는 상당한 군사력 증강을 이루었고 충분한 힘을 갖추었다고 느꼈다. 이 새로운 우위에 다른 국가들이 도전하면 자산은 결국 낭비되거나 감소하게 될 터였다. 따라서 바로 당장 행동해야 했다. 폴란드에 영토를 요구하고 몇 달 후, 히틀러는 마지막 평화 제안을 시도한다고 주장하면서 친위대원들을 폴란드 장교로 위장시켜 독일 라디오 방송국을 공격하는 척 자작극을 벌였다. 실제 총탄을 사용했고, 사상자도 발생했다. (사상자는 마약 중독 수용소 수감자들이었다.) 이 비극적 행동으로 많은 전투원이 싸움에 끌려들었고, 9월 1일 폴란드 침공과 2차 세계대전 발발의 무대가 마련되었다.[68]

아시아에서도 상황은 가열되고 있었다. 일본은 상하이와 난징을 비롯한 중국 전역에 파렴치하며 잔혹한 공격을 감행하고 있었다.[69] 당시로서는 국지전에 불과했으나, 머지않아 전쟁이 세계로 확대된다.

1939년 가을과 1940년 봄
: 동쪽과 서쪽에서의 전격전

1939년 9월 1일, 2개의 대규모 기갑사단이 남과 북 양쪽에서 보병사단을 이끌고 폴란드로 진격했다. 이들은 보병과 기병 중심의 폴란드군을 빠르게 격퇴하며 수도 바르샤바를 향해 나아갔다. 독일은 기갑 병력이 빈약한 폴란드군 40개 사단에 맞서 6개 기갑사단과 10개 기계화사단을 포함해 62개 사단을 투입했다. 폴란드군의 무장 상태는 빈약한 데다 뒤늦었다. 독일군이 폴란드의 세 측면으로 진격했고, 그 나라의 가장 서쪽 지역에는 병력을 배치할 수 없던 탓에 폴란드는 현실적으로 저항을 지속할 수 없었다. 일부는 바르샤바 방어를 위해 재배치되었고 일부는 용감하게 반격을 시도했지만, 이미 승기는 독일로 기운 상태였다.

이 전투는 한 달여 만에 끝났다. 소련은 이전에 히틀러와 맺은 독소불가침조약(몰로토프-리벤트로프 조약)에 따라 참전하여 폴란드 동부 일부 지역을 분할 점령했다. 9월 17일, 바르샤바는 독일군에 포위되었고, 소련군은 폴란드 동부를 침공했다. 그로부터 열흘 동안 바르샤바에 집중포격이 가해졌고, 마침내 9월 27일 폴란드가 항복했다. 이 전투는 분명 '전격전'이었지만, 폴란드가 지리적으로 불리한 데다 무기 면에서도 현격한 격차가 있었다는 점에서 일방적 승리로 간주된다.[70] 독일은 폴란드 전투에서 1만 5000여 명의 사망자를 낸 반면, 폴란드군은 사망자가 10만 명에 달했고, 100만여 명이 포로로 잡혔다. 많은 사람이 끔찍한 취급을 당했고 그 후 독일군이나 소련군에게 죽

임을 당하곤 했다.[71]

1939년 가을부터 1940년 봄 사이, 히틀러는 최대한 빨리 아르덴강을 통해 프랑스를 공격하도록 장군들을 압박했다. 그러나 적당한 기상 조건이 되기를 기다려야 했고, 그때 또 다른 흥미로운 전쟁이 발발했다. 고든 샌더Gordon Sander의 저서 《100일 간의 겨울 전쟁 The Hunderd Day Winter War》에서 훌륭하게 묘사된 소련과 핀란드 간의 '겨울 전쟁'이었다.[72] 핀란드는 1809년부터 1917년까지 러시아에 속해 있었다. 스탈린은 핀란드를 되찾아야겠다고 생각했는지는 모르겠지만,[73] 레닌그라드(현 상트페테르부르크)와 (1940년 소련에 합병되는) 발트해 연안 국가들 근처에 긴 전략적 완충지를 마련하기로 결심했다. 1939년 10월 스탈린이 영토 할양을 요구하자 핀란드는 이를 거절했다(이 당시는 독일과 소련이 동맹 관계였으므로 인근 강대국으로부터 어떠한 지원도 바랄 수 없는 상황이었는데도 그랬다). 11월 30일, 전쟁이 일어났다. 총병력 17만 5000여 명의 핀란드군으로 소련의 백만 대군을 막기란 역부족이었다. 소련은 적어도 한동안은 바라던 영토를 얻었다. 그러나 소련이 장비를 갖추고 압도적 숫자로 밀어붙이기까지 전투는 꽤 치열했다. 존 키건은 이 상황을 다음과 같이 서술했다.[74]

> 유럽의 모든 민족 중 아마도 가장 호전적이며 분명 가장 강인한 민족인 핀란드인들은 적을 차단하고 포위하기 위해 일명 모티motti, 즉 '통나무 쪼개기logging(통나무토막 등을 전차 등 기계화 중장비의 궤도나 서스펜션에 밀어 넣어 고장을 일으킴으로써 부대 기동의 흐름을 끊고 부대를 작은 규모로 만들어 포위한 뒤 스키부대로 각개 격파하는 전술-옮긴이)' 전술을 사용해, 고국의

눈이 많이 쌓인 깊은 숲에서 러시아군을 둥그렇게 에워쌌다. 적들은 방향감각을 잃고 혼란에 빠졌고, 훈련받지 못한 형태의 전투에 사기가 떨어졌다.

1940년 봄, 히틀러는 덴마크와 노르웨이를 점령했다. 영국 함대를 위협하고 노르웨이 연안 항구에서 북대서양 지역으로 진출하기 위해서였다. 노르웨이 항구를 확보하면 겨울철 스웨덴 북부 광산에서 채굴한 철광석을 노르웨이로 운반한 뒤 노르웨이해를 통해 독일로 운반할 수 있고, 연합군이 노르딕 지역을 무대로 계획을 수립할 기회를 사전에 차단할 수 있었다. 덴마크는 독일과 노르웨이를 잇는 '육교'의 일부로 여겨졌다. 4월 9일 공격이 시작되었고, 포탄 세례에 충격받은 덴마크는 재빨리 항복했다. 노르웨이는 그다음 달 독일이 프랑스를 공격해 영국군과 프랑스군의 우선순위가 바뀌어 철수하기 전까지 한정적이긴 하지만 이들의 지원을 받아 얼마 동안 최선을 다해 싸웠다. 그러나 노르웨이에서 자생한 나치당이 조국을 배신하면서 결국 독일의 통제하에 놓이고 말았다. 제러드 와인버그는 이렇게 썼다. "이 과정에서 독일은 매국노 비드쿤 크비슬링Vidkun Quisling을 비롯한 노르웨이 내부의 도움을 받았다."[75]

1940년 5월 10일, 독일은 프랑스에 대한 전격전을 개시했다. (노르웨이전의 여파로 체임벌린이 총리직을 사임하고 바로 그날 처칠이 취임했다.) 독일은 벨기에와 룩셈부르크를 통해 북쪽으로 약간의 병력을 보내 유명한 슐리펜 계획의 우익 경로를 따라 이동하게 했다. 이 방향에서 주공격이 감행될 것처럼 영국군과 프랑스군을 속여 양국의 대규모 병력이 북쪽에 배치되게 유도하기 위해서였다.

독일은 서쪽에 공격을 집중하는 대신, 놀랍게도 기갑부대 대부분을 벨기에와 프랑스 북동부 국경지대인, 지형이 열악한 아르덴 숲으로 진격시켰다. 이들은 (소규모 기갑부대의 공격을 받은) 마지노선^{Maginot} ^{Line}의 방어 요새를 우회하여 부교 등 다양한 수단을 동원해 뫼즈강을 건넜다. 프랑스군은 두 방면으로 분리되어 보급선이 단절되고 본부와의 통신망도 두절되는 등 전체적인 군용 장비 운용이 마비되었다.

그나마 한 번의 큰 희망이 있었다. 빠르게 진격하던 독일군이 5월 17일과 24~26일, 두 번이나 불필요하게 진격을 멈춘 것이다. 특히 24~26일의 진격 중지로 영국군과 프랑스군은 철수할 시간을 벌 수 있었다. 이들은 됭케르크 철수 작전으로 병력 수송 함대를 급조하여 중장비는 버리고 100만여 명 병력 중 3분의 1을 탈출시켰다. 독일 공군은 많은 이의 기대와 달리 철수에 동원된 800여 척의 선박 중 약 1퍼센트 정도만 격추할 수 있었다.[76] 실제로 이용 가능한 비행장의 위치를 고려했을 때, 됭케르크 전투의 지리적 조건은 영국 공군에 유리했다. 5월 26일부터 6월 3일까지 독일 공군 루프트바페^{Luftwaffe}는 영국 전투기 177대를 상대로 240대를 잃었다.[77]

그러나 5월 27일, 독일은 벨기에에 항복을 강요했고, 결국 벨기에군은 됭케르크 북쪽 바다 근처 고립 지대에서 항복했다. 6월에 접어들어 독일군은 벨기에뿐 아니라 프랑스 북부도 점령하며 영국해협까지 나아갔다.[78]

이러한 극적인 효과를 얻기 위해 독일은 놀라운 특수부대 작전을 펼치기도 했다. 독일군 특수부대는 난공불락의 벨기에 에벤에마엘 요새의 지붕에 글라이더로 진입했고, 공격을 감행하여 요새의 포를 무력화하고 침략군을 위한 주요 교량을 확보했다. 이 작전은 치밀한 계획을 세우고 예행연습을 거친 뒤, 요새의 주요 구조물을 파괴할 용도로 만든 탄약을 비롯해 혁신적인 기술을 사용하며 극도로 대담하게 수행됐다. (훗날 오사마 빈 라덴 습격으로 명성을 얻는) 윌리엄 맥레이븐William McRaven 제독은 특수작전 사례 연구서 《특수작전Spec Ops》[79]에서 이 작전을 다음과 같이 서술했다.[80]

> 에벤에마엘에 대한 공격이 특수작전 역사상 가장 결정적인 승리 중 하나였다는 사실에는 이론의 여지가 없다. 독일 글라이더부대원 69명이 비행기 9대로 침투하여 그 10배에 달하는 병력으로 이 도시의 가장 큰 요새를 방어하고 있던 벨기에군을 완파했다.

전반적으로 삼림 지대의 험준함과 도로가 없다는 열악한 조건을 고려할 때, 아르덴 공세는 모든 합리적 예상을 뒤엎는 것이었다. 독일은 숲의 바로 이러한 조건이 오히려 위장에 도움이 되고 기습에 효과적일 수 있으므로, 아르덴 숲을 통과하면 계획한 일정에 따라 이동할 수 있다는 사실을 알았다. 그러나 많은 독일 지휘관이 이 계획에 의구심을 품었다. 이 개념은 전차만이 아니라, 전 사단이 하루에 50~60킬로미터 정도로 빠르게 이동할 수 있도록(이는 일반 보병 진격 속도의 2배 수준이다) 차량 지원에도 의존했다. 보병은 여전히 핵심 전력이었다. 보병은 장갑부대를 위해 돌파구를 만들고, 고립된 적군을 물리치는 동시에 뒤이은 장갑차가 돌격할 때 측면을 방어했다.

독일군 지휘관들은 자신들의 전술적 본능을 따르고, 초기에 승리한다면 이를 발판삼아 진격을 계속하며, 되도록 초반에는 적의 거점을 우회할 수 있는 특권을 부여받았다. 이러한 개념은 1차 세계대전이 끝날 무렵 성공을 거둔 아이디어를 바탕으로 만들어졌다. '전격전' 하면 역사적으로 장갑차가 주도하는 기갑전 이미지가 떠오르지만, 실전에서 전차는 대부분 1차 공격 수단이 아닌 2차 수단이었고 장갑 정찰대대, 공병대, 보병이 보통 선두에 나섰다.[81] 따라서 잘 통합된 연합부대전이라는 표현이 더 적합하다.[82] 널리 알려진 전설과 달리, 적의 군대는 지휘본부 못지않게 중요한 목표물이었다. 그 목표는 이전의 전쟁에서처럼 적군을 고립시키고 포위하여 궁극적으로 패배시키는 것이었다.[83]

1939년부터 1940년까지 독일군은 계속 승리를 거두면서도 전격전의 개념을 계속 발전시켰다.[84] 이와 대조적으로, 프랑스와 영국의 전략가들은 1940년 5월 전까지 폴란드 전역 연구는 물론이고 주요 교훈도 추론해내지 않았다.[85]

전격전의 성공은 상당 부분 공군과 지상군의 긴밀한 협력 덕분이었다. 항공기는 장갑차를 파괴하지는 않았지만, 노출된 병사들을 상대로 여러 중요한 역할을 수행했다.[86] 독일은 합동 작전 효과를 얻기 위해 여러 조치를 취했다. 공군 본부와 지상군 본부를 같은 곳에 두었고, 지상군의 작전을 확실히 지원할 수 있도록 공군을 배치했다. 또한 적기에 효과적으로 근접 비행 지원을 받을 수 있도록 무전과 전술 정보를 적극적으로 활용했다.[87]

1940년 봄, 독일 공군(루프트바페)은 다른 면에서도 뛰어난 역할을 수행했다. 독일 비행기는 적군 항공기와 비행장에 일찍, 자주, 강하게 공격을 퍼부었다. 그 덕분에 독일 공군은 빠르게 우위를 점했다. 그들은 기갑부대에 통합적인 근접 비행 지원을 제공했고, 기갑부대가 보병 지원보다 앞서갈 때 그 측면을 보호했다.[88]

독일 공군의 성공은 상당 부분 효율적인 수송 덕분이기도 했다. 독일은 전투기가 지상 작전의 범위를 벗어나지 않도록 비행기를 이동시켜 점령한 비행장에서 작전을 수행하게 했다.[89] 독일군 전투기는 하루 평균 4번 출격한 반면, 프랑스는 0.9번 출격했다. 독일 공군은 지상군에 중화력 공격을 지원하고, 적군 전투기의 공격으로부터 이들을 보호했으며, 전쟁 초기 네덜란드 전투를 비롯해 여러 전투에서 효과적인 공수작전도 수행했다.[90]

맥스 부트Max Boot는 이 모든 것을 종합해, 프랑스의 모리스 가믈랭Maurice Gamelin 장군이 어떻게 독일의 함정에 빠져 휘하의 최고, 최대 규모의 군대를 북상시켰는지를 통찰력 있게 묘사했다.[91]

아르덴 지역은 변두리로 여겨졌다. 그래서 수년 전 군복무를 마치고 최근 몇 년 동안 훈련이나 새로운 장비를 받지 못한 나이 든 예비역들로 구성된 프랑스 제9군과 제2군이 배치되었다. 이 군대는 1939년 9월에 소집되었지만, 심각한 결손 상태를 보완하지 않은 채 9개월을 허비했다. (반면 독일군은 이 시기 폴란드 전투의 문제점을 시정했다.) 그들 대부분은 야전에서 기동하고 싸우는 법을 배우지 않았고, 요새를 파는 데 동원되었다. 그들에게 주어진 장비는 대부분 구식이었고, 대전차포는 물론이고 전차도 거의 없었다. 이러한 군 배치를 보면, 가믈랭 장군이 정식 나치 요원이었다고 해도 이보다 더 고국에 큰 피해를 입힐 수 없을 정도였다.

됭케르크 철수와 벨기에의 항복 이후, 독일군은 빠르게 남쪽으로 방향을 틀었다. 프랑스는 5월 20일, 무능한 가믈랭 후임으로 지휘권을 잡은 막심 베강Maxime Wegyand 장군의 이름을 딴 '베강선Wegyand Line'을 따라 임시방편의 방어를 시도했다. 이 방어선은 영국해협 해안에서 시작해 마지노선까지 뻗어 있었고, 여기에 프랑스군 전체 100개 사단의 3분 2가 배치되었다. 생존한 66개 사단 중 17개 사단은 여전히 마지노선 진지 안에 있었고, 나머지 사단은 프랑스 북부를 관통하는 긴 방어선을 형성했다.

베강선에는 자연 지형과 인공 지형을 모두 사용해 '고슴도치형' 방어진지를 세웠다. 고정되고 방어에 유리한 저항 지점을 마련하기 위해서였다. 그러나 프랑스군은 병력이 부족했고, 예비군을 전략적으로 배치할 개념은 물론, 명확한 작전 개념도 없었다. 이미 조국과 동지들에게 닥친 일에 반쯤 넋이 나간 상태였다.[92] 6월 중순 무렵, 독일군은 베강선을 돌파한 뒤 기갑사단을 이끌고 고슴도치 요새들을 간단히 우회해 파리에 도달했다. 그러자 프랑스 정부는 6월 25일, 신속하게 항복했다. 프랑스 북부는 독일의 직접 통치하에 놓였고, 이후 비시 정권이 수립되어 프랑스 남부 지역과 프랑스 식민지를 반#자치적으로 통치하게 된다. 5월 10일부터 6월 25일까지 6주간의 전투로 프랑스군은 약 9만 명, 독일군은 2만 5000명의 사망자가 발생했다.[93]

1940년 프랑스에서 일어난 일은 1914년부터 1918년까지 그곳에서 발생한 유사한 유혈사태와 피해, 황폐화와 극명한 대조를 이룬다. 1940년 독일은 각각 250여 대의 전차를 보유한 10개의 기갑사단만 있었다. 전차의 총수량도 프랑스보다 많지 않았고, 성능도 우수하지 않았다. 실제로 10개 기갑사단과 4개 기계화사단을 포함해 약 150여 개 사단으로 구성된 독일군 전체 병력은 네덜란드군 8개 사단, 벨기에군 18개 사단, 영국군 10개 사단, 프랑스군 100개 사단을 합친 것과 비슷한 수준이었다. 다른 점은 독일 육군은 신속하게 동원될 수 있도록 조직되어 있었으며, 공군과도 밀접하게 연결되어 있었다는 것이다.[94] 이 시기 독일군이 수행한 전투들은 예측 불가능성의 위력을 보여주었다. 독일의 전쟁 계획은 독일 공군의 전술적 지원을 받는 독일국방군Wehrmacht 육군의 다음 움직임을 예측하기 어렵게 했다.[95] 폴란드 전역의 경우, 남쪽과 북쪽에서 침공한 독일군이 언제 어디에서 협공하여 폴란드 중심으로 방향을 틀지 예상할 수 없었다. 그렇게 함으로써 독일군은 군사학에서 포위섬멸전의 대표 사례로 언급되는 고대 로마 시대 '칸나에 전투'와 비견되는 거대한 포위망을 만들어 폴란드군을 분할하고 그 상당수를 포위망 안에 가두었다. 프랑스 공세의 경우, 프랑스는 1차 세계대전 때처럼 '독일의 우익을 강화'하는 슐리펜 계획이 답습되고 있다고 판단했다. 독일군은 북부를 통해 진격하는 것처럼 위장해 프랑스군과 영국군이 벨기에로 이동하도록 유도했다. 이로써 이들의 보급선과 통신선은 동쪽과 남쪽에서 돌격하는 기갑부대에 고스란히 노출됐다. 시행되기 불과 몇 달 전에 결정된 이 작전의 효과에 히틀러와 그 장군들조차 놀랐다.[96] 이처럼 프랑스군과 영국군이 위기에 처하자 독일군은 북부 프랑스 전체 전역의 중간 단계에서 진격을 지연하거나 멈추는 여유를 보였다. 그 덕분에 됭케르크 철수 작전은 성공할 수 있었다.[97]

역사가 존 모시어John Mosier는 프랑스의 패배에 대한 전통적 해석에 반하여 전투의 전술과 작전 수준을 다른 관점에서 해석한다. 모시어의 주장에 따르면, 전차 대 전차 교전에서 독일군이 승리하지 못했다. 되레 이 광범위한 전역 초기에 네덜란드와의 짧은 전쟁에서 300여 대의 수송기를 잃은 것을 포함해 큰 손실을 입었다. 그러나 연합군 전투기에 엄청난 손실을 초래한 방공망과 근접 항공 지원이라는 훌륭한 전술뿐 아니라 하루에 항공기가 여러 번 출격할 수 있는 전진 비행장을 확보한 루프트바페의 지원으로 어느 정도 손실이 보완된다. 무엇보다 프랑스와 영국이 예비군 투입을 꺼린 것도 독일에 도움이 되었다. 침략 초기 프랑스와 영국 고위 지도부는 패배주의적인 사고에 빠져 있었다. 이런 관점에서 보면, 됭케르크 철수조차 실수인 셈이다. 프랑스군은 그러지 않아도 될 때 패배를 인정했다. 이후 측면 경계가 소홀해지면서 노출된 벨기에군은 항복해야만 했다. 프랑스는 이후 한 달 더 싸웠지만, 연합국의 도움을 받지 못했고 결국 5월의 실수를 만회할 수 없었다.[98]

하지만 1941년 운명의 해로 넘어가기에 앞서, 1940년 하반기의 영국 본토 항공전Battle of Britain을 살펴볼 필요가 있다. 당시 전격전은 전성기를 맞았지만, 이제 전투의 중요 요소는 공군이 되었고, 해군도 이전보다 중요성이 부각되었다.

1940년 여름,
영국 본토 항공전과 대서양 전투의 서막

    1939년 가을과 1940년 봄이 독일의 전격전이 성공한 계절이었다면, 1940년 여름은 독일의 전략적 폭격 작전이 실패하고 막강한 독일군이 처음으로 심각한 좌절을 맛본 계절이었다. 그러나 영국이 미국에 보급물자를 요청하자 독일 U보트가 이를 저지하려 한 대서양 전투를 비롯해 다른 전투에서는 여전히 독일이 주도권을 쥐었다.

    1940년이 반만 지난 무렵, 히틀러는 프랑스의 절반을 직접 점령하고 나머지는 비시 정부와의 협력을 통해 장악하고 있었다. 또한 다음 해에 동쪽에 대한 큰 야망을 품고, 이미 동부와 남부 유럽의 많은 나라를 정복했다. 그리고 이제 런던을 비롯한 잉글랜드 남동부 상공으로 무대를 옮겨 실제 전투를 펼치고 있었다.

    히틀러는 프랑스가 패배한 후 영국도 강화조약에 동의할 것으로 예상했다. 그러나 예상을 뒤엎고 런던이 항복을 거부하자, 히틀러는 본토를 침공하겠다고 위협했고, 그에 앞서 폭격을 시작했다. 영국 전투기 허리케인Hurricane과 스핏파이어Spitfire가 독일 전투기 메서슈미트Messerschmitt에 맞서 싸웠고, 공중전이 장기간 이어지게 된다.

    독일의 영국 본토 침공 작전은 바다사자 작전으로 불렸다. 그러나 유럽 대륙에서의 초기 전격전 작전에 대한 계획과는 대조적으로, 영국 정복 계획은 엉성한 발상에 불과했다. 병참을 비롯해 여러 면에서 비현실적이었다. 바다사자 작전은 초가을 무렵까지로 연기되었고, 결국 시도되지 않았다.

항공전 역시 꽤 엉성하게 수행되었다. 독일은 여러 차례 손쉽게 승리를 거머쥐고는 짜릿한 승리감에 젖어, 영국을 강제로 항복시킬 수 있다고 자신했다. 영국 공격 계획이 존재하므로, 단 4일이면 영국 남부에서 영국 공군을 물리치고, 그 후 4주에 걸쳐 영국 항공 산업을 파괴하는 것을 포함해 전국에서 종합적인 승리를 거둘 수 있다고 확신했다.[99] 실제 작전은 군사 목표물에 대한 전술적 공격으로 시작됐고, 주로 즉흥적으로 진행한 몇 단계를 거쳐 여러 도시에 대한 직접 폭격으로 확대되었다. 이탈리아의 군사전략가 줄리오 두에Giulio Douhet는 1921년 발표한 저서 《제공권Command of the Air》에서 미래의 전쟁은 적의 조국과 민족, 정부를 타격해 굴복시킴으로써 승리할 수 있다고 주장하며 전쟁 이론을 제시했는데, 독일의 영국 공격 계획은 이 이론의 시험 사례로 보기는 어렵다.

영국군이 독일군 전력을 과대평가했듯, 독일도 이 전역에서의 전력은 물론, 전쟁의 현 단계에서 손실을 대체하는 데 매우 중요한 항공기 생산력에 대해 자신들을 지속적으로 과대평가했다.[100] 그래서 전반적인 방어망의 핵심 부분인 영국 해안의 레이더 경보기지의 기습 공격 같은 성공 가능성을 높일 수 있었던 보완 전술을 고려하지 못했다.[101]

예비 단계는 7월 10일 시작되었다. 독일은 영국의 해운 및 해안 군사 지역과 전투기를 무차별적으로 공격했다. 그러나 영국의 방어력과 영국인의 회복탄력성은 베를린의 예상보다 뛰어났고, 독일의 공격은 정치적 목표를 달성하지 못했다.

일명 '독수리' 작전으로 불리는 다음 단계는 8월 12~13일에 시작되었다. 독일은 영국 방공망 약화의 중요성을 인식했고, 레이더 시설, 비행장, 잉글랜드 남동부의 군 자산을 목표로 삼았다. 이 단계에서 영국은 상당한 손실을 입었다. 하지만 8월 8일부터 23일까지 항공기 204대를 잃고 약 476대가 생산된 기록에서 알 수 있듯, 손실 수준은 항공기 신규 생산량에 미치지 못하는 정도였다. 한편, 같은 기간 독일군은 397대를 잃고 313대가 생산되었다. 손실이 생산량을 초과한 것이다. 그 기간, 조종사 손실에서도 영국의 피해가 더 적었다. 독일은 600명 이상이 죽거나 포로로 사로잡혔고 영국은 그 수가 104명이었다. 격추된 영국 조종사들은 낙하산을 타고 본국 영토에 안전히 착륙할 수 있었지만, 독일 조종사들에게는 그러한 희망이 없었다.[102]

영국은 이 전투에서 많은 이점을 누리고 있었다. 영국 정치 지도자들은 폴란드 침공 전까지 히틀러라는 인물을 잘못 이해했지만, 다행히 영국의 과학자와 군사계획가들은 그 전환기에 현실을 간파했다. 레이더의 기본 개념과 기술을 개발했고, 뒤이어 레이더 경보기지, 즉 체인홈 시스템Chain Home system을 끈질기게 개발, 제작하여 영국 해안을 따라 배치했다. 뛰어난 방공 전투기 허리케인과 스핏파이어도 마찬가지였다.[103]

어떤 면에서 영국 본토 항공전은 노력의 경쟁이었다. 영국은 레이더, 항공기 생산 및 스핏파이어 요격기 기술 같은 장점 덕분에 위협적인 (하지만 활용도는 낮은) 폭격기 전력을 갖춘 독일 루프트바페에 맞설 수 있었다.[104] 조종사 수는 독일이 더 많았지만, 영국은 독일의 3배 속도로 항공기를 생산해냈다. 당시 압도적인 군사산업 강국이

라는 독일의 콧대를 납작하게 할 수준이었다.[105]

지리적 조건은 두 가지 면에서 영향을 미쳤다. 영국군은 본국 기지 근처에서 공중전을 치렀기 때문에 비행기가 적과 교전하는 데 시간이나 연료를 낭비할 필요가 없었다. 이는 전술적 이점이었다. 하지만 전략적 차원에서는, 지상에서 발생한 어떤 피해든 본국 영토, 경제, 국민에게 가해진다는 의미이기도 했다. 독일 폭격기들은 손실을 입었을지라도 계속 교묘하게 빠져나갔다.[106]

영국은 항공기 생산력에서 우위를 점했고, 악천후로 독일군이 영국 침공을 시도하기 어려워지면서 가을과 겨울에 접어들 무렵 영국의 전망도 개선되었다.[107] 독일이 영국 해안 레이더 경비기지들과 항공기 생산 공장을 비롯해 영국 전력의 핵심에 공격을 집중했더라면 좋은 성과를 얻었을지도 모른다.[108] 그러나 공중전이 어떻게 진행되었든 간에, 그해의 침공 위협이 제대로 효과를 발휘했는지는 분명하지 않다.

어쨌든 몇 주가 지났는데도 런던이 굳건히 버티자 히틀러는 더욱 좌절했다. 그리고 8월 말 베를린이 영국으로부터 공습받자 분노했다. 이에 그는 공세를 전환해, 9월 7일부터 런던에 테러적 공습을 가했다. 이러한 주간 공습은 상당한 피해와 인명 손실을 초래했지만, 영국 방공망, 기타 군사 자산, 본토 방어의 핵심인 군수산업 시설에는 거의 타격을 입히지 못했다. 그리고 영국인의 용기도 꺾지 못했다. 양측이 매일 수백 번 출격하며 싸운 열흘간의 격전 끝에, 히틀러는 수적으로 유리하지 않다는 사실을 깨닫고 바다사자 작전을 연기했다. (이후 밝혀지듯, 사실상 취소된 것이다.)

236　　　　　　　　　　　　　　　　　　　　　　　　미국 전쟁사

가을과 겨울에 걸쳐 진행된 영국 본토 항공전 마지막 단계에서 독일 폭격기는 영국 전투기를 피해 주로 야간에 공습했다. 그러나 독일 비행기는 유럽 대륙 근처에 설치된 자체 레이더 신호로 안내를 받으면서도 목표물을 찾는 데 어려움을 겪었다. 따라서 영국에서 '블리츠Blitz'라고 불리던 위압적인 공습은 점차 사라지게 되었다. 이후 겨울에도 어느 정도 야간 공습이 계속되긴 했지만, 결과는 달라지지 않았다.

영국 본토 항공전으로 영국 시민 약 4만 3000명이 목숨을 잃었다. 그러나 영국은 무릎 꿇지 않았고, 영국군 조종사들과 지상에서 그들을 지원한 동료들 덕분에 영국 본토 침략을 막아낼 수 있었다. 독일의 항공기 손실은 2000대에 육박했고, 영국은 1500대를 조금 넘었다. 그보다는 추세의 흐름이 더 중요한데, 영국은 몇 달이 지나며 조종사와 항공기가 추가되었지만, 독일은 그 둘 다 잃어갔다. 예를 들면, 7월부터 11월 초까지 영국의 가용 조종사 수는 40퍼센트 증가한 반면, 독일은 25퍼센트 가까이 감소했다.[109] 처칠은 이 전투를 회상하며 "그토록 다수가 그토록 소수에게 그토록 많은 빚을 진 적은 없었다"는 유명한 발언을 남겼다.[110] 사실 영국 공군이 그토록 소수는 아니었다. 물론 조종사들은 그랬다. 그러나 관찰하고 지원하며 기반시설을 유지·수리하고 공군의 모든 기능이 제대로 작동하게 하는 시스템에 투입된 인력은 약 50만 명이었다.[111]

그러나 이 시기에 공중전만 있었다고 생각해선 안 된다. 처칠은 당시에는 공개적으로 말하지 않았지만, 이후 "전쟁 중 나를 정말 두렵게 한 것은 U보트의 위험이었다"고 회고했다. 영국은 전쟁 수행 노력을 지속하기 위해 미국과 아프리카에서 보내는 물자에 의존했다. 소련에 무기를 공급하는 데도, 노르망디상륙작전D-Day과 독일 침공에 대비해 미군과 장비를 영국에 보내는 데도 해상로 확보가 필수였다. 그러나 전쟁의 상당 기간, 대서양 항로의 안전은 심각한 위협을 받았다.

프랑스가 함락되자, 독일 잠수함들은 이제 북해 지역을 벗어날 수 있었다. 북해에서는 제한된 사거리와 영국해협의 기뢰 때문에 대서양 해운을 위협하기 어려웠지만, 프랑스의 대서양 항구에서는 더 쉽게 연합국 선박을 공격할 수 있었다. 결국 연합국 선박 손실률은 1939년에 비해 약 2배, 새로 건조된 연합국 손실률은 약 3배로 증가했다. 독일은 U보트가 무리를 이루어 광대역 바다를 감시하다가 해안의 무선 신호를 받아 연합국 선박을 격침하는 '늑대무리' 전술로 상당한 성과를 얻었다. 이는 일단 수송선이 감지되면 잠수함 떼가 호송선단을 상대하여 수송선을 격침할 수 있는 위치에 있다는 의미였다.

독일 지도자들은 잠수함 작전의 전략적 효과에 대해 의구심을 가졌지만,[112] 독일 잠수함 작전은 대서양 전투 초기에 연합국을 상대로 큰 효과를 거두었다.[113] U보트의 효율성은 두 차례 크게 향상되었는데, 첫 번째는 1940년 하반기 프랑스 함락 이후였고, 두 번째는 1942년 미국이 참전했을 때였다. 이 시점에서 독일은 미국 선박이 어디 있든 거리낌 없이 공격을 감행했다(이전에는 미국이 서대서양의 중립지대라고 부르는 수역을 지나는 선박을 목표로 했다. 미국은 이 구역에서 이동 중인 잠수함을 공격할 권리를 가지고 있었다).[114] 그러나 1942년 초, 미국은 호송선단의 개념을 아직 이해하지 못했고, 심지어 본국 수역 근처에서도 우선순위를 정하지 못했다(공식 대전략은 대서양을 우선순위에 두었지만, 해군 작전사령관 킹 제독이 태평양 전선을 우선시한 탓이 크다).[115] 연합국이 계속 영국과 소련을 지원하고 궁극적으로 독일에 대한 직접 공격을 대비해 미군이 대서양을 건너려면 대서양 전투의 모멘텀을 반드시 바꿔야 했다.

1941년, 운명의 해

1940년 말, 독일과 일본은 각자 압도적 우위를 차지하고 있었다. 그러나 독일은 몇 달간의 지속적인 시도에도 영국을 굴복시키지 못했고, 일본은 중국에서의 행동에 반발한 서방의 봉쇄 강화로 경제난을 겪고 있었다. 당면한 문제를 완화할 조치가 필요했다. 한편, 군사적 측면에서 두 추축국은 엄청난 성과를 거두었다. 이탈리아 역시 결실을 얻기 시작했다.

그리고 1941년, 베를린과 도쿄는 각각 20세기 전쟁사에서 반론의 여지 없이 가장 큰 두 가지 실수를 저질렀다. 먼저, 독일이 6월 22일 소련을 공격했다. 이는 초기 동맹을 철저히 배신한 조치였다. 그리고 12월 7일, 일본은 필리핀, 괌, 웨이크섬, 홍콩, 말라야, 미드웨이섬을 공격함과 거의 동시에 진주만을 공격했다.

독일의 경우, 소련을 침공하고 몇 주 동안은 상황이 유리하게 전개되었다. 일본도 몇 달은 그랬다. 그러나 흐름이 바뀌게 된다. 베를린과 도쿄 어느 쪽이든 아직 패배를 피할 수 없는 상황은 아니었지만, 시간이 지나며 점점 패색이 짙어졌다. 이 공격으로 독일과 일본은 세계 제조업 생산의 거의 절반을 차지하는 두 나라를 적으로 돌리게 되었다. (예일대 역사가 폴 케네디의 추정에 따르면, 두 나라의 생산량은 1938년 세계 총생산량의 46퍼센트에 달한다.) 여기에 대영제국까지 더하면 GDP 세계 상위 3개국을 적으로 돌린 셈이다. 이에 따라 양국은 점차 존립이 위태로운 어려움을 겪게 된다.[116]

1941년 봄, 무솔리니는 히틀러를 본받아 인근 영토를 점령하려 했다. 이미 리비아와 에티오피아를 점령하고 있던 그는 그리스로 관심을 돌려, 과거 전쟁들의 불운했던 결과에 대한 명예회복과 어느 정도의 역사적 보상을 추구했다. 그러나 무솔리니의 시도는 실패하고 말았다. 준비가 부족했던 그의 군대는 그리스군을 물리친다는 임무를 감당할 수 없었다. 이에 히틀러는 딜레마에 빠졌다. 그는 남쪽 측면의 잠재적 취약성을 감지했다. 심리적·정치적 면에서 볼 때, 파시스트 국가들이 후퇴한다면 그가 주도하려던 지정학적 구조 변화에 부정적인 영향이 미칠 터였다. 군사적 면에서는 그리스가 영국과 더 가까워져 영국에 공군기지를 제공할 수도 있었다. 그렇게 된다면 루마니아의 석유, 유고슬라비아의 광물 같은 독일 경제와 군사 장비를 지탱하는 자원에 대한 접근이 위협받게 될지도 몰랐다. 그리하여 히틀러는 그리스에서 직접 문제를 해결하고, 뒤에서 자세히 다루겠지만, 같은 시기 북아프리카에서 영국에게 패배할 위기에 처해 있는 이탈리아군을 지원하기로 결정했다. 3월 말, 세르비아 민족주의자들이 추축국에 협력적인 정부에 대항해 쿠데타를 일으키자 히틀러는 유고슬라비아도 점령하기로 했다. 유고슬라비아군은 규모는 크지만 구식에다 분산 배치되어 있으며 지휘력도 형편없었다. 따라서 1년 반 전 폴란드 침공 때보다 훨씬 더 일방적인 독일군의 승리로 끝났다. 독일은 동시에 그리스를 공격했고, 약간의 저항이 있었지만 그곳에서도 빠르게 승리를 거두었다.[117] 그리고 5월 크레타섬에서 영국이 이끄는 군대의 저항에 맞서 희생이 크고 불완전한 공수공격으로 동남쪽에서의 봄 전역을 완료했다.

역사가이자 전략가 (그리고 과거 나치 동조자였던) 풀러는 이 연승에 대해 다음과 같이 썼다.[118]

크레타 점령으로 히틀러는 놀라운 성과를 이루었다. 역사상 어떤 장군도 그렇게 짧은 시간에 연이어 정복을 이루어내진 못했다. 그는 폴란드를 27일 만에, 덴마크는 하루 만에, 노르웨이는 23일, 네덜란드는 5일, 벨기에는 18일, 프랑스는 39일, 유고슬라비아는 12일, 그리스는 21일, 크레타는 11일 만에 정복했다.

1941년 6월 22일, 독일은 광범위한 전선을 가로질러 소련을 공격해 크렘린을 충격과 마비 상태에 빠지게 했다. 발칸반도 전역으로 인해 이 작전이 지연되었는지는 확실하지 않다. 질척이는 지형이 중요한 이유였을지도 모른다.[119] 독일군 300만 명과 독일의 동맹국 병사 50만 명 이상은 발트해, 폴란드 동부, 우크라이나, 세 방향으로 나뉘어 모스크바를 향해 진격했다. 이들은 전차 1만여 대, 항공기 8000여 대를 보유하고 총병력이 거의 2배에 달하는 소련군과 맞섰다. (이 작전에서 소련은 3000여 대의 전차를 동원한 독일에 비해 약 3대1의 양적 우위를 점했다.)[120]

독일군의 소련 공격에 대한 기본적인 작전 개념은 이랬다. 따뜻하고 건조한 러시아의 여름 동안 오프로드 작전 수행 능력을 십분 발휘해 전격전 스타일로 빠르게 기동하여 소련 최전방 부대의 다양한 요소를 포위한다. 기갑사단과 기계화사단이 소련군을 차단해 고립시키면 뒤따라 온 독일 보병이 그들을 섬멸한다. 즉, 비교적 간단했다. 그러나 프랑스 전역과 마찬가지로, 주력 돌파는 보병과 공병이 포병과 공군의 지원을 받아 요새화된 방어선을 무너뜨리는 과정에서 시작되는 경우가 많았다.[121]

소련군은 아직 준비되지 않은 상태였고 스탈린이 독일의 배신을 실감하지 못했던 초창기, 그 결과는 처참했다. 엄청난 수의 소련 항공기가 파괴되었고 수십만 명의 소련군이 죽거나 포로로 잡혔다. 7월 중순, 히틀러는 이 결과에 고무되어 영국과 그 보급선을 공격하는 데 필요한 선박과 항공기를 만드는 데 집중하라고 지시했다. 소련을 무찌르는 데 필요한 무기와 단거리 전투기는 지금 있는 것만으로도 충분하다고 믿었던 것이다. 그는 8월이면 승리를 거둘 것이라고 기대했다.[122] 이렇게 생각한 이는 그 혼자만이 아니었다. 콘돌리자 라이스Condoleezza Rice는 1980년대 발표한 논문에 "초창기 소련군은 일방적으로 밀리는 상태였고, 이에 서구 정보기관은 4주 안에 모스크바가 함락될 것이라고 추정했다"고 썼다.[123] '러시아를 해체하고 파괴하며 우랄산맥까지 영토를 점령한 뒤 일부 인구는 살해하고 나머지는 아사하게 둔다'는 히틀러의 극악무도한 계획이 성공으로 완료되기까지 얼마 남지 않은 듯 보였다.[124] 여름이 지나면서 독일의 기세가 서서히 기우는 조짐이 보였지만, 여전히 흐름은 독일에 유리했다. 8월 25일부터 9월 26일까지 벌어진 키예프 전투에서도 독일이 큰 승리를 거두었다. 늦여름, 사상자 외에도 독일군에 포로로 잡힌 소련군은 150만 명에 달했다.[125]

히틀러와 그의 장군들은 과욕 때문에 결단을 미루곤 했다. 소련 정부에 최후의 일격을 날리고 레닌그라드와 발트해, 키예프와 우크라이나 농경지, 캅카스의 유전지대, 민스크 그리고 모스크바까지 모든 것을 차지하려는 욕심 때문에 전선을 과도하게 확장했다. 하지만 날씨와 시간은 독일의 편이 아니었다. 스탈린은 마침내 생존한 장군 몇 명 중에서 명장들을 찾아냈다. 그중 소련군 원수 게오르기 주코프Georgii Zhukov가 대표적이다. 그는 레닌그라드와 모스크바 주변에 주요 방어 태세를 갖추었다. 끔찍한 고난에도 불구하고 이 도시들의 시민들은 참호 건설에 참여했고, 살아남은 소련 군인들은 다시 집결하였다. 독일군은 본국과 보급 기지로부터 점차 더 멀어진 탓에 제대로 된 복장을 갖추거나 장비를 지급받지 못해 소련군보다 상황이 좋지 않았다. 가을비로 인해 진군 속도가 늦어졌다. 게다가 동상 피해까지 닥쳐왔다. 10월, 11월 독일의 공세에는 시간이 부족했고, 보급품과 전력이 충분히 갖춰지지 않았다. 겨울 코트, 부츠, 장갑, 따뜻한 천막 같은 방한 용품은 턱없이 부족했다. 전차 같은 장비를 보관하고 수리할 장소도 없었다. 그탓에 장비가 얼어붙고, 엔진 오일과 유압액이 응고되고, 배터리 안의 전해액이 얼고, 차량 내부의 고무 배관이 얼어서 갈라졌다. 결국 소련은 모스크바를 지킬 수 있었고,

반격까지 가할 수 있었다.[126]

그해 말, 독일군 사상자는 100만여 명에 달했고, 소련군은 사상자에 포로가 된 이들까지 포함하면 그 수가 300만 명에 육박했을 것으로 추정된다.[127] 소련은 1941년에 독일에게 붕괴되지 않으면서 지리적 이점, 많은 인력, 산업 등 방대한 자원과 더불어 무기대여법을 통해 공급받은 동맹들의 지원 물자까지 투입하는 총력전을 펼칠 수 있게 됐다. 확실하게 죽일 수 없다면 러시아 곰에게 싸움을 거는 것은 현명한 생각이 아니다. 히틀러의 오판이었다.

몇 달 안에 승리하겠다는 기대를 품고 소련을 공격한 히틀러의 거대한 도박은 초반에는 거의 계산대로 진행되는 것 같았다. 독일은 겨울이 오기 전에 러시아 수도에 가까이 이르렀다. (한편, 히틀러는 소련 공격 시, 군을 세 집단군으로 분할했다는 이유로 군사적 면에서 비난받는데, 한 지방 혹은 모스크바 같은 한 도시를 성공적으로 점령했다고 해서 소련이 항복했을지는 확실치 않다.) 2차 세계대전의 결과는 필연적인 것이 아니었고, 이 시점에는 필연과는 더욱 거리가 멀었다. 그러나 소련이 1941년 위기에서 살아남았다는 사실은 곧 히틀러에게 종말의 시작이나 다름없었다.[128]

한편 지구 반대편에서는 1941년 12월 7일 일본이 미국을 공격한다는, 20세기의 가장 훌륭한 전술이자 가장 어리석은 전략적 행동을 감행했다.

사실 태평양 전쟁은 이미 진행 중이었다. 그 서막은 1937년으로 거슬러 올라간다. 일본 군국주의자들이 베이징 근처 노구교盧溝橋(루거우차오)에서 발생한 사소한 사건을 빌미로 삼아 중국 북부와 해안을 침략했다. (일본은 이미 6년간 통치하고 있던 만리장성 북쪽의 만주를 지배하는 데 만족하지 않았다.) 일본군에 의한 민간인 대량학살을 포함해 극도로 잔혹하고 피비린내 나는 전투가 1938년 상하이와 난징에서 계속되었다.[129]

1930년대 후반까지 미국은 극동 지역에 개입을 최소화하려고 노력했지만 중국에 대한 강한 동정심과 일본에 대한 분노를 느꼈다.[130] 일본 공세가 거세지자 이에 상응해 서방의 제재도 강해졌다. 일본이 인도차이나를 점령한 1941년 7월 이후 네덜란드-영국-미국의 대일 석유 및 철광석 수출 금지 조치가 이루어졌다.[131] 이러한 제재는 일본의 근대 산업 경제의 근간을 위협하는 것이었다. 도쿄는 자신들의 호전성을 재고하거나 점령을 줄이는 대신 세계를 상대로 승부를 거는 거대한 주사위를 던졌다.

일본 수뇌부는 서태평양과 동남아시아의 수많은 미국 영토와 핵심 지역 그리고 진주만을 동시에 공격하면, 미국을 태평양 지역에서 오랫동안 물러나게 할 수 있다고 판단했다. 그 틈을 타 일본은 그 넓은 태평양의 주요 섬들을 자신이 장악할 수 있을 거라 보았다. 미국 해군이 다시 돌아올 때쯤이면 일본은 미국이 보복하기 힘든 난공불락의 요새를 구축한 뒤일 터였다. 그러면 워싱턴은 이런 상황을 인식하고 전술적 패배를 인정하는 것은 물론, 후속 억제 조치를 자제하는 편이 오히려 용기 있는 판단이라고 생각하고 더 넓은 지역을 일본에 양보할 것이다. 그렇게 되면 미국과 동맹국이 제재를 해제하든 안 하든, 일본은 지역적 구상안인 대동아공영권 내에서 일본 경제에 필요한 석유와 기타 주요 자원을 확보할 수 있다. 그리고 앞으로 수년 안에 덜 강경하지만 여전히 잔혹하고 냉혹한 식민지 이주 정책을 펼쳐 일본 열도를 넘어 중국 일부 지역으로 영토를 확장하여 그 영토에 대한 통제권을 유지할 수 있다는 논리였다.[132] 일부 일본 지도자들은 미국 영토에 대한 공격은 타협의 여지가 없는 결과를 유발할 수 있다고 우려했고, 진주만 공격을 배제한 신중한 전략을 주장했다. 그러나 해군사령관 야마모토 이소로쿠 제독과 더욱 호전적인 그의 동지들은 그날의 공격을 감행했다.[133]

이 원대한 전략적 비전은 새로운 군사 혁명에 의해 뒷받침되었다. 일본은 전간기에 항공모함과 항공기 개발에서 큰 진전을 이루었다. 미국도 마찬가지였다. 영국과 달리, 미국은 해군이 독립적으로 공군력을 개발하는 것을 억제하지 않았다(이때는 공군이 별도 조직으로 존재하지 않고, 육군 산하 육군항공대로 존재했다-옮긴이). 윌리엄 모페트William Moffett 제독 같은 지도부 핵심 인사들의 지도하에 캐터펄트catapult(항공모함 같은 좁은 공간에서 전투기를 이륙하게 하는 장치-옮긴이)와 어레스터arrester(항공모함에서 전투기가 착륙할 때 쓰는 장치-옮긴이) 시스템 같은 기술이 개발되었다. 여러 시행착오를 거치며 개선되어 1941년 이전에 상당한 수의 항공모함과 항공기가 제작되는 군사 혁명이 일어났다.[134] 그러나 이 군사 혁명이 전개되는 과정에서 먼저 움직인 것은 일본이었다.

독일은 추축국 파트너로부터 이 공격에 대해 사전에 통보받지 못했고(도조 내각은 집권 후 2개월도 되지 않아 공격을 감행했다), 아이러니하게도 미국은 '매직' 프로그램과 그 암호해독 능력으로 일본의 통신을 해독하며 독일보다 더 많은 것을 알게 되었다. 그러나 인지부조화 (혹은 반세기 후 9·11위원회가 만든 표현을 빌리면 '상상력의 부족')로 미국 영토에 대해 공격이 행해질 것이라고는 생각하지 않았다. 그래도 뭔가 큰일이 벌어질 것이라고는 짐작했다.

히틀러가 이 공격을 권한 것은 아니었다. 하지만 그는 미국의 주의를 대서양과 태평양으로 분산시키면 독일이 대서양에서 연합국의 호송선단을 상대로 무제한 잠수함전을 전개할 수 있는 이점이 있다고 믿었다.[135]

히틀러는 1940년 9월 삼국조약Three-Power Pact을 체결해 일본과 이탈리아와 안보 공약을 강화했다. 따라서 일본이 미국을 상대로 전쟁을 하면 독일도 참여할 수밖에 없다고 생각했다. 미국과 미국 대통령을 향해 키워온 상당한 경멸감은 이러한 사고를 강화했다. (반면 일본은 소련이 독일과 전쟁 중이라는 이유만으로 소련을 공격해야 한다고 생각하지 않았다.)[136]

일본은 항공모함 작전에서 돌파구를 마련했고, 장거리 해상 매복 작전의 다른 측면도 발견해냈다. 당시의 정찰 시스템은 여전히 시각 센서를 이용한 중거리 항공기를 중심으로 이루어졌다. 즉, 육지에서 멀리 떨어져 구름층 안에 숨겨진 공해상의 함대들은 탐지되지 않은 채 이동할 수 있다는 얘기였다. 주요 해상 수송로를 벗어난 경우라면 그 가능성이 더욱 높았다. 일본은 함대가 대응할 수 있는 속도로 태평양을 가로질러 동쪽으로 이동하는 폭풍 전선 안에 숨어 항해하는 기술을 숙련시켰다. 더불어 해상 급유 작전에도 노력을 기울였다.

이러한 방법과 전술로, 야마모토 제독은 적에게 감지되지 않은 채 태평양을 가로질러 항공모함 6척을 포함해 무선침묵 기동대를 보냈다. (일본은 모두 10척의 항공모함을 보유하고 있었는데, 가장 최신형은 3만 톤급으로 미국의 현대 항공모함의 3분의 1 규모였으며, 항속거리는 1만 1000마일, 최고 속도는 시속 40마일에 육박했다.) 그 함대에는 유명한 '제로' 전투기와 '발Val', '케이트Kate' 폭격기 등 360대의 항공기가 탑재되어 있었다.[137]

야마모토의 전함들은 일본 북부 쿠릴 열도 근처에서 출발하는 북상 경로를 통해 하와이로 이동했고, 감지되지 않은 채 하와이에서 불과 수백 킬로미터 떨어진 곳에 접근했다. 12월 7일 아침, 일본군 비행기 몇 대가 1해안 기지 레이더에 포착되었다. 그러나 같은 날 미국 본토에서 도착할 예정이었던 B-17 폭격기로 오인되어 무시되었다. 미국은 일명 '매직 프로그램'으로 불리는 암호해독과 다른 형태의 정보 수집 능력을 동원해 무슨 일이 일어날지 예상하고는 있었지만, 그 무대를 하와이가 아닌 아시아로 예상하고 있었다. 따라서 오아후섬 기지의 모든 시스템은 준비되지 않은 상태였다. 게다가 상륙 휴가와 늦은 기상 시간이 허용된 평범한 일요일 아침이었다. 일본은 낮은 수역에서도 작동되도록 설계된 혁신적인 어뢰와, 강한 무기를 타격할 수 있도록 설계된 새로운 탄약으로 무장하고 있었다.[138]

유일한 위안이라면 최악의 피해는 면했다는 점이다. 미국의 태평양 항공모함 3척 모두 그날 오아후항에 정박해 있지 않았다. (당시 미국은 전 세계적으로 7척의 항공모함을 보유하고 있었는데, 둘은 보통 진주만에 근거지를 두었다).[139] 항구에 있던 전함 8척 중 애리조나와 오클라호마 단 2척만 이 공격으로 영구히 파손되었다. 물론 전체적인 피해는 매우 컸다. 함선 18척이 상당 부분 파손되었고, 미국 항공기 340여 대가 심각하게 파손되거나 파괴되었으며, 2400명 넘는 미국인이 목숨을 잃었다. 그러나 해안의 기반시설은 대부분 피해를 입지 않았다. 또한 대형 함선과 잠수함 대부분이 보전되었다. 대서양 함대도 아무런 영향을 받지 않았다. 물론 미국 본토의 막강한 산업력에도 전혀 타격이 없었다.[140]

야마모토는 적잖이 실망했다. 젊은 시절 미국에서 유학해 미국을 잘 알고 있던 그는 항상 미국이 각성하면 어떤 전쟁에서든 2~3년 안에 가공할 적으로 성장할 거라고 우려했다.[141] 어쨌거나 그와 일본군은 진주만 공격 다음날 (정확히는 현지 시각으로 10시간 후) 더글러스 맥아더 장군이 방어하는 필리핀을 공격해 활주로에 서 있던 미국 항공기 150대를 파괴했다. 이어서 괌과 웨이크섬, 홍콩을 점령했으며, 싱가포르 해안에서 장거리 항공기로 영국 군함 프린스 오브 웨일즈와 리펄스를 침몰시키는 등 태평양 전선에서 여러 목표물을 성공적으로 공격했다.

대부분의 미국인처럼 진주만 공습과 그 후속 공격에 분노한 루스벨트 대통령은 전쟁을 선택했다. 루스벨트와 코델 헐 Cordell Hull 국무장관(1933년 3월부터 1944년 11월까지 재임한 미국 역사상 최장수 국무장관)은 독일과 일본을 상대로 한 전쟁이 불가피하다고 판단했다. 일본의 공습 전부터 이런 생각을 갖고 있었는데 그 확신이 커진 것이다. 윌리엄 샤이어는 이렇게 썼다. "진주만 공습으로 전쟁 가능성이 확실해졌다. 그들은 확보한 정보에 따르면 고집불통 나치 독재자가 두 번째 가능성도 확실히 만들 거라 믿었다." 히틀러는 12월 11일 제국의회 연설에서 루스벨트와 미국에 대해 악의적인 비난을 퍼부으며 미국에 전쟁을 선포하는 운명적인 결정을 내렸다. 샤이어는 히틀러에 대해 이렇게 평했다. "그는 미국과 미국인에 대해 증오심을 키워 갔는데, 미국의 잠재력을 터무니없이 과소평가하는 생각도 함께 키워가고 있었다. 이는 장기적으로 더 악수로 작용하게 된다."[142] 일본 지도자들도 마찬가지였다. 같은 해 12월, 독일과 이탈리아, 일본은 미국이나 영국과 단독 강화를 맺지 않기로 추가 협정을 체결했다. 샤이어는 이렇게 평했다. "불과 6개월 전까지만 해도 히틀러는 포위당한 영국만 상대하며 전쟁에서 거의 이긴 것이나 다름없다고 생각했다. 자신의 선택으로 인해 세계의 3대 산업강국에 맞서게 되었다. 군사력의 핵심이 경제력에 달린 전쟁에서 말이다."[143]

12월 무렵, 유럽 전선에서는 전투가 더디게 전개되었다. 1941년 말 무렵, 전선은 대체로 정체 상태였다. '1월 장군', '2월 장군'으로 불리는 러시아의 겨울은 포위된 소련군이 독일 침략군을 물리치는 데 도움을 주었다.

그러나 1941년이 저물고 1942년이 시작될 무렵 태평양의 상황은 극도로 요동쳤다. 일본군은 강인함과 창의력을 보여주며, 깊은 정글에서도 순조롭게 이동해 1월과 2월에는 말레이반도와 싱가포르를 점령했다. 이는 영국 역사상 가장 처참한 패배 중 하나로, 10만 명이 넘는 영국, 인도, 말레이시아, 호주 병사가 전쟁 포로로 붙잡혔다. 영국군은 그간 동남아시아 전선에 많은 병력을 투입하지 않으려고 애썼는데, 1941년 말과 1942년 초에 그에 대한 대가를 치른 것이다.[144] 네덜란드는 현재 인도네시아라 불리는, 네덜란드령 동인도제도의 소유권을 유지할 능력이 부족했다. 결국 3월 무렵 일본은 이 군도의 주요 섬들을 점령하는 데 성공했다. 1942년 초 일명 '바탄 죽음의 행군-Bataan death march' 사건에서, 필리핀에 주둔하고 있던 미군은 규모는 작지만 효율적으로 기동한 일본 침략군에 의해 고립되었고, 기동력을 상실하여 사실상 아사 직전으로 몰려 항복하고 말았다.

하지만 일본의 공세는 한계에 이르렀다. 실론(스리랑카)과 호주, 이 두 나라에 공세를 펼쳤지만 심각한 위협이 되지는 못했다. 그렇지만 동남아시아 일대 서태평양 전 지역은 1942년 3월과 4월 무렵 일본의 보호령이 되었다.¹⁴⁵

1941년의 전황을 살펴볼 때 특히 마지막 전선을 자세히 논의해야 한다. 그해, '사막의 여우' 에르빈 롬멜Erwin Rommel 장군이 독일군과 추축군 사령관으로 북아프리카에 등장했다. 이탈리아군은 영국군이 그들을 상대로 우위를 점하기 전까지 이 지역에서 초기의 성공을 누리고 있었다. 영국에게 이 넓은 전선은 이집트와 이라크, 소말리아 같은 식민지가 있던 지역이자 수에즈운하를 통해 인도까지 연결되는 귀중한 교통의 중심지였다. 영국은 여전히 세계대제국이라는 생각을 품고 있던 탓에, 때때로 히틀러를 물리치는 데 중요한 것과 자국의 자부심과 제국의 지배에 중요한 것을 혼동하곤 했다. 프랑스(친나치의 비시 정부든 샤를 드골의 자유프랑스군이든 간에)에게는 북아프리카가 모로코, 알제리, 튀니지를 포함한 프랑스 식민 지배의 중심이자 프랑스 남부 해안과 직접 맞닿은 곳이었다. 그리고 (아직 참전 전이고 이 지역에는 1942년 말에야 등장하는) 미국에게 북아프리카는 유럽 남부로 공격해 들어가 히틀러를 칠 수 있는 발판이었다. 하지만 워싱턴은 이 지역에 대해서는 런던이나 모스크바에 비하면 관심을 덜 기울였다. 이탈리아에 있어서 북아프리카는 리비아나 에티오피아로 대표되는 식민지 확장 야망을 펼치는 무대였다. 독일은 절대적 이해관계가 크지 않았지만, 이탈리아가 곤경에 처하자 신경을 쓰고 힘을 보탰다.

1940년, 이탈리아는 초반에 몇 번 승리를 거두었으나, 이후 문제를 자초했다. 11월, 영국 항공기가 이탈리아 전함 3척을 공격했는데, 그중 하나는 수리할 수 없을 정도로 손상되었다. 그 후 영국은 아프리카의 뿔(에티오피아, 소말리아, 지부티가 자리 잡은 아프리카 북동부를 가리킴-옮긴이)과 북아프리카에서 이탈리아를 압도하며 더 넓은 지역으로 지상군 전력을 강화했다.[146] 1941년 초, 영국군과 자유프랑스군은 이라크의 쿠데타를 뒤집고 레반트 지역에서 비시 프랑스군을 몰아냈다.[147]

1941년 2월, 롬멜을 위시한 독일군의 도착으로 북아프리카에서 추축국 진영이 추진력을 얻게 되었다. 그러나 1941년 말, 영국군 사령관 클로드 오킨렉Claude Auchinleck이 반격에 성공하여 다시 흐름을 바꾸었고, 롬멜을 서쪽으로 몰아내 토브루크와 키레나이카(리비아 동부)의 상당 지역을 되찾았다. 뒤에서 더 논의되겠지만, 1942년과 1943년 동안 북아프리카는 양측이 공세를 주고받으며 요동치게 된다.[148]

이러한 역학 관계가 아주 놀랍진 않았다. 전쟁의 주요 당사국들은 북아프리카를 중요하긴 하지만 전쟁의 중심이거나 전쟁을 결정짓는 전선으로 여기지 않았고, 따라서 전력을 기울이지 않았다. 그런 데다 지형상 신속한 이동이 가능했기에 전장의 모멘텀은 빠르게 변했다. 여러 나라의 군대가 보급을 위해 항구와 항구를 이동했고, 지뢰밭, 양공feint, 매복 등을 주요 전술로 하여 적군을 차단하고 함정에 빠뜨리려고 했다. 영국과 손잡은 미국이 북아프리카를 주요 우선순위에 둔 1942년 이후에야 미국의 국가 역량과 힘의 근본적 요소들이 작용하면서 전투의 동력은 지속적이고 단호하게 한 방향으로 기울어진다.

1941년 12월 8일 그리고 그 이후에 펼쳐질 나날 동안 미국인들이 세상을 어떻게 보았을지 잠시 살펴보자. 그때까지 미국인 다수는 어떻게든 직접 참전은 피하기를 바랐다. 1941년 여름, 1940년에 법으로 정해진 '12개월의 복무 기간'을 연장해 달라는 루스벨트 대통령의 요청은 단 한 표 차로 의회를 통과했다.[149] 진주만 공습 이후, 일본 그리고 곧 뒤이어 독일과의 전쟁은 피할 수 없게 되었다. 미국인들은 분노했다. 한편으로 두려움도 느꼈다. 미국 본토가 위험할 수도 있다는 우려까지 일었다. 물론, 장거리 항공기, 핵 탑재 미사일, 침략군의 위협은 먼 미래의 일이거나 지리적으로 불가능한 일이었다. 그러나 잠수함 공격은 물론, 극단적인 경우 태평양을 횡단할 수 있을 만큼 보급력을 갖춘 항공모함 전단이 탐지를 피해 기습적으로 접근할 가능성을 완전히 배제할 수 없었다. 그 결과, 온 나라가 들썩였다. 인구가 많은 해안 지역, 특히 캘리포니아의 항공 산업지대처럼 일본의 공격 목표가 될 가능성이 높은 지역의 불안은 더욱 높았다. 주요 기반시설과 산업지대에 군대가 배치되었다. 미국 본토에 대한 일본의 공습을 고려해 탄약 비축량을 신중히 책정했으며, 일본 함대의 근접 접근에 대한 잘못된 정보가 미국 지휘부가 진위 여부를 판단하기도 전에 발표되기도 했다.[150] 사람들은 모두 불안에 떨고 있었다.

1941년이 저물고 1942년으로 넘어간 무렵, 처칠이 워싱턴을 방문했다. 아르카디아회담Arcadia Conference에 참석할 예정이었다. 그런데 루스벨트가 회담 전 사적으로 불쑥 찾아오는 바람에 목욕 중이던 처칠은 깜짝 놀랐다. 영국 총리는 벌거벗은 상태였다. "걱정 마시오. 영국 총리는 미국 대통령에게 감추는 게 아무것도 없습니다." 처칠이 말했다. 보다 실질적이고 전략적인 차원에서 '독일 우선' 노선이 재확인된 것은 아르카디아에서였다. 이는 1년 전인 1941년 초 워싱턴에서 열린 영·미간 'ABC 회담'에서 제안되었는데, 진주만 공습 이후에도 미국은 여전히 이 노선을 지지하고 있었다. 유럽에 대한 독일의 위협은 다른 주요 동맹국에 대한 일본의 위협보다 훨씬 첨예하고 전략적으로 중요하다는 논리였다.

아르카디아회담에서 합동참모본부 체제가 만들어졌다. 이후 몇 년 동안의 강력한 영미 협력 기반이 마련된 것이다. 또한 이는 전략에 대해 활발히 토론하는 장이기도 했다. 미국인들은 당시 영국 내에 주요 출동대기 기지를 마련하는, 일명 '볼레로 작전'에 이어 1943년 미군과 영국군이 집결해 유럽 북부에 상륙하는 계획을 선호했다.[151] 이러한 생각은 결국 1944년 노르망디상륙작전으로 이어졌다. 한편 영국은 초기 몇 년 동안 지중해와 아마도 발칸반도에 더 집중하고자 했기에 그날 이 문제에 대해서도 논의했고, 그 결과 1942년 말 북아프리카에서 햇불 작전이 수행되었다.[152]

1942년과 1943년 초의 대전환점

1942년이 저물 무렵, 2차 세계대전의 종전까지 아직 2년 6개월이 더 남은 상황이었다. 종전은 요원해 보였다. 그러나 1943년 연초 몇 주 동안 소련군의 전황이 개선되어 연합군 전력이 강화되면서 그해 말까지 전반적인 모멘텀이 바뀌었다. 결과는 좀 더 두고 봐야 했지만, 독일은 스탈린그라드와 캅카스 전투 이후 소련을 압도하며 결정적인 승리를 거둘 능력을 완전히 상실한 듯했다. 일본의 연승 행진도 산호해 해전에 이은 미드웨이 해전과 솔로몬제도 과달카날 전투에서 확실히 막을 내렸다. 중동과 지중해/북아프리카 전선에서는 사막의 여우가 대승에 이어 대패했고, 1942년 말에는 미군과 영국군 상당수가 해안에 상륙했다. 이 전선에서는 이후로도 많은 일이 일어나는데, 추축국들이 북아프리카에서 중동을 거쳐 캅카스까지로 이어지는 지역에 대한 지속적인 통제권을 확보할 가능성은 사라졌다.

미국이 참전하기 전인 1941년 8월, 연합국은 대서양헌장을 발표하면서 전후 독일의 군축을 요구하는 정책을 수립했고, 여기서 한 걸음 더 나아가 1943년 1월에는 모로코 카사블랑카에서 무조건적 항복 요구를 발표했다.[153] 이로써 전쟁은 더 가열되었다. 그러나 산업력, 인력, 지리적 확장 면에서 3대 전쟁 강국인 소련, 영국, 미국의 연합은 독일과 일본이 어떤 상황에서도 도전하기 힘든 거대한 조직임에 분명했다. 그리고 그 연합체에서 나온 묘책, 즉 원자폭탄이 미국에 의해 재빠르게 개발되고 있었다.

그러나 전략적 추진력에 대한 명확한 그림이 나오기 전인 1942

년에는 양측이 수차례 승패를 주고받았다. 독일과 일본의 전쟁 계획은 그해 상당 기간 상당한 가능성을 보여주었다.

동유럽과 소련 전선은 단연코 여전히 세계적으로 치열한 전투의 주무대였다. 발트해에서 흑해까지 남북으로 길게 뻗은 전선이 거의 그대로 유지되고 있었다. 이 시점에서 우랄산맥 동쪽으로 재배치된 소련의 거대한 군수산업은 엄청난 양의 전투 장비를 쏟아내고 있었고, 러시아 청년들은 400개 사단을 편성하고도 남을 만큼 대규모로 동원되었다. 병력 동원 면에서 독일은 1942년 초봄의 전투까지 필요한 병력 대비 60만 명이 부족한 상태였다.[154] 소련을 포괄적으로 물리치려던 야심은 이제 축소돼야 할 터였다. 그렇지만 독일에게는 큰 이점이 있었다. 1941년 공격으로 소련 서부 영토 대부분을 점령하고 있었던 것이다. 이곳은 소련 인구의 거의 절반이 거주하며, 식량의 절반이 생산되고, 석탄과 금속의 50~65퍼센트가 산출되는 지역이었다. 1942년 히틀러의 목표는 이러한 기존 입지를 발판 삼아 흑해와 카스피해 사이에 있는 소련의 주요 유전을 점령하는 것이었다. 그 영토를 점령한 뒤, 이집트, 레반트 국가, 튀르키예, 이란을 거쳐 동쪽으로 이동하는 롬멜 및 다른 부대와 만난다면, 세계 유전의 상당 부분이 거대한 원으로 이어져 독일의 통제하에 놓이게 될 터였다. 또한 그는 스탈린그라드를 점령하거나 적어도 접근함으로써 이 지역과 그 안의 유전을 중부 및 동부 러시아와 군수 공장으로 연결하는 수송로를 차단해 독일이 석유를 확보하고 러시아가 석유를 얻지 못하게 하고자 했다.[155]

1942년 여름 무렵, 독일은 어느 정도 성공을 거두었다. 독일군은 카스피해뿐만 아니라 그로즈니로 접근하며 많은 유전을 차지했다. 그리고 스탈린그라드 지역까지 이르렀다. 나치의 목표 달성이 코앞에 다가온 것 같았다.

대서양 전투도 히틀러의 뜻대로 진행되고 있었다. U보트는 한 달에 탑재량 70만 톤에 상당하는 연합군 선박을 침몰시켰다. 엄청난 성과였다. 또한 롬멜은 북아프리카에서 1942년 5월과 6월의 실패를 딛고 영국군을 동쪽으로 몰아내며 알렉산드리아와 나일강에서 불과 100여 킬로미터 떨어진 이집트 엘알라메인까지 진격하는 큰 성과를 거두었다. 롬멜은 독일군이 몰타와 영국 지중해 함대를 상대로 한 항공작전에서 성공한 덕분에 지중해에서 보다 쉽고 안전하게 재보급을 받을 수 있었다.[156]

그러나 이러한 성공들이 곧 문제를 가져왔다. 지금까지 독일의 보급선은 길게 노출되어 있었는데, 특히 소련에서 이러한 면이 두드러졌다. 독일은 보통 규모의 서유럽 국가 동쪽으로 수천 킬로미터 이상 떨어진 곳에서 거대한 전투를 수행한 반면, 상대는 규모와 영토에 있어서 엄청난 우위를 누렸다. 소련은 미국에게서 무기 대여 지원을 받았고, 거기에 더해 성공적으로 군수산업을 재배치하여 우랄산맥 동쪽에서 개량된 전투기 및 T-34 전차를 대량생산해내었다.[157] (미국은 전쟁 중 전차 3만 7000대, 트럭 80만 대, 비행기 4만 3000대, 소총 200만 정을 동맹국들에게 보냈고, 1942년 무렵에는 미국산 무기가 소련으로 직접 흘러들어가기 시작했다.)[158] 독일의 군사계획가들은 독일의 한정된 자원과 과도하게 확대된 병참선을 보완하기 위해, 무장 상태가 제각각인 루마니아군, 헝가리군, 이탈리아군에 의존할 수밖에 없었다. 히틀러는 동쪽으로는 스탈린그라드를, 남쪽으로는 캅카스 전역을 점령할 수 있다고 믿으며 점점 더 현실과 괴리된 채 과신과 탐욕을 키워갔다. 최고위 장군들은 그를 말렸지만 그의 마음을 바꿀 수는 없었다. 결과적으로 독일군의 측면 경계는 점점 더 약해질 수밖에 없었다.

그해 말, 소련군은 제6군을 포위하고 독일군 진지의 양 측면을 공격하는 데 성공했다. 히틀러는 장기간의 격렬한 시가전으로 어떤 성과를 얻지 못했는데도, 1942년에서 1943년으로 이어지는 겨울까지 스탈린그라드 근처의 위치를 고수할 것을 고집했다. 이러한 결정으로 1943년 초반까지 이 전선에서 독일군 20만 명 이상이 죽거나 항복했다.

한편, 아프리카에서도 전세가 역전되기 시작했다. 영국군은 버나드 로 몽고메리Bernard Law Montgomery 장군과 헤럴드 알렉산더Harold Alexander 장군이 이집트에 도착하고 증원군과 보급품이 지원되면서, 10월과 11월 전투에서 전세를 역전시킬 수 있었다. 다시, 히틀러는 불쾌한 현실을 직시하려 하지 않으며 완고하게 독일군에게 최선을 다해 현재 위치를 고수할 것을 요구했고, 이는 불필요한 큰 손실로 이어졌다.[159]

그 후 이번 전쟁에서 처음으로 상당한 규모의 미군이 동쪽으로 이동해왔다. 미국과 그 동맹국들은 횃불 작전으로 독일과 이탈리아를 놀라게 했다. 20개 이상 사단의 10만 명이 넘는 병력이 그해 11월 모로코와 알제리에 합동 상륙했다. 모로코를 선택한 것은 독일이 지중해 지역에서 문제를 일으킬 가능성에 대비하는 근거지로 삼기 위해서였다. 초반에 비시 정부의 프랑스군이 저항했지만, 연합국은 해안에 상륙할 수 있었다.

1943년 2월, 연합군은 튀니지와 아틀라스산맥 일대에서 독일-이탈리아군과 전투를 벌였다. 유명한 카세린 협곡 전투에서 독일군은 우세를 보였으나, 전투가 전개되면서 미국 포병의 활약에 힘입어 결국 밀려나고 말았다.[160]

이 전선은 이제 양측에게 상당한 노력을 기울여야 하는 지역이 되었다. 스탈린은 유럽에서 제2전선을 형성하고자 했지만, 소련군이 독일국방군과 싸우는 유일한 연합군이 되는 건 원치 않았다. 북아프리카의 전투들은 최고 지도부의 능력을 테스트하는 무대이자 미군과 영국군의 사기를 충전하는 계기로 작용했다. 또한 유럽 전투에 자국 군대 투입이 지연되는 데 미국인들이 불안해하고 있음을 감지한 루스벨트에게는 일종의 정치적 압력 밸브 역할을 했다.

히틀러는 승리에 대한 고집과 (일부 전선을 부차적으로 여기거나 필요한 경우 전략적 철수를 허락하지 않은) 무능함으로, 고집대로 밀고 나갈 자원이 없는 상황에서도 공세에 주력했다. (이런 맥락에서 가장 주목할 것은 독일군이 완전히 포위되었던 스탈린그라드 전투다.) 독일은 아프리카에서 자신들의 위치를 강화할 수 있었고, 적어도 전역 초기에는 지중해를 건너 꽤 원활하게 병력을 공급할 수 있었다. 그러나 연합국이 유럽에서 튀니지로 이어지는 추축국의 병참 수송선을 제한하는 등 전반적으로 압도적 우세를 점했다. 1942년 말부터 1943년 중반까지 북아프리카에서 발생한 사상자는 양측 각 약 5만에서 7만 5000명으로 추산되는데, 중요한 점은 추축국의 25만여 명이 포로로 잡혔다는 것이다.[161]

북아프리카에서의 승리로 연합군이 시칠리아를 거쳐 1943년 이탈리아 본토로 이동할 수 있는 여건이 마련되었다. 추축군은 지중해 근처나 시칠리아를 침공하는 연합군을 막을 여력이 없었다.[162] 아프리카 전역은 드와이트 아이젠하워Dwight D. Eisenhower 장군의 등장과 성장에도 기여했다. 그는 승패를 예측하기 힘들었던 횃불 작전에서, 초반 몇 번의 불확실한 결정을 내리며 고군분투한 끝에 작전이 끝날 무렵에는 노련하고 자신감 있는 지휘관이 되었다.[163]

북아프리카에서 벌어진 전투에 대해 릭 앳킨슨Rick Atkinson은 다음과 같이 예리한 시각으로 서술했다.[164]

횃불 작전이 작전상 성과 외에 가진 의의는 바로 워싱턴과 런던이 유럽 북부 상륙을 서두르는 바람에 재앙으로 끝날 뻔한 위험을 막았다는 것이다. 대서양의 장벽 뒤에 대기하고 있던 수십 개의 독일군 사단을 생각하면, 프랑스는 상륙하기에 매우 불리한 곳이었다. 횃불 작전도 미국 육군 항공대가 공식적으로 '전쟁 중 미국과 영국이 벌인 가장 승률 낮은 도박'이라고 할 만큼 큰 위험이 있었지만, 그 덕분에 확률이 개선될 때까지 영국해협을 건너 침공한다는 더 큰 도박을 뒤로 미룰 수 있었다.

태평양에서는 1942년 들어 큰 흐름의 변화가 감지되었다. 대표적으로 가장 큰 사건은 4월의 둘리틀 공습이었다. 16대의 B-25 폭격기가 일본 동쪽 수백 킬로미터 떨어진 해상의 항공모함에서 은밀히 이륙하여 도쿄를 폭격했다. 루스벨트는 언론에 이 폭격기들이 당대 인기 소설(제임스 힐튼James Hilton의 소설 《잃어버린 지평선Lost Horizon》-옮긴이)에 등장하는 중국의 가상공간 '샹그릴라'에서 출발했다고 농담했다. 일본의 초계함이 항공모함의 접근을 인식하지 못할 거리에서 발사해야 했으므로 조종사 대부분은 중국 상공에서 탈출했는데, 그 과정에서 조종사와 승무원 9명이 목숨을 잃었다. (3명은 일본군에 처형되었고, 나머지는 이후 일본군 포로수용소에서 사망했다.)[165]

5월, 호주와 뉴기니 인근에서 벌어진 산호해 해전에서는 두 함대가 서로 가시권 내로 접근하지 않고 함재기로 항공전을 벌였다. 이 전투는 뉴기니섬의 남동쪽 끝 포트모르즈비를 호주의 통제로부터 빼앗겠다는 열망 그리고 이 지역에서의 입지 강화 시도로 이루어졌다. 즉 일본이 향후 호주를 공격하거나 미국과 연결되는 해상로를 확보하기 위한 전초전이었다. 양측 모두 항공모함 1척을 잃었고, 무승부로 끝났다. 일본군은 적함에 피해를 입히는 면에서는 약간 우세를 보였지만, 호주로 남하하겠다는 야망은 이루지 못했다. 게다가 무승부나 다름없는 결과는 시간이 지나면서 국가 규모나 군수산업에서 열세인 일본에게 불리하게 작용했다.[166]

1942년 태평양에서 뒤이어 일어난 큰 전투는 하와이 근처 미드웨이섬에서 벌어졌다. 미드웨이 해전은 6월 4일부터 6일까지 더 짧은 기간 전개되었다. 산호해 전투에서처럼, 미국은 일본의 통신을 감청하고 암호를 해독해 일본의 계획을 상당 부분 알아냈다. 야마모토 제독은 휘하의 함대를 둘로 나누어 항공모함 단 4척만 미드웨이섬에 접근시켰다. 수상함과 수륙양용함으로 미드웨이를 공격하면 미국이 자국 영토를 방어하기 위해 진주만을 나올 것이고, 그때 매복하고 있던 항공모함으로 기습 공격하면 승산이 있다고 보았다. 이는 충분히 타당한 생각이었다.

하지만 미군은 야마모토가 어디에 위치했고 무엇을 하려는지 알고 있었기에 그를 먼저 찾아냈다. (물론 먼저 일본의 함재기가 미드웨이섬을 공격하는 데 성공했다. 이는 전체 전투 중 첫 번째 공격이었다.) 미군은 엔터프라이즈호, 호넷호, 요크타운호에서 항공기를 띄워 다른 방향에서 일본 함대를 기습했다. 초기의 미국 뇌격기는 적에게 피해를 거의 입히지 못한 채 상당히 파손되었으나, 한 가지 긍정적 성과를 냈다. 일본의 방어력을 저고도 위협에 집중시킨 것이다. 그래서 고고도의 미국 급강하 폭격기가 2차 공격을 감행했을 때, 일본은 제대로 대응할 수 없었다. 결국 일본군 항공모함 3척(아카기호, 카가호, 소류호)과 네 번째 항공모함 히류호는 추가 공격으로 손실되었다. 미국은 이 전투에서 6월 4일 공격으로 요크타운호가 파손되었고, 6월 7일 일본의 잠수함 공격으로 항공모함 1척을 잃었다.[167] 그러나 전반적으로 미군의 우세였다. 미국은 한 번에 일본 항모함대의 40퍼센트, 항공모함의 3분의 2를 파괴했다. 미국보다 산업 생산력이 작은 일본이 감당하기 어려운 엄청난 손실이었다.[168] 진주만 공습 이후 6개월 만에 미드웨이에서 승리를 거두면서 태평양함대 총사령관 체스터 니미츠Chester Nimitz 제독은 조금이나마 긴장을 풀 수 있었다. 이후 그는 전쟁 중 가장 두려웠던 순간을 묻는 질문에 "취임 후 첫 6개월간"이라고 답했다.[169]

남태평양으로 돌아가보자. 진주만 공습 이후 불과 몇 주 후, 일본은 뉴브리튼섬, 툴라기섬에 이어 5월에는 과달카날섬의 영국과 호주 진지를 폭격하고 점령했다. 그리고 7월 무렵, 그곳에 비행장을 건설하기 시작했다. 일단 비행장이 완성되면 해군보다 효율적이고 지속적으로 호주로 이어지는 연합군의 해상 수송로를 위협하고, 남쪽과 동쪽으로 영향력을 확대하는 잠재력을 갖게 될 터였다.[170]

이에 미국은 8월부터 이 섬들을 되찾기 위해 노력했다. 어떤 면에서 그 일환으로 벌어진 전투들은 상륙, 지상 기반 및 해상 기반 공군력, 지상 전투력, 정글전, 치열한 재보급과 증원 노력이 총동원된, 태평양 전쟁 전체의 축소판이라고 볼 수 있다.[171] 이러한 개념과 개조된 장비는 1920년대와 1930년대에 미 해병대가 참호를 구축한 적을 상대로 상륙 공격을 펼치기 위해 개발한 것이었는데, 드디어 실전에서 시험대에 오른 셈이다. 이때 시험된 여러 아이디어에는 연막탄 사용, 주간 및 야간 상륙, 다양한 정도의 병력 집중과 분산 공격 및 여러 단계의 공격준비폭격 등도 포함됐다.[172]

8월 7일, 약 1만 명의 미군이 과달카날과 인근의 툴라기에 아무런 저지를 받지 않고 상륙했다. 그러나 상륙 과정에서 별다른 공격이 없었다고 해도 무사히 섬을 점령한 것은 아니었다. 미군은 두 섬의 내륙에서 일본군의 저항에 부딪혔다. 8월 9일 벌어진 사보섬 해전에서는 미군의 진지 구축을 막으려는 일본군의 공격으로 미국은 여러 척의 군함을 잃었다. 일본군은 어뢰와 지상군의 포격을 이용한 (항공모함이 없었거나 참여하지 않은) 야간 공격으로 연합군 순양함 4척(그중 한 척은 호주군)을 격파했다. 해군참모총장 어니스트 킹Ernest King 제독은 이날을 전쟁 중 최악의 날로 기억했다. 그래도 어떤 면에서 미군은 운이 좋았다고도 할 수 있다. 미군의 공중 보복을 염려한 일본군 함정들이 동트기 전 그 지역을 벗어나기 위해 더 이상 공격을 감

행하지 않았으니 말이다. 그 덕분에 미국 수송선단과 보급선단은 보존될 수 있었다.[173]

이후 며칠, 몇 주, 몇 달에 걸친 치열한 전투가 벌어졌다. 그중 일부 전투는 거의 끊임없이 이어졌다. 뉴브리튼섬 라바울 내 일본군 기지의 항공기들이 빈번하게 공습을 퍼부었다. 인근 부건빌섬의 친절한 원주민의 도움을 받아 섬 내륙에 몸을 숨기고 있던 호주군 '해안 감시대'의 잭 리드Jack Read와 폴 메이슨Paul Mason이 이를 목격하고 연합군 측에 무전으로 보고했다. 양측은 과달카날과 인근 다른 지역의 진지에도 증원군과 물자를 보급해야 하는 상황이었다.[174]

시비Seabees라고도 불리는 해군 공병 및 건설대는 과달카날에 헨더슨 비행장Henderson Field을 건설했다. 2차 세계대전은 새로운 전투 전술뿐 아니라 수송, 보급, 동원의 돌파구를 위한 실험실이 되고 있었다.[175]

양측은 교착상태를 타개하거나 군사적 우위를 점하기 위해 여러 차례 추가적인 시도를 주고받았다. 일본군은 이 시기 섬에 상륙한 미군 전력을 매우 과소평가한 정보로 잘못 판단하는 바람에, 8월 20일 미국의 주요 진지를 향해 '반자이 돌격'을 시도했고 실패했다.[176] 며칠 후인 8월 24일에는 동솔로몬 해전이 일어났다. 항공모함과 수송선으로 편성된 일본 함대가 과달카날에 접근하려 하면서였다. 일본이 한동안 전술적 우위를 점했고, 미 항공모함 U.S.S. 엔터프라이즈호가 몇 차례 심각한 타격을 입었다. 하지만 훌륭한 소방 기술 덕분에 파괴는 막을 수 있었다. 과달카날의 지상 기반 비행대 역시 미군을 구하는 데 일조했다. 일본군의 다음 돌격은 9월 13일부터 14

일까지 헨더슨 비행장 근처 정글에서 이뤄졌다(8월말 야간에 상륙한 증원군 지원의 도움을 받았다). 하지만 미군을 섬 밖으로 몰아내지는 못했다.[177] 그러나 미군은 9월 14일 어뢰 공격으로 항공모함 와스프호를 잃었다. 엔터프라이즈호와 사라토가호가 이전의 공중공격과 잠수함공격으로 일시적으로 현장에서 철수한 상태였다.[178] 이 두 전함은 이후 수리를 마치고 임무에 복귀한다.

1942년 10월 중순, 일본군은 헨더슨 비행장의 해병대 기지에 대대적인 야간 포격을 감행했다. 미국의 제공권을 무력화하여 대규모 병력을 섬의 다른 지역으로 이동시키기에 충분한 시간을 확보해 대대적인 지상공격을 준비하기 위해서였다.[179] 그러나 그 노력은 실패로 돌아갔고, 이후 보급 확보도 실패했다. 일본군은 과달카날에서 수적으로 증가했지만, 보급이 충분히 이루어지지 않으면서 많은 병사가 아사하고 말았다.[180]

산타크루즈 해전(10월 25~26일)과 과달카날 해전(11월 13~15일)으로 미국은 항공모함 호넷을 비롯해 상당한 추가적인 손실을 입었다.

일본은 과달카날에 병력을 지원하려고 최선을 다했지만, 근방의 미국 지상 기반 항공기와 함재기에 의해 저지당했다. 미국은 시간이 흐르며 승기를 잡자 과달카날에 해병대를 증원하고 물자를 보급하는 데 노력을 기울여 안전을 확보하고 솔로몬제도를 통해 북쪽 항로로 이어지는 거점을 마련하고자 했다.[181]

몇 번의 승리와 몇 번의 패배 이후, 미국은 압도적으로 강력한 자원을 기반으로 동력을 구축하기 시작했다. 승부가 결정나지 않은 채 싸움은 장기화되었고, 미국의 의지가 꺾이지 않는 한 이제 일본은 교전의 규모를 주도할 수 없게 되었다.[182] 6개월이 넘게 이어진 과달카날/솔로몬제도의 전투에서 양측의 군함과 항공기 손실은 비슷한 수준이었지만, 인명 피해는 일본군이 훨씬 더 컸다. 일본군은 굶주림이나 반자이 돌격으로 사망했고, 항공기 조종사라면 기지에서 멀리 떨어진 바다에 추락해 죽었다.[183] 미국은 거점을 수립하고 확보함으로써 해군 최고지도자인 미국 함대 사령관이자 해군참모총장 킹 제독의 비전을 실현하기 시작했다. 그는 이렇게 설명했다. "작전의 일반적인 계획이나 개념은 호주와의 통신망을 보호하는 것뿐 아니라 이를 통해 북서쪽 방향으로 차근차근 전진할 '강력한 거점'을 마련하는 것이다."[184] 미군은 태평양함대 최고사령관 체스터 니미츠Chester Nimitz 제독과 10월에 남태평양 방면 해역 사령관에 취임한 '황소' 빌 홀시Bill Halsey 제독의 지휘하에 일본 함정과 기타 자산에 대해 공습을 계속한 끝에 11월 말 무렵 사실상 일본을 과달카날에서 몰아냈다.[185]

그해 말, 산호해와 솔로몬제도에서의 손실을 합산하면, 일본은 항공모함 6척을 잃었다. 상황은 연합국 측에 조금 더 유리해졌다. 미국의 항공모함 손실도 적지 않았지만, 렉싱턴, 요크타운, 와스프, 호넷, 4척으로 일본보다는 피해가 적었다.[186] (이후 건조한 에섹스급 항공모함에 이 4척의 이름을 붙였다.) 미국의 첫 항공모함인 U.S.S. 랭리도 다른 항공모함과 마찬가지로 1942년에 손실되었다. 하지만 그 무렵에는 사실상 수송선으로 활용되었을 뿐 작전용 항모 역할은 하지 못했다.[187] 게다가 일본은 대체 항모를 만들어낼 여력이 없었다. 1942년 이 저물 무렵, 킹 제독은 단언했다. "우리는 이 전쟁에서 이길 것이다."¹⁸⁸ (전쟁이 끝날 무렵, 미국은 에섹스급 중항모 12척, 속도도 빠른 인디펜던스급 경항모 8척, 속도는 느리지만 충분한 위력을 갖춘 카사블랑카급 호위항모 18척을 인도태평양 해역에 배치한다. 1944년 6월, 총 13척에 달하던 일본의 항모는 1척으로 감소한다.)¹⁸⁹

킹 제독이 이렇게 낙관적인 말을 한 경우는 매우 드물었다. 맥아더 장군처럼 그 역시 매우 냉정한 사람이었다. 킹의 딸조차 "세상에서 가장 차갑고 무서운 사람이다. 아버지는 모든 것에 화를 냈다"고 할 정도였다. 맥아더와 킹은 태평양에서 육군과 해군 간 경쟁을 대표하는 인물로, 서로 사이가 상극이었다. 이는 전쟁 중 자원 배분과 지휘권을 결정하는 데도 문제가 되곤 했다. 일례로, 지도부는 니미츠와 해군(그리고 마리아나제도를 통한 일본 접근), 그리고 맥아더와 육군(그리고 필리핀을 통한 접근) 중 무엇을 우선할지 결정해야 했다. 다행히 육군참모총장 조지 마셜George Marshall, 전쟁부 장관 헨리 스팀슨, 해군장관 프랭크 녹스Frank Knox, 합참의장 윌리엄 레이히William Leahy 등 수장들은 더욱 침착함을 발휘해 이들이 의사결정 과정에서 서로 등 돌리지 않도록 조율했다. 그럼에도 해소되지 않고 남은 문제가 있었고, 이는 1944년 말 (뒤에서 다룰) 레이테만 전투에 큰 영향을 미치게 된다.¹⁹⁰

1942년 말 무렵, 킹은 낙관적인 입장이 되었지만, 미국과 연합국 측의 다른 사람들은 아직 그렇게 생각할 수 없었다. 태평양과 중부 유럽에서 흐름이 바뀌긴 했지만, 전투는 여전히 치열했다. 북아프리카에 미군이 도착하여 영국군과 소수의 자유프랑스군과 연합해 궁극적인 성공을 거둔다고 해도 그들이 유럽으로 상륙하는 길을 찾는

다고 보장할 수 없었다. 게다가 소련군은 전쟁의 가장 격전지인 중부와 동유럽에서 독일군을 상대로 확실한 승리를 거두지 못했다.

더욱이 대서양 전투에서는 아직 승리하지 못했다. 사실 1943년까지 전황은 계속 연합군에게 불리하게 전개되었다. 소련군의 전쟁 지속 가능성은 물론, 1944년 6월 감행하게 될 프랑스를 통한 유럽 상륙작전 준비 가능성조차 자신하기 어려운 상황이었다.

이 시점에서 독일의 U보트 생산은 크게 증가했고, 배치된 각각의 잠수함은 연합군의 전술 및 기술 부족 덕분에 1년 내내 생존할 수 있었다. 분명 전략적 차원에서는 독일군이 크게 유리했다. 따라서 그해 동안 독일 잠수함 함대의 총규모는 점차 커졌다. 미국, 영국, 기타 연합국 및 중립국 선박의 월간 침몰량은 약 60만 톤에 달했다. 이 시기 미국의 활약은 미미했다. 초반에는 앞서 언급한 바와 같이 미국은 호송선단에서 수송선을 운행하거나 호송선단을 호위하는 데 반발했다. 대잠용 장거리 항공기 생산과 사용에 우선순위를 두지도 않았다. 잠수함 탐색 방법이나 대잠용 무기도 형편없었는데, 이는 1920년대와 30년대에 미국 해군이 서서히 커지던 잠수함의 위협을 충분히 인식하지 못했기 때문이기도 하다.[191] 언급한 바와 같이, 전시생산국War Production Board이 미국 산업의 방향을 상업 제품에서 군수물자 생산으로 바꾸면서, 미국의 선박 생산량은 증가하기 시작했다. 그러나 새 함정 생산량은 손실분을 메우기엔 아직 부족했다. 암호해독 분야에서도 어려움을 겪었다. 독일은 암호생성기를 에니그마로 변경했고, 연합국의 울트라Ultra로는 이들 늑대무리의 위치를 알 수 없게 되었다.[192]

1942년은 (그리고 1943년 초반의 몇 주는) 전쟁의 전환점이 되었다. 그러나 모든 전투 영역에서 그런 것은 아니었고, 당시에는 전환점이라고 인식하기도 어려웠다. 연합군이 이를 실감하려면 1943년 봄과 여름까지 기다려야 한다.

승리를 향해 느리지만 꾸준히 나아가다
: 1943~1945년

1943년 봄이 되자, 전쟁의 주요 역학 관계가 확립되었고 주요 전략적 결정이 이루어졌다. 리처드 오버리Richard Overy와 몇몇 역사가들이 설득력 있게 주장하듯, 승리가 요원해 보이던 초기와는 달리, 연합국의 승리 가능성이 가시화되었다.[193] 물론 1943년 이후에도 전투는 치열했고, 수많은 전투가 벌어졌다.[194] 그러나 전쟁의 궤적과 정점에 이르기까지 과정의 주요 형태는 점점 더 명확해졌다. 특히 이 책에서 주안점을 둔 전역의 맥락에서, 전 기간 중 특정 시기의 어떤 주요 전선으로 범위를 좁혀보면 더욱 그렇다. 이제 1943년부터 1945년까지의 기간을 전선별로 살펴보겠다.

1943년 초의 첫 번째 중요한 전환점은 운명을 가른 대서양 전투라고 할 수 있다. 이로써 연합국은 대서양에서 우위를 점하며 다시는 빼앗기지 않았다. 호송대는 전에 없던 (소형 항공모함이나 지상 기지에서 출격한) 항공기의 보호를 받기 시작했다. 퇴역 육군 장군 몬티 메이그스Monty Meigs는 이 성과를 이해력이 느린 해군 제독이 아닌, 대잠수함 작전에서 공군력의 중요성을 인식한 과학자와 시스템 분석가들의 공으로 돌린다.[195] 이 시점에서 연합국도 더 뛰어난 레이더 기술력을 보유하게 되었고, 위협적인 U보트가 상호간 또는 해안의 본부와 교신하거나 순항 속도를 높이기 위해 수면에 떠오를 때(당시의 잠수함은 물속에 있을 때보다 수면에 있을 때 훨씬 더 빠르게 이동할 수 있었다) 이를 탐지하고 공격할 수 있었다. 또한 연합군은 통신 감청과 암호해독을 통해 독일 통신의 많은 부분을 파악해냈다. 프린스턴대의 해롤드 페이브슨Harold Feiveson 교수가 썼듯, "1943년 봄에는, 단호한 지도부, 수많은 호위함, 장거리 폭격기와 호위 항공모함이 제공하는 공중 보호, 울트라, HF/DF, 센티미터파 레이더centimetric radar 등의 모든 발전이 실전에 도입되었다." 울트라는 독일이 암호생성기를 바꾸는 바람에 무력해졌던 연합국 암호해독가들이 심기일전하여 다시 확보한 암호해독 능력이며, HF/DF(고주파 방향 탐지)는 U보트의 무선 송출을 탐지할 수 있는 연합국의 레이더 수신기이다. 센티미터파 레이더는 단파장 레이더의 한 형태로, 항공기나 함선에 쉽게 설치되며 U보트에 탐지되지 않았다.[196] 이러한 전술적 혁신만큼 중요한 것은 연합국의 선박 건조율의 순상승이었다. 1942년에는 건조율이 손실률과 거의 비슷한 수준이었으나, 1943년에는 손실률이 절반 가까이 감소하면서 건조율이 두 배로 증가했다.[197]

변화는 경이로웠다. 연합국의 선적 손실은 1943년 3월 60만 톤에서 4월에는 32만 7000톤, 5월에는 26만 4000톤으로 감소했다. 1944년 무렵, 1년간 총손실은 17만 톤에 불과했다. 한편, 독일은 U보트를 점점 더 많이 투입했고, 1939년과 1940년에는 한 달에 3척,

1941년 대부분 기간에는 거의 5척, 1942년에는 약 8척, 그리고 전쟁 후반에는 잠수함을 가까운 해역으로 철수시켰음에도 마지막 2년 반 동안 한 달에 20척 이상의 손실을 기록했다.[198]

정리해보면 다음과 같다. 연합국과 중립국의 총선적량은 전쟁 초반 약 4000만 톤이었다. 1942년 후반과 1943년 초반, 최악의 상황이었을 때 그 수치는 약 3000만 톤까지 떨어졌으나 전쟁 후반에는 4500만 톤을 넘는 수준으로 회복되었다.[199]

그리고 전쟁이 끝날 무렵, U보트 1162척 중 785척이 침몰했다.[200] 연합군은 대서양에서 총선적량 1300만 톤에 달하는 2500여 척의 상선과 175척의 군함을 잃었다. 대부분 영국의 피해였다.[201]

통풍관이 1944년 등장하여 U보트는 잠항 상태에서도 디젤 엔진을 가동해 빠르게 이동할 수 있게 됐다. 그러나 그해 말 독일이 프랑스 항구들을 잃는 바람에 그 효과를 제대로 누리진 못했다.[202] 해군의 다른 발전 또한 연합군에 유리하게 작용했다. 특수부대는 노르웨이 북부 카피요르드 항구에 정박한 독일의 거대 전함 티르피츠호를 목표로 영국 밖에 배치된 소형 잠수함을 동원해 공격을 가했고 성공했다. 이로 인해 독일은 노르웨이해와 소련으로 이어지는 연합군의 항로를 영구적으로 사용할 수 없게 되었다.[203]

동부전선에서는 1943년에 접어들어 양측이 수천 대의 전차와 수백만의 병사를 동원해 병력을 집결하며 공격에 대비했다. 목표는 키예프와 모스크바 사이를 남북으로 관통해 확립된 전선 지역을 차지하는 것이었다. 이 전선은 레닌그라드/상트페테르부르크 주변 북쪽에서 시작해 크림반도 근처 아조프해 북동쪽 끝의 로스토프까지 이어진다. 이전 해에 비하면 그리 거창한 목표는 아니었다. 소련이 전력을 강화하기는 했지만, 베를린으로 진군하기에는 아직 역부족이었다. 히틀러는 전투가 독일의 뜻대로 전개되었던 초기였다면 동쪽까지 진격한 뒤 북쪽으로 전진하여 아래에서부터 모스크바를 점령하는 꿈을 꾸었겠지만, 이제는 강력한 한 방을 날리기보다 점차 성장하는 소련 군사력을 파괴하기만을 원했다.[204]

그러나 이조차 히틀러의 뜻대로 되지 않았다. 소련은 공격을 예상하고 '쿠르스크 돌출부'에서 치열한 방어전을 대비하고 있었다. 소련이 점령한 영토의 서쪽, 나치 점령지 쪽으로 튀어나온 지역이었다. 히틀러는 이 돌출부에 대한 대대적인 공격을 허가할지 망설였다. 마침내 7월 5일, 그는 마지못해 성채 작전을 개시했다. 독일의 신형 판터 전차와 티거 전차, 소련의 '이오시프 스탈린' 전차가 맞붙었다. 국지적인 공간에서 잔혹하고 지속적인 폭격이 감행되는 등 여러 면에서 1차 세계대전의 거대한 포위전과 비슷한 양상이었다. 독일군은 돌출부의 수백만 소련군을 차단하고 섬멸하고자 했지만, 소련군은 수십만 개의 지뢰를 매설하며 요새화할 시간을 가진 터라 독일의 공격에 준비 태세를 갖춘 상태였다.[205] 독일군의 노력은 몇 주 만에 실패했고, 소련군은 독일군을 상대로 곧바로 공세를 개시하여 큰 성공을 거두었다.[206]

이 무렵 독일은 승리를 확신하며 소련 심장부를 공격할 수 있는 전력이 더는 아니었다. 그러나 히틀러는 너무도 완고했고, 공격 일변도의 사고를 바꾸지 않았다. 그리하여 시간을 두고 방어선을 좁혀가는 탄력적인 방어전 개념을 받아들이지 못했다. 오히려 에리히 폰 만슈타인Erich von Manstein, 발터 모델Walter Model, 귄터 폰 클루게Gunther von Kluge 등 휘하의 장군들에게 최선을 다해 공격하고, 당시 점령했던 전 지역을 지키도록 강요했다. 7월이 되자 소련군은 약 650만 명에 달했다. 이는 독일이 소련 전선에 배치할 수 있는 병력의 2배에 달하는 규모였다. 1944년 1월 초, 소련군은 키예프와 그 일대를 해방시키고 전쟁 이전의 폴란드 국경을 넘었으며, 레닌그라드의 포위를 풀고 크림반도 주변으로 진격했다.[207]

이 기간, 독일군은 몇 차례 전술적 승리를 거두기도 했지만, 전투의 승산은 시간이 지날수록 점점 낮아졌다. 전역 차원에서는 소련군이 광대한 영역에서 계속 강력한 한 방을 날리고 있었다. 소련군은 이러한 전쟁 수행 노력을 계속하고 확대할 수 있는 병참 능력을 구축했다. 전쟁 중 이 시점에서 소련의 무기 및 트럭, 군수품 생산력은 미국의 무기대여법 협정으로 수송된 물량과 합쳐졌고, 이는 연합군에 몹시 유리하게 작용했다. 1943년 무렵, 소련의 전쟁 물자 생산력은 독일과 거의 비슷했지만, 미국에서 생산된 군수물자 상당 부분(나치 생산력의 3배에 달했다)이 소련을 지원하는 데 투입되었다.[208] 1944년에도 이와 비슷한 비율이 유지되었다. (당시 미국의 무기와 군수품 생산은 전 세계 총생산량의 약 5분의 2를 차지했다).[209]

이제 남은 1년 반 동안 독일군은 동부전선에서 고국 방면으로 후퇴를 거듭한다. 소련은 주 전력이 폴란드를 지나는 중앙에 있었지만, 루마니아를 비롯해 발트해 연안의 동프로이센 지역에서도 공세를 시작했다. 이 시점에서 동부전선의 소련 공군은 루프트바페 대비 6대1의 수적 우위를 점하고 있었다.[210] 소련의 공격이 성공하면서 독일은 이전에 확보했던 유일한 천연 석유 공급원인 루마니아 플로에슈티 유전을 잃게 되었다. 러시아의 진격이 계속되자 이를 저지할 방법이 없던 발칸반도 국가들은 편을 바꾸었다.[211]

1944년 가을 소련군은 잠시 진격을 멈췄고, 겨울 동안 진지를 보강하고 병력을 보충하며 전력을 재편성한 뒤, 1945년 초 다시 공세를 개시했다. 독일은 위치를 고수하며 소련의 진격을 저지하려 했지만, 불가피한 상황을 미연에 방지할 수는 없었다. 게다가 연료 부족으로 많은 항공기가 지상에 묶여 있기도 했다.[212] 4월 중순, 소련군은 오데르강을 건넜다. 독일 시민들을 상대로 잔혹 행위가 빈번하게 벌어져 200만여 명의 여성이 강간을 당했고, 많은 민간인이 목숨을 잃었다.[213] 4월 21일 무렵, 소련군이 베를린에 도달했다. 소련군 약 300만여 명이 전투에 참여했고, 약 50만 명은 베를린 포위전 마지막 단계에 참여했다. 베를린의 중심도로와 작은 도로, 골목길 할 것 없이 도시 구석구석에서 치열한 전투가 벌어졌다. 붉은군대는 베를린 공방전에서 30만 명이 넘는 병사를 잃었지만, 소련에는 병역 수백만이 더 있었다.

4월 30일, 패배가 확실해지자, 히틀러는 그의 오랜 연인이자 하루 동안의 아내인 에바 브라운과 함께 동반자살했다.[214] 루스벨트가 그달 초에 사망했고, 무솔리니는 히틀러가 죽은 그 주 초에 이탈리아인들에게 살해되었다. 이렇게 한 달 내에 2차 세계대전의 주요 전시 지도자 셋이 사망했다. (흥미롭게도 루스벨트는 다른 지도자들과 달리 전투에 직접 참여하거나 전장 근처에 간 적이 없다. 그는 전쟁 중 1943년 1월 카사블랑카, 1943년 8월과 1944년 9월에는 퀘벡, 1944년 말에는 카이로와 테헤란, 1945년 2월에는 크림반도의 얄타 등 멀리까지 해외 순방을 다녔지만, 전부 치열한 전장과는 거리가 있는 곳이었다.)[215]

독일 일부 지역에서 저항은 며칠간 이어졌지만, 일주일 만에 독일은 공식적으로 항복했다. 유럽의 전승 기념일은 미군, 영국군, 캐나다군, 소련군 등 가담 여하에 따라 5월 8일 또는 9일이 되었다.[216]

물론 연합국이 동부전선에서 완전히 승리한 것은 아니었다. 그렇지만 1944년 6월 무렵엔 지상전에서 엄청난 우위를 점하고 있었다. 그날 이후에도 동부전선에서의 전투 규모는 유럽 서부나 태평양 전선을 능가하는 수준이었다. 소련군의 희생에는 경의를 표할 만하다. 그러면 또 다른 전선으로 시선을 돌려보자. 연합군은 북아프리카에서 승기를 잡은 뒤 1943년 중반부터 북진을 목표로 배치되었다. 미국의 계획가들은 독일군의 괴멸에 초점을 맞추고, 가능한 한 빨리 유럽 북부에 노력을 집중시키고자 했다. 하지만 영국은 대륙보다 세계 전선 차원의 접근 방식을 선호했기에, 미국의 이러한 생각을 지지하지 않았다. 게다가 1943년에 유럽 북부 침공 작전을 개시하기에는 시기상조라고 보았다. 결국 영국은 아이젠하워, 마셜, 루스벨트를 설득하여 시칠리아를 먼저 침공한 뒤 그해 안에 이탈리아를 제대로 접수하는 계획을 추진했다.[217]

1943년 7월 9일, 조지 패튼George Patten 장군과 버나드 '몬티Monty' 몽고메리 장군의 지휘로 38일 동안 진행된 '허스키 작전Operation Husky'에 따라 약 50만 명의 미군과 영국군이 이탈리아와 독일 점령하의 시칠리아섬을 침공했다. 침공은 지형의 문제와 독일군의 격렬한 저항뿐 아니라 연합군 내 지휘 체계의 혼선으로 다소 지지부진하게 전개되었다. 그러나 결과에는 큰 영향을 미치지 않았다. 미군 1만여 명, 영국군 1만 명 이상이 죽거나 다쳤다. 추축군 사상자는 3만여 명에 달했다. 대부분 이탈리아군인이었다. 나머지 14만여 명은 포로로 잡혔다.[218]

전장에서 연합군이 승기를 잡으며 무솔리니는 실각하여 투옥되었다. 이후 독일군에게 구출되지만 권력을 되찾지는 못한 채, 1945년 4월 이탈리아 게릴라들에게 붙잡혀 죽임을 당한다. 독일은 상당한 병력을 배치해 완강히 저항했고, 연합군이 로마 및 이탈리아반도를 점령하지 못하게 저지했다. 독일군은 2대1의 수적 열세에도 불구하고, 지형과 지리적 조건을 활용해 맞서며 전투의 양상을 속전속결의 기동전이 아닌 악전고투로 바꾸었다. 연합군은 1944년 6월에야 로마를 함락시킬 수 있었다.[219] 영국군과 미군의 실수도 독일의 상대적 승리에 기여했다. 연합군은 공중 엄호를 받을 수 있는 곳에 상륙하고자 했기 때문에, 그들의 침공 지점은 충분히 예상 가능했다. 리델 하트Liddell Hart가 썼듯, "그 후 연합군은 점점 강해지는 저항에 밀리는 힘겨운 공방전을 치렀고, 이탈리아반도 진격 속도는 늦춰질 수밖에 없었다."[220] 이탈리아의 완전한 함락은 1945년 4월에야 이루어지지만, 이로 인해 연합군이 심각한 위험에 처하지는 않았다. 그리고 이 전역에 독일 지상군 10퍼센트에 달하는 병력이 투입된 덕분에 소련은 동부전선에서 부담을 덜 수 있었다.

이탈리아 전역을 통해 미군과 그 지휘관은 풍부한 실전 경험을 쌓고 노련해졌다.[221] 이는 더 중요한 작전에서 더욱 훌륭한 성과를 내는 토대가 되었고, 미국, 영국, 캐나다 연합군은 1944년 6월 6일 노르망디 해안 상륙을 통한 유럽 침공 작전인 오버로드 작전Operation Overload를 개시하여 더욱 훌륭한 성과를 냈다.

오버로드 작전은 전쟁 중 오랜 시간을 들여 준비되었다. 그러나 본격적인 준비에 박차를 가하게 된 것은 1943년 5월 미국과 영국의 정상이 만난 워싱턴 회담Trident Conference에서 이와 같은 공격을 실시하기로 공식적으로 합의하면서였다. 작전은 약 8개 사단 규모에 10만여 명의 병력을 서쪽부터 동쪽 방향으로 암호명 유타Utah, 오마하Omaha, 주노Juno, 골드Gold, 소드Sword로 명명된 다섯 개의 해변에 상륙시키고, 1만 2000대의 항공기를 비롯한 대대적인 항공 지원을 병행하는 것으로 구체화되었다. 미군이 유타와 오마하, 캐나다군이 주노, 영국군이 골드와 소드를 맡았다. 그런 다음, 연합군은 독일 침공이라는 최종 목표를 위해 100만 명 이상의 병력을 상륙시킬 수 있도록 항구들을 점령할 계획이었다.

대대적인 기만 작전도 시도했다. 영국해협에 면한 지역 중 가장 폭이 좁은 동쪽의 파드칼레 근처에서 침공이 있을 것으로 독일군이 믿게 하려고 미끼 함정을 배치했고, 가공의 연합군 전투부대에게 준비 태세를 갖추라는 거짓 명령도 무선 송신했다. 그러나 연합군에게는 불행하게도 독일은 공중 정찰력으로 실제 준비 상황을 파악했다. 따라서 노르망디의 독일군은 지도부 내에서 연합군의 상륙 지점을 확신하지 못했는데도, 디데이D-Day까지 준비 태세를 강화했다.[222]

오버로드 작전에서 100척이 넘는 군함이 독일군 해안진지를 포격하며 영국해협을 건너는 병력을 엄호했고, 함선 수천 척이 총 15만여 명의 병사와 전차 2000여 대, 차량 1만 2000여 대를 수송했다. 하늘에는 항공기 1만 대 이상이 투입되었다.²²³ 선정된 상륙 지점의 양 측면을 보호하고 진지를 확보하기 위해 공수부대도 동원되었다. 그리고 '오디Muberry'라고 불리는 인공 부항만 두 개가 해협을 가로질러 견인되었다. 셔먼 전차와 '호바트의 장난감Hobart's funnies'으로 불린 여러 개조 전차를 비롯해 여러 장비가 대전차 도랑과 지뢰밭, 여러 장벽을 통과하거나 메우는 데 이용되었다.²²⁴ 그리고 6월 6일, 독일 공군은 250회 출격한 반면, 미국 항공기는 약 9000회 출격하며 미국이 제공권을 장악했다.²²⁵

공군력은 다리와 철도를 파괴했고, 여러 상륙 예상 지점에 분산 배치돼 독일군이 실제 상륙 지역으로 이동하는 것을 차단했다.²²⁶ 이로 인해 평소 병력의 50퍼센트 이상을 감소시킬 수 있었다. 독일의 배급품, 연료, 탄약 등 기본적인 물자 공급에도 큰 영향을 주었다.²²⁷ 그러나 비극적이게도 포격으로 많은 프랑스 민간인이 목숨을 잃었다. 전쟁 중 포격으로 인한 사망자가 5만 명 이상인데, 1944년 한 해에만 3만 7000여 명에 달했다.²²⁸ 프랑스와 네덜란드, 동유럽 등지의 레지스탕스 대원들도 교통망 차단 활동에 일조했다. 이들 레지스탕스 대원들은 전쟁 중 결정적이지는 않지만 독일군 작전을 지연시키거나 그들의 파괴 활동에 독일군 병력이 투입되도록 하여 베를린이 기존 작전에 동원하려 계획했던 자원을 다른 곳으로 유출하게 했다.²²⁹

디데이에 5개 주요 지점에 상륙하여 침공 거점을 확보하는 데 성공했지만, 그 전투는 극도로 치열했고 성공까지 가는 길은 예상과 매우 달랐다. 알렉스 커쇼Alex Kershaw는 6월 6일 오마하 해변의 아침,

침공군이 해변을 벗어날 방법을 찾기 시작하는 광경을 다음과 같이 포착했다.[230]

오마하 해변에서 병사들은 독일군 저격수와 기관단총 세례에 갇혀 총알과 파편의 충격으로 몸을 요동치며 죽어갔다. 일방적 피해였다. 적이 보이지 않기에 반격 사격을 하지도 못했다. 무엇을 향해 총을 쏘아야 할지 몰랐거나 자신을 드러내고 싶지 않았을 것이다. 그리고 독일군은 무슨 대가를 치르더라도 침공군이 내륙으로 접근하기 전에 해안에서 물리쳐야 한다는 롬멜의 명령을 따라 무자비하게 학살을 이어갔다.

6월 초반 이후 여름과 그 이후에 걸쳐 연합군이 거둔 성과는 놀라운 수준이다. 6월, 미군 10개 사단과 영국군과 캐나다군으로 구성된 약 22개의 연합군 사단이 프랑스에 도착했다. 그 후 여름 동안 대부분 미군으로 이루어진 31개 사단이 추가로 도착했고, 가을에는 17개 사단, 1945년 첫 3개월 동안에도 14개 사단이 더 도착했다.[231] 미국의 제공권 확보가 큰 도움이 되었다. 6월 6일부터 30일까지 연합군의 출격 횟수는 독일보다 10배 많았다. 독일은 공군 병력 규모가 줄고 연료 생산이 이전에 비해 3분의 2가량 감소하면서 연료 부족에 시달렸다. 항공기 손실도 여전히 컸다.[232]

연합군이 이렇게 엄청난 능력을 갖추었지만 전투는 힘겹게 전개되었다. 여름에도 여러 난관이 이어졌다. 그중 프랑스 북부 '보카주 bocage' 지형에서 치열한 전투가 벌어졌다. 2000여 년 전 켈트인이 심은 관목과 덩굴이 만들어낸 이 잡목림은 시야를 제한해 훌륭한 방어벽 역할을 했다. 방어군에게 유리한 지형이었다. 연합군은 간혹 속도가 느려지기도 했지만 계속해서 진격해나갔다. 다행히 미군은 북아프리카 전선에서의 횃불 작전은 물론이고, 1944년 6월 프랑스 침공 초기의 작전을 비롯한 여러 작전의 성공과 패인을 분석하는 등 그때까지 전쟁을 다면적으로 연구 및 고찰했고, 이를 토대로 혁신해나갔다. 역사가 러셀 하트가 썼듯 "미 육군은 과거의 실수로부터 교훈을 얻어, 무능한 지휘관들을 해임하고, 육군 내부 및 군 간 협력을 강화하며 전술과 기술을 정교화하고 무기를 개선했다."[233] 미군은 다양한 종류의 장갑 불도저와 잡목 절단기를 단 라이노전차Rhino tank 등 신무기를 개발함과 동시에, 긴 전선에 걸쳐 광범위하고 꾸준한 공격을 수행했다. 그리고 뒤이어 여름 말 코브라 작전으로 적의 전선 진지에 집중적인 공중 폭격을 가한 뒤, 특정 지역을 집중 공격했다. 또한 미 육군은 기갑부대와 보병부대 간 통신을 개선하여 전장에서 신속하게 서로를 보완하는 전술을 펼쳤다.[234]

8월 말 파리가 해방되었다. 앤빌 작전Operation Anvil으로 남프랑스에 상륙한 연합군이 노르망디에서 내려온 주력군과 만나 감동적인 전환점을 마련해냈다. 자유프랑스군이 이를 주도하는 영예를 누렸다. 연합군은 이 모든 노력에서 압도적인 공군력의 우위와 서먼 전차 등 많은 기술적 우위를 점했다.[235]

그러나 다시 좌절에 부딪혔다. 가을에 접어들며 연료가 부족해져 독일로 진격하는 속도가 늦춰졌다. 항구 주변 지역은 연합군이 점령했지만, 항구만은 독일군이 힘겹게 사수하고 있었기 때문이다. 연합군은 광범위한 전선에 걸쳐 독일군을 프랑스 밖으로 몰아내려

했기에 대규모로 분산되어 있었고, 이에 따라 막대한 보급품이 필요했다. 설상가상으로 침공 초기 독일군의 기동을 방해하기 위해 연합군이 철도와 도로를 파손한 바람에 병참은 더욱 어려움을 겪었다.²³⁶ 여름과 가을은 독일이 영국의 목표물을 향해 V-1과 V-2 미사일(각각 초기의 순항미사일과 탄도미사일)을 발사한 때였다. 느려지는 연합군의 공세, 병참과 자원의 제약, 병력 부족, 영국 도시에 가해지는 독일의 새로운 형태의 테러 공격 등은 상당한 불안감을 조성했다.²³⁷ 역사가 태미 데이비스 비들Tami Davis Biddle은 1944년 말 연합국 지도자들에 대해 "8월의 파리 해방과 아르덴의 암울한 겨울 전투 사이 격동의 몇 개월 동안 그들은 자신감에 큰 타격을 입었다"²³⁸고 썼다.

9월 무렵, 동쪽으로 진격하던 연합군은 마켓가든 작전Operation Market Garden으로 상당한 좌절을 겪는다. 이 작전은 독일군이 점령하고 있던 네덜란드 내 여러 교량을 그들이 본국으로 퇴각하면서 파괴하기 전에 점령하기 위한 것으로, 공수부대 기반의 작전이었다. 하지만 그중 4개 다리는 너무 멀리 있었고, 그 과정에서 고립된 공수 사단을 잃으며 연합군의 공격은 실패로 돌아갔다.

이 기간 연합군 지휘부는 독일에 진격할 때 좁은 전선에 집중할 것인지 넓은 전선을 통할 것인지를 두고 치열한 논쟁을 벌였다. 병참의 한계로 위태로운 상태였고, 주요 전선에 걸친 여러 노력이 동시에 지속될 수 있을지도 확실하지 않았다. 북부 방면을 지휘하던 까칠한 영국군 장군 몽고메리는 좁은 전선에 집중적으로 공격할 것을 주장했다. 반면 아이젠하워는 더욱 신중하고 보수적인 입장이었다. 그는 프랑크푸르트 인근을 통과하는 등 공격 축을 여러 곳에 두

는 접근법을 선호했다. 결국 그의 견해가 성공을 이끌었다.[239]

히틀러는 1944년 12월 6일, 아르덴 숲에서 벌지 전투Battle of the Bulge를 시작하며 마지막 거대한 도박을 시도했다.[240] 그는 군사적 조언은 무시했고, 하늘이 도와 연합군이 근본적인 침공 계획을 재고할 만큼 그들의 사기를 꺾을 수 있기를 바랐다. 독일의 모델 장군은 자연의 엄호, 연합군 공군력에 제한을 가한 악천후, 예상치 못한 기습을 통해 연합군 병력이 크게 단절되고 고립되는 장면을 상상했다. 독일군은 포위되어 약화한 데다 보급도 제대로 이루어지지 않는 상황이었는데도 이런 시도를 할 수 있다는 것은 상당히 인상적이다. 한 달간의 치열한 싸움 끝에, 애당초 이길 가능성이 낮았던 독일의 공격 계획은 연합군의 우월한 화력 앞에 무력화되었다.[241]

릭 앳킨슨은 벌지 전투가 서유럽 연합군의 최고사령관인 아이젠하워에게 미친 영향에 대해 이렇게 썼다.[242]

그의 일정은 6주가량 차질을 빚었지만, 전쟁을 끝내기 위한 기본 계획은 변경되지 않았다. 연합군은 라인강 서쪽의 적군을 계속 물리치고, 3월 '얼음의 위협이 끝나면' 강의 교두보를 장악해, 그 뒤 독일의 심장부로 진격할 것이다.

라인강은 큰 난관이었다. 앳킨슨이 언급했듯, 라인강은 "스위스로부터 150여 개의 빙하가 내려와 북해까지 흘러가는 유럽 물줄기의 아버지로서, 서쪽으로부터의 침입을 막아주는 놀라운 해자를 형성했다." 그래서 앳킨슨이 '내륙의 해군'이라고 칭한 연합군 부대가 맞춤형 소형 보트로 강을 건너 신속하게 다리를 건설함과 동시에, 몇몇 기존 다리를 독일군이 폭파하기 전에 점령할 수 있었다. 독일 공병대는 연합군이 침공하기 전에, 기존 설치되었던 독일 내 라인강 31개의 다리 대부분을 파괴했다. 하지만 전쟁이 끝날 무렵 미 육군은 57개의 다리를 새로 건설했다.[243]

워싱턴, 런던, 모스크바의 무조건 항복 전략은 오히려 히틀러가 항복을 선택할 가능성을 낮췄다. 그러나 세계 3대 강국이 서로 다른 방향에서 제국으로 진격해 들어오고 있는 데다 연합군이 제공권을 장악했고, 지상에서도 우위를 점하는 등 많은 요인이 (항복 대신 계속 싸우기로 결정한) 히틀러와 그의 장군에게 불리하게 작용했다.[244] 독일은 빠르게 병력을 잃고 있었다(병력 충원 속도가 따라갈 수 없을 정도였다). 라인강과 그 주변에서의 전투 사상자와 포로로 잡힌 수는 35만 명에 달했고, 4월 초 미군과 영국군, 캐나다군이 동쪽으로 진격해오면서 다시 그만큼을 잃었다. 앞서 언급한 대로 스탈린과 소련군이 베를린 해방을 맡으면서, 독일군은 베를린 남쪽에서 소련군과 조우했다.

한편, 1943년부터 1945년까지 태평양 전쟁의 전역은 미군 상당수가 주둔하고 있던 호주와 하와이 주변의 태평양, 크게 두 곳으로 나뉜다. 목표는 가능한 한 사거리가 겹치는 지상 기반 항공력의 보루를 확보하고, 직접 공격이나 고립 또는 연료, 군수품, 식량 등 보급품 탈취를 통해 일본군의 능력을 약화시키는 것이었다. 이는 엄청난 규모였고, 주로 미국이 수행했다. 공식적으로는 '독일 우선' 전략이었지만, 사실 태평양 전선에 투입된 미군 병력은 1943년 말 대서양/유럽 전선에 투입된 병력에 상당했고, 그 이후에도 병력 증원은 계

속되었다.245

이 시점에서는 중국 내의 중국 또는 연합군 비행장과 다른 진지가 일본과의 싸움에서 성공의 열쇠가 아니라는 사실이 명확해졌다.246 이처럼 실망스러운 결과는 노력 부족 때문이 아니었다. 연합군은 미국 조지프 스틸웰Joseph Stilwell 장군의 지휘하에 영국령 인도로부터 버마(미얀마)를 거쳐 국민당 군사력이 집중된 중국 중남부로 보급선을 강화했다. 이론상 이렇게 보급품이 공수되면 국민당은 영토를 통제하고 성공적으로 일본의 공격을 막아낼 수 있으며, 이와 동시에 미군은 중국이나 일본 본토의 일본군을 공격할 수 있다. 물론 이론상은 그랬다. 그러나 1942년 여름, 일본이 버마 쪽 도로를 차단하는 바람에, 인도에서 중국 중남부로 이어지는 길은 항공로만 남게 되었다.

인도와 중국을 연결하기 위해 버마 북부에 새로운 도로를 개척하려는 그 후의 노력은 전쟁이 끝날 때까지 대체로 성공하지 못했고, 그 무렵이면 중국 내 전략이나 작전 기지는 더는 필요치 않게 되었다. 실패 원인은 일본군의 거센 저항이라는 물리적 어려움도 있었지만, 미국을 위시한 동맹국과 손잡고 일본을 물리치는 것보다 국내의 정치적 문제를 우선시한 국민당 지도자 장제스와의 협력이 제대로 이루어지지 않은 탓도 있었다.247 그러나 이러한 결론에 도달하기까지는 오랜 시간이 걸렸다. 사실 장제스는 1943년 11월 말 카이로에서 열린 루스벨트와 처칠의 정상회담에 초대됐다. 이 자리는 버마와 중국 전선에 대한 연합국의 헌신을 재확인시켜주는 듯한 모양새를 갖췄다. 그러나 실제로는 그렇지 않았다. 그 며칠 후, 루스벨트와 처칠이 테헤란에서 스탈린을 만났고, 장제스는 연합국이 전체 전선에서 버마나 다른 어떤 지역에 집중하는 새로운 노력을 기울이지 않을 것임을 알게 되었다.248 다른 접근법이 더 가능성이 높았던 것이다.

전쟁이 계속되면서 미국은 해군과 기타 자산을 엄청나게 확대하였으며, 이에 따라 일본 서쪽에서부터 중국에 포위해 들어가는 대신, 태평양에서 섬 건너뛰기island-hopping 전략을 수행할 능력을 갖추게 됐다. 태평양함대는 1943년 초 대형 갑판을 갖춘 항모가 단 2척에 불과했지만, 1945년 봄 무렵에는 12척을 보유하게 되었다. (같은 기간, 경항모도 5척에서 38척으로 증가했다). 에식스급 대형항모는 100여 기의 항공기를 실을 수 있었고, 그보다 작지만 더 빠른 인디펜던스급은 35기를 실을 수 있었다. 여기에 더해, 쾌속 함정을 따라잡기에는 느리지만 상륙작전을 항공 지원하기에는 유용한 수많은 호위항모도 있었다.249 그 외에 수많은 여러 함선도 있었다.

섬 점령 전역의 목표에서 일본 본토 침공이 필요한지는 1945년이 되어서야 알 수 있었다. 그러나 목 조르기 전략이든 공중폭격 전략이든 침공이든, 반드시 일본에 근접해야 한다는 필요성만큼은 널리 합의된 상황이었다. 다만, 대만과 오키나와 중 어느 쪽을 최종 목표 이전의 거점으로 삼을지, 맥아더의 육군 중심 전략과 니미츠의 해군과 해병대 중심 전략 중 무엇을 중심으로 해야 할지에 대해 논쟁이 계속되었다. 어느 정도는 미국이 어떤 전략을 우선시할지 명확히 결정하지 못한 탓도 있었다.250

기술 혁신도 섬 점령 과정에 일조했다. 새로운 수륙양용 상륙정 덕분에 맥아더는 뉴기니의 강력한 일본군 진지를 우회하여(과달카날과 주변 지역부터 시작해) 연이어 해안에 상륙할 수 있었다. 수륙양용 트랙터로 썰물 때도 산호초를 통과할 수 있었고, 전함을 비롯해 기존 무기들이 실전 경험을 토대로 점점 더 정교하게 사용되었다. 특히, 시간이 지나면서 부대 상륙 전 예비 폭격을 길게 수행했고, 이동식 수리 및 보급 기지가 조성되어 함대가 수개월 동안 바다에서 지탱할 수 있었다.[251] 이는 경이로운 혁신이었다.

중태평양에서 미군의 공격은 이렇게 진행되었다. 1943년 11월 길버트제도의 타라와(현재의 키리바티), 1944년 1~2월 마셜제도의 콰잘레인과 에니위톡, 1944년 6월 마리아나제도의 사이판에 이어 7월에는 마리아나제도의 괌과 티니언, 1945년 2월 이오지마를 거쳐 마침내 1945년 4월 오키나와에 이르렀다.[252]

남태평양에서는 산호해와 솔로몬제도부터 뉴기니, 일본군 기지 라바울이 있던 뉴브리튼섬의 글로스터, (1944년 10월 레이테만 전투로 레이테섬에 상륙한 데 이어 1945년 1월에는 루손섬 전투로) 필리핀을 차례로 점령한 뒤, 오키나와에 이르렀다.

필리핀 작전은 주로 미 육군의 지상 전투로 수행되었다. 타라와와 이오지마는 해병대의 영역이었다. 마리아나제도와 솔로몬제도에서처럼 오키나와 전투는 육군과 해병대의 합작으로 수행되었다.[253] 물론 해군은 모든 작전에 관여했다. 대부분 전투에는 1~3개의 미군 전투 사단이 참여했는데, 레이테섬과 루손섬, 오키나와 작전에서는 각각 7~11개 사단이 투입되었다.[254]

사이판, 괌, 티니언섬이 포함된 마리아나제도 점령은 매우 중요했다. 티니언은 1945년 8월 히로시마와 나가사키를 공격할 원자폭탄을 실은 폭격기가 발진한 섬이기도 하다. 마리아나제도 점령으로 도쿄는 미국 폭격기의 사정권 안에 들어갔다. 널리 알려졌듯, 히로히토 일왕은 도조 히데키 총리와 군부에게 이 섬을 사수하라는 비현실적인 명령을 내렸다. 하지만 일본의 능력으로 가능한 일은 아니었다.[255]

군사적으로 이상의 공세는 다른 작전과는 달랐다. 이 섬들은 앞서 점령한 섬들과 달리 사방 약 16킬로미터로 전략적 깊이가 있었다. 미군은 사이판 전투에서는 3000명, 괌 전투에서는 그 절반의 사망자를 냈다. 앞서 타라와 전투에서 1000여 명, 6개월 이상 지속된 과달카날 전역에서 500여 명의 사망자가 발생한 데 비해 상당히 큰 손실이었다. 그러나 이오지마, 특히 그 이후 오키나와에서 발생하는 사망자 수에 비하면 이는 새 발의 피라고 할 수 있었다. 마리아나제도에서의 전투는 늦봄과 여름에 걸쳐 각 섬에서 약 몇 주씩 계속되었다. 그해 말, (다른 거점들의 가용성을 고려하면 필요성이 높지 않았던) 팔라우제도의 펠렐리우에서 11월까지 이어진 전역에서 미군은 약 1500명이 사망하는 손실을 입었다.

물론 이 모든 전투에서 일본군의 피해는 훨씬 더 컸다. 초반 일본군은 '반자이(만세)'를 외치며 돌격하는 자살 공격을 감행했다(이때 지휘관들은 할복이나 총으로 자살했다). 이후 일본군은 '반자이 돌격'보다 효과적이지만 자살이라는 면에서는 마찬가지인 방식을 채택하며, 항복할 바에는 죽음을 선호하는 모습을 보였다.[256] 미 해병대 전쟁사에 공식적으로 언급되었듯, "1944년 11월 중순 펠렐리우 작전이 개시되었을 무렵, 일본군은 해안을 방어하는 전술을 변경해, 깊이 판

땅굴과 동굴에서 공격을 가하는 확장된 지연전으로 공격군에게 큰 피해를 입히는 정교한 방어를 수행하다가 최후의 순간에 반자이 돌격을 감행했다."[257]

점점 우위를 굳혀가는 미국 함대도 일본군 함선과 비행장 및 기타 자산에 공습을 실시했다. 길버트제도의 서쪽이자 마샬제도의 남동쪽에 위치한 캐롤라인제도의 트룩에 있는 일본군 해군 기지가 그 대상이었고, 같은 달인 1944년 2월, 마리아나제도도 공습했다(이곳에서 상륙작전을 시행하기 몇 달 전이었다). 두 경우 모두 일본군의 손실은 상당한 반면, 미군의 손실은 경미했다. 1943년 후반부터 1944년까지 해상에서도 다양한 소규모 교전이 있었고, 양측 모두 약간의 손실이 있었다. 하지만 일본군의 노력이 미국 해군 작전이나 상륙작전을 방해하지는 못했다.[258]

두 차례 대규모 해군 결전도 있었다. 첫 번째는 1944년 6월 미국의 마리아나제도 침공 당시 벌어진 필리핀 해전이고, 두 번째는 10월 연합군의 레이테섬 침공 계획과 연관된 레이테만 해전이다(실제로 이 수역에서만 치러진 것은 아니지만 모든 행위가 인근에서 수행되었기 때문에 이런 이름이 붙었다). 레이테만 해전은 여러 면을 살펴보았을 때 역사상 가장 큰 해전이 되었다.

필리핀 해전에서 미군은 일본군 대비 2대1의 수적 우세였고, 레이더 등 여러 우위를 누리고 있었다. '마리아나의 칠면조 사냥'이라는 별칭답게, 미군은 일본 항공기를 대거 격추했고, 미국 잠수함과 군함도 일본군 함정을 여러 척 침몰시켰다. 그러나 해군의 대승리보다는 지상군 엄호를 우선시했으므로 침몰시킨 함정은 예상보다 많지는 않았다. 이 전투의 여파로 레이먼드 스프루언스Raymond Spruance 제독은 적극적 공세를 취하지 않았다는 비난을 받았다.259

이 전투는 공격적인 홀시 제독에게는 아쉬움을 많이 남겼다.260 그러나 10월, 필리핀제도 내 레이테만이라 불리는 수역에서 새로운 기회가 찾아온다. 홀시는 에식스급 항모 8척과 경항모 8척을 비롯해 전함 여러 척으로 구성된 제38기동부대를 지휘했다.261 그들의 가장 중요한 임무는 필리핀제도의 중앙 섬인 레이테섬으로 향하는 700척의 수송선단과 17만이 넘는 병력의 대규모 상륙부대를 엄호하는 것이었다. 이곳에서 미군은 일본을 향해 북진하는 결정적인 한 걸음을 내딛게 된다. 그들은 계획대로 10월 20일부터 상륙을 개시하여 지상 진지를 구축한다.262

한편 홀시는 상황이 허락한다면 일본 함대를 찾아 파괴할 허가도 받았다. 하지만 홀시에게 그러한 권한을 주지 말았어야 했다. 그로 인해 상륙작전에 엄청난 재앙이 초래될 뻔했으니 말이다.

홀시는 미국의 위대한 해군사가이자 전략가 알프레드 사이어 머핸Alfred Thayer Mahan의 위대한 개념(해군력을 전쟁을 좌우하는 요소로 강조함-옮긴이)과 트라팔가르 해전에서 영국의 승리를 이끈 영웅 호레이쇼 넬슨Horatio Nelson(본인은 1805년 전투에서 사망함)의 선례를 따라 해상에서의 결정적 승리를 노렸다.

일본군은 혁신적 전술을 도입해, 함재기가 거의 없는 항공모함을 미끼로 홀시의 주의를 끌었고, 그의 주력부대가 상륙부대 엄호 임무에서 벗어나게 만들었다. 그리고 미군 상륙부대가 공격에 취약해진 틈을 타, 구리타 다케오 제독이 이끄는 해군부대가 수리가오

해협을 통해 레이테섬으로 접근했다. 역사가 이언 톨Ian Toll은 이렇게 썼다.[263]

홀시가 65척의 함대 전체를 19척의 항모를 쫓는 데 집중시킬 만한 설득력 있는 이유는 없었다. 하지만 해협을 지켜야 할 긴급한 이유는 분명 있었다. 게다가 구리타와 오자와를 동시에 상대할 충분한 전력도 갖추고 있었으니, 굳이 둘 중 하나를 선택할 필요도 없었다.

톨은 홀시의 별명(황소-옮긴이)을 상기하며 흥미진진하게 설명을 이어간다.[264]

황소는 투우사의 검을 보지 못한 채 그의 망토를 향해 달려간다. 빨간색을 본 황소는 이 연약한 적을 쓰러뜨릴 수 있다는 자신감에 차, 고개 숙여 뿔을 세워 그를 향해 돌진한다. 하지만 투우사는 제 발로 우뚝 서 있고, 결국 투우장을 끌려 나가는 건 피투성이 황소의 시체다.

다행히 홀시는 행운의 '황소'였다. 홀시가 실수를 저질렀지만, 몇 척의 호위항모와 행운의 여신이 그날의 미군을 구원했다. 20여 척으로 구성된 구리타 휘하의 일본 함대는 엄호가 약한 미군 상륙부대를 박살낼 수도 있었지만, 힘들고 지친 데다 당황해서인지 미 해군 병력보다 우세였음에도 되돌아가기로 결정했다.[265]

앞서 언급했듯, 1944년 10월 말 발생한 이 전투는 모든 종류의 함선 300여 척이 동원된 사상 최대 규모의 해전이 되었다.[266] 일본군은 미군에 엄청난 충격을 안겼고, 항공모함 U.S.S. 프린스턴호 격침을 비롯해 적잖은 손실을 입혔다. 그러나 일본군도 4척의 항공모함과 20척 이상의 함선을 잃었다. 침몰 총량으로 따지면 28만 5000톤으로, 미군 2만 9000톤에 비해 압도적인 피해였다.[267] 이는 태평양 전쟁의 현 단계에서 일본이 감당하기 어려운 결과였다.[268]

1944년 두 번의 큰 해전과 더불어 10월 대만 주변 상공에서의 공중전으로, 일본군은 항공기 수백 대, 전함 3척, 중순양함 6척, 경순양함 3척, 항공모함 7척을 잃었다. 엄청난 타격이었다.[269]

그 결과, 미군은 일본 본토를 직접 위협 가능한 병력을 배치하고, 해상과 항로를 지배할 수 있었다. 그리하여 전쟁이 끝날 무렵, 일본의 수입량은 이전의 절반 수준으로 감소한다.[270]

그해 가을, 레이테만 해전에서 전술적으로 실패했던 홀시는 겨울에도 패배의 위기에서 가까스로 벗어났다. 이번에는 무생물 병력, 바로 날씨가 문제였다. 1944년 말과 1945년 6월, 태풍이 접근한다는 기상 보고를 그가 제대로 평가하고 대응하지 못하는 바람에, 그의 기동부대는 큰 피해를 입고 말았다. 그가 초래한 결과는 심각한 수준이었지만, 다행히도 전쟁 영웅이라는 위상 덕분에 그의 명성은 대체로 온전히 보전될 수 있었다. 홀시는 니미츠, 레이히, 킹과 함께 2차 세계대전의 미국 4대 '함대 제독Fleet Admiral'으로 꼽힌다. 이들이 5성 장군이 된 것은 각각의 군대에서 5성급 영국군이나 소련군 장성들과 대등하게 상대하게 하기 위함이었다. 육군에서는 5성 '육군원수General of the Army'의 영예가 마셜, 맥아더, 아이젠하워, 육군 항공대의 'Hap(Happy에서 유래-옮긴이)' 헨리 아놀드Henry Arnold(이후 새로 창설된 미 공군에서 이 계급에 오른 유일한 인물이다), 그리고 1950년에 오마르 브래들리Omar Bradely에게 주어졌다.²⁷¹ 2차 세계대전 이후 미군 내 이 계급에 오른 사람은 아무도 없다.

　미국의 계획자들은 일본 본토 침공 필요성에 대해 아직 명확히 결론을 내리지 못한 상태였다. 당시 추산으로는 침공 시 미군 100만 명 이상의 사상자가 발생할 것으로 예상되었다. 미국이 이오지마섬에서 일본 항공대를 몰아내고 이 섬을 마리아나제도 밖에서 일본을 공격할 폭격기들의 중간 기착지로 사용하기 위해 벌인 이오지마 전투에서 해병 7000여 명이 (그리고 일본군 1만 8000여 명이) 사망했다.²⁷² 오키나와 전투에서는 미군 측은 8만여 명의 사상자가 발생했으며, 일본군은 11만여 명이 사망하고 1만여 명이 포로로 잡혔다.²⁷³

　하지만 이러한 침공은 불필요했음이 밝혀졌다. 이 시기 동안 미국의 핵무기 전선에 많은 일이 일어났기 때문이다. 로버트 오펜하이머Robert Oppenheimer를 주축으로 한 소규모 연구팀은 1943년 3월 뉴멕시코주 로스앨러모스에서 원자폭탄 프로젝트에 착수했다. 사상 최고의 특수부대 작전이 있고 불과 한 달 후였다. 한편 노르웨이 출신의 영국 특수부대원 6명은 장비를 갖추고 영국 군용기로 노르웨이 남부 외딴 지역인 베모르크 근처에 잠입한 뒤, 노르웨이 레지스탕스 대원 4명과 합류해 나치가 자체 핵폭탄 개발 프로그램을 운영하고 있던 중수 시설에 침투했고, 이를 파괴했다. 그런 뒤 성공적으로 탈출했다. 이후 이어진 공습과 파괴 행위로 이 시설은 독일의 원자폭탄 생산을 가능하게 할 충분한 중수를 생산하지 못하게 된다. 그해 초 이 두 사건은 궁극적으로 1945년에 일어나게 될 일, 그리고 나치

핵 프로그램과 관련해서는 일어나지 않게 될 일에 기여했다.[274]

그러나 2차 세계대전에서 핵폭탄이 투하되기 전까지는, 재래식 무기로 공격하는 형태로 하늘에서 공포가 밀려들었다. 이탈리아의 항공전략 이론가 줄리오 두에의 생각에 영향을 받은 빌리 미첼 장군 등은 공군력이 전쟁을 근본적으로 변화시켰다고 주장했다. 이 주장에 따르면, 더 이상 클라우제비츠식 소모전 역시 필요 없어졌다. (또는 해군력을 강조한 알프레드 사이어 머핸의 고전적인 교리에 따라 적을 무찌를 필요가 없었다.) 역사가이자 전략가인 러셀 와이글리가 '그랜트 장군의 전략적 전통'이라고 칭한 교리는 더 이상 주요 전쟁에서 승리의 필수 요소가 아니었다. 공군 이론가들은 현대 사회는 적의 경제 시설과 전쟁 시설에 대한 정밀 타격이든 도시와 민간인을 대상으로 한 무차별 폭격이든 간에, 공중으로부터의 공격에 무릎을 꿇게 될 거라고 주장했다.[275]

물론 전쟁 초기에도 전략 폭격 시도는 있었다. 1940년 하반기 독일이 런던 대공습(블리츠)을 시도했고, 뒤이어 연합군도 영국군의 1940년 8월 베를린 공습, 1942년 둘리틀 특공대의 도쿄 공습으로 초기 공중 공격을 시도했다. 그러나 전략 폭격이 전성기를 맞은 것은 1944년과 1945년에 들어서였다. 이때부터 장거리 폭격기가 장거리 전투기의 호위를 받으며 작전을 수행할 수 있게 되었기 때문이다. 그전까지는 출격 한 번에 공격 편대의 10~15퍼센트 이상이 격추될 정도로 폭격기 손실률이 매우 높았다.[276]

역사가 태미 비들이 대표적 연구에서 설득력 있게 주장했듯, 볼 베어링 공장이나 정유 공장, 전투기 생산 공장 및 주요 핵심 산업 시설을 타격한다는 정교한 전략 폭격 이론은 초창기 수행된 '정밀' 폭격에서 볼 수 있듯 대체로 지나치게 낙관적이었다. 공중공격으로 국민이 두려움을 느끼면 결국 정부는 신속하게 항복할 수밖에 없다는 공군 이론 역시 그랬다. 하지만 악천후를 비롯해 폭탄이 제대로 유도되지 않는 점, 독일군의 대공 공격을 피해 더 높은 고도에서 폭탄을 투하해야 하는 상황, 예상보다 회복력이 좋은 적의 병력 등 모든 요인이 딜레마의 원인으로 작용했다.[277]

그런데도 전략 폭격은 전쟁에서 중요한 역할을 했다. 그 일부는 도시들을 단순히 파괴했으나, 함부르크에서 드레스덴, 도쿄, 나고야, 오사카, 고베 등지에서 행해진 대규모 공습은 거대한 화재와 화염을 일으켰다. 1945년 무렵, 미국은 B-29 슈퍼포트리스 폭격기의 반경 2600킬로미터 안에 있는 사이판에 기지를 두었다. 그로써 일본을 직접적으로 강력 타격할 수 있게 되었다. 또한 미국은 커티스 르메이Curtis LeMay 장군의 지휘 아래 네이팜탄을 사용해 목조건물이 대부분인 일본 도시들을 대규모 화재로 초토화하는 전략을 개발했다. 역사가 카탈 놀란Cathal Nolan은 일본의 수도를 불바다로 만든 날에 대해 이렇게 썼다. "1945년 3월 9일부터 10일까지 B-29 폭격기들이 일본 도쿄 상공에 이르러 원자폭탄보다 더 타격이 큰, 전쟁 중 가장 치명적이고 파괴적인 행위를 수행했다."[278] 수십만의 독일인과 일본인이 전략 폭격으로 목숨을 잃고 수백만이 집을 잃었다.[279]

공군력이 군사 생산, 연료 수송, 철도 수송, 전장 이동에 미치는 영향은 기대에 미치지 못했다.[280] 독일의 산업 생산은 전쟁 중 계속 증가했지만, 폭격이 없을 때 수준만큼은 되지 못했다. 최근 연구된 가장 신중한 추정치에 따르면, 전략 폭격으로 독일 군비 생산량은 1943년에는 3~5퍼센트, 1944년에는 11퍼센트 감소했다. 하지만 그 기준선은 상승했다. 예를 들면, 독일의 전투기 월간 생산량은 1943년에서 1944년 9월 사이에 3배 증가했지만, 생산률이 1944년 말까지 20퍼센트 감소했던 것이다. 폭격기 생산량은 1943년 수준에 비해 1943년 말에는 절반 이상 감소했고, 1944년 동안 전체적인 월간 연료 생산량은 절반 이상 감소한다. 또한 독일은 피해를 줄이기 위해 방공망의 상당 부분을 나라의 서쪽 절반에 할애해야 했다. 1943년 초부터 1944년 말까지 독일은 서쪽에 주둔하는 전투기 비율을 전체 가용 능력의 60에서 80퍼센트까지 높였다. 하지만 폭격의 규모와 대학살은 물론, 연합국이 폭격 작전에 쏟아부은 엄청난 노력과 그 과정에서 잃은 수만 명의 자국민을 고려할 때, 전체적인 전략 효과로서는 다소 실망스러운 결과였다.[281]

2차 세계대전에서 소련을 제외한 모든 주요 당사국이 자국의 군수산업에서 항공기와 관련 무기 생산을 우선시한 현실도 과소평가된 부분이다. 루스벨트는 때로 군 지도부의 반대에 직면하면서도 항공기 생산의 중요성을 강조했는데, 이러한 그의 인식은 전쟁의 결과를 결정짓는 데 중요한 영향을 미쳤다. 연합국, 특히 미국은 산업 기반이나 완성된 무기를 전장으로 수송하는 데 큰 제약을 받지 않고 생산을 촉진할 수 있었다. 1944년 무렵, 연합국은 적에게 막대한 희생을 치르게 할(태평양에서는 확실한) 공군력을 갖추었다. 그리하여 추축국 항공기의 4분의 1에서 절반은 전장에 도착하기 전 도중에 파괴된다. 게다가 추축국은 연료가 부족해 조종사 훈련도 제대로 할 수 없었고, 이로 인해 성과와 생존 가능성은 더욱 악화됐다. 일본과 독일의 증원군은 밤사이 전진 배치를 시도해야 했고, 1944년 늦봄과 여름 동안 벌어진 노르망디전투 같은 난관을 맞이해 신속하고 강력하게 대응하지 못했다.[282]

그리고 1945년 핵무기와 혁신적인 현대 장거리 공군력이 결합해 무시무시한 효과를 냈다. 전략 폭격으로 8월 6일과 9일, 각각 히로시마와 나가사키에 원자폭탄이 투하되었다. 첫 번째인 '리틀 보이Little Boy'는 임계질량 내로 농축된 우라늄U-235 두 조각을 빠르게 결합해 핵분열을 일으키는 방식의 우라늄 기반 포신형 무기였는데, 테스트 없이 바로 실전에 투입되었다. 두 번째인 '팻 맨Fat Man'은 구체 플루토늄을 핵심 핵연료로 사용했고, 그해 여름 초 뉴멕시코 사막에서 실험해 성공했다.

대규모 전략 폭격, 핵폭격에 이어 전쟁 말엽 소련의 대일본전 참전 효과는 강력했다. 이 모든 요인은 일본 정부가 항복하는 데 한몫했다. 여기에 '무조건 항복' 조건을 약간 수정해 일왕제를 유지하도록 한 결정이 더해지자, 일본 정부는 항복을 결정했다. 도조 전 총리를 비롯해 정부 핵심 인사들은 전후 전범 재판이 끝난 후 교수대로 향했다.

8월 15일 주요 전투는 중단되었지만, 8월 21일까지 만주에서 전투가 계속되었으며, 넓은 전선에 배치된 마지막 일본 부대들은 10월 24일이 되어서야 무장 해제했다. 일본은 9월 2일 도쿄만에 정박한 U.S.S. 미주리호에서 공식 항복 문서에 서명했다.[283]

실수와 교훈

2차 세계대전의 가장 중요한 단 하나의 교훈은 인간에게 내면의 악을 구현할 능력이 있음을 상기시키고, 이 사례가 그리 먼 과거의 일이 아님을 깨닫게 하는 것이다.[284] 2차 세계대전 중 6000만 명이 사망했고, 그중 3분의 2 이상이 민간인으로 그 상당수가 가스실에서 죽임을 당하거나 아사 또는 불에 타죽었다. 치사율을 어떻게 측정하든, 이 전쟁은 문자 그대로 산업화된 규모로 살인이 자행된 사상 최악의 전쟁이었다.[285]

하버드대 스티븐 핑커Steven Pinker 교수는 시간이 지나며 대부분 인류의 생활이 나아졌고, 실제 우리가 링컨이 "우리 본성의 더 나은 천사"라고 부른 면을 고양하려 한다는 점에서 우리의 미래는 희망적이라고 말한다.[286] 그러나 2차 세계대전은 어떠한 진전도 쉽게 무너진다는 점을 여실히 보여준다. 또한 우리 내면의 악마도 여전히 존재하고 있다. 이전의 전쟁과 경제적 고통으로 황폐화된 탓이라 하더라도, 히틀러가 현대의 산업 민주주의 사회에서, 심지어 그 통치를 겪은 사람들이 아직 생존해 있는 현대에 권력을 잡을 수 있었다는 사실은 인류 역사상 가장 암울한 역사적 현실 중 하나다. 이는 아주 오래전 고대의 역사가 아니다. 그 시대의 많은 사람이 오늘날에도 여전히 살아 있는 현대의 역사이다.

시야를 넓혀 철학적 차원에서 살펴보면, 2차 세계대전의 결과는 가변적이었다고 할 수 있다. 히틀러가 1940년 영국 본토 항공전에서 성공하고, 런던이 독일에 항복할 수밖에 없다고 생각했거나 적어도 더 이상 전투를 하지 않겠다고 현실과 타협했다면 상황은 크게 달라졌을 것이다. 시대를 초월해 회자되는 처칠의 발언처럼 "그토록 소수에게 그토록 다수가 빚을 진 적은 없던" 중요한 전역에서, 영국이 승리했음에도 연합군의 승리는 아직 요원해 보였다.[287] 독일이 소련을 공격하고 일본이 미국을 공격하며, 독일이 미국에 선전포고한 1941년 말까지는 그렇게 보였다. 물론 히틀러의 세계관도 소련 공격에 큰 영향을 미쳤다. 그러나 서유럽과 발칸반도에서 작전이 성공했다면, 히틀러가 그러한 계획을 재고했을 가능성도 있다. 연합국 계획가들은 히틀러가 단지 '레벤스라움' 때문에 소련을 공격하리라고 단정할 수 없었고, 히틀러의 장군들이 그의 소련 침공을 용인할지도 확신하지 못했다. 전쟁 중 히틀러가 내부 반란으로 권좌에서 축출될 가능성은 언제나 존재했고, 물론 실제로 그런 시도도 있었다.

게다가 소련이 독일의 침공을 버텨내고, 미국이 산호해와 미드웨이에서 승리를 거두고 대서양을 건너 병력과 물자를 보급할 수 있게 되면서, 전쟁이 전환국면에 들어서는 것은 1942년이나 1943년 초가 되어서였다. 그러기까지 엄청난 노력과 위대한 용기, 강력한 정치적 리더십, 기술 및 군사 혁신과 상당한 시간이 필요했다. 그 후에도 독일이 미국보다 먼저 원자폭탄을 손에 넣었을 가능성도 생각할 수 있다. 히틀러의 천년제국에 대한 비전과 일본 군국주의자들의 중국과 한국을 '대동아공영권'으로 묶어 영원히 지배하겠다는 꿈은 야심이 극대화된 개념이었다. 그러나 두 개념 모두 축소 버전도 가능했고, 그랬더라면 역사의 흐름은 달라졌을 것이다.

일본이 미국을 공격하지 않았더라면, 미국은 참전하지 않았거나 적어도 그렇게 빨리 참전하지는 않았을 것이다. 독일이 소련을 공격하지 않았더라면 히틀러와 스탈린이 (이탈리아에 어느 정도 몫을 남겨두고) 중부와 동유럽을 분할했을 수도 있지만, 그러한 시나리오는 히틀러의 성격과 극단적인 야망을 고려했을 때 그다지 실현성이 높아 보이지는 않는다. 히틀러가 소련 침공을 조금 더 면밀히 준비했거나, 1941년 침공 때 좋은 날씨가 조금 더 지속되었다면 그는 성공할 수도 있었다. 그러면 10년 후 독일은 원자폭탄을 보유하게 될 테고, 이를 바탕으로 이익을 보호하거나 확대할 능력을 갖추게 되었을 것이다. 다시 말하는데, 이상은 모두 냉정하게 생각해본 가정이다.

그러나 이러한 결과는 일어나지 않았다. 1943년 초 무렵, 아직 2년 이상 더 싸워야 하고 수천만이 목숨을 더 잃어야 했지만, 연합군이 승리할 가능성이 높아졌다. 1943년 1월 루스벨트와 처칠이 카사블랑카 회담에서 무조건적인 항복 요구를 선언해서 상황이 더 어렵게 된 것일 수도 있다. 하지만 카사블랑카 회담 당시에는 온전히 파악하지 못했지만, 실제 히틀러와 도조 내각의 타락 정도를 감안하면 다른 결과를 상상하기는 어렵다.

이미 여러 차례 언급된 또 다른 교훈은 전쟁 발발 가능성이 있기 전 군사 혁신과 대비의 중요성이다. 독일은 전격전을 통해 이런 점에서 인상적인 면모를 보여주었고, 일본은 항공모함 혁신과 기술 및 전술과 작전 개념에서 상당한 성취를 이루어냈다. 정글을 포함한 소규모 부대 단위의 전투에서도 매우 능숙하게 싸웠다. 미국도 항공모함 발전을 비롯해 상륙 공격의 수단과 방법에서 뛰어난 모습을 보였다. 반면 그리 인상적이지 않은 점을 꼽자면, 대잠전 기술과 전술 개

발이다. 이 영역은 전략 폭격과 마찬가지로, 대부분 전쟁을 치르는 도중에 혁신이 일어났다.[288]

2차 세계대전에서 첩보는 매우 중요한 역할을 했다. 누가 누구를, 언제 어디서 공격할 것인지 전략적 놀라움이 끊이지 않았지만, 첩보의 전술적 성과는 탁월했다. 상대편 통신을 감청해 그 암호를 해독하는 기술은 미드웨이 해전을 비롯해 대잠전 전역, 1943년 부건빌섬 근처에서의 야마모토 제독 격추 및 여러 상황에서 전술적으로 굉장한 역할을 했다.

전반적으로 2차 세계대전은 빠르고 쉽게 승리를 쟁취할 수 있다는 과도한 낙관의 산물은 아니었다. 그런 점에서 다른 전쟁과 달리, 이 책에서 전쟁의 원인으로 꼽은 주제 중 하나와는 배치된다고 할 수 있다.

지금까지 전반적으로 광범위하게 살펴보았지만, 앞서 언급한 두 가지를 포함해 2차 세계대전의 몇 가지 주요 결정들에 대해 조금 더 논의하고 평가할 필요가 있다.

- 히틀러의 1941년 소련 침공 결정과 후속 침공 작전 계획 (그리고 1941년 12월 미국에 대한 선전포고)
- 일본의 진주만 공습 결정 (그리고 필리핀 및 기타 태평양 섬 공격)
- 연합국과 함께 '유럽 우선' 전략을 채택하고, 유럽보다는 아프리카, 프랑스보다 이탈리아에서 그 전략의 실행을 시작하겠다고 한 미국의 결정
- 태평양 전역에서 호주와 마리아나제도를 통하는 두 경로를 중

심으로 한다는 미국의 결정
- 독일과 일본에 대한 전략 폭격 시행

역사가 맥스 헤이스팅스Max Hastings는 "홀로코스트가 나치즘을 정의하는 행위였듯, 히틀러의 소련 침공은 이 전쟁을 정의하는 사건이었다"[289]고 썼다. 히틀러와 그의 장군들은 그전부터 소련 침공을 계획했다. 윌리엄 샤이어가 정확히 기억하여 강조한 《나의 투쟁》의 핵심 구절에서 드러난 바와 같이 그러한 생각은 훨씬 이전부터 존재했다. 히틀러는 이러한 생각을 광범위하게 확장하는 것이 미래 제국을 위해 추구했던 레벤스라움의 상당 부분을 실현하는 것이라고 보았다. 역사가 스티븐 프리츠Stephen Fritz는 이렇게 설명했다. "당시 근본적인 문제는 대전략이었다. 히틀러의 목표는 단지 베르사유 체제의 수정이 아니라, 유럽, 어쩌면 세계 질서의 완전한 재편이었다. 동쪽의 레벤스라움 정복은 그에 따른 필수적인 첫걸음이었다."[290] 히틀러는 소련 국민과 정치 체제, 즉 볼셰비즘과 소련의 유대인 그리고 무엇보다 슬라브족 자체를 두려워하면서도 경멸했다. 여기에 더해, 그는 소련을 물리치면 영국이 현실적으로 더 이상 나치에 홀로 맞설 수 없으므로 강화講和를 추구할 것이라고 믿었다. 그리고 로렌스 프리드먼Lawrence Freedman이 예리하게 지적한 바와 같이, 히틀러는 미국이 참전하기 전에 소련을 전쟁에서 빠지게 하고 지도에서 없애는 편이 유리하다고 믿었을 수도 있다.[291]

히틀러의 결정은 스탈린이 발트해 국가들에 이어 루마니아 일부까지 점령하면서 더욱 확고해졌다. 소련의 영토 점령은 독소불가침

조약에 따라 승인되었지만, 두 독재자의 영토 야망이 겹치기 시작했음을 의미했다. 루마니아는 히틀러에게 있어 석유와 식량 공급지로서 매우 중요했고, 독일의 옛 동프로이센 지방에 인접한 발트해 연안 국가들은 그가 합병하려던 지역에 포함되어 있었다. 그리고 군사적 과신이 히틀러의 의사결정에 최후의 핵심 역할을 했을 것이다. (스탈린은 1937년부터 1938년까지 잠재적 정적인 군 장성이나 고위급 정부 관료를 숙청한 탓에 히틀러와 같은 과신에 빠지지 않았고, 유럽 대부분을 독식하기보다 히틀러와 분할 점령하는 데 만족한 것으로 보인다). 히틀러는 실제로 5개월 안에 소련을 물리칠 수 있다고 믿었다. 소련으로 보낸 120개 사단의 겨울전 대비가 완전히 부족했다는 사실이 이를 입증한다.

독일이 빠르게 전반적 우위를 점하며 소련을 물리칠 가능성도 아예 없지는 않았다. 그러나 그것은 최상의 시나리오였던 만큼, 다른 어떤 시나리오도 베를린에 더 큰 문제가 되었을 것이다. 히틀러가 이러한 부분도 고려했다면 상트페테르부르크/레닌그라드와 모스크바의 성공적 정복을 최종 목표로 삼지 않았을 것이다. 막대한 비용과 그 이면의 살인적인 의도를 고려했을 때, 침공 결정은 무모한 것으로 드러났다. 물론 어느 정도 성공 가능성이 있는 도박이었지만, 성공이나 실패의 대가는 수백만 명의 목숨으로 치르게 될 것이었다. 군사적 측면에서 소련 침공은 히틀러의 가장 큰 실수였다. 이는 문자 그대로나 비유적으로나 치명적인 실수가 되었다.[292] 콜린 그레이Colin Gray가 말했듯, "2차 세계대전 중 독일 전략의 전반적인 문제는 총통의 정치적 야망이었다."[293] 그리고 그 야망은 끝이 없었다.

일본의 진주만 공습도 재검토할 가치가 있다. 진주만 공습은 극도로 위험하긴 하지만 논리적 근거가 없지는 않다. 당시 미국은 역사적으로 고립주의 노선을 고수했다. 따라서 일본이 서태평양의 일본군 요새를 강화하기에 충분할 만큼 미국을 전쟁에서 배제할 수 있다면 미국이 총력전을 펼쳐 일본을 무조건 항복시키기보다 타격을 감수하고 협상에 나설 것이라고 판단했을 수 있다. 또한 장거리 지상 기반 항공기 개발 등 군사 기술 발전으로 군도 기반 방어체계가 갖춰져 해당 지역에 접근하려는 항공모함과 전함을 저지할 수 있을 것이라는 전망도 완전히 비현실적인 것은 아니었다.

그러나 모든 면을 종합해보면, 그 전체 개념은 군국주의적이고 인종차별주의적인 잔인한 정권이 수립한 것이었고, 그것이 특정 논리를 따른다고는 해도 매우 왜곡된 현실관을 토대로 한 것이었다. 사실 앞서 언급된 모든 논리는 진주만 공격을 반대하는 논거로도 뒤집어 해석될 수 있다. 일본은 미국이 전쟁에서 무릎을 꿇거나, 일본과의 전쟁에서 수륙양용 함대는 물론 함재기, 지상 기반 항공기, 전통적인 해군 자산을 결합하는 것이 가능한 수준까지 기술이 발전하지 못해 일본을 향해 점진적으로 진격할 수 없을 거라고 단정할 수 없었다. 또한 전 세계 주요 경제 대국들이 동맹을 맺고 연합국으로 뭉칠 때 추축국의 힘을 압도하지 못한다고 확신할 근거도 없었다. 게다가 1차 세계대전을 볼 때, 미국이 결코 평화주의 국가가 아니라는 점은 분명했다.

다음으로 미국과 영국의 '유럽 우선' 전략을 살펴보자. 먼저, 유럽 우선이라는 표현은 명목상에 불과했다는 점을 기억해야 한다. 선박 건조와 지상군을 포함해 미국이 취한 모든 단계의 노력은 실제 대서양과 태평양 전역에서 이루어졌다. 그렇다 하더라고 그러한 전략을 내세운 건 타당했다. 연합국이 패전에 가장 가까웠던 순간은 1940년 히틀러가 영국 본토를 공습했을 때, 그리고 1941년 여름 독일군이 모스크바 근처까지 진격했을 때였다. 즉, 독일이 보다 즉각적인 위협으로 간주되었다.[294] 따라서 실제로 논의해야 하는 쟁점은 유럽이 우선시 되어야 했는가의 문제가 아니라, 실제로 충분히 우선시 되었느냐의 문제이다. 미국은 당시 모든 도구를 총동원해, 태평양에서 일본과 싸움에 박차를 가하면서도 유럽에서 연합군이 패배를 막을 수 있도록 충분히 도울 수 있었다. 대서양 전투가 1942년과 1943년 초 이후에도 계속 악화일로를 걸었다면, 대서양의 호송대를 보호하기 위해 태평양의 해군 병력을 차출하는 더 큰 사건이 벌어졌을지도 모른다. 다행히 대잠수함전에서의 기술 및 전술적 변화뿐 아니라 압도적으로 높은 선박 건조율이 대서양 전투의 향방을 갈랐다. 또한 연합군이 아프리카 등지에서 지상전 경험을 더 쌓을 때까지 오버로드 작전을 지연하는 것도 괜찮은 선택이었을 수 있다. 이론상 전쟁 중 유럽 전선에 절대적 우선순위를 두었다면 이를 더 앞당겼을 수도 있겠지만 말이다. 따라서 해석의 여지가 분분한 '유럽 우선' 전략에 따라 펼쳐진 이후의 조치들은 아마도 미국과 그 동맹국들에게 최선의 선택이었을 것이다.

지중해를 거쳐 북아프리카까지 이어진 광범위한 유럽 전선이라는 맥락에서, 1942년 말 북아프리카 침공을 개시한 것도 타당해 보인다. 그 시점에서는 가까운 시기에 북부 유럽을 침공하려는 어떤 진지한 시도도 가능하지 않았다. 아직 풋내기인 미군은 더 많은 전투 경험과 지휘 경험을 쌓아야 했고, 또한 군수물자도 필수 전제 조건이었다.295 그러나 소련이 조국을 성공적으로 지켜낸 스탈린그라드 전투에서 히틀러가 아직 치명적인 실수를 저지르지 않은 상황이었으니, 소련에 대한 독일의 압박을 완화할 어떤 조치를 취해야 했다.

그러면 미국은 일본을 어떻게 공격하기로 결정했을까. 전쟁 초기, 계획자들은 중태평양을 통할 것인지 아니면 호주-솔로몬제도-필리핀 경로를 통할 것인지, 그리고 니미츠 제독과 맥아더 장군 중 누구에게 총지휘를 맡길지 결정해야 했다. 맥아더는 필리핀 국민에게 최대한 빨리 필리핀을 해방시키겠다고 한 자신의 약속을 지키고자 하는 감정적이고 오만하기까지 한 열망을 품고 있었다. 그렇긴 해도 그가 선호한 경로를 포함한 이 두 갈래 접근법보다 더 나은 선택지가 존재했는지는 분명치 않다. 궁극적으로 두 갈래의 거대한 협공은 오키나와 점령으로 완결되었다.296 1943~1944년 미국은 고도의 장비를 갖추게 되었고, 두 접근법 중 하나만 선택할 필요가 없어졌다. 이렇게 두 갈래로 진격했기에, 적은 둘 중 어느 쪽이 주력인지 계속 추측하느라 애를 먹었다. 게다가 두 접근법은 기술과 전투 구조의 중점적 부분이 다소 달랐다. 수많은 신기술이 도입되고 수많은 새로운 작전 및 전술 개념이 개발되고 있었다는 점을 고려할 때, 둘 중 한 접근법이 잘 작동하지 않은 경우를 대비해 선택지를 열어둔다는 점은 상당히 타당했다.

일본을 무찌를 더 간단한 방법은 없었을까? 거대한 단일 함대를 조직하고 막대한 군수물자 수송선단으로 이를 지원하게 하여 북쪽 해로를 통해 일본의 큰 섬 홋카이도로 바로 진격했다면 어땠을까?

지금 우리가 알고 있는 정보를 고려하면, 이론상으로는 가능하다. 그러나 악천후나 일본이 약화되지 않은 공군력으로 효과적으로 본토를 방어할 가능성 등 단 하나의 실패 요인에도 쉽게 타격받을 수 있었다. 미국은 한 번의 기회에 모든 것을 걸기보다 다단계 접근법을 채택해 전투 경험과 전문성을 쌓았다.[297] 그렇게 얻은 전문지식은 1944년 6월 노르망디 해변에서 유용하게 쓰였다. 게다가 일본 본토 주요 섬에 거대 병력을 상륙시키는 대신 주변 지역을 점령했기에 경제적 압박을 가하고 궁극적으로는 공중 폭격 작전을 수행할 수 있었다.

이제 재래식 수단과 핵 수단을 모두 이용한 전략 폭격에 대해 따져보자. 나는 이 문제, 특히 일본에 대해서는 여전히 명확한 결론을 내리기 어렵다. 오키나와와 다른 곳에서의 경험을 통해 지상 침공을 감행할 경우, 양측 모두에게 굉장히 치명적인 결과가 초래될 것임이 자명했다. 미국 합동참모본부는 일본 본토 침공으로 100만 명 이상의 미군 사상자가 발생하고, 그중 4분의 1은 사망할 것으로 예상했다. 이는 2차 세계대전 당시 그 시점까지 발생한 미군 전체 사상자의 50퍼센트를 넘는 수치였다. 일본의 손실은 훨씬 더 클 터였다.[298] 이러한 추정치는 항상 신중하게 검토돼야 한다. 내 경험상, 사상자 수치는 최상의 경우에도 추청치의 두세 배가 되었다. 그러니 이 추청치는 50만에서 200만가량의 미국인 사상자가 발생할 가능성을 나타낸다고 봐야 했다.[299] 어쨌든 손실 추정치가 상당히 높았기 때문에, 일부 미군 지도자들, 특히 니미츠 제독은 지상 침공이 과연 현명한 판단인지 우려와 의구심을 표했고, 경제적 목 조르기와 공중 폭

격 전략을 계속할 것을 선호했다.³⁰⁰

전쟁에서는 끔찍한 일들이 일어나고, 끔찍한 선택은 의사결정자들이 해야 한다. 의도적으로 도시를 파괴한다는 생각에 불안해하지 않을 사람은 없을 것이다. 광범위한 전쟁의 시작과 그 궤도가 주요 원인이라 하더라도, 전략 폭격은 전쟁 이론의 관점에서 민간인에 대한 의도적인 대규모 공격을 금하는 계율을 위반하는 것이다.³⁰¹ 그로 인한 대학살은 엄청났다. 따라서 미국은 최소한 독일과 일본 경제의 에너지, 철강, 전기 및 기타 산업 분야에 더 초점을 맞춰야 했다.³⁰² 전쟁 후반, 홀로코스트의 실체와 수용소 위치가 알려졌을 때, 유대인을 죽음의 강제 수용소로 수송하는 철도를 막기 위해 더 노력했어야 했다.³⁰³

전반적으로 이 전쟁에 수반된 이해관계와 적국들의 타락 그리고 극도로 치명적이었던 이 전쟁을 최대한 빨리 종식해야 했던 점을 감안하면, 다른 전쟁에서는 범죄 행위로 해석될 수 있는 전술과 수단에 대해 강하게 비난하기는 어렵다.³⁰⁴ 그러나 변호하기도 어렵다.

2차 세계대전은 역사상 가장 관대한 평화협정으로 이어졌다. 전범 혐의로 유죄를 받은 일본과 독일 수뇌부는 엄중한 처벌을 받았고, 그 후 몇 년 동안 많은 이가 교수대로 향했다. 미국과 그 동맹국들은 독일과 일본의 정치체제를 재생하고 국제사회에서 그들 국가의 위상을 회복시키는 한편, 경제 재건을 돕는 데 힘을 쏟았다. 독일과 일본의 사회적 변화는 놀라울 정도이며, 양국은 미국과 동맹으로서 두터운 신뢰관계를 쌓고 있다. 이는 20세기 두 번의 끔찍한 세계대전에 이어 3차 세계대전이 일어나지 않은 큰 이유이기도 하다.

한국전쟁과 베트남전쟁

PART

4

MILITARY HISTORY
FOR THE MODERN STRATEGIST

Korea and Vietnam

제2차 세계대전이 끝난 후, 유럽에는 철의 장막이 드리웠고, 중국은 공산주의 정권의 손에 넘어갔다. 그리고 동아시아에서 두 차례 피비린내 자욱한 전쟁이 발발해 미군과 여러 나라 군대가 이에 개입하게 됐다.

한국전쟁과 베트남전쟁은 비극적일뿐더러 역사적 관점에서도 놀라운 전쟁이다. 한국전쟁이 발발하기 불과 몇 년 전, 미국은 인류 역사상 가장 놀라운 전쟁 무기를 만들어 휘둘렀다. 그런데 경제적으로나 기술적으로나 발달 수준이 훨씬 뒤떨어지는 적들과 충돌해 두 번 모두 승리하지 못했다. 한국전쟁에서는 적 중 하나가 중국이었는데, 당시의 중국은 농업이 중심산업이었고, 한국에 파견된 '인민해방군'은 정교한 군사 기술이 부족하고 핵무기도 보유하지 않은 군대였다. 미국이 이 두 전쟁에서 이전보다 훨씬 못한 성과를 거둔 데는 여

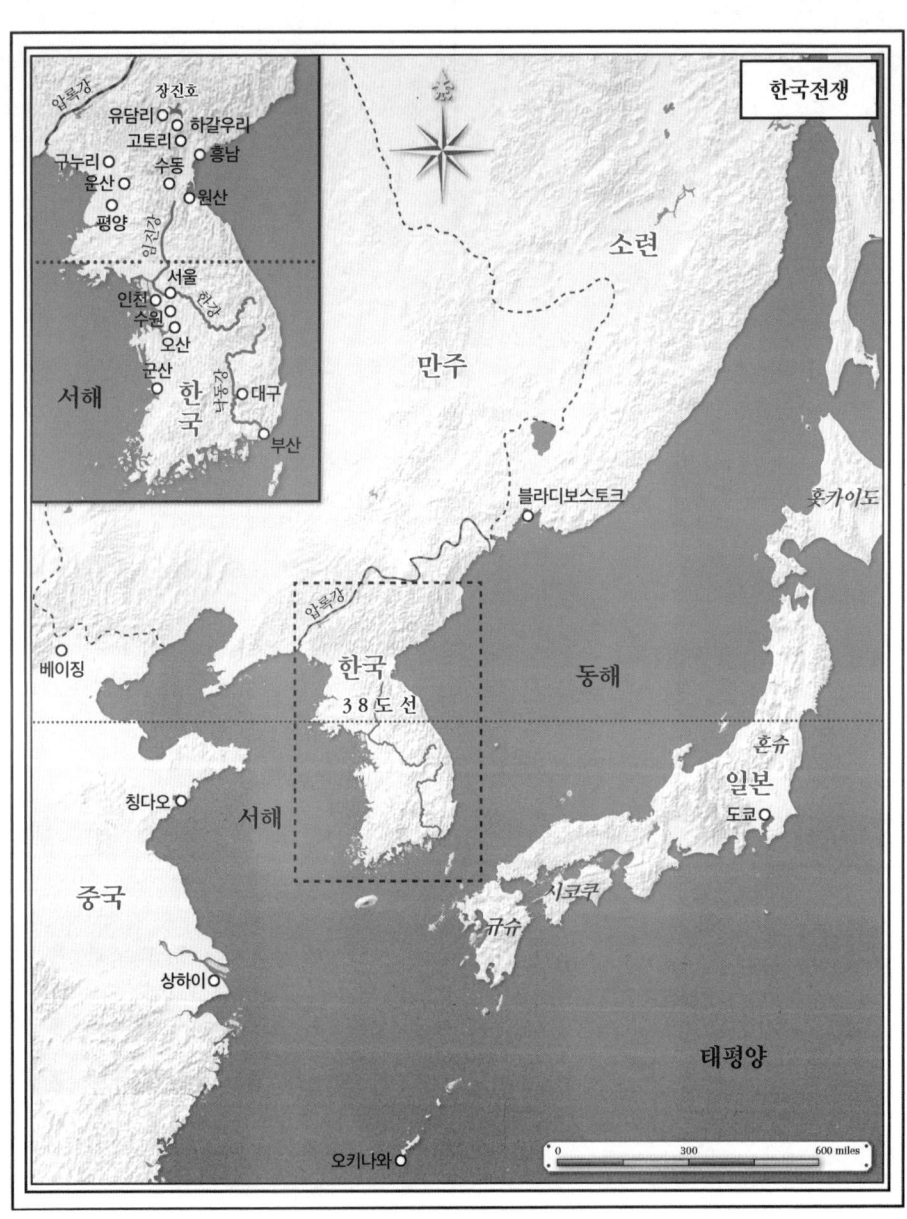

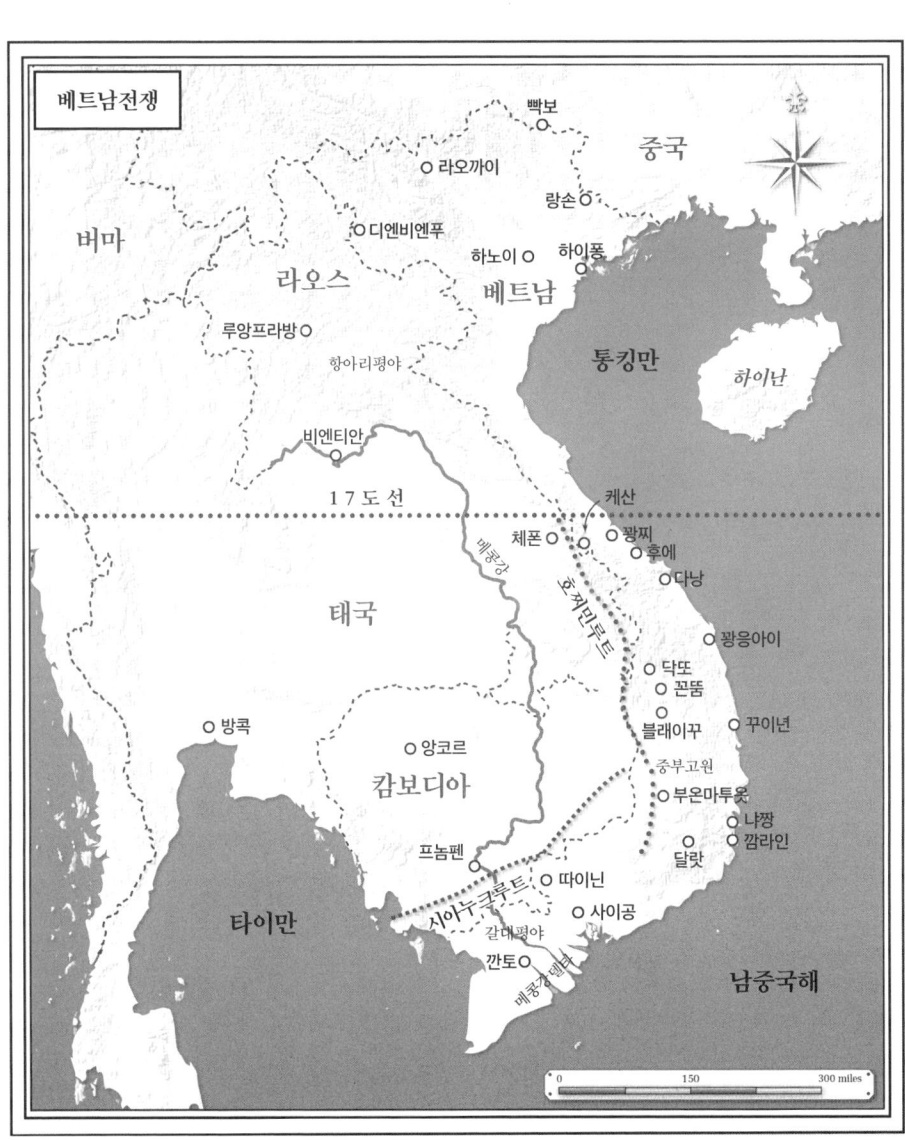

러 요인이 있다. 앞선 전쟁에서 거둔 성취로 인한 오만, 종전 후 얼마 지나지 않아 전쟁을 치른다는 피로감, 공산주의의 위협에 대한 두려움에서 기인한 절망, 양차 세계대전과는 매우 다른 양상의 전쟁에 대한 상상력과 독창성의 부족 등을 꼽을 수 있을 것이다. 2차 세계대전의 승리를 위해 온갖 노력을 기울였고 전후 미국의 경제적 번영에 기여한 세대를 지칭하는 '가장 위대한 세대The greatest generation'는 한국의 산악 지대나 고온다습한 인도차이나 평지까지 그 성공을 확장하지 못했다.

앞서 언급했듯 이 두 번의 전쟁은 피비린내가 진동하는 전쟁이었다. 엄청난 수의 한국인, 중국인, 베트남인 사상자가 발생했다. 미군 사상자는 약 10만 명에 달했는데, 이는 2차 세계대전 중 미군 사상자의 20퍼센트 이상이며 1975년 이후 발생한 모든 분쟁의 10배에 해당하는 수준이다.

기술적으로 미국은 1950년부터 1975년까지 제트 항공기와 헬리콥터를 비롯한 수많은 군사 혁신을 도입했다. 베트남전에는 위성 통신 시스템과 일부 정밀 군수품도 투입되었다. 그러나 2차 세계대전 이후에 개량된 최신식 무기가 부적합한 전장이었고, 미국은 결국 과거의 무기를 다시 꺼내들어야 했다. 한편, 미국의 적인 비정규군은 소총 같은 자동화기와 다양한 용도로 사용 가능한 폭발물을 비롯한 소형 무기를 폭넓게 사용하며 선전했다.

한국전쟁과 베트남전쟁은 이 책의 중심 주제를 고스란히 보여주는데, 미국은 다른 나라들과 마찬가지로 이 두 전쟁 모두 굉장히 낙관적으로 임했다. 그리하여 전쟁 기간뿐만 아니라 그 어려움에 대해서도 상당히 놀라게 되었다. 카를 폰 클라우제비츠는 물론이고 제프리 블레이니 같은 학자들의 주장도 이 전쟁들에서 입증된다. 전쟁은 예측하기 어렵고, 용서받기 어려우며, 파괴적이다. 그러나 전략가와 정책입안자들의 대죄인 과신은 전쟁 이전과 도중에는 입증하기 어렵다. 미국이 과거의 유산에 의지해 다음의 큰 전쟁을 대비한다면 그보다 규모가 작은 전쟁은 충분히 대응할 수 있다고 생각한 것 또한 실수였다.

그러나 대전략 차원에서 미국과 동맹국들에게 상황은 그리 나쁘지 않았다. 1953년 지리한 교착상태 끝에 한국전쟁을 정전으로 끝낸 당시에는, 패배를 인정했거나 최소한 지쳐 나가떨어진 것처럼 느껴졌다. 그러나 70년이 지난 지금, 한국은 북한이 심각한 위협으로 남아 있기는 하지만, 거의 모든 지표에서 괄목할 만한 성과를 이루어냈다. 이제 베트남은 미국의 적이라기보다는 우호적 친구이다. 이렇듯 직관에 반하는 결과는 부분적으로 현대 미국이 가진 전반적인 힘을 반영하는 것이기도 하다.

한국전쟁과 베트남전쟁은 윤리적으로도 복잡한 면이 있다. 그러나 여기서는 이 두 전쟁의 도덕성을 세세히 검토하는 대신 주요 사건을 살펴보고 큰 맥락을 정립하고자 한다. 북한과 북베트남 정부는 각각의 전쟁을 오랜 식민 지배와 영토 분할 이후 민족을 해방하고 재통일하기 위한 시도로 보거나 적어도 그렇게 포장했다. 물론 이기적 심산도 있었겠지만, 이러한 명분은 어느 정도는 진실이었다. 그러나 하노이는 물론 평양이 자국민은 물론이고 적들에게까지 가한 잔혹한 수단은 그 명분에 비인도적이라는 장막을 드리웠다. 한편

공정한 평가를 위해, 남한과 남베트남 양국에 부패와 폭력이 만연한 독재정치가 행해지고 있었다는 사실도 짚고 넘어가야 한다.

주요 외부 관련국의 역할도 도덕적으로 복잡했다. 중국은 수십 년간 외국의 침입과 지배, 학살을 겪었기에 국경 근처에 외국 군대가 주둔하는 것을 두려워했다. 그런 점에서 미국이 주도한 UN군이 38선을 넘어 북진했을 때 한국전에 개입한 데는 나름의 논리가 있다. 그렇다고는 해도 중국 지도자 마오쩌둥이 보여준 극도의 무자비함과 냉혹함이 설명되거나 정당화될 수는 없으며, 전쟁을 일으킨 쪽이 북한이라는 사실도 바뀌지 않는다. 두 전쟁에서 미국의 역할은 세계 공산주의의 위협에 대한 대응으로 이해할 수 있다. 그러나 먼 이역 땅의 자유를 수호하려는 시도는 화력 집약적이고 무차별적인 무력 사용으로 이어졌다. 이는 적어도 이론적으로는 고결한 목표를 위한 행동이었지만, 현지 주민들에게는 똑같이 파괴적인 영향을 미쳤다. 최종 결과를 보면, 한국에서의 과정은 정당화할 여지가 있을지 몰라도, 베트남의 경우는 그런 여지조차 찾기 어렵다.

한국전쟁

커스터 장군의 마지막 전투Custer's Last Stand(인디언전쟁 중 리틀빅혼 전투에서 인디언 연합군과 싸우다 휘하의 기병대원과 함께 전사한 사건-옮긴이) 74주년이던 1950년, 6월 25일에 트럭과 전차를 앞세운 수만의 북한군이 국경을 넘어 남한을 공격했다. 한반도를 통일해 북한 수중에 넣겠다는 시도였다. 그 시도는 거의 성공할 뻔했다.

그해 11월 무렵, 중국은 같은 공산주의 정권인 북한(조선민주주의인민공화국)과의 협력 관계에 따라 대병력을 지원해 병력의 우위를 점하면서 전쟁의 주요 당사국이 되었다. 중공군은 한국, 미국, UN 15개 연합국의 군대로 구성된 연합군과 맞섰다. 전쟁은 대체로 길이 약 925킬로미터, 동서 너비가 약 242킬로미터에 달하는 한반도 내에서 벌어졌다. 당시 한반도 총인구는 약 3000만 명으로, 이 중 3분의 2가 남한에 살고 있었다. 그러나 중국 항공기는 중국의 기지 밖에서 운용되었고, 연합군 해군 항공기는 당연히 서해와 동해에서 임무를 수행했으므로 전장이 한반도 내에만 국한된 건 아니었다. 중국과 북한 국경 너머에서 일부 공중 교전이 발생하기도 했다.

한국전쟁을 초래한 전략적 조건은 2차 세계대전의 종전으로 마련됐다. 1945년 늦여름, 한국이 일본에게서 만주를 해방하려는 소련과, 일본의 항복을 받아내려는 미국이 만나는 장소가 된 것이다. 게다가 미국과 소련은 동맹국에서 적대적 관계로 빠르게 변하고 있었다. 스탈린은 그러한 미국과의 관계에도 불구하고 오늘날 분단선과 비슷한 38도선을 따라 한반도를 반으로 분할하는 데 동의했다. 외부적으로 표명한 목적은 통일 조건이 갖춰질 때까지 각각의 반을 별도로 통치하는 것이었다. 남·북한은 각각 1948년에 공식적으로 국가를 수립했고, 소련과 미국은 1949년 중반 점령군을 철수했다.[1]

그러나 통일은 이루어지지 않았다. 1949년 마오쩌둥이 이끄는 공산당이 국공내전에서 승리함으로써 북한의 독재자 김일성은 또 다른 동맹을 갖게 되었다. 여기에 더해, 딘 애치슨Dean Acheson 미 국무장관이 한국은 미국의 핵심 전략적 이익 경계선의 밖에 있다고 선언하자 김일성은 기회를 감지했다.[2] 스탈린은 김일성이 전쟁을 제안했을 때 적어도 두 번은 거절했지만, 1950년 초에 마음을 바꾸었다.[3] 결국 스탈린은 남한과 그 독재자 이승만을 상대로 전쟁을 일으키는 것을 격려해주었다.[4] 이러한 교리적 격려와 실체적 지원을 얻기 위해 모스크바를 찾은 것이었던 만큼, 김일성은 스탈린의 승인에 고무되었다. 북한은 남한을 침공하며 전쟁을 시작해 초반 승기를 잡았다. 그 당시는 한반도에 단 몇백 명 규모의 임시군사고문단만 있었을 뿐 주둔 미군은 없었던 데다, 남한군은 여러모로 열악한 상태였다. 따라서 북한군은 빠르게 남진해 며칠 만에 서울을 점령했다. 서울 근처 오산을 방어하기 위해 파견된 스미스 특수임무부대Task Force Smith를 포함해 미군 병력이 도착하기 시작했지만, 북한군은 몇 주 만에 한반도 거의 전역을 점령했다. 그리하여 7월 말 무렵, 부산과 그 일대를 제외한 전 지역이 북한의 손에 넘어갔다.

여기까지가 첫 번째 단계다. 미군이 증원하고 부산의 경계가 강화되면서 두 번째 단계가 시작되었다. 8월에 접어들며, 연합군이 한반도에서 완전히 밀려날 것이라는 두려움이 잦아들기 시작했다. 이 견제 공격의 핵심은 육군 부대, 제25보병사단의 제24보병연대였다. 이 부대는 해리 트루먼Harry Truman 대통령이 1948년 발표한 행정명령(군대 내 인종차별 철폐)에도 불구하고 대부분이 아프리카계 미국인이었다.[5]

9월 중순, 미군의 위대한 작전 성공과 함께 세 번째 단계가 시작되었다. 인천의 질퍽이는 갯벌에서 이루어진 대담한 작전을 통해 미군 상륙부대가 해안에 상륙했다. 그들은 적군의 허를 찌르며 북한군 전선을 뚫고 보급선을 차단하여 전투의 흐름을 완전히 바꾸어놓았다. 그달 말 서울을 수복한 뒤, 미국은 한반도를 강제로 통일하겠다는 목적으로 북상을 시작했다. 목표는 압록강, 중국과 북한이 만나는 곳이었다.

네 번째 단계는 중공군이 개입한 시기이다. 연합군의 허를 찌르고 내려온 중공군은 연합군을 남쪽으로 몰아냈고, 미군은 군 역사상 가장 큰 후퇴라는 말을 들을 만큼 멀리 밀려났다. 서울이 다시 적군의 손에 떨어졌다. 그럼에도 불구하고 일부 연합군은 영웅적인 노력을 쏟았다. 특히 미 해병대 제1사단은 함경남도 중부 장진호 일대에서 치열한 전투를 치렀다.

다섯 번째 단계는 전쟁 나머지 기간이며, 한국전의 주요 영웅인 매튜 리지웨이Matthew Ridgway 장군의 부임과 영향력 확대로 시작된다. 그는 연합군이 부대와 진지를 안정화한 뒤 점차 북진하도록 이끌었다. 1951년 초, 두 번째로 서울 일대를 해방하고 그해 봄 중공군과 북한의 합동 공격을 막아내어 한반도에 교착상태 비슷한 것이 이뤄지기 시작했다. 그리고 휴전 협상이 다양한 정도의 심각성과 가능성을 고려하며 시도되었다. 그 상태는 2년 동안 계속된다. 1953년 여름, 드와이트 아이젠하워 대통령이 핵 공격으로 위협하자(1951년 초 명령불복종을 이유로 해임되기 전의 맥아더보다는 더 침착하고 미묘한 뉘앙스를 전하는 방식으로) 중국과 북한은 마침내 휴전 조약을 받아들였다.

전쟁 중 사용된 무기와 주요 전략

한국전쟁은 매우 치열하고 치명적이었다. 널리 수용되는 추정치에 따르면 중공군은 90만 명, 북한군은 약 52만 명의 사상자를 냈고, UN군은 약 40만 명, 한국군은 그 3분의 2, 나머지 미군은 3만 4000여 명의 사상자가 발생했다.[6]

대학살은 수많은 전차와 대형 포가 만들어낸 결과였다. 그러나 중화기는 2차 세계대전의 여러 대전투만큼 많이 쓰이진 않았다. 반면 기관총과 기타 자동화무기, 수류탄, 박격포, 휴대용 폭약satchel charge, 지뢰 등이 널리 사용되었다. 한국 지형은 논밭이 뒤섞여 있는 데다 험준하고 숲이 우거져 중형차량이나 중장갑차를 활용하여 기동하는 일에 어려움이 있다. 그로 인해 많은 전투가 소형 무기 위주로 치러질 수밖에 없었다. 전쟁은 주로 밤에 치러졌다. 북한군과 중공군이 야간에는 미군의 공군력과 포격 능력이 제대로 발휘되지 못함을 알아차렸기 때문이다. 적군은 UN군의 압도적 화력을 제한하기 위해 근접전을 선호했다. 한반도의 전형적인 혹독한 겨울에 여러 중요한 전투가 벌어지기도 했다. 추위 그 자체가 사상자 발생의 가장 큰 원인이 되기도 했다.

제트기가 한국에서 처음으로 실전 투입되었다. 항법 레이더 개선으로 미군의 야간 폭격이 용이해졌고, 이외에도 공중전에서는 여러 혁신이 이뤄졌다. 중국도 자국 공군력에 비약적인 발전을 이루었고, (미국의 북한 내 비행장 파괴를 고려해서) 자국 영토 기지에서 항공기 3000대가량을 출격시켰다. 중국은 초기 공군력을 동원해 보통 폭격기 20여 대로 수행되는 미국/한국/UN의 공습에 맞섰다. 소련 항공기도 중국군으로 위장해 몇몇 작전에 투입되었다.[7]

어떤 면에서 공군력 사용 양상은 2차 세계대전과 유사했다. 미국과 동맹국들은 지리적·지형적 단점을 극복하는 방편으로 압도적 우위인 기술과 화력을 동원했다. 네이팜탄이 도시에 투하되었고, 그 결과 북한 민간인은 상당한 고통을 겪어야 했다.[8] 폭격 여파로 22개 주요 도시 중 18개가 전쟁 중 50퍼센트 이상 파괴됐다.[9] 발전소와 관개용 댐도 타격을 입었다. 중국 내 목표물은 폭격 피해를 입지 않았지만, 중국 영공에서 미국의 공습이 수차례 벌어지기는 했다. 역사가 케네스 워렐Kenneth Werrell은 "미국이 중국 내 공산당 비행장을 겨냥하지는 않았지만, 북한 국경 근처의 중국 영공은 공산당 조종사들에게 안전하지 않은 장소였다"[10]고 기록했다.

철도와 도로를 통한 중국의 보급력에 타격을 입히기 위해 공군력이 광범위하게 사용되었다. 공식 데이터에 따르면, 전쟁 중 미군은 약 100만 번의 전투 출격 중 4분의 3을 다리(5000회 이상), 철도(2만 회 이상), 전차(2000회 이상), 기차(4만여 회)를 타격하는 데 할애했고, 10만 회 이상 군용 차량을 타격했다. 그러나 이상의 수치는 역사적으로 공군력의 효과에 대한 추정치가 종종 그랬듯 다소 부풀려졌을 수 있다. 어쨌든 공산군은 능숙하게 도로를 수리하고 인력으로 보급품을 수송했으며, 심지어 항공기가 머리 위를 날고 있을 때면 존재를 들키지 않도록 가만히 서 있는 법을 터득했다. 중공군은 많은 보급품을 필요로 하지는 않았다. 중공군은 1개 사단 기준 하루 보급량을 40톤으로 정해, 60개 사단 전체 병력에 매일 2400톤을 할당했다. 중

공군은 한반도 남쪽으로 이동할 때 심각한 병참 문제를 겪을 수밖에 없었고, 미 공군은 보급선을 폭격함으로써 중공군의 진격을 자연스럽게 견제했다.[11] 미 공군은 적의 보병을 상대로 근접 항공 지원을 수행하기 위해 약 10만 회 출격하기도 했다.[12]

주요 참전국의 핵심 전략은 대체로 간략하다. 적어도 미국을 제외한 모든 당사국이 전쟁의 목적을 파악하기 힘들었던 탓도 있다.

북한의 목표는 단순히 한반도를 김일성 독재정권의 통제하에 통일하는 것이었다. 북한은 성공 코앞까지 다가갔으나 미국과 UN의 개입을 고려하지 못했다. 아마도 미국이 한반도에서 어떤 전쟁이 일어나도 관여하지 않을 것이라고 밝혔기 때문일 것이다.

남한의 핵심이자 초기 목표는 생존이었다. 1950년 9월 인천에서 전투의 흐름이 바뀌자 더욱 야심찬 목표도 등장했는데, 그때쯤 미국이 자국의 이익보다 북한에 대가를 치르게 하기 위해 한반도의 강제 통일을 선호하는 듯 보였기 때문이다.

중국의 목표는 (북한이 전쟁을 개시한 원죄는 개의치 않고) 적대적 점령으로부터 공산주의 동맹국을 보호하고, 적성국인 미국이 중국 국경 지대에 군사 기지를 세우지 못하게 하는 것이었다. 또한 중국은 스탈린이 세계 공산주의 진영 확산을 위해 북한의 침략을 승인한 점을 감안해, 소련과의 관계를 공고히 하고자 했다.[13] 당시 중국의 외교 정책은 혁명적이고 팽창주의적인 이념에 따랐고, 마오쩌둥과 다른 중국 지도자들은 이러한 시각에서 북한의 노골적인 침략에 대한 직접적인 지원을 정당화했다. 베이징뿐만 아니라 모스크바가 공산주의 진영 확대라는 세계적 목표는 물론, 전쟁의 시작과 실행을 정당화하는 극단주의적 세계관을 채용한 것을 고려하면, 이 시기는 국제 정치에 있어서 매우 어려운 시기였다.

미국과 15여 개 연합국 동맹 중 적어도 일부에게 최초의 목표는 한반도에서 전쟁이 일어나지 않게 하는 것이었다. 그러나 북한의 침공 이후 그 입장은 바뀌었다. 즉 남한이 모스크바와 베이징의 동맹국을 배후에 둔 북한에 적화통일되지 않게 하는 것이 목표가 되었다. 9월 인천에서의 성공으로 이들은 북한의 영토 전체 혹은 상당 부분을 점령하며 한반도의 통일 문제를 해결하려는 더욱 야심찬 목표를 세웠다. 그리고 중공군의 개입 후 이들의 목표는 다시 전쟁이 확산되지 않고 한반도가 이전의 분단 상태를 회복하는 것이 되었다.

북한의 남한 침공과 스미스 특수임무부대

1950년 6월 25일 새벽 4시. 10만 명에 육박하는 북한군 혹은 '인민군'이 남한으로 빠르게 진격해왔다.[14] 후속 병력까지 합하면, 전차 230여 대, 대구경 야포 200문, 야크^{Yak}-9 전투기와 IL-10 공격기 등 공군 항공기 200여 대로 구성된 10여 개 사단 규모였다.[15]

당시 한국에는 주둔하는 미군 병력이 없었고, 단지 몇백 명의 고문단만 있었다.[16] 따라서 미국은 북한의 공격에 아연실색할 수밖에 없었다. 미국은 다른 시나리오에 집중했던 터였다. 즉 한국에서 전쟁이 발발한다면 이는 한반도 내전이 아닌 세계 전쟁의 한 맥락일 것이라고 예상했다. 최근 몇 년 사이에 남북한 국경에서 충돌이 빈번하게 발생했고, 그중 몇 번은 다소 규모가 커서 많은 사람이 그러한 긴장에 익숙해져 있던 터였다. 그래서 정책입안자들이 공격의 목표를 깨닫기까지는 몇 시간이 걸렸다.[17] 부패한 독재정권하의 한국군은 지휘 체계가 엉망이었다. 장비 상황 역시 열악했다. 미국이 김일성이 아닌 이승만이 북한을 공격할까 염려해 한국군에 무기를 제공하는 데 신중을 기했기 때문이다. 한국군은 전차나 전투기, 고성능 대전차 무기나 대구경 야포를 갖추고 있지 않았다.[18] 탄약 비축량은 기껏해야 6일이면 바닥날 수준이었다. 한국군은 전 세계를 뒤흔든 기습에 대처할 준비가 전혀 되어 있지 않았다.[19]

뉴욕 시간으로 6월 25일 저녁 6시, 침공이 시작된 지 하루가 조금 넘었을 때 UN안전보장이사회는 9대0 표결로 북한의 침공을 규탄하며 남한에서 철수할 것을 요구하는 결의안을 통과시켰다.[20] 소련과 중국은 거부권을 행사하지 않았다. 소련은 중국의 새 공산당 정부(중화인민공화국)가 UN과 안보리에서 중화민국(대만)을 대신해 그 지위를 얻지 못하는 데 불만을 품고 그해 1월부터 UN에 불참해왔던 터였다. 그 결과, 미국/한국/연합군이 UN의 공식 승인을 받을 수 있었다. 곧 10개국 이상이 자원해 병력을 보냈다. 하지만 대부분 대대나 여단 규모의 병력으로 수백 명에서 최대 수천 명 정도였다. 영국은 경항모와 총 8척의 전함을 포함한 극동함대를 파견했다.[21] 영국이 있었지만, 캐나다, 튀르키예, 호주, 태국, 필리핀, 프랑스, 그리스, 뉴질랜드, 네덜란드, 콜롬비아, 벨기에, 에티오피아, 남아프리카공화국, 룩셈부르크, 의무부대를 파병한 이탈리아와 스칸디나비아 국가들의 기여를 모두 합해도 미국의 10분의 1에 불과했다. 그래도 여기

서 힘이 재결집됐다.²²

　미국 하원은 북한이나 중국을 상대로 선전포고하지 않았다. 트루먼 대통령은 UN에서 승인된 긴급 '군사행동'이 필요 없다고 주장하면서, 선전포고나 다른 입법부 승인을 요청하지 않은 채 행동했다. 트루먼은 의회의 승인을 매우 빠르게 얻을 수 있었는데도 헌법 외적인 접근법을 택했다. 따라서 미국이 의회 승인 없이 전쟁을 벌일 수 있었다는 사실은 앞으로도 여러 차례 모방될 여지가 있는 유감스러운 선례가 되었다.²³ 의회는 소멸 시한이 임박한 안건을 연장했고, 6월의 남은 며칠간 한국에 대한 군사 지원 프로그램을 승인하는 등 다른 방식으로 지원 신호를 보냈다.²⁴

　서울은 전쟁 발발 첫 주에 함락됐다. 한국군 절반 가까이가 해산되었고 나머지 절반은 남쪽으로 후퇴했다. 일부 부대는 적과 맞서 싸우다 무너졌다. 전쟁 초기, 미국의 공군력은 활용 가능했지만, 목표물을 찾고 지정할 수 있는 전방 항공관제기가 없었기 때문에 그 효과는 제한적이었다. 미국의 폭격으로 한국군이 의도치 않은 손실을 입는 등 '오인 사격'의 비극도 빈번하게 발생했다.²⁵

　1950년 7월 1일, 미군의 첫 파견대가 일본에서 한국에 도착했다. 미국이 점령한 일본의 사실상 총독이던 더글러스 맥아더가 한국전쟁의 초대 최고사령관이 되었다. 파견대는 미 육군 제24보병사단 제21연대 제1대대의 B와 C중대에서 뽑힌 병사 400명으로 구성되었다. 이들은 찰스 '브래드' 스미스Charles 'Brad' Smith 중령의 지휘를 받았다. 이들은 소형 무기, 기관총, 75밀리미터 무반동 소총, 105밀리미터 곡사포 1포대, 2.36인치 바주카포로만 무장했다. 그들에게는 전차도, 중포도, 실제로 북한군의 T-34 전차를 타격할 수 있는 신형 3.5인치 바주카포(초기보다 소형화된 것)도 없었다.

일본 점령 임무 중 스미스 특임대로 구성된 제24단 부대는 제대로 전투 훈련을 받지 못했다. 그들은 북쪽으로 파고들어, 수원 주변, 서울에서 약 40킬로미터 떨어진 지점에서 북한군과 교전을 벌였다. 그러나 비극적이게도 그들은 화력과 병력뿐 아니라 탄약도 부족했다. 제24보병사단의 다른 부대도 실패했다. 시작이 아주 좋지 않았다.[26] 서울에서 부산까지 거리가 약 400킬로미터인 남한의 열악한 전략적 깊이를 생각하면 이 상황은 좋지 않은 조짐이었다. 생존 병력은 곧 부산방어선(우리나라에서는 낙동강방어선이라고 널리 쓰임-옮긴이)까지 후퇴했다.

7월에도 상황은 나아질 기미가 보이지 않았다. 북한군은 계속 진격해, 곧 한반도의 남쪽 끝을 목전에 두고 있었다. 역사가 맥스 헤이스팅스는 다음과 같이 이 시기를 서술했다. "7월 첫 주, 북한군의 진격을 지연시키는 데 큰 역할을 한 것은 미군보다 지형과 병참, 열악한 통신, 피난민들이었다."[27] 7월 13일, 한국 전선을 위해 월튼 워커Walton Walker 장군 휘하에 미 8군이 공식 창설되었다. 하지만 제24사단 이상의 전력은 보유하지 못했다. 그 후 몇 주 동안에 걸쳐 일본에 주둔 중이던, 인원도 장비도 부족하며 훈련도 덜 된 점령군이(주로 제25사단과 제2사단 병력) 증원군으로 도착한다.

부산방어선

(초반에는 거의 눈치채지 못할 정도로) 전세가 역전되고 있었다. 미군과 연합군 증원군이 점차 도착하는 데 더해, 북한군은 남쪽으로 진격하면서 타격을 입고 있었기 때문이다. 8월 초까지 5만 명이 넘는 사상자가 발생했는데, 이는 15만 명을 넘지 않는 규모의 군대가 감당하기 어려운 손실이었다.[28] 북한군은 본국에서 멀리 떨어진 곳에 이르자 병참선이 길어져 보급이 어려워졌다. 최전방 전선이 어느 정도 안정화되자 미국의 공군력은 (한국 환경에서의 전투에 최적화되어 있지는 않았지만) 작전 지원의 기회를 넓혀갔다.

이러한 변화들로, 항구도시 부산을 둘러싼 남한 동남부에 연합군 방위선을 성공적으로 구축할 수 있게 됐다. 부산방어선으로 불리게 되는 이곳은 약 120×65킬로미터 넓이의 직사각형 지역이었다. 북서쪽 모퉁이는 부산에서 북서쪽으로 약 80킬로미터 떨어진 대구시로 통했다.[29] 이 중요한 지역에서의 전투는 7월 31일 시작해 9월 15일 미군이 인천에 상륙할 때까지 6주에 걸쳐 계속되었다.

이곳은 미군과 연합군의 최후의 보루였다. 워커 장군은 부대에 이렇게 말했다. "더 이상의 후퇴, 철수, 전열 재정비든 뭐든 없을 것이다. 뒤로 물러설 방어선은 없다."[30] 다행히, 이 시점에 그의 휘하에 10만 명의 병력이 모였다. 절반은 미군, 절반은 한국군이었으며 곧 도착할 해병대와 영국군까지 포함하면 전체 병력은 북한군을 앞서는 수준이었다.[31]

낙동강변과 험준한 산을 따라 이어진 전투에서 북한군은 미군/

한국군/UN군 전선을 통과하기도 했다. 그러나 연합군에게는 적의 진격을 저지하기에 충분한 공군력이 있었고, 양측의 병력 차이를 메울 예비 병력도 점점 늘어났다. 맥스 헤이스팅스는 이 전투를 두고 "짧고 치열한 조우전encounter battle의 끝없는 연속"[32]이라고 서술했다.

시간이 흐르며 북한군은 개별 공격으로는 돌파구나 포위 기회를 만들어내지 못할 것임을 깨닫고 병력을 재편성했다. 그 후 8월 31일 밤, 북한군은 전선 여러 부분에 걸쳐 광범위한 공격을 퍼부었다. 며칠에 걸쳐 그들은 전진하는 데 성공하여, 워커 장군은 미 8군 사령부를 대구에서 부산으로 옮겨야 할 상황에 처했다. 하지만 미 공군력과 내부 통신의 도움으로 북한군의 시도를 무력화할 수 있었다.[33]

인천 너머 위쪽으로

여름철, 패색이 짙었던 전황은 9월 중순 들어 가장 훌륭한 작전 중 하나인 인천상륙작전이 성공하면서 완전히 바뀌게 된다. 이 작전으로 미군과 연합군의 기세가 확 달라졌다. 또한, 북한의 보급선을 차단하고 서울 수복을 준비했다. 그달 말이면 서울은 해방된다.

사실 이 담대한 작전에 맥아더를 제외한 미군 수뇌부들이 모두 우려를 표했었다. 인천 해안 지역은 갯벌이 넓게 펼쳐져 있는데, 이는 만조가 가장 높은 순간에만 상륙이 가능하다는 의미였다. 폭풍, 기계 고장이나 다른 예기치 못한 돌발상황이 발생하면 이 작전 전체는 좌초되고, (만조와 간조의 차가 약 10미터에 달하는) 세계에서 조수간만의 차가 가장 큰 수로에서 배로 수송 중인 병력이 위험에 빠질 수 있었다. 9월 15일부터 한 달 중 단 3일만 상륙에 적합한 조건이었다. 다행히 9월 15일 바로 그날, 날씨도 도왔다.³⁴

2차 세계대전에서 사용된(한국전쟁에서 사용된 무기와 차량 대부분이 그랬다) 함선 260여 척이 집결했다. 이틀에 걸쳐 미군과 한국군 7만 명을 일본에서 인천까지 수송하기 위해서였다. 며칠간의 예비 폭격 후 연합군은 인천으로 가는 길목에 있는 주요 섬들을 점령했고, 9월 15일 만조 때 사다리를 이용해 방파제를 넘어 해안에 상륙했다. 가벼운 저항에 부딪혀 약간의 사상자를 내긴 했지만 큰 성공을 거두었다.³⁵ 알려진 대로 해병대 제1, 5, 7연대를 포함해 해병대 제1사단과 제7보병사단 일부로 새로 구성된 10군단이 크로마이트 작전Operation Chromite(인천상륙작전의 암호명-옮긴이)을 수행했다. 군단장은 맥아더 직속의 에드워드 '네드' 알몬드Edward "Ned" Almond 장군이었다.³⁶

10군단은 곧장 서울로 진격했다. 도중에 약간의 저항에 부딪혀 급조한 뗏목과 전차용 임시부교로 한강을 건너야 했다. 9월 25일, 다방면에서 서울 해방을 위한 다각적 공격이 시작되었다. 해방군은 북한군이 설치해놓은 여러 장애물과 상당히 적극적인 저항에 부딪혔지만, 사흘 만에 서울을 수복했다.³⁷

9월 22일, 미 8군이 부산방어선을 돌파했다. 많은 북한 부대가 후퇴하거나 흩어졌다. 9월 27일, 10군단과 8군은 서울 남쪽 오산 근처에서 연합했다.

그러나 미국은 딜레마에 빠졌다. 북한이 도발적으로 남한을 공격한 이상, 전쟁 이전의 상태를 회복하는 것만으로는 부족해 보였다.

게다가 1945년 이후 한국에 대한 논의가 궁극적으로는 한반도 통일을 가정했다는 점에서 38도선까지 진격한 뒤 거기서 멈추는 건 좋지 않은 생각 같았다. 하지만 연합군이 북한으로 진격하는 것도 위험했다. 그럴 경우, 연합군이 어디서 진격을 멈추느냐의 문제가 제기되었고, 방어적 목적이든 공격적 동기이든 간에 중공군이 참여할 위험성도 있었다.[38] 인천의 성공에 고무된 맥아더는 쉽게 결정을 내렸지만, 워싱턴은 그의 방식을 지지하지 않았다.[39]

10월 9일 미 8군은 38선을 넘었고, 10월 19일 평양이 함락되었다. 10월 24일 맥아더는 미군은 중국 국경 지대인 압록강까지 진격하여 북한의 모든 지역을 점령할 수 있다는 명령서를 발표했다. 당시 연합군의 병력이 2대1로 북한군을 앞서는 상황이라 이는 크게 어려워 보이지 않았다.

실제로 서쪽에서 연합군이 수적으로 우세해, 맥아더가 많은 미군을 배에 태워 북한 동해안의 원산으로 보낼 정도였다. 군단은 인천과 유사한 또 다른 작전에서 저항에 부딪힐 것을 예상했지만, 10월 25일 원산에 도착한 이들을 맞이해준 건 코미디언 밥 호프Bob Hope였다.[40]

일은 순조롭게 진행되었다. 너무 순조로웠던 나머지, 맥아더는 압록강 남쪽에 중국과 UN군이 순찰하는 완충지대를 만들자는 영국의 제안을 유화책이라고 단언하며 그 자리에서 거절했다.[41] (1950년 9월부터 1951년 9월까지 재임한) 조지 마셜 국방장관도, 해리 트루먼 대통령도 아닌 맥아더가 스스로 이러한 결정과 성명을 내린 것이다. 그래도 그들은 그의 결정을 뒤집지 않았다.

10월 2일 중국은 미군과 한국군이 38선을 넘는다면 전쟁에 개입하겠다고 인도India를 통해 간접적으로 경고했다.[42] 10월 14일 실제로 중공군이 북한으로 향하는 징후가 보였고, 10월 25일에는 한국군을 공격했다. 11월 말, 중화인민공화국이 압록강을 건너 북한으로 수만 명의 병력을 파병했음이 점점 더 명확해졌다. 중국군과의 충돌이 잦아졌고, 중국군 포로들도 잡히고 있었다.[43]

맥아더는 그 기간 내내 공세로 일관하면서, 10월 24일 총연합군이 압록강까지 진격하도록 한 명령을 신속하게 철회하지 않았다.[44] 맥스 헤이스팅스는 맥아더와 그의 내면에 대해 다음과 같이 냉정하면서도 설득력 있게 상술했다.[45]

> 그들은 자신들의 군대가 압록강까지 아무런 제지도 받지 않고 진격할 수 있다는 확신을 고수했다. 그리고 계속해서 중국인들이 개입할 의향이 없거나 그럴 능력이 안 된다고 믿었다. 그들은 (도쿄) 다이이치 빌딩(당시 연합군 최고사령부로 사용됨-옮긴이)에서 지시된 신의 섭리에 따라 진격을 계속하는 환상의 세계를 스스로 만들어냈다. 압록강 진격은 20세기 전쟁과는 거의 일치하지 않는, 군사적 신중함이라는 기본 교리와 정보를 무시한 판단이었다.

맥아더가 자신감을 가진 것도 어느 정도 이해는 된다. 미군이 2차 세계대전의 여파를 털어내고 전력을 증강하여, 1950년 후반에는 연합군 항공기가 하루에 1000여 차례 출격할 정도로 공군력이 급성장한 상황이었다.[46] 그가 38선을 넘어 진격하는 데 워싱턴에서 강한 지지를 보냈다는 사실도 염두에 둘 필요가 있다. 아마도 빠르게 압록강까지 진격하려는 그의 야망보다 북한으로 진격한다는 결정이 중국의 개입을 유발했을 것이다.⁴⁷ 그 시점에서는 조지 케넌George Kennan처럼 38선에서의 현상 회복을 옹호하는 목소리는 오히려 드물었다.⁴⁸ 그렇지만 압록강을 향한 진군과 연합군의 무조건적 승리에 대한 확신은 맥아더가 조성한 것이었다.

중국의 개입
: 재앙, 장진호 전투 그리고 더 큰 재앙

    11월에 발생한 중국과의 전투가 지속적인 주요 전투로 이어지지는 않았다. 데이비드 핼버스탬David Halberstam은 11월 초의 그 사건을 북한의 (곧 기억에 남게 될 청천강변 군우리의 북쪽이자) 북서쪽 마을인 '운산에서의 경고'라고 설명했다.⁴⁹ 그러나 이는 초기 공세보다 덜 의도적인 경고였을 수도 있다. 중공군은 재집결하여 몇 주 후 다시 공격을 시도했고 이번에는 더 강력한 후속 조치를 취했다.

    중공군은 10월 19일 무렵 병력 12만 명을 한반도로 이동시켰다.⁵⁰ 그들이 은밀히 병력을 배치할 수 있었던 것은 야간에 이동하며 무전 사용을 피하고 차량이나 심지어 동물 의존도를 낮추고 보급 요건을 최소화한 덕분이었다. 연합군 병사는 일일 약 27킬로그램의 보급을 받은 반면, 중공군은 3.5~4.5킬로그램을 받았다.⁵¹

    11월 중순, 〈코리아 타임스Korea Times〉는 서울의 일상 회복을 기념

했다. 미군은 8군까지 북한 내부 전방에 배치되어 있었지만, 다가오는 위협을 인지하지 못했다. 그들은 추수감사절에 훌륭한 식사를 즐겼고, 맥아더의 장담대로 크리스마스에는 집에 돌아갈 거라고 기대했다. 미 8군은 서해안을 따라 계속 진격하고, 10군단은 동해안을 따라 이동하여 양방향에서 북한군 잔여 병력을 곧 포위할 터였다.[52]

그러나 11월 25일, 재앙이 닥쳐와 전쟁은 또 한 번의 극적인 변화를 겪게 된다. 연합군은 북한에서 완전히 밀리며 다시 서울을 잃고 한강 이남으로 후퇴했다. 이번 상대는 중국군이었다.

양군의 총규모는 비슷했다. 중국은 이 시점까지 북한에 약 40만 명을 투입했는데,[53] 5분의 3은 8군 근처 서쪽에 있었고, 5분의 2는 10군단 근처에 있었다. 이 무렵 북한군 병력은 10만 명 정도였다. 미군은 17만 5000명, 다른 동맹국 군대는 2만여 명, 한국군은 20만 명이 넘는 규모였다. 따라서 이번 싸움은 중국/북한에게 유리하게 끝날 수 없었다. 그러나 기습, 연합군의 준비 태세 미비, 한국의 험준한 지형에서 효과적으로 작동한 중공군의 전술, 미군/UN군/한국군 부대의 열악한 상황 등이 연합군에 불리하게 작용했다.[54]

중국은 굽이치는 좁은 길에서 지나는 차량을 매복 공격했고, 주로 야간에 소규모 부대 공격을 감행했다. 중공군은 다양한 박격포(122밀리미터짜리 포함)를 보유하고 있었지만 대부분 소구경이었다.[55] 근접전에서는 기관총, 수류탄, 휴대용 탄약만 사용해 고립된 위치를 찾거나 적의 측면을 파고들거나 수류탄이나 가방 폭탄을 들고 참호로 돌진해 자신을 희생했다.[56] 공격은 조명탄이나 나팔 소리, 음악 소리로 시작되었다. "적이 지켜보다가 세레나데를 부르며 조롱하는 것처럼"⁵⁷ 말이다.

중공군은 전진 부대가 적의 측면을 찾아 포위한 뒤 후속 부대와 함께 적의 증원군과 교전하여 빠르게 승리를 거두는 전술을 펼쳤다.⁵⁸ 또한 미군/한국군/UN군의 배후로 들어가 후방을 차단하여 공격하는 전술도 즐겨 사용했다. 미군과 연합군은 몇 주 후 리지웨이 장군이 부임한 뒤에야 이러한 전술에 대한 취약성을 보완하게 된다. 예를 들면, 공격받았을 때 후퇴하기보다 360도 방어선을 형성하고 공중 재보급을 요청하는 식이었다.⁵⁹

중공군과 북한군의 공격은 크게 두 방면에서 이루어졌다. 서쪽에서는 중공군이 미 8군을 공격하여 막대한 사상자를 내고 한국군 2군단을 붕괴시켰다. 압록강과 평양의 중간쯤 되는 내륙 마을 군우리 일대에서 벌어진 전투로 미군은 전선을 유지할 수 없음을 깨달았고, 11월 30일부터 남쪽으로 후퇴하기 시작했다. 그리고 12월 5일에는 평양을 포기하고 철수했다.⁶⁰ 중공군은 당시 압록강이 얼어붙은 덕분에 연합군 항공기가 다리를 파손하거나 파괴하는 와중에도 강을 건널 수 있었다. 보급은 중국과 북한에 아직 큰 문제가 아니었다.⁶¹

11월 27일 중공군이 공격하면서 한반도 중앙의 상황도 어려워졌다.⁶² 육군 제7사단의 2개 대대와 해병대 제1사단이 포함된 10군단은 적에 대해 제대로 파악하지도 못한 채 광범위한 전장에서 10만 명에 달하는 중공군과 대치해야 했기에 상당한 수적 열세에 놓였다.⁶³

초반에 장진호 동안에 위치했던 군대는 이제 공격에 맞서기에는 수적으로 열세가 됐다. 결국 그들은 이후 전투에서 전사했다. 도널드 페이스Donald Faith 중령과 다른 대대의 지휘관 앨런 맥린Allan MacLean

대령은 진지가 공격당하고 후퇴하며 벌어진 혼란 속에서 페이스 부대의 90퍼센트 사상자들과 함께 전사했다.[64]

장진호 서안에서는 미 해병대 제1사단이 미군 역사상 가장 인상적인 후퇴 작전을 수행하게 된다. 제1사단은 제7사단과 마찬가지로, 중공군의 공격을 받았고, 근처의 미 육군보다는 덜했지만, 제대로 대응하지 못했다. 11월 27일 당시 미 해병대는 북쪽으로는 유담리, 남쪽으로는 하갈우리와 그곳에서 16킬로미터쯤 떨어진 고토리에 진지를 구축하고 있었다. 중공군과 북한군의 공세가 시작되자, 해병대는 수적 열세를 보완하기 위해 전차와 공군력을 동원하려 했지만, 지형적 특성상 그 효과는 제한적이었다.[65] 험준한 산악 지형인 데다 도로도 별로 없고 그마저도 너무 좁아서, 적의 공격이나 추위 등의 요인으로 개별 차량이 무력화되면 오히려 전체 부대가 갇힐 수 있었다. 보급과 후퇴 모두 어려워지는 것이었다.[66]

퇴각은 피할 수 없는 상황이 되었다. 제10군단 사령관 알몬드 장군은 해병대 사령관 O.P. 스미스(O. P. Smith)에게 공세가 시작된 후 며칠 동안 후퇴를 허락하지 않았지만, 더 이상 버티기 어려웠다. 영국 해병대 드라이스데일(Drysdale) 중령이 이끄는 드라이스데일 특수임무부대가 북쪽 진지로 보급로를 뚫으려던 노력은 대부분 '지옥불 계곡(Hellfire Valley)'에서 좌절되었다.[67] 이제 유담리 쪽 저수지 중간쯤 있던 사단 일부는 하갈우리 기지로 돌아가야 했다. 페이스 특수임무부대(Task Force Faith) 잔여 병력이 그곳에서 해병대와 합류했다. 그리고 다 같이 남쪽 고토리 기지로 향했다. 그곳에서 총병력은 황초령으로 이동했는데, 수문교가 폭파된 탓에 공중 투하된 부교 자재로 현장에서 임

시 다리를 조립한 뒤 건너야 했다.⁶⁸

전하는 이야기에 따르면, 스미스 장군에게 한 기자가 부대가 퇴각하느냐고 묻자 그는 "퇴각이라니, 젠장! 우리는 다른 쪽으로 진격하고 있는 거요!"라고 대답했다. 이 전투의 치열함과 미군의 용감함 그리고 적에 수만 명의 사상자를 발생시켰다는 점에서 그의 말에도 일리는 있다.⁶⁹ 해병대는 위대한 집념과 투지뿐 아니라 훌륭한 전술도 보여주었다. 계곡을 이동하는 차량 부대를 엄호하기 위해 공군 전력과 함께 산꼭대기에 보병을 배치한 전술이 대표적이다.⁷⁰

결국 해병대에서만 전투 중 4000명 이상, 동상과 기타 질병으로 7000명 이상의 사상자가 발생했다.⁷¹ 그러나 대체로 장비를 보존하며 질서정연한 퇴각 작전을 펼쳤고, 그 과정에서 적군을 공격해 큰 피해를 입혔다. 해병대는 항구에 도착하자 서두르지 않고 질서정연하게 부산행 배에 승선했고, 남쪽 후방에서 병력을 재배치했다. 해병대 제1사단이 집단 차원에서 큰 차이를 보였던 건, 미 육군 일본점령군과 달리 전쟁이 시작되었을 때 전력을 거의 갖춘 상태였기 때문이다. 그래서 전투 부대를 한국군 보급에 의존할 필요가 없었고, 많은 육군 부대만큼 지속적인 격전을 치르지 않았으며 언제든 조직적인 항공 지원을 직접 받을 수 있었다. 여기에 더해 훌륭한 리더십도 있었고, 다가오는 적의 위협에 대한 첩보도 잘 활용했다.⁷²

결국 해병대는 퇴각 작전에서 지리적으로나 전술적으로나 혁혁한 성과를 이뤄냈다. 평양을 잃은 후 서부전선에서는 미군과 한국군, 연합군이 계속 패배한 끝에 마침내 적의 집요한 공격에 밀려 38선 아래로 내려갔다.

리지웨이의 전력 회복,
맥아더의 해임과 교착상태

12월 23일, 미 8군 사령관 월튼 워커 장군이 교통사고로 사망했다. 맥아더는 매튜 리지웨이 장군을 워커의 후임으로 요청했다. 이는 행운의 선택이자, 맥아더가 인천 상륙 이후 몇 달 동안 한 일 중 가장 잘한 일로 판명되었다. 리지웨이는 강인하고 자신만만했다. 또한 군용 월동장비 구입 같은 단순한 문제까지 세심하게 챙기는 타입이었다. 전술적으로는 부대가 도로에서 벗어나 고지를 차지한 뒤 적당한 때에 적진을 파고드는 식의 기본 보병술과 훈련을 강조했다.[73] 그리고 이를 따르지 않고, 맡은 지역을 제대로 정찰하지 않거나 많은 전술 과제를 해내지 못하는 지휘관들을 해임했다. 리지웨이는 신병들에게는 큰소리치지 않았지만, 고위 장교들에게는 냉혹했다. 부임 후 첫 3개월 동안, 그는 군단장 1명, 사단장 6명 중 5명, 연대장 19명 중 14명을 해임했다.[74]

엘리엇 코헨Eliot Cohen과 존 구치John Gooch는 리지웨이 본인의 발언을 인용하며 그가 이 상황을 어떻게 인식했는지 강조한다.[75]

나는 야전 사령관들에게 지금 육군이 얼마나 차량에 의존하고, 고지 점령을 망각하며, 전선에서 연락망을 구축하고 유지하는 데 실패하고, 지형 특징에 대해 알지 못해 그 이점을 거의 이용하지 못하고, 차에서 내려 산이나 관목으로 들어가 그 지역의 적과 마주하기를 꺼렸는지, 무덤의 보병 선배들이 이를 본다면 무덤을 박차고 나올 것이라고 누누이 말했다. 통신에 있어서는, 필요하다면 할아버지 시대로 돌아가라고, 무선과 전화망이 끊기면 전령사를 보내거나 다른 방법이 없다면 연기로라도 신호를 보내는 방법도 있지 않느냐고 말했다.

한편, 맥아더는 점점 더 깊은 곤경에 빠져갔다. 그는 패배의 대안으로, 중국 본토 폭격을 수행하고 필요하다면 핵무기 사용까지 고려해야 한다며 확전을 공개적으로 주장했다.

12월 6일, 트루먼 대통령은 맥아더를 염두에 두고 전선 지휘관들에게 좀 더 신중하게 고민하고, 국방부, 국무부와 사전에 협의하라고 지령을 내렸다. 이에 맥아더는 비공식적으로 평가, 예측, 불만, 정책 권장 사항을 제시하며, 여전히 동일한 방식으로 공세를 유지했다.[76] 10년 전보다 더 지치고 나이 든 마셜 국방장관은 물론 그 누구도 그를 통제하지 못했다.[77] 따라서 전쟁 포기 또는 확전이라는 맥아더가 퍼뜨린 잘못된 이분법적 접근법에 이의를 제기하는 것은 리지웨이의 몫이 되었다.[78] 중국군과 북한군의 합산 병력이 50만 명에 육박했지만, 연합군 병력도 40만 명에 육박했고 연합군은 공군력에서 압도적 우위를 점하고 있었다. 압록강 북쪽에서 중공군 항공기 수백 대를 격추하는 작전에 허가가 나지 않아 맥아더는 좌절했지만 말이다.

연합군은 이제 한반도 남쪽의 평지 지형의 이점을 누리고 있었다. 반면 본국에서 1000킬로미터 이상 떨어진 38선 이남의 중공군은 지나치게 늘어진 보급선으로 고통받고 있었다. 당시 연합군의 공군 작전으로 한반도로 들어오는 열차 수송량이 90퍼센트까지 감소한 탓에 어려움은 더욱 커졌다. 투지가 넘치는 중공군과 북한군조차 어느 정도의 보급품은 필요했고, 힘센 짐꾼조차 도로와 철도의 도움은 필요했다.[79]

그보다 남쪽 지역은 공산주의자들에게 오래 점령되지 않았다. 연합군은 인천 등의 중소도시를 되찾기 시작했고, 전선을 강화하며 한강에 이른 뒤 3월에는 강을 건너 다시 서울을 수복했다. 연합군은 전술적으로 전투 준비 태세를 높였고, 고지 및 요새에 대해 주의를 기울였다. 중공군과 북한군의 측면 기습 공격에 대비해 사방을 방어하는 야전 진지도 구축했다. 이를 통해 선제적으로 공군 전력이 적의 진지를 약화시키는 걸 지켜보며 기다릴 수 있었다. 3월 말 무렵, 연합군은 38선에 도달했다.[80]

한편, 맥아더와 트루먼의 불화는 점점 격화되고 있었다. 맥아더는 한국전쟁을 공산주의에 대항하는 국제적 투쟁으로 인식했고, 한국에서의 승리뿐 아니라 중국 정부를 더욱 체계적으로 약화하기 위한 목적으로 확전을 주장했다. 반면 트루먼은 마셜 국방장관과 애치슨 국무장관을 비롯한 최고 참모들과 마찬가지로, 한국에 대한 미국의 헌신과 의무를 제한하고 남북한 간 전쟁 전 상태(38선 경계로 분단)를 회복하는 평화 절차를 추구했다. 그들은 부족한 군사 자원에 비용을 더 투입하거나 확전의 위험을 높이지 않으려 했다. 또한 한국과 중국보다 유럽을 향한 소련의 위협을 더 중시했다. 오마르 브래들리 합참의장의 유명한 발언처럼, 한국에서의 분쟁(당시 미국 수뇌부에서는 전쟁을 뜻하는 'war'가 아닌 'conflict'라는 말을 사용했다-옮긴이)을 확대하는 것을 "잘못된 장소, 잘못된 시기, 잘못된 적과 치르는 잘못된 전쟁"으로 인식했던 것이다. 이러한 의견 불일치의 영향으로 국내 정치에서 매카시즘(1950~1954년 미국 전역을 휩쓴 공산주의자 색출 열풍-옮긴이)이 강화되고 트루먼의 입지가 약해졌다. 4월 11일, 맥아더가 파면되었고, 그 후임으로 매튜 리지웨이가 도쿄의 일본점령군 최고사령관으로 임명됐다. 미 8군의 후임 사령관은 제임스 밴 플리트James Van Fleet 장군이 임명되었다.[81]

한국전쟁은 교착상태로 치닫고 있었다. 그러나 그에 앞서 전선이 고착화되기 전까지 한 계절 동안 치열한 격전을 치르게 된다. 38도선 위로 밀려난 중공군과 북한군은 손실을 보충하고 서울을 재탈환할 계획을 세웠다. 이번 공세는 1951년 4월 22일, 일명 '캔자스 라인Kansas Line(리지웨이 장군이 설정한 방어선. 임진강부터 강원도 화천을 거쳐 양양까지 이어진다-옮긴이)' 근처에서 시작되었다. 미 해병대 제1사단과 서쪽의 영국 제29보병여단(벨기에 대대 포함)이 주요 전력으로 참여했다. 영국군은 서울에서 불과 48킬로미터 떨어진 임진강을 따라 싸운 끝에, 많은 사상자를 냈지만 중국군의 진격을 저지하는 데 성공했다. 영국군의 유명한 글로스터셔 연대 1대대가 이곳을 지켰고, 그 이름을 따 '글로스터 고지' 전투라고 불리게 된다.[82] (1950년 11월 군우리 전투의 튀르키예 여단처럼 다른 나라들도 한국전쟁의 특정 전투에서 저마다 중요한 역할을 했다).[83]

5월 중순, 적군은 중공군 21개 사단과 북한군 9개 사단으로 대대적인 공세를 감행했다. 이번에도 한국군을 상대로 어느 정도의 성공을 거두었지만, 전체 전선 돌파에는 실패했다. 6월 무렵, 밴 플리트는 연합군에게 전선을 단축하고 강화하여 전술적 이익을 꾀하라고 지시했다. 이 무렵, 연합군은 리지웨이 지휘하에서 적의 손실을 극대화하고 아군의 손실은 최소화하며 영토 획득은 고려하지 않는 소모전 개념을 체화한 상태였다.[84]

1951년 7월, 평화회담이 시작되면서 전투도 줄어들었다. 그러나 8월 말, 평화회담이 신속한 결론에 이르지 못할 것이 자명해졌다. 그러자 싸움이 다시 격화됐다. 일례로 서울에 물과 전기를 공급하던 화천호 근처에서 전투가 벌어졌다. 일명 단장의 능선과 피의 능선을 따라 전투가 벌어졌고, 10월 중순 미 제2사단이 이 지역 일대와 저수지를 확보할 때까지 몇 주 동안 이어졌다.

평화회담이 다시 시작되었고, 연말이 되자 진지의 확고한 방어선이 반도 전역에 걸쳐 형성되었다. 이 새로운 경계선은 전쟁이 끝날 때까지 크게 변하지 않는다.[85]

그 후 2년간 수많은 전투가 벌어졌다. 그러나 교전은 주로 전술적이고 국지적으로 이루어졌고, 제한된 기동으로 한정적인 영토 점령만을 추구했다. 참호와 진지 구축은 1차 세계대전의 서부전선과 비슷한 양상이었지만, 카슨, 베가스, 리노로 이름 붙인 구릉을 두고 싸웠던 전설적인 '폭찹힐 전투' 등을 비롯해 몇 번의 힘겨운 전투가 발생했다.

이 기간, 리지웨이는 아이젠하워의 후임으로 북대서양조약기구 NATO군 사령관으로 유럽에 갔고, 그의 자리에 마크 클라크Mark Clark 장군이 임명되었다. 한국에서도 지휘권 교체가 있었다. 그러나 만족스럽기만 한 변화는 아니었다. 1953년 2월, 밴 플리트 장군은 미 8군 지휘권을 맥스웰 테일러Maxwell Taylor 장군에게 넘겨준 뒤, 자신이 지휘 중 얼마나 손발이 묶여 목표가 제한되었었는지 좌절감을 피력했다.[86] 밴 플리트는 다른 지휘관들과 마찬가지로 주한 미군 한국군지원단Korean Augmentation to the U.S. Army, KATUSA을 이용해 병력을 충원해야 했고, 대규모 공격 작전은 펼칠 수 없었다. 그럼에도 머나먼 외국인 데다 전략적 우선순위도 떨어진, 미국인에게 '잊힌' 이 전쟁의 희생자가 될 위험을 낮추기 위해 군의 사기 함양과 전술 숙련도 유지에 만전을 기했다.[87] 그 덕분에 적어도 전선은 유지되었고, 서울을 세 번째로 잃지도 않았다.

아이젠하워가 1952년 11월 차기 미국 대통령으로 당선되었다. 그는 공식 취임 전 당선인 신분으로 비밀리에 한국을 방문해 전장을 둘러보고 전황을 파악했다. 취임 후, 아이젠하워 행정부는 휴전을 위해 핵무기 사용 의지를 내비치는 등 여러 면으로 엄포를 놨다. (미국의 핵무기는 3년간의 전쟁 사이 300개에서 1000개로 증가했고, 이제는 수송이 용이한 전술 무기도 보유했다.)[88] 3월 5일, 스탈린은 사망했지만, 중국이 더 중심적인 역할을 했기 때문에 핵개발이 전쟁 결과에 얼마나 큰 영향을 미쳤는지는 분명하지 않다.

따라서 적어도 아이젠하워 시절에는 맥아더가 제안한 확전 정책이 많은 지지를 얻었다. 아이젠하워와 마찬가지로 미 합참의장도 정전 체제를 확보할 수 없다면 핵무기를 사용하자고 지지했다.[89]

공산군은 전쟁 포로의 본국 송환 문제에 대해 대체로 양보했다. 휴전선은 대체로 38도선과 흡사하게 형성되었다. 전쟁 전의 남북 분단선과 비교했을 때 한국군/미군/UN군이 거둔 실익은 미미했다. 1953년 7월 27일, 휴전이 공식화되었다.[90] 그간 휴전선 일대에서 여러 차례의 잔혹한 사건과 충돌이 있었지만, 70여 년이 지난 지금도 그 효력이 유지되고 있다. 그러나 공식적인 평화는 아직 요원하다.

베트남전쟁

한국전쟁은 미국의 자신감에 큰 타격을 입혔고, 냉전이 본격화됐음을 전 세계에 여실히 보여주었다.

베트남전쟁은 한국전쟁보다 더 안 좋았다. 이 전쟁에서 미국은 베트남에 완패당했다. 한국전이 미국의 자신감에 큰 한 방을 먹였다면, 베트남전은 미국의 국가적 결속력과 군대 정신 그리고 목적의식을 정면 공격했다.[91] 주로 베트남전을 계기로 나타났던 1960년대의 격동과 혼란은 1950년대 초 조지프 매카시 Joseph McCarthy의 공산주의 마녀사냥보다 더 오랜 기간 미국의 기반을 흔들었다. 그리고 그 경험은 그 후 수십 년간 미국 외교 엘리트들과 지도자들을 괴롭혔다.[92] 아이젠하워는 전쟁을 끝내고 국가의 정체성을 회복한 국가적 인물로 떠오르지 못한다. 그가 후임인 존 F. 케네디 John F. Kennedy와 린든 존슨 Lyndon Johnson 대통령에게 동남아시아 지역이 공산주의 공격에 도미노처럼 무너지지 않도록 전쟁 수행 노력을 배가하라고 조언했다는 점에서 그 역시 문제의 일부였기 때문이다.

이 전쟁은 엄청나게 폭력적이고 치명적이었다. 미국인 5만 8000여 명이 사망하고 약 30만 명이 부상을 입었다. 남북 베트남인의 손실은 300만을 초과하는 천문학적 규모였다.[93] 한국인 수천 명, 수백 명의 호주인과 뉴질랜드인, 태국인, 그리고 수천 명의 라오스인과 캄보디아인도 이 전쟁에서 죽었다.[94] 캄보디아에서는 크메르 루주가 베트남전쟁으로 나라가 불안정해진 틈을 타 권력을 잡고 대학살을 자행했다. 베트남전쟁에서 미국 항공기와 헬리콥터 약 9000대가 손실되었다.[95] 이는 이 전쟁의 심각성을 보여주는 또 다른 중요한 지표다.

전쟁 후반 크레이튼 에이브럼스Creighton Abrams 장군 지휘하에 군사적 성과는 향상되었지만, 1968년 이후로는 미국을 이 상황에서 구원할 리지웨이 같은 탁월한 군사 지도자는 등장하지 않았다. 대전략 측면에서 보면, 재앙 같은 상황이 나아진 건 베트남 정부가 점차 개혁 노선을 걸으며 미국을 잠재적 친구이자 파트너로 보면서였다. 냉전 자체는 너무 많은 '도미노' 몰락이 발생하지 않은 채 성공적으로 종식되었다. 그러나 군사적 측면에서 임무는 분명 실패했고, 전쟁은 미국과 남베트남, 그들을 지지한 연합국의 패배였다.

리지웨이는 한국에서 돌아온 뒤 육군 참모총장 재임 중이던 시절, 1954년 프랑스군을 지원하기 위해 베트남에 개입해선 안 된다고 경고했고, 중국이 한국전에서처럼 베트남에 직접 개입한다면 미군 7개에서 12개 사단이 투입되어야 한다고 추정했다. 당시 그와 합참 소속 군인들은 "인도차이나에는 결정적인 군사적 목표가 없다"[96]고 밝혔다.

베트남전쟁에서 미군 헬리콥터 조종사로 복무했던 로버트 메이슨Robert Mason은 회고록에서 자신과 다른 GI(미군)들이 전쟁을 어떤 시각으로 바라보았는지 다음과 같이 신랄하게 서술했다.[97]

나는 베트남이나 그 역사에 대해 아무것도 몰랐다. 1887년 프랑스가 20여 년의 노력 끝에 베트남을 점령했다는 것도 알지 못했다. 미국이 2차 세계대전에서 일본에 대항하는 호찌민을 지원했다는 사실도 몰랐다. 종전 후 드디어 식민지에서 해방되었다고 생각했던 나라가 미국의 동의를 얻은 영국군에 점령된 뒤 다시 프랑스에게 넘겨졌는지도 몰랐다. 호찌민이 1946년 프랑스를 다시 몰아내기 위해 싸움을 시작했고, 1954년 디엔비엔푸에서 프랑스군에 대승을 거둬 그들을 몰아낼 때까지 싸움을 계속했는지도 몰랐다. 제네바회담에서 1956년 자유 총선거를 치르기로 정했지만 호찌민 측이 압승을 거둘 전망이자 선거 자체가 거부되었다는 사실도 몰랐다. 미국 정부가 부패한 독재자 응오딘지엠Ngô Đình Diệm 정부를 지원했고, 이후 1963년에는 그의 타도와 죽음에 관련되었음도 알지 못했다.

베트남전쟁의 본질은 이 책에서 다룬 거의 모든 전쟁과 다르다. 대규모 군대의 진격에 중심을 두지 않았고, 주요 사건과 주요 전환점은 마지막까지 영토 정복과 큰 관련이 없었다. 게릴라군의 상당수가 남베트남 주민이 아닌 북베트남군이었고, 전쟁은 시공간을 다투는 게릴라전의 양상으로 펼쳐졌다. 그렇다. 남베트남 여러 대도시에 집중된 1968년 구정 대공세, 17도선을 따라 일종의 장벽을 세워 남북으로 베트남을 분단하려 했던 미국의 노력, 북베트남 각지와 캄보디아까지 쏟아진 미국의 폭격, 1972년 3월 비무장지대를 넘은 북베트남의 대대적 공격, 남베트남군의 캄보디아와 라오스 침공 등 지리적으로 중요한 노력과 사건이 있었다. 그러나 기동전의 비중은 크지 않다.

북베트남에 이어 베트남 전역의 정치 지도자가 된 호찌민, 보응우옌잡Vo Nguyen Giap 장군, 레주언Lê Duẩn, 레득토Le Duc Tho와 동료 반란군들은 자신들의 대의에 극도로 헌신했다. 그들은 잔혹하면서도 똑똑하고 강인했다. 대부분 교육을 잘 받았고, 일부는 (식민주의가 아닌) 프랑스 문화를 숭배하기도 했다. 그들은 프랑스와 미국이 옹호하는 자유와 민주주의의 가치가 자국 민족에게도 적용되어야 한다고 믿었다.[98] 그 대의에 대한 호찌민의 헌신은 1차 세계대전 말 베르사유 회담으로 거슬러 올라가는데, 당시 그는 결국 성사되지는 않았지만 베트남의 자결권을 주장하며 우드로 윌슨 대통령과의 면담을 시도했다.[99] 그들은 이러한 강력한 동기를 추진력 삼아, 자신들이 이끄는 정부가 운영하는 통일 베트남이라는 꿈을 실현하기 위해 30년에 걸쳐 남베트남 형제들은 물론 일본 점령과 프랑스 식민주의, 미군과 싸웠다.[100]

호찌민, 보응우옌잡과 그 동료들의 접근 방식은 주요 전쟁 대부분이 선동자의 신속하고 결정적인 승리 전망에 대한 과신으로 발발한다는 나의 견해와는 일치하지 않는다. 이 경우는 오히려 정반대다. 이후 '베트콩'이라고도 불리는 베트민은 강한 상대와 정면대결을 피하고 사실상 시간을 끄는 간접침략insurgency이라는 인내심을 요하는 형태의 전쟁을 펼쳤다. 그들은 필요하다면 무엇이든 할 준비가 되어 있었다.[101] 그들은 10만 명이 넘는 프랑스군 사상자를 내며 처음에는 북베트남, 나중에는 인도차이나 전역에서 식민지 세력을 축출했다. 반란이라고는 하지만, 베트콩이 1975년 나라를 점령했을 때처럼 병력을 집결시킨 때도 있었다. 그때가 처음도 아니었다. 그들은 1954년 봄, 베트남 북부 디엔비엔푸에서 약 두 달간 치러진 포위전에서 결정적인 승리를 거두었다. 같은 해 열린 제네바회담에서 17도선을 따라 사실상 나라를 둘로 분할한 뒤 남북 총선거를 통해 통일 정부를 구성하기로 했다.

그러나 총선거는 시행되지 않았다. 미국의 지원을 받는 남베트남의 결정 때문이었다. 전 황제 바오다이와 그가 선택한 응오딘지엠을 포함한 남베트남 정부가 합의 조건 이행을 거부한 것이다. 이후 응오딘지엠의 동생 응오딘누Ngô Đình Nhu(1963년 형과 함께 암살됨)가 주도한 부정선거로 응오딘지엠이 바오다이 황제를 몰아내고 권력을 잡았다.[102] 이런 상황을 목도한 베트민은 1957년부터 싸움을 재개했다. 이번에는 베트남 동포를 상대로 한 것이었다. 베트민은 응오딘지엠 정권을 새로운 외국의 적과 손잡고 나라를 영구 분단시키려는 친미 꼭두각시로 보았다. 1958년 호찌민과 동지들은 남쪽의 메콩강 삼각주 일대에 새로운 지휘 구조를 수립했다. 1959년에는 '559수송단'을 창설하여 호찌민루트Ho Chi Minh Trail를 통해 남베트남으로 무기와 사람들을 침투시켰고, 1960년에는 남베트남민족해방전선을 조직했다. 이들은 곧 남베트남 정부에 의해 '베트콩'으로 불리게 되었다.[103] 미국이 베트남의 상황을 문제로 깨닫기 시작한 것은 바로 이 무렵이었다.

전쟁 중 사용된 무기와 주요 전략

베트남전쟁에서 보병은 고화력의 자동화 무기로 무장했다. 베트콩과 북베트남인은 중국과 소련으로부터 무제한으로 공급받은 박격포와 기타 포 및 소형 무기류로 무장했고, 부비트랩과 버려진 미군 탄약으로 폭발물을 만들었다. 시간이 지나며 북베트남 내와 호찌민 루트를 따라 인상적인 방공망도 형성했다. 이와 더불어, 남베트남 패잔병이나 도망병으로부터 상당한 무기도 획득했다.

좋든 나쁘든, 미국도 대륙 간 실시간 통신이 훨씬 더 잘 이루어지게 됐다. 그 결과, 문자 그대로 워싱턴 백악관이 지휘하는 원거리 전쟁이 가능해졌다. 특히 존슨 대통령은 폭격 목표물을 선정해 명령했다. 텔레비전을 통해 미국 가정에 전쟁 장면이 전해졌다. 1991년 사막의 폭풍 작전 당시 CNN 등이 전한 고해상도 실시간 중계방송과는 달랐지만, 인류 역사상 처음 있는 일이었다.

베트남전쟁에서 공군력은 더욱 발전했고, 대공 기술과 전술 및 작전 역시 그랬다. 장거리 폭격기와 헬리콥터도 큰 역할을 했다. 이 전쟁에서는 단거리미사일과 기관포를 사용한 도그파이트dogfight(두 전투기가 서로를 충분히 볼 수 있는 거리에서 벌이는 근접 공중전-옮긴이)도 상당히 자주 벌어졌다. 전투원들은 항공기를 보호하기 위해 더 나은 전파 방해기jammer, 유인장치decoy, 전탐방해금박chaff(레이더를 교란하기 위해 사용하는 금속성 방해물-옮긴이), 레이더 유도 대공포, SA-2 등의 레이더 유도 미사일 등을 사용했다. 또한 양측에 새로운 항공기가 도입되어 전술에서도 지속적인 발전이 이뤄졌다. 전쟁 중 미국은 일명 '월아이 활공폭탄Walleye glide bomb'이라는, 항공기에서 투하하는 정밀유도탄 초기 버전도 개발했다.

북베트남은 공중에서는 열세였지만, 미국에 상당한 손실을 입혔다. 심지어 도그파이트에서 압도적이진 않아도 우세를 점하며, 여러 지점에서 자국군 항공기 2~3대를 잃을 때 미군기 1대를 격추하곤 했다.

미군은 1965~1968년에 걸쳐 수행된 롤링썬더 작전Operation Rolling Thunder과 북베트남에 1972년 5월 10일부터 10월 23일까지 1차, 12월 18일부터 12월 29일까지 2차로 수행된 라인배커 전역Linebacker campaigns으로 대표되는 대규모 폭격 작전으로 수십만 회 출격해 수십만 톤의 폭탄을 투하했다.[104]

미국은 야간 투시경 기술을 개발하여 점차 실전에 투입했다. 하지만 이런 초기 세대 장비들은 전반적으로 활용성이 떨어졌다. 따라서 미국이 1989년 파나마 침공이나 1991년 사막의 폭풍 작전에서처럼 베트남에서도 '밤을 지배했다'고 보기는 어렵다.[105] 베트남전쟁에서 밤을 지배한 쪽은 베트콩이라고 하는 편이 더 정확하다.

물론 베트남전쟁 당시 미국은 한국전쟁에서와 마찬가지로 (적어도 후기 단계에 있는) 많은 핵무기를 보유하고 있었다. 한국전쟁 때처럼 가끔 이를 들먹이며 위협을 가하기도 했지만, 실제 사용 직전까지 간 적은 한 번도 없었다. 사실 베트남전쟁 중 리처드 닉슨Richard Nixon 대통령의 불확실한 위협은 아마도 1953년 한국전쟁 당시 아이젠하워의 발언보다 신뢰성이 낮고 의미도 크지 않았을 것이다.[106]

여러 주인공의 목적에 대해 알아보면, 전쟁의 주요 당사국인 미국의 목적은 남베트남 정부를 지원해 게릴라 침투와 북베트남의 공격에 저항하는 것이었다. 미국 입장에서 남베트남은 공산주의에 대항하는 국제 투쟁의 기둥으로 보였고, 호찌민은 민족주의자이기 전에 공산주의자였다. 두 번째 핵심 목표는 더 많은 부담을 나눠질 수 있도록 남베트남 정부를 강화하는 것이었다. 처음에 미국은 자국 군대로 전쟁에서 크게 이길 수 있다고 생각했지만, 전쟁이 전개되면서 그 생각은 변화했다.

베트민/베트콩과 북베트남의 목표는 남베트남 정부를 무너뜨리고 베트남 민족을 공산주의 통치하에 통일하는 것이었다. 1954년 제네바합의로 나라가 분할되기 수십 년 아니 수세기 전부터 남과 북은 분열돼 있었다. 그랬지만 남북 분할은 일시적인 것으로 여겨졌다.

베트민만이 아닌 많은 사람이 통일이 옳고 당연한 목표라고 믿을 만큼 베트남 민족정신은 강했다. 그랬기에 많은 사람, 특히 하노이는 1954년 UN의 통일안 수용을 거부했고, 1954년부터 1963년까지 응오딘지엠(처음에는 총리였다가 이후 대통령이 됨)의 독재 부패 정권이 이끄는 남베트남 정부를 비합법 정부로 여겼다.[107]

중국, 소련, 미국 역시 서로를 경계했다. 이들은 저마다 지역적, 세계적 대의를 내세워 승리를 노렸다. 하지만 모두 직접적으로 전투를 벌이는 최악의 상황은 피하고자 수위를 조절했다. 1960년대 상당 기간, 중국은 베트남 등지에서 무장 반란을 지원하고 완전한 승리를 추구한 반면, 소련은 적어도 긴장완화^{détente}와 (일종의) 평화공존을 지지하는 방향으로 움직였다. 이 두 공산진영은 베트남에 주는 조언과 지원에서도 차이를 보였다.[108]

1960년대 초 '고문단' 시대

　미국은 1955년부터 남베트남 정부에 원조와 군사 훈련을 제공하기 시작했고, 그 후 6년 동안 10억 달러가 넘는 원조를 제공했다.[109]

　1950년대 후반 들어서부터 남베트남 내 베트민/베트콩의 활동이 심화되었다. 이들은 지방 관료 수천 명을 암살하고, 남베트남 곳곳에 침투했으며, 마오쩌둥의 '혁명 2단계'인 고전적 게릴라전 등을 펼쳤다. 베트콩은 하노이의 지도하에 명령 체계, 보급선, 조직 개념을 수립했다.[110]

　그럼에도 불구하고 아이젠하워는 1961년 초 퇴임하면서 베트남보다는 라오스를 더 걱정했고, 젊은 대통령 당선자 케네디에게 라오스에 상당한 노력을 집중하라고 조언했다. 케네디 대통령은 취임 후, 국가 안보 영역에서 다른 몇 가지를 염두에 두었는데, 1961년 쿠바의 피그스만 침공과 이에 이은 베를린 위기가 그것이었다. 로버트 케네디Robert Kennedy 법무장관이 언론인이자 역사가인 스탠리 카노우Stanley Karnow와의 대화에서 "우리는 하루에 베트남인 20명을 잡고 있다"고 밝혔듯, 인도차이나에서 나날이 커지던 게릴라전에는 최소한의 접근만 이루어졌다. 낙관적 태도와 라틴아메리카와 유럽을 전략적으로 더 중시하던 케네디 대통령의 시각 때문이었다. 그러나 소련의 힘과 전 세계적인 공산주의 위협에 대한 두려움이 국가 전역에서 감지되면서, 인도차이나 문제는 중점 사안이 되었다. 케네디는 일찍이 상원에 있을 때 베트남은 "민주주의뿐만 아니라 미국의 책임감과 결단력의 시험대가 될 것"이라고 경고했다. 그리고 여전히 그 두려

움에서 벗어나지 못한 상태였다.¹¹¹

이러한 상반된 본능이 공존하는 가운데, 케네디 행정부는 흔들리는 응오딘지엠 정권을 더욱 효과적으로 지원할 방법을 모색하며 어떤 방향으로 나아가게 되었을까?

그들은 점진주의를 택했다. 1961년 케네디 대통령의 요청으로 베트남을 방문했던 퇴역 장군 맥스웰 테일러Maxwell Taylor는 미군 8000명을 베트남에 파병할 것을 제안했다. 로버트 맥나마라Robert McNamara 국방장관과 합참의장은 더 세게 나가 20만 명을 제안했다! 케네디는 파병 대신 고문단을 확대했고, 1961년 초 3000명에서 1963년 케네디가 암살되던 해에 1만 6000명까지 그 규모가 증가했다. 케네디 재임기에 지상 전투 부대는 파견되지 않았지만, '고문'들은 사실상 폭격을 수행하게 될 조종사들이었다.

1962년 무렵 미국의 남베트남 원조 수준은 연간 5억 달러에 달했고, 헬리콥터를 비롯한 정교한 장비가 남베트남 정부에 전달되었다. 그해부터 고문단은 베트남 군사원조사령부American Military Assistance Command for Vietnam, MACV로 공식 조직되어 지휘를 받았다.

한편, 의심스러운 '전략촌' 정책이 시작되었다. 이는 남베트남 농민을 교활한 반란군의 영향으로부터 분리해 정부가 보호하는 공동체로 이주시키는 계획이었다. 하지만 준비가 미비한 상태에서 갑작스럽게 실시한 탓에 남베트남 민간인들에게 되레 분노만 샀다. 투쟁 동력은 계속해서 베트민에게 유리하게 작용했다. 이처럼 초기의 '평화' 전략이 실패하면서 중화력 중심의 공세 접근법으로 기운 미군은 보호책에 대해 더욱 회의적인 시각을 가지게 됐다.¹¹²

1963년 1월 2일 남베트남에서 벌어진 압박^Ap Bac 전투는 닐 시한 Neil Sheehan이 역작 《밝게 빛나는 거짓말^A Bright Shining Lie》에서 상술했듯 이러한 딜레마를 더욱 부각시켰다. 이 대규모 전투에서 미군과 남베트남군은 베트콩 수백 명이 차량과 헬리콥터로 포위 공격을 가할 수 있는 곳에 있음을 발견하고 이를 실행하려 접근했다. 하지만 베트콩들은 훈련을 잘 받고 인내심이 강했으며, 지형 특성을 활용한 전술을 펼쳤다. 이와 대조적으로 4배가 넘는 병력을 가진 남베트남군은 미국이 제공한 화력과 고문단이 승리의 견인차가 되기를 바라며 끔찍하게 싸워 패배했다. 이 과정에서 헬리콥터 여러 대가 격추됐고 수많은 차량이 파괴되었으며, 사상자 200여 명이 발생했다. 미국인은 3명이 사망하고 8명이 다쳤다.[113]

스탠리 카노우는 베트남전 역사를 다룬 명저에서, 미국 헬리콥터를 남베트남군에 대량 제공함으로써 변화한 전투 역학에 대해 다음과 같이 설명했다.[114]

처음에는 헬리콥터 투입으로 베트콩에게 타격을 입히고 그들의 은신처에 침입할 수 있었지만, 게릴라들은 점차 이 새로운 난관에 적응해갔다. 그들은 헬기 공습에 대비해 참호와 터널을 팠고, 정글 개간지에 실제 헬리콥터 크기의 모형을 만들고 체계적으로 이를 상대로 한 공격 방법을 연습했다. 또한 북베트남에서 전달되었거나 남베트남 군대에서 몰래 빼낸 신형 무기로 무장했다. 곧 그들은 지상에서 박격포나 기관총으로 헬리콥터를 공격하게 되었다.

따라서 케네디 시대에 들어 베트남 상황은 계속 악화되었다. 미국식 전투 방식은 통하지 않았다. 불길하게도 미 국방부에서 실시한 전쟁게임에서, 미군 50만 명 이상이 이 전투에 투입되고 공군력으로 보급을 지원해도, 베트콩이 수년 동안 영토 전쟁을 지속할 충분한 인력과 보급물자를 확보할 수 있다는 예측이 나왔다. 시그마이라는 이 전쟁게임의 결과가 상당히 타당했는데도, 그 매개변수는 논쟁의 여지가 있었고 대부분은 이 경고에 귀를 기울이지 않았다. 1년 뒤, 시그마 II 전쟁게임을 시행했다. 가정을 변경하고 더욱 관대한 매개변수를 적용했고, 결과적으로는 덜 정확했지만 더 안심할 만한 결과가 도출되었다.[115]

한편, 베트남에 대한 미국의 집착은 약해지지 않았다. 베트남은 지역적·세계적으로 여전히 중요했다. 승리는커녕 교착상태조차 점점 더 불가능해 보이는 상황이었지만, 국가 '최고의 인재들' 마음속에 패배는 절대 안 된다는 생각만 강해졌다.[116] 남베트남 정부는 점차 독재화되어갔고, 그 지도자들은 적만큼이나 자신들의 특권과 내부 경쟁을 염려했다. 그 적은 가공할 만한 위력을 갖고 있었다. 그들은 남베트남 토착 저항군으로, 보급품과 전투원 등에서 북베트남의 적극적인 지원을 받았다. (북베트남은 중국과 소련의 지원을 받았다.)

1963년에 접어들면 이 모든 요소가 함께 작용해 놀라운 전환점을 만들어낸다. 남베트남 내에서 미국의 은밀한 지원을 받아 발생한 쿠데타는 분명 득보다 실이 더 많았다. 사이공과 워싱턴의 미국 수뇌부는 응오딘지엠 대통령이 국민을 배제하고 제멋대로 권력을 휘두르며 독재를 일삼고, 정부 부처와 군 고위층에 자신의 인맥을 채용하여 베트민을 막을 수 있는 군대를 만들지 못하는 것을 지켜봤다. 이에 상상도 할 수 없는 일을 생각하기 시작한다. 응오딘지엠은 제거되어야 했다. 그러나 다음 선거까지는 너무 먼 데다 그는 어떻게 해서든 선거를 분명 조작할 터였다. 그래서 내린 결론은 쿠데타였다. 이상적으로 쿠데타가 유혈사태 없이 매끄럽게 진행되고, 합법성과 개혁성을 가진 군사 정권이 정치를 개선하기를 바란 것이다. 흔히 쿠데타가 일어날 때 다들 그런 희망을 가진다. 그러나 다른 많은 경우처럼, 잘못된 희망으로 판명됐다. 스탠리 카노우는 그 후임 정권에 대해 "응오딘지엠처럼 비효율적이었고, 오히려 더 안 좋았다"고 날카롭게 지적했다.[117] 정권 전복에 관련한 미국의 책임과 의도치 않았던 외국 지도자의 죽음은 그 후 수년간 미국의 오점이 되었다.

쿠데타로 가는 길은 그해 초 독실한 가톨릭 신자인 응오딘지엠 정부가 불교도를 차별하면서 시작되었다. 후에시의 한 관리가 5월 석가탄신일 행사를 탄압하자, 이에 반발하는 시위가 벌어졌다. 그 과정에서 경찰이 발포하며 무력으로 진압하자 폭력 시위로 격화돼 몇몇 시민이 사망했다. 그러나 정부는 사건에 대한 공정한 조사나 개선안을 내놓기를 거부하며 제대로 대응하지 않았다. 그러자 6월, 한 불교 승려가 항의의 표시로 일종의 분신자살인 소신공양을 시행했고, 그 후 수많은 소신공양이 뒤따랐다. 베트민뿐만 아니라 남베트남 국민 대다수가 얼마나 응오딘지엠 정부를 강경하게 반대하는지를 보여주고 있었다.[118] 남베트남이 정치적으로 무너지기 시작하자, 베트남 주재 미국대사 헨리 카봇 로지Henry Cabot Lodge는 사이공의 쿠데타를 지지하며 남베트남 지배층에 그 생각을 심음과 동시에 워싱턴의 지원을 얻는 수순을 밟았다. 미국은 어떠한 음모도 획책하지 않았고, 쿠데타가 시작된 다음날인 11월 2일에 응오딘지엠 대통령과 그의 동생의 살해를 조장하지도 않았다. 그러나 미국의 선동 없이 쿠데타가 일어났다고 믿는 사람은 거의 없었다. 그 책임은 케네디 대통령 본인에게 돌아갔다. 그는 분명 사전에 그 정보를 알고 있었으나 이를 막기 위한 어떤 조치도 취하지 않았다.[119]

3주 후, 케네디는 암살자의 총탄에 죽음을 맞이한다. 그리고 그의 죽음과 함께 피해가 더 커지기 전에 미국을 수렁에서 구출할 마지막 희망이라 여겨졌던 것 또한 사라졌다. 그 희망이란 케네디 대통령이 1964년 재선에 성공해 전쟁을 확대하지 않고 베트남에서의 패배를 받아들였을 가능성이었다(케네디 대통령은 쿠바 미사일 위기로 이미 합동참모본부의 코를 납작하게 하며 우위를 입증한 상황이었다).

물론 그러지 않았을 수도 있다. 레슬리 겔브Leslie Gelb와 리처드 베츠Richard Betts가 베트남전쟁에 대한 획기적인 저서에서 주장했듯, 인도차이나 전선에서 반공 어젠다를 추구하는 새로운 방법이 계속 도출되었다는 점에서 베트남에서 '반공 체제가 작동'했을 수도 있다. 거의 모든 정책입안자가 그 목표를 강력히 지지했다는 점을 감안하면 더욱 그렇다. 케네디 자신도 그러한 생각을 했을지도 모른다. 물론 확실히 알기는 어렵다. 존슨 대통령은 전쟁 패배라는 정치적 결과를 피하고 싶었지만, 동시에 '위대한 사회Great Society'를 내세운 자신의 국내 정책에 투자할 자원과 관심을 분산시키고 싶지도 않았다. 그래서 군과 공화당, 기타 비평가를 만족시킬 반쪽 부양책을 선택했다. 겔브와 베츠의 주장은 다소 지나친 면이 있지만, 중요한 진실을 포착하고 있다. 외교 정책 자체는 실패했지만, 결정 과정에 당시의 근본적인 합의가 반영됐다는 사실이다.[120] 은퇴한 아이젠하워조차 1965년 존슨 대통령에게 "우리는 이겨야 한다"고 조언했다.[121] 존슨은 한 회의에서, 필요하다면 미군 8개 사단을 파병하고, 중국과 소련이 한국전쟁에서처럼 이 전쟁에 개입할 의사를 보인다면 핵 위협도 불사하겠다는 의지를 표명하기도 했다.[122] 아이젠하워 역시 4년 전 케네디 대통령에게 베트남 문제에 단호하게 대처해야 한다고 조언했을 때, 도미노 작용에 대한 우려를 표했다.[123]

어쨌든 존슨이 미국 대통령이 되고 남베트남은 군부가 통치하면서 상황은 악화일로를 걸었다. 1964년 초 베트남 현장 조사를 간 로버트 맥나마라와 맥스웰 테일러는 정황이 잘못된 방향으로 향하고 있음을 발견했고, 시골 지역의 40퍼센트 이상이 베트콩의 통제하에 있다고 보고했다. 이제 우리가 알고 있듯, 무기류 외에도 북베트남 정규군이 라오스와 캄보디아를 거쳐 남베트남으로 이어지는 호찌민 루트를 오갔고, 그 규모는 무려 1만 명에 달했다. 연간 총계가 15만 명에 달하게 되는 이후 몇 년의 기록보다는 적지만, 상당한 규모가 아닐 수 없다. 1964년 사이공 군사정부는 7여 차례 권력을 이양했지만, 상당수 주요 인사는 계속 다른 요직에 머물렀다. 군사정부는 처음에는 즈엉반민Dương Văn Minh 장군이 주도했지만, 응우옌칸Nguyeân Khanh 장군에게 축출되었다. 전체적으로 결속력이나 결단력도 없는 무능한 정부였다.[124]

1964년 존슨은 베트남 주재 미국대사를 로지에서 퇴역 장군 맥스웰 테일러로, 최고 군사고문을 폴 하킨스Paul Harkins 장군에서 윌리엄 '웨스티' 웨스트모어랜드William 'Westy' Westmoreland 장군으로 교체했다. 더 결정적인 변화는 존슨이 남베트남 지상군이든 미 공군이든 북베트남을 직접 타격할 수 있는 대안 개발 계획의 착수를 승인했다는 점이다.

북베트남은 이렇게 확대 조치가 취해질 것을 예상했고, 베이징과 모스크바에서 지원받은 장비로 자국의 공중 및 해안 방어를 강화했다. 미국과 남베트남은 이러한 변화를 추적하며 전장의 정보를 얻기 위해 노력했다. 이런 역동성으로 1964년 8월 초 통킹만에서 결전이 벌어지게 된다. 북베트남 수역 19킬로미터 안을 항해하던 미국 함정들이 북베트남 함정들과 교전을 벌이게 된 것이다. 북베트남군은 약간의 손실을 입었고, 미국 측 사상자는 발생하지 않았다. 그런데 미국은 이 문제에 대응해 다음날 같은 수역으로 함정을 돌려보냈다. 그다음 일은 여전히 미스터리로 남아 있다. 기상 조건, 복잡한 해로, 미국 선원들의 긴장이 복합적으로 작용해 미국은 자국 함정이 공격받았다고 착각하게 한 '전쟁의 안개'를 만들어냈다. 사실 북베트남은 공격하지 않았는데 말이다. 어쨌거나 상관없다. 사건의 진상이 여전히 모호한 상황에서, 8월 7일 의회에 통킹만 결의가 채택되었다. 적극적으로 자기방어 조치를 취할 권한이 승인된 것이다. 오랜 전쟁 중 의회가 고려했던, 베트남에 대한 유일하고 광범위한 승인 조치였다.[125]

존슨, 웨스트모어랜드
그리고 1965~1968년의 전쟁

1964년까지 베트남에서 미군 병사, 함정, 항공기가 관련된 제한된 사격이 몇 차례 있었지만, 이를 주요 전투 작전으로 보기는 어렵다. 사실 존슨 대통령은 통킹만 사건 이후에도 미 공군력 사용을 엄격히 제한했다.

그러나 1965년은 매우 달랐다. 그해 2월 7일 베트콩이 남베트남 중부 고원의 쁠래이꾸에 있던 미군 시설을 공격했다. 그러자 존슨 대통령은 플레이밍 다트Flaming Dart라는 짧은 보복 폭격을 승인했다. 뒤이어 2월 24일, 3년간 이어진 북베트남 폭격 작전인 '롤링썬더 작전'이 시작되었다.

2월 18일, 응우옌칸 장군은 해외로 축출됐고, 판후이꽛Phan Huy Quat을 총리로 한 새로운 남베트남 정부가 구성되었다. 그러나 이 정권도 오래가지 못했고, 같은 해 6월 응우옌까오끼Nguyeân Cao Ky 공군 부참모총장이 이끄는 군사정권에 밀려난다. 운명적으로 미 해병대 2개 대대 약 2000명이 3월 8일 상륙했다. 그들에게 당장 주어진 임무는 다낭 비행장을 베트콩으로부터 방어하는 것이었다. 미군 지상 전투는 이렇게 시작되었다. 상황은 빠르게 전개됐다. 이후 맥나마라 국방장관은 그해 6월 무렵에 있었던 일을 언급하면서 "폭격에 대한 실질적 인식이 커지면서 지상전을 확대해야 한다는 압박이 강해졌다"고 말했다.[126]

12월 무렵, 남베트남 주둔 미군은 총 20만 명이 되고, 1년 후에는

40만 명이 된다. 그리고 그다음 해에는 50만 명에 달한 뒤, 1968년 말이면 베트남공화국에 군복 입은 미국인이 약 54만 명이나 있게 된다.[127] 웨스트모어랜드의 뜻대로 되었다면 60만 명 이상이 되었겠지만, 그 무렵 민간인 지도자들은 미군과 함께 점점 더 실패의 늪으로 빠지고 있었다.[128] 한편 미국이 추정한 1967~1968년 남베트남 내 적군의 총규모는 28만에서 50만 사이였다.[129] 남베트남 정부는 수십만 명의 병력을 투입했지만, 대부분 자질과 책임감이 부족했다. 현장 지도력 또한 형편없었다.

한국전쟁과 마찬가지로 베트남전에서도 지상에서 보병 전투가 주를 이루었다. 하지만 전쟁의 성격은 매우 달랐다. 한국전쟁에서 전투는 영토 정복을 목표로 시공간적 논리로 연결된 일련의 주요 전역 중 하나였다. 이와 대조적으로 베트남전쟁에서는 17도선을 제외하고는 대체로 전선이 형성되지 않았다.

웨스트모어랜드가 더 많은 병력을 요청한 것은 대규모 기동이나 침략 작전을 펼치기 위해서가 아니라, 남베트남 내 곳곳에 출몰하는 적들을 제대로 물리치기 위해서였다. 그렇긴 해도 인구 대부분이 살고 있는 해안 지역을 방어하고, 고지대에 병력을 주둔시켜 보급선을 차단하고, 베트콩을 섬멸하는 등 구체적이고 순차적인 목적을 세웠고, 이에 필요한 병력 비율을 달성하기 위해 노력했다.

전쟁 기간, 미국은 적의 추정 규모에 근거해 미군 병력 규모를 조정했는데, 북베트남 인력의 남베트남 침투가 급격히 증가하면서 그에 상응하는 미군의 '요구' 또한 계속 증가했다. 몇몇 고전적인 알고리즘은 각 반란군당 최소 10명의 대반란군이 필요하다고 가정했기에, 적의 추정 규모가 부정확하더라도 그 규모를 조금만 증가시켜 미국/남베트남 연합군의 병력을 10배로 증가해 달라고 정당하게 요구할 수 있었다.[130] 대체로 이처럼 흥미로운 수학 논리에 따라 병력 규모 결정이 내려졌다. 이와 대조적으로, 현대 미국의 대반란전counterinsurgency 교리는 주로 보호해야 할 민간인 인구 규모를 토대로 하여 필요한 진압군의 규모를 산출한다.[131]

미군과 민간 지도자들은 병력 규모를 재검토하기보다는 가정을 크게 바꾸거나 점진주의 정책을 채택하고 최선을 기원했다. 정부 내 의사소통 채널은 대부분 상태가 좋지 않았다. 또는 베트남전쟁의 목적과 방법, 수단에 대한 논쟁을 좋아하지 않는 고위 관료들이 의도적으로 이를 방해하곤 했다. 조지 볼George Ball 국무차관(사실상 국무장관인 딘 러스크Dean Rusk의 부관), 윌리엄 번디William Bundy 국무 차관보, 허버트 험프리Hubert Humphrey 부총리 등 미국의 전쟁 개입 회의론자들은 존슨 행정부 내부 논쟁에서 점점 더 소외되었다. 마이크 맨스필드Mike Mansfield 상원 다수당 원내대표, 윌리엄 풀브라이트William Fulbright 상원 외교위원장, 조지 맥거번George McGovern 미네소타주 상원의원, 프랭크 처치Frank Church 아이다호주 상원의원 등 의회 내 회의론자들도 존슨의 마음을 바꾸지 못했다.[132] 백악관 참모들은 정쟁과 차기 선거에 촉각을 곤두세웠다. 전쟁에서 패배하는 듯한 인식, 대규모 병력 증원의 필요성 혹은 전쟁 자금을 마련하기 위한 증세 등이 부각될 경우, 존슨 대통령이 정치적 타격을 입을 수 있다고 우려했다.[133]

미국 지도자들은 적이 치고 빠지는 '2단계' 전술보다 전통적 군대 간 전투와 유사한 마오쩌둥식 게릴라 전술의 '3단계'로 진입하고 있다면서, 적군 대 아군 비율은 3대1이면 충분하다고 주장했다. 그 비율이 어떻게 계산된 것인지는 알 수 없으나, 그 비율조차 달성하기 어려웠다. 설령 그 비율이 달성된다 해도 전술적 문제를 보완하지는 못할 터였다. 전술은 물리법칙이 아니라 경험칙이니 말이다.[134]

한편, 소모전 기반 전략의 근거가 된 가정, 즉 베트콩의 예비 인력이 충분하지 않아 연 6만여 명의 사상자를 보완하지 못할 거라는 가정은 틀렸음이 판명되었다. 포병장교 출신 웨스트모어랜드는 적의 손실이 잠재적 대체물을 초과하는 '교차점'이 반드시 있다는 생각을 고수했지만, 그러한 교차점을 찾기란 어려웠다.[135]

호찌민루트를 따라 유입되는 물자의 흐름을 제한하면 남베트남 내 베트콩의 숨통을 조일 수 있다는 생각에도 오류가 있었다. 사실, 베트콩은 현지에서 조달할 수 있는 식량과 무기, 탄약 양을 고려해 북베트남으로부터 하루에 15톤의 물자만 지원받았다.[136] 베트남에서 라오스를 지나 태국 국경을 따라 형성된 '맥나마라 라인'에 전기 철책, 센서, 지뢰 및 기타 장벽을 세운다는 계획이 1966년 개발되어 1967년 초 존슨 대통령의 승인을 받았으나, 실익은 불확실한 반면 너무 많은 노력을 쏟아야 한다는 점에서 결국 금세 폐기되었다.[137]

베트남전쟁은 대체로 결론에 이르지 못한 수많은 전투의 연속이었다. 하지만 주목할 만한 몇몇 사건은 있다. 1965년 10월 벌어진 이아드랑 전투Battle of Ia Drang와 1968년 1월 31일 시작된 구정 대공세Tet offensive가 그것이다.

남베트남의 중부 내륙 지역인 이아드랑 계곡에서 벌어진 전투는 앞으로 펼쳐질 일의 전조였다. 이 전투에서 베트콩은 걸어서 전장을 오가는 이점을 누리며, 자신들이 얼마나 지형 이용과 위장술에 능한지 보여주었다. 사상자 수를 보면 미국의 승리가 분명하지만, 적이 보여준 강인함은 불길한 징조나 다름없었다.[138]

그러나 이 주제를 다룬 유명한 책《우리는 한때 어린 군인이었다 We Were Soldiers, Once and Young》에 따르면, 이아드랑 전투는 크기와 규모 면에서 전형적이지 않았다. 게릴라전이라는 특성에서 예상하겠지만, 베트콩이 전투 대부분의 성격과 강도를 통제했다. 베트콩군은 대체로 소규모 부대로 작전을 수행했고, 개별 미군이나 분대 또는 소대를 상대할 때는 매복 공격하고 주요 편대와 교전을 벌일 때는 후퇴했다. 가끔 미군이 근접 항공 지원을 하기 어렵도록 미군에 '가까이 다가가기'도 했다.[139]

베트콩군의 이러한 예측 불가능성 때문에 많은 미군 부대가 무차별 포격과 공중 폭격으로 대응했다. 실제로 그곳에 있는지 여부가 확실하지 않은 적군을 상대로 중화기를 과도하게 사용했다. 민간인이 있을 수도 있는 상황이었어도 말이다. 미군은 이러한 행위를 설명하기 위해 '예방 화력'이라는 완곡하고 냉담한 표현을 썼다. 앤드루 크레피네비치Andrew Krepinevich는 구정 대공세 기간을 제외하면, 미군 포탄의 70퍼센트가 날이 밝거나 적과 접촉/전투기 없는 시간에 발포되었다고 지적했다.[140]

구정 대공세는 전략적으로 성공했으나 전술적으로 패배한 대표적인 예다. 1968년 1월 31일 개시해 2월까지 계속된 이 전투는 7만에서 8만 5000의 베트콩 병력이 100개가 넘는 남베트남 도시를 점령하기 위해 벌인 것이었다. 구정 대공세가 완전히 갑작스러운 것은 아니었다. 베트콩은 이에 앞서 1967년 가을 동안, 중부 고원지대와 라오스, 캄보디아 국경 지대를 따라 고립된 미군 진지를 공격했고, 구정 직전에도 케산Khe Sanh 마을의 미군 진지에 포위 공격을 가했다. (이 공격들은 구정 기간 본격적인 공세와 그 후 목표하는 도시에 대한 미국의 관심을 분산시키기 위한 속임수 목적이었을 수도 있다.)[141] 전쟁이 잘 진행되고 있다고, 심지어 승리할 거라고 믿어왔던 미국 대중들은 크게 충격을 받았다. 그리고 이 전투로 정치적 전환이 이뤄졌다.

베트콩은 엄청난 피해를 입었다. 공격을 감행한 반란군 절반이 사망했는데, 대조적으로 미군은 1000명, 남베트남군은 2000명 사망했다. 그러나 베트콩은 지리적 활동 범위, 남베트남 도시들을 포함한 그 심장부 전역에 병력을 집결시킬 수 있는 능력, 그리고 자신의 몸을 돌보지 않는 놀라운 용기를 보여주었다. 심지어 그들은 패배하기 전에 사이공의 미국 대사관을 위협하기도 했다. 또한 호찌민루트를 통해 남쪽으로 이동한 북베트남군으로 손실 병력을 보완할 수 있음도 증명해 보였다.

구정 대공세는 존슨 대통령이 재선 불출마를 결정하게 된 주요 요인이 됐다. 이듬해 여름, 웨스트모어랜드 후임인 크레이튼 에이브럼스 장군이 전술과 전략의 변화를 예고했다. (1968년 3월 1일, 맥나마라의 뒤를 이어 클라크 클리포드Clark Clifford가 국방부 장관에 취임했다.) 미군 총병력은 1968년 동안 계속해서 약간 더 증가했지만, 존슨은 이 무렵 탈출구를 찾기 시작했다.[142] 구정 대공세 이후, 파리에서 북베트남과 미국 간 평화회담이 시작되었다. 하지만 몇 년간 별 성과를 거두지 못한다.

그리고 공중 폭격이 시작됐다. 크게 두 지역을 별도로 겨냥했는데, 하나는 남쪽의 베트콩 진지, 보급선, 병참 물자를 비롯해 베트콩을 지원하는 것으로 여겨지는 논밭과 마을이었고,[143] 다른 하나는 북베트남 전역이었다. 북베트남 폭격은 직접적인 효과만큼이나 메시지를 전한다는 목적이 컸다. 도시에 대한 미국의 대규모 공중 공격은 2차 세계대전은 물론이고 한국전쟁과도 같은 방식으로 수행되지 않았다. 목표는 점진적으로 승인되었으며, 이 작전에는 롤링썬더라는 이름이 붙었다. 공중 공격 횟수는 1965년 2만 5000회에서 1967년 10만 8000회로, 1965~1968년에는 그 4배로 증가했다. 연간 투하 폭탄량은 6만 3000톤에서 22만 6000톤으로 증가했다.[144] 그 기간, 적의 힘과 활동 역시 이에 맞춰 빠르게 늘어났다.[145]

초기 북베트남 내 대부분의 폭격 목표물은 교통이나 군사 자산이었다. 그러나 시간이 지나며 산업 시설도 포함되었다. 적이 군사 행동을 멈추고 분단을 수용하게 하려는 목표로, 어느 정도 처벌의 의도를 담아 타격했다. 이론적으로 호찌민은 공격으로 인한 고통과 파괴뿐 아니라 후속 공격을 피하기 위해 협상 테이블에 앉을 수밖에 없었다. '도넛 홀donut-hole' 개념의 폭격에서 수도 하노이와 항구도시 하이퐁은 제외했는데, 이는 협상을 용이하게 이끌기 위해 '인질'을 살려두는 방식이었다.[146] 공군참모총장 커티스 르메이Curtis LeMay 장군을 비롯한 일부 관계자들은 보다 강도 높은 폭격 작전을 선호했으나, 행정부 논쟁에서 이기지 못했다. 적어도 처음에는 그랬다.[147]

그러나 그 어떤 것도 효과가 없었다. 교통 및 석유 자산에서 산업 시설과 발전소, 방공 및 군사 시설, 연료 및 전기 기반시설에 이르기까지 폭격 목표가 점차 확대됐다. 협상 분위기 조성을 위해 일시적으로 폭격을 중단하기도 했지만, 하노이는 공산 통치하의 베트남 통일 국가라는 목표를 포기하려 하지 않았다.

그 와중에 남베트남 정부는 여전히 혼란스러운 상태였다. 이러한 흐름은 1967년 9월 선거에서 응우옌반티에우Nguyễn Văn Thiệu가 대통령, 응우옌까오끼가 부통령으로 선출되고도 계속되었다. 응우옌반티에우는 수년간 재임했다. 그러나 상대적으로 오랜 통치 기간에도 그는 추구했던 대로 국가를 강화하지 못했다. 여전히 부패가 만연했고, 대중의 불만은 나날이 커졌다.

베트남공화국 정부의 약점은 이중으로 문제가 되었다. 그 정부와 보안군이 전투에 일차적 책임이 있기 때문이다. 현대의 대반란전 교리는 현지 주민 보호는 물론, 시간이 지나며 성장하고 융합할 수 있도록 상대적 안정성과 안보의 '잉크 얼룩ink spots(대반란작전에서 사용되는 전략적 접근법으로, 소규모의 안정된 지역을 확보한 뒤 이를 점진적으로 확장해 전체 지역의 안보를 확보하는 방식-옮긴이)' 확대를 강조한다. 베트남전에서 이 교리는 인구가 밀집된 해안 지역 확보에 집중하라는 의미로 해석되었을 것이다. 이 임무는 주로 남베트남군에 주어졌다. 그러나 그들은 그 임무를 감당하지 못했다. 또한 대반란전 교리에 따르면, 경제적 기회 제공, 다양한 하위집단 및 주민의 정치적 의견 표현, 권력 공유를 통해 대중의 불만을 완화해야 하는데, 사이공 정부는 이러한 기준에서도 실패했다.

남베트남의 일부 북부 지역에서, 미 해병대는 다른 작전 수행에 도움을 주기 위해 약 15명의 해병으로 연합작전소대Combined Action

Platoon를 구성했고, 정보 수집, 수색 등의 임무를 수행했다. 그 기본 개념은 해병대의 유명한 1940년 '소규모 전쟁 교범Small Wars Manual'에 드러나듯, 해병대의 전시 경험을 토대로 했다.[148] 이 연합작전소대들의 활약으로 미군 사상자 비율이 약 절반 수준으로 감소했다.[149] 만약 이 방법을 전국적으로 적용한다면, 20만 명 미만의 미국인 인력으로 베트남 마을 대부분을 확보할 수 있다는 계산이 나왔다. 신속대응 병력 같은 필요한 미군이 추가로 투입되더라도, 이 방법을 토대로 한 전략에 필요한 병력은 전쟁에 투입된 54만 명보다는 적을 터였다.[150] 이론상 그렇다고 해도 확신할 수는 없었다. 전국적으로 도입했을 때의 효과에 확신을 가질 만큼 연합작전소대 개념을 충분히 체계적으로 시도해보지 않았기 때문이다.[151] 웨스트모어랜드 장군은 미군을 그런 임무로 전환하고 싶지 않았다. 그래서 수색과 파괴 작전이 더 효과적이라는 자신의 믿음을 고수했다. 그의 생각은 합참의장과 육군참모총장의 지지를 받았다. (그러나 해병대 사령관과 공군참모총장 출신으로 1964~1965년 주베트남 미국대사를 지낸 맥스웰 테일러 퇴역 장군은 이에 동의하지 않았다.)[152]

이 전쟁은 근본적으로 달랐지만, 무자비한 전술, 소모전, 화력에 집중하는 성향은 과거 전쟁 경험에 근거한 군의 사고방식에 따른 것이었다. 존슨 재임기에는 평화협상이 체계적이거나 진지하게 시도되지 않았다. 미국은 심각한 결함이 있는 화력 중심의 수색과 탐색 작전 개념을 채용했다.

미국은 군대를 순환 배치하는 좋은 모델을 찾는 데도 실패했다. 미국의 징병제는 부대를 보통 12개월마다 순환 배치하는 것이어서,

병력이 적절한 전문성이나 경험을 개발하기가 어려웠다. 전설적인 미군이자 고문인 존 폴 반John Paul Vann이 1972년 베트남에서 사망하기 직전 이 전쟁을 돌아보며 "미국은 베트남에 9년 동안 있었던 것이 아니라, 1년씩 9번 있었다"[153]고 말했는데, 이를 통해 그 문제점이 어느 정도였는지 짐작할 수 있다.

이후 맥나마라 국방장관은 이 모든 것을 고려하여 베트남전쟁에서 오류가 있었던 가정과 실패한 전략에 대해 다음과 같이 썼다.[154]

> 미국은 베트콩과 북베트남군을 미군식으로 싸우게 하지 못했다. 그들을 상대로 효과적인 대게릴라전을 펼치지도 못했다. 폭격으로 그들의 목표 수준을 낮추거나 전쟁 지속 의지를 약화할 만큼 남베트남으로 침투되는 인력과 물자를 감소시키지도 못했다.

1968년 무렵, 존슨은 맥조지 번디McGeorge Bundy 국가 안보보좌관과 국방장관 맥나마라를 베트남 문제로 잃었다. 재선 가능성은 말할 것도 없었다. 베트남전쟁에 대한 미국 대중의 지지는 1965년 약 65퍼센트에서 시작해 거침없이 감소하더니 구정 대공세 이후에는 40퍼센트 밑으로 떨어졌다. 그리고 이는 결코 회복되지 않는다.[155] 존슨의 새 국방장관 클라크 클리포드Clark Clifford 또한 그 노력에 대한 신뢰를 잃었다.[156] 반면 리처드 닉슨은 비밀스러운 전쟁 종식 계획을 내세우며 선거에서 승리할 정치적 기반을 마련했다.

닉슨, 에이브럼스, 지리적 확대, 철수 그리고 패배

리처드 닉슨은 베트남전쟁에서 미국의 역할을 정확히 절반으로 줄이겠다는 공약으로 권력을 잡았다. 미국인 전사자가 이미 3만 명에 달하는 상황이었다. 닉슨이 '베트남화Vietnamization' 정책으로 지상 전투를 점점 남베트남군에 넘겨주면서 그만큼 전사자가 더 발생했다. 미국은 이웃 캄보디아를 포함해 공중에서 영역을 확대하기도 했다. 캄보디아 국왕 노로돔 시아누크Norodom Sihanouk는 1970년 쿠데타로 실각하기 전까지 이러한 노력에 암묵적 지지를 보냈다.[157] 공중에서 긴장감을 고조한 건 북베트남과 평화회담 가능성을 높이기 위해서였다. 워싱턴 입장에서는 남베트남에서 미국과 북베트남(베트콩 포함)이 동시에 철수하는 게 이상적이었다.

그러나 그렇게 되지 않았다. 결국 미국은 포로 송환을 얻어냈지만 상호 철수 조건은 얻어내지 못했다. 워싱턴은 미군 철수와 사이공 정부의 잠재적 붕괴 사이에 '적절한 간격decent interval'이 있기를 바랐다. 결국 거의 반세기 후 아프가니스탄에서 입증되듯, 철수 시점은 적절하지 않았다.

닉슨 행정부가 새로운 전략으로 전환했다고는 해도, 전투의 성격이 즉각 변하지는 않았다. 예를 들어, 1969년 5월, 미군은 라오스와의 국경 근처에 있는 남베트남 북부의 압비아산을 두고 치열한 전투를 벌였고, 이후 이 지역은 햄버거힐Hamburger Hill('다져진 고지'라는 뜻-옮긴이)이라는 별칭을 얻게 되었다.[158] 그러나 안타깝게도 그 성과는 고작 한 달만 유지됐고, 반격을 당해 도로 적에게 빼앗겼다.

그런데도 미군의 귀국이 점진적으로 꾸준히 이뤄지기 시작했다. 파병 병력 54만 명으로 정점을 찍은 뒤 1969년 말에는 48만 명으로 조금 감소했다. 그 뒤로 베트남의 미군 병력은 1970년 말 28만 명, 1971년 말에는 14만 명으로 급속히 감축되었다. 파리에서 워싱턴과 하노이 간에 1년 동안 평화회담이 이어진 끝에, 1973년 평화협정이 타결됐고, 미군은 그해 3월 말까지 철수를 완료하기로 했다. 응우옌반티에우 남베트남 대통령은 이를 수용하지 않으면 미국의 재정 및 물자 지원 일체를 잃게 된다며, 사실상 양자택일을 강요당해 이를 수용할 수밖에 없었다.[159]

이 시기, 지상전은 베트남화 정책과 미군의 급격한 철수뿐 아니라 지휘부의 변화로 인해 다른 방식으로 전개되었다. 크레이튼 에이브럼스 장군은 웨스트모어랜드와 전혀 다른 시각을 갖고 있었다. 그는 이전의 전술('수색과 섬멸' 작전, 사망자 수, 적의 감소가 병력 충원 능력을 초과하는 애매한 교차점 추구)을 거부했다. 이로써 미군이 주도한 공세 작전과 베트남군이 주도한 영토 보호 작전으로 분리 수행되었던 두 전쟁은 하나로 합쳐졌다.

강화 노력도 변화했다. 1967년 로버트 코머Robert Komer 주도로 시작된 '민간 작전과 농촌 개발 지원Civil Operations and Rural Development Support, CORDS' 프로그램은 1968년 말 정보 장교(훗날의 CIA 수장) 윌리엄 콜비William Colby에게 인계되었다. 에이브럼스 장군과 엘스워스 벙커Ellsworth Bunker 베트남 주재 미국대사는 이를 지지했고, 다른 기관 간 통합된 노력을 촉진시켰다. 남베트남 지도부의 리더십이 개선된 것도 도움이 되었다. 에이브럼스, 콜비, 벙커는 응우옌반티에우 대통령과 관계를 구축했고, 필요한 때에 능력 미달의 보안군 지도자를 교체할 것을 요구할 수 있었다.¹⁶⁰ 주관적이지만 어느 정도 신뢰성 있는 통계에 따르면, '비교적 안전'하다고 평가된 마을의 비율이 1968년부터 1970년까지 75퍼센트에서 90퍼센트 이상으로 상승했다.¹⁶¹

캄보디아에 대한 대대적인 공세도 있었는데, 여기에는 남베트남 지상군뿐 아니라 미국 공군과 지상군도 참여했다. 닉슨은 1969년부터 은밀히 캄보디아를 공격했다. 공중공격은 그 후 4년간 여러 단계를 거쳐 이뤄졌다.¹⁶² 닉슨은 1970년에도 캄보디아에 미 지상군을 파견했다. 이러한 협력은 보급물자가 강탈되고 병참선이 중단되는 등 신속하게 결론을 낼 수 있는 문제에서는 어느 정도 인상적인 성과를 거두었다. 그러나 베트남전쟁의 여파는 캄보디아에도 파괴적인 영향을 미쳤고, 내전 발발과 1975년까지 대량학살을 자행한 크메르 루주의 집권에 기여했다.¹⁶³

1970년 말, 다른 주권국에 쏟는 은밀한 노력에 의회는 분노했고, 남베트남 국경 너머에서의 미군 지상전을 반대하는 법을 제정했다. 그리하여 라오스 내 베트콩의 보급선을 차단하려는 노력으로 1971년 2월부터 3월에 걸쳐 벌어진 람손719 Lam Son 719 전투에는 (헬기 수송을 포함한 미국 공군력과 함께) 남베트남 지상군만 동원됐다. 이 전투에는 양측 모두 상당한 중무기가 사용되었다.¹⁶⁴

이 기간, 미군과 남베트남군은 일명 피닉스 프로그램 Phoenix Program 을 만들어 남베트남 내 베트콩을 효과적으로 찾아냈다. 어느 단계에서는 일종의 암살 작전도 펼쳐져 논란의 여지가 있었다. 그러나 화력 중심의 전통적인 지상 전투 방식보다는 훨씬 더 정확하게 목표를

달성하려는 시도였고, 무고한 다수의 희생 없이 적군 수천 명을 잡을 수 있었다.[165]

베트남전쟁에서 승리할 가능성이 생겼는지는 확실치 않으나, 이 시기는 여러모로 좋은 방향으로 흐르고 있었다. 역사가 루이스 솔리Lewis Sorley는 약간 아쉬운 듯 베트남에 대한 인상적인 저서의 한 장에 '승리'라는 제목을 붙였다. 그는 1970년 말을 강화 전략과 캄보디아 공습의 효과가 확실해지고 미군 총병력이 여전히 상당한 규모였던 시기이며, 베트남에서 미국의 전쟁 노력 중 가장 전망 있던 순간이라고 묘사했다.[166] 1972년, 미군의 대대적인 감축 이후에도 사이공 정부는 영토의 75퍼센트를 (적어도 낮 동안은) '통제'했다고 알려졌다. 이는 인구의 85퍼센트가 거주하는 지역이었다.[167]

1972년 봄, 북베트남은 '부활절 공세'를 시도했다. 이에 미 공군력과 남베트남 지상군이 연합해 북베트남을 막아냈다. 미국이 그 이후에도 그만큼의 전력을 유지했다면 이와 비슷한 조치로 다시 효과를 거둘 수 있었을 것이다.

닉슨은 재임 초기 북베트남에 대한 대대적인 폭격 작전을 승인하지 않았다. 그러다가 1972년에 집중 폭격이 파리 평화회의에서 협상의 지렛대로 쓰이기를 바라며, 본격적으로 맞섰다. 뒤이어 라인배커 작전Operation Linebacker을 통해 북베트남 내 목표물에 집중 폭격을 가했고, 부활절 공세 동안 남베트남 내 북베트남군과 베트콩에 대해 공군력도 전술적으로 사용했다.[168] 그러나 전투 경험이 풍부한 북베트남 정부를 상대로 강압적 지렛대는 큰 효력을 발휘하지 못했다.

1969년 호찌민이 사망했다. 그러나 레주언과 레둑토 등 동료 지도자들은 25년간 그들의 원동력이었던 투지를 잃지 않았다. 그들은 미군 공군력이 여전히 막강한 상황에서, 재래식 대규모 작전을 수행하려는 실수를 저질렀지만, 금세 상처를 추스르고 재결집했다.[169] 1972년 초 닉슨이 중국을 방문해 중국의 문을 열었다. 이는 종전 무렵 북베트남에 공산당 동맹의 무기 지원을 감소시키는 영향을 미쳤을 것이다. 하지만 미군의 감축으로 북베트남은 과업을 충분히 완수할 수 있었다.[170]

미국 대통령은 '미치광이' 이미지를 만들려 노력했다. 핵 공격 승인 같은 진짜 미친 짓을 하기 전에 하노이가 겁을 먹고 양보와 타협을 하기를 바란 것이다. 하지만 닉슨은 약 10년 동안 미국이 군사력으로 이루지 못했던 것을 협상 테이블에서도 이뤄내지 못했다. 1973년 초 협상에서 제시된 강화 조건은 베트콩에게 우호적이었다. 그 조건들은 닉슨의 국무장관 헨리 키신저가 닉슨 행정부에 합류하기 전 하버드대 교수일 때 주장했던 논리, 즉 두 베트남 사이의 정치적 문제는 하노이와 사이공에 남겨두고, 전쟁 포로, 휴전, 미군 철수 등 군사 문제에 집중해야 한다는 논리를 구체화한 것이었다.[171] 이는 중국 개방, 데탕트, 소련과의 전략무기제한협정, 유럽에서의 군사적 억제 등 더 큰 지리·전략적 문제를 처리해야 하는 미국으로서는 전쟁에서 철수할 효과적인 방법이었다. 미국은 이 사실을 전쟁 중인 이 시점에서 비로소 깨닫기 시작했다. 부활절 공세에서 북베트남군을 저지했던 미 공군마저 철수하자, 사이공에는 별 희망이 남지 않았다.

그 희망마저 곧 사라질 터였다. 미국 하원이 1974년 사이공에 대한 원조를 반으로 줄이고 미군의 전쟁 개입을 금지하자, 남베트남은 더 이상 버틸 수 없게 됐다.[172] 1975년 4월 사이공은 함락됐고, 미국인들은 대사관 옥상에서 헬리콥터로 대피했다.

실수와 교훈

한국전쟁을 시작으로 아시아에서 미국이 힘든 냉전 갈등을 겪었다는 점을 고려하면, 다음의 수많은 의견이 타당해 보인다.

- 1945년부터 1950년까지 미군이 주둔했던 한국은 위풍당당한 군대가 얼마나 빨리 쇠퇴할 수 있는지를 미국 역사상 그 어떤 경험보다 생생하게 보여주었다.
- 또한 한국은 신뢰도가 약하면 억제력이 실패로 이어질 수 있는 상황도 보여주었다. 더 정확하게 말하면, 한국전쟁은 억제력이 실패한 경우는 아니다. 시도조차 하지 않았다. 오히려 미국 지도자들은 필요하다면 무력을 동원해서라도 방어하겠다는 미국의 안보 경계 안에 한반도가 포함되지 않는다고 선언했다. 한국이 미국에게 중요하지 않고 신뢰도가 낮음을 보여준 딘 애치슨의 발언 때문에 전쟁이 일어났다. 미국 지도자들은 한국이 공격받은 순간에야 비로소 미국의 대전략에서 한국의 중요성을 재평가했고, 한국을 방어해야 한다고 판단했다. 여기서 그들에게 확고한 견해가 없었음이 드러난다.

- 어떤 유형의 전쟁에서 빛을 발한 군사적 이점이 다른 군사 지리, 다른 유형의 전투에서는 무용하다는 것이 한국전쟁에서 드러났다.
- 구체적으로 살펴보면, 산악 지대와 삼림 지대에서 작전을 수행하는 중무장 보병 및 경량화 차량 군대를 상대로 공군력은 한계가 있음이 한국전쟁에서 드러났다. 이러한 한계 중 일부는 오늘날까지도 유효하다.
- 적이 차량에 접근해 장갑이나 궤도 혹은 다른 약점을 공격할 수 있는 지형에서 작전을 수행할 때, 전차 및 기타 중형차량이 취약하다는 점도 한국전쟁에서 두드러졌다.
- 미국 역사상 가장 논란이 많은 군 지도자인 더글러스 맥아더 장군은 통찰력을 발휘해 인천 상륙을 강하게 밀어붙였다. 그러나 그 이후 한국에서의 행적은 그만큼 대단하지 않았다.
- 그러나 맥아더만의 잘못은 아니었다. 38도선을 넘겠다는 그의 결정이 중국을 참전하게 했다. 그러나 그 생각은 1950년 가을 초 워싱턴에서 널리 수용된 상태였다. 따라서 맥아더보다 트루먼 대통령, 마셜 국방장관, 애치슨 국무장관 등 워싱턴의 책임이 더 크다.
- 게다가 맥아더의 중국 내 폭격 옹호와 중국에 대한 핵무기 사용 위협을 2년 후 아이젠하워도 반복했다. 이것이 아이젠하워도 무모했다는 의미인지는 당연히 논쟁의 여지가 있다. 그러나 그 시점에서는 아이젠하워식 접근이 휴전 확보에 도움이 되었을 것이다.

- 맥아더의 실수는 1950년 말과 1951년 초 트루먼이 원치 않은 중국 폭격 정책을 밀어붙이고, 1950년 11월 상당한 규모의 중공군이 한반도에 들어왔다는 명확한 정보를 무시하며 자신의 상관인 군 통수권자에게 공개적으로 항명한 데 있다.
- 미국이 엄청난 실패를 겪은 베트남전쟁에 대해 많은 교훈이 도출되고 논의되어왔다. 가장 근본적인 원인은 미국과 동맹국들이 단지 공산주의만이 아닌 강한 민족주의와 역사상 가장 헌신적이고 뛰어난 게릴라전에 직면했다는 점이다. 여기에 더해, 특히 미국의 동맹국 남베트남은 역량이 부족했다. 따라서 승리할 가능성이 보이는 그 어떤 전투에서도 승리하기 매우 어려웠다.
- 베트남전쟁이 주는 또 다른 핵심 교훈은 위기나 전쟁에 휘말리고 국내 정치 문제로 압박을 받는 상황에서 집단사고에 취약한 정책입안자들은 베트남 같은 곳의 전략적 중요성을 과장하기 쉽다는 것이다. 현재 우리는 당시 냉전의 갈등이 극에 달했던 시기였고, 전 세계 공산 진영의 야심을 우려했다는 사실을 고려하여 이를 냉정하게 바라볼 수 있다. 그러나 그들은 아니었다. 인도차이나는 지정학상 중요한 중심지가 아니었지만, 그들은 중요하다고 생각했다. 전략가이자 역사가 마이클 그린이 설득력 있게 주장하듯, 아시아에서 미국의 전략적 이익의 핵심은 적대적 패권국이 그 지역을 지배하는 것을 막는 것인데, 정책입안자들은 베트남 일대를 이 지역의 중추로 바꾸어 놓았다.[173]

- 미국이 베트남에서 잔혹한 수색과 파괴 전술로 대반란전 작전을 수행한 데는 변명의 여지가 없다. 이는 당시에 분명히 드러났어야 했다. 그러나 당시 몇몇 '초강경파' 지도자들이 목소리를 높이던 화력 위주의 미군은 (1980년대 박사학위 논문을 쓴 젊은 데이비드 퍼트레이어스를 인용하면) 비극적이게도 이러한 결론에 도달하지 못했다.[174] 베트남 민간 지도자들의 잘못은 더 크다. 정책입안과 대전략 수립에서 궁극적 책임이 있기 때문이다.[175]
- 그러면 베트남전쟁에서 이길 방법은 없었나? 앤드루 크레피네비치, 루이스 솔리, 존 나글(John Nagl) 등 베트남전쟁에 대해 글을 쓴 많은 저자는 이용 가능한 더 나은 전략이 있었다고 주장했다. 현대 대반란전 교리가 옹호하듯, 좀 더 일찍 인구 안전에 초점을 더 맞췄더라면, 인적·물적 피해를 줄이고, 배치된 미군 병력 규모 면에서 더 적은 비용으로 더 빨리 교착상태를 만들 수 있었을 것이다.[176]
- 재래식 전쟁을 주요 공세로 더 많이 활용하자는 생각은 여러 면에서 설득력이 떨어진다. 해리 서머스(Harry Summers)는 라오스를 지나는 호찌민루트를 차단하기 위한 강력하고 지속적인 노력을 지지했다. 한국에 비무장지대가 오랫동안 존재하고 있다는 사실은 사람과 물자의 이동을 불가능하게 하는 장벽을 건설할 수 있다는 점을 시사한다. 하지만 북베트남이 태국으로 이동해 장벽을 우회하려 시도한다면 캄보디아까지 장벽을 확장해야 하고, 비무장지대에서처럼 많은 병력을 동원해야 했을 것이다.[177]

- 베트콩의 인내심과 강인함을 고려했을 때, 이상적인 접근법을 시도한다면 대규모 병력이 한동안 차단과 인구 안전 노력을 계속해야 했을 것이다. 합법적인 정치권력의 지원을 받는 능력 있는 남베트남군에게 이 과제를 완전히 넘겨줄 수 있었을지는 알 수 없다. 닉슨의 중국 방문이 북베트남의 전쟁 종식에 영향을 주었는지도 알기 어렵다. 더 나은 전략이 있었다면 수년간 상당한 규모의 미군이 주둔해야 했을지도 모른다. 그래도 적어도 효과는 있었을 가능성이 있다.

한국전쟁과 베트남전쟁은 미궁에 빠진 전쟁이었다. 미국과 동맹국들이 2차 세계대전에서 위대한 군사적 승리를 거둔 뒤에 그토록 힘겹게 싸웠다는 사실은 흥미롭다. 이는 비극적인 역사의 전환점이 되었다. 각각 전쟁의 결과는 정치적 차원에서 민족주의와 이념적 열정이 소형 무기, 다양한 폭발물 및 군사적으로 사용 가능한 기타 기술의 확산과 결합해 전장에서 얼마나 큰 힘을 발휘하는지를 강조한다. 무엇보다 주목할 만한 점은 미국을 비롯한 민주주의 진영이 이 두 전쟁, 특히 베트남전쟁에서 승리하지 못했지만 냉전에서 승리했다는 점이다. 미국의 군사 전략은 성공을 거두지 못했지만, 결국 미국의 대전략은 승리를 거둔 셈이다.

1990년 이후 미국의 중동전쟁

PART

5

MILITARY HISTORY
FOR THE MODERN STRATEGIST

America's Wars in the Middle East since 1990

5장을 시작하기에 앞서 미리 밝혀야 할 것이 있다. 나는 이 책에서 지난 162년간의 미국 주요 전쟁에 대해 객관적으로 설명하려고 한다. 그런데 이전 장에서 설명하고 논의한 전쟁들과 달리, '1990년 이후의 중동전쟁'에 대해서는 선입관이 있을 수밖에 없다. 내가 이 역사와 어느 정도 관련되었기 때문이다. 1990년 말, 내가 의회예산국에서 일하고 있을 때, 테네시주의 제임스 새서(James Sasser) 상원의원이 의회예산국에 사담 후세인의 이라크군을 쿠웨이트에서 몰아내기 위한 전쟁의 소요 예산을 예측해달라고 요청했다. (다음 해에 실제로 전쟁이 일어났는데, 상사들이 현명하게도 예측 범위를 넓게 잡아 전쟁은 그 예산 범위 내에서 치러졌다.) 1990년대 중반, 나는 워싱턴 D.C.의 브루킹스연구소(Brookings Institution)로 옮겼고, 거기서 이라크전쟁이 길고 힘든 전쟁이 될 거라고 경고했다. 하지만 결국 반대하지는 않았다. 부시 행정

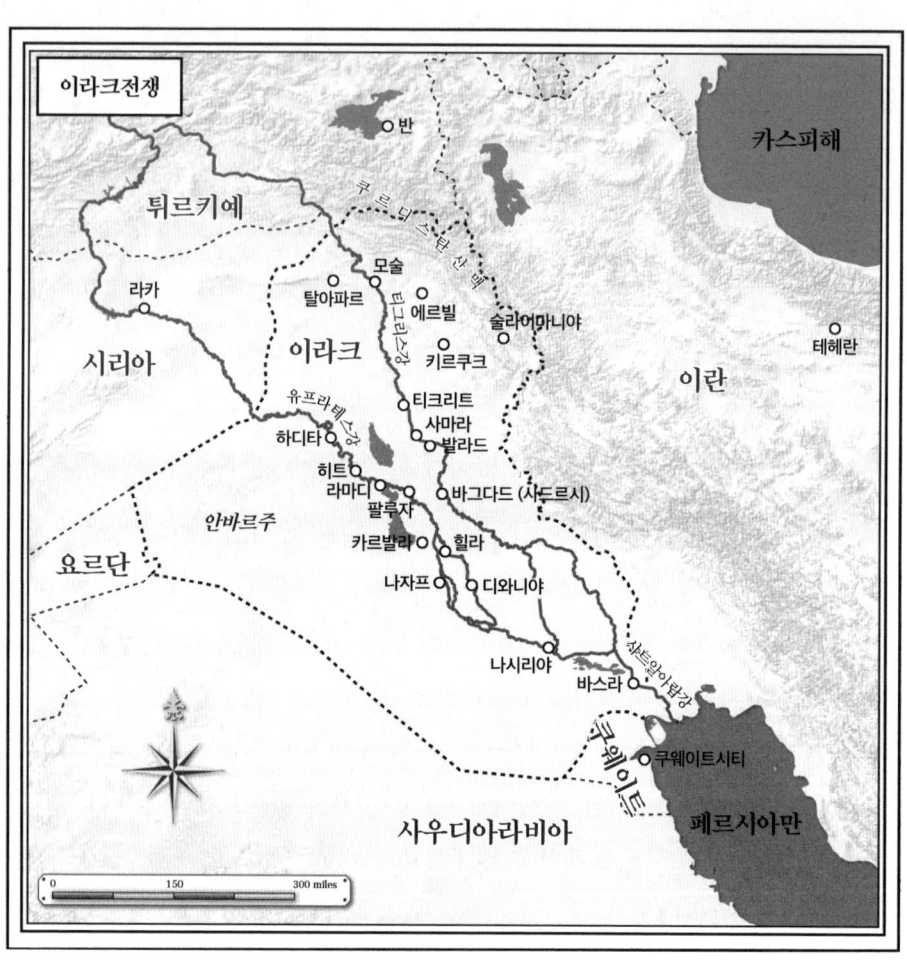

부가 사담 후세인을 축출한 다음에 대한 대비가 얼마나 부족했는지 강력하게 비판했지만 말이다. 이후, 나는 이라크와 아프가니스탄으로 병력을 증파하는 것을 지지했고 양국에 소규모 병력을 장기 주둔시키는 데 찬성했다. 따라서 나는 2011년 버락 오바마 대통령의 이라크 철수 결정과 2021년 초 조 바이든 대통령의 아프가니스탄 철수 결정에 반대했다. 지난 20년, 나는 중동 전문가는 아니지만 중부사령부 전선에 현장 연구원으로 (그리고 가끔은 선거 참관인으로도) 꽤 자주 갔고, 아프가니스탄과 이라크 및 파키스탄, 카타르, 튀르키예 등지에 20번 넘게 방문했다. 이 기간에 옳은 일도 잘못된 일도 있었지만, 무력을 사용하기로 결정했을 때 그 중대성과 뒤따를 결과를 내가 늘 일관성 있게 인식했기를 바란다. 또한 큰 편견 없이 그 역사를 이야기하고자 한다.

1990년 이래 미국은 많은 동맹국과 함께 넓은 중동에서 3번의 큰 전쟁을 치렀다. 첫 번째는 1991년 '사막의 폭풍 작전'으로, 50만 명 이상의 미군이 참여한 대규모 작전이었으나 비교적 짧은 기간에 국지적으로 치러졌다. 그리고 10여 년 뒤 다시 긴 전쟁이 일어났다. 2003년 '이라크 자유 작전Operation Iraqi Freedom'에 이어 2014년 이라크에서 '내재된 결단 작전Operation Inherent Resolve'이 시작되었고, 2001년부터 2021년까지 아프가니스탄에서 '항구적 자유 작전Operation Enduring Freedom'에 이어 '확고한 지원 작전Operation Resolute Support'이 전개되었다. 이라크 자유 작전에는 20만 명에 달하는 미군이 참여했으며, 아프가니스탄 임무에는 최대 10만 명이 투입되었다. 이 장에서는 병력의 수와 기간을 고려해 최대한 간결하게 각 작전의 주요 특징과 단계를 되짚어보고자 한다.

이상의 전쟁은 전쟁이 예상대로 진행되는 경우가 매우 드물다는 사실을 고스란히 보여준다. 어떤 경우에는 빠른 승리가 누적되고 적의 저항능력이나 의지를 근본적으로 붕괴하는 등 예상보다 잘 전개되기도 한다. 이 장에서 다루는 세 전쟁 모두 이러한 국면이었다. 실제로, 로널드 레이건Ronald Reagan 시절부터 구축된 미국의 군사적 우수성과 정밀 타격 무기 및 기타 현대 기술로 1991년 이라크, 2001년 아프가니스탄, 2003년 초 이라크에서 극적인 긍정적 결과를 이뤄냈다. 그러나 이 역사에서도 과신이라는 주제가 등장한다. 그리고 전쟁의 방향은 달라진다.

사막의 폭풍 작전을 수행한다는 결정은 당시에는 당연한 선택은 아니었다. 이라크의 독재자 사담 후세인은 1990년 쿠웨이트를 침공해 강제 합병했다. 분명 부당한 행동이었지만 쿠웨이트는 (과거에나 현재에나) 미국의 조약 동맹국이 아니었다. 사담 후세인은 1981년 이란을 침공했다. 이란에서 신정일치 정권이 집권한 지 2년도 채 되지 않은 시점이었다. 이란-이라크전쟁이 일어나는 바람에 다른 아랍 국가들에 대항해 사용되었을지도 모르는 이란의 군사 자원이 이라크로 집중됐다. 적어도 사담 후세인은 그렇게 생각했다. 따라서 그의 입장에서, 쿠웨이트에게 이라크와의 국경을 조정하거나 석유와 그로 인한 부를 공유하라고 요구한 것은 당연했다. 이는 그 왕국을 지킨 전쟁에 대한 합리적 보상이었다. 쿠웨이트가 이를 거절하자, 사담 후세인은 무력을 사용할 정당한 권리가 있다고 생각했다. 그러나 미국은 쿠웨이트를 방어해야 할 조약상 의무는 없었기 때문에, 조지 H.W. 부시(아버지 부시-옮긴이) 대통령이 이라크의 침공을 저지하기로 결정할 필요는 없었다(미국은 1987~1988년 쿠웨이트 석유 수출을 보호하기 위해 유조선에 기를 바꿔 꽂고 필요하다면 무력도 사용했다. 하지만 제한적인 해상 작전일 뿐이었다).[1] 그런데도 부시는 그러한 노골적인 침공 행위는 좌시할 수 없다고 결론지었다. 그는 전 세계적으로 '평화의 시대'가 도래한 탈냉전시대 초기에 이러한 행위를 용납해선 안 된다고 생각했다.

2001년과 2003년에 아프가니스탄의 탈레반 정권과 이라크의 사담 후세인을 상대로 시작된 전쟁은 이와 달랐다. 두 전쟁 모두 비극적인 9·11테러 이후 시작되었고, 부분적으로는 이 거대한 비극에 대응하는 조치이기도 했다. 탈레반은 9·11테러를 저지르지는 않았지만, 그들의 이념적 동지인 알카에다(al Qaeda)를 아프가니스탄으로 초대해 은신처를 제공했다. 사담 후세인 역시 9·11테러와 아무 관계가 없었다. 그러나 부시 행정부는 그의 잔인한 독재와 중동 지역 극단주의자들과의 연관성, 대량살상무기(WMD) 보유 의혹을 이유로 그를 영구 무장해제시키거나 권좌에서 축출해야 한다고 생각했다. 이라크와 아프가니스탄에 대한 결정은 그 이후 미국 국가 안보에 중대한 영향을 미쳤다.

이번 장의 주제에 충실하기 위해, 현대 중동의 전쟁에 대해서는 자세히 다루지 않겠다. 다만 이번 장에서 다루는 세 전쟁을 이해하는 배경 지식이 되는 경우는 예외로 한다. 1967년 이스라엘이 아랍 세계와 벌인 6일간의 전쟁은 1991년 사막의 폭풍 작전에서 미국과 동맹군의 압도적인 공군력과 전격전 형식의 기동전을 예고하는 것이었다. 1973년 10월전쟁은 미래의 작전에 약간의 단서를 제공했다. 이스라엘은 1980년대 레바논 침공 당시 일종의 게릴라 저항을 겪었고, 이는 그 후 이라크와 아프가니스탄에서 미군과 동맹군이 겪게 될 일의 전조임이 밝혀졌다. 1980년대 소련도 아프가니스탄에서 파키스탄과 미국의 지원을 받은 아프간 무자헤딘Afghan mujahadeen 전사들에게 심각한 손실을 입고 군사적으로 패배했다.

중동 밖의 지역에서는 1982년 영국과 아르헨티나 사이에 포클랜드/말비나스 전쟁이 벌어졌다. 아르헨티나 해안에서 수백 킬로미터 떨어진, 인구가 적은 크지 않은 두 섬을 두고 벌어진 전쟁이었는데, 이때 무엇보다 대함정밀유도 미사일의 치사율이 증명되었다.[2] 그러나 이에 대해 여기서 별도로 논의하지는 않겠다. 다만 그로부터 5년 뒤 페르시아만에서 벌어진 일명 유조선 전쟁tanker war에서 다시 한 번 대함미사일의 치사율이 증명됐다.[3] 미 해군 호위함 USS스타크호가 이라크의 대함미사일 엑조세Exocet 2발에 피격되어 37명의 사상자가 나왔다.

미국은 1983년 베이루트와 1993년 소말리아 모가디슈에서 테러리스트나 비정규군에 의해 심각한 피해를 입었다. 첫 번째 사건에서 미군은 평화유지군 지원을 위해 베이루트에 상륙했고, 역사상 최초로 대량살상 트럭 폭탄 테러의 희생자가 되었다. (그해 레바논에서 두 번째 벌어진 폭탄 테러였음에도 불구하고) 비극적이게도 해병 241명이 즉사했다. 이로써 미군의 임무는 종결되었다. 한편, 모가디슈에서 인도주의적 구호 임무를 수행하던 미군을 상대로 몇 달간 위협적인 민병대의 공격이 이어졌다. 10월 3~4일 밤, 군벌 지도자 모하메드 파라 아이디드Mohammed Farah Aideed 휘하의 전사들이 로켓 추진 수류탄과 소형 무기로 미군 헬리콥터 2대를 격추해 미군 병사 18명이 사망했다. 미국은 적의 악랄함과 교활함에 대비하지 못했고, 다시 몇 달 만에 군대를 철수시켜야 했다. 2003년 미국 주도의 사담 후세인 축출과 2011년 미국/NATO가 지원한 리비아 지도자 무아마르 카다피 축출 사이에는 특이한 유사점이 있다. 미국이 '그다음 날'에 대한 대비가 잘 되어 있지 않았다는 것이다. 여기서 더 작은 사건과 분쟁들을 분석하지는 않겠지만, 1996년 헤즈볼라Hezbollah의 사우디아라비아 코바르 타워 폭격, 1998년 알카에다의 동아프리카 주재 미국 대사관 폭파, 2000년 예멘에 입항한 USS콜호 폭파 등을 살펴보면 역사적 배경과 전체 맥락을 파악하는 데 도움이 될 것이다.[4]

중동 지역의 역사적 서곡

1990년 이후 미국이 중동에서 겪은 많은 전술적 경험은 수십 년 전 지역 분쟁에서 그 전례를 찾아볼 수 있다. 대표적으로 1967년 6일전쟁, (1973년 10월전쟁은 제외한다), 1980년대 시작된 이스라엘의 레바논 침공 및 점령, 1980년대 대부분의 기간에 벌어진 소련의 아프가니스탄 침공 및 점령, 같은 시기 이란-이라크전쟁 등이다.

1967년 6일전쟁과 1973년 욤키푸르전쟁

이스라엘은 1948년 독립국이 되었을 때 자국의 존재를 지키기 위해 전쟁을 벌였다. 그리고 20여 년 후에는 자국의 이익이라는 현대적 목적을 위해 전쟁을 일으켰다. 중동 정치·군사전문가 켄 폴락 Ken Pollack은 1967년 아랍-이스라엘전쟁의 배경을 다음과 같이 간결하게 서술했다.[5]

> 1967년 6월, 세계 대부분은 이스라엘이 가망이 없다고 생각했다. 이스라엘이라는 나라는 그 인구가 전부였다. 또 한 번의 아랍-이스라엘전쟁이 막 발발한 지금, 이번에는 유대인의 나라가 끝날 것처럼 보였다. (…) 이스라엘을 위협하는 아랍 연합군은 모든 면에서 우세였다. 아랍 진영의 주요 전투원인 이집트, 요르단, 시리아는 약 27만 5000명의 병력과 전차 1800대, 장갑차 2000대, 포 1700문을 이스라엘 쪽에 배치했다. 한편, 이스라엘 방위군은 병력 약 13만 명과 전차 약 1000대, 장갑차 450대, 포 약 500문을 투입했다. 공중에서는 이스라엘 공군이 전투기 207대로 이집트, 요르단, 시리아, 이라크 전투기 716대에 맞섰다.

폴락은 아랍의 장비가 이스라엘에 뒤지지 않는다고 주장하면서, 이스라엘이 3개 전선에서 싸워야 할 것이라고 언급했다. 그 지대는 기동전을 펼치기에 부적합했다. 아랍인들은 그곳에 강력한 방어진지를 구축해놓았다. (그럴 수밖에 없는 것이, 아랍군이 이스라엘에 가하는 당시의 명확한 위험을 고려하면, 이스라엘은 어떤 분쟁에서든 아랍군을 초기 위치에서 더 멀리 밀어내려 할 것이기 때문이었다.)

이스라엘은 아랍의 주요 교전국 3개국과 이라크를 상대로 압도적인 승리를 거두었고, 시나이사막, 요르단강 서안, 시리아 방면 골란고원을 장악했다. 요르단강 서안과 시리아 골란고원은 오늘날까지 이스라엘이 지배하고 있다. 전력의 열세를 극복하고 어떻게 이런 결과를 얻을 수 있었을까? 폴락의 주장처럼 "이스라엘 방위군은 아이러니하지만 의도적으로 최전성기 (나치) 독일 국방군에 필적하는 뛰어난 현대 공중전과 기계화전 능력을 보여줬다."[6]

6일전쟁은 1967년 6월 5일 아침, 매우 성공적인 공습으로 시작되었다. 이스라엘 공군은 18개 이집트 공군기지의 항공기, 활주로, 정비 시설, 저장고를 향해 항공기를 출격시켰다. 이스라엘 공군은 이 공습 계획을 여러 차례 예행연습했고, 몇 분 안에 착륙, 재급유, 이륙까지 하는 데 숙련되었다. 이로써 반복 타격이 가능했고, 이것이 성공의 열쇠가 됐다.

이집트 공군은 전투기 420대 중 거의 300대를 잃었다. 그러자 장교들은 외부 세계는 물론 가말 압델 나세르$^{Gamal\ Abdel\ Nasser}$ 자국 대통령에게까지 이 참사를 은폐하려 했다. 같은 날 오후, 이스라엘은 비록 기습의 효과는 얻지 못했지만 이와 유사한 전술로 시리아 공군 절반 이상을 소멸시켰다. 뒤이어 참전한 요르단과 이라크 공군도 손실을 입었다. (이 결과는 승리가 임박했다고 오해하게 한 이집트의 선전에 어느 정도 책임이 있다.)

시나이반도, 요르단강 서안, 골란고원 점령으로 이어진 지상전은 같은 날인 6월 5일 오전 8시 15분에 시작되었다. 이스라엘군이 포위 작전을 비롯한 여러 임무를 잘 수행하기도 했지만, 아랍의 저항이 여러 면에서 형편없기도 했다. 아랍 병사들은 용기 있게 처음 구축된 진지를 지킬 수 있었지만, 전술적 유연성이나 제병협동전$^{combined-}$

arms warfare에 대한 이해가 거의 없었다. 무기는 기본적으로 통합기동군의 자산이 아닌 개인용 장비였다. 소규모 부대와 그 현장 지휘관도 문제였지만, 더 큰 문제는 아랍 진영, 특히 이집트와 시리아의 상급지휘부였다. 지휘관들은 이스라엘의 기습으로 혼란에 빠졌다. 예비부대를 동원하지도 않았고, 부하들이 훈련대로 퇴각하도록 지휘하지 않은 채 전장에서 도망쳤다. 요르단군은 예루살렘과 그 주변에서 조금 더 잘 싸웠지만, 그들에게도 이러한 결과는 시간문제였다.[7]

전쟁 4일째, 이스라엘은 미국 전함을 공격하는 비극적인 실수를 저지르고 말았다(아마도 미국이 모종의 이유로 이집트를 지원할 것을 우려해 의도적으로 공격한 것이라는 의견도 있는데, 이를 입증할 증거는 부족하다). 그날 아침, 미 해군 정보수집함 USS리버티호가 시나이 해안에서 멀리 떨어져 있으라는 교신을 놓치는 바람에, 해안선 13해리 안으로 들어갔다. 이때 한 이스라엘 장교가 리버티호가 미국 함정임을 인식하고는 전술 통제판에 '중립' 표시를 해두었다. 그런데 13시에 사무실을 떠나며 중립 표시 핀을 빼버린다. 리버티호가 해역을 벗어났으리라 생각했던 것이다. 마침 그날 오전에 알아리시 해변에서 폭발이 일어나 인근 이스라엘인들이 두려움에 떨고 있었다. 이 지역을 관할하는 이스라엘군 사령관은 정찰기를 보내 이집트 잠수함을 수색하게 했다. 이때 이스라엘군은 리버티호를 발견했고, 이를 아리시 해변에 포격을 가한 뒤 돌아가는 이집트 구축함이라고 결론 내렸다. 이에 타격 승인이 떨어졌다. 그러나 리버티호의 조난 신호를 듣고 배의 표식이 아랍어가 아닌 영어임을 알아차렸을 때는 이미 한발 늦은 뒤였다. 이 사고로 선원 34명이 사망하고 171명이 다쳤다.[8]

클라우제비츠가 말한 '전쟁의 안개'가 가져올 수 있는 결과를 상기시켜주는 비극이 일어났지만, 이스라엘의 전쟁 목표는 달성되었다. 유대인 국가가 치른 대가도 그리 크지 않았다. 전쟁이 끝날 무렵, 아랍군은 약 2만 명의 전사자와 5000명의 부상자가 발생한 반면, 이스라엘은 사상자가 1000명을 넘지 않았고 상당한 영토적 이익과 명성을 얻었다.[9]

1973년 10월의 아랍-이스라엘전쟁, 일명 욤키푸르전쟁을 간략히 살펴보자. 이 분쟁은 중동 지역 역사에서 중요한 의미를 지닌다. 아랍인들이 1967년 패배를 설욕할 만큼 이스라엘에 큰 손실을 입히며 군사적 자존심을 회복했고, 이는 궁극적으로 6년 후 이스라엘과 이집트 간 평화 조성의 기반이 된다. 군사적 측면에서는 이집트와 시리아의 기습 공격이 성공했으나 이스라엘은 그 손실을 효과적으로 복구했다. 그 결과, 영토 소유권에는 거의 변화가 없었다. 헨리 키신저 미 국무장관이 소련의 군사적 개입을 막기 위해, 위협, 권유, 외교적 관여 및 심지어 미국의 핵 경보까지 하며 여러 당사국을 설득한 덕분이었다.[10] 외교관 출신 연구원 마틴 인디크Martin Indyk는 다음과 같이 썼다.[11]

이 위기에서 키신저는 능숙하게 네 가지 야심과 다소 모순적인 목표를 동시에 달성했다. 그는 미국의 동맹국인 이스라엘이 소련의 지원을 받는 이집트와 시리아에 승리하게 하면서도 이집트군의 굴욕적인 패배를 방지하여 이집트의 안와르 사다트Anwar Sadat 대통령이 품위를 유지한 채 이스라엘과 평화협상에 참여할 수 있게 했다. 이로써 아랍인들에게 오직 미국만이 협상 테이블에서 그들을 위한 결과를 제공할 수 있음을 증명했다. 또한 소련과는 '데탕트' 기조를 유지했다.

키신저가 이렇게 할 수 있었던 데는 이스라엘이 목표를 모두 달성했고, 휴전이 성사될 때까지 현실적으로 할 수 있는 모든 것을 다했기 때문이었다. 그런 의미에서 키신저의 기여도가 어느 정도이든 간에 타협 결과, 대체로 양측이 겪고 있는 지리적 제한과 수송의 어려움이 완화되었다.

이 전쟁으로 이스라엘방위군의 위세는 한두 단계 떨어졌고, 이들이 전투에서 빠르고 결정적인 승리를 거둔다는 신화는 허상임이 밝혀졌다. 또한 이스라엘이 초기 공격에 대비하지 못해 큰 손실을 입었다는 사실을 통해 현대 전쟁에서 첩보의 중요성이 강조되었다.[12] 그리고 프레드 케이건Fred Kagan이 주장하듯, 전술과 기술적 측면에서 현대적 방어 무기의 치사율이 커지고 있다는 사실이 전 세계에 알려졌다.[13]

1982~2000년과 2006년의 레바논

지난 반세기 동안 이스라엘 북쪽에 위치한 작고 문화적으로 복잡한 나라 레바논에서는 1975년부터 1990년까지 내전, 1982년부터 2000년 그리고 2006년 이스라엘의 침공과 점령, 1976년부터 2005년까지 시리아의 점령 등 여러 번의 군사 대치가 일어났다. 이 중 이스라엘의 경험은 2000년대와 2010년대 이라크와 아프가니스탄에서 미국과 동맹국이 겪게 되는 것과 상당히 닮았다는 점에서 이번 장과 가장 관련이 깊다.

레바논과 관련해 뒤에서 다룰 미국의 전쟁을 이해하기 위해 알아둬야 할 주요 군사적 핵심은 두 가지이다. 첫째, 아랍군은 이스라엘이나 미국과 서방 동맹국이 직접적 군사 교전에서 승리하여 구체적 영토 목표를 달성하는 것을 막지 못한다. 하지만 둘째, 수적으로 풍부하고 의욕적인 비정규군은 그 이후의 어떠한 점령 시도도 어렵게 할 수 있다. 종합해보면, 이스라엘은 레바논과의 분쟁에서 만족스러운 결과를 얻지 못했다고 할 수 있다.[14]

팔레스타인해방기구[PLO]가 레바논을 테러 공격의 근거지이자 실질적 피난처로 삼고 이스라엘을 괴롭힌 지 10년이 지난 1982년에 이스라엘은 팔레스타인해방기구를 레바논 밖으로 몰아내는 작전을 수행하기로 했다. 이 작전으로 베이루트에 이스라엘 친화적 정부를 수립하고, 레바논 동부 베카 계곡에 주둔해 있는 시리아군을 몰아낼 계획이었다. 최근 몇 년간 여러 면에서 시리아가 이스라엘의 국익에 유익한 역할을 했지만 말이다.[15] 이스라엘방위군은 시리아군과 맞붙은 공중전에서 자국 손실 없이 시리아 항공기 86대를 격추하는 놀라운 작전을 펼쳐 제공권을 확보했다.[16] 그러나 일부 시리아 특공대원들이 선전하여 이스라엘의 진격을 늦추었다. 그 결과, 이스라엘은 목표를 모두 달성하는 데 실패했다. UN은 시리아에 대한 군사 작전을 중지하도록 이스라엘을 압박했고, 이에 따라 이스라엘은 다마스쿠스-베이루트 도로를 차단하고 시리아군을 레바논에서 완전히 몰아내는 계획을 완수하지 못했다. 팔레스타인해방기구는 철수했지만, 이스라엘방위군은 이전 점령자들만큼 레바논을 성공적으로 점령하지 못했다. 오히려 이스라엘군이 레바논 남부에 주둔한 것을 계기로 이란이 시아파 레바논인들과 함께 헤즈볼라를 창설했다.

레바논의 정치 정상화를 지원하려던 미국의 노력은 성공을 거두지 못한 채, 1983년 10월 발생한 미 해병대 폭탄 테러로 비극적으로 끝나고 말았다.

1982년 이스라엘의 문제가 무엇이었든 간에 헤즈볼라의 창설은 앞으로 이스라엘에 더 큰 문제가 된다. 2000년까지 이스라엘의 레바논 남부 점령 기간은 고통으로 점철되었다. 이스라엘군은 사제 폭발 장치와 기타 무기로 무장한 헤즈볼라로부터 많은 공격을 받았고, 이로 인해 이스라엘군 총 300여 명이 사망했다. 전술적으로는 이스라엘이 대부분의 총격전에서 우세했기에, 헤즈볼라는 이스라엘군보다 몇 배나 더 큰 손실을 입었다. 이스라엘군의 사상자 규모는 크지 않았다. 하지만 지속적인 공격은 정치적 고통을 초래했고, 이스라엘 정부는 레바논에서 철수하기로 결정한다. 결과적으로 헤즈볼라가 적어도 광범위한 전략적 차원에서 이스라엘에 승리했다고 볼 수 있다.[17]

2006년, 헤즈볼라가 레바논 국경에서 이스라엘 군인 2명을 납치하자 이스라엘은 헤즈볼라의 대형 미사일 진지를 비롯해 곳곳에 보복 공습을 감행했다. 이어 헤즈볼라가 이스라엘이 감지하기 어려운 122밀리미터 카튜샤Katyusha 로켓으로 반격하면서 갈등은 확장국면으로 접어들었다. 이스라엘은 레바논 남부에 통제구역을 설정하고, 레바논에서 헤즈볼라를 몰아내기 위한 한 달간의 지상군 작전을 개시했다.

헤즈볼라는 준비 태세를 갖춘 사격 진지를 활용해 이스라엘의 공격에 효과적으로 대응했다. 여러 위치와 방향에서 중복사격이 가능하도록 진지들을 배치했고, 이스라엘군의 진격 속도를 늦추기 위해 지뢰밭도 설치했다. 헤즈볼라의 사격 개시 및 적용 방식 또한 인상적이었다. 이들은 대전차 무기 같은 기술도 변화무쌍하게 활용했다. 그러나 기동 작전 수행 능력은 제한적이었다. 하지만 그들의 전투 목적을 고려하면 그런 능력을 갖출 필요는 없었다. 그들은 사상자가 700여 명이었다. 이스라엘은 100명이 조금 넘었다. 하지만 헤즈볼라는 3000여 명의 병력으로 이스라엘군 1만 명의 침입을 막아낸 것이었다. UN의 휴전 결의안을 양측이 마침내 수용하며 헤즈볼라는 레바논 남부를 장악하고 국가 전역에 영향력을 행사하게 된다.[18]

전략 차원에서 평가는 엇갈렸고, 이스라엘은 상당한 손실을 입었다. 하지만 이스라엘이 공격을 감행한다면 어떠한 고통이 가해질 수 있는지를 헤즈볼라와 그 지도부에 분명하게 알려주는 데는 성공했다. 레바논의 일부 또는 전역을 포괄적으로 통제하거나, 레바논의 전국 정치 및 군사 생태계에서 헤즈볼라의 지도부나 그들의 역할 변화를 강요하지는 못했지만 말이다. 이를 '억제력 재설정reestablishing deterrence'이라고 보는 이들도 있다. 헤즈볼라는 그 후 재무장했지만, 이스라엘을 상대로 대규모 도발이나 공격을 일으키지는 않았다.

이란-이라크전쟁

1979년 이란에서 이슬람 근본주의 시아파 신정체제가 수립된 후, 전쟁의 무대가 마련되었다. 국경 너머 이라크의 독재자 사담 후세인은 이란산 석유에 욕심을 내면서 동시에 공격적인 시아파 정권이 이라크에 미칠 영향을 두려워했다. 그리하여 사담 후세인은 1980년 9월 이란을 공격했다.

이라크 병사들에게는 비극적이게도 그와 함께 전쟁을 이끈 것은 정치화된 무능한 장교 군단이었다. 그들이 주도하는 정면공격은 너무도 예측 가능했고, 첩보 역량도 떨어졌으며, 부대 간 협력도 원활하지 않았다. 이란 영토의 상당 부분을 점령하거나 이 이슬람공화국 군대를 물리칠 가능성도 높지 않았다. 이라크군이 이란 영토에 진입하여 신속하게 진격했는데도, 사담 후세인은 강화를 요구했다.

그러나 이란의 지도자 아야톨라 루홀라 호메이니Ayatollah Ruhollah Khomeini는 침공을 용서하고 잊어버릴 생각이 없었다. 이란은 반격을 준비하여 이라크군을 이란 땅에서 몰아냈고, 더 큰 야망을 품었다. 사담 후세인이 예방전쟁을 결정할 때 우려했던 대로였다. 1982년, 이란은 이라크를 침공했다. 이라크군은 일단 자국을 지켜야 하는 상황이 닥치자 전보다 더 잘 싸웠다. 우선, 보급선이 더 짧고 전반적으로 병참 상황이 더 안정적이었으며, 유능한 공병들은 효과적인 많은 방어진지를 구축했다. 외부 세계가 이란의 이슬람 극단주의에 대해 공포를 느끼고 있던 터라, 이란은 여분의 부품과 탄약을 수급받는 데 어려움을 겪었다. 반면 이라크는 국제 지원의 수혜국이 되었다.

사담 후세인은 능력이 있었음에도(어쩌면 그랬기 때문에) 자신이 이전에 해고했던 많은 장교를 복귀시켰다. 내부적으로 자신에게 등 돌릴 위험이 있는 군대를 두지 않기 위함이었을 것이다. 그 장교들은 재래식 및 화학 무기로 지속적인 준비 사격을 수행한 뒤 고도로 조직화된 병력 이동을 통해 제한적인 인근 목표물을 점령하는 표준 운용 절차를 개발했다. 이들의 접근 방식은 비열하고 잔인했으며, 국제법에 위배됐다. 어쨌든 이 방식은 비효율적이었지만 어느 정도 효과를 거두었다. 이는 1973년 이집트가 수에즈운하를 건너 시나이반도 땅을 차지할 때 사용했던 접근법과 다르지 않았다. 그리하여 이라크군은 마침내 1986년에 잃었던 샤트알아랍 수로 인근의 알 포 반도를 되찾았다. 이 지역과 석유 자산이 다시 바그다드의 통제권에 들어왔을 무렵, 양측은 지칠 대로 지친 상태였고 대화를 할 준비가 되어 있었다.[19]

소련의 아프가니스탄 침공과 점령

이란-이라크전쟁과 거의 같은 시기, 소련은 정치적으로 혼란하고 무법 상태였던 아프가니스탄에서 공산주의 정부를 강화하고자 했다. 아프가니스탄은 내부 투쟁으로 1977년 모하마드 다우드 칸Mohammad Daoud Khan이 이끄는 중도좌파 정부에 이어 누르 모하마드 타라키Nur Mohammad Taraki가 이끄는 강성 공산주의 정부도 전복되었다. 하피줄라 아민Hafizullah Amin이 새로운 지도자가 되었으나, 소련은 그가 전임자보다 탐탁지 않았고, 결국 그를 제거하고 보다 통제가 용이하고 예측 가능한 인물인 바브라크 카르말Babrak Karmal을 후임으로 세웠다.[20]

그러나 소련에게는 유감스럽게도 맹렬한 민족주의자인 아프간인들은 19세기에 영국군을 반겼던 것만큼, 20세기의 외국 침략자를 환영하지 않았다. 단순히 킹메이커 역할만 하려던 소련의 당초 희망은 비현실적인 것임이 밝혀졌다. 모스크바는 격상된 다음 단계 조치로써 아프가니스탄의 주요 도시와 도로를 통제할 병력을 투입하여 아프가니스탄군의 저항 세력을 진압했고, 시골 전역을 정부가 통제하도록 지원했다. 하지만 이 역시도 효과를 거두지 못했다. 이에 소련은 결국 10만 명이 넘는 대규모 병력을 증파하며 아프간 내란에 전면 개입했다. 소련은 공중폭격, 무장 헬리콥터를 이용한 표적화 공격, 저항 세력을 지원한 것으로 의심되는 마을의 초토화, 대규모 지뢰 매설 등의 전술을 펼치며 무차별적 대반란 작전을 시도했다.[21] 이 전투로 수많은 민간인이 피해를 입어, 1500만 명에서 2000만 명 인구 중 100만 명 이상이 죽고 500만 명은 난민이 되었으며, 300만 명은 국내에서 고향을 떠나 다른 곳으로 이주하게 되었다.[22]

그러나 이러한 전쟁이 종종 그러하듯, 무력만으로 반란을 진압하는 것이 불가능하다는 사실이 증명되었다. 이는 미국이 파키스탄 및 사우디아라비아와 협력해 1986년부터 반란군에 총 1000기에 가까운 스팅어 미사일을 제공하면서 더욱 분명해졌다. 미국이 지원한 반란군 무자헤딘Mujahadeen은 여러 저항 세력으로 이루어졌는데, 그중 일부는 훗날 일명 북부동맹Northern Alliance을 조직한다. 이들에 대한 원조는 지미 카터Jimmy Carter 정부 시절 연간 수천만 달러의 낮은 수준으로 시작해 연간 수억 달러 규모에 이르게 된다.[23] 스팅어 미사일은 지상군을 지원하고 대반란 공격에 신속하게 대응할 수 있는 소련군의 주력 플랫폼인 헬리콥터에 매우 효과적이었다. 이로써 전쟁이 끝날 때까지 250대가 넘는 소련군 비행기와 헬리콥터가 격추되었다.[24] 실제로 1987년 중반, 소련은 하루에 항공기 1대 정도를 견착 발사 무기로 잃고 있었다. 소련의 공식 사망자 수는 1만 5000명에 달하며, 실제 사망자 수는 그 2~3배에 이를 것으로 추정된다. 결국 소련의 인내심은 바닥났고, 미하일 고르바초프가 이끄는 모스크바의 새 지도부는 아프가니스탄 전략의 변화뿐 아니라 직면한 소련의 어려움을 철저히 점검하겠다고 약속했다.²⁵ 1988년 제네바에서 소련-무자헤딘 간 평화협정을 체결하면서, 소련은 철군할 '적절한 간격'을 확보하고 1989년 초까지 철군을 완료했다. 모하마드 나지불라Mohammad Najibullah가 이끄는 아프가니스탄 정부는 3년 더 정권을 잡았으나, 소련의 해체로 원조가 중단되면서 전투와 정치 자금줄이 끊겨 어려움을 겪었다. 이후 아프가니스탄은 1996년 탈레반이 국가 대부분 지역에서 권력을 잡기까지 군벌이 난립했다. (탈레반은 그해 카불의 UN군 영내에 난입해 나지불라를 체포해 처형했다.)²⁶

소련이 2000년대 초반에 미국과 NATO보다 훨씬 더 잔인하고 무차별적으로 무력을 사용했지만, 전체적인 틀에서 2000년대와 2010년대 NATO 주도의 안정화 임무도 이와 유사하게 잔인하다.

사막의 폭풍 작전

미국은 쿠웨이트에서 이라크군을 철수시키고 그 주권을 회복하겠다고 결정하고, 이라크에 완전한 경제적 주권을 되찾는 전제 조건으로 핵과 대량살상 생화학무기를 폐기하라고 요구한다. 이는 탈냉전 초기의 중요한 사건이었다. 부시 대통령은 '새로운 세계 질서New World Order'에 따라 국가 간 침략 행위가 용납되지 않는다는 원칙을 확립하기를 바랐다. 물론 이 원칙은 훗날 러시아의 우크라이나 침공으로 무력화되지만 말이다.

군사적 측면에서, 이 결정은 2차 세계대전 이후 수십 년 동안 미군이 점차 완성해온 기술과 전술을 사용하는 전쟁으로 이어졌다. 사막의 폭풍 작전이 성과를 거둔 데는 지휘와 통제 체계 개선도 한몫했다. 1986년에 제정된 골드워터-니콜스 국방부 재조직법Goldwater-Nichols Department of Defense Reorganization Act에 따라, 통합군 사령관에게 지역의 군 지휘권을 부여하고 그 산하에 사령부를 두었던 것이다. 즉 사막의 폭풍 작전을 단독 지휘하는 공군구성군사령관을 지정해 작전상 충돌을 피하고 여러 군 간 다른 의견을 하나로 통합했다.[27] 이러한 변화는 1980년 4월 이란 인질 구출 작전, 1983년 10월 해병 241명이 사망한 베이루트 폭탄 테러(같은 해 4월 베이루트 주재 미국 대사관에 폭탄 공격이 있었던 만큼, 지휘관들은 자동차와 트럭 폭탄의 위험성에 민감하게 반응했어야 했다), 그 이틀 후에 시작된 미국의 그레나다침공 등에서 미국의 실패 요인으로 지적된 분산된 지휘 체계와 합동 훈련 부족을 개선하기 위함이었다.[28] 적어도 잠깐 동안, 미군은 자신들이 바랐던 세상에서 살았다.[29] 하지만 2000년대(혹은 1990년대의 나머지 기간)는 그렇게 운이 좋지 않다.[30]

사막의 폭풍으로 가는 길

전쟁의 서막은 100만 명의 목숨을 앗아가고 두 나라 모두를 재정적·경제적 위기에 빠뜨린 이란-이라크 갈등이다. 사담 후세인은 이란의 시아파 신정체제의 위협으로부터 수니파 국가들, 특히 쿠웨이트 등 부유한 페르시아만 국가들의 이익을 보호하기 위해 이 전쟁을 일으켰다고 주장했다. 그가 주장한 선의와 박애정신은 심하게 과장된 것이었다. 무엇보다 사담 후세인은 이란의 석유 일부를 원했고, 소련산 장비로 무장한 자신의 대규모 육군력과 공군력을 과시하고 싶어 했다.[31] 그가 제시한 명분에도 불구하고, 쿠웨이트가 이라크의 전쟁 부채를 일부 부담하는 것도, 두 나라 국경 사이의 루마일라 유전에서 발생한 부를 공유하는 것도 거부하자, 사담 후세인은 침공을 선택했다. 만약 에이프릴 글라스피April Glaspie 미국대사가 사담 후세인에게 미국은 아랍권 국가들 사이의 국경분쟁에 대해 할 말이 없다고 말하지 않았다면, 어떤 변화가 생겼을지는 여전히 논란거리다. 어쨌든 사담 후세인은 항상 원해왔던 것을 무력으로 취할 기회가 생겼음을 감지했다.[32] 미국은 (아직) 넓은 중동에서 큰 군사적 임무를 수행한 적이 없었고, 이전에 그런 시도를 했을 때는 1983년 베이루트에서처럼 모두 실패했다. 사담 후세인 역시 이러한 역사를 미래와 연결해 추론했다. 어쩌면 미국이 대응한다고 해도 자신의 군대로 물리칠 수 있다고 느꼈을지 모른다.

그 결과 1990년 8월 2일, 이라크군 12만 명이 쿠웨이트라는 작은 나라와 그 소규모 군대를 상대로 신속한 승리를 거두었다.[33] 사담 후세인이 며칠 동안 쿠웨이트를 강제 합병하겠다고 위협했는데, 이때 (미래의 나의 동료 케네스 폴락과 몇몇 유능한 관찰자를 제외한) CIA의 분석가 대부분은 사담 후세인이 쿠웨이트로부터 양보를 강요하기 위해 허세를 부리고 있다고 생각했다. 그러나 강제 합병은 불과 몇 시간 만에 이뤄졌다.

병원의 조산아가 인큐베이터에서 버려지는 등 잔혹한 장면이 전파를 탔다. 조지 부시 대통령은 마거릿 대처Margaret Thatcher 영국 총리와의 대화에 용기를 얻었는지, 자국 정부와 일주일 전 글라스피 대사가 취한 입장과는 달리, 8월 5일 전 세계에 이라크의 공격은 "오래가지 못할 것"이라고 공언했다.[34] 석유 시장에 대한 우려도 있었다. 이라크가 실제로 여러 숨겨진 핵 프로그램에서 진전을 이루었다는 사실은 공공연한 비밀이었으나, 1981년 이스라엘이 이라크의 오시라크 원자로를 폭격한 이후 이라크의 핵무기 프로그램 가능성에 대한 우려는 잠잠해졌다. 하지만 사담 후세인이 화학 무기를 보유했고, 이미 최근 몇 년간 쿠르드족 민간인들과 이란군을 상대로 이를 사용해왔다고 알려져 있었다. 또한 이라크 생물학 무기 프로그램에 대한 우려도 있었다.[35]

필요에 의한 미국의 군사적 대응은 온건하게 시작되었다. 전쟁 첫 주, 항공기와 경무장 공수부대가 먼저 사우디아라비아에 도착했다. 미국 정책입안자들이 이라크의 확대된 야망이 향할 곳으로 주목하고 있던 지역이었다. 그리고 두어 달 안에 미군 20만 명이 배치되었다. 미국의 의사결정권자들은 이제 사우디아라비아와 다른 걸프만 협력국들을 보호할 수 있는 강력한 방어 태세를 갖추었다는 데 안도했다.[36] 그러나 사담 후세인은 쿠웨이트에서 물러나기를 거부했고, 쿠웨이트를 이라크의 '19번째 주'로 합병한다고 선언했다. 그러자 부시 대통령은 11월 8일 미군 주둔 병력을 두 배 이상 증원하겠다고 발표했다.[37] 이는 사실상 미국 주도로 이라크와 전쟁을 벌일 가능성을 내비친 것이었다. 사막 지대에서 미군 55만 명을 유지하는 건 사실 불가능했다. 베를린 장벽 붕괴 후 미군 감축이 이루어지고 있던 터라 대규모 순환 배치를 할 기지가 없었기 때문이다.[38]

그러나 그 준비는 놀라웠다. 미 육군 공식 역사에 따르면, 이 작전의 관건은 인구와 필요 물자 면에서 애틀랜타시 규모에 준하는 병력과 보급품을 1만 2000킬로미터 이상 떨어진 사우디아라비아로 수송하는 것이었다. 이를 위해 배 500척과 항공기 9000대가 동원됐고, 육군 항공기 1800대, 궤도차량 1만 2400대, 차륜차량 11만 4000대, 컨테이너 3만 8000개, 화물 180만 톤, 탄약 35만이 수송됐다. 장비의 95퍼센트는 해상으로, 병력 99퍼센트는 항공으로 수송되었다. 이 모든 것은 7개의 주요 항구와 5개의 2차 항구를 비롯해 2개의 거대한 비행장과 수많은 소규모 시설 등 사우디아라비아의 뛰어난 기반시설 덕분에 가능했다. 사담 후세인은 이를 효과적으로 저지할 수단이 마땅치 않자, 미국의 발표가 허세이기를 바라며 미국의 병력 증강을 방해하지 않기로 했다.[39]

부시 대통령은 의회에 이라크에 대한 선전포고를 요청하지 않았다. 2차 세계대전 이후 발생한 미국의 분쟁에서 선전포고하지 않는다는 전통을 잇는 결정이었다. 부시는 11월 29일 UN으로부터 쿠웨이트에서 이라크를 축출하는 데 '필요한 모든 수단'을 동원할 권한을 승인받았고, 이후 자신의 요청이 거부될 정치적 위험을 무릅쓰고 쿠웨이트 해방에 필요한 모든 수단을 사용하기 위해 상하원에 승인을 요청했다. 의회는 1991년 1월 12일 이를 승인했다.[40] 궁극적으로 이 군사 작전이 얼마나 잘 진행되었는지 고려하면, 토론이 얼마나 치열했고 의회의 찬반 표결 차이가 얼마였는지를 기억하기는 어렵다.

처음에는 100만의 군대로 쿠웨이트 전선의 수십만 이라크군을 몰아내는 전쟁이 1차 세계대전과 유사할 수 있다는 우려가 컸다. 참호전, 대대적인 포격, 독가스전의 이미지가 지도부를 괴롭혔다. 언론 보도에 따르면, 실제로 딕 체니Dick Cheney 국방장관과 콜린 파월Colin Powell 합참의장(그리고 '폭풍의 노먼Stormin' Norman' 슈워츠코프 장군)이 이끄는 국방부 지도부는 사망자가 최대 5000명 발생할 것으로 예상했다.[41]

대조적으로, 조슈아 엡스타인Joshua Epstein, 베리 포센Barry Posen, 리처드 쿠글러Richard Kugler, 트레버 듀푸이Trevor Dupuy, 존 미어샤이머John Mearsheimer 등의 학자들은 이스라엘이 아랍군을 상대로 짧은 기동 작전을 성공한 사례를 모델로 삼았다. (정확히 말하면, 정부 내 일부 인사들도 그랬다). 이에 따라, 그들은 천여 명의 병사가 희생된 가운데, 몇 주 안에 미국 주도의 다국적 연합군이 승리를 거둘 것으로 예측했다. 전체적으로 너무 긍정적인 예측이었지만, 대체로 꽤 타당했다. 이는 정책입안자들이 전쟁의 어려움을 과소평가하지 않은 사례였다. 예상보다 양측 전력 차는 실제로 훨씬 더 컸고, 생명과 재산 피해는 크지 않았다. 따라서 이 책의 중심 주제 혹은 교훈인 신중함(자신을 과신하지 않기)은 대부분 중요하지만, 지나쳐도 안 된다는 점을 인정하겠다. 이 교훈이 적용되지 않는 경우도 있으며, 이 둘을 분별하기란 쉽지 않다.

공식 집계로는 1990년 8월 시작된 사막의 방패 작전과 1991년 1월 공중전이 시작된 사막의 폭풍 작전을 합쳐 서남아시아 전선에서 사망한 미국인은 총 382명이다. 이중 전투 중 사망한 미군은 아군의 오인 사격으로 사망한 35명을 포함해 148명이다.[42] 연합군 역

시 대략 전사자 240명을 포함해 약 1500명의 사상자를 냈다.[43]

또한, 연합군은 고정익 항공기 86대(파손 48대, 38대 완전 소실)를 잃었다. 이라크의 적외선 유도 지대공 미사일이나 대공포로 인한 손실이 3분의 2 이상이었다. 전쟁 개시일인 1월 17일에 항공기 17대가 파손되거나 파괴되었으며, 그 후 항공기의 일일 손실량은 0~7대였고, 대체로는 하루에 1~2대였다. 전투 출격 1800회당 항공기 1대 손실률은 베트남전쟁 주요 시기와 비교하면 5~15배 정도 낮았다. 잘 정비된 현대식 장비, 연합군 조종사의 뛰어난 조종 실력, 대부분의 비행을 적외선 유도 미사일의 사정거리 밖인 1만~1만 5000피트 상공에서 유지한다는 결정이 결합된 성과였다.[44] 이러한 고고도 비행은 레이저 지시기의 제한적 가용성, 항공기 야간 투시경 장비의 부족, 악천후와 맞물려 여러 전술적 임무에 어려움을 초래했다. 그러나 연합군은 다행히도 40일간의 공중전에 이어 4일간의 지상전으로 필요한 시간을 확보할 수 있었다.

앞서 언급했듯, 의회예산국은 상원 예산위원회의 요청으로 전쟁 시 미국의 군사적 노력에 따른 예상 비용을 예측해 280억에서 860억 달러 범위라는 결과를 산출해냈다. 나도 연구팀 일원이었는데, 로버트 라이샤워Robert Reischauer, 로버트 헤일Robert Hale, 잭 메이어Jack Mayer 같은 선임들이 신중하게 판단한 덕분에, 좁은 범위로 예측하지 않을 수 있었다. 실제 결과는 거의 정확히 그 중간에 해당했다. (궁극적으로 일본과 독일뿐 아니라 페르시아만 일대 국가로부터 상환받았다).[45] 2023년 가치로 환산하면 약 500억 달러에서 1,600억 달러 범위다.

이 작전에 참여한 가장 중요한 미국의 동맹국이자 협력국은 영국이었다. 그들과 프랑스군은 미군과 함께 싸웠다. 사우디아라비아군과 시리아군은 자국의 방어는 물론 쿠웨이트로 이라크군 병력이 집중되는 것을 막기 위해 국경 근처에 강력한 전진기지를 유지했다. 튀르키예는 다국적군의 북부 쪽 기반시설 사용을 허용했다. 이스라엘은 자국 내 여러 도시가 이라크의 스커드 미사일 공격을 받기 시작했음에도 참전하지 않는 것으로 기여했다. 이 전쟁에서 이스라엘이 어떠한 역할을 했다면 (실제로는 아니었지만) 요르단이 이라크 쪽으로 기울어 이미 약화된 미국·영국과 아랍의 연대가 깨졌을 수도 있다.

40일 전쟁

사막의 폭풍 작전과 관련된 군사작전은 주요 3단계로 구성되었다. 그중 두 단계는 공중전이고 마지막 단계는 지상전이었다. 12개국의 군이 참여한 작전에는 고정익 전투기 1800대, 재급유 및 수송·전자전·지휘통제 및 정찰용 고정익 항공기 1000대, 페르시아만과 홍해에 배치된 해군 함정 200척(미군 127척, 항공모함 6척 포함) 그리고 병력 총 66만 명이 동원되었다.[46] 무엇보다 주목할 점은 다국적 연합군 항공기가 약 12만 회 출격했다는 사실이다.[47]

전쟁 개시일인 1월 17일, 다국적군 항공기가 이라크의 기반 시설을 폭격했다. 사담 후세인과 지휘관이 이라크 영공을 통제하고 쿠웨이트로의 병력을 공급하는 데 필요한 시설이었다. 다국적군은 방공 레이더 시스템, 미사일 포대, 활주로, 항공기, 지휘통제소, 주요 물류 창고, 화물 야적장, 교량, 기타 수송 요충지 및 대량살상무기 생산처로 의심되는 장소도 타격했다. 타격 목표물 목록에는 723개의 자산 및 시설, 기타 핵심 건물이 포함되었다.⁴⁸ 이 과정에는 레이저 유도 폭탄을 비롯해 상당량의 정밀유도탄이 사용되었다. 공격은 순항미사일, 스텔스기, 공격용 헬리콥터 및 기타 항공기로 수행되었고, 이라크 방공망의 주의를 분산시키기 위해 드론도 사용되었다. 방공망이 작동되면 항공기가 고속 대방사 미사일HARM의 공격을 받을 수 있기 때문이었다. 여러 무기가 건물 굴뚝과 견고하지 않은 이라크 방공망을 폭격하고, 레이저 유도 폭탄이 의도된 지점 근거리에서 목표물을 타격하는 광경이 TV로 송출되었다.⁴⁹ 이때부터 소위 'CNN 효과'가 생겨났다. 이는 시청자들이 TV로 전쟁을 지켜보고 그 생생한 폭력 장면에 충격받아 전시 목표와 운영에 대한 실시간 의사결정에 영향을 미치는 현상을 말한다.

이라크는 전황을 개선하기 위해 사우디아라비아의 석유 시설과 이스라엘에 스커드 미사일을 발사하는 등 여러 방법을 시도했다. 1월 18일 이스라엘에 대한 공격을 시작으로 이라크의 스커드 미사일 공격은 전쟁 내내 계속되어, 이스라엘에 40발, 사우디아라비아/걸프만 지역 목표물에 46발이 발사되었다. 다국적군은 공군력이나(전쟁 개시 10일 동안 매일 수십 번 출격했고 그 후에도 일일 10~40회 출격했다) 특수부대를 투입했지만, 이라크 서부에서 스커드 미사일 발사대를 찾는 데 큰 어려움을 겪었다. 예상치 못한 장소에서 미사일을 발사하는 이라크의 '사후이속shoot and scoot(사격 후 신속하게 진지를 이탈하는 것-옮긴이)' 전술 때문에 이는 더 어려웠다. 전쟁이 끝나갈 무렵, 처음 예상보다는 전황이 낙관적이었지만 미 정보당국은 이동식 미사일 발사대를 파괴하지 못했고, 발사 지시에 사용된 이라크 통신망의 심각한 붕괴도 확인하지 못했다. 그러나 이러한 집단적 노력은 이라크의 공격을 지연시키고 복잡하게 했다. 이라크의 공격은 전쟁 개시일 이후 크게 감소했다.[50]

이스라엘은 스커드 미사일로 여러 도시와 군사 및 전략적 주요 장소가 피해를 입자 거의 참전 직전까지 갔다. 그러나 미국이 외교적 노력을 기울이고, 이스라엘에 대한 패트리어트 미사일 방어 시스템을 배치한 데다(비록 불완전하게 작동했지만), 비교적 사상자가 적게 발생해 참전하지 않기로 한다.[51] 2월 25일, 분명 다른 곳을 목표로 했을 스커드 미사일이 비극적이게도 사우디아라비아의 미군 병영에 떨어져 미군 28명이 사망했다. 이는 미군이 이 전쟁에서 한 번에 가장 많이 사망한 사건이었다.[52]

한편, 쿠웨이트 쪽에 배치된 사담 후세인의 군대는 공중 폭격으로 큰 피해를 입었다는 뚜렷한 징후가 보이지 않을 정도로 잘 버티고 있었다. 모두가 예상했던 지상전이 서서히 전개되었고, 여전히 전황은 밝지 않아 보였다.

대략 2월 한 달 동안 전개된 공중전 2단계에서, 다국적군 항공기는 초기의 흐름을 유지해 하루에 800회 이상 출격하며 배치된 이라크 병력에 많은 공격을 감행했다.[53] 공대공 우위, 교란, 정찰, 재급유 등의 항공 임무는 튀르키예를 비롯한 이 지역 내 약 23곳의 기지에서 이루어졌다. 23곳 중 11곳은 사우디아라비아에 있었다. 일부는 미국 항공모함에서 수행되었다.[54] 이 단계에서는 '탱크 플링킹tank plinking(적외선으로 목표물 감지 후 정밀유도탄으로 파괴하는 전술-옮긴이)' 전술이 개발되었다. 전투기의 적외선 센서로 이라크-쿠웨이트 국경 등지의 사막에 숨어 있는 이라크 차량을 찾아내 목표로 삼는 것이었다. 이 전술은 저녁 (또는 아침) 시간에 효과적이었다. 차량이 낮의 열기나 밤의 냉기를 사막의 모래보다 더 오래 유지했기 때문이다. 그리하여 전쟁 초기에 위장한 채 정지해 있는 이라크 전차를 예상했던 것보다 훨씬 효과적으로 공격할 수 있었다.[55]

전자전이나 교란용 항공기, 신속하게 포격 손상 평가를 수행하고 새로운 목표물을 찾아내는 전술 정보, 야간 식별 능력과 적외선 표적추적장치 등에 있어서 다국적군의 항공 개발은 다소 미비했고, 병목현상도 발생했다. GPS 수신기를 전체 병력 수량대로 조달받지 못해 일반 상점에서 구입해야 하기도 했다.[56] 하지만 미군 주도 다국적군의 능력은 이라크군에 비해 압도적 우위였다. 그리고 레이건 재임기에 전투 준비태세가 크게 진전되어, 주요 장비들의 임무수행능력은 85~90퍼센트, 그 이상에 달했다.[57]

이라크는 적대행위가 시작될 당시 쿠웨이트 전선에 51개 사단 최대 35만 명의 병력을 보유하고 있었던 것으로 추정된다. 처음에 평가된 55만 명보다 훨씬 적은데, 부대의 전투 능력이 현저히 떨어졌기 때문이다.[58] 지상전이 시작될 무렵엔 사상자와 탈영자가 속출해 약 20만~22만 명 정도가 남아 있었을 것으로 추정된다. 그리고 지상전 과정에서 약 8만 2000명이 포로로 잡혔다.[59] 이라크인 총사망자는 수만 명으로 추산된다.[60]

전쟁 중 다국적군은 약 1만 5000발의 정밀유도 공대지 병기를 사용했다. 주로 다양한 종류의 레이저 유도 폭탄과 (적외선 또는 전자광학 시스템으로 유도되는) 매버릭 공대지 미사일이었다. 3분의 2는 야전

장비였고, 나머지는 전력망, 방공망, 수송 거점, 원유 정제 시설이나 저장 시설, 대량살상무기 은닉처로 의심되는 곳, 지휘본부 등의 목표물에 사용되었다. 이상의 정밀 무기들이 이 전쟁의 상징적인 병기가 되었지만, 실상 전쟁에서 사용된 건 총 병기의 10퍼센트 미만에 불과하다.[61] 공군력은 개방된 지형, 정지되고 고립된 목표물, 제한된 이라크 방공망(레이더와 지휘본부 및 기타 주요 자산에 대한 공격 개시 이후에), 탱크 플링킹 등의 전술(2월 8일 이후부터)에서 큰 능력을 발휘했다.

공중전 중 이라크 장비가 얼마나 파괴되었는지에 대해 당시의 추정치 범위는 폭이 매우 넓었다. CIA는 약 1000여 개로, 미 중부사령부는 그 몇 배로 예상했다. 이러한 수치는 전쟁이 시작될 때 대전차, 장갑수송차, 대구경포가 총 1만~1만 1000개라는 추산치를 근거로 한 것이다.[62]

사우디 국경 근처에 배치된 최전방 부대들은 공중전으로 50퍼센트 이상 파괴되고, 공화국수비대 같은 후방 부대들은 절반 정도 손실을 입은 것으로 추정된다. 실제 손실 규모에 따라 기갑에 사용된 무기의 탄약당 살상률은 20~50퍼센트 또는 그 이상으로 볼 수 있다.[63] 공군 전력이 이라크군을 약화할 수 있는 여러 방법을 고려하면, 지상 작전이 시작되기 전 전체 전선에서 장비의 50퍼센트 이상 파괴한다던 원래의 목표는 결국 낙관적이며 불필요한 것으로 밝혀졌다.[64] 다국적군의 폭격은 이라크군 지휘통제소와 도로 및 철도 접근, 기동 능력, 지상군의 사기에 크게 지장을 주었다.[65]

2월 24일, 마침내 지상전이 시작되어 2월 28일에 끝났다. 1차 세계대전의 참호전 같은 모습은 찾아볼 수 없었다. 이라크군은 사실상 상대하기 더 쉬운 소련군 버전, 즉 규모가 작고 잘 훈련되지 않고 공격하기 쉬운 버전인 셈이었다. 반면 미국과 동맹국들은 수십여 년간 전쟁 준비를 해왔다. 이라크군은 수십억 달러 상당의 소련제 장비를 사용했지만 운용에는 미숙했다. 미군과 영국군은 지상전 작전 수행 시 두 가지 접근법을 택했다. 공중과 공간의 우위를 활용해 대부분의 병력을 이라크군 진지를 우회해 쿠웨이트 국경을 따라 서쪽으로 이동시켰다. 서쪽에서 공격해 최전방부대와 공화국수비대를 섬멸하기 위해서였다. 영국군도 주력으로 동참했다. 미 해병대 등 다른 병력은 쿠웨이트시티로 가는 도중에 곧장 이라크군 진지로 향했다. 그들은 사전 집중포화, 장갑 불도저, 폭발물을 사용했다. 침공군이 초기 방어선을 뚫고 신속하게 이동할 수 있도록 좁은 통로를 만드는 방법은 큰 효과를 거두었다.[66] 쿠웨이트시티는 다국적군 소속 아랍군의 기여로 빠르게 해방되었다.[67]

쿠웨이트시티에는 어떠한 상륙 공격도 시도되지 않았다. 실제 돌고래로 구성된 부대를 포함해 미군이 좁은 수로에서 기뢰를 탐색하는 능력은 상륙 공격에 적합하지 않았기 때문이다. 수륙양용 함정은 기만 작전에 사용되었다.[68]

이라크 공화국수비대 8부대가 쿠웨이트 북쪽 이라크 영토 내에 전략적 예비군으로 주둔하고 있었지만 역시 전력에서 밀렸고, 지상전으로 3개 부대가 크게 파괴되었다. 그들은 무엇보다 항공기에 탑재되어 기상 조건에 상관없이 언제든 빠르게 움직이는 금속 물체를 발견할 수 있는 합동감시표적 레이더체계Joint Surveillance Target Attack Radar System, JSTARS로 어려움을 겪었다.[69] JSTARS는 전쟁 초기이던 1월 29

일부터 31일 사이 이라크군이 사우디의 알카프지 마을에 기습을 시도했을 때 그 위력을 입증했다.[70] 그러나 사담 후세인은 가까스로 일부 부대를 서쪽과 남쪽의 저지 진지로 이동시켜 바스라를 향해 북진하는 다른 병력을 탈출시켰다.[71]

이라크군은 전반적으로 이번 전쟁에서 예상보다 잘 싸우지 못했다. 참호 진지 앞에 전위부대를 배치하지 못했고, 참호에 들어간 부대의 위치를 감추기 위해 부근의 흙을 제거하지도 않았다.[72] 작전 옵션도 부족했으며, 임기응변적 전술 능력도 제한적이었다. 이란-이라크전쟁 후반부에 어떠한 발전을 이루었든 간에, 사담 후세인이 유능한 장군을 숙청하고 군 지도부를 정치화하면서 그 성과가 무위로 돌아간 탓이었다. 켄 폴락이 사막의 폭풍 작전에서 이라크군의 활약을 보고 말했듯 "제병연합부대는 전술적으로 처참한 수준이었다."[73] 이라크군은 전장의 시야를 가리기 위해 석유정에 불을 지르는 단순한 방식 등 소소한 혁신을 이루었지만, 전반적으로 승산이 매우 희박했다. 그리고 공격이나 방어에서 화학무기는 사용하지 않았다.[74]

이 모든 요소가 종합적으로 작용한 결과, 미국이 주도해 이라크를 상대로 거둔 승리는 이스라엘이 시리아, 요르단, 이집트를 상대했던 이전의 전쟁보다 상대적 손실, 즉 '교환율' 측면에서 훨씬 더 컸다. 이스라엘은 이전의 중동전쟁에서 상대국에 자국 손실의 3~5배의 손실을 입혔다.[75] 공개된 지표로 계산해보면, 에이브럼스 전차의 주포는 단 1.2발로 적군 전차 1대를 파괴했다. 이는 주포로 적의 전차 1대를 파괴하는 데 평균 17발이 소모되었던 2차 세계대전과 현저한 대조를 이룬다.[76]

그러나 이러한 '대성공'은 대가를 치렀다. 미국이 다소 성급하게 정전에 동의하기로 결정한 것이다. 미군이 이후 '죽음의 고속도로'라고 불리는 곳에서 본국으로 퇴각하는 이라크군을 공격하는 등 몇 차례 대대적인 작전 성공을 거두자, 부시 대통령은 지상전 개시 100시간 만에 정전 의지를 표명했다.[77] 지상전이 조기에 끝나면서 사담 후세인은 각오했던 것보다 더 많은 공화국수비대를 비롯해 무기까지 4분의 1에서 3분의 1을 보존할 수 있게 됐다.[78] 더불어 헬리콥터들을 보유하고 내부 반대파를 상대로 이를 사용할 수도 있게 되어,[79] 이후 몇 달 동안 이라크 남부 바스라 근처에 사는 '습지 아랍인marsh Arabs(이라크 남부 근처 티그리스-유프라테스강 유역에서 수상가옥을 짓고 사는 이라크인-옮긴이)' 등을 잔인하게 탄압한다. 그는 사막의 폭풍 전쟁 중 이들이 어떤 식으로든 혁명을 획책하고 있다고 믿었다.

이제 사담 후세인이 국제 무기사찰단의 임무 수행과 이라크의 대량살상무기 폐기 검증을 방해하는 긴 역사가 시작될 것이다. 그 과정에서 사찰단은 이전에 국제사회에 알려지지 않았던 세 개의 핵무기 관련 프로그램을 발견하게 된다.

사담 후세인 정권 전복과 이라크 안정화 시도

사막의 폭풍 작전은 제한된 목표와 막대한 수단으로 꽤 잘 진행되었다. 그러나 2003년 미국의 이라크 침공과 점령은 미국 역사상 가장 힘들고 가장 여론이 나빴던 군사 임무가 된다. 20년이 지난 지금, 그 결과에 대한 평가는 기껏해야 엇갈리는 수준이다. 이라크, 미국 및 동맹국이 치른 생명의 희생이 너무 컸다.[80]

이라크는 2001년 9월 11일 비극이 일어날 때까지 10년간 국제사회, 특히 미국의 감시하에 있었다. 사담 후세인은 많은 실수를 저질렀지만, 이 테러에는 연루되지 않았다. 이라크와 알카에다 사이에 목적과 결과를 알 수 없는 제한적인 접촉이 있었을 가능성만 짐작될 뿐이다. 9·11테러 공격의 계획이나 준비 중 어떤 것도 이라크 영토에서 일어나지 않았으며 이라크가 지원하지도 않았다. 그럼에도 불구하고, 사담 후세인의 대량살상무기 은닉 의혹에 그가 2007년에서 2009년 사이에 핵무기를 획득했다는 CIA의 비밀스러운 예측이 더해지면서 이라크가 테러 지원 국가라는 논쟁이 일었고, 이는 조지 W. 부시 대통령 행정부에서 전쟁을 정당화하는 명분이 되었다. 9·11테러 공격 이후 또 다른 참혹한 공격에 대한 불안감으로 미국 정치권에는 두려움이 감돌았다. 그 결과, 다른 사고방식으로 결정이 내려졌다.

전쟁의 주요 동기는 아니었지만, 아랍세계에 민주주의를 꽃피우려는 욕구와 이라크 인권에 대한 우려 역시 전쟁을 정당화하는 명분이 되었다.[81] 이 시대의 분위기는 사만다 파워Samantha Power의 저서 《미국과 대량학살의 시대A Problem from Hell: America and the Age of Genocide》에서 엿볼 수 있다. 2002년 발표되어 퓰리처상을 받은 이 책은 이라크의 쿠르드족에 대한 화학무기 사용을 비롯해 잔혹 행위를 고발하면서, 사담 후세인 치하의 이라크에 두 번째로 긴 분량을 할애해 이를 자세히 설명했다.[82]

또 다른 동기는 보통 언급되지 않은 것인데, 9·11테러 이후 미국의 힘과 신뢰를 입증하려는 욕망이다. 미국은 뭔가 큰일을 해냄으로써 미국의 결의를 증명하고 미국의 힘에 대한 세계의 존경을 끌어내, 미국이 극단주의의 가능성을 억제할 수 있기를 희망했다.[83] 부시 행정부는 이러한 것들을 이라크와 사담 후세인이라는 구체적인 대상을 통해 구현하기로 의견일치를 이룬다. 사담 후세인은 2002년 초 부시 대통령의 국정연설에서 북한, 이란과 함께 '악의 축'의 중심으로 규정되며, (그해 말 부시 행정부의 국가 안보 전략에서 나온) '선제공격론preemption doctrine'의 주인공으로 지목되었다. 이라크는 테러 지원이 대량살상무기 보유 및 그 사용 의지와 결합될 때 위협 환경을 어떻게 변화시킬 수 있는지 보여주는 가장 좋은 사례가 될 터였다. 따라서 미국의 힘과 결의를 보여주기에 이라크는 가장 합리적이고 적절한 대상이라고 부시는 판단했다.[84]

어떤 이들은 미국이 주도한 이라크 침공이 국제법상 '불법'이라고 지적하면서, 이라크가 핵폭탄 개발에 급속한 진전을 이루었다는 (거짓이거나 과장된) 명분이 이 전쟁 수행 노력을 정당화하는 데 이용되었다고 하지만, 사담 후세인이 12년 전 사막의 폭풍 작전을 종결지은 정전 협정의 기본 조건을 위반한 건 사실이다. 정전 협정은 1991년 및 그 이후 UN 안전보장이사회의 수많은 결의안에서 성문화되었는데, 이에 따르면 사담 후세인은 국제 사찰단의 자유로운 접근을 허용하고 남은 무기 및 관련 자료를 파괴해야 했다.[85]

빌 클린턴 행정부는 위반행위에 대해 상대적으로 자제력 있게 대응해왔지만, 1990년대 이라크에 대한 경제 제재를 지속하며 불법

행위가 의심되는 장소에 간헐적인 군사 공격을 감행했다.

2002년 11월, UN은 사담 후세인에게 협정 내용을 준수하라고 경고했다.[86] 하지만 침공을 명시적으로 승인한 두 번째 결의안은 채택하지 않았다. 이로써 2003년 3월 개시한 미국 주도의 침공은 국제법적 근거가 흔들리게 되었다. 국제법적 관점에서 이 전쟁은 명백히 불법이거나 합법이 아닌, 법적으로 모호한 전쟁이라고 할 수 있다.

의회가 전쟁을 선포하지는 않았지만, 아버지 부시 대통령의 사막의 폭풍 작전 때보다 더 많은 초당적 지지를 얻어 상하원에서 법안이 통과되었다. 기록을 보면, 2002년에는 상원 77대23, 하원은 296대133로 가결되었다. 1991년에는 각각 52대47, 250대183이었다. 이에 따라 조지 부시 대통령은 사찰 결과 이라크의 대량살상무기 파괴가 확실히 입증되지 않았다는 결론이 나오면 언제든 무력을 동원할 수 있는 특권을 가지게 됐다.[87]

이처럼 미국은 2002년 말까지 이라크 인근 지역에서 입지를 강화하여 쿠웨이트의 기지를 지상군의 주요 집결지로 삼았고, 바레인, 카타르, 아랍에미리트, 오만, 사우디아라비아의 공군과 해군 시설을 이용했다. 튀르키예는 미군이 자국 영토를 통해 이라크로 진입하는 것을 허용하지 않았고, 그 영공 내에서의 전투도 거부했다.[88] 하지만 미국과 주요 동맹국에게는 이라크 영토에 접근하고 진입할 선택지가 충분했다.

충격과 공포

2003년 초까지 미군과 동맹군이 배치되었다. 그리고 이라크 시간으로 3월 20일 새벽(미국의 경우 3월 19일 저녁), 사담 후세인의 예상보다 훨씬 빨리 전쟁이 시작됐다. 이 공습에는 순항미사일과 F-117 전투기가 동원되었다. 이번 공습은 사담 후세인이 바그다드 외곽 도라 팜스라는 지역에 숨어 있다는 잘못된 정보를 토대로 수행된 것이었다. 이 공격으로 그를 죽일 수 있다는 희망이 있었다.[89] 나아가 이라크 전역에 대한 대규모 공습과 예상보다 이른 지상군 침공이 결합된 '충격과 공포' 작전으로, 이라크 보안군이 빠르게 붕괴될 것이라는 희망도 가졌다. 이번 공습은 사막의 폭풍 작전과 1998년 4일간 폭격을 쏟아부은 사막의 여우 작전 등 클린턴 행정부 시절의 공격으로 이라크 방공망이 거의 제 기능을 못하게 된 덕에 가능한 것이기도 했다. 게다가 12년에 걸쳐 수행한 '비행금지구역no-fly zone' 작전으로, 남아 있는 방공 능력과 기타 이라크 군사 자산의 위치에 대해 상당한 정보를 축적한 터였다.

미국인들의 마음속에는 1999년 코소보전쟁에서 궁극적으로 승리를 거둔 데 따른 자신감도 자리 잡고 있었다. NATO는 세르비아의 지도자 슬로보단 밀로셰비치Slobodan Milosevic의 약탈적 민병대가 (이전 몇 년간 이와 유사한 집단이 보스니아와 크로아티아에서 자행했던) 대혼란, 인종 청소 및 살인을 저지르기 전에 선제적으로 행동을 취하기로 결정했었다. 그러나 NATO는 처음에 밀로셰비치를 잘못 읽었다. 며칠 동안 매우 선택적인 지역에 제한적인 폭격을 가하면(어떤 면에서는 그 전해의 사막의 여우 작전과 유사하다) 밀로셰비치가 생각을 바꿔 코소보와 알바니아 지역에서 손을 뗄 것이라고 생각했던 것이다. NATO는 100대 미만의 항공기로 전역을 시작했고, 미국은 1999년 3월 폭격 시작 전

지중해에 배치된 유일한 항공모함을 본국으로 재배치했다. 밀로셰비치는 NATO군이 무능하고 약하다고 생각했던 것 같다. 마침 그전 해에 미국이 아프리카 주재 미국 대사관 2곳에 대한 대규모 공격에 대응하면서, 미국인 사상자를 되도록 내지 않으려는 의지를 보여주기도 했다. 밀로셰비치는 알바니아게 주민들을 코소보(세르비아의 일부분)에서 몰아낸 뒤 그 지역을 세르비아인으로 채우면 구 유고슬라비아연방에서 세르비아게 지역을 확대할 수 있다고 계산했다.

NATO는 투입된 인력에 대한 위험을 최소화하려 노력하며 항공기를 상당히 안전한 (동시에 이동하는 목표물에 대한 타격 효과도 떨어지는) 고도에서 운용했다. 이로써 연합군 작전 전체에서 단 2대만 손실을 입었다. 그리고 곧 이보 달더 Ivo Daalder NATO 주재 미국대사와 내가 비슷한 제목의 책에서 주장했듯 "추악하게 승리할 win ugly" 방법을 찾아냈다. NATO는 두 달 반에 걸친 전쟁 동안 이 지역에 항공기를 10배 늘려, 최종 4만 번 출격을 수행했다. 목표 대상도 세르비아 수도 베오그라드 내 주요 시설 및 자산으로 확장했고, 덜 비싼 GPS 유도 합동직격탄과 함께 (약 8년 전 사막의 폭풍 작전에서 사용했던 것보다 30퍼센트 증가한 비율로) 정밀유도탄을 사용해 공격했다. 마지막으로 NATO는 지상 침공의 가능성도 암시했다.[90] 결국 밀로셰비치는 코소보에 자치권 허용과 NATO의 평화유지군 배치를 허락했다. 몇몇 군사전략가는 공군력이 완전한 승리는 아니어도 승기를 잡게 하는 정도까지는 발전했다고 결론지었다.[91]

이러한 생각에 사막의 폭풍 작전에서의 기억, (다음에 논의될) 2001년 가을 아프가니스탄에서 쉽게 탈레반 정권을 타도한 경험이 더해져 미국인의 자만심이 형성되었다. 과신하는 사람들은 지난 경험을 선택적으로 기억할 위험성이 있다. 실제로 전쟁은 안전하지도, 예상대로 아주 정확히 전개되지도 않으며, 만능 치료제도 아니다. 1993년 모가디슈 사건이나 (미국이 인종청소와 학살을 저지르기 위해 실행 가능한 군사적 대안을 찾고자 고군분투했던) 1993~1994년의 보스니아전쟁, 1996년 이란의 지원을 받은 헤즈볼라가 자행한 코바르 타워 폭탄 테러, 1998년 아프리카 주재 미국 대사관 폭탄 테러와 2000년 예멘에서 발생한 U.S.S.콜호 공격 등은 미국의 취약성을 강조한다. 그러나 부시 행정부 내에는 모종의 자만심이 만연했다. 자만심은 미국이 종이호랑이가 아니라는 것을 세계에 보여주고 중동을 대대적으로 뒤흔들어놓음으로써 9·11테러 공격에 대한 보복 조치를 취해야 한다는 생각과 결합됐고, 이로써 미국은 길을 잃게 된다.[92]

2003년 초 전쟁을 개시하겠다는 부시 대통령의 의지가 확실해짐에 따라, 총 25만여 명의 미군이 중동 지역에 배치되었다. 그중 3분의 2는 지상군이었다. 동맹국들도 추가 병력을 제공했다(이라크 침공이 진행되는 3~4월 중 16만 5000명의 연합군 지상군이 이라크 내 배치된다). 미군 지상군 주요 병력은 제1해병사단, 제2해병원정여단, 육군 제1기갑사단, 제3기계화보병사단, 제101공수사단, 제82공수사단, 제4기계화보병사단, 제2기갑기병연대, 제3기갑기병연대, 제173공수여단이었다. 영국군 제1기갑사단도 중요한 역할을 했다.[93] 이 부대들이 강력하긴 했지만, 그 규모는 1990년대 후반 이라크 침공을 가정하고 세운 '작전계획 1003Operational Plan 1003'에서 예상한 병력의 절반 정도에 불과했다.[94]

약 800대의 전투기와 폭격기가 참여했으며(사막의 폭풍 작전에서는 1800대가 투입되었다), 90퍼센트가 미군이었다. 이들은 약 2만 회 출격했고, 공중급유기 및 공수항공기, 기타 지원기도 2만 회 이상 비행했다. 3만여 개의 폭탄이 투하되었고, 그중 3분의 2가 유도탄이었다. 이는 사막의 폭풍 작전에서 사용된 정밀유도탄의 약 10배에 달한다. 전체 표적의 4분의 3 이상이 '살상지대'에 있는 육군 기동부대였다(반면 1991년 동일한 표적 범주에서 그 비율은 3분의 2이었다).[95]

이번 침공에서는 바그다드 점령이 주요 목표였다. 후세인 정권을 신속하게 전복하는 데 집중하기 위해 다른 대부분의 도시는 우회했다. 또 다른 중요한 목표는 루마일라 유전과 남쪽의 바스라, 북쪽의 모술이었다. 루마일라 유전과 바스라 일대는 영국군이 통제하였으며 데이비드 퍼트레이어스David Petraeus 준장 휘하의 제101공수사단이 바그다드 해방을 지원한 뒤 모술로 향했다. 북부 임무에 제101공수사단을 투입한 건, 4월 말 튀르키예가 레이먼드 오디에르노Raymond Odierno 소장 휘하 제4보병사단의 튀르키예 영토 통과를 거부했기 때문이었다. 결국 제4보병사단은 다른 주요 전투 대형에 따라 남쪽에서 이라크로 진입해 일정보다 늦게 투입되었다.[96]

미군 대부분은 주요 고속도로로 진격했다. 모래폭풍과 (기관총과 로켓 추진 수류탄과 박격포로 무장한) '페다인 사담Fedayeen Saddam' 민병대의 저항, 이라크군의 전차 및 로켓, 대공포 공격에도 불구하고, 미군은 빠르게 이동했다. 연합군은 신속하게 교두보를 점령하기 위해 특별한 노력을 기울였다. 그러지 않으면 주요 교통의 요충지에서 난관을 겪을 수도 있다고 판단했기 때문이었다. 물론 연합군이 제공권을 장악한 상태여서, 이라크는 진격하는 지상군을 상대로 공군력을 사용할 수도, 항공기를 통해 주요 진지를 증강할 수도 없었다.[97]

약간의 차질이 빚어지기도 했다. 3월 24일 이라크군의 메디나 사단을 정찰하다가 카르발라(바그다드에 꽤 가까운 도시) 인근에서 아파치 헬기 60여 대가 상당한 피해를 입었고, 페다인 민병대의 저항에 악천후와 전술상 실수까지 겹치는 바람에 진격 속도가 느려져 남부 나사리야 인근에서 수많은 미군 사상자가 발생했다.[98] 그러나 전반적으로 전역은 매우 잘 진행되었다.

3주에 걸쳐 부대들이 바그다드 외곽에 속속 도착했다. 원래 포위공격을 계획했지만, 뷰포드 블런트Buford Blount, 짐 매티스Jim Mattis, 데이비드 퍼킨스David Perkins 등 공격적인 지휘관들이 공세를 밀어붙여 승리를 거두었다. 4월 5일, 제3보병사단 제2전투여단의 1개 대대가 바그다드의 방어 상태를 확인하기 위해 주요 도로를 통해 '썬더 런Thunder Run' 정찰을 실시한 뒤, 4월 7일 여단 규모의 작전을 수행했다. 전투가 상당히 치열했지만, 사담 후세인이 은신처로 도망치면서 미군은 주요 정부 건물을 빠르게 점령할 수 있었다.[99]

4월 10일이 되자 전쟁이 끝난 듯 보였다. 그날 도널드 럼즈펠드Donald Rumsfeld 국방장관 보좌관인 켄 아델만Ken Adelman은 〈워싱턴포스트Washington Post〉에 쉬운 전쟁일 것이라는 예측이 맞았다는 글을 기고했다.[100] 바그다드 주요 장소들은 모두 미국의 통제하에 있었다. 그후 4월 14일, 바그다드 북쪽 사담 후세인의 고향인 티크리트가 함락되면서, 전쟁은 사실상 끝났다.[101] 5월 1일, 부시 대통령은 미국 항공모함에서 TV 연설로 성공을 자축했다. 그의 뒤에 놓인 현수막에는

"임무 완수"라고 쓰여 있었다. 하지만 이라크는 이 시기에도 안정된 상태가 아니었다. 주요 관공서 건물, 상점, 공장을 비롯해 내부에 귀중품이 있는 곳이면 어디든 대규모 약탈이 벌어졌다.[102]

점령, 패잔병, 반란군 그리고 임무 미완수

2003년 5월 22일, 미국의 이라크 점령을 인정하는 UN안보리 결의안이 채택됐다. 이 결의안에 따라 공식 점령군 지위를 가진 영국과 미국 주도의 점령군이 미국 대사 폴 '제리' 브레머Paul 'Jerry' Bremer의 지휘하에 이라크 과도통치위원회Iraqi Governing Council를 출범하고 이라크에 주권을 이양할 12개월간의 계획을 수립했다.[103] 주권 이양 후, 이라크가 민주주의 국가로서 선거를 치르게 하기로 했다. 국방부 일각에서는 시아파 반체제인사로 오랜 망명생활을 했던 아흐메드 찰라비Ahmed Chalabi 같은 온건파 실세가 권력을 잡을 것이라고 전망했다. 하지만 부시 행정부는 그 생각을 접었다. 점령 초기 한참을 우왕좌왕하며 소중한 시간을 허비한 뒤였다. 조지 테넷George Tenet 전 CIA 국장은 이를 두고 "부통령실 몇몇 부서와 국방부 대표들이 노트에 '찰라비'의 이름을 반복해서 쓴다는 인상을 받았다. 자신들의 학창시절 첫사랑 여학생 이름이라도 되는 듯이 말이다"라며 비꼬듯 말했다.[104] 찰라비는 사랑에 빠지기에는 이상한 사람이었다. 과거 그의 명성과 유산은 그리 인상적이지도 고무적이지도 않았다. 이라크 재건 과정에서 그가 보여준 능력도 마찬가지였다.[105]

부시 행정부 내의 이러한 의견 불일치는 폭력 정권을 무너뜨린 뒤 전쟁 이후 오래 머무르며 진정한 민주 국가 수립을 지원해야 할 것인지, 아니면 최대한 빨리 병력을 철수해야 할 것인지를 두고 고민에 빠져 있던 미국의 상황을 단적으로 보여준다.[106] 마침내 부시 행정부는 중동에서 새로운 민주주의 정부를 수립한다는 기치로 침공을 마무리했다. 이라크가 대량살상무기를 보유했다는 의심에서 시작된 전쟁이었으나, 사찰관들이 아무것도 발견하지 못해 전쟁의 명분이 약화된 상황이었기에 이 메시지를 대대적으로 내세울 수밖에 없었다.[107]

'사담 후세인 타도'라는 전역 계획은 사실상 끝났다. 일각에서는 사담 후세인의 축출에 안도한 이라크 국민이 입성하는 미군을 "발치에 꽃을 던지며" 환영하고, 이후 새로운 이라크 건설에 협력할 것으로 기대했다. 그러나 예상과 달리, 자연스럽게 안정 국면이 조성되지는 않았다. 미국은 흘려보낸 시간을 만회하기 위해 2003년 여름과 가을에 안정화 계획을 서둘러 수립했다. 하지만 성급히 마련된 계획은 경제 회복과 새로운 정치 구조 수립에 관련한 여러 아이디어가 허점투성이였고, 전반적으로 미진했다.[108]

새롭고 안정적인 이라크를 건설하는 건 최상의 상황에서도 쉬운 일이 아니었을 것이다. 당시 가장 큰 문제는 권력이 박탈된 소수파인 수니파였다. 수니파는 후세인의 실각 후 소외감을 느끼고 있었다. 미국이 신정부를 구성하면서 수니파가 주류인 바트당 소속 의원들을 배제했기 때문이다. 이러한 정책은 2003년 5월부터 2004년까지 미국이 공식적으로 점령하고 있던 이 기간에 브레머 미국 대사에 의해 추진되었다. 시아파 망명자 출신 아흐메드 찰라비는 일부 미국인의 바람과 달리 이라크 최고 지도자가 되지는 못했다.

하지만 적어도 그는 탈(脫)바트당 작업을 주도했다. 그는 이러한 정책을 교사 같은 직종까지 확대 적용하여 60만~70만 명 정도의 바트당원들의 일자리와 영향력을 박탈했다.[109] 사담 후세인 통치 시기에 불균형적으로 권력을 누렸던 수니파는 이러한 조치에 크게 분개했다. 여기에 더해, 브레머는 이라크군을 공식 해체했다. 이 정책은 몇 달 후(많은 이라크 군인이 새 군대에 합류한 시점) 상당 부분 바뀌게 되지만, 최초의 결정은 수니파의 불안과 분노를 더욱 부채질했다.

이라크는 2003년까지 사담 후세인과 그의 측근들의 가혹한 통치로 분열되고 양극화된 부패 국가였다. 어려운 정치 상황을 단번에 해결할 방법을 찾는 건 당연히 어려울 수밖에 없었다. 이 나라는 1차 세계대전 말, 영국이 오스만제국의 3개 주를 떼어내 수립한 새로운 국가였다. 이제 이 나라는 독재자가 신속하게 강제로 제거된 뒤 원심력을 경험할 운명에 놓였다.[110] 미국이 주도한 연합군은 안정화 노력을 기울였으나, 반외국인 정서가 팽배해 있어 이를 오래 지속하기도 어려웠다. 안정화 노력은 성급하게 추진할 수밖에 없었다.[111]

미국 국내 정치권에도 전쟁의 장기화에 따른 비용을 최소화해야 한다는 의견이 지배적이었다. 군 당국은 전쟁 준비 및 초기 단계인 1, 2단계, 이전의 정치 및 군사 질서를 전복하는 직접 활동인 3단계에 이어 4단계로 임무를 분류했다. 하지만 정작 이에 대한 계획은 미비했다. 이라크군의 유정 방화, 대규모 난민 유입, 대량살상무기로 의심되는 비축품 확보 등의 문제는 이미 예상되었다. 그러나 무법 상태와 반란 확산은 적어도 전체 임무의 총괄책임 부처인 국방부로서는 예상하지 못했다. (국무부와 CIA는 비록 정확하진 않아도 외세와 시아파 중심 통치에 대한 이라크인의 저항을 예상했다는 점에서 이라크 문제의 본질을 더 정확히 이해했다고 할 수 있다.)[112]

국가 안정화에 대한 진지한 계획은 부재했다. 다음과 같은 제3보병사단의 사후 조치 보고서를 보면 이를 알 수 있다. "상급 본부는 제3(기계화)보병사단에 4단계 계획을 제공하지 않았고, 이에 따라 제3보병사단은 아무런 지침 없이 4단계로 전환했다." 이보다 상급 부서인 국방부의 전쟁보고서에도 "국방부의 (4단계) 조직 구성이 늦어져 세부 계획 수립 및 배치 전 협조 사항 조율 시간이 충분치 않았다"는 유사한 내용이 발견된다.[113] 이라크의 치안 관련 대책이 부재한 데다 이에 필요한 병력이 절반만 있었기 때문에, 중요한 일, 예를 들면 이라크 정부 건물과 상점에 대한 약탈을 중단시키고, 주요 국경을 봉쇄하여 극단주의자의 국내 유입을 막고, 무기가 범죄자나 반란군의 손에 넘어가지 않도록 무기고를 지키고, 인적 정보망을 구축하고, 국민의 신뢰를 쌓는 일 등이 소홀히 처리됐다.[114] 군인들은 거의 도보 순찰을 하지 않았다. 조지 패커George Packer는 이라크전쟁에 대한 그의 명저에서 이렇게 썼다. "이라크의 미군이란 역사상 가장 고립된 직업임이 분명하다. 미군이 직무를 벗어나 이라크인들과 교류할 실질적인 방법은 없었다."[115]

민주주의 전문가이자 연합군 임시행정처Coalition Provisional Authority의 일원이었던 래리 다이아몬드Larry Diamond 스탠포드대 교수는 이렇게 말했다. "나는 처음부터 이라크전쟁을 반대했다. 일방적인 전쟁 강행으로 첫 단계부터 예측 가능한 문제가 야기되었다. 그러나 가장 큰 잘못은 행정부가 모든 상세한 경고를 파악할 수 있었는데도, 전후 처리에 대한 준비 없이 전쟁을 일으킨 것이다."[116]

2003년 여름, 정치 붕괴 및 종파 간 분열, 강력한 민족주의, 범죄 요소, 빈약한 국가 안정화 계획이 복합적으로 작용해 상황은 극도로 악화됐다. 뒤이은 '패잔병'과 '전 정권의 잔여 세력'이 일으킨 폭력 사태가 그들의 마지막 노력으로 묘사되지만, 곧 이보다 더 강력한 반란이 일어나고, 마침내 종파에 따른 정치 및 극단주의 행위자들이 더 조직화되면서 내전으로 확대된다.[117] 자살폭탄 테러가 시작되어, 2003년 8월 UN대표부에 폭탄이 터져 건물 안에 있던 당대의 위대한 외교관 세르지우 비에이라 지 멜루Sergio Vieira de Mello UN특별대사가 사망했다. 같은 달 말에는 시아파 종교 지도자 아야톨라 모하메드 바키르 알-하킴Ayatollah Mohammed Bakir al-Hakim이 나자프의 모스크 폭탄 테러로 사망했다. 이는 앞으로 몇 년 동안 종파 갈등이 극단으로 치달을 것이라는 불길한 조짐이었다. 그해 가을, 이탈리아 국가 헌병대carabinieri 18명이 또 다른 폭탄 테러로 목숨을 잃었다. 몇 차례의 항공기 격추나 지상사격을 피하는 과정에서 일어난 사고로 미국인 수십 명이 사망했고, 도로변 폭탄과 폭탄을 실은 차량으로 인해 많은 사람이 목숨을 잃었다. 그런데도 럼즈펠드 국방장관 등은 패잔병과 전 정권의 잔여 세력이 이러한 저항 세력의 주축이라는 주장을 계속 외면했다.[118] 7월 중순, 중부사령부 신임 사령관 존 아비제이드John Abizaid 장군이 미국 관료 최초로 저항을 게릴라식 반란으로 분류했고, 이후 몇 달 동안 그의 평가에 여러 사람이 동조한다.[119]

북쪽에서는 퍼트레이어스 장군과 맥마스터H. R. McMaster 대령의 지휘하에 말라야부터 필리핀에 이르는 역사적 모델을 토대로 대반란

전략의 초기 노력이 시도되었다. 그들은 포용적인 통치와 경제적 기회를 강조하며 이라크 사회 전반에 걸쳐 무력 사용을 최소화하고자 했다. 이러한 기조는 사담 후세인의 아들들이 동시에 모술에서 발견되어 죽임을 당했을 때도 적용되었다. 사담 후세인은 그해 12월 고향 티크리트 근처 지역에서 발견돼 체포된 뒤 3년간 투옥되어 재판을 받았다. 2006년 말 이라크 법원이 여러 차례의 학살에 대해 유죄를 인정해 교수형을 선고했다. 그러나 다른 지휘관들은 신중하지 않았고, 이러한 노력을 기울이지도 않았다. 그들은 많은 용의자와 그 가족 역시 체포하여 혹독하게 심문하고 대대적인 수색 작업을 벌였으며, 무력 사용 시 민간인을 보호하고 주의한다는 핵심 대반란 원칙을 지키지 않고 도심에서도 반란군의 사격에 포를 사용해 대응했다.[120]

부시 행정부는 가을까지는 적어도 병력의 3분의 2를 감축하고 전체 작전 비용은 1000억 달러를 넘지 않기를 바랐지만, 이러한 기대는 점차 과도하게 낙관적이고 비현실적인 것으로 인식되었다.[121] 원래 이라크 주둔 미군 13만 명을 2004년까지 10만 명, 2005년까지 5만 명으로 감축할 계획(적어도 그러한 바람)이었으나, 이제는 그러한 희망마저도 버려야 했다.[122]

사담 후세인 정권 전복 과정에서 사망한 미국인은 150명이 채 되지 않는다. 그러나 2003년 말까지 이라크 임무 수행 중 사망한 사람은 500명에 육박하며, 2008년까지 매년 800명 이상의 사망자가 발생한 뒤 급격히 감소하기 시작했다.[123]

전형적인 기동전 작전이 대반란 작전으로 바뀌면서 이라크전쟁은 이후 몇 년 동안 몇 단계를 거쳐 진행되었다.[124] 미국은 이라크를 상대로 한 전쟁 계획이나 육군과 해병대가 훈련받아온 방식과 다른 대반란 작전에 준비가 잘 되어 있지 않은 탓에 처음에는 고전했다. 군정을 거쳐 이라크인 과도정부로 정권을 이양한다는 골자의 UN안보리 결의안이 마련된 다음 해인 2004년 6월, 이러한 전략으로 이라크에 평화와 안정을 정착시킬 수 있을지 혹은 미국과 동맹국 군대의 대폭 감축이 가능할지에 대해 비관적인 인식이 커지기 시작했다. 특히 2004년 봄 유서 깊은 수니파의 본거지인 바그다드 서쪽의 안바르주(티크리트 남쪽 지역. 티크리트 역시 사담 후세인이 속한 수니파가 다수인 지역이다)에서 끔찍한 교전이 발생했다. 총에 맞은 미국 민간업자들의 시신이 공공장소에서 전시되는 끔찍한 장면이 TV 전파를 타며, 안바르주의 중소도시인 팔루자, 라마디는 미국에서 일상적으로 들을 수 있는 단어가 되었다.[125]

점령후 단계: 선거, '훈련과 장비' 프로그램 그리고 내전

점점 더 많은 비극적인 사건이 펼쳐지면서 미국의 전략은 이라크인들에게 공식적으로 정치권력을 이양하기만 하면 나라를 안정시킬 수 있다는 희망에 기반하지 않게 되었다. 미국은 3년에 걸쳐 두 가지 큰 목표를 이루고자 계획했다. 첫째, 2005년 일련의 과정 즉, 이라크 과도정부 수립, 그 후의 헌법 승인, 그다음 정식 정부 수립을 위한 선거를 통해 민주적 권한이 부여된다는 인식을 강화하고자 했다. 그러면 이라크 내 폭력이 줄어들 거라 생각했다. 그러나 불행히도 이라크 정당 대부분은 주로 종파에 따라 조직되고 운영되고 있었다. 따라서 승자가 독식하는 선거는 많은 이라크인, 특히 사담 후세인 정권에서 권력을 잡았던 수니파 사이에 양극화와 박탈감을 초래했다. 1인 1표 선거 제도에서는 소수파인 수니파가 기득권을 유지하기란 어려워 보였기 때문이다.

둘째, 더 나은 훈련과 장비를 통해 이라크 보안군이 반란군에 충분히 대응할 수 있게 하고자 했다. 미국이 지원하는 훈련과 장비 프로그램이 제대로 작용한다면 2004년에 이뤄진 정치적 통제권 이양에 이어 2006년이면 국가 안보 책임도 이양할 수 있으리라 생각했다. 마틴 뎀프시Martin Dempsey, 데이비드 퍼트레이어스, 제임스 두빅James Dubik 등 미국 장군들의 주도하에 이 프로그램은 효율적으로 조직되었고, 자금도 지원받았다. 그러나 이라크군과 경찰에게 순찰과 전투에서 더 나은 전술 능력을 갖추게 한다고 해서 부패하고 무능한 지도부를 바꿀 수는 없었다. 오히려 보안군의 역량 강화가 그들의 정적이나 국민을 학대하는 더 많은 수단을 제공하는 역효과를 낳았다.[126] 훈련과 장비 프로그램 역시 종파 간 갈등과 수니파-시아파 내전을 해결하는 대안이 되지 못했다.

2006년 무렵, 광범위한 범위에서 이라크와 미국의 의견이 일치하면서 이라크는 완전히 혼란에 빠졌다.[127] 그해 6월 스탠리 맥크리스털Stanley McChrystal 장군 휘하의 특수부대가 테러 조직 알카에다의 지도자 아부 무사브 알자르카위Abu Musab al-Zarqawi를 추적하고 공습해 사망에 이르게 했다. 이때까지는 대부분 피해가 이라크 내에서 발생했으나, 이를 기점으로 반란과 테러에 종파 간 내전이 함께 일어나며 보복 폭력이 끊임없이 반복되는 끔찍한 악순환에 이르게 되었다.[128]

이 기간, 이라크인에 주권을 이양하는 것도, '마음과 뜻을 얻는'(전쟁이나 폭동 등의 갈등 상황에서 한쪽의 우월한 힘을 사용하는 대신 상대측에 감정적으로 호소해 상황을 해결하는 방법-옮긴이) 전통적 대반란 방법도 효과가 없다는 사실이 분명해졌다. 갈등을 이해할 수 있는 경우에도 대반란 작전의 효과를 판단하기는 어려운 법이다. 이 문제에 관해서는 많은 요소를 고려해야 한다. 이것이 2003년 말 나와 아드리아나 린스 드 앨버커키Adriana Lins de Albuquerque가 브루킹스연구소에서 만든 이라크 지수에 50개 이상의 항목이 포함된 이유이다.[129] 어떤 지표는 잘 진행되어도 다른 지표는 그렇지 않을 수 있고, 그 지표들의 상대적 중요성을 어떻게 평가해야 할지 알기도 어렵다. 게다가 정보 또한 불완전하다. 이라크에서 사담 후세인 타도 이후 개선된 부분도 있었다. 대다수 국민의 소비재 이용 가능성, 언론의 자유 확산, 정치적 논쟁 허용, 짧은 침공 기간 파괴된 전기 등 공공 서비스의 복구, 외국 군대와 노동자의 대규모 주둔에서 비롯된 경제 진작 등이 그렇다. 이 모든 긍정적인 면이 희망을 주었다. 게다가 초반에는 폭력 비율도 낮았다.

그러나 이러한 긍정적인 지표 밑에 숨어 있는 요인이 문제를 불러일으켰고, 이후 큰 문제로 확대되었다. 측정된 폭력 발생 비율은 처음에는 낮았다. 하지만 바트당 정권이 제거된 직후 광범위한 약탈 행위를 시작으로 범죄가 확산되었다. 겉보기에는 정치 참여가 잘 이루어지는 듯했지만, 앞서 지적한 바와 같이 결국 종파 간 제로섬 권력 경쟁으로 비화됐고, 폭력 발생 비율도 계속해서 늘어났다. 브루킹스연구소에서 추정한 바에 따르면, 모든 형태의 폭력으로 인한 월평균 민간인 사망자는 2003년에는 1000명 미만, 2004년에는 1400명 수준이었으나 2005년에는 2000명, 2006년에는 3000명으로 증가했다.[130] 트럭 폭탄, 이란이 공급한 폭발성형관통 explosively formed penetrator, EFP탄, 소형 무기로 수천 명이 사망했다. 국가의 경제 기반도 그리 개선되지 않았다. 단기적인 경제 부양책의 효과가 발휘되고 있었지만 국가의 경제 기반은 개선되지 않은 탓에 일자리도 부족했다.

지적한 바와 같이, 불만을 품은 수니파는 새로운 정치 질서에서 자신들의 위치에 분노했고, 많은 이가 권력을 잡은 시아파가 단순하고 친이란 성향이 너무 강한 데다 통치 능력이 부족하다고 여겼다.[131] 또한 사담 후세인이 시아파를 다룬 방식을 고려할 때, 목숨의 위협을 느끼지 않을 수 없었다. 많은 이가 이제 보복의 시간이 찾아왔다고 예상했다. 반감을 가진 건 수니파뿐만은 아니었다. 다른 계층도 그랬고, 반감은 폭력으로 이어졌다. 일례로, 자이시 알마흐디 Jaish al-Madhi라는 시아파 민병대는 이란의 지원을 받았다. 이란은 미국이 주도하는 이라크 내의 임무를 복잡하게 만들고 가능하면 미국이 이라크에서 철수하게 하기 위해 이러한 정책을 따르며, 동시에 여러 종파가 혼재하는 복잡한 이라크 내에서 시아파 단체들을 지지했다. 무크타다 알사드르 Muqtada al-Sadr라는 선동가가 이끄는 마흐디 민병대는 거점 지역인 바그다드 북동쪽 '사드르시'뿐 아니라 바스라로 이어지는 이라크 중부와 남부 많은 지역에서 강한 영향력을 행사했다. 이들은 바그다드에서는 소형 무기부터 박격포, 로켓, EFP 급조폭발물에 이르기까지 모든 치명적인 수단을 사용했다. 영토 통제 능력 면에서 어떤 수니파 집단보다 막강했다.[132] 이들과 기타 무장 단체가 일반적으로 이라크 여러 도시에서 가장 강력한 세력이었다. 이 내전은 과거의 많은 반란과 달랐고, 숲과 산에서 활동하는 게릴라를 상대하는 아프가니스탄전쟁과도 달랐다.[133]

극단주의 단체들은 이라크 정부나 점령군이 국민에게 좋은 통치와 더 나은 삶을 제공하지 못할 것이며, 설령 결과를 냈더라도 충분하지 않을 것이라는 메시지를 확산시켰다. 성공적으로 상황을 진정시키고 안정을 부양하기 위해서는 인구의 대부분 혹은 주요 단체 사이에서 대반란 작전의 정당성을 인정받아야 한다. 그것이 불가능하다면, 회유될 의사가 전혀 없는 세력들을 완전히 제압하거나 적어도 억제할 수 있을 정도의 효과적인 힘을 갖추어야 한다.[134] 또한 시간도 필요하다. 대반란 작전은 성공하기까지 몇 년이 소요되기 때문이다.

만약 폭력의 강도가 너무 높거나 종파 간 내전과 반란이 결합되거나 기타 복잡한 문제가 발생한다면 대반란 작전은 성공하기 어렵다. 이 시기의 이라크는 이처럼 예상치 못했던 수많은 부담을 겪어야 했다. 2006년 2월 알카에다가 바그다드 북쪽 사마라의 시아파 성지인 황금 모스크 폭파 테러를 일으켰던 것처럼, 때로는 테러나 암살 사건이 발생하면서 일시적으로 폭력 행위가 증가하는 경향이 나타나기도 했다. 이러한 사건들로 인해 이라크는 내전의 수렁으로 더욱 깊이 빠져들었다.[135]

증파 Surge

2004년부터 2006년까지 아야드 알라위 Ayad Allawi, 이브라힘 알자파리 Ibrahim al-Jaafari, 누리 알말리키 Nouri al-Maliki 총리를 거치면서 이라크의 상황은 안정될 기미가 보이지 않았다. 이에 새로운 방식으로 접근해야 한다는 필요성이 대두되었다. 2006년 9월, 부시 대통령은 보좌관들에게 지금까지와는 다른 접근법을 요청했다.[136] 이에 국가안보보좌관 스티븐 해들리Steven Hadley는 대반란전, 즉 COINCounterinsurgency 작전의 기회를 마련할 수 있는 개선된 전술과 적절한 병력 수준을 도출해냈다.[137] 메건 오설리번Meghan O'Sullivan, 윌리엄 루티William Luti 등 보좌관, 미국기업연구소American Enterprise Institute의 유명한 프레드 케이건Fred Kagan, 퇴역 장군 잭 킨Jack Keane 등 외부 자문, 데이비드 퍼트레이어스, H.R. 맥마스터 등 육군 장군의 기술적 지식과 경험의 도움을 받아 이뤄진 것이었다.

2007년 1월 부시 대통령이 (럼즈펠드의 후임인 로버트 게이츠Robert Gates 국방장관 주도로 마련된) 새로운 전략을 발표했고, 2월부터 퍼트레이어스가 조지 케이시 장군의 뒤를 이어 이라크에서 군사 활동을 이끌게 되었다. 대반란 작전의 핵심 개념은 외국군과 이라크군을 더 많은 소규모 '전투 전초기지'와 '공동경비기지'로 분산 배치하고, 도보 순찰을 강화하여 민간인을 최우선으로 보호하며, 주민들로부터 위협적인 행위자들의 신원과 소재에 대한 정보를 얻는 것이었다. 이전에는 폭력적인 적이었을 수도 있지만 이제는 새로운 국면에 따라 기꺼이 전환하려는 행위자들과의 화해도 중요해졌다. 이러한 변화는 알카에다의 부패로 정부와 연합군에 반대하는 수니파를 등진 안바르주에서 가장 두드러졌다. 안바르주의 많은 부족 충성파는 사실상 '이라크의 아들들'이 되어 이웃 지역을 순찰하며 알카에다 전사들의 접근을 막았다. 이들은 정부로부터 순찰에 대한 대가를 받긴 했지만, 순찰은 생존 본능에서 비롯된 것이었다.[138] 새로운 전략에는 더 많은 개발 전문가가 위험한 전방 지역에서도 군사력을 동원해 경제 활동을 활성화하고 장기적 성장을 촉진하는 '민간 활동 장려'도 포함되었다.[139]

병력 증파 전략에 따라 지원군을 포함해 약 3만 명의 병력이 기존 미군 주둔지에 추가 투입되어, 2006년 말 14만 명이던 미군 병력은 2007년 여름까지 17만 명이 되었다. 병력 증파 이전, 도중, 이후의 병력 수를 논의할 때, 이에 필적하는 규모의 (미국과 이라크, 다른 나라에서 온) 민간 계약업체 인력들이 미국과 연합국의 임무에 직접 참여했다는 점도 주목해야 한다. 그들이 지원하는 군인 수는 1대1 비율로 볼 때 이전보다 훨씬 많았다.[140]

퍼트레이어스는 단편적이고 패배주의적인 관점에서가 아닌, 가용한 모든 추가 병력을 일시에 배치하기 위해 추가 병력을 요청한 것이었고, 열심히 로비한 끝에 성공을 거두었다. 한편, 이라크군은 2007년 초 총 32만 3000여 명에서 그해 말 44만여 명으로 계속 증가했다.[141] 퍼트레이어스의 부관들과 이후 그의 후임이 되는 레이먼드 오디어노Raymond Odierno와 로이드 오스틴Lloyd Austin 장군으로 구성된 미군 지도부와 라이언 크로커Ryan Crocker 대사는 누리 알말리키 이라크 총리에게 종파 편향적이거나 부패하거나 무능한 이라크 군경 지도자들을 보다 능력 있는 인물로 교체하도록 설득했다.[142]

대반란전의 개념은 단순히 미국과 연합국, 이라크의 군사 작전을 더 온건한 방향으로 펼친다는 것이 아니다. 사실 퍼트레이어스는 스탠리 맥크리스털 장군 등이 수행한 매우 신속하고 효과적인 대테러 방법이 이라크처럼 극단주의자들의 폭력 행위가 전방위적으로 매우 파괴적인 강도로 행해지는 지역에서 대반란 작전의 성공을 견인하는 데 얼마나 중요한지 자주 강조했다.[143]

맥크리스털의 방법은 미국과 연합국 정보기관의 대표자들이 맥락 없이 정보만 주고받던 이전의 파편화된 '합판 궁전'이 아닌, 동굴처럼 개방된 공동 공간에서 서로 협력할 것을 강조했다. 물리적으로 분리되어 있으면 맥락 없이 정보를 주고받고stove-piping 자신의 소속 기관이 수집한 정보를 보호하려는 경향을 강화하게 된다. 당연히 이는 협업에 방해가 된다. 맥크리스털은 관료주의의 장벽을 넘어 정보 공유를 우선으로 하는 '팀들의 팀team of teams(전통적 위계 조직을 넘어 여러 개의 자율적이고 유기적으로 연결된 팀들이 협력하는 조직 구조-옮긴이)'의 창설을 강조했다. 이러한 접근은 국가적 차원에서의 통합 필요성에 기반한 것으로, 2004년 제정된 정보개혁 및 테러방지법Intelligence Reform and Terrorism Prevention Act에 의거해 미국국가정보국Office of the Director of National Intelligence과 대테러센터National Counterterrorism Center 설립으로 이어졌다.[144] 이처럼 정보 능력이 개선되면서 보다 효과적인 습격을 빈번하게 수행할 수 있었고, 이 과정에서 효율성도 배가되었다. 그리하여 체포된 용의자들은 구치소로 가는 헬리콥터 안에서 심문을 받았고, 그들이 제공한 정보는 신속한 후속 조치에 실시간으로 적용되는 선순환이 이루어졌다.[145]

증파 전략에 따라 최악의 극단주의 단체의 은신처가 된 지역을 수색하고 소탕하는 재래식 군사 작전도 실시됐다. 2007년에는 3단계의 작전계획이 시행되었다. 그 시작은 바그다드 내 연합군의 진지 강화였다. 그 후 6월부터 바그다드 인근 극단주의 단체의 거점, 무기고, 트럭 폭탄 제조 공장을 공격하는 '팬텀 썬더Phantom Thunder' 작전이 시작되었다. 그런 다음, 다른 은신처에 있는 알카에다나 민병대 잔여 세력을 제거하는 팬텀 스트라이크Phantom Strike 작전이 수행되었다.[146] 팔루자와 라마디를 비롯한 안바르주의 주요 도시, 일명 죽음의 삼각지대와 바그다드 내 사드르시 등지에서 주요 작전들도 이루어졌다.

퍼트레이어스는 새 전략에 대해 "'소탕, 확보, 재건Clear, Hold, and Build'이 작전 개념이 되었는데, 이는 한 지역에서 반란 세력을 제거한 뒤 다음 단계를 진행할 능력이 없음이 입증된 이라크군에게 그 지역의 보안 임무를 넘기던 이전의 관행과는 대조적"이라고 설명했다.[147] 여기에 더해 안전성을 확보하기 위해 다른 방법도 사용되었다. 전장의 정보 수집 역량을 개선하기 위해 무인항공기와 에어로스탯aerostat(땅에 묶어둔 기구)이 사용되었고, 차량 폭탄 돌격을 어렵게 하고 건물과 시장 및 기타 사람들이 많이 모이는 곳을 보호하기 위해 저지 장벽Jersey barrier이 세워졌다.

이러한 변화가 가져온 순효과는 놀라웠다. 가장 어려운 소탕 작전을 실시하던 몇 달 동안 사상자 수가 급증한 뒤 폭력 수준이 급감하기 시작했다. 민간인 사망자 수는 절반으로 줄었고 다시 75퍼센트로 감소했으며, 2008년에는 2004~2006년의 끔찍한 수준에 비해 90퍼센트 가까이 감소했다. 시장은 붐볐고 축구 경기장에도 인파가 가득 찼다. 여론 조사로 측정했을 때 이라크인의 희망도 향상됐다. 마침내 일부 방폭벽blast wall과 기타 방호벽들이 해체되는 등 안보 상태는 빠르게 개선되었다.

2007년 7월 케네스 폴락Kenneth Pollack과 내가 연구차 이라크를 방문했을 때 (항상 사적인 대화에서 솔직했고, 이라크에서의 진전 상황에 대한 미국 정부의 희망적 메시지에 회의적이었던 우리 친구들을 포함해) 많은 미군은 새로운 전략과 전술이 매우 잘 작동하는 것에 놀라움을 표했다. 이번에도 안바르주에서 반란이 있었지만, 지역 부족들은 마음을 바꿔 알카에다에 대항하는 연합군과 정부군에 협력하기로 결정했다.[148] 한여름 무렵에는 민간인 사상자가 평균 3분의 1 정도로 감소했다. 계속되는 위험에도 불구하고 낙관적인 분위기가 부대 내에 팽배했다.[149]

그 후 몇 달 동안 계속 진전이 이루어졌다. 물론 성공만큼 실패도 있었다. 2008년 봄, 말리키 총리가 퍼트레이어스와 다른 미국 관리들과의 사전조율 없이 '기사단 돌격대charge of the knights'에게 남부 도시 바스라를 탈환하라고 명령했다. 재앙에 가까운 실패가 뒤따랐지만, 결국 바스라 민병대는 무력해졌다. 이를 통해 말리키 총리는 아무리 무모한 접근이라도 필요하기만 하다면 시아파 동지들에 맞서 이라크 보안군을 투입할 의지가 있음을 보여주었다.

한편 미국에서는 의회와 대선 유세에서 민주당을 중심으로 이라크전쟁에 대해 부시 행정부를 비판하는 목소리가 커졌다. 정치적 논쟁이 열기를 띠었다. 그 시점에서 사담 후세인은 대량살상무기도 보유하지 않았고, 9·11테러에 아무런 역할을 하지 않았음이 분명해졌다(일각에서는 9·11테러에 대해 여전히 의심을 품기도 했지만 말이다). 이라크 반체제인사 카난 마키야Kanan Makiya의 표현을 빌려 설명하면, 일부 이라크인은 사담 후세인으로부터 그들을 해방하러 온 미군의 발밑에 기꺼이 꽃을 던지지만, 다른 사람들은 미군의 앞길에 급조폭발장치를 놓는다는 사실 또한 분명했다. 1989년 마키야가 발표한 저서 《공포의 공화국Republic of Fear》은 매우 개인적이고 인도적인 측면에서 사담 후세인 정권의 타락과 잔혹성을 생생히 보여주었다. 그것은 매우 설득력 있고 중요한 메시지였다. 그러나 사담 후세인 정권이 축출되면 이라크의 현실에 평화가 찾아올 것이라는 비약적인 기대는 결국 실제 사건들에 의해 실현되지 못했다.[150]

민주당이 장악한 의회에서는 2007년 10월 1일에 시작된 2008년 회계연도에 전쟁 자금을 삭감하려는 분위기가 지배적이었지만, 9월 중순 퍼트레이어스 장군과 크로커 대사가 이라크에서 이루어낸 진전에 대해 설득력 있는 증거를 제시함으로써 삭감 의지는 저지되었다. 그렇다고 해서 이라크전쟁을 둘러싼 논쟁이 종결된 것은 아니었다. 이라크전쟁에 대해 확고하게 반대 입장을 (그리고 리처드 하스Richard Haass가 표현했듯, 2003년 이라크 침공은 '선택의 전쟁', 그것도 나쁜 선택인 반면 아프가니스탄전쟁은 '정당한 전쟁'이라는 확신을) 고수해온 버락 오바마는 이를 토대로 2008년 봄 민주당 대통령 후보자로 지명되었다.[151] 오바마는 취임 1년에서 1년 반 내에 미군을 본국으로 철수시키겠다고 약속했다. 선거일 무렵, 그 약속은 필요성이나 설득력이 부족해 보였다. 선거운동 과정에서 이라크 문제는 한때 예상보다 결정적인 쟁점으로 부각되지 않았다. 그러나 2008년 금융 위기로 미국인들 사이에 변화에 대한 갈망이 커졌고, 오바마의 카리스마와 그가 제시하는 비전은 공감을 얻었다. 결국 그는 대통령에 당선될 수 있었다. 그리고 오바마는 여전히 이라크 프로젝트에 회의적인 태도를 보였다.

전투 임무 종료 그리고 미군과 연합군 철수

오바마는 취임 후 공약과 달리 미군 철수 속도를 늦춘다. 그리하여 2009년 미국 주도의 전투 임무가 공식 완료된 이후 철군까지 3년을 더 끌었다. 인내심을 갖고 신중하게 접근하기로 결정했음에도 상황은 꼬여만 갔고, 결국 유감스럽게도 미국은 2010년 말리키 총리의 정권 유지 노력을 지지하게 되었다. 선거 전 말리키가 노골적으로 종파주의 성향을 드러내며 수니파 후보자를 밀어내려 시도하는 것을 보았는데도, 미국은 이 같은 결정을 내렸다. 어쨌거나 선거를 둘러싼 혼란이 빨리 해결되기를 바라는 미국의 바람, 특히 부통령 조 바이든Joe Biden의 바람이 작용한 결과였다. 다른 대안을 모색하느니 잘 알고 있는 나쁜 녀석을 고수하는 편이 더 낫다는 판단이었던 것 같다. 그러나 미국은 잘못된 패에 베팅한 것이었다. 말리키보다 종파색이 덜한 시아파 지도자 아야드 알라위Ayad Allawi를 지지하는 편이 더 나았을 것이다. 그의 소속 당에는 비시아파도 상당수 있었다.[152]

유임한 말리키의 행보가 점점 더 대담해지자, 결국 오바마 대통령은 정말로 미국의 지원을 원하는지 결정하도록 이라크 정부를 압박했다. 이라크 주둔 미군의 지위를 규정하는 이전의 협정이 곧 만료되는 가운데, 오바마는 그 후속 조치로 미군에 치외법권 지위를 부여하는 조항을 담은 미 주둔군지위협정the Status of Forces Agreement, SOFA을 체결해야 한다고 이라크 의회에 요구했다. 오바마에게는 최소한 두 가지 선택지가 있었다. 이전 합의의 비공식적 연장을 수용하는 안 그리고 미군이 이라크 법체계에 의해 범죄 혐의가 인정될 경우 체포되기 전에 국외 추방을 허용하는 안이었다. 오바마는 이 문제를 공식화하여, 이라크와 미국의 관계에 대한 의견을 묻는 국민투표에 부치기로 선택했고, 결국 빈손으로 마무리하게 되었다. 이라크 의회는 공식적인 면책특권을 거부했다. 그리하여 2011년 말까지 수천 명의 미군 병력이 철수하게 되었다.[153]

그러자 이라크 정계에 재앙이 뒤따랐다. 미국의 영향으로부터 해방된 말리키는 흠잡을 데 없는 평판을 가진 많은 수니파 정치인을 부패 및 이와 유사한 혐의를 씌워 체포하고자 했다. 그는 타렉 알하시미Tareq al-Hashemi 부통령을 면직시켰고, 심지어 널리 존경받는 라피 알이사위Rafi al-Issawi 재무장관에 테러 주도 혐의를 씌워 안바르 지역의 안전구역으로 추방했다. 이에 많은 수니파가 분노했다. 종파주의는 족벌주의로 강화되었고, 이라크 보안군의 청렴과 투지는 물론 나라 전체를 극적으로 후퇴시켰다.[154] 또한 말리키는 유능한 지휘관들을 해임하고, 퍼트레이어스, 오디어노, 오스틴, 크로커 등 미군 사령관들이 증파 단계에서 애써 교체했던 인물들로 그 자리를 다시 채우며 이라크 보안군을 체계적으로 약화시켰다. 그 결과, 훈련의 질은 떨어졌고 전문성도 상실되었다. 다시금 종파주의가 군경 내부에 팽배해졌다. 독립적이었던 사법부 역시 고스란히 그 피해자가 되었다.[155]

ISIS와 2014년 미군의 이라크 복귀 그리고 현재까지

이상의 모든 조치는 2014년 ISIS(이라크와 시리아의 이슬람국가Islamic State in Iraq and Syria)가 권력을 잡는 발판으로 작용했다. 이슬람레반트국가Islamic State in Iraq and the Levant, ISIL라고도 불리는 ISIS는 성격과 이념 논쟁 끝에 2014년 이라크의 알카에다로부터 분리되어 나왔다. 분노한 수니파들의 지지를 얻은 ISIS는 가까운 시일 내 초국가적인 '칼리프국caliphate(이라크와 시리아 영토를 무력으로 정복하여 칼리프가 통치하는 제정일치의 이슬람 근본주의 국가-옮긴이)' 건설을 내세웠고, 그 목표를 달성하는 데 큰 진전을 이루었다.[156] 이들은 시리아 내전으로 수니파 손에 넘어간 시리아 내 여러 도시를 장악한 뒤 이라크로 넘어갔고, 이라크 보안군은 이 악랄하고 위협적인 새로운 집단과 마주한 뒤 무너지고 말았다. 참수형 장면의 동영상 녹화, (투항한 군인을 포함한) 포로의 대량 처형 및 여러 잔혹 행위는 이들의 상투적 수법이었다. ISIS는 점차 영토를 확보하면서 은행이나 유전지대를 장악했고, 사람들에 대한 접근도 용이해져 강탈과 납치를 통해 자금을 얻었다. ISIS는 소셜 미디어도 매우 잘 활용하여 전 세계 100여 개국에서 추종자를 끌어모았다. 이들은 사후세계의 보상을 추구하며 금욕적인 삶을 살 것을 강조하는 알카에다의 교리와는 정반대로, 추종자들에게 현생의 황홀경을 약속했다. 이들은 시아파, 기독교, 비협력적 수니파에서 끌려온 성노예와 재정적 보상을 주요 인센티브로 제공했다. ISIS는 곧 이라크에서 세 번째로 큰 도시인 모술을 포함해 이라크와 시리아의 4분의 1에서 3분의 1을 장악했고, 약 1000만 명이 그들의 악랄한 지배하에 놓이게 되었다.[157]

이것이 끝이 아니었다. ISIS는 이라크와 시리아의 쿠르드족 지역도 점령하겠다고 위협했다. 여기에 더해, 바그다드를 위협하며 이라크 북부와 서부의 새로운 기지와 보호구역에서 이라크 수도 쪽으로 진격해 마침내 바그다드 근처 48여 킬로미터까지 이르렀다. 그러나 이라크 북부의 쿠르드족이나 바그다드 근처 (대부분 이란의 자금 지원을 받는) 시아파 거점 지역의 민병대와 손잡은 미군의 공격으로 저지됐다. 오바마 행정부는 최소한의 군사 지원만 제공하며 이라크 정계 지도부 교체를 압박했고, 사태의 명백한 주원인인 말리키는 훨씬 유화적이며 포용적인 시아파 지도자 하이데르 알아바디Haider al-Abadi로 교체되었다.[158]

이라크의 존립에 대한 즉각적인 위협이 일단 억제되었기에, 워싱턴과 바그다드는 IS를 격퇴할 능력을 구축하는 합동 계획을 수립할 수 있었다. 계획의 주요 개념은 다음과 같다. 첫째, 이라크는 미국에 협력적인 총리와 함께 이라크 보안군 내 종파 간 협력정신을 고양하고 이러한 태도의 모범이 되는 부대장들을 육성하는 군사 리더십을 모색한다. 둘째, 시리아는 물론 이라크 주변 국경 통제를 강화하여 외국인 신병들의 칼리프국 접근을 막는다. 셋째, 미 공군력을 동원해 ISIS의 추가 침입을 제한하고, 공군력으로 그 지도부와 석유 생산 기간시설 등의 자원 생산 시설과 물류 시설을 공격한다. 이와 동시에 이란 지원을 받는 민병대 인민동원군Popular Mobilization Forces의 역할을 용인해 지상군 인력으로 활용하며 미 공군력을 보완한다. 이 모든 과정은 2016년까지 ISIS를 무력화한 뒤 2017년 중반까지 반격하여 최종 2019년 초까지 격퇴하는 3단계로 구성됐다.[159]

이 전략을 위해서는 몇 년에 걸쳐 이라크 내에 군과 경찰력을 전면 재구축하고, 강력한 특수부대도 창설해야 했다. 또한 쿠르디스탄(이라크 쿠르드족 거주 지역) 민병대인 페시메르가peshmerga와의 긴밀한 협력도 필수였다. 이 전략에 따라 미국은 이라크에 약 5000명, 시리아에 약 2000명으로 지상군 주둔 병력을 제한할 수 있었고, 그 결과 2018년 무렵, 지역 파트너들과 협력해 칼리프국을 물리칠 수 있었다. ISIS의 지도자 알바그다디는 2019년 10월에야 발견돼 사살됐는데, 그 무렵 칼리프국은 사실상 와해된 상태였다.[160]

미국의 이러한 전략은 버락 오바마부터 도널드 트럼프(Donald Trump) 대통령 재임기까지 연속성을 보여주며 성공을 거두었다. 하지만 그 느린 속도와 몇몇 이유로 비판을 받았다. 이라크 보안군 재건 과정에서 항공 지원에 집중하면서 ISIS의 핵심 전략 능력에 대한 보다 직접적이고 결정인 조치를 시도하지 않았고, 이런 신중한 접근법은 결실을 맺기까지 꼬박 4년이 걸렸다. 그동안 지상에서 수만 명이 목숨을 잃었고, ISIS는 이 과정에서 형성된 특정 분위기를 바탕으로 유럽과 그 밖의 지역에서 영향력을 확대해 많은 공격을 자행하고 성공적으로 신병을 모집할 수 있었다. 미국의 작전은 압도적인 정밀유도탄 사용으로도 비판을 받았다. 미국은 비교적 소규모 전쟁에서도 정밀 무기를 최대한 빠르게 투입했다. 이라크전쟁에서 사용된 총 11만 5000개 이상의 폭탄 중 7만 개 이상이 정밀유도탄이었다. 미군은 (급유 및 정찰비행을 포함해) 20만 회 이상 출격했고, 그 비용은 약 200억 달러에 달한다.[161] 그러나 이 책에서 다룬 많은 전투나 전쟁과 비교했을 때 그 규모는 매우 작았고, 상당한 성과를 이뤘다.

ISIS의 패배로, 미국의 이라크에 대한 한 세대에 걸친 군사적 개입의 이야기는 거의 마무리되기에 이르렀다. 즉, 완벽하지 않은 마무리였다. ISIS 자체는 사라지지 않았고, 이 글을 쓰는 현재(2022년)에도 점진적으로 강화되고 있을 것이다.[162] 최근에는 이란의 지원을 받는 시아파 민병대가 이라크 주둔 미군 기지에 포격을 가해 군인과 민간 계약업체 인력, 기지 내의 이라크인이 부상을 입거나 사망하는 일이 발생하고 있다.

실제로 시아파 민병대 문제는 2019년, 2020년, 2021년에 미국이 이라크 내 이들 기지에 타격을 가할 정도로 심각했다. 2020년 첫날, 미국은 이란의 최정예 특수부대 쿠드스군Quds force의 사령관 가셈 솔레이마니Qasem Soleimani가 바그다드 공항에 도착해 비행기에서 내리자 그에 대한 드론 공습을 감행했다. 그러자 이란뿐 아니라 이라크와 그 극렬 민족주의 의회의 항의가 빗발쳤다. 이러한 긴장된 분위기 속에서 조 바이든 행정부는 이라크에 남아 있는 미 주둔군 규모를 더욱 축소하기로 결정했다. 이처럼 규모가 축소되고 눈에 잘 띄지 않는 미군의 태세가 안정적인 균형 상태에 이르렀는지는 두고 봐야 한다. 경제적 부패로 근간이 약해져 있는 데다 종파주의와 난립한 민병대로 분열된 이라크가 스스로 정치체로서 안정화될 수 있을지도 마찬가지다.[163]

아프가니스탄

2021년 8월 14일과 15일 주말, 카불이 탈레반에 함락되며 역사는 다시 원점으로 돌아갔다. 탈레반은 2001년 가을 미국 항공기와 특수부대의 지원을 받은 아프간 집단 북부동맹에 패배했을 때보다 훨씬 빠른 속도로 아프가니스탄을 장악했다.

아프가니스탄은 제국의 묘지라고 불려왔다. 영국은 19세기에 두 번 쫓겨났고, 20세기 들어서는 소련이 패배했다. 아프간인 대부분은 국적보다는 민족이나 부족의 정체성을 중시한다는 점에서, 통치가 불가능한 나라, 명목상으로만 존재하는 나라로 인식됐다. 이곳은 분쟁이 일어나기 쉽고 끝없는 폭력이 따르는 땅으로 묘사되어 왔다. 아프가니스탄에서 미국과 NATO의 임무 실패를 예상하거나 2001~2021년에 여러 차례 시도된 확장·확대 노력에 반대하는 의견은 이러한 견해를 근거로 내세웠다.

이 견해 중 몇몇은 타당하지만, 일부일 뿐이며 그것도 특정 부분만 그렇다. 이 분야의 권위자 토머스 바필드Thomas Barfield가 주장했듯 "아프가니스탄은 그곳에 대해 가장 잘 모르는 사람들이 가장 확실한 진술을 하게 하는 나라"이다.[164] 국가로서의 아프가니스탄은 미국보다 조금 더 긴 역사를 가지며, 소련의 침공이 있기 전까지는 국가 차원의 반란이나 내전이 없었다. 아프가니스탄의 여러 민족은 중앙정부가 자신들의 삶의 방식을 지나치게 침해하거나 과도한 세금을 부과하지 않는 이상, 중앙정부를 용인해왔다. 아프가니스탄 국민은 서로 경쟁적인 민족 정체성을 갖고 있으면서 동시에 아프가니스탄인으로서 집단적 정체성도 가진다. 그리고 영국과 소련은 자국의 이익을 위해 정부를 교체하려는 원대한 계획을 품고 아프가니스탄에 들어갔지만, 미국과 NATO는 적어도 처음에는 아프간인의 압도적 환영을 받으며 도착했다.[165] 그 무렵인 2001년, 아프가니스탄은 22년 동안의 폭력과 혼란의 시기를 겪으며 사회가 크게 붕괴된 상태였다. 아프간인은 사실상 냉전에서 서방이 승리하는 데 일조했다. 아프가니스탄 무자헤딘이 소련 점령군을 물리치는 데 중심 역할을 했고, 이는 미하일 고르바초프가 궁극적으로 베를린 장벽 붕괴와 소련 및 바르샤바조약기구 해체로 이어지는 거대한 변화를 시작하는 데 큰 영향을 미쳤다.[166] 아프가니스탄-소련 전쟁 이후 1990년대 아프가니스탄은 사실상 미국의 관심 밖에 있었다. 소련 점령군 축출을 위해 무자헤딘을 무장 지원한 파키스탄도 마찬가지였다.[167]

그러나 2021년 9월 마크 밀리Mark Milley 합참의장이 의회에서 밝힌 바와 같이, 아프가니스탄에서 미국과 NATO가 수행한 임무는 미국의 전략적 패배로 귀결되었다. 이는 어느 면에서는 분명한 사실이다. 탈레반은 아프가니스탄 전역에서 널리 지지를 얻지 못했지만, 정통 아프가니스탄 운동이라는 정체성을 발전시키며, 궁극적으로 이러한 신비감을 바탕으로 의식을 고취하고 동기를 부여하는 데 있어서 정부군보다 우위를 차지했다.[168] 하지만 이 점만을 과장해선 안 된다. 초기 혼란기에 발생한 난민이나 애국심 불타는 젊은 애국자나 할 것 없이, 수만 명의 아프가니스탄인이 수십 년간 이어진 전쟁의 폐허에서 새로운 나라를 건설하기 위해 애썼다. 수만 명의 아프간 젊은이가 조국의 제복을 입고 목숨을 바쳤다. 투쟁에서 패배한 쪽에서도 감동과 영감을 주는 사람들이 있었다.

이 글을 쓰는 현재 단계에서는 단언하기 어렵지만, 광범위한 역사의 대차대조표상으로는 훨씬 관대한 결과가 나올 수도 있다. 대전략적 측면에서 전체 전쟁 수행 노력은 몇 가지 주요 목표를 달성했다. 미국은 2002~2021년에 아프가니스탄에서 더는 재앙적인 공격을 받지 않았다. (미국이 선호하는 세력은 아니지만) 탈레반은 미국의 힘과 그 영향력을 충분히 인지하고 미국과 절충안을 추구하기로 선택할 수 있다. 전쟁을 피하고, 외교적 인정을 얻어내고 자금에 접근하기 위해 다른 극단주의 단체들과 더 이상 협력하지 않을 수도 있다.[169] 적어도 그럴 가능성은 있다.

다시 말하지만, 이 전쟁에 대해 판단하기는 이르다. 어쨌든 이 단계에서 우리가 관심을 기울일 수 있는 것은 군사적 점수표뿐이다. 이 표로 볼 때, 아프가니스탄전쟁은 한 번의 빠른 승리에 이어 장기화하며 점차 악화되는 교착상태, 즉 재앙적인 붕괴와 패배로 마무리되었다고 볼 수 있다. 20년에 걸친 전쟁의 성적은 1승 1무 그리고 최종적인 패배였다.

좀 더 세분화해서 살펴보면, 전쟁에서 미국은 5개의 주요 전투 단계를 거쳤다. 9·11테러 당시, 국방부는 아프가니스탄에서 전쟁을 벌일 계획이 없었다. 프레드 케이건이 주장했듯 그것은 중대한 실수였지만, 그럴 수밖에 없는 현실이었다.[170] 그리하여 구체적인 지침 없이 즉흥적으로 대처하여, 2001년 10월 초 탈레반 진지에 공습을 시작했고, 뒤이어 특수부대와 CIA팀이 현장에 투입되었다. 이렇게 미군 병력 단 수백 명이 시아파 타지크족을 중심으로 이뤄진 아프가니스탄 북부동맹(알카에다가 9·11테러 공격 이틀 전 아흐마드 샤 마수드 Ahmad Shah Massoud를 암살하며 약화하려 했던 조직)과 함께 공세를 이어갔다. 미국인들은 아프간 투사들과 합세해 미국 항공기로 탈레반 진지를 정밀 타격했다.[171] 해병대 수백 명이 아프가니스탄 남부 지역에 투입되어, 2001년 가을 놀라운 군사작전을 통해 북부동맹의 탈레반 정권 타도를 도왔다. 군사적 측면에서, 이것이 미국의 군사개입 첫 번째 장이다.

두 번째 장은 그 후 5~6년에 걸쳐 펼쳐졌다. 이 기간, 미군과 NATO군은 아프가니스탄 정부 구성 및 '가벼운 발자국light footprint'이라고 불리는 접근법으로 보안군 창설을 돕는 데 노력을 기울였다. 이때 워싱턴은 이라크에 집중하고 있었고, NATO 동맹국들도 마찬가지였다. 이들 중 누구도 아프가니스탄을 우선시하지 않았다. 마이크 멀린Mike Mullen 합참의장이 말했듯, "아프가니스탄에서는 할 수 있는 것을 하고, 이라크에서는 해야 하는 것을 하는"[172] 상황이었다. 이 시기, 미국과 협력국들은 파키스탄의 알카에다 지도자들을 드론으로 공격하는 등 성공적으로 대테러 작전을 수행했다. 이후 2011년 5월 2일에도 아프가니스탄 기지를 사용해 파키스탄 아보타바드에 숨어 있는 오사마 빈 라덴 사살 작전을 수행했다.

그리고 부시 대통령의 임기 말, 미국 주도의 전쟁 노력이 전개되는 세 번째 장이 시작되었다. 이라크에서 펼친 증파 전략의 성공이 직접적인 영향을 미쳤다. 부시 대통령과 로버트 게이츠 국방장관은 새로운 대반란전 접근법에 자신감을 얻은 데다 탈레반의 세력 회복 징후가 커지는 것을 우려해, 2008년 아프가니스탄의 병력을 점진적으로 증강했다. 양당의 주요 대선 후보자들도 이와 같은 의견을 주장했다. 후임 오바마 대통령은 여기서 더 나아갔다. 아프가니스탄 주둔 미군 병력을 3배로 확대했는데, 아프간에서의 증파가 이라크에서보다 훨씬 극적인 변화였다. (아프가니스탄 주둔 미군 병력은 부시 대통령 임기 말 약 3만 명에서 2010~2011년에 10만 명으로 증가했다. 반면 이라크에서는 14만에서 17만 명으로 늘렸다.)

그러나 이러한 증파에도 불구하고 이라크에서처럼 안보 환경에 근본적인 변화를 이끌어내지는 못했다. 공식 보안군의 활동을 보완하는 '각성'의 움직임이 없었고, 탈레반 근거지가 파키스탄 내에 있었기 때문이다. 탈레반은 회복력을 잃지 않았고 헌신적이었다. NATO군과 아프간군이 실제로 '어깨를 맞대고' 싸웠음에도, 스탠리 맥크리스털, 데이비드 퍼트레이어스, 존 앨런 장군 시절인 2009년부터 2012~2013년 기간, 진전은 더디고 산발적이었다. 앞서 언급한 어려움에 더해, 아프간군의 제한적 능력과 아프간 정부의 부패와 무능도 큰 문제로 작용했다. 아프간 국민은 국가 건설 전반을 신뢰하지 않기 시작했다.

2013년 초 앨런의 지휘가 끝날 무렵, 아프가니스탄에서 미군의 교전 네 번째 장이 시작되었다. NATO는 지상 전투 주력부대 대부분을 철수했다. 2014년 말 국제안보지원군ISAF은 공식 해체됐고 NATO의 새롭고 더 제한적인 역할을 강조하는 '확고한 지원 작전Operation Resolute Support'이 시행됐다. NATO는 2015년부터 2021년 철수 때까지 공중전력, 정보, 훈련, 장비, 멘토링을 비롯해 특수부대와 특별자문팀 형태로 제한적인 현장 활동만 했다. 경제 개발과 국가 건설 노력도 계속되었지만, 가시적인 성과는 두드러지지 않았고 전반적으로 기대치도 낮았다.

다섯 번째 장에서는 지방 주요 도시에서 정치 지도자들과 보안군의 국지적 항복을 시작으로 곧 아프간 정부가 붕괴한다. 2021년 8월 중순 무렵, 탈레반은 아프간 거의 모든 지역을 장악했다. 9월 초, 마지막으로 판지시르계곡이 반군에 함락되었다. 그 후 탈레반은 강경파 중심으로 과도정부를 구성했다.

정리하면, 미군 약 80만 명이 아프가니스탄에서 복무했고, 그중 2488명이 사망하고 2만 명 이상이 중상을 입었다. 아프가니스탄 사상자는 군경 20만 명(사망자는 6만 5000명)과 탈레반 사상자를 포함해 총 50만여 명으로 추산된다. 아프가니스탄 민간인 사상자는 약 12만 명이다. 그러나 미국이 주도한 20여 년간의 외국 개입 기간에 전 국민의 기대 수명은 약 10년 정도 증가했고, 아이들은 교육 기회 연장(몇 년)을 비롯해 여러 수혜를 입었다. 미국은 물론 주요 동맹국들도 아프간 땅에서 대규모 테러 공격을 겪지 않았다.[173]

2001년 탈레반 정권 축출

비극적인 9월 11일 이후, 미국 의회는 '군사력 사용에 대한 승인'을 통과시켰다. 이는 9월 18일 발효되어, 미국에 대한 공격자뿐 아니라 협력자들에 대한 보복까지 합법화했다. 조지 부시 대통령은 이 법적·정치적 근거로 무장하여 카불의 탈레반 정부에 9·11테러 공격을 저지른 알카에다를 넘기지 않으면 공모자로 간주하겠다는 최후통첩을 했다. 탈레반은 이에 대응하지 않았다. NATO는 미국이 공격받은 지 24시간 안에 대응에 나섰다. 역사상 처음으로 방위조약 제5조 상호방위조항이 발동되었고, 동맹국들은 미국의 방어를 돕고 후속 공격을 방지하기 위해 군을 투입했다. 알카에다가 9월 11일의 대성공을 과시하며 어떤 형태든 미국의 존재를 중동 지역에서 몰아내겠다고 주장했기에, 추가 공격의 가능성이 명백해 보였다.[174]

10월 7일, 미국은 탈레반에 대한 군사작전을 개시했다. 이에 관련해 NATO에 도움을 요청하거나 동맹국들과 긴밀한 협의를 거치지도 않았다. 부시 행정부는 이러한 일방주의로 비난을 받았다. 그러나 이러한 독단은 군사작전이 전적으로 즉흥적으로 진행되고 있었기 때문이기도 했다. 순항미사일뿐 아니라 비유도탄이나 유도탄을 탑재한 장거리 폭격기의 공중 폭격 같은 현대 미군이 선호하는 공격 방식은 폭격에 영향받을 중요한 군사적·경제적 기반시설이 부족한 정부를 상대로는 결정적인 효과를 거두지 못한다. 그런데도 부시 행정부가 동맹국들에게 도움을 요청하지 않은 건, 어떤 도움이 필요한지 아직 파악되지 않은 상황이었기 때문이다.

미국으로서는 다행히도 국방부와 CIA의 유능한 중간급 야전 장교와 요원들이 아프가니스탄 북부동맹과 연결되어 있었다. 시아파 타지크족 중심의 이 저항 단체는 지난 5년간 탈레반에 정복되지 않고 아프가니스탄 북동부 판지시르계곡에 은신해 있었다. 일명 A팀(공식 명칭 알파 작전분견대Operational Detachment-Alpha)은 각각 미 육군 특수부대 소속 그린베레 병사 12명으로 구성되었고, CIA팀은 10명씩으로 조직되었다. 당시 제임스 매티스James Mattis 준장의 지휘하에 미국은 인도양의 수륙양용함대를 기반으로 수백 명의 해병대를 성공적으로 아프가니스탄 남부에 투입했고, 파키스탄 발루치스탄주 영공을 통해 공습을 가했다. 항공모함 함재기들도 가세했다.[175] 리처드 아미티지Richard Armitage 국무부 부장관은 이에 앞서 파키스탄 지도자들에게 복수심에 가득 찬 미국의 분노를 피하려면 이제는 편을 선택할 때라고 경고했고, 결국 해병대 헬리콥터, 폭격기, 기타 항공기의 파키스탄 영공 사용권을 얻어냈다.[176]

이러한 여건이 마련되자, 몇 주 안에 전략이 마련되기 시작했다. CIA와 특수부대 자문팀이 북부동맹에 배속되어 탈레반과 전투를 벌이기로 했다. 북부동맹 전사들은 수적으로 열세였지만 나름 훌륭한 역할을 했다. 무엇보다 중요한 것은 이처럼 내부에 배속된 덕분에 미국 요원들이 중요한 순간에 정확히 공습을 요청할 수 있었다는 점이다.[177] 스티븐 비들Stephen Biddle 컬럼비아대 교수가 이후 훌륭한 현장 연구에서 기록했듯, 이들 용감한 미국 요원들은 보통 도보로 (한 팀의 경우는 말을 타고) 이동하는 이러한 교전에서 레이저 거리측정기, GPS 기기, 신뢰할 수 있는 무전기를 통해 북부동맹이 도움을 필요로 하는 정확한 시간과 장소에 근접 항공 지원을 요청했다.[178] 탈레반이 스팅어 지대공미사일을 아직 보유하고 있을지도 몰라 2년 전 코소보에서처럼 폭격기들은 1만 5000피트 상공에서 폭탄을 투하했다. 높은 고도였지만 지상에 미군이 있었기에 정확히 목표를 타격할 수 있었다. 탈레반은 사기가 꺾이고 위축됐다. 이들은 공격받기 쉬운 외딴 시골 지역뿐 아니라 주요 도시들도 포기했다. 탈레반 지도자 물라 오마르Mullah Omar가 12월 6일 칸다하르를 탈출했고, 미군은 이 남부 도시를 마지막으로 함락하며 두 달 만에 전체 전쟁에서 승리했다.[179]

　빈 라덴을 위시한 알카에다 지도부는 이전에 칸다하르 인근 훈련 기지나 아프가니스탄 동부 호스트주 인근의 산악지대 요새에 은신해 있다가 이번 사태를 목격하고는 도망쳤다. 그들은 파키스탄 서부의 부족 지역에 은신처를 만들고자 했다. 그리하여 그쪽으로 움직여 11월 말 무렵 잘랄라바드와 카이베르고개 근처 토라보라 지역에 도달했다. 그러나 이 지역에는 지상 미군 병력이 없었다. 부시 행정부는 토라보라 지역에 미국 주둔지를 마련할 필요성을 느끼지 못했고, 하다못해 임시 헬리콥터 급유장도 만들지 않았다. 그 대신 미국은 산악 지대의 고개들을 폭격했고, 지역 민병대 지휘관에게 자금을 대고 이 지역의 출입을 감시하게 했다. 민병대는 낮 동안은 기꺼이 임무를 수행했지만, 초겨울 힌두쿠시산맥의 밤 추위를 견디며 불침번을 서기란 매우 힘들었다. 그리하여 완벽한 차단선 구축에 실패했고 빈 라덴과 그를 따르는 천여 명이 빠져나갔다.[180] 2001년 가을의 작전은 전반적으로 역사에 길이 남는 대성공이었지만, 약간의 오점이 남은 성공이었다.[181]

 2001년 12월 독일 본에서 열린 회의에서 아프가니스탄 임시정부가 수립되었다. 당연히 임시정부에 탈레반을 포함하려는 노력은 이루어지지 않았는데, 이는 탈레반의 극단주의 성향에 대한 우려와 더불어 그들이 재기할 수 없을 것이라는 승리자들의 과신 때문이기도 했다. 12월 20일, UN은 카불에 안보를 제공하고 아프간 보안군 훈련을 위해 국제안보지원군을 창설했다.[182] 혹자는 이를 실수라고 지적하면서, 알카에다와 연계된 자가 다시 권력을 잡는다면 치명적인 대가를 치르게 될 것임을 약속받고 미국과 동맹국들이 아프가니스탄을 떠나는 편이 더 현명했다고 주장하기도 한다.[183] 이는 1980년대 미국과 파키스탄이 소련을 물리치기 위해 무자헤딘과 협력한 뒤 사용했던 전략인데, 그 결과는 그리 좋지 않았다. 또한 미국이 냉전에서 승리하도록 도운 이후 그토록 오랫동안 고통받은 사람들을 치유하기에 적절한 방법도 아니었다.

2002~2007년의 '가벼운 발자국' 전략

다음 5년간 미국과 NATO는 아프가니스탄에 최소한의 접근 전략을 취했다. 탈레반의 위협이 상당 부분 사라졌다고 믿은 미국은 아프가니스탄이 국민국가로 강화될 수 있는지 의심을 품었다. 그래서 정부 건설에 일명 '가벼운 발자국light footprint' 접근법을 채택했고, 특히 현지에서 진행 중인 대테러 작전에 초점을 맞췄다.

사담 후세인 타도와 새로운 이라크 건설을 통해 중동 지역에서 중대한 변화를 일으키려는 열망이 미국의 이러한 논리를 강화했다. 대반란전 및 안정화 임무(둘 다 중대하며 장기화됐다)를 동시에 수행하기엔 미군의 규모로 한계가 있었다. 실제로 이라크에서 대규모 임무를 수행하고 아프가니스탄에서 훨씬 작은 임무를 수행하는 것조차 이후 몇 년 동안 심각한 부담으로 작용했다. 육군 부대는 보통 15개월 주기로 배치되었다. 병사들은 본국에서 단 12~15개월간 머물며(배치된 병사들은 본국에서 2~3년간 머무는 주기를 선호했지만) 휴식, 회복, 재교육을 가진 뒤 중부사령부 전선에 복귀해야 했다.

2002년부터 2007년까지 미국의 동맹국들은 아프가니스탄에 5000명에서 2만 5000명의 병력을 집중 배치했다. 처음에는 작은 규모로 시작해서 2004년부터 매년 몇천 명씩 늘렸다 (2006년과 2007년에 대폭 증가했다). 국제안보지원군을 구성한 이 군대들은 국방부 관리들이 넓은 지역에 더 많은 병력을 투입하는 임무에 반대하는 로비에 성공한 후, 처음에는 카불에 국한해 활동했다.[184] 그러나 이러한 제한은 시간이 지나며 점차 완화되었다. 평화유지군은 처음 2005년 카불 외곽에 배치되었고, 2006년에는 아프가니스탄의 중요 지역인 남부에 배치됐다.[185] 2007년 중반, 칸다하르에는 캐나다군 2500명, 헬만드에는 영국군 6000명이 주둔해 있었는데, 2008년 말이면 각각 2750명과 8100명으로 증가했다. 네덜란드군 1700명과 호주군 1000명은 남부에 주둔했다. 국제안보지원군과 미군 사령부는 2007년 미 육군 사령관 댄 맥닐Dan McNeill 장군이 아프가니스탄에 부임하면서 통합되었고, 맥닐 장군의 지휘하에 놓였다.[186]

미국도 이에 상응하는 수준으로 병력을 배치하여, 처음 1만 명에서 규모가 늘어나 2007년에는 2만 5000명에 이르렀다.[187] 그러나 앞서 언급했듯, 주요 목적은 대테러였고, 그 병력은 별도 지휘 체계에 따라 운영되었다. (대부분은 탈레반이 아니었지만) 탈레반의 주요 구성원이 파슈툰족이므로 미국은 파키스탄에 인접한 파슈툰족 지역에 집중했다. 대표적으로 2002년 3월, 전설적인 아나콘다 작전Operation Anaconda이 아프가니스탄 동부 산악지대 샤히콧 계곡에서 수행되었다.[188] 그 밖의 많은 작전이 초기 몇 년 동안 수행되었고, 미군 사상자는 이라크전에 비해서는 훨씬 적었지만 상당한 규모였다. 병력 대비 사상자 비율은 크게 다르지 않았다. 2003년까지 아프가니스탄 주둔 미군 사령관이었던 데이비드 바르노David Barno 장군은 아프가니스탄 동부와 남부에 여단급 본부를 설치했다. 대테러 작전은 그 후에도 계속되었다. 미군 역시 대반란전의 예비 단계를 수행하기 시작하면서 임무의 규모와 범위를 점차 확대했다.[189]

국가 건설 노력은 경무장 경찰과 소규모 군대 구성에 중점을 두고 이루어졌다. 그러나 NATO는 이 과제에 특별한 관심을 기울이지 않아 훈련 프로그램은 최소한의 수준으로 구성되었고, 아프간군

지도자들은 특별한 조언을 받지 못했다(그리고 신중하게 선발되지도 않았다).[190] 그러나 탈레반의 위협이 사라졌기에 이 시기 NATO 임무의 성과는 제한적이었는데도, 많은 이에게 이 과제가 적절히 수행된 듯 보였다. 학교가 문을 열고, 불이 들어오고, 기본적인 의료 서비스가 확산되며 아프가니스탄 사람들의 생활수준이 점차 향상되었다. 새로운 아프가니스탄 공화국이 수립된 첫 5년 동안, 전기 생산량이 두 배로 증가했고, 국가 GDP도 절반 이상 증가했으며, 인터넷 역시 빠르게 연결됐다. 모든 면에서 잘되고 있는 것처럼 보였다.[191]

그러나 실상은 그렇지 않았다. 독일과 미국이 주도해 아프간 보안군을 창설하고, 이탈리아 주도로 사법부를 개혁하고 영국 주도로 마약 생산 및 밀매를 줄이려는 프로그램들은 재원이 충분하지 못했고 대부분 성공적이지 못했다. 아프가니스탄을 재건할 기회였던 비교적 조용했던 이 기간은 이렇게 허비되었다.

탈레반은 곧 복수를 계획했다. 탈레반은 2002년 초 국제사회가 구성한 아프간 신정부에서 배제된 데 분노했고, 파키스탄이 제공한 은신처와 그들의 지지를 바탕으로 복귀를 준비했다. 이에 따라 처음에는 아프간 치안이 점진적으로 약해지는 정도였으나 점차 위태로워졌고, 2006년 무렵에는 본격적으로 공격을 받았다. 그해 2월, 탈레반은 다둘라Dadullah 사령관 지휘로 헬만드 북부를 공격한 데 이어 헬만드 남부와 칸다하르 서부를 차례로 공격했다. 탈레반은 경찰과 역 및 주요 정부 관청을 공격했고, 친정부 인사의 동선이 확인되면 매복 공격을 가했다.[192] 한편 아프가니스탄 지도부는 이들 지역의 파슈툰족을 탈레반 대항 세력으로 규합하는 데 실패했다. 사실 이 시점에서 탈레반은 아프가니스탄에서 여전히 지지도가 높지 않았고, 세력이 약해 충분히 이길 수 있는 상태였다.[193] 이전 탈레반 조직원을 정치에 참여시킴으로써 반란 세력의 와해를 꾀할 수도 있었지만, 미국은 여전히 그들을 배제하는 정책을 고수했다.[194]

이렇게 발생한 전투에 대해 정량적으로 기록된 전쟁 통계를 살펴보자. 2005년부터 2006년까지 자살 폭탄 테러는 5배, 급조폭탄장치 사용은 2배 이상, 무장 공격은 거의 3배 증가했다. 2002년부터 2004년까지 연평균 약 50명이던 미군 사상자는 2007년 100명을 넘어섰고, 다른 외국군의 손실은 2002~2004년 약 10~20명 선이었다가 2007년 100명을 넘어섰다.[195]

2006년 9월 시작된 '메두사 작전Operation Medusa'과 '마운틴 퓨리 작전Operation Mountain Fury' 등 미군과 NATO의 주요 작전이 시도되었다.[196] 그러나 아프가니스탄이라는 작고 내부 복잡성이 큰 나라에서 가용할 자원은 그리 많지 않았다.

2002년 임명, 2004년 선출, 2009년 재선된 하미드 카르자이Hamid Karzai 대통령이 이끄는 아프가니스탄 정부는 이처럼 증가하는 문제에 대해 NATO보다 해결 능력도 대안도 없었다. 2007년 초 NATO와 미국은 군사 지휘권을 통합했고, 댄 맥닐 장군(그리고 2008년 그의 후임으로 부임한 데이비드 맥키어넌David McKiernan 장군)이 사실상 전체 군사 노력을 운영하게 되었다. 지휘 계통의 개선은 환영받을 만하지만, 너무 늦은 조치였다. 그러나 그러지 않았더라면 미국이 이라크에 계속 묶여 있는 상황에서, NATO는 커지는 위협에 더 늦게 대응했을 것이다.

이 기간, 카르자이 대통령은 카리스마와 능력을 발휘하며 아프간 정치를 통합할 가능성을 보여주었다. 하지만 이 나라의 정치 상황은 전반적으로 불안정했다. 미국 지원으로 제정된 아프간 헌법은 대통령에게 지역 지도자를 임명하는 강력한 권한을 부여했는데, 이는 지역 및 지방자치를 선호하는 아프간 사람들에게 상당한 반발을 불러일으켰다.[197] 모든 지역이나 지방 지도자가 군벌이거나 부패하거나 추종자들에게 인기가 없었던 것은 아니었고, 그들 각자는 저마다의 지지층을 확보하고 있었다. 따라서 카르자이가 이들을 교체할 때마다 반발과 불만이 커질 수밖에 없었다.[198] 실제로 카르자이는 자신의 정치적 입지를 강화하기 위해 지도자들을 자주 이동시켰다. 그래서 부패 척결이나 개선된 통치가 요원했다. 카르자이의 개인적 카리스마에도 불구하고, 열악한 정치 지도력은 탈레반이 새 조직원을 모집하고 성장하는 비옥한 기반이 되었다.[199]

탈레반 자체는 아프가니스탄 대부분 국민에게 인기가 없었지만, 다시 위협적인 세력으로 성장할 만큼 충분한 추종자를 얻게 되었고, 아편 생산으로 수입을 창출할 수 있는 영토도 장악하고 있었다.[200] 대반란전 전략가 데이비드 킬컬런David Kilcullen은 2008년까지 탈레반의 수는 무장 전업 전투원이 약 1만 명, 파트타임 전투원이 3만여 명에 이를 것으로 추산했다. 상당한 규모이긴 하지만, 여러 아프간 민병대나 증가세인 아프간 보안군에 비하면 미미한 수치다.[201] 한 추정치에 따르면, 탈레반은 2006년에는 34개 주 중 5개 주에서만 '엄청난 활동'을 벌였고, 2008년에는 그중 3분의 2, 2009년에는 4분의 3 이상에 그쳤다.[202] 2006~2007년, 아프간 국민은 여전히 미래에 대한 희망을 품고 아프간 보안군을 지지했다. 하지만 몇몇 흐름은 점차 비관

적인 방향으로 흘러갔다.[203]

아프가니스탄 증파 그리고 2008~2014년 전후

2008년 이 시점에서 부시 대통령, 존 매케인John McCain 상원의원, 버락 오바마 상원의원, 게이츠 국방장관은 하나같이 아프가니스탄은 미국과 차기 미국 대통령의 우선순위가 되어야 한다고 결정했다. (특히 오바마는 줄곧 그렇게 생각해왔다.) 부시 대통령 재임기, 미국은 기존 병력 태세에 약 2개 여단 이상, 총 1만 명의 병력을 증원하기로 결정했다. 이제 아프가니스탄 주둔 병력은 3만 명 이상이 되었다. 2개의 새로운 여단은 아프가니스탄 수도와 주변 지역의 안전을 강화하기 위해 특정 구역에 배치되었다. 사실상 아프간 영토 경계선 내에서 동심원으로 이어지는 '순환로ring road'의 일부가 포함된 지역이다.

아프가니스탄에 주둔 중인 연합군 병력은 5만 명을 훌쩍 넘었고, 처음으로 통일된 지휘 체계하에 있었다. 물론 연합군이 효과적인 전쟁을 수행하는 데 여전히 큰 어려움은 있었다. 일부 NATO군은 '국가별 제한사항national caveats' 정책으로 인해 자국 정부로부터 완전한 범위의 대반란 작전을 수행할 수 없었다.[204] 모든 병력이 정보와 군수물자에 있어서 어느 정도 미국에 의존했지만, 수십여 개 나라는 다양한 방식으로 현장에 참여하며 인상적인 힘과 연대를 보여주었다.

부시 대통령이 약간의 보강을 승인한 뒤, 새로 취임한 버락 오바마 대통령은 전직 CIA요원 출신의 브루킹스연구소 연구원 브루스 리델Bruce Riedel, 미셸 플러노이Michèle Flournoy 국방부 차관과 리처드 홀브룩Richard Holbrooke 대사에게 병력 증원의 필요성을 평가하게 했다.

이 검토 작업은 오바마 대통령 취임 후 첫 두 달 동안 진행되었다. 이 작업의 시작과 끝에 동맹국들과의 상당한 논의가 필요하다는 점을 감안하면, 실제 개발과 대안 분석에는 한 달 정도가 주어진 것이었다. 이 평가는 이라크에서 증파 전략을 펼친 기간, 현대 대반란전 교리로 성공을 거둔 경험에 상당한 영향을 받았다. 이 당시 데이비드 퍼트레이어스 장군이 중부사령부를 지휘하고 있었다. 또한 이라크전의 증파 전략을 경험한 게이츠 국방장관(양당 대통령의 행정부에서 모두 국방장관직을 수행한 유일한 인물)과 마이크 멀린 합참의장은 이전 직책을 유지하고 있었다.

리델, 플루노이, 홀브룩의 검토에 따라, 미군 약 3만 명과 NATO 국가들의 병력 수천 명이 아프가니스탄에 추가 배치되었다. 칸다하르를 비롯해 파키스탄 접경 지역인 잘랄라바드와 호스트에 집중적으로 병력을 증원했고, 그 밖의 지역에는 주요 전략 지역을 중심으로 미국과 NATO의 군사력을 전반적으로 강화했다. 그러나 병력 밀도는 이라크에서보다 훨씬 낮았고, 아프가니스탄 보안군은 이라크 보안군에 비해 규모도 작고 뒤떨어졌다. 이라크와 아프가니스탄의 인구 규모가 비슷하다는 점을 감안하면, 대반란전 교리상 아프가니스탄에도 이라크만큼 많은 병력이 필요하다고 판단할 수 있었다.[205]

2009년 5월, 작전에 더 많은 힘을 쏟고 긴급성을 부여하는 의도에서 맥키어넌 장군이 사령관에서 해임되었다. 후임은 합동특수작전사령부의 유명한 스탠리 맥크리스털 장군이었다. 맥크리스털 장군이 특수작전에서 탁월한 성과를 거두고, 점점 완고해지는 카르자이 대통령과 유대감을 형성할 수 있기를 기대한 조치였다. 카르자이는 실제로 여러 무례한 언동을 자행했는데, 미국이 그해 여름 선거에서 자신의 재선 기회를 박탈하기로 했다고 여기고는 인내심을 잃기 시작한 것이 가장 큰 문제였다.

아프가니스탄 선거전이 한창 고조되고 있을 2009년 여름, 맥크리스털은 오바마 대통령의 지시로 대안을 개발하면서 아프가니스탄 안보 상황을 철저히 재검토하고 있었다. 맥크리스털은 싱크탱크, 학계와 더불어 미국 정부와 NATO, 그 밖의 협력국가들과 상당한 분석팀을 구성해 아프가니스탄의 안보 문제를 정확히 진단하고자 했다. 그리고 이를 통해 아프가니스탄 409개 지구 중 약 20퍼센트가 전략적 요충지라는 사실을 알아냈다. 그는 미 육군/해병대 대반란 현장 매뉴얼U.S. Army/Marine Corps Counterinsurgency Field Manual과 원주민 인구 1000명 당 20~25명의 대반란 요원을 둔다는 지침을 적용하여, 성공에 필요한 전반적인 연합군과 아프간군의 병력 요건을 산출했다.[206] 마침내 세 가지 선택지가 개발되었다. 그런데 이 선택지들이 언론에 유출되는 바람에 백악관과 맥크리스털 사령부의 관계가 복잡해졌고, 이중 몇 사람이 유출의 배후에 있다고 의심받았다.[207]

가을, 백악관 상황실에서 수많은 정책 토론을 거쳐, 오바마는 4만 명을 증원하는 안에서 조금 축소한 중간 옵션의 변형안을 선택했다. 이 '중간 옵션 마이너스middle option minus'로 인해 아프가니스탄 주둔 미군은 약 10만 명 규모로 확대되었다. 동맹국들은 미국보다 작은 규모로 최대 1만 명 병력을 증원할 터였다. 그러면 연합군은 총 15만 명에 육박하는 병력을 확보하게 된다. 이번 임무의 목표는 최대한 빨리 총 30만여 명의 군인과 경찰로 아프간 보안군을 창설하는 것이었다. 수만 명의 민간 계약업체 인력들까지 집계한다면 총인원은 50만 명을 훌쩍 넘게 된다. 대반란전 매뉴얼상 권장되는 60만 병력 범위에 근접하기 시작한 것이다.

그러나 아프간군은 기대만큼 강하지 않았고, 확실히 믿고 의지할 만한 수준이 아니었다. 따라서 표준 대반란전 교리상 병력 규모를 전국에 동시에 적용할 수 없었다. 그리하여 오바마의 결정에 따라 칸다하르주와 헬만드주에 집중 배치했다. 하지만 그가 최고가 아닌 중간 단계의 접근법을 택한 탓에 동부에는 언제 병력이 배치될지 기약이 없었다. 오바마는 2009년 12월 1일 웨스트포인트에서 대망의 연설을 통해 이 정책을 발표했다. 그런데 대통령은 정치 개혁의 추진력을 만들어내야 한다고 느꼈고, 아프간 지도자들이 부패를 청산하고 국민에 대한 책임을 통감해야 한다고 여기며 최대한 빠른 과거 청산을 포함해 아프간 재건을 약속했다.[208] 이는 미국의 정치적 동기에서 비롯된 것이었다. 즉, 서로 대치되는 정책 목표 간 정교한 균형을 이루기 위한 일종의 타협안이었다. 따라서 현실적이지 않았다.[209] 그러나 당시 맥크리스털은 이 정책의 결과에 낙담하지 않았고, 회고록에 언급했듯 "기회가 주어진 것이라고 여겼다. 성공할 수 있다고 굳게 믿고, 완전히 헌신했다."[210]

2010년 한 해에 걸쳐 미군이 아프가니스탄에 증파된 후, 2011년 여름부터 미군 병력이 급증해 약 6만 8000명 수준이 됐다. 병참 면에서 제약이 있다는 점을 고려하면, 증파라는 일련의 조치로는 단기간만 운용 가능했다. 따라서 아프가니스탄 동부에는 교리상 성공에 필요한 표준 병력 밀도가 충족되지 못할 것이고, 남부 지역은 소탕/

확보/건설/이양Clear/Hold/Build/Transfer 과정을 매우 빠르게 진행해야 할 터였다.

이 기간, 국제안보지원군은 수도 카불을 비롯해 동부, 남부, 남서부, 서부, 북부에 지역 사령부를 설치했다. 각 지역 사령부들은 카불에 근거지를 두고 동부를 책임지는 아프간 육군 201군단, 가르데즈에 거점을 두고 남동부를 책임지는 203군단, 칸다하르 주변을 책임지는 205군단, 헤라트 주변을 맡은 207군단, 마자르이샤리프에 거점을 두고 북부를 책임지는 209군단, 라슈카르가에서 헬만드주와 그 인근을 맡은 205군단 그리고 수도 방위를 맡은 111사단과 팀을 이루었다.[211] 이 시기 국제안보지원군의 약 절반은 미국인이 지휘하였으며, 북쪽은 독일, 서쪽은 이탈리아, 칸다하르는 영국, 카불은 튀르키예가 맡았다.[212]

맥크리스털의 군사계획은 헬만드주에서 소탕 작전으로 시작되었다. 국제안보지원군과 아프간군은 이 나라의 중심이자 역사적으로 탈레반의 중심 거점인 칸다하르 지역을 향해 동쪽으로 이동했다. 닉 카터Nick Carter 영국 소장 등과 마찬가지로 맥크리스털도 빌 맥레이븐Bill McRaven 제독의 통제로 수행되는 특수부대의 표적 공격을 제외하고는 무력 사용을 최소화하려고 했다. 따라서 탈레반이나 기타 반군, 범죄 조직원들이 싸우기보다는 도주를 선택하도록 위협하기 위해 공개적 메시지를 냈고, 기동과 병력을 재배치했다. 칸다하르에서는 도시 자체는 물론 아르간다브 지구 같은 인근 도시와 마을에서도 이와 유사한 접근법이 수행되었다. 세 단계 전략에서 '소탕' 부분이 비교적 빠르고 원만하게 달성되면, 지체 없이 '확보'와 '건설'

단계에 집중할 수 있다. 그러면 언젠가 이러한 성과를 아프간 보안군에 '이양'할 수 있다. 실제로 연합군의 빠른 증파와 철수 속도를 고려하면, 이양은 2011년에는 시작되어야 했다.

소탕 작전에 앞서 카르자이 대통령에게 아프간 지도부를 지원하고 외국 주도의 군사작전을 엄호하고 각 지역에 마을 회의를 마련해 줄 것을 요청했다. 그러나 2010년 초, 투입 가능한 잘 훈련된 아프간군은 여전히 부족한 상태였다.[213]

아프가니스탄 지원의 개념은 아프가니스탄의 주요 분야에서 신속하고 결정적인 승리를 달성하는 것이었다. 이를 통해 다른 반군들이 도주나 화해를 선택하고, 파키스탄이 탈레반 지원이나 방조를 중단하게 만들고, 동시에 아프간 통치를 개선하여 국민에게 서비스를 제공하면, 빠른 기간에 훈련을 거치고 장비를 갖춘 아프간 보안군이 책임지고 영토의 이익과 안전성을 유지할 수 있을 것이었다. 계획은 이러했다. 그러나 전체 활동 계획 중 유의미하게 달성된 것은 첫 번째 단계뿐이다.

아프가니스탄에서 실시된 초기 소탕 작전은 도심 중심으로 전투를 치렀던 이라크에서와 달리 주로 마을이나 소도시, 과수원, 계곡, 고속도로, 들판 등지에서 이루어졌다. 이 지역들은 아무것도 없는 곳이었다. 연구원이자 정책입안자인 카터 말카시안Carter Malkasian의 표현처럼 "휴대전화, 자동차, 돌격 소총을 제외하고는 21세기로 보이는 것은 아무것도 보이지 않는"[214] 곳이었다. 이러한 환경에서 탈레반은 급조폭발물을 중심으로 하는 전술을 펼쳐 많은 미국인과 아프가니스탄인의 목숨을 앗아갔다. 전쟁 내내, 탈레반은 아프간군과 경찰 검문소를 매복 공격했다. 특히 보안군이 고립되어 증원이 어려운 외딴 지역에서 이러한 일이 빈번했다. 소탕 작전에는 탈레반의 무기고를 비롯해 알려진 지도자들과 거점을 목표로 공격하는 것, 급조폭발물 지역IED belt을 물리적으로 제거하고 탈레반 수중의 마을이나 지역을 되찾는 것, 나아가 탈레반이 이러한 작전을 시도하는 NATO군과 아프간군에 저항할 때 뒤따르는 매복 공격에 대응하는 것이 포함됐다. 정보가 제한적이었고 탈레반이 교묘하게 추적을 피하며 이동한 데다 수많은 급조폭발물의 위험이 있고, 작전의 지리적 범위가 넓어 소탕 시도는 더디게 진행되었다. 게다가 고질적인 부패와 더불어 충성심과 두려움이 혼재된 남부 분위기로 인해 아프간 경찰력을 확대하기도, 지역 민병대에게 치안 권한을 부여하기도 어려웠다. 헬만드와 칸다하르에서 소탕과 확보 작전은 궁극적으로 상당한 성공을 거두었지만, 오랜 기간 막대한 비용을 이뤄낸 성과에 불과했다.[215]

이 집중적인 전투 단계에서 사상자가 꽤 발생했다. 미국인 사망자는 2010년 총 499명, 2011년 418명으로, 병력 기준으로는 이라크전 최고치보다 높은 수치다. NATO와 외국의 손실도 이와 비례했다. 이 기간 매년 약 200명이 목숨을 잃었다.[216]

증파와 이에 관련한 소탕 작전이 벌어지고 있을 때도, 아프간 보안군은 대폭 확대되었고 처음으로 엄격한 훈련을 받았다. 이러한 동시성은 전체 전쟁 수행 노력에 있어서 큰 장애물로 작용했지만, NATO가 아프가니스탄에서 처음 6년간의 '황금기' 동안 거둔 성과가 거의 없었기 때문에 이는 부득이한 조치였다. 분명 너무 많은 일이 너무 빠르게 시도되고 있었다. 아프간 보안군은 군인과 경찰을 포함해 2008년 초에는 약 12만 5000명, 2009년 초에는 약 15만 명으로 증가했다. 그리고 증파 기간 빠르게 확대되어 2001년 여름에는 목표치인 총 30만 명에 도달해, 당시 점차 축소되던 NATO 병력을 대체하기 시작했다.²¹⁷ 그리고 임무 수행 과정에서 지역 민병대 아르바카이arbakai를 광범위한 지원 병력으로 (임시조치로) 빈번하게 사용했다. 성공을 거두었던 '이라크의 아들들' 프로그램을 모방한 이 계획은 민병대에게 돈을 지불하고 그들 고향의 영토를 보호하게 하는 것이었다. 그 결과, 아프간 지방 경찰 Afghan Local Police 같은 여러 새로운 프로그램을 비롯해 아프간 공공보호 프로그램 Afghan Public Protection Program, 지역방위 계획Local Defense Initiative이 탄생했다. 이를 통해 최고조기에 수만 명의 전사를 추가로 확보할 수 있었다. 하지만 책임 당국의 관리가 미흡해 지역 안보가 개선되기는커녕 오히려 지역 내 폭력과 부패로 악화되는 경우가 많았다.²¹⁸

증파의 전반적인 결과 역시 그리 고무적이지는 않았다. 남부에서 일부 성과가 달성되었지만, 기대했던 것보다 더디게 진행되었다. 2010년 봄, 오바마는 증파에 따른 진전에 부정적인 생각을 키워가고 있었다. 그해 말, 퍼트레이어스 장군은 동부 지역 소탕에 시간을 더 벌기 위해서 더 서서히 감축할 것을 주장했지만, 오바마는 꿈쩍도 하지 않았다.²¹⁹ 따라서 미국과 NATO의 병력 증강에 주어진 시간은 점차 줄어드는 상황이었고, 진전을 공고히 하거나 연장할 기회는 충분치 않았다.²²⁰ 대반란전의 소탕 단계가 상당 부분 달성되지만, 아프간인에게 책임을 이양하는 마지막 단계는 물론이고 확보와 건설 단계마저도 위태로웠다.

한편, 아프간 보안군 사망자 수는 매년 수천 명에 달했다. NATO가 증파하지 않고 이후 몇 년 동안 아프간인에게 더 많은 전투 부담을 넘기면서 그 수는 커질 수밖에 없었다. 그 결과 연간 사망자 수는 연간 1만 명에 달하게 되었다. 목숨이 위태롭다는 사실을 절감한 군인과 경찰을 붙잡기란 매우 힘들었다. 아프간 보안군의 이직률은 매우 높았고, 결근율 역시 그랬다.

탈레반도 큰 손실을 입었다. 미국과 NATO 사령부는 베트남전 때 사망자 수를 발표한 데 따른 반향을 피하기 위해 공식 추정치를 발표하지 않았다. 탈레반 사상자는 최소한 아프간 보안군과 비슷한 수준이었을 것으로 추정된다. UN은 전쟁으로 인한 아프간 민간인 사망자 수를 연간 수천 명으로 추정한다. 물론 비극적인 수치이지만, 이라크전쟁에서 발생한 민간인 사망자 수보다는 적다.[221] 군사적 측면에서 보면, 아프가니스탄전쟁은 절대적이지는 않지만 기본적으로 서로 대립하는 군사력 간의 싸움이었다. 즉, 국민과 이 나라 인구 밀집 지역의 장악이 양측의 주요 목표였다.

NATO는 고정익과 회전익 공군력뿐 아니라 무인 항공기도 널리 사용했다. 공군은 전술적 기동력과 근접 항공 지원을 제공했다. 헬기 착륙장은 동부, 남부, 북동부를 중심으로 아프가니스탄 전역에 건설되었다. 헬기 착륙장이 늘어난 데다 미국의 오랜 전쟁 경험을 통해 축적된 뛰어난 인프라가 투입되면서, 양질의 의료 서비스가 제공됐고, 그 결과 부상자의 생존율은 매우 높아졌다. 부상 병사 10명 중 9명이 회복되었고, 사망률은 앞서 일어난 최근 분쟁의 절반 정도가 됐다. 궁극적으로 NATO가 공격 임무와 기동을 수행하기에 충분한 아프간 공군력을 구축하지 못한 것이 2021년 보안군 붕괴의 주요 원인이었다.

이처럼 전장이 역동적으로 전개되며 NATO와 아프간군이 탈레반으로부터 헬만드, 칸다하르 및 주요 수송 동맥의 많은 지역과 여러 장소를 되찾으려 할 때, 최고사령부에서 말도 안 되는 사건이 벌어졌다. 맥크리스털 장군의 참모진이 개방성과 투명성을 보여주기 위해 잡지 〈롤링스톤Rolling Stone〉의 마이클 헤이스팅스Michael Hastings 기자를 초청해 인터뷰를 했는데, 헤이스팅스가 기밀유지 규정을 어기고, 맥크리스털 장군이나 적어도 그의 참모진이 미국의 민간 지도자들을 경멸하고 있음을 시사하는 신랄한 기사를 쓴 것이다. 문제가 된 것은 모두 맥크리스털 본인이 아닌 참모의 발언이었지만, 오바마 대통령은 맥크리스털의 사임을 요청하기로 결정했다. 안타깝게도 이로써 맥크리스털이 카르자이 대통령과 맺기 시작한 관계 또한 사라졌다. 그는 카르자이와 신뢰 관계를 쌓고 있었다. 이는 리처드 홀브룩 대사, 칼 아이켄베리Karl Eikenberry 대사는 물론 수많은 미국 관리가 해내지 못한 것이었다. 카르자이는 미국 측 일부가 2009년 대선에서 자신의 반대파를 적극적으로 지지했다고 믿었고, 아무리 타당하다고 해도 부패 문제에 대한 지적도 지겹다고 느꼈다. 게다가 군사적 진전이 없다는 데 매우 실망하기 시작했으며 어째서 세계 최강의 군대가 이처럼 정예병도 아닌 반군을 물리치지 못하는지 의아하게 여겼다.

군사적 측면에서는, 맥크리스털의 후임으로 그의 가까운 친구이자 직속상관인 퍼트레이어스 장군이 임명되며 지휘권 전환에서 상당한 연속성이 유지되었다. 퍼트레이어스는 일부 NATO군이 아프간 민간인 사상자를 낼 것을 염려해 방어를 꺼렸다는 소식을 듣고는, 교전 규칙을 재검토할 것을 요청했고, 초기 계획의 상당 부분을 그대로 유지했다. 또한 반부패 태스크포스를 신설해 맥매스터를 책임자로 임명하며 부패 척결 노력에 박차를 가했다. 이 노력이 결실을 맺지 못할 경우 이라크에서의 마법을 아프가니스탄에 펼치려고 했다.

리처드 홀브룩 국무부 아프가니스탄·파키스탄 특임대표와 전설적인 라이언 크로커를 비롯한 뛰어난 대사들이 연이어 임명되었고, 탈레반 반군들을 정부 측에 합류시키려는 노력이 이어졌다. 하지만 고위급 대화가 성사되지 않아, 이러한 열망은 대부분 수포로 돌아갔다. 맥매스터를 비롯해 여러 사람이 노력했지만, 반부패 전선에서도 제한적이고 불완전하며 자주 원래 수준으로 돌아가는 정도의 진전만 있었다.[222]

탈레반 지도부는 다른 문제들을 더 복잡하게 만들어 파키스탄에 실질적인 은신처를 마련했다. 그곳에서는 호스트주의 산악 국경이나 헬만드주의 외딴 사막, 심지어 교통량이 많은 도로로도 쉽게 이동할 수 있었다.[223] 2011년 마이크 멀린 합참의장이 말했듯, 탈레반 활동의 핵심인 하카니 네트워크Haqqani Network는 파키스탄 통합정보부Inter-Services Intelligence directorate의 '앞잡이'였다.[224] 탈레반은 아프간 일부 지역에도 은신처를 가지고 있어서 충분히 추종자를 모집할 수 있었다.

미국과 파키스탄의 관계는 늘 다차원적인 관계로, 전적으로 협력적이거나 경쟁적으로 고정되지 않았다. 파키스탄은 아프가니스탄 측과 국경지대에서 벌인 비극적 총격전으로 파키스탄군 24명이 사망한 사건과 파키스탄에 사전 예고되지 않은 빈 라덴 공습에 따른 반발, 그리고 이슬라마바드에서 파키스탄 경찰 2명이 CIA 요원에게 살해된 사건으로 2012년 몇 달 동안 NATO의 자국 도로 이용을 거부한 경우를 제외하고는, 전쟁 대부분의 기간에 자국 영토를 통해 대량 군수물자 수송 작전을 수행하도록 허용했다. (파키스탄 외에도 이용 가능한 다른 수송 경로도 있었지만, 이 경우 수송을 전적으로 항공기에 의존해야 하고, 러시아의 묵인도 따라야 한다는 어려움이 있었다.)[225]

증파를 통해 영토적 이익을 얻은 아프간 정부는 국가 전역의 4분의 3을 장악하게 된다. 군사력은 2008~2009년보다 향상된 수준이었지만, 파키스탄뿐 아니라 아프가니스탄 내부의 탈레반 근거지를 제거하기에는 충분하지 않았다. 게다가 장악한 영토는 증파 종료 뒤 빠르게 잠식되기 시작했다. 2015년 말, 미국 정보기관은 아프간 정부가 총 407개 구역 중 72퍼센트를 장악하고 있다고 추정했는데, 이 수치는 2016년 동안 상당히 감소하여 약 57퍼센트에 이르렀고, 그 후 2년에 걸쳐 서서히 감소해 2018년 말에는 약 54퍼센트가 된다. 이 당시, 정부가 주로 도시와 큰 마을을 통제하고 있었기 때문에, 아프가니스탄 인구의 63퍼센트가 여전히 정부의 통제하에 있는 셈이었다. 그러나 전체적인 추세상 잘못된 방향으로 가고 있음은 분명했다.[226]

미-아프가니스탄 관계에서도 적대감이 심화되었다. 카르자이 대통령은 폭력 사태, 몇 차례의 NATO군의 민간인 오폭 사고, 미군의 빈번한 야간 기습으로 점점 더 궁지에 몰렸다. 여기에 쿠란의 가르침을 무시한 일부 미군의 잘못된 행동은 상처에 소금을 뿌렸다.[227] 미국인들은 카르자이가 배은망덕하고 신경에 거슬린다고 생각했다. 게다가 아프가니스탄의 고질적인 부패에 엄청난 좌절감을 느꼈다. 2009년경 카불 은행에서 사실상 수억 달러를 도둑맞은 때처럼, 부패의 비율은 실로 엄청난 수준이었다.

이른바 내부자 공격도 큰 문제였다. 탈레반 첩자거나 불만을 품고 배신한 아프간 군인이나 경찰은 예상치 못한 순간에 외국 동맹국에게 발포하곤 했다. 이러한 냉혹한 살인 행위는 2012년 전후로 절정에 이르러 연합군 병사 수십 명의 목숨을 앗아갔다. 결국 NATO가 주요 지도자들의 신변을 지속적으로 보호하는 일명 '수호천사' 프로그램을 도입해 아프간인들이 NATO 인력들을 겨냥하기 어렵게 했다.

대테러 임무는 더 잘 수행되었다. 아프가니스탄이 안보 정보와 작전 기지를 제공하면서 오사마 빈 라덴 은신처 공습에 성공했다. 빈 라덴이 숨어 있던 안전가옥은 미국 정보기관의 치밀한 추적 끝에 파키스탄 아보타바드에서 발견되었다. 빈 라덴은 2011년 5월 2일, 9·11테러 10주년을 바로 앞두고 죽음을 맞았다. 그리고 앞으로 미군은 지금까지 주둔한 기간만큼 더 아프가니스탄에 주둔하게 된다.

미국의 대반란전 방법 또한 개선되었다. 탈레반의 우세한 흐름을 뒤집지는 못했지만 말이다. 일례로, 존 앨런 장군의 국제안보지원군 재임 전후로 보안군 지원 여단이 창설되었다. 이는 정보, 조정, 군수 지원 및 신속대응 역량을 갖춘 수많은 소규모 팀으로 구성되었다. 각 팀은 주요 아프간 부대에 합류하여 자문과 정보를 제공했다.

국제안보지원군의 임무가 종료되고 확고한 지원 작전으로 전환된 2014년 말, 미군 총 주둔 인원은 약 1만 5000명으로 줄었다. 미군 현역 병력의 1퍼센트만 아프가니스탄에 주둔하는 셈이었고, 2020년이면 3분의 2로 줄어들게 된다.

2014년, 평화롭게 대통령 선거가 치러지고 새로운 아프간 지도자 아슈라프 가니President Ashraf Ghani 대통령으로 권력이 이양되었다. 사실 이 선거는 말썽의 소지가 많았다. 이에 존 케리John Kerry 국무장관의 주도로 미국이 외교적으로 개입해 많은 사람이 사실상 투표에서 이겼다고 생각하는 후보인 압둘라Abdullah 박사에게 최고 행정관 자리를 새로 마련해주는 타협안을 도출해냈다.

탈레반 지도자 물라 오마르Mullah Omar는 한때 그가 통치했던 땅으로 영광스럽게 귀환하지 못한 채 2013년 파키스탄에서 소리 소문 없이 사망했다. 이 기간과 그 이후, 아프가니스탄 땅은 미국과 동맹국을 겨냥한 주요 테러 공격을 계획 및 준비, 실행하는 기지로 다시는 사용되지 않았다. 실제로 9·11테러 20주년 기념일이 도래했을 때, 그 기간 미국 땅에서 극단주의 지하드 전사(혹은 살라피스트[Salafist, 수니파 근본주의를 추종하는 살라프파 추종자-옮긴이])의 손에 죽은 미국인은 100명이 넘지 않았다. (대부분 알카에다나 ISIS의 영향을 받았지만 단독으로 행동하는 외로운 늑대들의 희생자였다.)[228]

미국 역사상 가장 긴 전쟁의 끝

2015년 NATO가 아프가니스탄에서 진행하는 작전은 '확고한 지원 작전'으로 명칭이 변경되었다. 이 작전은 지원 임무로 정의되었지만, 그 명칭과는 달리, 미군이 더 이상 총격전에 참여하지 않는다는 의미는 아니었다. 결국 그 명칭에는 아이러니가 담겨 있는 셈이다. 오바마 대통령과 도널드 트럼프Donald Trump 대통령은 매년 확고한 지원 작전으로 임무를 종료하겠다고 위협했다. 그리고 결국 조 바이든 대통령이 아프가니스탄 임무를 종료했다. 2012년 시카고에서 열린 NATO 정상회의에서 2014년 국제안보지원군 임무 종료 후 연합군이 10년간 아프간 정부의 '변혁'을 지원하겠다고 약속했는데도 말이다.[229]

2014년 이후 전장의 6년은 길고도 고된 시간이었다. 매년 정부가 장악한 영토가 조금씩 탈레반에 넘어가거나 통제권을 두고 다투게 되면서 전체적인 군사 추세가 계속해서 아프간 정부에 불리하게 돌아갔다.[230] 하지만 도시들은 정부 수중에 있었다. 2015년 미국 지원을 받은 아프가니스탄 특수부대가 탈환하기 전 북부의 쿤두즈가 잠시 함락된 경우처럼 매우 드문 일시적인 예외를 제외하면 말이다. 앞에서 언급했듯, 이런 이유에서 아프가니스탄 정부가 2010년대 말에 전국 407개 구역 중 약 54퍼센트만 장악했지만, 54퍼센트의 구역이 전체 인구의 약 63퍼센트를 차지하고 있었다.[231] 케이트 클라크Kate Clark와 조나단 슈로든Jonathan Schroden이 제시한 데이터와 추정치에 따르면, 탈레반은 2021년 5월 말까지 전국 약 5분의 1만을 통제했고, 나머지 지역에선 심각한 싸움이 벌어지고 있었다.[232]

2014년 이후 NATO는 몇 곳의 대규모 기지를 더욱 강화해, 공중 작전을 수행하고 정보 플랫폼을 구축했다. 또 간헐적으로 기습 공격을 수행하고 아프간군을 훈련시켰다. 2015년 봄, 미군 주둔지는 카불 근처의 바그람, 헤라트, 마자르이샤리프, 칸다하르, 잘랄라바드, 카불의 6개 주요 기지와 5개 소규모 기지였다. 곧 미군 주둔 병력은 1만 명을 밑돌게 되었다.[233]

NATO의 군사 자문 노력은 2012년 단기간의 증파가 끝나면서 급격히 감소했다. 2015년부터는 아프가니스탄 특수부대를 제외하고 군단급 이하에서는 자문단이 활동하지 않았다. 더불어 동부 파티카주의 제203군단이나 남부 헬만드주의 제215군단에도 지속적으로는 주둔하지 않았다.[234] 또한 오바마 대통령은 NATO군이 위험에 처하거나 알카에다 조직원들이 몰려 있는 것으로 의심되는 작전에도 미 공군력의 사용을 제한하려 했다. 이 결정은 전투에서 아프간군의 승산을 약화시켰다. 일부 지역에서는 아프간 동맹국들에 대한 미국의 약속을 상기하며 냉소적인 반응을 보였다.[235]

도널드 트럼프가 취임하자, 미군 철수를 위한 테이블이 마련된 것 같았다. 하지만 짐 매티스Jim Mattis 퇴역 장군을 국방장관에, 전 국제안보지원군 사령관 조지프 던포드Joseph Dunford 장군을 합참의장에 임명하면서 트럼프는 다른 노선으로 갔다. 더욱 강경해져야 한다는 믹 니콜슨Mick Nicholson 야전 사령관의 권고에 따라 공군력으로 본격적으로 맞서기로 한 것이다. 트럼프는 공군력에 약 4000명 병력을 추가하여 총 약 1만 4000명으로 늘렸다. 이러한 접근법은 아프가니스탄 특수부대의 규모를 2배로 늘리고 정치·경제적으로 파키스탄에 압박을 강화하는 조치를 수반했다. 이 계획으로 정부가 장악한 영토와 지방 주요 도시들의 상실은 막았지만, 추세를 뒤집지는 못했다. 아프간 정치도 문제였다. 가니 대통령은 북부 발흐주의 주지사 모하메드 아타Mohammed Atta, 전 국방장관이자 육군참모총장 비스밀라 칸 Bismillah Khan 같은 명망 높은 타지크족 지도자들의 영향력을 약화하려 했다. 따라서 타지크인들의 정부 지지도가 낮아졌다. 보안군 내에서도 그랬다. 트럼프는 이러한 상황에 매우 실망했다.[236]

한편, ISIS가 아프가니스탄과 인근 지역에 ISIS호라산Khorasan이라는 지부를 형성했는데, 이 또한 문제가 되고 있었다. ISIS호라산 전사들은 아프가니스탄 내 동부를 중심으로 일부 지역에서 확대되었고, 그 탓에 미국은 대테러 능력을 유지해야 했다. 탈레반 역시 물라 오마르의 후계자를 자처한 물라 아흐타르 모하마드 만수르Mullah Akhtar Mohammad Mansour의 뒤를 이은 새 지도자 하이바툴라 아쿤자다 Haybatullah Akhunzada하에서 더욱 강경해졌다.

그러나 이러한 위협적인 지도자들과 ISIS호라산 전사들은 트럼프에게 아프가니스탄에서 입지를 유지할 충분한 동기가 되지 못했다. 트럼프는 협상가들에게 탈레반과의 협상을 통해 아프가니스탄으로부터 벗어날 출구를 찾도록 지시했고, 마침내 2020년 2월 29일에 협상은 최종 타결되었다. 합의 조건은 탈레반이 알카에다와 관계를 끊는 것이었다. 이런 합의는 하카니 네트워크가 탈레반 지도부의 일부이자 알카에다의 일부라는 점에서 아이러니였다. 하지만 트럼프와 그 후임자 모두 2021년에 아프가니스탄을 떠나야 하는 미국의 의무를 준수하면서, 노골적인 협정 위반을 눈감았다.

아프간 보안군과 탈레반 그리고 아프간 민간인에게도 이 7년간의 폭력 수준은 어느 때보다 높았다. 미국 사망자는 2008~2014년 기간보다 적고 2002~2007년 기간보다도 상당히 적은 연 10~20명 수준이었다. 미국의 병력 사용은 여전히 상당한 규모로 이루어졌다. 이 기간에 2만 개 이상의 탄약munition이 투하되었다. 2018년과 2019년 각각 7000개가 넘는 폭탄을 사용한 것과 비교하면 증파의 절정기 이후 아프가니스탄에서 보지 못했던 수준이다.[237] 평균 병력 1만 명을 유지했던 미국은 연간 약 200억 달러의 비용을 지출했다. 여기에는 아프간 보안군 지원 및 인근 지역에서 아프가니스탄에 초점을 맞춘 군사 활동에 투입한 수십억 달러가 포함된다.[238]

인력과 물자에 미국이 치러야 하는 비용은 이제 훨씬 줄었지만, 워싱턴이 느낀 정치적 좌절감은 여전히 극심했다. 트럼프 대통령은 임무 종료 직전까지 자주 일관성 없는 모습을 보였다. 사실 짐 매티스 국방장관과 불편한 관계로 끝난 것은 2018년 12월 트럼프가 즉흥적으로 그다음 해까지 미군 임무를 절반으로 줄이겠다고 발표한 것과 밀접한 관련이 있다. 역설적이게도 동맹국과 동맹 관계에 대한 허풍과 경멸로 유명한 건 트럼프이지만, 실제로 충분한 협의나 경고 없이 다소 성급하게 임무를 종료한 것은 노련한 바이든이었다. 그는 이렇게 2020년 2월 29일 체결한 미국과 탈레반의 협정에 따라 2021년 봄까지 미국과 NATO가 철수한다는 미국의 의무를 준수했다. 하지만 탈레반이 알카에다와 관계를 끊고 가니 정부와 진지한 평화회담을 시작한다는 조건을 준수하지 않고 있었다. 탈레반은 외국군에 총격을 가하지 않겠다는 약속은 존중했지만, 아프간군이나 정부 관리들에 대한 폭력 수위는 누그러뜨리지 않았다. (협정상 총격 금지는 외국군에만 해당되었다).

바이든이 이러한 결정을 내린 데는 아프가니스탄전쟁이 인기가 없다는 사실이 정치적 이유 혹은 동기로 작용했다고 지적하는 이들도 있다. 전쟁 후반기는 물론, 심지어 최대한의 노력을 기울이던 시기에도 아프가니스탄 문제를 둘러싼 격렬한 논쟁은 거의 없었다.[239] 아프가니스탄 문제는 거의 논의되지 않았고, 미국 여론의 우선순위 목록에서도 낮은 순위를 차지했다. 여론의 반대보다 더 가능성이 높은 것은 상원의원, 부통령 그리고 마침내 대통령으로서 바이든이 수년 동안 환멸을 느껴온 이 전쟁에 품은 개인적 좌절감이다. 실제로 바이든은 합참부의장 짐 카트라이트Jim Cartwright 장군, 주아프가니스탄 대사 칼 아이켄베리 퇴역 장군과 더불어 2009년 아프가니스탄 증파의 주요 내부 반대자였다.[240]

그리고 2021년 4월, 바이든은 5개월 후인 9·11테러 20주년까지 미군을 철수할 것임을 공식 발표했다. 이렇게 소신대로 선택한 목표 날짜는 이후 8월 31일로 수정되었다. 미국이 철군하면 NATO도 철수할 수밖에 없었다. 여타 동맹국들은 소규모 병력으로 주둔 시 문제가 생길 경우, 신속하게 증원하거나 폭격 작전을 수행할 군수를 수송하는 데 어려움이 있었기 때문이다.

CIA는 그해 봄의 분석에 근거해 아프가니스탄 정부가 그해 말이면 붕괴될 수도 있다고 예상했다. CIA는 탈레반이 많은 도시 중심지에 동시다발적 공격을 감행할 수 있도록 여러 도시 주변에 포위망을 구축해왔다는 것을 알고 있었다. 또한 탈레반은 2020년 2월 29일 워싱턴과의 협정으로 약 5000명의 포로가 석방되는 성과를 얻었다. 반면 아프간 정부는 전국적으로 예전의 상황을 유지하고자 했다. 아프간 정부와 그들을 지원하는 미국 측 인사들은 보안군의 사기는 물

론 많은 군인과 경찰 지휘관들의 자질도 그리 뛰어나지 않은 것을 알면서도 그랬다.²⁴¹

바그람 공군기지가 폐쇄되고 마지막 4성 장군 스코트 밀러Scott Miller가 아프가니스탄을 떠난 후인 8월 중순, 아프간 정부가 사실상 무너졌을 때 많은 사람이 그 빠른 진행 속도에 경악을 금치 못했다. 하지만 어쩌면 그리 놀랄 일은 아니었을지도 모른다. 아프간인들은 자신들이 최후의 생존자임을 보여주었다. 그들은 신봉하는 대의를 위해 치열하게 싸우더라도, 사라진 대의를 위해서는 싸우거나 죽음을 불사하지 않는다. NATO가 그토록 오래 주둔했음에도 신속하게 철수한 데다, 연합군 철수 이후 영토 상실을 어떻게 제한할지 신뢰성 있는 전략이나 설명까지 부족한 상황에서 희망을 기대하기는 어려웠다. 게다가 아프가니스탄은 공격받은 기지를 보강할 화력이나 기동력을 제공하는 독립적인 공군력이 부족했다. 그때까지 아프간인들은 소규모 러시아제 Mi-17 헬리콥터 함대만 유지할 수 있을 뿐, 서방이 제공한 헬리콥터는 운용할 능력이 되지 않았다.

패배주의 사고가 만연해지자 정부 보안군의 붕괴가 가속되었다. 많은 이가 매수되고 사면을 약속받고 항복하도록 설득당했다. 다른 쪽에서는 그처럼 빠른 붕괴 속도에 혼란에 빠졌다. 그나마 한 가지 위안이라면 2021년 8월까지 탈레반이 신속하게 국가 대부분을 장악한 덕분에 마지막 단계에서는 사망자가 거의 없었다는 사실이다.²⁴²

아프가니스탄에서의 마지막 주요 군사 활동은 12만 명이 넘는 미국인과 아프간인(미국 협력자)을 출구가 통제된 카불 공항을 통해 철수시키는 것이었다. 미군은 철수 작전을 보호하고 통제하기 위해 당시 아프가니스탄에 파병되었던 병력과는 유형과 전문성이 다른 5000명 이상의 병력을 일시적으로 카불에 파견했다. 워싱턴이 8월 31일까지 철수 작전을 수행하기 위해 탈레반의 묵인이 필요했고, 공항의 안전 확보를 위해 탈레반의 협조도 필요했다. 따라서 다소 굴욕적인 장면이었지만 철수는 그 시점에서 가능한 한도 내에서 전반적으로 잘 진행되었다. 그러나 8월 26일, 공항 외곽에서 ISIS호라산이 주도한 트럭 폭탄 테러로 미국인 13명과 아프간인 200여 명이 사망하는 비극이 발생했다. 그리고 사흘 뒤, 미국이 추가 공격 시도를 저지하기 위해 폭격하던 중, 민간인 차량을 오폭하는 실수로 10명이 사망했다.[243]

8월 26일 폭탄 테러의 희생자들은 트럼프 대통령이 미국의 철수를 약속하며 지난 2월 29일 탈레반과 협정을 체결한 뒤 아프가니스탄에서 발생한 첫 번째 미국인 사망자들이었다. 2021년 봄 UN에서 승인이 이루어진 협정 조건에 따르면, 탈레반이 알카에다와 관계를 단절하지 않았기 때문에 미국은 철수할 의무가 없었다.[244] 하지만 탈레반은 미국인을 목표로 삼지 않겠다는 약속은 지켰다. 이전 정권 지지자들의 사면을 실시하고 여성과 소수자들에게 제한적 권리를 허용하며 포용적 정부를 구성한다는 약속은 두고 봐야 한다. 포용적 정부 구성 약속은 이미 깨졌지만 말이다. (물론 다른 약속도 마찬가지다.)

미국 국민은 바이든 대통령의 아프가니스탄 철수 결정은 여전히 지지했지만, 허둥지둥 철수하는 모양새에 대해 비판했고, 그 과정에서 발생한 사망 사고에 대해 깊은 상심을 표했다.[245] 개인적으로는 미국이 철수를 결정하고 불과 몇 달 안에 신속하게 떠나버리면서 상황에 대한 통제력을 상실했다고 생각한다. 내전이 격화될 가능성을 감안할 때, 이번 철수로 훨씬 더 피비린내 나는 심각한 상황이 펼쳐질 수도 있다. 탈레반이 아프간 영토나 자산이 미국과 동맹국에게 테러 공격을 가하는 데 사용되는 것을 어느 정도 막을 수 있을지 앞으로 두고 볼 일이다.

실수와 교훈

이번 장에서 논의한 전쟁들은 최근의 역사이다. 그렇지만 윌리엄 포크너William Faulkner의 말대로 과거가 아닐 수도 있다. 앞으로 이라크와 아프가니스탄에서 분쟁이 재점화되어 이 나라들의 복잡하고 비극적인 현대사에 새로운 국면이나 장이 추가될 수도 있다. 따라서 여기서는 몇 가지 검토할 쟁점만 간략히 살펴보도록 하겠다.

- 첫째, 1990년 이라크에 대한 억제력은 실패하지 않았다. 시도조차 하지 않았기 때문이다. 허구이긴 하지만 유명한 인물인 스트레인지러브 박사(영화 〈닥터 스트레인지러브〉 속 인물)의 표현을 빌리면, 누군가에게 그것에 대해 말하지 않으면 '파멸의 날 기계'는 작동하지 않는 법이다. 에이프릴 글라스피 대사는 당시 지침에 따라 사담 후세인에게 미국은 아랍세계 내부 분쟁에 관심이 없다고 말했다. (솔직히, 그는 분쟁의 평화적 해결을 주장했다.) 사담 후세인이 그 발언 전에 이미 쿠웨이트를 공격할 의도

가 있었는지는 모르지만, 이 말로 인해 공격에 대한 부담이 덜 어졌을 것이다.

- 둘째, 나는 조지 H.W. 부시 대통령이 사담 후세인을 쿠웨이트에서 몰아내겠다고 결정한 것은 정확한 판단이었다고 생각한다. 탈냉전 세계에서 벌어진 첫 번째 주요 전략적 사건으로서 이러한 행동을 용인했다면, '새로운 세계 질서'를 구축하려는 부시의 희망은 무너졌을 것이고, 어떠한 나라도 제2의 나라로부터 영토를 빼앗을 수 없다는 원칙, 즉 다른 나라를 합병할 수 없다는 2차 세계대전 이후의 원칙을 위반하게 되었을 것이다. 미국이 내부 반체제인사에 대한 사담 후세인의 잔혹한 공격을 묵인한 것은 잘못된 선택이었지만, 부시가 그 시점에서 그를 타도하려 하지 않은 것도 옳은 판단이라고 볼 수 있다. 사담 후세인으로부터 그토록 끔찍한 탄압 수단을 박탈하면 그가 축출될 가능성을 높였을 수 있지만, 그 정도 위험은 충분히 용인할 만한 것이었다.

- 세 번째는 이 책에서 반복적으로 강조되는 주제와 관련이 있는데, 이 전쟁들의 어떠한 주요 단계도 예상대로 진행되지 않았다는 점이다. 탈레반과 사담 후세인 축출은 물론 사막의 폭풍 작전도 예상보다 훨씬 쉽고 빠르게 이루어졌다. 그러나 이라크와 아프가니스탄의 점령과 안정화 시도는 훨씬 힘들었고 오래 걸렸다. 희생된 인명과 투입된 자원은 많은 사람의 예상보다 10배나 더 많았다. 게다가 결과는 기대만큼 좋지 않았다. 사실, 나는 2002년 가을 미국 기업연구소American Enterprise Institute

가 주관한 공개 토론회에서 10만 명 이상의 미군이 몇 년 동안 투입되어야 할 것이라고 예측했다. 이라크 점령에 뒤따를 결과에 가장 비관적인 견해를 가진 사람 중 하나였고, 한편으로는 너무 낙관적이기도 했다. (미국은 이라크에 미군 13만~14만을 배치했고, 몇 년 뒤인 5년째에 결국 17만 명의 병력을 투입하는 증파를 통해 군사적 진전을 이룰 수 있었다. 하지만 이마저도 지속적인 안정을 가져오지 못했다.)[246] 2021년 탈레반의 재집권 속도 역시 예상치 못했던 일이다. 미국, 아프가니스탄 정부, 심지어 탈레반 지도자들마저도 말이다.[247]

이번 장에서 다룬 사례들은 전쟁은 늘 예상보다 어렵다는 주장의 타당성을 보여준다. 앞서 언급했듯, 이번 장에서 다룬 전쟁은 대부분 초기 단계에서는 예상보다 수월하게 진행되었다.

그러나 전반적으로 이러한 노력은 장기간 이어지며 엄청난 비용이 투입된 장편 영웅서사시를 만들어냈고, 이는 국민은 물론 이웃 국가들에게도 마찬가지였다. 저널리스트이자 작가인 덱스터 필킨스Dexter Filkins는 2008년 출간된 책에서 이라크와 아프가니스탄전쟁을 설명하며 '영원한 전쟁'이라는 기억에 남을 표현을 사용했다. 영원히 불완전하게, 중간 단계에 머물러 있는 전쟁이라는 의미였다.[248] (아프가니스탄전쟁은 그 시점에서 어떻게 계산하느냐에 따라 6년에서 12년이나 더 걸릴 것으로 판단됐다.)

- 네 번째, 사막의 폭풍 작전을 제외하면, 이라크전쟁과 아프가

니스탄전쟁은 군사 기술과 전술 면에서 그리 변혁적인 전쟁은 아니었다. 변화는 어떤 면에서 인상적이었지만 혁명적이지는 않았다. 물론 미국과 동맹국들은 이 긴 전쟁들을 통해 드론의 무장과 확산, 지뢰 방지 차량 제작, 정보 네트워크 속도 향상 등 혁신을 이루었다. 그리고 적들 역시 다양한 폭발 장치를 개발했고, 신병 모집과 전투 통신에 소셜미디어를 사용하는 등 혁신을 이루었다. 그러나 무엇보다 내가 2000년에 출간한 책에서 주장했듯, 보병, 반군, 대반란전의 성격은 현대에 와서야 서서히 변화했고,[249] 21세기 첫 20년 동안에도 마찬가지였다. 이런 종류의 전쟁에서 그렇듯, 수십 년에 걸친 이 전쟁에서도 소형 무기와 폭발물이 모든 면에서 쉽게 사용되었다. 그리고 매우 치명적이었다. 비살상 무기들은 근접전에서 잘 사용되지 않았다. 센서는 벽을 투과해 보거나 개인의 폭력 사용 경향을 잘 예측하지 못했다(안면인식기술은 어떤 면에서는 대단하지만, 의도를 파악할 순 없다). 신호-정보 네트워크는 적들이 휴대폰이나 무전을 사용할 정도로 부주의할 경우에만 작동하기 때문에, 적의 통신망 및 의사결정 그룹을 감청하기는 여전히 어려웠다. 다시 말해, 전격전의 개발, 항공모함 작전, 전쟁에서의 기타 혁신적 발전 등의 변화 같은 현대의 '군사 문제에서의 혁명'은 없었다.

- 다섯 번째, 광범위한 중동 지역에서 이러한 미국의 경험은, 인간은 미래가 어떻게 달리 펼쳐질지 창의적으로 생각하기보다 최후의 전쟁을 준비한다는 격언을 고스란히 보여준다. 조

지 W. 부시 행정부의 고문 켄 아델만Ken Adelman은 목표가 상당히 다른 1991년의 '사막의 폭풍 작전'이 매우 성공적이었기 때문에 2003년 이라크 침공도 '쉬운 승리', 적어도 '압도적 승리'를 거둘 것으로 예측하는 다수 참전 지지자의 태도를 대표하는 인물이다. 많은 사람이 아프가니스탄에서 증파가 효과적으로 작동할 것으로 생각했다. 비교적 가까운 나라인 이라크에서 제대로 효과를 보았기 때문이다. 나도 이러한 희망에 일조했다는 점을 고백한다.

이 전쟁들이 실제와 매우 다른 방법으로 수행되거나 끝났을 수 있을까?

사막의 폭풍 작전은 전체적으로 매우 성공적이었다. 이보다 더 성공적으로 싸울 방법이 있었는지는 확실하지 않다. 이라크군을 둘러싼 왼쪽 측면에 해병대를 투입하는 방안 등 작전계획에 대한 흥미로운 논쟁이 있었다. 그러나 결국 연합군은 접근방법에 상관없이 전장에서 결정적인 승리를 거두었다(미 해병대는 이라크 전선으로 직진한 반면, 미 육군과 연합군은 대부분 서쪽과 최전방 진지를 선회해 진격했다). 또한 UN과 의회로부터 이 작전에 한해 권한을 부여받은 걸 고려하면, 사담 후세인을 권좌에 남겨둔 결정을 비판하기도 어렵다.

이후의 이라크전쟁에서 침공과 사담 후세인 체제 전복까지는 큰 성공을 거두었다. 하지만 다음 일에 대한 준비 부족은 끔찍한 실수가 되었다. 최소한 군사적인 면에서 볼 때, 증파가 임무 시작부터 이뤄졌다면 안정화 계획이 더 효과를 발휘했을 수 있었다.

물론 2003년에 안정화 계획이 제대로 갖춰졌더라도 많은 수니파가 연합군과 시아파 중심의 이라크 정부에 맞섰을 가능성이 있고, 알카에다의 다른 적들과 동맹을 맺기 전 몇 년간 알카에다로 인한 공포에 떨어야 했을 것이다. 그렇다고 해도 반란의 심각성과 강도가 그토록 커지고, 내전으로까지 비화되지는 않았을 테고, 지하드의 기회를 보고 이라크로 몰려든 많은 외국인 알카에다 전사들을 차단함으로써 초기에 이라크의 안정과 그 국경지대의 안전을 유지했더라면 문제를 상당히 완화할 수 있었을 것이다. 이라크 의회에서 의석을 차지하기 위해 세 주요 민족/종파 집단에서 일정한 최소 비율을 득표해야 하는 정치 시스템이 갖춰졌더라면 선동적이고 정체성에 기반한 정치 성향이 완화되었을 것이다. 또한 처음부터 독립적이고 탄력적인 사법부를 만들기 위해 더 많은 노력을 기울였다면 더 도움이 되었을 것이다. 미국은 이라크에서 성공적인 선거를 치르는 것을 민주주의의 실현으로 잘못 생각했다. 결국, 실제 세계에서 실험된 적 없는 반≠사실적 시나리오에 대해서는 어떤 것도 증명할 수 없다. 그러나 다른 곳과 마찬가지로 이라크에서도 폭력이 폭력을 부르는 역학 관계를 볼 수 있다. 이라크에서 발생한 폭력 대부분은 확실히 경로 의존성path-dependent을 보였다.

아프가니스탄전은 분석하기가 더 어렵다. 2001년 당시 아프가니스탄 국가와 사회는 너무도 취약한 상태였다. 탈레반의 재탈환 시도를 저지할 성장성 있는 정부와 군대, 경찰력을 구축할 충분한 기반이 갖춰지지 않았다.[250] 만약 여러 노련한 미국 군사 및 정치 지도자들의 시도로 탈레반에 은신처를 제공하지 않도록 파키스탄을 설득할 수 없었다면, 아프가니스탄은 국민 대부분이 존중하는 정부와 보안군으로 강경하게 탈레반 공격에 맞서야 했을 것이다. 탈레반은 5년여간 이 나라를 무자비하게 포괄적으로 통치한 끝에 결국은 소수민족 파트너로서의 자리를 받아들이며 새 정부에 참여할 수밖에 없었을 것이다. 일각에서는 본 협정 전후로 이러한 접근법이 시도되었어야 한다고 주장하기도 한다. 이 의견이 맞을지도 모르지만, 대부분 아프간인과 국제사회가 탈레반 이후의 사회에 이전의 극단주의 통치 시기와 유사한 그 무엇도 용납할 수 없다는 주장을 고수했다는 점에서 당시로서는 탈레반과의 거래는 승산 없는 일로 판단되었을 것이다.

따라서 이 나라가 조용하고 위협이 적었던 2002~2005년의 '황금기'에 더 강한 국가를 건설하는 것이 최선의 선택이었다. 아프가니스탄 종족들은 서로 경쟁이 너무도 치열하고 계층화되어 있지 않은 탓에, 탈레반 세력이 상대적으로 약해졌을 때 그들을 상대로 싸울 충분한 역량을 가졌음에도 그렇게 하지 못했다.[251] 그런 점에서 더 엄격한 훈련과 더 나은 급여 체계, 아프간 군경의 현장 지도력 개선을 강조하는 '중간 발자국' 접근법을 실시했어야 했다. 유명한 퇴역 해병대원이자 소설가인 빙 웨스트Bing West가 제안했듯, 존 앨런 장군 등의 지도부하에서 실제보다 더 빨리 전투 자문단을 창설할 수도 있었다.[252] 이와 더불어, 연합군은 원조 자원을 남용하는 이들에게 자금 지원을 중단하는 등 더 강경하고 지속적으로 반부패 노력을 했어야 한다.

그러나 나는 그러한 접근법조차 예측 가능한 기간 안에 탈레반을 완전히 물리칠 수 있었을지에 대해 점점 더 회의적인 생각을 갖게 되었다.[253] 나는 바이든의 2021년 5월 군대 철수 결정에는 동의하지 않지만, 카터 말카시안의 관점에는 일부 동의한다. 말카시안은 2021년 발표한 책에 이렇게 썼다. "나는 우리가 조금 더 일찍 강한 군대를 만들고 나쁜 지도자를 제거하며, 종족 간 내분을 관리하는 데 노력을 기울였어야 한다고 생각한다. (2013년 저서 《감세르에 전쟁이 오다 War Comes to Garmser》 집필 이후) 외국의 간섭기에 대해서는 냉소적 입장이지만, 이러한 노력이 수행되었다면 더욱 안정되었을 것이라는 명백한 증거가 있다. 나는 전국적으로 결정적인 새 정책들을 시행하는 것이 얼마나 어려운지 직접 보아왔다."[254]

이런 정책들이 시행되었다면 미국과 NATO가 병력을 증파할 필요도 없었을 것이다. 외국군 총 병력은 수만 명 이하로 유지되고, 2021년 또는 2014년부터 NATO가 수행한 것과 매우 유사한 임무가 더 빨리 시작될 수 있었을 것이다. 결과적으로 아프가니스탄에 평화가 찾아오지 못했을 수도 있지만, 이 전쟁에 대한 미국의 좌절감은 충분히 완화되어 어떤 미국 대통령도 2021년 바이든 대통령처럼 갑자기 실패를 인정하며 떠날 필요성을 느끼지 않았을 것이다. 이러한 유지력을 확보하는 것이 반군을 완전히 격파하는 것보다는 달성 가능한 목표였다. 완벽과는 거리가 멀지만, 실제 결과와는 다른 훨씬 더 나은 성과를 냈을 것이다. 그래서 제한적이지만 중요한 의미에서 아프가니스탄에 대해 더 나은 전반적인 전략이 나왔을 수도 있다. 2021년 말, 영국 관리 로리 스튜어트 Rory Stewart는 기고한 글에 이렇게 썼다. "탈레반은 승리를 목전에 두고 있지 않았다. 그들이 승리할 수 있었던 것은 미국이 철수하고 그 과정에서 아프간 공군이 무력화되어, 아프간군에게 항공 지원과 증원이 불가능해졌기 때문이었다."[255] 그러면서 비교적 얼마 남지 않은 일들이 집단적 수단 안에서 수행되어야 했음에도 자국을 비롯해 다른 유럽 국가의 군대가 이를 할 능력이 없었다고 덧붙였다.

그러나 탈레반은 그때까지 보여준 강경한 통치 방식과 달리, 2021년 8월 카불에서 서방의 철수 노력을 제지하지 않았고, 사실상 제한적인 지원까지 제공한 데서 확인할 수 있듯 미국을 자극하려 하지 않았다. 아프가니스탄에서 실패하긴 했지만, 미국이 안보 이익과 동맹을 지키기 위해 힘껏 싸울 막강한 적임을 깨달았기 때문일 것이다. 따라서 아프가니스탄전쟁이 적어도 서방 세계를 공격할 테러리스트들과 탈레반의 결탁에 대한 '억제력 재구축'이라는 목표에 한해서는 완전한 실패라고 볼 수는 없다. 물론 이 글을 쓰는 현재로서는 단언하기 너무 이르지만 말이다.

마지막으로, 이 모든 것이 2020년대 미국에 어떤 영향을 미칠지 전망해보자. 미국은 중동이 중요하면서도 미국이 아무리 노력해도 안정성과 안전 면에 있어서 예측 가능한 좋은 성과를 도출해낼 수 없는 지역이라는 인식을 바탕으로, 중동 안보 전략을 발전시켜왔다. (이슬람이 다수인 남아시아와 동남아시아 국가들을 비롯해) 요르단, 오만, 튀니지, 모로코 등의 나라처럼 장기적인 정치, 경제, 사회 개혁으로 확실한 국가적 안정성을 갖춘 국가들이 생겨날 수 있을 때까지, '잔디 깎기 mowing the grass' 전략 즉, 극단주의 위협을 억제하는 개념은 대부분 미국 전략가들에게 가장 덜 나쁜 접근법으로 보였다. 그리하여 터키, 이라크, 쿠웨이트, 바레인, 카타르, 아랍에미리트, 지부티 등 이 지역 주변의 해상력과 결합해 여러 지역에 각각 수천 명의 병력을 주둔시키는 군사적 발자국으로, 미국은 어느 한 국가에 과도하게 의존하지 않고 중동 지역에 걸쳐 약 5만에서 6만 명에 달하는 병력을 유지할 수 있는 네트워크를 구축했다. 정보, 공군력 및 특수부대 공격을 위해 미국이 통제 가능한 플랫폼을 유지하고, 훈련·장비화·멘토링 프로그램을 통해 협력 국가들의 역량 강화에 주력하는 것은 미국이 동맹국과 함께 소말리아와 나이지리아부터 리비아, 말리, 시리아, 예멘에 이르는 지역의 분쟁과 위험을 관리하는 접근 방식의 본질이 되었다.

현재 미국은 이라크에서 과거 그 어느 때보다 긴밀한 파트너를 확보하고 있다. 하지만 이 사실이 역사적 관점에서 2003년 이후 이라크에서 미국 주도로 벌인 작전으로 발생한 막대한 비용과 중대한 실수를 정당화할 수 있는지는 의문이다.

이 전략의 장기적 효과는 여전히 논란의 여지가 있다(이 전략은 역외 균형이나 '지평선 너머over-the-horizon' 대테러 전략보다는 '가벼운 발자국'의 네트워크로 더 잘 설명된다). 그리고 전략을 개별 국가와 하위 지역에 구체적으로 적용하려면 현지 적응뿐 아니라 주의 깊은 관심이 필요하다. 재정적, 군사적 측면에서 볼 때 현재로서는 이 전략은 지속 가능해 보인다.

세 가지 교훈

PART

6

MILITARY HISTORY
FOR THE MODERN STRATEGIST

Three Lessons

지금까지 살펴본 모든 역사를 통해 미래 전략가들이 국가의 미래 정책을 수립할 때 고려해야 할 세 가지 교훈을 제시하고자 한다.

첫 번째 교훈
: 전쟁의 결과는 미리 정해져 있지 않다

나는 이 책을 쓰면서 1861년 이래 미국이 치러온 그 어떤 전쟁도 원 역사대로 끝낼 필요가 없었다고 더욱 절실히 깨닫게 되었다. 승패에 관한 문제에서도 말이다. 물론, 역사는 사실을 기반으로 기록된다는 점에서 결과가 예정된 것처럼 보이기도 한다. 그러나 적어도 전쟁의 경우에는 그렇지 않다.

전쟁의 예측 불가능성은 부분적으로 지도자에 기인한다. 지도자들 역시 인간으로서 긍정적인 특성만큼이나 부정적인 특성을 가졌고, 그들이 어떤 의사결정을 할지 예측하기란 어렵다. 또한 전쟁의 불확실성은 여러 단계에서 발생한다. 새로운 무기나 통신, 정보 시스템을 연구하는 과학자들, 새로운 유형의 제병작전 효과를 높이는 방법을 알아내는 중간 계급의 전술 혁신가들, (많은 군인이 인상적인 용기와 회복탄력성을 보여주지만) 극한 상황에 직면했을 때도 강인함을 발휘하는 군인들 등 여러 예상 외 변수가 전쟁의 승자를 결정하는 데 큰 영향을 미친다.

남부연합은 북부연방이 전쟁을 포기하고 분리를 허용하게 한다는 목적으로 볼 때 남북전쟁에서 쉽게 승리할 수 있었다. 양측이 대량손실을 입고 남부연합의 대의가 도덕적 타격을 입은 후에야 가능했겠지만 말이다. 그러한 결과를 얻는 가장 명확한 길은 1864년 링컨의 선거 패배 또는 전쟁 초기 그의 암살이었을 것이다. 셔먼이 애틀랜타 점령 후 바다로 진격하지 않았다면, 링컨이 선거에서 패배하고 그의 상대였던 (1862년 북군 총사령관으로서 승리의 길을 찾지 못한 채 갈팡질팡하던) 매클렐런이 당선되어 미국을 둘로 나뉘게 한 그 분쟁의 종식을 협상했을 수도 있다. 이렇게 미국이 분단되었다면 두 번의 세계대전이나 냉전, 탈냉전 시대에 실제처럼 효과적으로 개입하기 어려웠을 거라는 점에서 20세기와 21세기의 세계 역사는 극적으로 변화했을 수도 있다.

1차 세계대전에서 슐리펜 계획은 기술관료적 정확성과 극단적 야망이 결합한 그리 현명하지 못한 계획이었지만, 매우 그럴싸한 작전이었다. 그렇다고 해서 슐리펜 계획이 전략적으로 적절했다거나 윤리적으로 정당했다는 뜻은 아니다. 실패 확률이 높은 정도가 아니라 거의 확실했고, 막대한 인적·물적 희생 또한 매우 자명했다. 그래도 프랑스가 정복되었다면 동부전선에서 힘의 관계는 독일과 그 동맹국인 오스트리아·헝가리에 유리했을 것이다. 만약 독일이 대서양 전투를 벌이고 멕시코에 미국 본토를 공격하라고 독려하는 등 미국을 건드리지 않았다면, 독일은 전쟁 후반기 공세에 성공하고 프랑스에 타협된 협상 결과를 수용하도록 압박했을 수도 있다. 그랬다면 바이마르 공화국의 실패, 히틀러의 부상, 훨씬 더 큰 비극인 2차 세계대전의 발발 가능성이 낮아졌을 수도 있다.

2차 세계대전에서 히틀러가 소련을 공격하지 않고, 일본이 1940년까지 이미 점령하고 있던 서태평양으로 만족했더라면 전체 전쟁의 양상은 달라질 수 있었을 것이다. 미국이 참전하지 않았을 수도 있고, 기회주의자인 스탈린은 독소불가침협정에 따라 베를린의 동료 독재자와 함께 중부 유럽과 동유럽을 분할 점령하는 데 만족했을 것이다. 동부전선이 열리지 않았다면, 독일은 프랑스 북부 해안에 훨씬 더 강력한 방어진지를 구축하여 미국과 영국, 연합국의 노르망디 상륙을 저지할 수 있었을 것이다. 히틀러의 전쟁 목표는 동유럽과 소련을 중심으로 했지만, 다른 지역에서 독일이 거둔 성공을 고려하면, 연합군은 전쟁이 전개되면서 히틀러가 그 목표를 바꾸진 않을지 확신할 수 없었다. 히틀러가 전쟁 중 내부적으로 축출되었을 수도 있었다. 항공모함전, 제병상륙공격, (폴란드에서 처음 선보인 뒤 프랑스에서 개선된 형태로 나타난) 전격전, 잠수함과 대잠수함전의 새로운 기술과 전술, 항공기와 미사일의 성능 향상 등 전쟁 직전과 도중에 일어난 모든 놀라운 기술 혁신이 등장할 필요가 없었고, 궁극적으로 원 역사의 흐름을 따를 이유도 없었다. 어쩌면 독일은 (역사상 가장 커다란 영향력을 남긴) 핵폭탄을 개발한 최초의 국가가 되었을 수도 있다.

미국이 높지 않은, 보통 정도의 전쟁 목표를 채택하고 현상 유지를 위해 맞섰다면, 한국전쟁은 전혀 다른 방식으로 전개되었거나 적어도 인명 피해를 줄이고 더 빨리 마무리되었을 수도 있다. 그랬더라면 중국의 개입도 없었을 것이다. 핵심 문제를 해결하고 이전의 국제 협약에 따라 원래 통일이 예정된 반도를 통일하려 했던 미국 정책입안자들을 비난하지만, 북진 결정은 매우 우려스러운 것이었다. 만약 미국이 확전하여 중국을 직접 공격하려 했다면, 한국과 베트남 중 한 나라의 운명은 크게 달라졌을지도 모른다. 그러한 공격이 거대한 지정학적 도박이고, 미국의 대전략적 우선순위를 고려할 때 실수라고 하더라도 상상할 수 없는 일은 아니다. 당시의 정보를 토대로 미국은 베트남전쟁을 완전히 피할 수 있었지만, 동북아시아의 전략적 중요성을 고려할 때 한국에서 싸운 것은 옳은 판단이었다. 하지만 억제력과 전쟁 회피를 위해 전쟁이 시작되기 전에 자국의 의견을 명확히 하고 그 약속을 전달했어야 했다. 그러나 이 또한 시간이 흐르고 나서야 깨닫게 되었다.

이라크와 아프가니스탄에서 펼쳐진 대서사시에는 미국과 다른 나라의 많은 뛰어난 업적과 실수가 만들어낸 여러 전환점이 있었다. 하지만 나는 이 두 나라 어디서도 쉽게 승리할 수 있었다고 생각하지 않는다. 그래도 2007년 이라크에의 극적인 증파와 2002년부터

2006년까지 아프가니스탄의 상대적 평온은 더 나은 전략과 더 적은 비용으로 도달 가능한 결과를 얻을 수 있었음을 시사한다.

두 번째 교훈
: 전쟁은 예상보다 어렵고 많은 희생이 따른다

두 번째 교훈은 첫 번째 교훈에 더욱 구체적인 사항과 명확한 경고를 더한 것이다. 전쟁사에는 전쟁을 시작하면 손쉽게 신속한 승리를 거둘 수 있다고 과신하는 지도자들로 가득 차 있다. 따라서 정책 입안자들은 전쟁 목표와 적절한 전략을 세울 때 과신을 피하도록 노력해야 한다. 물론 자신감과 결단력 부족도 문제가 될 수 있다. 1930년대 독일의 위협에 직면한 영국과 프랑스의 지도자들이나 1990년 사담 후세인의 쿠웨이트 침공을 어떻게 처리할지 고려하던 일부 미국 지도자들처럼 말이다. 이 책에서 다룬 전쟁은 대부분 예상보다 훨씬 더 악화됐고 더 길어졌다. 사실, 사막의 폭풍 작전과 침공, 그에 따른 이라크 안정화 시도까지를 하나로 본다면, 여기서 다룬 7개 전쟁은 모두 놀라울 정도로 엄청난 인명 희생이 따랐다.

역사를 통해 보면 전쟁 계획에는 유혹적인 논리가 뒤따른다. 특히 새로운 군사 역량과 기술·전술적 혁신을 바탕으로 세운 계획이 그렇다. 이러한 사고방식엔 현실적으로 그럴듯한 근거가 있다. 그러나 전쟁에서 얼마나 많은 일이 계획과 달리 잘못될 수 있는지, 그리고 적들이 어떻게 적응하고 견딜 수 있는지는 설명하지 못하는 경우가 많다. 주요 전쟁은 주로 교활한 공격자가 국지적이고 피해를 최소화하는 결과를 빠르게 달성하는 개막 단계로 시작된다. 전쟁의 안개가 내리고 전투의 지리와 맥락이 변화하며 적들이 적응하거나, 공격자의 돌진 기세와 행운이 고갈되기 전까지는 이 단계가 이어진다. 또한 인간에게는 일단 물리적으로 공격을 당하면 폭력으로 끈질기게 되갚아주는 성향이 있는데, 이런 성향은 우리 인간이 스스로 기억하거나 인식하는 것보다 더 높게 나타난다. 싸움이 시작되고, 동료 시민이나 친구, 가족들이 죽어나가는 모습을 보게 되면, 개인과 국가는 대체로 상황이 더 악화되기 전에 물러나는 대신, 복수 즉 그 끔찍한 손실을 일부나마 보상할 수 있는 승리를 추구한다. 이러한 역학 관계는 두 번의 세계대전과 한국전쟁 그리고 미국 주도의 이라크와 아프가니스탄 침공과 점령에서 분명히 드러났다.

이 모든 것은 인간의 본성과 일치한다. 대부분의 지도자는 전쟁을 일으키지 않는다. 하지만 큰 결실을 맺을 수 있다는 생각이 들면 때때로 높은 위험을 감수하려는 인간의 성향에 주목해야 한다. 보통 빠른 승리를 기대하며 전쟁에 뛰어드는 정치가와 군 지도자들은 이를 뒷받침할 논리와 개연성을 갖춘 승리론을 가지고 있다. 물론 상황이 뜻대로 전개되었을 경우다. 그들은 그럴싸하게 보이는 낙관적인 승리론을 들려준다. 그러나 비극적이게도 그들의 뒤이은 결정은 무모하기 짝이 없다. 할 수 있는 것과 실제로 하는 것, 그리고 자신들의 성공 계획이 실제 전쟁에서 어떻게 잘못될 수 있는지 깊이 생각하지 않기 때문이다.

물론 섣불리 일반화해서는 안 된다. 어떤 나라들은 그야말로 온전히 침략의 피해자이기 때문에 높은 위험과 비용을 감수하고 고귀한 명분을 위해 싸운다.

그러나 침략자들은 물론 희생자들도 전쟁이 얼마나 치명적이고 어려운지 예측하지 못하는 경우가 많다. 1861년 7월 매너서스 전투를 마치 공원 산책에서 볼 수 있는 구경거리처럼 여겼던 많은 북군 병사와 워싱턴 D.C. 근처에 몰려들었던 구경꾼들이 이에 해당한다. 1914년 8월 시작된 영광스러운 전쟁이 나뭇잎이 떨어질 때쯤이면 끝날 것으로 예상했던 유럽 지도자들도 마찬가지다. 소련과 영국이 제3제국 군대를 마주한 폴란드와 프랑스처럼 빠르게 무너질 것이라고 생각했던 히틀러와 진주만과 필리핀 공습을 추진했던 일본 지도자들도 그랬다. 미국인들 역시 한국전쟁에서 인천에 상륙한 후에, 그리고 베트남, 이라크, 아프가니스탄에서 이러했다. 독재자나 사악한 통치자들이 이런 실수를 저지르며, 때로는 민주주의에서도 이러한 일은 발생한다.

여기서 "전쟁을 선택하게 하는 것은 두려움과 이해관계, 명예다"라는 투키디데스의 발언을 되새겨보자. 그가 예리한 통찰력을 발휘해 제시한 이 진리는 2000년 전이나 오늘날이나 변함없이 적용된다. 로버트 저비스를 비롯한 여러 현대 정치학자들은 한 국가가 자국 방위를 강화하기 위해 취하는 행동이 잠재적 적국에 위협으로 해석되는 '안보 딜레마security dilemma'라는 개념을 발전시켰다. 이는 전쟁이 발생하는 이유를 일반적으로 설명한다. 하지만 특정 상황에서 전쟁이 실제로 왜 발생하는지는 완전히 설명하지 못한다. 어째서 명예나 이해관계, 두려움이 신중함, 생존 욕구, 심지어 친절함 같은 인간의 다른 속성을 압도할까. 비용과 위험을 과소평가하고 잠재적 이익을 과대평가하는 성향이 이를 설명하는 핵심이다. 호주의 위대한 역사학자 제프리 블레이니가 고찰했듯, 전쟁은 한쪽이 빠른 승리를 기대하고 시작하지 않는 경우는 거의 없고, 그러한 승리가 지속적으로 달성되는 경우도 거의 없다.

오늘날 역사에서 볼 수 있듯, 인간은 이러한 교훈을 느리게 깨닫는다. 프로이센의 위대한 전략가 카를 폰 클라우제비츠는 200년 전, 전쟁은 부정확한 정보, 불확실한 의사소통, 격앙된 감정 그리고 예측할 수 없는 적들이 만들어낸 안개 속에서 일어난다고 경고했다. 그런데 역사상 가장 피비린내 나는 전쟁은 그가 경고한 이후에 일어났다. 20세기 초 수십 년 동안 현대 화학과 양자물리학, 핵물리학에 대한 놀라운 성취를 이뤄낸 유럽은, 바로 그 시기에 가장 광기 어린 잔인한 갈등을 경험했다. 문명은 어떤 면에서는 굉장히 발전했지만, 다른 면에서는 조금도 발전하거나 나아지지 못했다.

지도자들의 이러한 비극적 경향이 오늘날과는 상관없다고 확신할 수 있을까? 초음속 미사일, 인공지능 유도 로봇무기군, 조용한 잠수함으로 무장한 미래의 중국이 미국의 대응을 억제할 수 있다고 자신하고 대만을 공격할 수도 있지 않을까? 블라디미르 푸틴이 우크라이나 전쟁 이후 (혹은 2022년 첫 번째 큰 국면 이후) 새로운 기술을 획득하여 다른 전쟁을 시도할 수도 있지 않을까? 이번에는 러시아계가 많이 살고 있는 에스토니아와 라트비아 지역을 목표로 해서 말이다.

미국인들은 과신을 피할 수 있다고 확신할 수 있을까? 새로이 군사력을 증강하여 특정 시기에 중국과 러시아에 대해 누렸던 일방적인 군사적 우위를 재정립할 수 있다고 생각하는 것은 아닐까? 예를 들어, 오늘날 적대행위가 시작되면 불과 며칠 안에 중국 해군 전체를 붕괴할 수 있다고 말하는 사람들이 있다. 이들은 적 목표물을 찾고 추적하여 파괴하는 일명 '킬체인kill-chain' 즉 탐지 및 정밀타격체계sensor-shooter network에 깊은 인상을 받은 걸까? 이런 전술적 승리가 가능하다면 전략적 승리로 이어질 수 있다고 말하는 것일까? 우려스럽게도 오늘날 독일이 1차 세계대전을 대비해 수립했던, 기만적일 정도로 정밀한 슐리펜 계획의 반향이 감지된다.

"이 전쟁이 어떻게 끝날까?" 데이비드 퍼트레이어스 장군이 이번 세기 중동에서 벌어진 '영원한 전쟁' 초창기부터 던졌던 이 질문을 기억해야 한다. 1960년대의 위대한 국방학자인 알랭 엔토벤과 K. 웨인 스미스가 모든 군사 문제에 대해 행복한 결과만큼이나 '타당한 최악의 경우'도 고려해야 한다고 강조한 사실을 유의해야 한다.

물론, 군사 조직에는 건실한 조직 정신과 할 수 있다는 자세가 어느 정도는 필요하다. 군은 분쟁이 불가피하다고 판단되면 자국이 승리하거나 최소한 생존할 수 있도록 전쟁 승리 전략을 개발해야 하는 책임이 있다. 스티브 로즌Steven Rosen과 배리 포즌Barry Posen의 고전을 비롯해 군사 개혁과 혁신을 다룬 흥미로운 문헌 대부분은 1930년대 영국 같은 나라, 즉 자국의 존망이 걸린 공격에 저항하기 위해 군을 개혁하고 혁신해야만 하는 나라에서 이러한 과정이 어떻게 촉진되었는지 다룬다.

그러나 타당한 전쟁 승리 전략과 개념, 역량의 개발 계획이 최대한 효과를 발휘할 것이라는 높은 확신으로 바뀌면 위험성이 높아진다. 도널드 럼즈펠드 국방장관이 2003년 미국 주도의 이라크 침공이 순조롭게 전개될 것이라고 생각한 것도 무리는 아니었다. 사실 이라크전의 시작 단계는 그의 예상을 뛰어넘는 성공이었다고도 할 수 있다. 문제는 무엇이 잘못될 수 있을지 고려하지 않았다는 것이다. 국방부 지도부에 어느 정도의 자신감은 필요하지만, 머피의 법칙도 기억해야 한다. 나빠질 수 있는 모든 것은 나빠지기 마련이라는 말은 과언이 아니다. 이는 클라우제비츠의 말이다. 전쟁의 모든 것은 간단하다. 하지만 그 간단한 것조차 어렵다.

세 번째 교훈
: 미국의 대전략은 일부 실패를 감수할 만큼 강력하다

현대 미국이 치른 전쟁에 대해 좀 더 구체적으로 살펴보자. 현대 미국이 치른 전쟁, 즉 1945년 이후의 전쟁은 그리 순조롭게 전개되지 않았다. 그러나 같은 기간, 미국과 세계는 전반적으로 번영했다. 최근 중국의 등장과 러시아의 부활을 비롯해 여러 어려움과 실패가 있었지만, 1945년 이후 세계사의 전반적인 흐름처럼 강대국 간 장기적인 평화가 유지되고 민주주의와 번영이 확산된 기간은 없었다. 최근 러시아의 영토 회복 시도와 중국의 부상, 코로나19 사태가 있었지만 말이다. 핵 억제력은 인류의 생존을 상당히 위태롭게 한 몇 차례의 긴박한 위기를 겪긴 했지만 제대로 작동했다. 20세기 전반기의 세계대전에서 초래된 엄청난 파괴의 기억이 있었기 때문이다. 미국은 개방적인 세계 경제 체제를 뒷받침하고 북아메리카와 유라시아의 부유하고 산업화된 많은 민주 국가를 통합하는 동맹 네트워크를 지원하는 역할을 하며 평화에 이바지하는 데 구조적으로 유리하도록 권력을 분배했다.

최근 마크 밀리 합참의장이 '전략적 실패'라고 표현한 결과에 따라 미국과 동맹국이 아프가니스탄에서 철수하면서, 우리는 2차 세계대전 후 미국 외교 정책의 역설을 다시 목격했다. '제한된' 전쟁에서 승리하지 못할지라도 지구 역사상 가장 성공적인 대전략을 유지하고 있다는 사실 말이다. 적어도 1945년부터는 그랬다.

1950년, 남한이 미국의 전략적 관심 밖에 있다고 선언함으로써 사실상 북한의 남한 침공에 청신호를 보낸 이후 전쟁이 일어나자 미국은 군사 연합을 결성했다. 그리고 38도선 아래로 두 번 밀려났고 그 과정에서 서울을 두 번 빼앗겼다. 한 번은 북한군에게, 다른 한 번은 중국군의 개입으로 인해서였다. 결국 막대한 인적, 물적 피해를 낳은 끝에 교착상태에 빠졌다. 한국전쟁은 새로 취임한 아이젠하워 대통령이 중국에게 합리적인 휴전안을 받아들이지 않으면 핵 공격을 감행하겠다고 위협한 이후에야 마무리되었다.

그 후 1965년부터 1973년까지 벌어진 베트남전쟁에서 미국은 대패했다. 1975년, 북베트남은 나라 전체를 점령했고, 전장의 승패를 떠나 미국의 국가적 자아는 큰 타격을 입었다.

뒤이어 1980년대 미국은 비교적 평화로운 시기를 보내며 레이건의 국방력 증강과 더불어 전환점을 맞이했다. 그렇다고는 해도

1983년 베이루트에서 발생한 비극적인 사건으로 해병대원 241명을 잃었고, 그 손실의 규모는 성공적이었던 그레나다 침공이나 당시 테러국이었던 리비아의 목표물에 대한 폭격으로도 회복할 수 없는 것이었다.

조지 H. W. 부시 대통령 재임기, 파나마에서 소규모 승리와 사막의 폭풍 작전에서 큰 승리를 거두며 미국의 자신감은 회복됐다. 하지만 1993년 소말리아 모가디슈에서 '블랙 호크 다운Black Hawk Down'의 비극을 겪었고, 상당한 지연과 엄청난 비극을 겪은 뒤에야 발칸반도의 대량학살을 제한할 방법을 찾는 등 남은 1990년대 동안 고군분투했다. 한편, 사담 후세인이 UN의 무기 사찰을 거부하면서 이라크는 계속 우려와 관심의 대상으로 남았다. 오사마 빈 라덴은 미국을 종이호랑이라고 확신하고, 알카에다의 대형 공격을 준비했다.

9·11테러 이후 미국은 아프가니스탄과 이라크에서 맹렬히 싸웠다. 2001년과 2003년 양쪽에서 모두 초기에 큰 성공을 거두었지만, 어느 쪽도 안정화하지 못한 긴 소모전에 빠졌다. 2007~2008년 이라크에서 증파 전략으로 폭력이 90퍼센트까지 감소했지만, 응집력 있는 이라크 정부를 만들어내는 데는 실패했다. 2014년 ISIS가 이라크의 4분의 1 정도를 점령했고 2021년 아프가니스탄 정부는 몰락했다.

미국이 한국, 베트남, 이라크, 아프가니스탄에서 벌인 4번의 큰 전쟁을 종합해보면, 한국과 이라크에서는 값비싼 교착상태를 만들었고, 베트남과 아프가니스탄에서는 실패한 것처럼 보일 것이다. 노골적으로 말하면 2무 2패의 기록으로 보인다. 1990년부터 현재까지 이라크에서 치른 전쟁을 별개로 본다면, 1승 2무 2패라고도 할 수 있겠다. 1945년 이후 지금까지 세계 최고의 군사력을 보유했음에도 말이다.

하지만 미국은 전 세계 GDP 3분의 2와 국방비 3분의 2를 차지하는 동맹국들의 연합을 이끌고 있다. 그 광범위한 동맹 네트워크에 속한 어느 나라도 4분의 3세기 동안 대규모 공격의 희생자가 되지 않았고(한국전쟁을 어떻게 규정하느냐에 따라 다르지만 말이다), 적어도 1953년부터 지구상에 강대국 간의 전쟁은 없었다. 미국은 이렇게 자주 실패하면서 어떻게 이런 성공을 거둘 수 있었을까?

어느 정도는 운이 작용했다. 19세기 독일 정치가 오토 폰 비스마르크의 표현대로, 신은 바보와 주정뱅이 그리고 미합중국에 특별한 섭리를 베푼 것처럼 보인다.

보다 진지한 답을 얻기 위해 국가의 규모, 경제적 기반, 일반적으로 안전한 (동시에 강한 군사 동맹을 구축할 만큼 동아시아와 서유럽과 가까운) 북미 지역 내 위치, 다문화 인구 구조(물론 여전히 국내적으로는 심각한 인종 갈등에 시달리지만), 혁신적이고 기업 친화적인 경제 시스템 및 우수한 연구소와 대학, (다소 결함은 있지만) 모범적 민주 정부 등 미국의 구조적 강점을 검토해보자. (타고난 '예외주의'보다는) 이러한 속성들이야말로 미국이 큰 실수를 저지르곤 하지만 세계 문제에 있어서 독자적이며 결정적인 역할을 하는 요인이다.

미국은 수많은 실패를 수용할 수 있을 만큼 강력하고 회복탄력성이 좋은 것처럼 보인다. 또한 적어도 북미 지역 밖으로는 미국이 팽창주의적 강대국이 되지 않았다는 사실도 큰 도움이 되었다. 다른 나라들이 미국을 싫어할 수는 있지만 두려워하지는 않으며, 많은 경우 미국과 동맹을 맺는 것이 유리하다고 생각한다. 이처럼 집단적으로 전 세계 GDP 3분의 2, 전 세계 국방비의 3분의 2를 차지하며 세계 최고 수준의 과학 및 산업력 우위를 누리는 서방 동맹 체제는 (중국의 부상에도 불구하고) 그 영속성과 신뢰성이 입증되었다.

미국이 많은 군사적 좌절을 겪었지만, 이를 완화해주는 의의도 있다. 한국전쟁에서 미국은 냉전의 중요한 시기에 공산주의자들의 침공 시도를 저지하는 선을 유지함으로써 한국이 오늘날처럼 번영하는 민주주의 국가로 성장하는 기회를 제공했다. 베트남에서는 분쟁 자체의 즉각적인 결과를 만회하진 못했지만, 결국 베트남 정권과 우호 관계를 맺었고, 지금은 중국에 대한 상호 안보 우려를 해결하는 데 협력하고 있다. 이라크전쟁을 통해 아랍민주주의의 바람직한 본보기를 만들어내지는 못했지만, 현지 상황은 조금씩 나아지고 있다. 적어도 살인을 마구 저지르던 사담 후세인 일가가 제거되어 다음 행동을 획책할 수 없다(사담 후세인의 아들 우다이와 쿠사이가 있었다는 사실을 잊지 말자).

이제 아프가니스탄전쟁과 밀리 장군이 말한 소위 '전략적 실패'에 대해 이야기해보자. 결국 실패로 끝난 이 전쟁에서 우리 모두가 교훈을 얻어야 한다고 인정한 그의 솔직하고 직설적인 태도는 칭찬받을 만하다. 미국이 20년간 노력을 쏟았는데도 회복력 있는 아프간 민주 정부를 건설하는 데 실패한 것은 사실이다. 그러나 탈레반은 서방과 또 다른 싸움을 원치 않는 듯 보인다. 그들은 2021년 8월 미국이 서방인 12만 명을 철수시키는 것을 도왔고, 확고히 권력을 이양받았는데도 과거 아프간인 미국 협력자들에게 보복성 유혈사태를 일으키지 않고 있다. 그들이 서방에 대한 새로운 공격을 계획할 때 알카에다와 손잡지 않기를 바라지만, 미국이 원거리 대테러 정책을 수행하고 있고, 그로 인한 정보와 군사적 어려움을 고려하면, 이러한 결과를 달성하는 것은 전보다 더 어려울 것이다. 탈레반은 미국과 군사 충돌을 피하는 것 외에, 정권의 외교적 인정과 아프가니스탄의 해외 은행 계좌 접근, 어느 정도의 미래 지원을 원하고 있다. 그러나 이 중 어떤 것도 미국이 아프가니스탄에 세우고자 했던 정부나 사회를 건설하는 데 도움이 되지 않을 것이며, 2021년 철수하겠다는 트럼프 대통령과 바이든 대통령의 결정을 만회하지도 못한다. 그러나 미국과 협력국들은 아프가니스탄의 새로운 현실에 대처할 상당한 영향력을 가지고 있다.

미국이 가진 힘의 역설은 미국이 그 힘을 전술적·작전적으로 사용하는 데 능숙하지 않을 순 있지만, 동맹과 글로벌 리더십이라는 시스템 자체가 본질적으로 굉장히 강력하기 때문에 수많은 타격에도 무너지지 않고 그 충격을 흡수할 수 있다는 데 있다.

그렇다고 해서 미래의 어려움과 위협에 대해 안일한 자세를 가져도 된다는 뜻은 아니다. 전쟁에 무책임한 태도나, 특히 강대국 간 관계와 분쟁 가능성과 관련해 상황이 항상 잘 풀릴 것이라는 믿음을 조장해서도 안 된다.

실제로, 이러한 유리한 힘의 상관관계 중 일부는 위기를 겪고 있다. 중국과 러시아가 진정으로 미국을 군사적으로 두려워하든 상관없이, 그들은 탈냉전 시기에 미국이 권력을 행사하는 데 분개하고 있으며 이를 저지하기 위해 언제든 위험을 감수할 준비가 되어 있는 것처럼 보인다. 이란과 북한은 미국이 주도한 아프가니스탄과 이라크, 리비아의 정권 교체 작전을 목격한 후, 목적은 서로 다르지만 각자 핵 야망에 더욱 전념하고 있다. 물론 미국은 이 국가들의 세계관을 수용해선 안 되지만, 이들이 느끼는 정서와 동기의 실체를 인정해야 한다.[1]

종합해보면, 미국은 기본적으로 미국의 지위에서 오는 힘에 자신감을 갖고 국가 안보 문제를 해결해야 한다. 이러한 현실은 어느 정도 자제와 (그렇지 않을 때보다 더 자주) 침착성을 요구할 수도 있다. 그 요령은 핵심 이익을 수호하고 대전략적 야망에 따라 무력 사용과 제한을 신중히 선택하는 것이다.

마지막 제언

나는 특히 1990년대 뜨거웠던 군사 문제 논쟁에 있어서 소위 전문가로서, 미래지향적 군사 사상과 역사의 적절한 상대적 역할을 고찰해왔다. 둘 다 국방 분석가나 전략가 교육에 중요하다. 그러나 각각의 역할은 좀 다르다. 미래지향적 연구는 오늘날 국방계획가가 군사 혁신과 현대화에 대한 비전을 발전시키는 데 큰 도움이 된다. 반면 위기 상황에 놓인 의사결정자, 전쟁과 평화에 대한 결정을 내려야 하는 상황에서 최고 정책입안자들을 보좌하는 사람들에게는 역사가 더 중요할 수 있다. 무기, 기술 및 관련 작전 개념에 지나치게 몰두하면 전쟁을 전환할 수 있는 능력을 과신하게 된다는 점을 일깨우는 것이 역사이기 때문이다. 특히 군사사는 근본적으로 냉정함을 요구한다. 그렇기 때문에 그 가치조차 과장하기 어렵다.

감사의 말

나는 역사의 가치를 이해하고 있는 정치학자들을(대부분은 내 교수님과 동료, 친구다) 비롯해 내게 영감을 준 사회 각계각층 인사들에게 큰 도움을 받았다. 이에 큰 감사를 표한다. 많은 이가 이 책의 일부 또는 전부를 읽고 소중한 피드백을 주었다. 그런데도 실수가 있다면 그건 온전히 내 책임이다. 존 앨런John Allen, 딕 베츠Dick Betts, 스티브 비들Steve Biddle(이 원고를 꼼꼼히 검토하며 큰 도움을 주었다.), 리처드 부시Richard Bush, 커트 캠벨Kurt Campbell, 그리고 알게 된 것만으로도 영광인 당대의 세 인물, 엘리엇 코헨Eliot Cohen, 콘래드 크레인Conrad Crane, 월터 크롱카이트Walter Cronkite와 이보 달더Ivo Daalder, 어린 시절에 다녔던 캐넌다이과 아카데미의 레이 델라Ray Della, 나의 소중한 멘토이자 훌륭한 친구인 할 페이브슨Hal Feiveson, 미셸 플러노이Michele Flournoy, 로리 프리드먼Lawry Freedman, 애런 프라이드버그Aaron Friedberg, 마이크 그린Mike Green, 밥 저비스Bob Jervis, 밥 케이건Bob Kagan, 프레드 케이건Fred Kagan, 짐 매티스Jim Mattis, 스탠 맥크리스탈Stan McChrystal, 해밀턴컬리지의 데이비드 밀러David Miller, 짐 밀러Jim Miller, 마이클 나이버그Michael Neiberg, 우리 아버지 에드워드 오핸런Edward O'Hanlon, 데이비드 퍼트레이어스David Petraeus, 배리 포즌Barry Posen, 켄 폴락Ken Pollack(믿을 수 없을 만큼 주의를 기울여 이 책을 읽어주었다.), 옐바 퀸Yelba Quinn, 알레한드라 로카Alejandra Rocha, 크리스 슈뢰더Chris Schroeder, 열심히 책을 읽어준 대인배 스티브 솔라즈Steve Solarz, 짐 스타인버그Jim Steinberg, 밥 스워타우트Bob Swartout, 스티브 스워타우트Steve Swartout, 역사에 대한 관심과 지식 면에서 내게 모범이 되고 이 책의 영감을 준 나의 평생지기 우디 터너Woody Turner, 리처드 울만Richard Ullman, 스티브 반 에베라Steve Van Evera, 대학원 시험을 치른 뒤 내게 계속 역사를 공부하라고 격려해준 스티브 월트Steve Walt, 폴 월포위츠Paul Wolfowitz, 캐서린 짐머만Katherine Zimmerman, 브루킹스연구소Brookings Institute의 빌 파이낸Bill Finan(그곳의 진정한 영웅), 사심 없는 모범적 리더십을 보여준 수잔 말로니Suzanne Maloney, 멜라니 시슨Melanie Sisson, 스트로브 탤보트Strobe Talbott, 케이틀린 탈매지Caitlin Talmadge, 애덤 트워도스키Adam Twardowski, 톰 라이트Tom Wright, 콜 비티Cole Beaty, 잭 브래들리Jack Bradley, 릴리 윈드홀츠Lily Windholz, 그리고 어느 익명의 검토자에게 깊은 감사를 전한다.

주석

서문

1 과거 다양한 시대의 전쟁을 다룬 책은 다음과 같이 여러 가지가 있다. Larry H. Addington, *The Patterns of War Since the Eighteenth Century*, second ed. (Indiana University Press, 1994); Jonathan M. House, *Combined Arms Warfare in the Twentieth Century* (University Press of Kansas, 2001); Theodore Ropp, *War in the Modern World*, rev. ed. (Johns Hopkins University Press, 2000); Robert A. Doughty, Ira D. Gruber, Roy K. Flint, Mark Grimsley, George C. Herring, Donald D. Horward, John A. Lynn, and Williamson Murray, *Warfare in the Western World: Military Operations Since 1871* (D.C. Heath and Company, 1996); and Richard Arthur Preston, Alex Roland, and S. F. Wise, *Men in Arms: A History of Warfare and Its Interrelationships with Western Society* (New York: Holt, Rinehart, and Winston, 1991). 웨스트포인트 역사학부에서는 이상의 내용을 온라인 텍스트로 제공하는 사이트를 만들었다. http://www.westpointhistoryofwarfare.com/; 와이글리(Weigley), 풀러(Fuller), 리델 하트(Liddell Hart) 등의 저서들도 이후 페이지에 인용된다. 나는 여기에 책 한 권이 더 추가되기를 바란다. 이 책은 1861년부터 2022년까지 미국이 치른 전쟁에 초점을 맞추고 국가적 대전략, 군사 전략 및 작전, 전술의 측면에서 오늘날에 적용 가능한 교훈을 찾아냈다는 점에서 이상의 문헌과 궤를 같이할 수 있을 것이다.

2 Maura Reynolds, " 'Yes He Would': Fiona Hill on Putin and Nukes," *Politico*,

February 28, 2022.

3 Robert Jervis, *Perception and Misperception in International Politics* (Princeton University Press, 1976).

4 Richard E. Neustadt and Ernest R. May, *Thinking in Time: The Uses of History for Decisionmakers* (New York: Free Press, 1988), pp. xix, 15–16, 234; Hal Brands and Jeremi Suri, "Introduction: Thinking about History and Foreign Policy," in *The Power of the Past: History and Statecraft*, edited by Hal Brands and Jeremi Suri (Brookings, 2016), pp. 11–13; Ernest R. May, *Lessons of the Past: The Use and Misuse of History in American Foreign Policy* (Oxford University Press, 1976), p. xi; and Gideon Rose, "Foreign Policy for Pragmatists: How Biden Can Learn from History in Real Time," *Foreign Affairs*, 100: 2 (March/April 2021), pp. 48–56.

5 Viktor E. Frankl, *Man's Search for Meaning* (Boston: Beacon Press, 2006), p. 154.

1 남북전쟁

1   Russell F. Weigley, *A Great Civil War: A Military and Political History, 1861–1865* (Indiana University Press, 2000), pp. 231–36; James M. McPherson, *Battle Cry of Freedom* (Oxford University Press, 1988), pp. 306–07; History.net, "Civil War Battles," Arlington, Va., 2020, historynet .com/civil-war-battles; and NationalPark Service, "The Civil War," 2020, nps .gov/civilwar/facts.htm.

2 National Park Service, "The Civil War," Washington, DC, 2020.

3 Guy Gugliotta, "New Estimate Raises Civil War Death Toll," *New York Times*, April 2, 2012; Nese F. DeBruyne, "American War and Military Operations Casualties: Lists and Statistics," Congressional Research Service, April 26, 2017, census .gov/history/pdf/wwi-casualties112018.pdf.

4 Michael E. O'Hanlon, *Defense 101: Understanding the Military of Today and Tomorrow* (Cornell University Press, 2021), p. 58; and Stephen Daggett, "Costs of Major U.S. Wars," Congressional Research Service, Washington, DC, 2010, https://fas.org/sgp/crs/natsec/RS22926.pdf.

5 Andrew F. Krepinevich, "From Cavalry to Computer: The Pattern of Military Revolutions," *National Interest*, 37 (Fall 1994); and Eliot A. Cohen, *Supreme Command: Soldiers, Statesmen, and Leadership in Wartime* (New York: Free Press, 2002), pp. 23–29.

6 Cohen, *Supreme Command*, p. 25.

7 Phillip R. Kemmerly, "Rivers, Rails, and Rebels: Logistics and Struggle to Supply U.S.

Army Depot at Nashville, 1862–1865," *Journal of Military History*, 84 (July 2020), pp. 713–46.
8   Paddy Griffith, *Battle Tactics of the Civil War* (Yale University Press, 1989).
9   Max Boot, *War Made New: Technology, Warfare, and the Course of History, 1500 to Today* (New York: Gotham Books, 2006), pp. 128–29.
10 Boot, *War Made New*, pp. 174–75.
11 Martin Van Creveld, *Technology and War: From 2000 B.C. to the Present*, rev. and exp. ed. (New York: Free Press, 1991), pp. 181, 191, 208.
12 Krepinevich, "From Cavalry to Computer.
13 Cohen, *Supreme Command*, pp. 23–29.
14 Weigley, *A Great Civil War*, p. 34.
15 Ibid., pp. 279, 283.
16 Joseph G. Dawson III, "Jefferson Davis and the Confederacy's 'Offensive-Defensive' Strategy in the U.S. Civil War," *Journal of Military History*, 73(April 2009), pp. 591–607.
17 Weigley, *A Great Civil War*, pp. 29–35.
18 Jefferson Davis, *The Rise and Fall of the Confederate Government* (Middletown, DE: Pantianos Classics), p. 140.
19 Daniel T. Canfield, "Opportunity Lost: Combined Operations and the Development of Union Military Strategy, April 1861-April 1862," *Journal of Military History*, 79 (July 2015), 657–90; and Cohen, Supreme Command, pp. 31–33.
20 Michael Walzer, *Just and Unjust Wars* (New York: Basic Books, 1977), pp. 32–33.
21 David Petraeus, "Take the Confederate Names Off Our Army Bases," *The Atlantic*, June 9, 2020.
22 Carl Sandburg, *Abraham Lincoln: The Prairie Years and the War Years*, onevol. ed. (New York: Galahad Books, 1954), p. 250.
23 Bruce Catton, *Mr. Lincoln's Army* (Garden City, NY: Doubleday and Company, 1951), p. 206
24 McPherson, *Battle Cry of Freedom*, pp. 1–233.
25 David W. Blight, *Frederick Douglass: Prophet of Freedom* (New York:Simon and Schuster, 2018), p. 304.
26 McPherson, *Battle Cry of Freedom*, pp. 1–233.
27 Davis, *The Rise and Fall of the Confederate Government*, p. 143.
28 William J. Cooper, Jr., *Jefferson Davis, American* (New York: Vintage Books, 2000), p. 366.
29 H. W. Brands, *The Zealot and the Emancipator and the Struggle for American Freedom* (New York: Doubleday, 2020), pp. 1–3.

30 Weigley, *A Great Civil War*, pp. 25–28.
31 Adam Goodheart, *1861: The Civil War Awakening* (New York: Alfred A.Knopf, 2011), pp. 159–60
32 McPherson, *Battle Cry of Freedom*, p. 250.
33 Ibid., p. 313.
34 Review by David Welker of Peter G. Tsouras, *Major General George H. Sharpe and the Creation of American Military Intelligence in the Civil War* (NewYork: Casemate Publishers, 2019), in Studies in Intelligence, 64:4 (December 2020), pp. 65–66.
35 Weigley, *A Great Civil War*, p. xx.
36 Stephen E. Ambrose, "America's Civil War Comes to West Point," *Civil War Times Illustrated* (August 1965), historynet.com/americas-civil-war-comes-to-west-point.htm.
37 Weigley, *A Great Civil War*, pp. 24–25.
38 Sandburg, *Abraham Lincoln*, p. 231
39 Clayton Newell, *The Regular Army before the Civil War, 1845–1860* (Carlisle, PA: U.S. Army War College, 2014), p. 50, https://history.army.mil /html/books/075/75-1/CMH_Pub_75-1.pdf.
40 John Lewis Gaddis, *On Grand Strategy* (New York: Penguin Books, 2018),p. 234.
41 Brands, *The Zealot and the Emancipator*, p. 273.
42 David Herbert Donald, *Lincoln* (New York: Simon and Schuster, 1995),p. 295
43 Robert Kagan, *Dangerous Nation: America's Foreign Policy from Its Earliest Days to the Dawn of the Twentieth Century* (New York: Random House, 2006), p. 262
44 Brands, *The Zealot and the Emancipator*, p. 304.
45 President Abraham Lincoln, Second Inaugural Address, Washington, DC, March 4, 1865, quoted in Carl Sandburg, Abraham Lincoln: The Prairie Years and the War Years, One Volume Edition (New York: Galahad Books,1954), p. 664
46 Abraham Lincoln, "Message to Congress in Special Session, July 4, 1861," in John Grafton, ed., Great Speeches of Abraham Lincoln (New York: Dover Publications, 1991), p. 69.
47 Weigley, *A Great Civil War*, p. 24.
48 Donald, *Lincoln*, p. 281.
49 Emory M. Thomas, *Robert E. Lee* (New York: Norton, 1997), p. 197
50 Shelby Foote, *The Civil War, a Narrative: Fort Sumter to Perryville* (New York: Vintage Books,1958), pp. 73–74.

51   Ibid., p. 60.
52   Kagan, *Dangerous Nation*; and DeBruyne, "American War" pp. 1–2.
53   McPherson, *Battle Cry of Freedom*, pp. 317, 332.
54   Ulysses S. Grant, *The Complete Personal Memoirs of Ulysses S. Grant* (Springfield, MA.: Seven Treasures Publications, 2010), p. 131
55   McPherson, *Battle Cry of Freedom*, pp. 600–11.
56   Weigley, *A Great Civil War*, pp. xxiv–xxviii.
57   Catton, *Mr. Lincoln's Army*, pp. 15–16.
58   Foote, *The Civil War, a Narrative*, p. 63.
59   Weigley, *A Great Civil War*, pp. 15–18.
60   See for example, Eugene D. Genovese, *The Political Economy of Slavery: Studies in the Economy and Society of the Slave South*, 2nd ed. (Wesleyan University Press, 1989).
61   Adam Goodheart, *1861: The Civil War Awakening* (New York: Alfred A. Knopf, 2011), pp. 174–84.
62   Thomas, *Robert E. Lee*, p. 314.
63   Donald, *Lincoln*, p. 260.
64   McPherson, *Battle Cry of Freedom*, p. 284.
65   Ibid., pp. 297–303.
66   Catton, *Mr. Lincoln's Army*, pp. 55–60.
67   Sandburg, *Abraham Lincoln*, p. 252.
68   Foote, *The Civil War, a Narrative*, p. 93.
69   McPherson, *Battle Cry of Freedom*, pp. 339–68
70   Weigley, *A Great Civil War*, pp. 58–63.
71   Ibid., pp. 72–77.
72   Kevin J. Weddle, "'The Fall of Satan's Kingdom': Civil-Military Relations and the Union Navy's Attack on Charleston, April 1863," *Journal of Military History*, 75 (April 2011), pp. 411–39
73   Weigley, *A Great Civil War*, pp. 72–77, 223–24, 420.
74   McPherson, *Battle Cry of Freedom*, pp. 382, 440.
75   Donald, *Lincoln*, p. 296.
76   McPherson, *Battle Cry of Freedom*, pp. 318–33.
77   Weigley, *A Great Civil War*, pp. 111–18.
78   Bruce Catton, *Grant Moves South, 1861–1863* (Boston: Little, Brown, and Company, 1960), p. 242.

79　Grant, *Memoirs*, p. 131.
80　John MacDonald, *Great Battles of the Civil War* (New York: Collier Books, 1988), p. 31.
81　McPherson, *Battle Cry of Freedom*, pp. 418–20.
82　Ibid., pp. 392–427.
83　MacDonald, *Great Battles of the Civil War*, pp. 80–87.
84　McPherson, *Battle Cry of Rreedom*, pp. 324–25.
85　Stephen W. Sears, *George B. McClellan: The Young Napoleon* (New York: De Capo Press, 1999), p. 1.
86　Weigley, *A Great Civil War*, pp. 120–21.
87　McPherson, *Battle Cry of Freedom*, pp. 377–78.
88　MacDonald, *Great Battles of the Civil War*, p. 32.
89　Donald Stoker, "McClellan's War Winning Strategy," *MHQ—The Quarterly Journal of Military History*, 23: 4 (Summer 2011).
90　Weigley, *A Great Civil War*, pp. 93–94.
91　Ibid., pp. 129–34.
92　Sandburg, *Abraham Lincoln*, p. 259.
93　McPherson, *Battle Cry of Freedom*, pp. 454–77.
94　Wiegley, *A Great Civil War*, pp. 135–44.
95　McPherson, *Battle Cry of Freedom*, p. 490.
96　Weigley, *A Great Civil War*, pp. 135–44.
97　MacDonald, *Great Battles of the Civil War*, pp. 48–55.
98　Weigley, *A Great Civil War*, pp. 135–44.
99　MacDonald, *Great Battles of the Civil War*, pp. 56–67.
100　Weigley, *A Great Civil War*, pp. 153–54.
101　Sandburg, *Abraham Lincoln*, p. 324.
102　MacDonald, *Great Battles of the Civil War*, pp. 68–79
103　Catton, *Grant Moves South*, p. 366.
104　Grant, *Memoirs*, pp. 161–62.
105　Ibid., p. 162
106　Ibid., p. 169
107　J.F.C. Fuller, *Decisive Battles of the Western World, Volume III: From the American Civil War to the End of the Second World War* (London: Cassell and Co., 2001), p. 57
108　Grant, *Memoirs*, pp. 188–203.
109　MacDonald, *Great Battles of the Civil War*, pp. 88–99.

110 Thomas, *Robert E. Lee*, p. 287.
111 Weigley, *A Great Civil War*, p. 229.
112 Thomas, *Robert E. Lee*, p. 288
113 MacDonald, *Great Battles of the Civil War*, pp. 100–11.
114 Weigley, *A Great Civil War*, p. 277.
115 Ibid., p. 278.
116 Ibid., pp. 277–85.
117 Addington, *The Patterns of War since the Eighteenth Century*, p. 76.
118 MacDonald, *Great Battles of the Civil War*, pp. 112–31.
119 Catton, *Grant Takes Command*, p. 5.
120 Ibid., pp. 1–85.
121 Ibid., p. 93.
122 Ibid., p. 139.
123 Ken Burns, "The Civil War," PBS Documentary Series, 1990.
124 Catton, *Grant Takes Command*, p. 368.
125 McPherson, *Battle Cry of Freedom*, pp. 718–24.
126 Cohen, *Supreme Command*, pp. 15–16.
127 McPherson, *Battle Cry of Freedom*, pp. 726–43.
128 Ethan S. Rafuse, "'Little Phil,' a 'Bad Old Man,' and the 'Gray Ghost:' Hybrid Warfare and the Fight for the Shenandoah Valley, August-November 1864," *Journal of Military History*, 81 (July 2017), 775–801.
129 McPherson, *Battle Cry of Freedom*, p. 757.
130 Ibid., p. 809.
131 Fuller, *Decisive Battles of the Western World*, p. 84.
132 McPherson, *Battle Cry of Freedom*, pp. 811–19.
133 Grant, *Memoirs*, pp. 291–305; Weigley, A Great Civil War, pp. 423–34.
134 McPherson, *Battle Cry of Freedom*, pp. 844–50.
135 Weigley, *A Great Civil War*, p. 67.
136 United States Marine Corps, *Campaigning* (Department of the Navy, 1997), pp. 21–30, marines.mil/Portals/1/Publications/MCDP%201-2%20Campaigning.pdf.
137 Weigley, *A Great Civil War*, pp. 358–67.
138 Fuller, *Decisive Battles of the Western World*, pp. 12–52.
139 Jay Winik, *April 1865: The Month That Saved America* (New York: HarperCollins, 2001), pp. 147–72.

140 Weigley, *A Great Civil War*, pp. xx–xxiv, 324–330. See also, Stephen Badsey, Donald Stoker, and Joseph G. Dawson III, "Forum II: Confederate Military Strategy in the U.S. Civil War Revisited," *Journal of Military History*, 73 (October 2009), pp. 1273–87.
141 Carl von Clausewitz, *On War*, edited and translated by Michael Howard and Peter Paret (Princeton University Press, 1976), pp. 117–18.
142 Doris Kearns Goodwin, *Team of Rivals: The Political Genius of Abraham Lincoln* (New York: Simon and Schuster, 2006), pp. 475–80.
143 Sears, *George B. McClellan*, pp. 98–99.
144 Eliot A. Cohen and John Gooch, *Military Misfortunes: The Anatomy of Failure in War* (New York: Free Press, 1990), p. 244.
145 Weigley, *A Great Civil War*, p. 254.
146 Ibid., pp. 29–35.
147 Alain C. Enthoven and K. Wayne Smith, *How Much Is Enough? Shaping the Defense Program, 1961–1969* (Santa Monica, CA: RAND, 2005).

2 제1차 세계대전

1 Christopher Clark, *The Sleepwalkers: How Europe Went to War in 1914* (New York: HarperCollins, 2013), pp. 3–64.
2 Ibid., pp. 83–87, 254–55, 266–92.
3 Michael S. Neiberg, *Dance of the Furies: Europe and the Outbreak of World War I* (Harvard University Press, 2011), pp. 1–35.
4 Paul Kennedy, *The Rise and Fall of the Great Powers: Economic Change and Military Conflict from 1500 to 2000* (New York: Random House, 1987), p. 243.
5 Barbara W. Tuchman, *The Guns of August* (New York: Bantam Books, 1976), p. 25.
6 Stephen Van Evera, "Why Cooperation Failed in 1914," in *Cooperation Under Anarchy*, edited by Kenneth A. Oye (Princeton University Press, 1986), pp. 90–92.
7 Clark, *The Sleepwalkers*, p. 173.
8 Adam Tooze, *The Deluge: The Great War, America and the Remaking of the Global Order, 1916–1931* (New York: Viking, 2014), pp. 50–67; U.S. Census Bureau, "Statistical Abstract of the United States," Department of Defense Personnel (www.census.gov/compendia/statab); and U.S. Army Center of Military History, "American Military History," vols. 1 and 2 (history.army.mil/books).
9 Gerhard P. Gross, "There Was a Schlieffen Plan: New Sources on the History of

German Military Planning," *War in History* (November 2008).

10 Shashi Tharoor, "Why the Indian Soldiers of World War I Were Forgotten," *BBC News*, July 2, 2015, bbc.com/news/magazine-33317368.

11 See Joseph S. Nye, Jr., "1914 Revisited?" *Project Syndicate*, January 13, 2014, project-syndicate.org/commentary/joseph-s--nye-asks-whether-war-between-china-and-the-us-is-as-inevitable-as-many-believe-world-war-i-to-have-been?barrier=accesspaylog.

12 Kennedy, *The Rise and Fall of the Great Powers*, pp. 219–20.

13 Clark, *The Sleepwalkers*, p. 208.

14 Stephen Van Evera, "The Cult of the Offensive and the Origins of the First World War," in *Military Strategy and the Origins of the First World War*, edited by Steven E. Miller, Sean M. Lynn-Jones, and Stephen Van Evera, rev. and exp. ed. (Princeton University Press, 1991), pp. 81–83; and Clark, *The Sleepwalkers*, pp. 326.34.

15 Stephen Van Evera, "European Militaries and the Origins of World War I," in The Next Great War? *The Roots of World War I and the Risk of U.S.-China Conflict*, edited by Richard N. Rosecrance and Steven E. Miller (MIT Press, 2015), p. 152.

16 John C. G. Rohl, *Kaiser Wilhelm II* (Cambridge University Press, 2015), pp. 135–63.

17 Ibid., p. xvi.

18 "Stephen Van Evera Revisits World War I, One Century After Its Bitter End," *MIT Center for International Studies Magazine* (Fall 2018), https://cis.mit.edu/publications/analysis-opinion/2018/stephen-van-evera-revisits-world-war-i-one-century-after-its.

19 Clark, *The Sleepwalkers*, pp. 484–87; and Stephen Van Evera, Causes of War (Cornell University Press, 1999), p. 133.

20 Tuchman, *The Guns of August*, p. 162.

21 Mark McNeilly, "The Battle of the Military Theorists: Clausewitz versus Sun Tzu," *History News Network*, George Washington University, January 25, 2015, https://historynewsnetwork.org/article/158123#:~:text=Clausewitz%20then%20stated%20that%20the,would%20end%20the%20war%20favorably; and Tuchman, *The Guns of August*, p. 36.

22 Lawrence Freedman, *Strategy: A History* (Oxford University Press, 2013), p. 124.

23 Hew Strachan, "Clausewitz and the First World War," *Journal of Military History*, 75 (April 2011), pp. 367–91.

24 Thucydides, *History of the Peloponnesian War* (New York: Penguin Books, 1972), pp.

79–80 (book one, sections 75 and 76).
25 Ibid., pp. 400–02 (book five, sections 84 through 89).
26 Donald Kagan, *On the Origins of War: And the Preservation of Peace* (New York: Anchor Books, 1996), p. 134.
27 Cathal J. Nolan, *The Allure of Battle: A History of How Wars Have Been Won and Lost* (Oxford University Press, 2019), pp. 1.17.
28 Geoffrey Blainey, *The Causes of War*, third edition (New York: Free Press, 1978), pp. 35.39.
29 Tuchman, *The Guns of August*, pp. 142–43, 221–33.
30 Van Evera, "The Cult of the Offensive," pp. 89, 98–99.
31 Ibid., p. 91.
32 MacMillan, *The War that Ended Peace*, p. 343.
33 Glenn H. Snyder, *Alliance Politics* (Cornell University Press, 1997), pp. 254–60.
34 Clark, *The Sleepwalkers*, p. 93.
35 John Keegan, *The First World War* (New York: Alfred A. Knopf, 1999), pp. 52, 70.
36 Kagan, *On the Origins of War*, pp. 114–19; and Clark, The Sleepwalkers, p. 121.
37 Bernadotte E. Schmitt, *Triple Alliance and Triple Entente* (New York: Henry Holt and Company, 1934), pp. 6, 34–37.
38 Robert Jervis, *Perception and Misperception in International Politics* (Princeton University Press, 1976), p. 92.
39 Margaret MacMillan, *The War that Ended Peace: The Road to 1914* (Toronto: Allen Lane, 2013), pp. 49–55.
40 Jervis, *Perception and Misperception*, p. 110.
41 Clark, *The Sleepwalkers*, p. 130.
42 MacMillan, *The War that Ended Peace*, pp. 158–59.
43 Clark, *The Sleepwalkers*, pp. 222–24, 293–313.
44 MacMillan, *The War that Ended Peace*, p. 82.
45 Ibid., pp. 49–53.
46 Clark, *The Sleepwalkers*, pp. 138.39; Macmillan, *The War that Ended Peace*, p. 55; and Kennedy, *Rise and Fall of the Great Powers*, pp. 250–56.
47 Clark, *The Sleepwalkers*, pp. 123, 139.
48 Kennedy, *The Rise and Fall of the Great Powers*, p. 252; Clark, *The Sleepwalkers*, pp. 129–30; and Kagan, *On the Origins of War*, pp. 151.53.
49 Robert K. Massie, *Dreadnought: Britain, Germany, and the Coming of the Great War*

(New York: Ballantine Books, 1991), pp. 890–900.
50. Kagan, *On the Origins of War*, pp. 205–14.
51. Peter Gatrell, *Russia's First World War: A Social and Economic History* (London: Pearson Education Limited, 2005), p. 3.
52. Dale C. Copeland, *Economic Interdependence and War* (Princeton University Press, 2015), pp. 122–33.
53. Schmitt, *Triple Alliance and Triple Entente*.
54. Dennis E. Showalter, *Tannenberg: Clash of Empires, 1914* (Lincoln, NE: Potomac Books, 2004), p. 219.
55. Hew Strachan, *The First World War* (New York: Penguin Books, 2013), p. 43.
56. Bodie D. Dykstra, "'To Dig and Burrow Like Rabbits:' British Field Fortifications at the Battle of the Aisne, September to October 1914," *Journal of Military History*, 84 (July 2020), pp. 747–73.
57. Mike Bullock, Laurence Lyons, and Phillip Judkins, "A Resolution of the Debate about British Wireless in World War I," *Journal of Military History*, 84 (October 2020), pp. 1079–96; and Keegan, *The First World War*, pp. 162–63.
58. Max Boot, *War Made New*, pp. 146.195; and Michael Howard, "Men Against Fire," in *Military Strategy and the Origins of the First World War*, edited by Steven E. Miller, Sean M. Lynn-Jones, and Stephen Van Evera, rev. and exp. ed. (Princeton University Press, 1991), pp. 3–19.
59. H. A. Feiveson, *Scientists Against Time: The Rose of Scientists in World War II* (Bloomington, IN: Archway Publishing, 2018), p. 43.
60. Russell F. Weigley, *The American Way of War* (Indiana University Press, 1973), pp. 224–25.
61. Strachan, *The First World War*, p. 313.
62. Van Creveld, *Technology and War*, pp. 167–97.
63. Strachan, *The First World War*, p. 312.
64. 더 넓은 관점에서 이 시기의 전투 양상을 간략히 알아보려면 다음을 참고하라. Van Creveld, *Technology and War*, pp. 199–216.
65. Norman Van Der Veer, "Mining Operations in the War," *United States Naval Institute Proceedings*, 45: 11 (November 1919), pp. 1857–65.
66. Tuchman, *The Guns of August*, p. 35.
67. Kennedy, *The Rise and Fall of the Great Powers*, pp. 203, 274; and John Keegan, The First World War, p. 73.

68 Keegan, *The First World War*, pp. 35–36.
69 Van Evera, "Why Cooperation Failed in 1914," pp. 80–117.
70 Julian E. Zelizer, *Arsenal of Democracy: The Politics of National Security—from World War II to the War on Terrorism* (New York: Basic Books, 2010), pp. 28–38.
71 Weigley, *The American Way of War*, pp. 192–204.
72 Jack Snyder, "Civil-Military Relations and the Cult of the Offensive, 1914 and 1984," in *Military Strategy and the Origins of the First World War*, edited by Steven E. Miller, Sean M. Lynn-Jones, and Stephen Van Evera, rev. and exp. ed. (Princeton University Press, 1991), pp. 24–30.
73 MacMillan, *The War that Ended Peace*, pp. 318–23.
74 Keegan, *The First World War*, pp. 25–28.
75 B. H. Liddell Hart, *Strategy*, second rev. ed. (New York: Meridian Books, 1967), pp. 151–56.
76 Tuchman, *The Guns of August*, pp. 38–44.
77 Ibid., pp. 50–70, 264.
78 Robert A. Doughty, "French Strategy in 1914: Joffre's Own," *Journal of Military History*, 67 (April 2003), pp. 427–54.
79 Robert A. Doughty, *Pyrrhic Victory: French Strategy and Operations in the Great War* (Harvard University Press, 2005), pp. 54–57.
80 Tuchman, *The Guns of August*, pp. 69–70.
81 Ibid., pp. 75–87, 297–325; MacMillan, *The War that Ended Peace*, pp. 587–88, 600–03; Clark, *The Sleepwalkers*, p. 508.
82 Clark, *The Sleepwalkers*, pp. 451–52.
83 Keegan, *The First World War*, pp. 30–47.
84 MacMillan, *The War that Ended Peace*, p. 358.
85 Tuchman, *The Guns of August*, p. 39.
86 Robert Kagan, *Dangerous Nation, Volume II: America and the Collapse of World Order, 1900–1941*, forthcoming.
87 Michael S. Neiberg, *The Path to War: How the First World War Created Modern America* (Oxford University Press, 1916), pp. 66–94.
88 Ibid., pp. 152, 175, 209.
89 Sean M. Zeigler et al., *The Evolution of U.S. Military Policy from the Constitution to the Present*, Vol. II (Santa Monica, CA: RAND, 2020), p. 63; Robert B. Zoellick, *America in the World: A History of U.S. Diplomacy and Foreign Policy* (New York: Twelve, 2020), pp.

147–49; and Kagan, *Dangerous Nation II*.
90 Kagan, *On the Origins of War*, p. 97.
91 Keegan, *The First World War*, pp. 24–28, 33; and Clark, The Sleepwalkers, p. 222.
92 MacMillan, *The War that Ended Peace*, p. 325.
93 Ibid., p. 203.
94 Jervis, *Perception and Misperception*, p. 54.
95 Tuchman, *The Guns of August*, pp. 99–100; and Clark, *The Sleepwalkers*, pp. 527–37.
96 Clark, *The Sleepwalkers*, pp. 214–24.
97 Annika Mombauer, *The Origins of the First World War: Controversies and Consensus* (London: Pearson Education Limited, 2002), p. 14.
98 Clark, *The Sleepwalkers*, pp. 451–69.
99 Keegan, *The First World War*, pp. 48–70.
100 Mombauer, *The Origins of the First World War*, p. 204.
101 Van Evera, *Causes of War*, pp. 49, 63, 137.
102 Tuchman, *The Guns of August*, pp. 91–101.
103 Ibid., pp. 102–03.
104 Eric Pace, "Barbara Tuchman Dead at 77: A Pulitzer-Winning Historian," *New York Times*, February 7, 1989.
105 Tuchman, *The Guns of August*, pp. 105–19.
106 MacMillan, *The War that Ended Peace*, p. 622.
107 Tuchman, *The Guns of August*, p. 146.
108 Ibid., pp. 150–57.
109 Keegan, *The First World War*, pp. 69–70.
110 Tuchman, *The Guns of August*, pp. 188–220.
111 Keegan, *The First World War*, pp. 71–89.
112 Tuchman, *The Guns of August*, pp. 234–261; and Keegan, *The First World War*, pp. 89–94.
113 Tuchman, *The Guns of August*, pp. 381–90.
114 Ibid., pp. 408–09.
115 Holger H. Herwig, *The Marne, 1914: The Opening of World War I and the Battle that Changed the World* (New York: Random House, 2011), pp. 51–53, 191–94, 307–19.
116 Keegan, *The First World War*, pp. 100–112.
117 Herwig, *The Marne*, 1914, p. 231.
118 Keegan, *The First World War*, p. 22, 112; and John Keegan, A History of Warfare (New

York: Vintage Books, 1994), p. 307.
119 Herwig, *The Marne*, 1914, p. xii.
120 G.J. Meyer, *A World Undone: The Story of the Great War, 1914 to 1918* (New York: Random House, 2006), p. 202; and Tuchman, *The Guns of August*, pp. 440–59.
121 Herwig, *The Marne*, pp. xiii, 262.
122 Keegan, *The First World War*, pp. 112–20.
123 Ibid., p. 114.
124 Quoted in Herwig, *The Marne*, p. 311.
125 Herwig, *The Marne*, 1914, p. xi.
126 Ibid., pp. 266–306.
127 Keegan, *The First World War*, pp. 122–27.
128 Mark Connelly and Stefan Goebel, *Great Battles: Ypres* (Oxford: Oxford University Press, 2018), p. 4.
129 Keegan, *The First World War*, pp. 127–37.
130 Ibid., pp. 135–36.
131 Ibid., p. 153.
132 Ibid., pp. 141–51.
133 Ibid., pp. 144, 151.
134 Dennis E. Showalter, Tannenberg: *Clash of Empires, 1914* (Lincoln, NE: Potomac Books, 2004), pp. 292, 323; and Tuchman, The Guns of August, pp. 297–346.
135 Showalter, *Tannenberg*, p. 347.
136 Tuchman, *The Guns of August*, p. 345.
137 Showalter, *Tannenberg*, pp. 326–27.
138 Alexander Watson, *The Fortress: The Siege of Przemysl and the Making of Europe's Bloodlands* (New York: Basic Books, 2020), pp. 1–54.
139 Tuchman, *The Guns of August*, p. 345; and Keegan, The First World War, p. 245.
140 Keegan, *The First World War*, p. 170.
141 Ibid., pp. 165–71.
142 Michael J. Green, *By More than Providence: Grand Strategy and American Power in the Asia Pacific Since 1783* (Columbia University Press, 2017), pp. 123–31.
143 Tuchman, *The Guns of August*, pp. 161–87.
144 Ropp, *War in the Modern World*, p. 246.
145 Herwig, *The Marne*, 1914, p. 315.
146 Stephen Biddle, *Military Power: Explaining Victory and Defeat in Modern Battle*

(Princeton University Press, 2004), pp. 28–51.
147 Paddy Griffith, *Battle Tactics of the Western Front: The British Army's Art of Attack, 1916–18* (Yale University Press, 1994), pp. 199–200.
148 Meyer, *A World Undone*, pp. 291–304.
149 Connelly and Goebel, *Great Battles: Ypres*, pp. 5, 27.
150 Keegan, *The First World War*, pp. 192–203.
151 Doughty, *Pyrrhic Victory*, p. 509.
152 Paul Jankowski, *Verdun: The Longest Battle of the Great War* (Oxford University Press, 2016), pp. 9–10, 119–20.
153 Jankowski, *Verdun*, pp. 111–20.
154 Ibid., p. 114.
155 Ibid., p. 43.
156 Ibid., p. 117.
157 Ibid., pp. ix–xi.
158 Biddle, *Military Power*, pp. 28–51.
159 See Peter Hart, *The Somme: The Darkest Hour on the Western Front* (New York: Pegasus Books, 2010), p. 58.
160 Ibid., pp. 109–210, 538–48.
161 Keegan, *The First World War*, pp. 278–99.
162 See Hart, *The Somme*, p. 530.
163 Keegan, *The First World War*, p. 299.
164 Ibid., pp. 229–34.
165 Ibid., pp. 302–06.
166 Ibid., pp. 217–30.
167 Cohen and Gooch, *Military Misfortunes: The Anatomy of Failure in War* (New York: Free Press, 2006), pp. 133–46.
168 L. A. Carlyon, *Gallipoli* (London: Bantam Books, 2003), p. 645.
169 Ibid., p. 643.
170 Ibid., pp. 19–20.
171 Samantha Power, *"A Problem from Hell": America and the Age of Genocide* (New York: Basic Books, 2013), pp. 1–16.
172 Holloway H. Frost, "A Description of the Battle of Jutland," *United States Naval Institute Proceedings*, 45: 11 (November 1919), p. 1842; and John Brooks, *The Battle of Jutland* (Cambridge University Press, 2016), pp. 131–43.

173 Rush Doshi and Kevin McGuiness, "Huawei Meets History: Great Powers and Telecommunications Risk, 1840–2021," Center on Security, Strategy and Technology Paper, Brookings Institution, Washington, DC, April 2021, brookings.edu/wp-content/uploads/2021/03/Huawei-meets-history-v4.pdf.

174 Jason Hines, "Sins of Omission and Commission: A Reassessment of the Role of Intelligence in the Battle of Jutland," *Journal of Military History*, 72:4 (October 2008), pp. 1117–53.

175 National Records of Scotland, "Battle of Jutland 1916," nrscotland.gov.uk/research/learning/first-world-war/the-battle-of-jutland.

176 John Brooks, *The Battle of Jutland* (Cambridge University Press, 2016), pp. 63–96.

177 Brooks, *The Battle of Jutland*, pp. 36–48.

178 Robert K. Massie, *Castles of Steel: Britain, Germany, and the Winning of the Great War at Sea* (New York: Random House, 2003), pp. 579–605.

179 Ibid., pp. 606–34.

180 Imperial War Museums, "Battle of Jutland Timeline," 2021, iwm.org.uk/history/battle-of-jutland-timeline;and Massie, *Castles of Steel*, pp. 635–57.

181 Brooks, *The Battle of Jutland*, p. 514.

182 Keegan, *The First World War*, pp. 257–74.

183 Van Creveld, *Technology and War*, pp. 207, 216.

184 Krepinevich, "From Cavalry to Computer."

185 Massie, *Castles of Steel*, pp. 715–38; and Tooze, *The Deluge*, pp. 34–35.

186 Zoellick, *America in the World*, pp. 154–65.

187 Keegan, *The First World War*, pp. 322–30.

188 Ibid., pp. 330–32.

189 Gatrell, *Russia's First World War*, pp. 132–50.

190 Keegan, *The First World War*, pp. 332–43.

191 Tooze, *The Deluge*, p. 108.

192 Keegan, *The First World War*, pp. 343–50.

193 Ibid., pp. 350–54.

194 Neiberg, *The Path to War*, pp. 206–37.

195 Peter T. Underwood, "General Pershing and the U.S. Marines," *Marine Corps History*, 5:2 (Winter 2019), p. 7; and Keegan, *The First World War*, pp. 372–73, 410; and Edward M. Coffman, *The Regulars: The American Army, 1898–1941* (Harvard University Press, 2007), p. 203.

196 Doris Kearns Goodwin, *The Bully Pulpit: Theodore Roosevelt, William Howard Taft, and the Golden Age of Journalism* (New York: Simon and Schuster, 2013), p. 744.
197 Zelizer, *Arsenal of Democracy*, p. 28.
198 Nick Lloyd, *Passchendaele: A New History* (New York: Penguin, 2017), pp. 1–9, 108–09, 143–44, 287–303; and Connelly and Goebel, *Great Battles: Ypres*, pp. 7–8.
199 Connelly and Goebel, *Great Battles: Ypres*, p. 61.
200 John McCrae, "In Flanders Fields," Poetry Foundation, Chicago, 2021, https://www.poetryfoundation.org/poems/47380/in-flanders-fields.
201 Keegan, *The First World War*, pp. 369–71.
202 Ibid., p. 354.
203 Massie, *Castles of Steel*, p. 738.
204 Keegan, *The First World War*, p. 374.
205 Doughty, *Pyrrhic Victory*, p. 511.
206 Griffith, *Battle Tactics of the Western Front*, pp. 84–93.
207 Michael S. Neiberg, *The Second Battle of the Marne* (Indiana University Press, 2008), p. 65; and Biddle, *Military Power*, pp. 78–107.
208 Timothy T. Lupfer, "The Dynamics of Doctrine: The Changes in German Tactical Doctrine During the First World War," *Leavenworth Papers*, 4 (Fort Leavenworth, Kansas: U.S. Army Command and General Staff College, July 1981), pp. 37–58.
209 Neiberg, *The Second Battle of the Marne*, p. 73.
210 Biddle, *Military Power*, p. 82.
211 Neiberg, *The Second Battle of the Marne*, pp. 182–90.
212 Ibid., p. 85.
213 Ropp, *War in the Modern World*, pp. 260–61; and Doughty et.al., *Warfare in the Western World*, p. 601.
214 Doughty et.al., *Warfare in the Western World*, p. 621.
215 See Marine Corps History Division, "Brief History of U.S. Marine Corps Action in Europe During World War I," 2017, https://www.usmcu.edu/Research/Marine-Corps-History.
216 Underwood, "General Pershing and the U.S. Marines," p. 5.
217 Doughty et.al., *Warfare in the Western World*, pp. 624–26.
218 Weigley, *The American Way of War*, pp. 202–03.
219 Doughty et.al., *Warfare in the Western World*, pp. 626–31.
220 Keegan, *The First World War*, pp. 407–11.

221 Michael S. Neiberg, *The Treaty of Versailles: A Concise History* (Oxford, England: Oxford University Press, 2017), pp. 53–68.
222 Tooze, *The Deluge*, p. 369.
223 Patricia O'Toole, *The Moralist: Woodrow Wilson and the World He Made* (New York: Simon and Schuster, 2018), pp. 370–71; and Tooze, The Deluge, pp. 333–73.
224 Tooze, *The Deluge*, pp. 218–31.
225 Michael Beschloss, *Presidents of War: The Epic Story, from 1807 to Modern Times* (New York: Crown, 2018), pp. 330–58.
226 Zelizer, *Arsenal of Democracy*, p. 34.
227 O'Toole, *The Moralist*, p. 307; Beschloss, *Presidents of War*, pp. 317–358; and Tooze, The Deluge, p. 120.
228 Alain C. Enthoven and K. Wayne Smith, *How Much Is Enough? Shaping the Defense Program, 1961–1969* (Santa Monica, CA.: RAND, 2005), pp. 31–72; Trevor N. Dupuy, *Numbers, Predictions, and War: The Use of History to Evaluate and Predict the Outcome of Armed Conflict*, rev. ed. (Fairfax, VA: HERO Books, 1985); Joshua M. Epstein, *Strategy and Force Planning: The Case of the Persian Gulf* (Washington, DC: Brookings, 1987); and Michael E. O'Hanlon, *Defense 101: Understanding the Military of Today and Tomorrow* (Cornell University Press, 2021).
229 Fred Charles Iklé, *Every War Must End* (Columbia University Press, 1971), p. 107.
230 Kagan, *On the Origins of War*, pp. 100–119.
231 Annika Mombauer, *The Origins of the First World War: Controversies and Consensus* (London: Pearson Education Limited, 2002), p. 12; and Clark, The Sleepwalkers, pp. 254–55.
232 2차 대전 이후 중동의 균형과 편승에 대해서는 다음을 참고하라. Stephen M. Walt, *The Origins of Alliances* (Cornell University Press, 1987); see also, Glenn Snyder, *Alliance Politics*, pp. 368–71.
233 Glenn Snyder, *Alliance Politics*, pp. 201–60, 365–71.
234 Ibid., pp. 287–90; and Clark, *The Sleepwalkers*, pp. 293–308.
235 Alexander L. George and Richard Smoke, *Deterrence in American Foreign Policy: Theory and Practice* (Columbia University Press, 1974); Thomas C. Schelling, *Arms and Influence* (Yale University Press, 1966); and Thomas C. Schelling, *The Strategy of Conflict* (Harvard University Press, 1960).
236 MacMillan, *The War that Ended Peace*, pp. 346–356.
237 Tuchman, *The Guns of August*, p. 43.

238 Ibid., pp. 35–36.

239 Freedman, *Strategy*, p. 123.

240 Gunther E. Rothenberg, "Moltke, Schlieffen, and the Doctrine of Strategic Envelopment," in Peter Paret, ed., *Makers of Modern Strategy: From Machiavelli to the Nuclear Age* (Princeton University Press, 1986), pp. 315–25.

241 Fuller, *Decisive Battles of the Western World*, p. 208.

242 Jack Snyder, "Civil-Military Relations and the Cult of the Offensive," in Miller, Lynn-Jones, and Van Evera, *Military Strategy and the Origins of the First World War*, pp. 45–51; and Stephen Van Evera, "The Cult of the Offensive and the Origins of the First World War," in *Military Strategy and the Origins of the First World War*, rev. and expand. ed., edited by Steven E. Miller, Sean M. Lynn-Jones, and Stephen Van Evera (Princeton University Press, 1991), pp. 88–90, 101.

243 Scott D. Sagan, "1914 Revisited: Allies, Offense, and Instability," in Miller, Lynn-Jones, and Van Evera, *Military Strategy and the Origins of the First World War*, pp. 114–124; and Jonathan Shimshoni, "Technology, Military Advantage, and World War I: A Case for Military Entrepreneurship," in ibid., pp. 134–162.

244 Stephen Peter Rosen, *Winning the Next War: Innovation and the Modern Military* (Cornell University Press, 1991).

245 Hart, *The Somme*, p. 12.

246 Mombauer, *The Origins of the First World War*, p. 211–12.

3 제2차 세계대전

1 Stephen G. Fritz, *The First Soldier: Hitler as Military Leader* (Yale University Press, 2018), pp. 1–17, 85–122, 364–75.

2 William L. Shirer, *The Rise and Fall of the Third Reich: A History of Nazi Germany* (New York: Simon and Schuster, 2011), p. 86.

3 Kennedy, *The Rise and Fall of the Great Powers*, pp. 299, 332–60.

4 Tooze, *The Deluge*, p. 514.

5 Kennedy, *The Rise and Fall of the Great Powers*, p. 354.

6 Rick Atkinson, *The Guns at Last Light: The War in Western Europe, 1944–1945* (New York: Henry Holt and Company, 2013), p. 633.

7 Ibid., p. 641.

8 Max Hastings, *All Hell Let Loose: The World at War 1939–1945* (London: HarperPress,

2001), p. 671.
9 Ibid., pp. 669–71.
10 William I. Hitchcock, *The Struggle for Europe: The Turbulent History of a Divided Continent, 1945–2002* (New York: Doubleday, 2002), pp. 16–18.
11 H. A. Feiveson, *Scientists against Time;* Peter Rosen, *Winning the Next War;* Williamson Murray and Allan R. Millet, eds., *Military Innovation in the Interwar Period* (Cambridge University Press, 1996); Barry R. Posen, *The Sources of Military Doctrine: France, Britain, and Germany between the World Wars* (Cornell University Press, 1984); and Montgomery C. Meigs, *Slide Rules and Submarines: American Scientists and Subsurface Warfare in World War II* (Hawaii University Press of the Pacific, 2002).
12 Shirer, *The Rise and Fall of the Third Reich*.
13 Thomas Heinrich, *Warship Builders: An Industrial History of U.S. Naval Shipbuilding, 1922–1945* (Naval Institute Press, 2020).
14 Richard Overy, *Why the Allies Won* (New York: W. W. Norton and Company, 1997), pp. 101–244.
15 Paul Kennedy, *Engineers of Victory: The Problem Solvers Who Turned the Tide in the Second World War* (New York: Random House, 2013).
16 James R. FitzSimons, "Aircraft Carriers versus Battleships in War and Myth: Demythologizing Carrier Air Dominance at Sea," *Journal of Military History*, 84 (July 2020), pp. 843–65, especially pp. 852–58.
17 Stephen G. Fritz, *The First Soldier: Hitler as Military Leader* (Yale University Press, 2018), pp. 18–38.
18 Volker Ullrich, *Hitler: Downfall, 1939–1945* (New York: Vintage Books, 2020), pp. 9–189.
19 Hitler expounded on this in the second volume of his polemic and autobiography, *Mein Kampf.* See Shirer, *The Rise and Fall of the Third Reich*, p. 82.
20 Shirer, *The Rise and Fall of the Third Reich*, pp. 82, 256, 283, 305–08, 427–30; and Gerhard L. Weinberg, *A World at Arms: A Global History of World War II*, new ed. (Cambridge University Press, 2010), pp. 44, 165, 213, 305.
21 Fritz, *The First Soldier*.
22 Michael Fullilove, *Rendezvous with Destiny: How Franklin D. Roosevelt and Five Extraordinary Men Took America into the War and into the World* (New York: Penguin Press, 2013), p. 297.
23 John Keegan, *The Second World War* (New York: Penguin Books, 1989), pp. 450–55.
24 Nolan, *The Allure of Battle*, pp. 442–44.

25 Freedman, *Strategy*, pp. 139–45; and Weinberg, *A World at Arms*, p. 325.
26 Fullilove, *Rendezvous with Destiny* p. 135; and Rick Atkinson, *An Army at Dawn: The War in North Africa, 1942–1943* (New York: Henry Holt and Co., 2002), p. 7.
27 Fullilove, *Rendezvous with Destiny*, p. 135.
28 Atkinson, *An Army at Dawn*, pp. 54, 293–98; and Beschloss, *Presidents of War*, pp. 359–94.
29 Green, *By More than Providence*, pp. 188–90.
30 Hastings, *All Hell Let Loose*, pp. 407–16.
31 Ibid., pp. 80–81, 124–28, 375–76.
32 Weinberg, *A World at Arms*, pp. 135–38, 215–24.
33 Ezra F. Vogel, *China and Japan: Facing History* (Harvard University Press, 2019), pp. 248–85.
34 D. Clayton James, "American and Japanese Strategies in the Pacific War" in *Makers of Modern Strategy: From Machiavelli to the Nuclear Age*, pp. 703–08.
35 Blainey, *The Causes of War*, pp. 243–64.
36 Ibid., p. 254.
37 Barbara W. Tuchman, *Stilwell and the American Experience in China, 1911–1945* (New York: Random House, 2017), pp. 7–12.
38 Freedman, *Strategy*, pp. 183–87.
39 Tooze, *The Deluge*, pp. 369, 444–45.
40 Shirer, *The Rise and Fall of the Third Reich*, pp. 29–32, 57–75.
41 Kagan, *On the Origins of War*, pp. 295–99.
42 Shirer, *The Rise and Fall of the Third Reich*, p. 118.
43 Kagan, *On the Origins of War*, pp. 316–17, 354, 360.
44 Weinberg, *A World at Arms*, p. 15.
45 Shirer, *The Rise and Fall of the Third Reich*, pp. 118–20, 136–38.
46 Ibid., pp. 150–230.
47 Ibid., p. 4.
48 Kagan, *On the Origins of War*, pp. 312–13.
49 Kennedy, *The Rise and Fall of the Great Powers*, p. 296.
50 Tooze, *The Deluge*, p. 514.
51 Kagan, *On the Origins of War*, pp. 332–33.
52 Kennedy, *The Rise and Fall of the Great Powers*, pp. 333–35.
53 Tooze, *The Deluge*, pp. 499–504.

54　Blainey, *The Causes of War*, p. 244.
55　Ezra Vogel with Richard Dyck, "Political Disorder and the Road to War, 1911–1937," in Ezra F. Vogel, *China and Japan: Facing History* (Harvard University Press, 2019), p. 233.
56　Freedman, *Strategy: A History*, pp. 183–87.
57　Blainey, *The Causes of War*, pp. 248–49.
58　James, "American and Japanese Strategies in the Pacific War," pp. 703–08.
59　Kennedy, *The Rise and Fall of the Great Powers*, pp. 300–01.
60　Kagan, *On the Origins of War*, p. 349.
61　Ibid., p. 365.
62　Shirer, *The Rise and Fall of the Third Reich*, pp. 279–347.
63　Ibid., pp. 290–300.
64　Ibid., pp. 322–56.
65　Ullrich, *Hitler*, p. 10.
66　Shirer, *The Rise and Fall of the Third Reich*, p. 424.
67　Kagan, *On the Origins of War*, pp. 410–11.
68　Shirer, *The Rise and Fall of the Third Reich*, pp. 593–96.
69　Nolan, *The Allure of Battle*, p. 531.
70　Keegan, *The Second World War*, pp. 44–47.
71　Weinberg, *A World at Arms*, pp. 48–57.
72　Gordon F. Sander, *The Hundred Day Winter War: Finland's Gallant Stand against the Soviet Army* (University Press of Kansas, 2013).
73　Weinberg, *A World at Arms*, p. 448.
74　Keegan, *The Second World War*, p. 47.
75　Weinberg, *A World at Arms*, p. 114.
76　Keegan, *The Second World War*, p. 80.
77　Williamson Murray, *The Luftwaffe, 1933–45: Strategy for Defeat* (Washington, DC: Brassey's, 1996), p. 39.
78　Keegan, *The Second World War*, pp. 54–83.
79　William H. McRaven, *Spec Ops: Case Studies in Special Operations Warfare Theory and Practice* (New York: Ballantine Books, 1996), pp. 29–69.
80　McRaven, *Spec Ops*, p. 55.
81　Jonathan M House, *Combined Arms Warfare in the Twentieth Century* (University Press of Kansas, 2001), p. 115.
82　Doughty, *Warfare in the Western World*, p. 665.

83 Robert A. Doughty, *The Breaking Point: Sedan and the Fall of France, 1940* (Mechanicsburg, PA: Stackpole Books, 1990), pp. xv–xix, 22–28; and Stephen Robinson, *The Blind Strategist: John Boyd and the American Art of War* (Dunedin, NZ: Exisle Publishing, 2021), pp. 1–156.

84 Williamson Murray, "Armored Warfare: The British, French, and German Experiences," in *Military Innovation in the Interwar Period*, edited by Williamson Murray and Allan R. Millett (Cambridge University Press, 1996), pp. 34–49.

85 Cohen and Gooch, *Military Misfortunes*, pp. 210–30.

86 Doughty, *The Breaking Point*, p. 342.

87 James S. Corum, *The Luftwaffe: Creating the Operational Air War, 1918–1940* (University of Kansas Press, 1997), pp. 275–80.

88 Ibid., pp. 275–80.

89 Murray, *The Luftwaffe, 1933–45*, p. 38.

90 Corum, *The Luftwaffe*, pp. 276–78.

91 Boot, *War Made New*, p. 227.

92 Liddell Hart, *Strategy*, pp. 234–35.

93 Keegan, *The Second World War*, pp. 83–87.

94 Fuller, *Decisive Battles of the Western World*, p. 390.

95 Liddell Hart, *Strategy*, pp. 207–21.

96 Ropp, *War in the Modern World*, p. 318.

97 Fritz, *The First Soldier*, pp. 100–22.

98 John Mosier, *The Blitzkrieg Myth: How Hitler and the Allies Misread the Strategic Realities of World War II* (New York: Perennial, 2004), pp. 116–53.

99 Murray, *The Luftwaffe, 1933–45*, p. 47.

100 Richard Overy, *The Battle of Britain: The Myth and the Reality* (New York: W. W. Norton and Company, 2002), pp. 113–35.

101. Stephen Bungay, *The Most Dangerous Enemy: A History of the Battle of Britain* (London: Aurum Press, 2000), pp. 377–78.

102 Bungay, *The Most Dangerous Enemy*, pp. 186–202, 368–88.

103 Feiveson, *Scientists against Time*, pp. 43–55.

104 Ibid., pp. 57–65.

105 Keegan, *The Second World War*, p. 92.

106 Overy, *The Battle of Britain*, pp. 113–14.

107 Keegan, *The Second World War*, p. 96.

108 Feiveson, *Scientists against Time*, p. 62.
109 Bungay, *The Most Dangerous Enemy*, pp. 368–69; and Overy, *The Battle of Britain*, pp. 159–63.
110 Hastings, *All Hell Let Loose*, p. 93.
111 Bungay, *The Most Dangerous Enemy*, p. 379.
112 Evan Wilson and Ruth Schapiro, "German Perspectives on the U–Boat War, 1939–1941," *Journal of Military History*, 85 (April 2021), pp. 369–98.
113 Keegan, *The Second World War*, pp. 105–19.
114 Keegan, *The Second World War*, p. 107.
115 Phillips Payson O'Brien, *How the War Was Won* (Cambridge University Press, 2018); 230–42.
116 Kennedy, *The Rise and Fall of the Great Powers*, pp. 330–32.
117 Hastings, *All Hell Let Loose*, pp. 120–24; and Keegan, *The Second World War*, pp. 127–58.
118 Fuller, *Decisive Battles of the Western World*, p. 420
119 Fritz, *The First Soldier*, p. 122.
120 Robert Forczyk, *Tank Warfare on the Eastern Front, 1941–1942* (Barnsley, UK: Pen and Sword Military, 2021), pp. 4, 22–37; and Hastings, *All Hell Let Loose*, pp. 141–44.
121 House, *Combined Arms Warfare in the Twentieth Century*, pp. 129–30.
122 Ullrich, *Hitler*, p. 195.
123 Condoleezza Rice, "The Making of Soviet Strategy," in *Makers of Modern Strategy*, p. 671.
124 Weinberg, *A World at Arms*, pp. 264–70.
125 Fuller, *Decisive Battles of the Western World*, pp. 432–34.
126 Forczyk, *Tank Warfare on the Eastern Front*, pp. 169–70; Fritz, *The First Soldier*, pp. 200–34.
127 Fuller, *Decisive Battles of the Western World*, p. 446.
128 Keegan, *The Second World War*, pp. 173–208; Hastings, *All Hell Let Loose*, pp. 165–82.
129 Richard B. Frank, *Tower of Skulls: A History of the Asia–Pacific War, July 1937–May 1942* (New York: W. W. Norton and Company, 2020), pp. 1–127.
130 Nolan, *The Allure of Battle*, pp. 530–32; and Tuchman, *Stilwell and the American Experience in China*, pp. 176–244.
131 Kennedy, *The Rise and Fall of the Great Powers*, p. 303.
132 Weinberg, *A World at Arms*, pp. 166–70.

133 Ibid., pp. 258–60.
134 Geoffrey Till, "Adopting the Aircraft Carrier: The British, American, and Japanese Case Studies," in *Military Innovation in the Interwar Period*, pp. 210–26.
135 Fritz, *The First Soldier*, pp. 218–19; and Evan Mawdsley, *The War for the Seas: A Maritime History of World War II* (Yale University Press, 2020), pp. 154–69.
136 Shirer, *The Rise and Fall of the Third Reich*, pp. 871–87.
137 Frank, *Tower of Skulls*, pp. 275–91.
138 Boot, *War Made New*, pp. 241–67; and Evan Mawdsley, *The War for the Seas: A Maritime History of World War II* (Yale University Press, 2020), pp. 170–85.
139 Boot, *War Made New*, p. 254.
140 Walter R. Borneman, *The Admirals: Nimitz, Halsey, Leahy, and King—the Five-Star Admirals Who Won the War at Sea* (Boston: Little, Brown and Company, 2012), p. 222; and Boot, *War Made New*, pp. 241–46.
141 Mawdsley, *The War for the Seas*, p. 179.
142 Shirer, *The Rise and Fall of the Third Reich*, pp. 894–95; see also, Richard Overy, *Blood and Ruins: The Last Imperial War, 1931–1945* (New York: Viking, 2022), pp. 168–69.
143 Ibid., p. 900.
144 Richard B. Frank, *Tower of Skulls: A History of the Asia-Pacific War*, July 1937–May 1942 (New York: W. W. Norton and Company, 2020), pp. 348–84; Mawdsley, *The War for the Seas*, pp. 170–197; and Keegan, *The Second World War*, pp. 256–67.
145 Mawdsley, *The War for the Seas*, pp. 170–97.
146 Weinberg, *A World at Arms*, pp. 205–15.
147 Keegan, *The Second World War*, pp. 320–36.
148 Ibid., pp. 338–39.
149 Fullilove, *Rendezvous with Destiny*, p. 325.
150 Tuchman, *Stilwell and the American Experience in China*, pp. 279–80.
151 Atkinson, *An Army at Dawn*, p. 12.
152 Maurice Matloff, "Allied Strategy in Europe, 1939–1945," in *Makers of Modern Strategy: From Machiavelli to the Nuclear Age*, pp. 677–92.
153 Shirer, *The Rise and Fall of the Third Reich*, p. 904.
154 Keegan, *The Second World War*, pp. 220–21.
155 Shirer, *The Rise and Fall of the Third Reich*, p. 909; and Keegan, *The Second World War*, p. 222.
156 Shirer, *The Rise and Fall of the Third Reich*, pp. 911–14.

157 Overy, *Why the Allies Won*, pp. 1–5.
158 Rick Atkinson, *An Army at Dawn: The War in North Africa, 1942–1943* (New York: Henry Holt and Company, 2002), p. 7; and Keegan, *The Second World War*, pp. 215–16, 311, 539.
159 Shirer, *The Rise and Fall of the Third Reich*, pp. 915–21, 925–33.
160 House, *Combined Arms Warfare in the Twentieth Century*, pp. 156, 165; Atkinson, An Army at Dawn, pp. 1–31, 339–92; and Keegan, *The Second World War*, pp. 336–43.
161 Atkinson, *An Army at Dawn*, pp. 159, 536–37.
162 Weigley, *The American Way of War*, pp. 312–25; and Weinberg, *A World at Arms*, pp. 431–47.
163 Atkinson, *An Army at Dawn*, p. 533.
164 Ibid., p. 540.
165 Robert Dallek, *Franklin D. Roosevelt: A Political Life* (New York: Penguin Books, 2018), p. 462; and Borneman, The Admirals, pp. 243–45.
166 Weinberg, *A World at Arms*, pp. 333–35.
167 National World War II Museum, "The Battle of Midway," New Orleans, Louisiana, 2022, nationalww2museum.org/war/articles/battle-midway.
168 Weigley, *The American Way of War*, pp. 272–80.
169 Borneman, *The Admirals*, p. 304.
170 Ian W. Toll, *The Conquering Tide: War in the Pacific Islands*, 1942–1944 (New York: W. W. Norton and Company, 2015), pp. xxi–54.
171 Borneman, *The Admirals*, pp. 279–305.
172 Allan R. Millett, "Assault from the Sea: The Development of Amphibious Warfare between the Wars—the American, British, and Japanese Experiences," in *Military Innovation in the Interwar Period*, pp. 77–80.
173 Toll, *The Conquering Tide*, pp. 42–55.
174 Ibid., pp. 23–40.
175 E.J. Spaulding, "Seabees," *Proceedings* (December 1942), usni.org/magazines/proceedings/1942/december/seabees;and David A. Anderson, Review of James G. Lacey, *Keep From All Thoughtful Men: How U.S. Economists Won World War II* (Naval Institute Press, 2011), in *Proceedings*, 66:3 (2012), p. 94, ndupress.ndu.edu/Portals/68/Documents/jfq/jfq-66/jfq-66_94_Anderson.pdf?ver=2017-12-06-115734-790.
176 Toll, *The Conquering Tide*, pp. 68–75.
177 Ibid., pp. 55–84.

178 Ibid., pp. 85–112.
179 Ibid., pp. 137–44.
180 Ibid., pp. 145–89.
181 Ibid., pp. 122–33.
182 Mawdsley, *The War for the Seas*, pp. 224–41.
183. Toll, *The Conquering Tide*, pp. 186–87.
184 Borneman, *The Admirals*, p. 258.
185 Ibid., pp. 298–301.
186 Cid Standifer, "Sunk, Scrapped, or Saved: The Fate of America's Aircraft Carriers," *Proceedings*, U.S. Naval Institute, August 18, 2014, usni.org/2014/08/18/sunk-sold-scraped-saved-fate-americas-aircraft-carriers.
187 Naval History and Heritage Command, National Museum of the U.S. Navy, "U.S.S. Langley," U.S. Navy, Washington, DC, 2022, history.navy.mil/content/history/museums/nmusn/explore/photography/ships-us/ships-usn-l/uss-langley-cv1-av-3.html.
188 Borneman, *The Admirals*, p. 304.
189 Mawdsley, *The War for the Seas*, pp. 74–75.
190 Debi Unger and Irwin Unger with Stanley Hirshson, *George Marshall: A Biography* (New York: HarperCollins, 2014), pp. 244–50.
191 Meigs, *Slide Rules and Submarines*, pp. 3–96
192 Cohen and Gooch, *Military Misfortunes*, pp. 59–73; Feiveson, *Scientists Against Time*, pp. 87–90; Keegan, The Second World War, pp. 118–19.
193 Overy, *Why the Allies Won*, pp. 1–5.
194 Hastings, *All Hell Let Loose*, p. 597.
195 Meigs, *Slide Rules and Submarines*, pp. 211–20.
196 Feiveson, *Scientists against Time*, p. 101.
197 Keegan, *The Second World War*, pp. 118–20.
198 Charles M. Sternhell and Alan M. Thorndike, Office of the Chief of Naval Operations, "OEG Report No. 51: ASW in World War II," Washington, DC, 1946, p. 59, ibiblio.org/hyperwar/USN/rep/ASW-51/ASW-8.html; and Keegan, *The Second World War*, pp. 118–21.
199 Sternhell and Thorndike, Office of the Chief of Naval Operations, "OEG Report No. 51."
200 Feiveson, *Scientists against Time*, pp. 101–02.

201 Keegan, *The Second World War*, p. 121.
202 Ibid., p. 120.
203 McRaven, Spec Ops, pp. 201–43.
204 Shirer, *The Rise and Fall of the Third Reich*, p. 1006; Keegan, *The Second World War*, p. 467.
205 Martijn Lak, "The Death Ride of the Panzers? Recent Historiography on the Battle of Kursk," *Journal of Military History*, 82 (July 2018), p. 914, https://www.smh-hq.org/jmh/jmhvols/823.html.
206 Keegan, *The Second World War*, pp. 458–73.
207 Ibid., pp. 467–74.
208 Kennedy, *The Rise and Fall of the Great Powers*, p. 355.
209 Raymond W. Goldsmith, "The Power of Victory: Munitions Output in World War II," *Military Affairs*, 10: 1 (March 1, 1946), pp. 69–80.
210 Murray, *The Luftwaffe*, 1933–45, p. 285.
211 Shirer, *The Rise and Fall of the Third Reich*, p. 1085; Keegan, The Second World War, pp. 503–15.
212 Weinberg, *A World at Arms*, pp. 780–802.
213 Hitchcock, *The Struggle for Europe*, p. 15
214. Keegan, *The Second World War*, pp. 516–29.
215 Ibid., p. 541.
216 Hastings, *All Hell Let Loose*, p. 630.
217 Weigley, *The American Way of War*, pp. 312–35.
218 Rick Atkinson, *The Day of Battle: The War in Sicily and Italy, 1943–1944* (New York: Henry Holt and Company, 2007), pp. 172–73.
219 Weigley, *The American Way of War*, p. 327.
220 Liddell Hart, Strategy, p. 291.
221 Atkinson, *The Day of Battle*, pp. 577–88.
222 R. J. Lahey, "Hitler's 'Intuition,' Luftwaffe Photoreconnaissance and the Reinforcement of Normandy," *The Journal of Military History*, 86: 1 (January 2022), pp. 77–109.
223 Alex Kershaw, *The First Wave: The D-Day Warriors Who Led the Way to Victory in World War II* (New York: Penguin, 2019), p. 5.
224 Kennedy, *Engineers of Victory*, pp. 250–70; and Keegan, *The Second World War*, pp. 373–87.

225 Boot, War Made New, p. 277.
226 James Holland, *Normandy '44: D-Day and the Epic 77-Day Battle for France* (New York: Atlantic Monthly Press, 2019), pp. 18–19, 220.
227 Murray, *The Luftwaffe*, 1933–45, pp. 267–76.
228 Richard Overy, *The Bombers and the Bombed: Allied Air War over Europe, 1940–1945* (New York: Penguin Books, 2013), p. 400.
229 J. R. Seeger, "Review Essay: Evaluating Resistance Operations in Western Europe during World War II," *Studies in Intelligence*, 65: 1 (March 2021), pp. 27–31.
230 Kershaw, pp. 198–99.
231 Mawdsley, *The War for the Seas*, p. 430.
232 Murray, *The Luftwaffe*, 1933–45, pp. 280–83.
233 Russell A. Hart, *Clash of Arms: How the Allies Won in Normandy* (Boulder, CO.: Lynne Rienner Publishers, 2001), p. 409.
234 Hart, *Clash of Arms*, pp. 271–93, 417–19.
235 Holland, *Normandy '44*, pp. 411–27.
236 Liddell Hart, *Strategy*, pp. 302–08.
237 Tami Davis Biddle, "On the Crest of Fear: V-Weapons, the Battle of the Bulge, and the Last Stages of World War II in Europe," *Journal of Military History*, 83:1 (January 2019), pp. 157–194, https://www.smh-hq.org/jmh/jmhvols/831.html.
238 Biddle, "On the Crest of Fear," p. 158.
239 Weinberg, *A World at Arms*, pp. 696–702.
240 Atkinson, *The Guns at Last Light*, p. 420.
241 Liddell Hart, *Strategy*, pp. 309–11.
242 Atkinson, *The Guns at Last Light*, p. 491.
243 Ibid., pp. 542–51, 568.
244 Overy, *Why the Allies Won*, pp. 134–179.
245 Weigley, *The American Way of War*, p. 271.
246 Vogel, *China and Japan: Facing History*, pp. 248–85.
247 Tuchman, *Stilwell and the American Experience in China*, , pp. 368–84; 428–81; 617–22; and Weinberg, A World at Arms, pp. 631–33.
248 John Pomfret, *The Beautiful Country and the Middle Kingdom: America and China, 1776 to the Present* (New York: Henry Holt and Company, 2016), pp. 300–05.
249 Mawdsley, *The War for the Seas*, pp. 374–75.
250 Mawdsley, *The War for the Seas*, p. 456; and Weigley, *The American Way of War*, pp.

280–92.
251 Weigley, *The American Way of War*, p. 284–87.
252 Toll, *The Conquering Tide*, p. 241.
253 Mawdsley, *The War for the Seas*, p. 385.
254 Ibid., p. 385.
255 Toll, *The Conquering Tide*, pp. 530–31.
256 Mawdsley, *The War for the Seas*, pp. 384–92.
257 George W. Garand and Truman R. Strobridge, Historical Division, Headquarters, U.S. Marine Corps, *History of U.S. Marine Corps Operations in World War II, Vol. 4: Western Pacific Operations* (Washington, DC: U.S. Government Printing Office, 1971), p. v, marines.mil/Portals/1/Publications/History%20of%20the%20U.S.%20Marine%20Corps%20in%20WWII%20Vol%20IV%20-%20Western%20Pacific%20Operations%20%20PCN%2019000262700_1.pdf.
258 Mawdsley, *The War for the Seas*, pp. 392–98.
259 Ibid., pp. 398–406.
260 Ibid., p. 444.
261 Ian W. Toll, *Twilight of the Gods: War in the Western Pacific, 1944–1945* (New York: W.W. Norton and Co., 2020), pp. 246–309; and Mawdsley, *The War for the Seas*, p. 439.
262 Toll, *Twilight of the Gods*, pp. 204–05.
263 Ibid., p. 303.
264 Ibid., p. 309.
265 Weigley, *The American Way of War*, pp. 301–05.
266 Toll, *Twilight of the Gods*, p. 292.
267 Keegan, *The Second World War*, pp. 558–59.
268 Hastings, *All Hell Let Loose*, p. 564.
269 Mawdsley, *The War for the Seas*, p. 456.
270 Hastings, *All Hell Let Loose*, p. 558.
271 Borneman, *The Admirals*, pp. 404–22.
272 National World War II Museum, "The Battle of Iwo Jima," New Orleans, 2020, nationalww2museum.org/sites/default/files/2020-02/iwo-jima-fact-sheet.pdf.
273 Walzer, *Just and Unjust Wars*, p. 266.
274 Richard Reeves, *The Making of the Atomic Bomb* (New York: Simon and Schuster, 1986), pp. 443–85; and Neal Bascomb, *The Winter Fortress: The Epic Mission to Sabotage Hitler's Atomic Bomb* (Boston.: Mariner Books, 2016).

275 Weigley, *The American Way of War*, pp. 333–35.
276 Boot, *War Made New*, pp. 282–83.
277 Tami Davis Biddle, *Rhetoric and Reality in Air Warfare: The Evolution of British and American Ideas about Strategic Bombing, 1914–1945* (Princeton University Press, 2002); see also, Overy, *Blood and Ruins*, p. 751–58.
278 Nolan, *The Allure of Battle*, p. 563.
279 Biddle, *Rhetoric and Reality in Air Warfare*, pp. 188, 217, 224, 227, 237, 239, 243, 246, 255, 269, 274, 276, 287, 291–92; Boot, *War Made New*, pp. 268–94.
280 Overy, *The Bombers and the Bombed*, pp. 276–300.
281 Richard Overy, *The Bombing War, Europe 1939–1945* (New York: Penguin Books, 2014), pp. 386, 406–09, 616.
282 O'Brien, *How the War Was Won*, pp. 17–66, 479–488.
283 Weinberg, *A World at Arms*, p. 892.
284 Reinhold Niebuhr, *The Irony of American History*, reprint ed. (University of Chicago Press, 2008).
285 Victor David Hanson, *The Second World Wars* (New York: Basic Books, 2017), pp. 3, 38.
286 Steven Pinker, *The Better Angels of Our Nature: Why Violence Has Declined* (New York: Penguin, 2015).
287 Bungay, *The Most Dangerous Enemy*, p. 393.
288 See Williamson Murray and Allan R. Millett, eds., *Military Innovation in the Interwar Period* (Cambridge University Press, 1996).
289 Hastings, *All Hell Let Loose*, p. 139.
290 Fritz, *The First Soldier*, p. 369.
291 Freedman, *Strategy*, pp. 142–44.
292 Hanson, *The Second World Wars*, pp. 256–60, 506; and Shirer, *The Rise and Fall of the Third Reich*, pp. 793–800.
293 Colin S. Gray, *The Future of Strategy* (Malden, MA.: Polity Press, 2015), p. 72.
294 Hastings, *All Hell Let Loose*, pp. 199, 432–33; and Keegan, *The Second World War*, pp. 310–19.
295 Edward M. Coffman, *The Regulars: The American Army, 1898–1941* (Harvard University Press, 2004), pp. 373–74.
296 Weigley, *The American Way of War*, pp. 282–83.
297 David Barno and Nora Bensahel, *Adaptation Under Fire: How Militaries Change in Wartime* (Oxford University Press, 2020), pp. 1–6, 31–53; and Rosen, *Winning the Next*

War, pp. 107–82.
298 Unger, Unger, and Hirshson, *George Marshall: A Biography*, pp. 352–53.
299 Michael E. O'Hanlon, *Defense 101: Understanding the Military of Today and Tomorrow* (Cornell University Press, 2021), pp. 85–133; and Enthoven and Smith, *How Much Is Enough?*, pp. 1–72.
300 Richard B. Frank, *Downfall: The End of the Imperial Japanese Empire* (New York: Penguin Books, 1999), pp. 186–87, 190–93, 194–96, 338–41, 356–58.
301 Walzer, *Just and Unjust Wars*, pp. 263–68.
302 Hastings, *All Hell Let Loose*, p. 484.
303 Beschloss, *Presidents of War*, pp. 420–22.
304 Walzer disagrees; again, see *Just and Unjust Wars*, pp. 263–68, where he argues that some kind of negotiated peace should have been attempted with Japan (even if not with Nazi Germany). I believe this perspective overrates the prospects of such negotiation and underplays the depravity of the Japanese occupation of China in particular.

4 한국전쟁과 베트남전쟁

1 Max Hastings, *The Korean War* (New York: Simon and Schuster, 1987), pp. 27–45.
2 Ibid., pp. 57–58.
3 Don Oberdorfer, *The Two Koreas: A Contemporary History* (Reading, MA: Addison-Wesley, 1997), p. 9.
4 Vogel, *China and Japan*, pp. 304–05.
5 Mitchell Lerner, "Is It for This We Fought and Bled?: The Korean War and the Struggle for Civil Rights," *Journal of Military History*, 82: 2 (April 2018), pp. 515–45.
6 Don Oberdorfer, *The Two Koreas*, pp. 9–10; and Beschloss, *Presidents of War*, p. 488.
7 Xiaoming Zhang, "China and the Air War in Korea, 1950–1953," *Journal of Military History*, 62:2 (April 1998), pp. 335–70.
8 Bruce Cumings, *The Korean War: A History* (New York: Modern Library, 2011), pp. 149–61.
9 Conrad C. Crane, "Raiding the Beggar's Pantry: The Search for Air power Strategy in the Korean War," *Journal of Military History*, 63: 4 (October 1999), pp. 885–920.
10 Kenneth P. Werrell, "Across the Yalu: Rules of Engagement and the Communist Air Sanctuary during the Korean War," *Journal of Military History*, 72:2 (April 2008), p. 470.

11 Robert A. Pape, *Bombing to Win: Air Power and Coercion in War* (Cornell University Press, 1996), pp. 148–50.
12 Ibid., pp. 159–65.
13 Shen Zhihua, "Revisiting Stalin's and Mao's Motivations in the Korean War," Woodrow Wilson Center, Washington, DC, June 22, 2020, wilsoncenter.org/blog-post/revisiting-stalins-and-maos-motivations-korean-war.
14 T. R. Fehrenbach, *This Kind of War* (Dulles, VA: Potomac Books, 2008), pp. 4–9; Hastings, *The Korean War*, p. 53.
15 Allan R. Millett, *The War for Korea, 1950–1951: They Came from the North* (University of Kansas Press, 2010), pp. 29, 85; and Roy E Appleman, *South to the Naktong, North to the Yalu*, (Washington, DC: United States Army Center of Military History, 1998), pp. 7–9, 381, 545.
16 James F. Schnabel, *Policy and Direction the First Year* (Washington, DC: U.S. Army Center of Military History, 1992), pp. 30–35, 70–82, history.army.mil/html/books/020/20-1/CMH_Pub_20-1.pdf.
17 Richard K. Betts, *Surprise Attack: Lessons for Defense Planning* (Brookings Institution, 1982), pp. 51–56.
18 Fehrenback, *This Kind of War*, p. 7.
19 Hastings, *The Korean War*, p. 53.
20 Ibid., p. 55.
21 Ibid., p. 70.
22 T. R. Fehrenbach, *This Kind of War*, pp. 305–06.
23 Beschloss, *Presidents of War*, pp. 444–91.
24 Hastings, *The Korean War*, pp. 60–61.
25 Ibid., pp. 72–73.
26 Ibid., pp. 15–22.
27 Ibid., p. 79.
28 Ibid., p. 82.
29 Ibid., p. 71.
30 Ibid., p. 84.
31 Ibid., p. 85.
32 Ibid., p. 93.
33 Ibid., pp. 97–99.
34 Ibid., p. 100.

35 Oscar E. Gilbert, *Marine Corps Tank Battles in Korea* (Philadelphia: Casemate Publishers, 2007), pp. 60–64.
36 See U.S. Army History, *Korea* (Washington, DC: 2021), pp. 500–05, https://history.army.mil/books/korea/20-2-1/sn25.htm.
37 Gilbert, *Marine Corps Tank Battles in Korea*, pp. 81–99.
38 See Jervis, *Perception and Misperception in International Politics*, pp. 70–71.
39 Cohen and Gooch, *Military Misfortunes*, pp. 169–75.
40 Hastings, *The Korean War*, pp. 123–27.
41 Ibid., pp. 126.
42 Bruce Riedel, "Catastrophe on the Yalu: America's Intelligence Failure in Korea," Brookings Institution, Washington, D.C., September 13, 2017, https://www.brookings.edu/blog/order-from-chaos/2017/09/13/catastrophe-on-the-yalu-americas-intelligence-failure-in-korea.
43 Betts, *Surprise Attack*, pp. 56–62; and Millet, *The War for Korea*, p. 293.
44 Gilbert, *Marine Corps Tank Battles in Korea*, p. 102.
45 Hastings, *The Korean War*, p. 130.
46 Ibid., pp. 256, 266.
47 Cohen and Gooch, *Military Misfortunes*, pp. 169–75.
48 Green, *By More than Providence*, p. 275.
49 David Halberstam, *The Coldest Winter: America and the Korean War* (New York: Hyperion, 2007), pp. 9–44.
50 Millett, *The War for Korea*, p. 297.
51 Hastings, *The Korean War*, pp. 137–38.
52 Halberstam, *The Coldest Winter*, p. 437; and Hastings, *The Korean War*, pp. 139–40.
53 Millett, *The War for Korea*, p. 335.
54 Cohen and Gooch, *Military Misfortunes*, pp. 174, 182.
55 Gilbert, Marine Corps Tank Battles in Korea, p. 112.
56 Cohen and Gooch, *Military Misfortunes*, pp. 175–80.
57 Halberstam, *The Coldest Winter*, p. 400.
58 Fehrenbach, *This Kind of War*, pp. 200–223.
59 Halberstam, *The Coldest Winter*, p. 501.
60 Hastings, *The Korean War*, pp. 140–46.
61 Weigley, *The American Way of War*, pp. 389–90.
62 U.S. Army Center for Military History, *The Korean War: The Chinese Intervention*

(Carlisle, PA.: 2003), p. 16, https://history.army.mil/brochures/kw-chinter/chinter.htm.
63 Halberstam, *The Coldest Winter*, p. 469.
64 Thomas E. Ricks, *The Generals: American Military Command from World War II to Today* (New York: Penguin Press, 2012), pp. 135–49.
65 Gilbert, *Marine Corps Tank Battles in Korea*, p. 116.
66 Ricks, *The Generals*, pp. 135–49.
67 Gilbert, *Marine Corps Tank Battles in Korea*, pp. 115–34.
68 Ibid., pp. 135–65.
69 Hampton Sides, *On Desperate Ground: The Marines at the Reservoir, The Korean War's Greatest Battle* (New York: Doubleday, 2018), p. 261.
70 Sides, *On Desperate Ground*, pp. 228–80.
71 Hastings, *The Korean War*, pp. 147–64.
72 Cohen and Gooch, *Military Misfortunes*, pp. 186–89.
73 Hastings, *The Korean War*, pp. 188–91.
74 Ricks, *The Generals*, p. 185.
75 Cohen and Gooch, *Military Misfortunes*, p. 189.
76 Hastings, *The Korean War*, pp. 192–93.
77 Halberstam, *The Coldest Winter*, p. 482.
78 Ricks, *The Generals*, pp. 190–91.
79 Weigley, *The American Way of War*, p. 392; and Fehrenbach, *This Kind of War*, pp. 260–61.
80 Hastings, *The Korean War*, pp. 196–98.
81 Weigely, *The American Way of War*, pp. 390–91.
82 Fehrenbach, *This Kind of War*, pp. 307–14.
83 Mesut Uyar and Serhat Güvenç, "One Battle and Two Accounts: The Turkish Brigade at Kunu-ri in November 1950," *Journal of Military History*, 80: 4 (October 2016), pp. 1117–47.
84 Carter Malkasian, "Toward a Better Understanding of Attrition: The Korean and Vietnam Wars," *Journal of Military History*, 68:3 (July 2004), pp. 911–942.
85 Fehrenbach, *This Kind of War*, pp. 344–63.
86 Hastings, *The Korean War*, pp. 270–83.
87 William M. Donnelly, "A Damn Hard Job: James A. Van Fleet and the Combat Effectiveness of U.S. Army Infantry, July 1951–February 1953," *Journal of Military*

History, 82:1 (January 2018), pp. 147–79.
88 Pape, *Bombing to Win*, pp. 167–68.
89 Rosemary Foot, *The Wrong War: American Policy and the Dimensions of the Korean Conflict, 1950–1953* (Cornell University Press, 1985), pp. 204–46.
90 Stephen Sestanovich, *Maximalist: America in the World from Truman to Obama* (New York: Vintage Books, 2014), pp. 68–70.
91 For a compelling account, see Robert Mason, *Chickenhawk* (New York: Penguin Books, 1983).
92 Marvin Kalb and Deborah Kalb, *Haunting Legacy: Vietnam and the American Presidency from Ford to Obama* (Brookings Institution, 2011); and David H. Petraeus, "The American Military and the Lessons of Vietnam: A Study of Military Influence and the Use of Force in the Post–Vietnam Era," unpublished Ph.D. dissertation, Princeton University, October 1987, pp. 259–79.
93 Boot, *Invisible Armies*, p. 425.
94 James William Gibson, *The Perfect War: The War We Couldn't Lose and How We Did* (New York: Vintage Books, 1986), p. 9.
95 Stanley Karnow, *Vietnam: A History* (New York: Penguin Books, 1997), p. 669.
96 Karnow, *Vietnam: A History*, p. 213.
97 Mason, *Chickenhawk*, p. 17.
98 Karnow, *Vietnam: A History*, pp. 109–38.
99 Fredrik Logevall, *Embers of War: The Fall of an Empire and the Making of America's Vietnam* (New York: Random House, 2012), pp. 3–19, 87–91.
100 John Shy and Thomas W. Collier, "Revolutionary War," in *Makers of Modern Strategy*, pp. 846–47.
101 Ang Cheng Guan, *The Vietnam War from the Other Side* (Abingdon, England: RoutledgeCurzon, 2002), pp. 1–71.
102 Max Boot, *Invisible Armies: An Epic History of Guerrilla Warfare from Ancient Times to the Present* (New York: W.W. Norton and Co., 2013), p. 412.
103 Karnow, *Vietnam: A History*, pp. 202–56, 688–93.
104 Lon O. Nordeen, *Air Warfare in the Missile Age*, second edition (Washington, DC: Smithsonian Institution Press, 2010), pp. 1–60; and Pape, Bombing to Win, pp. 175–76.
105 Richard A. Ruth, "The Secret of Seeing Charlie in the Dark," *Vulcan*, 5 (2017), pp. 64–88.
106 McGeorge Bundy, *Danger and Survival: Choices about the Bomb in the First Fifty Years*

(New York: Vintage Books, 1988), pp. 238–45, 538–39, 588.
107 Karnow, *Vietnam: A History*, pp. 229–56.
108 Ang Cheng Guan, *The Vietnam War from the Other Side*, pp. 10, 139–40.
109 George C. Herring, *America's Longest War: The United States and Vietnam, 1950–1975*, 2nd ed. (New York: Alfred A. Knopf, 1986), p. 57.
110 Green, *By More than Providence*, p. 306.
111 Karnow, *Vietnam: A History*, p. 264.
112 Krepinevich, *The Army and Vietnam*, pp. 140–42, 153; and Karnow, *Vietnam: A History*, pp. 270–80, 694.
113 Neil Sheehan, *A Bright Shining Lie: John Paul Vann and America in Vietnam* (New York: Vintage Books, 1988), pp. 201–65.
114 Karnow, *Vietnam: A History*, p. 276.
115 Andrew F. Krepinevich, Jr., *The Army and Vietnam* (Johns Hopkins University Press, 1986), p. 133.
116 This is of course the title of David Halberstam's famous book on the subject, first published in 1969; see David Halberstam, *The Best and the Brightest* (New York: Ballantine Books, 1992).
117 Karnow, *Vietnam: A History*, p. 294.
118 Ibid., pp. 295–97.
119 Neil Sheehan, Hedrick Smith, E.W. Kenworthy, and Fox Butterfield, *The Pentagon Papers* (New York: Bantam Books, 1971), pp. 160–63; and Gordon M. Goldstein, *Lessons in Disaster: McGeorge Bundy and the Path to War in Vietnam* (New York: Henry Holt and Company, 2008), pp. 44, 189, 219, 231.
120 Leslie H. Gelb with Richard K. Betts, *The Irony of Vietnam: The System Worked* (Washington, DC: Brookings Institution, 1979).
121 Goldstein, *Lessons in Disaster*, p. 189.
122 Robert S. McNamara, *In Retrospect: The Tragedy and Lessons of Vietnam* (New York: Vintage Books, 1996), p. 173.
123 Douglas Frantz and David McKean, *Friends in High Places: The Rise and Fall of Clark Clifford* (Boston: Little Brown and Company, 1995), pp. 162–63.
124 Karnow, *Vietnam: A History*, pp. 335–63, 469.
125 Ibid., pp. 372–402.
126 McNamara, *In Retrospect*, p. 186.
127 Karnow, *Vietnam: A History*, pp. 695–97.

128 Weigley, *The American Way of War*, p. 467.
129 Boot, *Invisible Armies*, p. 420.
130 Krepinevich, *The Army and Vietnam*, p. 143.
131 James T. Quinlivan, "Force Requirements in Stability Operations," *Parameters* (Winter 1995), pp. 56–69; and Lt. Gen. David H. Petraeus and Lt. Gen. James F. Amos, *Field Manual 3-24: Counterinsurgency* (Washington, DC: U.S. Army, December 2006). For an empirically based critique, see Jeffrey A. Friedman, "Manpower and Counterinsurgency: Empirical Foundations for Theory and Doctrine," *Security Studies*, 20: 4 (2011), pp. 556–591.
132 Zelizer, *Arsenal of Democracy*, pp. 178–202.
133 Halberstam, *The Best and the Brightest*, pp. 361–429; H. R. McMaster, *Dereliction of Duty: Lyndon Johnson, Robert McNamara, the Joint Chiefs of Staff, and the Lies that Led to Vietnam* (New York: HarperCollins, 1997); and Zoellick, *America in the World*, p. 360.
134 Krepinevich, *The Army and Vietnam*, pp. 157–63. Phase 1 consists of party formation and organization.
135 Ricks, *The Generals*, p. 232.
136 Karnow, *Vietnam: A History*, pp. 450–69.
137 Edward J. Drea, *McNamara, Clifford, and the Burdens of Vietnam* (Washington, DC: Historical Office of the Office of the Secretary of Defense, 2011), pp. 127–30; and Hastings, *Vietnam: An Epic Tragedy, 1945–1975*, p. 322.
138 Harold G. Moore and Joseph L. Galloway, *We Were Soldiers Once . . . and Young: Ia Drang, The Battle That Changed the War in Vietnam* (New York: Presidio Press, 2004).
139 John A. Nagl, *Learning to Eat Soup with a Knife: Counterinsurgency Lessons from Malaya and Vietnam* (University of Chicago Press, 2005), p. 155.
140 Quoted in Krepinevich, *The Army and Vietnam*, pp. 190, 197–201.
141 Gelb and Betts, *The Irony of Vietnam*, p. 171.
142 Boot, *Invisible Armies*, pp. 422–23; and Karnow, *Vietnam: A History*, pp. 536–81.
143 Krepinevich, *The Army and Vietnam*, pp. 200–01, 210–13.
144 McNamara, *In Retrospect*, p. 244.
145 Alain C. Enthoven and K. Wayne Smith, *How Much Is Enough? Shaping the Defense Program, 1961–1969* (Santa Monica, CA: RAND, 2005), p. 304.
146 Pape, *Bombing to Win*, pp. 183–95.
147 Herring, *America's Longest War*, pp. 146–48.
148 Boot, *Invisible Armies*, pp. 199–200.

149 Bing West, *The Village* (New York: Pocket Books, 2003).
150 Krepinevich, *The Army and Vietnam*, pp. 172–80.
151 Cavender S. Sutton, Review of Ted N. Easterling, *War in the Villages: The U.S. Marine Corps Combined Action Platoons in the Vietnam War* (University of North Texas Press, 2021) in *Journal of Military History*, 85: 4 (October 2021).
152 Nagl, *Learning to Eat Soup with a Knife*, pp. 152–57.
153 Krepinevich, *The Army and Vietnam*, p. 206; and Sheehan, A Bright Shining Lie.
154 McNamara, *In Retrospect*, p. 211.
155 Gelb and Betts, *The Irony of Vietnam*, p. 161.
156 Frantz and McKean, *Friends in High Places*, pp. 208, 252.
157 Karnow, *Vietnam: A History*, p. 616.
158 Ibid., p. 616.
159 Ibid., pp. 698–99.
160 Mark Moyar, *A Question of Command: Counterinsurgency from the Civil War to Iraq* (Yale University Press, 2009), pp. 161–67.
161 Petraeus and Amos, *Field Manual 3–24: Counterinsurgency*, pp. 2.12–2.13.
162 Herring, *America's Longest War*, p. 225.
163 Lewis Sorley, *A Better War: The Unexamined Victories and Final Tragedy of America's Last Years in Vietnam* (New York: Harcourt Books, 1999), pp. 204–10.
164 Sorley, A Better War, pp. 243–60; and Max Hastings, *Vietnam: An Epic Tragedy, 1945–1975* (New York: Harper Perennials, 2018), pp. 572–84.
165 Karnow, *Vietnam: A History*, pp. 616–17.
166 Sorley, *A Better War*, p. 217.
167 Karnow, *Vietnam: A History*, p. 672.
168 Pape, *Bombing to Win*, pp. 197–205.
169 Lien-Hang T. Nguyen, *Hanoi's War: An International History of the War for Peace in Vietnam* (University of North Carolina Press, 2012), pp. 231–56.
170 Karnow, *Vietnam: A History*, p. 674.
171 Peter W. Rodman, *Presidential Command: Power, Leadership, and the Making of Foreign Policy from Richard Nixon to George W. Bush* (New York: Alfred A. Knopf, 2009), pp. 44–85.
172 Gelb and Betts, *The Irony of Vietnam*, pp. 350–51.
173 Green, *By More than Providence*, pp. 312, 322.
174 Petraeus, "The American Military and the Lessons of Vietnam," p. 263.

175 이 문제에 대한 바람직한 논의에 대해서는 다음을 보라. Walzer, *Just and Unjust Wars*, pp. 186–196.

176 Krepinevich, *The Army and Vietnam*; Nagl, *Learning to Eat Soup with a Knife*; and Sorley, *A Better War*.

177 Summers, *On Strategy*, pp. 108–24.

5 1990년 이후 미국의 중동전쟁

1 Martin S. Navias, "The First Tanker War," *History Today*, 2022, historytoday.com/history-matters/first-tanker-war.

2 Martin Middlebrook, *The Falklands War* (South Yorkshire, UK: Pen and Sword Books, 2012), pp. 153–66.

3 Sam LaGrone, "Attack on U.S.S. *Stark* at Thirty," *USNI News*, May 17, 2017, https://news.usni.org/2017/05/17/the-attack-uss-stark-at-30.

4 Bruce Riedel, "Remembering the Khobar Towers Bombing," Brookings Institution, Washington, DC, June 21, 2021, brookings.edu/blog/order-from-chaos/2021/06/21/remembering-the-khobar-towers-bombing.

5 Kenneth M. Pollack, *Armies of Sand: The Past, Present, and Future of Arab Military Effectiveness* (Oxford University Press, 2019), p. 1.

6 Ibid., p. 18.

7 Ibid., pp. 4–20.

8 Memo from Lily Windholz to author, August 3, 2021; and Michael Oren, *Six Days of War: June 1967 and the Making of the Modern Middle East* (New York: Presidio Books, 2003).

9 Pollack, *Armies of Sand*, p. 18.

10 Martin Indyk, *Master of the Game: Henry Kissinger and the Art of Middle East Diplomacy* (New York: Alfred A. Knopf, 2021), pp. 115–99.

11 Ibid., pp. 5–6.

12 Cohen and Gooch, *Military Misfortunes*, pp. 96–112.

13 Frederick W. Kagan, *Finding the Target: The Transformation of American Military Policy* (New York: Encounter Books, 2006), p. 19.

14 Esther Pan, "Middle East: Syria and Lebanon," Council on Foreign Relations, New York, February 22, 2005, cfr.org/backgrounder/middle-east-syria-and-lebanon.

15 Indyk, *Master of the Game*, pp. 549–50.

16 Kenneth M. Pollock, *Arabs at War: Military Effectiveness, 1948–1991* (University of Nebraska Press, 2002), pp. 532–34.
17 Pollack, *Armies of Sand*, pp. 256–74, 478–92.
18 Stephen Biddle, *Nonstate Warfare: The Military Methods of Guerillas, Warlords, and Militias* (Princeton University Press, 2021), pp. 110–12, 141–44; and Pollack, Armies of Sand, pp. 482–85.
19 Caitlin Talmadge, *The Dictator's Army: Battlefield Effectiveness in Authoritarian Regimes* (Cornell University Press, 2015), pp. 139–231; and Pollack, *Armies of Sand*, pp. 144–55.
20 Steve Galster, "Afghanistan: The Making of U.S. Policy, 1973–1990," in National Security Archive, "Volume 2, Afghanistan: Lessons from the Last War," National Security Archive, Washington, D.C., October 9, 2001, https://nsarchive2.gwu.edu/NSAEBB/NSAEBB57/essay.html.
21 Selig S. Harrison, "Afghanistan: Soviet Intervention, Afghan Resistance, and the American Role," in *Low Intensity Warfare*, edited by Michael T. Klare and Peter Kornbluh (New York: Pantheon Books 1988), pp. 194–95.
22 Philip H. Gordon, *Losing the Long Game: The False Promise of Regime Change in the Middle East* (New York: St. Martin's Press, 2020), p. 66.
23 Ibid., pp. 46–70.
24 Ibid., p. 56.
25 Doughty, *Warfare in the Western World*, pp. 954–99; Bruce Riedel, *What We Won: America's Secret War in Afghanistan* (Washington, D.C.: Brookings, 2014)
26 Charles G. Cogan, "Partners in Time: The CIA and Afghanistan since 1979," *World Policy Journal*, 10:2 (Summer 1993), pp. 73–82.
27 Michael R. Gordon and General Bernard E. Trainor, *The Generals' War: The Inside Story of the Conflict in the Gulf* (Boston: Little, Brown and Company, 1995), pp. 309–12.
28 Susan L. Marquis, *Unconventional Warfare: Rebuilding U.S. Special Operations Forces* (Brookings Institution, 1997), pp. 69–73; Williamson Murray and Major General Robert H. Scales, Jr., *The Iraq War: A Military History* (Harvard University Press, 2003), pp. 51–52; and Representative Les Aspin and Representative William Dickinson, *Defense for a New Era: Lessons of the Persian Gulf War* (Washington, DC: Brassey's, 1992), pp. 4–5.
29 베트남전 이후의 저강도 및 대반란전 대비에 대한 육군의 무관심 사례는 다음을 참고하라. Pat Proctor, *Lessons Unlearned: the U.S. Army's Role in Creating the Forever Wars in*

Afghanistan and Iraq (University of Missouri Press, 2020), pp. 398–400. 정부의 다른 부분도 준비와 자원이 부족했다.; Terrence K. Kelly et al. *Stabilization and Reconstruction Staffing: Developing U.S. Civilian Personnel Capabilities* (Santa Monica, CA: RAND, 2008).

30 David Fitzgerald, *Learning to Forget: U.S. Army Counterinsurgency Doctrine and Practice from Vietnam to Iraq* (Stanford University Press, 2013).

31 Kevin M. Woods, *The Mother of All Battles: Saddam Hussein's Strategic Plan for the Persian Gulf War* (Naval Institute Press, 2008), pp. 47–59.

32 Rick Atkinson, *Crusade: The Untold Story of the Persian Gulf War* (Boston: Houghton Mifflin, 1993), p. 28; and Bruce Riedel, *Kings and Presidents: Saudi Arabia and the United States since FDR* (Brookings Institution, 2018), pp. 99–102.

33 Riedel, *Kings and Presidents*, p. 102.

34 H. W. Brands, "Neither Munich nor Vietnam: The Gulf War of 1991," in *The Power of the Past: History and Statecraft*, edited by Hal Brands and Jeremi Suri (Brookings Institution, 2016), pp. 77–79.

35 Atkinson, *Crusade*, pp. 50–90

36 Ibid., p. 54.

37 Riedel, *Kings and Presidents*, p. 107.

38 Aspin and Dickinson, *Defense for a New Era*, pp. 6–7.

39 Brig. Gen. Robert H. Scales, Jr., *Certain Victory: The U.S. Army in the Gulf War* (Washington, DC: Brassey's, 1994), p. 41, 57; and Thomas A. Keaney and Elliott A. Cohen, *Gulf War Air Power Survey Summary Report* (Washington, DC: Government Printing Office, 1993), p. 4.

40 Atkinson, *Crusade*, p. 509.

41 Congressional Budget Office, "Costs of Operation Desert Shield," January 1991, 15; and Dupuy, *Attrition*, 73–74, 131.

42 Directorate for Information Operations and Reports, "Persian Gulf War: Desert Shield and Desert Storm," Department of Defense, Dec. 15, 2001 (web1.whs.osd.mil/mmid/casualty); Department of Defense, *Conduct of the Persian Gulf War: Final Report to Congress*, April 1992, M-1.

43 Lawrence Freedman and Efraim Karsh, *The Gulf Conflict, 1990–1991: Diplomacy and War in the New World Order* (Princeton University Press, 1993), 409.

44 James A. Winnefeld, Preston Niblack, and Dana J. Johnson, *A League of Airmen: U.S. Air Power in the Gulf War* (Santa Monica, CA: RAND, 1994), p. 169; and Keaney and Cohen, *Gulf War Air Power Survey Summary Report*, pp. 61–62.

45　Congressional Budget Office, "Costs of Operation Desert Shield," Washington, D.C., January 1991, cbo.gov/sites/default/files/102nd-congress-1991-1992/reports/199101costofoperation.pdf; and Government Accountability Office, "Cost of Operation Desert Shield and Desert Storm and Allied Contributions," Washington, D.C., May 1991, gao.gov/products/t-nsiad-91-34.

46　Keaney and Cohen, *Gulf War Air Power Survey Summary Report*, p. 7; Aspin and Dickinson, *Defense for a New Era*, p. 79; and Winnefeld, Niblack, and Johnson, *A League of Airmen*, p. 290.

47　Keaney and Cohen, *Gulf War Air Power Survey Summary Report*, pp. 184–85.

48　Aspin and Dickinson, *Defense for a New Era*, , p. 90.

49　Atkinson, *Crusade*, pp. 13–49.

50　Gordon and Trainor, *The Generals' War*, pp. 227–48.

51　Aspin and Dickinson, *Defense for a New Era*, p. 25.

52　Atkinson, *Crusade*, pp. 416–21.

53　Keaney and Cohen, *Gulf War Air Power Survey Summary Report*, p. 13.

54　Ibid., p. 174.

55　Aspin and Dickinson, *Defense for a New Era*, pp. 10–11; and Keaney and Cohen, *Gulf War Air Power Survey Summary Report*, p. 21.

56　Aspin and Dickinson, *Defense for a New Era*, pp. 21, 34–42; and Winnefeld, Niblack, and Johnson, *A League of Airmen*, p. 271.

57　Aspin and Dickinson, *Defense for a New Era*, p. 17; and Congressional Budget Office, "Trends in Selected Indicators of Military Readiness, 1980 through 1993," Washington, DC, March 1994, pp. 68–71, cbo.gov/sites/default/files/103rd-congress-1993-1994/report/doc13.pdf.

58　Barry D. Watts, "Friction in the Gulf War," *Naval War College Review*, 48: 4 (Fall 1995), p. 94.

59　Aspin and Dickinson, *Defense for a New Era, p. 35; and Keaney and Cohen, Gulf War Air Power Survey Summary Report*, 105–06; and General Accounting Office, Operation Desert Storm: Evaluation of the Air Campaign, GAO/NSIAD-97-134, June 1997, pp. 8–10, 105–07, 146–48, 157–59. gao.gov/assets/nsiad-97-134.pdf.

60　민간인 사망자 추정치는 다음을 근거로 한다. William Arkin of Greenpeace to Gulf War Air Power Survey project members, October 31, 1991, cited in Keaney and Cohen, *Gulf War Air Power Survey Summary Report*, 75; for other data, see Keaney and Cohen, pp. 102–19.

61 Keaney and Cohen, *Gulf War Air Power Survey Summary Report*, pp. 65, 103–17, 203; General Accounting Office, "Operation Desert Storm," p. 178, https://www.gao.gov/products/nsiad-97-134. 공군력을 단독 사용했을 시, 매번 효과를 거두진 못했다.; Anthony M. Schinella, *Bombs without Boots: The Limits of Air power* (Brookings Institution, 2019). On tank plinking, see Winnefeld, Niblack, and Johnson, *A League of Airmen*, p. 170.

62 Winnefeld, Niblack, and Johnson, *A League of Airmen*, pp. 308–09; and Brig. Gen. Robert H. Scales, Jr., *Certain Victory*, p. 161.

63 General Accounting Office, "Operation Desert Storm," pp. 110–61.

64 Winnefeld, Niblack, and Johnson, *A League of Airmen*, pp. 169–71; Gordon and Trainor, *The Generals' War*, p. 335; Keaney and Cohen, *Gulf War Air Power Survey Summary Report*, p. 106.

65 Gordon and Trainor, *The Generals' War*, pp. 465, 474.

66 Atkinson, *Crusade*, pp. 394–403.

67 Gordon and Trainor, *The Generals' War*, pp. 371–74.

68 Aspin and Dickinson, *Defense for a New Era*, pp. 13, 28–29.

69 Stephen Biddle, "The Past as Prologue: Assessing Theories of Future Warfare," *Security Studies*, 8:1 (Autumn 1998): 1–74.

70 Keaney and Cohen, *Gulf War Air Power Survey Summary Report*, p. 109.

71 Pollack, *Armies of Sand*, p. 161; Gordon and Trainor, *The Generals' War*, pp. 375–432; and Biddle, *Military Power*, pp. 132–49.

72 Stephen Biddle, "Victory Misunderstood: What the Gulf War Tells Us about the Future of Conflict," *International Security*, 21:2 (Fall 1996): 139–79; and Biddle, *Military Power*, pp. 132–49.

73 Pollack, *Armies of Sand*, pp. 158–62.

74 Gordon and Trainor, *The Generals' War*, pp. 364–68.

75 Keaney and Cohen, *Gulf War Air Power Survey Summary Report*, pp. 21, 58–64, 155; and Aspin and Dickinson, *Defense for a New Era*, pp. 1–41; for data on Arab-Israeli wars, see Posen, "Measuring the European Conventional Balance," in Miller, *Conventional Forces and American Defense Policy*, 113; and Dupuy, Numbers, Predictions, and War, 118–139.

76 Scales, *Certain Victory*, p. 81.

77 Gordon and Trainor, *The Generals' War*, p. 370.

78 Ibid., pp. 430–31.

79　Atkinson, *Crusade*, pp. 9, 489–90.
80　인간적 차원에서 전쟁에 대한 가장 진심 어린 이야기를 들어보려면 다음을 보라. C. J. Chivers, *The Fighters: Americans in Combat in Afghanistan and Iraq* (New York: Simon and Schuster, 2018); Kimberly Dozier, *Breathing the Fire: Fighting to Report—and Survive—the War in Iraq* (Des Moines, IA: Meredith Books, 2008); Evan Wright, *Generation Kill: Devil Dogs, Iceman, Captain America, and the New Face of American War* (New York: Berkley Publishing Group, 2004); and Martha Raddatz, *The Long Road Home: A Story of War and Family* (New York: G. P. Putnam's Sons, 2007).
81　Khidhir Hamza with Jeff Stein, *Saddam's Bombmaker* (New York: Simon and Schuster, 2000); Bob Woodward, *Plan of Attack* (New York: Simon and Schuster, 2004), p. 199; and George Tenet with Bill Harlow, *At the Center of the Storm: My Years at the CIA* (New York: HarperCollins Publishers, 2007), pp. 321–358.
82　Power, *"A Problem from Hell,"* pp. 171–245.
83　Gordon, *Losing the Long Game*, pp. 99–144; and Burns, *The Back Channel*, p. 161.
84　Hal Brands, *What Good Is Grand Strategy? Power and Purpose in American Statecraft from Harry S. Truman to George W. Bush* (Cornell University Press, 2014), pp. 144–65.
85　Congressional Research Service, "The United Nations Security Council—Its Role in the Iraq Crisis: A Brief Overview," Washington, D.C., May 16, 2003, everycrsreport.com/reports/RS21323.html;and Congressional Research Service, "Iraq War?: Current Situation and Issues for Congress," Washington, D.C., February 26, 2003, everycrsreport.com/files/20030226RL3171558763d3e0fbee06fdda4064ca2891c14102fdbe5.pdf.
86　William J. Burns, *The Back Channel: A Memoir of American Diplomacy and the Case for Its Renewal* (New York: Random House, 2020), p. 172.
87　Sara Fritz and William J. Eaton, "Congress Authorizes Gulf War," *Los Angeles Times*, January 13, 1991; and GovTrack, "H.J.Res. 114 (107th): Authorization for Use of Military Force Against Iraq Resolution of 2002," govtrack.us/congress/votes/107-2002/s237.
88　Michael R. Gordon and General Bernard E. Trainor, *Cobra II: The Inside Story of the Invasion and Occupation of Iraq* (New York: Pantheon Books, 2006), pp. 337–43.
89　Ibid., pp. 164–81.
90　Ivo H. Daalder and Michael E. O'Hanlon, *Winning Ugly: NATO's War to Save Kosovo* (Brookings Institution, 2000), pp. 1–5, 137–237; and Benjamin S. Lambeth, *NATO's Air War for Kosovo: A Strategic and Operational Assessment* (Santa Monica, CA: RAND, 2001),

p. 88.
91 Lambeth, *NATO's Air War for Kosovo*, pp. 220–22.
92 Ivo H. Daalder and James M. Lindsay, *America Unbound: The Bush Revolution in Foreign Policy* (Brookings Institution, 2005).
93 Walter L. Perry et al., eds., *Operation Iraqi Freedom: Decisive War, Elusive Peace* (Santa Monica, CA: RAND, 2015), pp. 53, 59, 344, https://www.rand.org/content/dam/rand/pubs/researchreports/RR1200/RR1214/RANDRR1214.pdf; and Bob Woodward, *Plan of Attack* (New York: Simon and Schuster, 2004), p. 329.
94 Woodward, *Plan of Attack*, p. 8.
95 Perry et al., *Operation Iraqi Freedom*, pp. 151–57.
96 Rick Atkinson, *In the Company of Soldiers: A Chronicle of Combat* (New York: Henry Holt and Company, 2004), pp. 297–303.
97 Thomas Donnelly, *Operation Iraqi Freedom: A Strategic Assessment* (Washington, D.C.: American Enterprise Institute, 2004), pp. 52–84; and Murray and Scales, *The Iraq War*, pp. 99–100.
98 Perry et al., e *Operation Iraqi Freedom*, pp. 60–81.
99 Stephen Biddle, "Speed Kills: Reassessing the Role of Speed, Precision, and Situation Awareness in the Fall of Saddam," *Journal of Strategic Studies*, 30: 1 (February 2007), pp. 3–46; and Gordon and Trainor, *Cobra II*, pp. 374–410.
100 Kenneth Adelman, " 'Cakewalk' Revisited," *Washington Post*, April 10, 2003.
101 Perry et al., *Operation Iraqi Freedom*, p. 100.
102 Charles H. Ferguson, *No End in Sight: Iraq's Descent into Chaos* (New York: Public Affairs, 2008), pp. 104–38.
103 Hilary Synnott, *Bad Days in Basra: My Turbulent Time as Britain's Man in Southern Iraq* (London: I. B. Tauris, 2008), p. 250.
104 Tenet, *At the Center of the Storm*, p. 440.
105 King Abdullah II of Jordan, *Our Last Best Chance: The Pursuit of Peace in a Time of Peril* (New York: Penguin Books, 2011), pp. 225–28.
106 Brendan R. Gallagher, *The Day After: Why America Wins the War but Loses the Peace* (Cornell University Press, 2019), pp. 203–26.
107 Burns, *The Back Channel*, pp. 157–78, 196–99.
108 2003년 이라크의 기본적인 상황에 대해서는 이미 언급한 책들 외에 다음도 참고하라. Rajiv Chandrasekaran, *Imperial Life in the Emerald City: Inside Iraq's Green Zone* (New York: Alfred A. Knopf, 2007); and Don Eberly, *Liberate and Leave: Fatal Flaws in the Early*

Strategy for Postwar Iraq (Minneapolis, MN.: Zenith Press, 2009).

109 Thomas E. Ricks, *Fiasco: The American Military Adventure in Iraq* (New York: Penguin Press, 2006), p. 159.

110 Toby Dodge, *Inventing Iraq: The Failure of Nation Building and a History Denied* (Columbia University Press, 2003).

111 Ambassador L. Paul Bremer III, *My Year in Iraq: The Struggle to Build a Future of Hope* (New York: Simon and Schuster, 2006), pp. 161–65, 220–97; and Tenet, *At the Center of the Storm*, pp. 416–30.

112 Tenet, *At the Center of the Storm*, pp. 424–26; and Burns, *The Back Channel*, pp. 162–78.

113 David Rieff, "Who Botched the Occupation?" *New York Times Magazine* (November 2, 2003).

114 Larry Diamond, *Squandered Victory: The American Occupation and the Bungled Effort to Bring Democracy to Iraq* (New York: Henry Holt and Company, 2005), pp. 279–313; and George Packer, *The Assassins' Gate: America in Iraq* (New York: Farrar, Straus and Giroux, 2005), p. 245.

115 Packer, *The Assassins' Gate*, p. 236.

116 Diamond, *Squandered Victory*, p. 292.

117 다방면에 걸쳐 일어난 반란에 대해서는 다음을 참고하라. Ahmed S. Hashim, *Insurgency and Counter-Insurgency in Iraq* (Cornell University Press, 2006). See also Omer Taspinar, *What the West Is Getting Wrong about the Middle East* (London: I. B. Tauris, 2021), pp. 109–34.

118 Ricks, *Fiasco*, pp. 220–50.

119 Gordon and Trainor, *Cobra II*, p. 489.

120 Ricks, *Fiasco*, pp. 221–41.

121 Gordon, *Losing the Long Game*, p. 125.

122 Ricks, *Fiasco*, pp. 221, 246–47.

123 Ian Livingston and Michael E. O'Hanlon, "Iraq Index: Tracking Variables of Reconstruction and Security in Post-Saddam Iraq," Brookings Institution, Washington, D.C., January 31, 2011, brookings.edu/wp-content/uploads/2016/07/index20110131.pdf.

124 Michael O'Hanlon, "Iraq Without a Plan," *Policy Review*, 128 (December 2004).

125 Michael R. Gordon and General Bernard E. Trainor, *The Endgame: The Inside Story of the Struggle for Iraq, from George W. Bush to Barack Obama* (New York: Pantheon Books,

2012), pp. 56–73.
126 Gordon and Trainor, *The Endgame*, pp. 351–68.
127 James A. Baker III and Lee H. Hamilton, co-chairs, *The Iraq Study Group Report* (New York: Vintage Books, 2006).
128 General Stanley McChrystal, *My Share of the Task: A Memoir* (New York: Penguin Press, 2013), pp. 231–36.
129 아드리아나 린스 드앨버커크Adriana Lins de Albuquerque, 니나 캠프Nina Kamp, 제이슨 캠벨Jason Campbell, 이언 리빙스턴Ian Livingston에게 수년간 이 프로젝트와 아프가니스탄 및 파키스탄 지수를 만들고 유지해준 데 진심으로 감사를 전한다.
130 Jason Campbell, Michael O'Hanlon, and Jeremy Shapiro, "How to Measure the War," *Policy Review*, 157 (November and December 2009), p. 21, brookings.edu/wp-content/uploads/2016/06/10_afghanistan_iraq_campbell.pdf.
131 Ali A. Allawi, *The Occupation of Iraq: Winning the War, Losing the Peace* (Yale University Press, 2007), pp. 456–60.
132 Biddle, *Non-State Warfare*, pp. 147–78.
133 David Kilcullen, *Out of the Mountains: The Coming Age of the Urban Guerrilla* (Oxford University Press, 2013); and Carter Malkasian, *War Comes to Garmser: Thirty Years of Conflict on the Afghan Frontier* (Oxford University Press, 2013).
134 Michael Fitzsimmons, "Hard Hearts and Open Minds?: Governance, Identity, and the Intellectual Foundations of Counterinsurgency Strategy," *Journal of Strategic Studies*, 31: 3 (2008), 337–365; and Jacqueline L. Hazelton, "The 'Hearts and Minds' Fallacy: Violence, Coercion, and Success in Counterinsurgency Warfare," *International Security*, 42: 1 (Summer 2017): 80–113. On the surge in Iraq, see Peter R. Mansoor, *Surge: My Journey with General David Petraeus and the Remaking of the Iraq War* (Yale University Press, 2013), especially 36–39; and Kimberly Kagan, *The Surge: A Military History* (New York: Encounter Books, 2009).
135 Emma Sky, *The Unraveling: High Hopes and Missed Opportunities in Iraq* (New York: Public Affairs, 2015), p. 154.
136 Peter W. Rodman, *Presidential Command: Power, Leadership, and the Making of Foreign Policy from Richard Nixon to George W. Bush* (New York: Alfred A. Knopf, 2009), pp. 266–67.
137 Gordon and Trainor, *The Endgame*, pp. 282–311.
138 Frank G. Hoffman, *Mars Adapting: Military Change during War* (Annapolis, MD: Naval Institute Press, 2021), pp. 197–245; Mansoor, *Surge*; and Kagan, *The Surge*.

139 Special Inspector General for Iraq Reconstruction, *Hard Lessons: The Iraq Reconstruction Experience* (Washington, DC: U.S. Government Printing Office, 2009), pp. 295–319.

140 P. W. Singer, *Corporate Warriors: The Rise of the Privatized Military Industry* (Cornell University Press, 2003); and Congressional Budget Office, "Contractors in Iraq," U.S. Congress, Washington, DC, August 12, 2008, https://www.cbo.gov/publication/24822.

141 Campbell and O'Hanlon, "Iraq Index.https://www.brookings.edu/iraq-index.

142 Gordon and Trainor, *The Endgame*, pp. 358–365.

143 Mansoor, *Surge*, pp. 148–76.

144 Peter A. Clement, "Impact of Intelligence Integration on CIA Analysis," *Studies in Intelligence*, 65: 3 (September 2021), pp. 25–33; and Jim Clapper and Trey Brown, "Reflections on Integration in the Intelligence Community," *Studies in Intelligence*, 65: 3 (September 2021), pp. 1–4.

145 Stanley McChrystal, *Team of Teams: New Rules of Engagement for a Complex World* (New York: Portfolio Books, 2015).

146 Kagan, *The Surge*, pp. 97–204.

147 General David Petraeus, "Foreword," in Mansoor, *Surge*, p. xi.

148 Stephen Biddle, Jeffrey A. Friedman, and Jacob N. Shapiro, "Testing the Surge: Why Did Violence Decline in Iraq in 2007?" *International Security*, 37: 1 (Summer 2012), pp. 7–40.

149 Michael E. O'Hanlon and Kenneth M. Pollack, "A War We Just Might Win," *New York Times*, July 30, 2007.

150 Kanan Makiya, *Republic of Fear: The Politics of Modern Iraq* (University Of California Press, 1989).

151 Richard N. Haass, *War of Necessity, War of Choice: A Memoir of Two Iraq Wars* (New York: Simon and Schuster, 2009).

152 Sky, *The Unraveling*, pp. 329–42, 360.

153 Gordon, *Losing the Long Game*, pp. 134–44.

154 Joel Rayburn, *Iraq After America: Strongmen, Sectarians, Resistance* (Hoover Institution Press, 2014), pp. 209–64.

155 Sky, *The Unraveling*, p. 360; and Pollack, *Armies of Sand*, pp. 167–68.

156 Daniel Byman, *Al Qaeda, the Islamic State, and the Global Jihadist Movement: What Everyone Needs to Know* (Oxford University Press, 2015), pp. 166–77.

157 Will McCants, *The ISIS Apocalypse: The History, Strategy, and Doomsday Vision of the Islamic State* (New York: St. Martin's Press, 2015); see also, Jessica Stern and J. M. Berger, *ISIS: The State of Terror* (New York: HarperCollins Books, 2015); and Ash Carter, *Inside the Five-Sided Box: Lessons from a Lifetime of Leadership in the Pentagon* (New York: Penguin Books, 2020), pp. 227–29.

158 Tim Arango, "Maliki Agrees to Relinquish Power in Iraq," *New York Times*, August 14, 2014.

159 Becca Wasser et al. *The Air War Against the Islamic State: The Role of Air power in Operation Inherent Resolve* (Santa Monica, CA: RAND, 2021), p. xiv, https://www.rand.org/pubs/research_reports/RRA388-1.html.

160 Michael R. Gordon, *Degrade and Destroy: The Inside Story of the War against the Islamic State, from Barack Obama to Donald Trump* (New York: Farrar, Straus, and Giroux, 2022).

161 Benjamin S. Lambeth, *Air power in the War Against ISIS* (Naval Institute Press, 2021), pp. 146, 245–46; Wasser et al., pp. 297, 410.

162 Katherine Zimmerman, "Al Qaeda and ISIS 20 Years After 9/11," *Woodrow Wilson Center*, Washington, D.C., September 8, 2021, wilsoncenter.org/article/al-qaeda-isis-20-years-after-911.

163 Vanda Felbab-Brown, "The Pitfalls of the Paramilitary Paradigm: The Iraqi State, Geopolitics, and Al-Hashd al Shaabi," Brookings Institution, Washington, D.C., June 2019, brookings.edu/research/pitfalls-of-the-paramilitary-paradigm-the-iraqi-state-geopolitics-and-al-hashd-al-shaabi.

164 Thomas Barfield, *Afghanistan: A Cultural and Political History* (Princeton University Press, 2010), p. 274.

165 Ibid., pp. 272–350.

166 Bruce Riedel, *What We Won: America's Secret War in Afghanistan, 1979–1989* (Brookings Institution Press, 2014).

167 Ahmed Rashid, *Taliban: Militant Islam, Oil and Fundamentalism in Central Asia* (Yale University Press, 2000), pp. 207–16.

168 카터 말카시안Carter Malkasian은 이 점에 대해 설득력 있는 주장을 펼친다.; Malkasian, *The American War in Afghanistan: A History* (Oxford University Press, 2021), pp. 1–10, 454–55.

169 Amy McGrath and Michael O'Hanlon, "Were U.S. Losses in Vain? 'Forever War' in Afghanistan Resulted in Fewer Terror Attacks," *USA Today*, August 15, 2021.

170 Kagan, *Finding the Target*, p. 293.

171 Sean Naylor, *Not a Good Day to Die: The Untold Story of Operation Anaconda* (New York: Berkley Publishing Group, 2005), p. 14.

172 Brands, *What Good Is Grand Strategy?*, p. 170.

173 Malkasian, *The American War in Afghanistan*, pp. 450–53.

174 Secretary General Jens Stoltenberg, "We Must Continue to Stand Together," NATO, Brussels, September 11, 2021, nato.int/cps/en/natohq/opinions_186490.htm.

175 Fred H. Allison, "Thunderbolts: Strike First Marine Corps Blow Against Taliban," pp. 9–13, in *U.S. Marines in Afghanistan, 2001–2009: Anthology and Annotated Bibliography*, edited by Major David W. Kummer (Quantico, VA: U.S. Marine Corps, 2014), pp. 9–13; and Arthur P. Brill, Jr., "Afghanistan Diary, Corps Considerations: Lessons Learned in Phase One," in *U.S. Marines in Afghanistan*, pp. 15–21.

176 Jones, *In the Graveyard of Empires*, p. 88; Nathaniel C. Fick, *One Bullet Away: The Making of a Marine Officer* (Boston: Houghton Mifflin Company, 2005); and Captain Jay M. Holtermann, "The 15th MEU's Seizure of Camp Rhino," *Marine Corps Gazette* (March 2016), https://mca-marines.org/wp-content/uploads/The-15th-Marine-Expeditionary-Units-Seizure-of-Camp-Rhino.pdf.

177 Henry A. Crumpton, *The Art of Intelligence: Lessons from a Life in the CIA's Clandestine Service* (New York: Penguin Press, 2012), pp. 217–61.

178 Stephen Biddle, "Afghanistan and the Future of Warfare: Implications for Army and Defense Policy," Army War College, November 2002, pp. 8–11, https://publications.armywarcollege.edu/pubs/1422.pdf.

179 Jones, *In the Graveyard of Empires*, pp. 86–95.

180 Senate Foreign Relations Committee Majority Staff, "Tora Bora Revisited: How We Failed to Get bin Laden and Why It Matters Today," Government Printing Office, Washington, D.C., November 2009, https://www.foreign.senate.gov/imo/media/doc/Tora_Bora_Report.pdf?; and Boot, *War Made New*, p. 379.

181 Naylor, *Not a Good Day to Die*, pp. 17–21; and Michael E. O'Hanlon, "A Flawed Masterpiece," *Foreign Affairs*, 81:3 (May/June 2002).

182 T.X. Hammes, "Raising and Mentoring Security Forces in Afghanistan and Iraq," in *Lessons Encountered: Learning from the Long War*, edited by Richard D. Hooker, Jr. and Joseph J. Collins (National Defense University Press, 2015), p. 278.

183 Michael Morrell with Bill Harlow, *The Great War of Our Time: The CIA's Fight Against Terrorism from al Qa'ida to ISIS* (New York: Twelve, 2015), p. 74.

184 Jones, *In the Graveyard of Empires*, pp. 110–15.

185 Ambassador James F. Dobbins, *After the Taliban: Nation-Building in Afghanistan* (Washington, D: Potomac Books, 2008), pp. 161–63.
186 Malkasian, *The American War in Afghanistan*, p. 200.
187 Sam Gollob and Michael E. O'Hanlon, "Afghanistan Index: Tracking Variables of Reconstruction and Security in post–9/11 Afghanistan," Brookings Institution, Washington, D.C., August 2020, brookings.edu/wp-content/uploads/2020/08/FP_20200825_afganistan_index.pdf.
188 Naylor, *Not a Good Day to Die*.
189 Jones, *In the Graveyard of Empires*, pp. 142–45.
190 James Dobbins, "Afghanistan Was Lost Long Ago: Defeat Wasn't Inevitable, But Early Mistakes Made Success Unlikely," *Foreign Affairs*, August 30, 2021, https://flipboard.com/article/afghanistan-was-lost-long-ago-defeat-wasn-t-inevitable-but-early-mistakes-made/f-55c16a4c24%2Fforeignaffairs.com.
191 Michael E. O'Hanlon and Hassina Sherjan, *Toughing It Out in Afghanistan* (Brookings Institution, 2011), pp. 19–30, 129–56.
192 Ronald E. Neumann, *The Other War: Winning and Losing in Afghanistan* (Washington, DC: Potomac Books, 2009), pp. 58, 109; and Malkasian, *The American War in Afghanistan*, pp. 129–156.
193 Malkasian, *The American War in Afghanistan*, pp. 133, 456.
194 Ibid., pp. 101, 129–56.
195 Barfield, *Afghanistan*, p. 319; Gollob and O'Hanlon, "Afghanistan Index."
196 Jones, *In the Graveyard of Empires*, pp. 213–20.
197 Barfield, *Afghanistan*, p. 305.
198 Dipali Mukhopadhyay, *Warlords, Strongman Governors, and the State in Afghanistan* (Cambridge University Press, 2015).
199 Sarah Chayes, *The Punishment of Virtue: Inside Afghanistan After the Taliban* (New York: Penguin Books, 2006).
200 Antonio Giustozzi, "Conclusion," in *Decoding the New Taliban: Insights from the Afghan Field*, edited by Antonio Giustozzi (Columbia University Press, 2009), p. 298.
201 David Kilcullen, *The Accidental Guerrilla: Fighting Small Wars in the Midst of a Big One* (Oxford University Press, 2009), pp. 48–49.
202 "Strategic Geography" maps in Toby Dodge and Nicholas Redman, *Afghanistan to 2015 and Beyond* (London: International Institute for Strategic Studies, 2011), p. 166.
203 The Asia Foundation, *A Survey of the Afghan People: Afghanistan in 2009* (San

Francisco: Asia Foundation, 2009), pp. 15–41.
204 Jones, *In the Graveyard of Empires*, pp. 248–53.
205 Vanda Felbab-Brown, *Aspiration and Ambivalence: Strategies and Realities of Counterinsurgency and State Building in Afghanistan* (Brookings Institution, 2013), p. 25; and U.S. Army and U.S. Marine Corps, *U.S. Army and U.S. Marine Corps Counterinsurgency Field Manual* (University of Chicago Press, 2007).
206 McChrystal, *My Share of the Task*, p. 331; and Petraeus and Amos, *Field Manual 3-24: Counterinsurgency*, p. 1–13. 일각에서는 20~25명보다 상한 범위가 더 높아야 한다고 본다.; R. Royce Kneece Jr. et al. "Force Sizing for Stability Operations," Institute for Defense Analysis, Alexandria, Va., March 2010, https://apps.dtic.mil/sti/pdfs/ADA520942.pdf.
207 Felbab-Brown, *Aspiration and Ambivalence*, pp. 27–28.
208 Ibid., pp. 22–32.
209 오바마뿐 아니라 대대적으로 알려진 정책 과정에 대한 비판에 대해서는 다음을 보라. Daniel P. Bolger, *Why We Lost: A General's Inside Account of the Iraq and Afghanistan Wars* (Boston.: Houghton Mifflin Harcourt, 2014), pp. 420–34.
210 McChrystal, *My Share of the Task*, p. 361.
211 John Pike, "Afghan National Army (ANA)—Order of Battle," Globalsecurity.org, Washington, D.C., 2012, globalsecurity.org/military/world/afghanistan/ana-orbat.htm; and C. J. Radin, "Afghan Security Forces Order of Battle," *Long War Journal*, May 2011, Foundation for Defense of Democracies, Washington, D.C., 2007, longwarjournal.org/oobafghanistan.
212 NATO Headquarters, "International Security Assistance Force: Key Facts and Figures," Brussels, August 1, 2013, https://www.nato.int/isaf/placemats_archive/2013-08-01-ISAF-Placemat.pdf.
213 McChrystal, *My Share of the Task*, pp. 364–78.
214 Malkasian, *The American War in Afghanistan*, p. 1.
215 Ibid., pp. 240–98.
216 Bolger, Why We Lost, p. 435.
217 Ian S. Livingston and Michael O'Hanlon, "Afghanistan Index," Brookings Institution, Washington, DC, February 10, 2015, https://www.brookings.edu/afghanistan-index.
218 Seth G. Jones and Arturo Munoz, *Afghanistan's Local War: Building Local Defense Forces* (Santa Monica, CA: RAND, 2010); and Felbab-Brown, *Aspiration and Ambivalence*,

pp. 138–60, 268–70.
219 Malkasian, *The American War in Afghanistan*, p. 300.
220 Kimberly Kagan and Frederick Kagan, "We Have the Momentum in Afghanistan," *Wall Street Journal*, June 6, 2011.
221 Livingston and O'Hanlon, "Afghanistan Index." https://www.brookings.edu/afghanistan-index.
222 Felbab-Brown, *Aspiration and Ambivalence*, pp. 94–118.
223 Carlotta Gall, *The Wrong Enemy: America in Afghanistan*, 2001–2014 (Boston: Houghton Mifflin Harcourt, 2015), pp. 290–300; and Jones, *In the Graveyard of Empires*, pp. 306–12.
224 BBC, "U.S. Admiral: Haqqani Is 'Veritable Arm' of Pakistan's ISI," BBC News, September 22, 2011, bbc.com/news/av/world-us-canada-15026909; for some of the other linkages between Pakistani actors and the Afghan Taliban, see C. Christine Fair, *The Madrassah Challenge: Militancy and Religious Education in Pakistan* (Washington, DC: U.S. Institute of Peace, 2008), pp. 57, 70.
225 Aaron Mehta and Matthew Pennington, "U.S. Suspends Security Assistance to Pakistan," *Defense News*, January 4, 2018, defensenews.com/global/mideast-africa/2018/01/04/us-suspends-security-assistance-to-pakistan.
226 Gollob and O'Hanlon, "Afghanistan Index," 2020.
227 Jones, *In the Graveyard of Empires*, pp. 303–06.
228 Hal Brands and Michael O'Hanlon, "The War on Terror Has Not Yet Failed: A Net Assessment After 20 Years," *Survival*, 63: 4 (August–September 2021), pp. 33–53.
229 Felbab-Brown, *Aspiration and Ambivalence*, p. 32.
230 Harleen Gambhir, "Afghanistan Partial Threat Assessment: February 23, 2016," Institute for the Study of War, February 24, 2016, understandingwar.org/sites/default/files/February%202016%20AFG%20Map%20JPEG-01_4.jpg.
231 Arturo Munoz, Rebecca Zimmerman, and Jason H. Campbell, "RAND Experts Q&A on the Fighting in Kunduz," RAND Blog, Washington, D.C., October 2, 2015, rand.org/blog/2015/10/rand-experts-qampa-on-the-fighting-in-kunduz.html.
232 Jonathan Schroden, "Lessons from the Collapse of Afghanistan's Security Forces," *CTC Sentinel*, 14: 8 (October 2021), https://ctc.usma.edu/lessons-from-the-collapse-of-afghanistans-security-forces, based on data from Kate Clark, "Menace, Negotiation, Attack: The Taliban take more District Centers across Afghanistan," Afghanistan Analysts Network, Kabul, Afghanistan, July 16, 2021, ecoi.net/en/

document/2057178.html.
233 Malkasian, *The American War in Afghanistan*, pp. 384–403.
234 Special Inspector General for Afghanistan Reconstruction, "Divided Responsibility: Lessons from U.S. Security Sector Assistance Efforts in Afghanistan," Arlington, Virginia, 2019, pp. 19–25, https://www.sigar.mil/pdf/lessonslearned/SIGAR-19-39-LL.pdf.
235 Malkasian, *The American War in Afghanistan*, pp. 384–403, 457.
236 Ibid., pp. 404–22.
237 Air Force Public Affairs, "Combined Forces Air Component Commander 2013–2019 Air power Statistics," January 31, 2020, afcent.af.mil/Portals/82/Documents/Air power%20summary/Jan%202020%20Air power%20Summary/pdf?ver=2020-02-13-032911-670; and Jared Keller, "The U.S. Dropped More Munitions on Afghanistan Last Year Than Any Other Time in the Last Decade," *Task and Purpose*, January 27, 2020, https://taskandpurpose.com/news/the-us-dropped-more-munitions-on-afghanistan-last-year-than-any-other-time-in-the-last-decade.
238 O'Hanlon, *Defense 101*, pp. 58–61; and Congressional Budget Office, "Funding for Overseas Contingency Operations and Its Impact on Defense Spending," Washington, D.C., October 2018, cbo.gov/publication/54219.
239 Gideon Rose, *How Wars End: Why We Always Fight the Last Battle* (New York: Simon and Schuster, 2010), p. xiv.
240 Felbab-Brown, *Aspiration and Ambivalence*, p. 25.
241 Schroden, "Lessons from the Collapse of Afghanistan's Security Forces."
242 Susannah George, "Afghanistan's Military Collapse: Illicit Deals and Mass Desertions," *Washington Post*, August 15, 2021, https://www.washingtonpost.com/world/2021/08/15/afghanistan-military-collapse-taliban.; and Michael R. Gordon, et al. "Inside Biden's Afghanistan Withdrawal Plan: Warnings, Doubts but Little Change," *Wall Street Journal*, September 5, 2021.
243 Statement of Secretary of Defense Lloyd Austin before the Senate Committee on Armed Services, September 28, 2021, armed-services.senate.gov/hearings/to-receive-testimony-on-the-conclusion-of-military-operations-in-afghanistan-and-plans-for-future-counterterrorism-operations.
244 Lindsay Maizland, "The Taliban in Afghanistan," Council on Foreign Relations, New York, September 15, 2021, cfr.org/backgrounder/taliban-afghanistan.

245 Pew Research Center, "Majority of U.S. Public Favors Afghanistan Troop Withdrawal; Biden Criticized for His Handling of Situation," Washington, D.C., August 31, 2021, pewresearch.org/fact-tank/2021/08/31/majority-of-u-s-public-favors-afghanistan-troop-withdrawal-biden-criticized-for-his-handling-of-situation.

246 Ricks, *Fiasco*, pp. 64–5.

247 Dan De Luce, Mushtaq Yusufzai and Saphora Smith, "Even the Taliban Are Surprised at How Fast They're Advancing in Afghanistan," NBC News, June 25, 2021, nbcnews.com/politics/national-security/even-taliban-are-surprised-how-fast-they-re-advancing-afghanistan-n1272236.

248 Dexter Filkins, *The Forever War* (New York: Random House, 2008).

249 Michael E. O'Hanlon, *Technological Change and the Future of Warfare* (Washington, D.C.: Brookings, 2000).

250 Jack Fairweather, *The Good War: Why We Couldn't Win the War or the Peace in Afghanistan* (New York: Basic Books, 2014).

251 Malkasian, *The American War in Afghanistan*, pp. 129–56.

252 Bing West, *The Wrong War: Grit, Strategy, and the Way Out of Afghanistan* (New York: Random House, 2011), pp. 247–54.

253 온라인 컨퍼런스에서의 라이언 크로커Ryan Crocker 대사의 의견은 다음을 참고하라. "9/11 Twenty Years Later: Legacies and Lessons," Brookings Institution, Washington, D.C., September 10, 2021, brookings.edu/events/9-11-20-years-later-legacies-and-lessons.

253 Malkasian, *The American War in Afghanistan*, p. 7.

255 Rory Stewart, "The Last Days of Intervention," *Foreign Affairs*, vol. 100, no. 6 (November/December 2021), p. 72.

6 세 가지 교훈

1 Michael O'Hanlon, *The Art of War in an Age of Peace: U.S. Grand Strategy and Resolute Restraint* (Yale University Press, 2021).

미국 전쟁사

초판 1쇄 인쇄 2025년 5월 22일
초판 1쇄 발행 2025년 6월 4일

지은이 마이클 오핸런
옮긴이 임지연
펴낸이 고영성

책임편집 유형일
저작권 주민숙, 한연

펴낸곳 (주)상상스퀘어
출판등록 2021년 4월 29일 제2021-000079호
주소 경기 성남시 분당구 성남대로43번길 10, 하나EZ타워 307호
팩스 02-6499-3031
이메일 publication@sangsangsquare.com
홈페이지 www.sangsangsquare-books.com

ISBN 979-11-94368-36-6 (03900)

- 상상스퀘어는 출간 도서를 한국작은도서관협회에 기부하고 있습니다.
- 이 책은 저작권법에 따라 보호를 받는 저작물이므로 무단 전재와 복제를 금지하며,
  이 책 내용의 전부 또는 일부를 사용하려면 반드시 저작권자와 상상스퀘어의 서면 동의를 받아야 합니다.
- 파손된 책은 구입하신 서점에서 교환해드리며 책값은 뒤표지에 있습니다.